AF288849

Die Erlebnisseiten

Auf den zwei Erlebnisseiten vertiefst du das Wissen, das du auf den Basisseiten gesammelt hast. Du findest hier weitere Aufgaben, Experimente oder Untersuchungen. Du erkennst die Erlebnisseiten an dem grünen Rahmen.

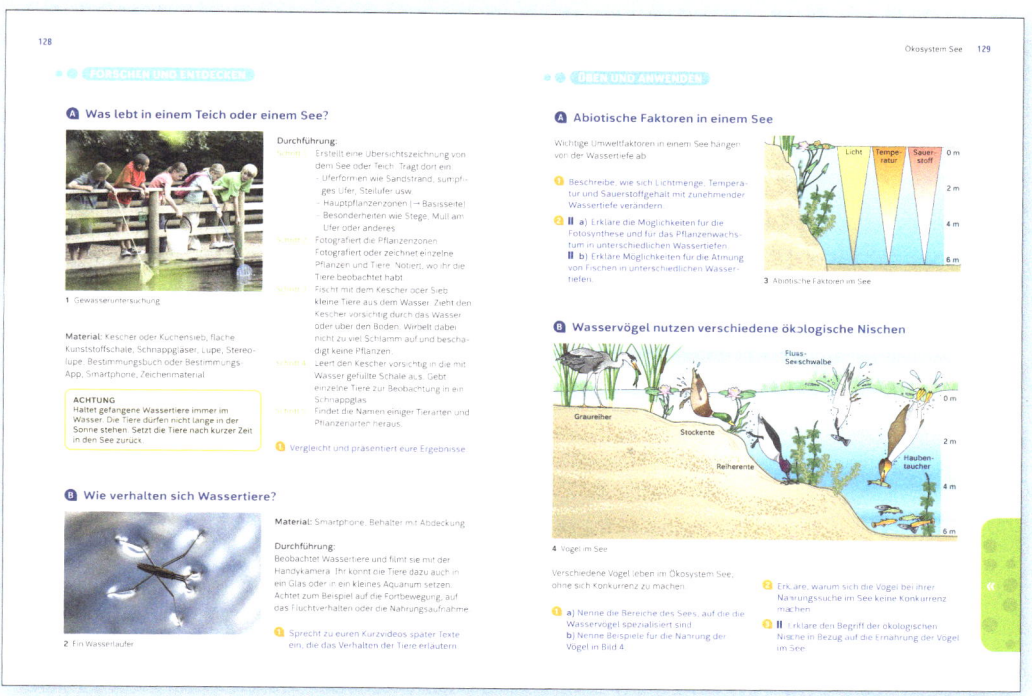

Auf einen Blick + Lerncheck

»Auf einen Blick« fasst das Wichtigste noch einmal übersichtlich zusammen. Mit dem »Lerncheck« am Ende des Kapitels kannst du dein Wissen testen.

 F

 A

Zu vielen Aufgaben und Grafiken stehen dir Filme und interaktive Animationen zur Verfügung, die du dir passend zu dem jeweiligen Thema anschauen kannst. Gib dazu auf **www.westermann.de/erlebnis-151659** folgenden Online-Schlüssel ein:

Online-Schlüssel

VWA8-9FP4-C02P

westermann

ERLEBNIS
Naturwissenschaften

2

ERLEBNIS
Naturwissenschaften

Autorinnen und Autoren:

Lutz Bassin, Michael Calsow, H. Michael Carl, Heike Claßen, Petra Dams, Hannah Dietrich, Markus Fischl, Imme Freundner-Huneke, Stephanie Gerecke, Dr. Thomas Heinlein, Johanna von der Heyd, Dr. Stefanie Jerems, Tina Keil, Sandra Schuller-Knoblauch, Ralph Möllers, Ulrike Raßhofer, Anke Roß, Sigi Schulz, Albert Steinkamp, Matthias Volk, Reiner Wagner, Reinhard Wendt-Eberhöfer, Andreas Wörle, Annely Zeeb

Dieses Werk ist in Teilen eine Übernahme aus folgenden Titeln
ISBN: 978-3-14-117080-1, ISBN: 978-3-14-117124-2, ISBN: 978-3-14-117144-0,
ISBN: 978-3-14-117102-0, ISBN: 978-3-14-117113-6, ISBN: 978-3-14-151706-4,
ISBN: 978-3-14-117041-2, ISBN: 978-3-14-117052-8, ISBN: 978-3-14-117133-4,
ISBN: 978-3-14-151730-9, ISBN: 978-3-14-117386-4

Vorbereiten. Organisieren. Durchführen.
BiBox ist das umfassende Digitalpaket zu diesem Lehrwerk mit zahlreichen Materialien und dem digitalen Schulbuch. Für Lehrkräfte und für Schülerinnen und Schüler sind verschiedene Lizenzen verfügbar. Nähere Informationen unter **www.bibox.schule**

© 2022 Bildungshaus Schulbuchverlage Westermann Schroedel Diesterweg Schöningh Winklers GmbH, Georg-Westermann-Allee 66, 38104 Braunschweig
www.westermann.de

Druck A² / Jahr 2023
Alle Drucke der Serie A sind im Unterricht parallel verwendbar.

Redaktion: Raffael Gall
Illustrationen: Hendrik Kranenberg, Michael Römer, Ingrid Schobel, Werner Wildermuth
Grundlayout: Janssen Kahlert, Design & Kommunikation GmbH, LIO Design GmbH
Umschlaggestaltung: LIO Design GmbH
Druck und Bindung: Westermann Druck GmbH, Georg-Westermann-Allee 66, 38104 Braunschweig

ISBN 978-3-14-**151659**-3

Inhalt

Chemische Reaktionen

Metalle und Metallgewinnnung

Ökosystem Wald

Ökosystem See und Stadt

Optische Instrumente

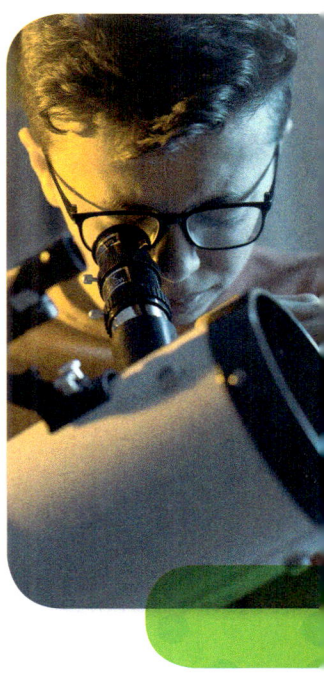

Erforschung des Weltalls

Entwicklung des Lebens

Die chemischen Elemente der Erde

Die elektrische Energie

Elektronen werden übertragen

Kräfte in Natur und Technik

Sexualität und Partnerschaft

Anhang

Basiskonzepte anwenden

Basiskonzepte

In allen Bereichen der Naturwissenschaften können unterschiedliche Merkmale und Eigenschaften beobachtet werden. Dabei tauchen immer wieder gleiche Regeln oder Muster auf. Diese Sachverhalte werden als **Basiskonzepte** bezeichnet. Sie helfen dir, Prinzipien und Zusammenhänge in den Naturwissenschaften besser zu verstehen.

Mithilfe der Basiskonzepte kannst du ein naturwissenschaftliches Phänomen aus verschiedenen Sichtweisen betrachten, Erklärungen finden und strukturiertes Wissen aufbauen.

Es gibt viele verschiedene Basiskonzepte. Ein paar davon sollen dir auf dieser Seite vorgestellt werden.

Basiskonzept Struktur und Funktion

Lebewesen oder Teile von ihnen haben Strukturen, mit denen sie an ihre Umwelt angepasst sind. Jede Struktur hat eine ganz bestimmte Funktion.

Beispiele:

① Die Struktur Wurzel hat die Funktionen, viel Wasser aufnehmen zu können und die Pflanze im Boden zu verankern.

② Ein Lebewesen besteht aus unterschiedlichen Organen, die zusammenarbeiten. Nur dann ist ein Organismus, wie zum Beispiel das Augentierchen, lebensfähig.

③ Die Oberflächenstruktur eines Hormons hat die Funktion, nur an Rezeptoren bestimmter Zellen andocken und damit wirken zu können.

Basiskonzept Entwicklung

Alles in der Natur verändert sich ständig. Lebewesen entwickeln sich im Laufe ihres Lebens. Ebenso verändern sich die Lebewesen im Laufe vieler Generationen.

Beispiele:

① Ein Mensch entwickelt sich aus einer befruchteten Eizelle.

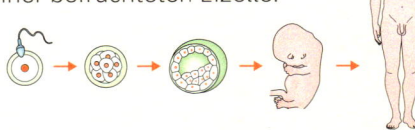

② Im Laufe der Erdgeschichte haben sich aus einfachen Wasserlebewesen die komplexen Landtiere entwickelt.

Basiskonzept System

Systeme bestehen aus unterschiedlichen Teilen, die sich untereinander austauschen. Zusammen bilden sie eine funktionierende Einheit mit besonderen Eigenschaften.

Beispiele:

① In einem Ökosystem bilden viele unterschiedliche Arten ein Nahrungsnetz. Sie bilden eine Lebensgemeinschaft.

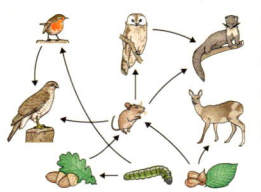

② Der Solarkocher ist ein System (→ Bild 1). Er besteht aus verschiedenen Bauteilen. Nur, wenn alle Teile vorhanden sind, funktioniert der Solarkocher

Beispiel Solarkocher

Mit einem Solarkocher kannst du ein Ei braten. Das ist ein naturwissenschaftliches Phänomen. Dazu kannst du viele Fragen stellen:
• Wie ist der Solarkocher aufgebaut?
• Woher stammt die Energie zum Braten?
• Warum verändern sich die Eigenschaften des Eies?

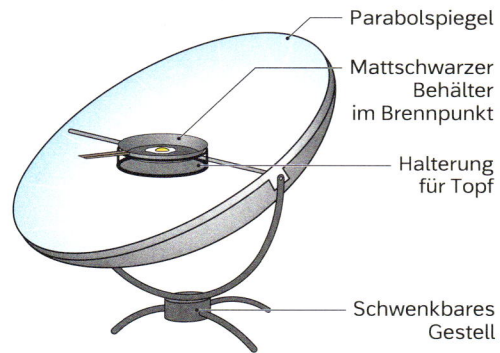

Parabolspiegel
Mattschwarzer Behälter im Brennpunkt
Halterung für Topf
Schwenkbares Gestell

1 Aufbau eines Solarkochers

Basiskonzept Wechselwirkung

Körper oder Systeme können sich gegenseitig beeinflussen. So besteht eine Wechselwirkung zwischen den beiden Körpern oder Systemen.

Beispiele:
① Die Sonnenstrahlen treffen auf den Spiegel des Solarkochers.
② Durch den Spiegel werden die Sonnen strahlen in eine andere Richtung abgelenkt.
③ Aufgrund der Wechselwirkung zwischen dem Spiegel des Solarkochers und den Sonnenstrahlen wird das Sonnenlicht auf den Pfannenboden gelenkt.

Basiskonzept Energie

Energie gibt es in verschiedenen Formen. Energie kann von einer Energieform in eine andere umgewandelt werden. Energieträger speichern und transportieren Energie. Wenn ein Ei gebraten werden soll, muss es erhitzt werden.

Beispiele:
① Sonnenlicht gelangt auf den Spiegel des Solarkochers.
② Die Spiegel des Solarkochers lenken die Energie des Sonnenlichtes auf die Pfanne um.
③ An der Pfanne wird Licht in Wärme umgewandelt.

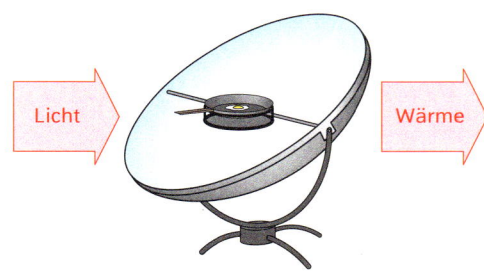

Licht   Wärme

1 Nenne die auf dieser Seite vorgestellten Basiskonzepte.

2 a) Beschreibe jedes Basiskonzept an einem Beispiel.
b) Finde weitere Beispiele zu jedem Basiskonzept.

3 ‖ Erkläre am Beispiel eines Basiskonzeptes, wie dieses Konzept dir helfen kann, neue Sachverhalte zu verstehen.

4 ‖ Recherchiere weitere Basiskomzepte und unterscheide diese von den auf diesen Seiten vorgestellten Basiskonzepten.

1 Sicheres Experimentieren im Labor?

Sicheres Experimentieren

Die Sicherheitseinrichtungen

In den Fachräumen für Naturwissenschaften gibt es besondere **Sicherheitseinrichtungen.** Sie stellen sicher, dass du ungefährdet arbeiten kannst:

Not-Ausschalter: Der Not-Ausschalter befindet sich häufig neben den Türen und am Lehrerpult. Wird der rote Knopf gedrückt, wird der elektrische Strom abgeschaltet und die Gaszufuhr wird sofort unterbrochen.

Löschmittel: Ein kleiner Brand kann häufig mit einer Löschdecke oder einem Feuerlöscher gelöscht werden. Bei größeren Bränden muss man schnell die Feuerwehr rufen.

Erste-Hilfe-Kasten: Bei kleineren Verletzungen kann im Erste-Hilfe-Kasten Verbandsmaterial gefunden werden. Bei schwereren Verletzungen muss man schnell eine Ärztin oder einen Arzt rufen.

Fluchtweg: Das grüne Schild zeigt einem den schnellsten Fluchtweg ins Freie. Bei einem Brand bringt man sich in Sicherheit und sammelt sich an einem Sammelplatz.

Verhalten in Fachräumen

- Folge den Anweisungen der Lehrkraft.
- Trinke und iss nicht in den naturwissenschaftlichen Fachräumen.
- Melde zerbrochenes Glas und defekte Geräte der Lehrkraft.
- Hänge deine Jacke oder deinen Mantel an der Garderobe auf.
- Stelle deine Schultasche so ab, dass niemand darüber stolpert.
- Bewahre bei Unfällen oder Feuer Ruhe.
- Verlasse den Fachraum auf dem Fluchtweg und gehe zum Sammelplatz

Verhalten beim Experimentieren

- Beachte die Sicherheitsvorschriften.
- Beginne mit dem Versuch erst dann, wenn deine Lehrerin oder dein Lehrer dich dazu auffordert.
- Benutze nach Anweisung eine Schutzbrille und Schutzhandschuhe.
- Binde lange Haare zusammen.
- Verlasse während des Versuches nicht deinen Arbeitsplatz und verhalte dich ruhig.

Gefahren-Piktogramme

Auskunft über die Gefährlichkeit einer Chemikalie geben die **Gefahren-Pikto-gramme** (→ Bild 2). Gefahren-Piktogram-me sind in der Chemie wichtig, weil du sofort erkennen kannst, ob eine Chemikalie gefährlich ist.

Piktogramm	Stoffe mit diesem Piktogramm
	...sind explosionsgefährlich durch Feuer, Schlag, Reibung, Erwärmung.
	...sind entzündbar. Erzeugen mit Wasser entzündbare Gase oder sind selbstentzündbar.
	...verstärken Brände und wirken entzündend.
	...sind Gase. Ihre Gasflaschen unter Druck können beim Erhitzen explodieren.
	...zerstören Metalle. Verätzen Haut, Augen, Schleimhäute.
	...führen in kleineren Mengen zu schweren gesundheitlichen Schäden oder zum Tode.
	...reizen die Augen, die Haut und die Atemwegsorgane. Sie sind gesundheitsschädlich
	...wirken allergieauslösend, krebserzeugend oder erbgut-verändernd.
	...sind für Wasserorganismen schädlich, giftig oder sehr giftig.

2 Gefahren-Piktogramme und ihre Bedeutung

Abfallentsorgung

Chemikalien müssen besonders aufbe-wahrt werden. Das gilt auch für Chemi-kalien, die nach einem Versuch übrig geblieben sind. Da entnommene Chemika-lien durch das Experimentieren verunreinigt sein können, darfst du sie nicht in die Vorratsflaschen zurückgeben. Chemikalien-reste dürfen nicht einfach über den Müll entsorgt werden. Sie dürfen auch nicht in Lebensmittelbehältern aufbewahrt werden, da sie sonst leicht verwechselt werden können. Sie sind teilweise giftig oder schädlich für die Umwelt. Für die Entsor-gung gibt es im Chemieraum spezielle Abfallbehälter. Achte darauf, die Reste in den richtigen Behältern zu entsorgen (→ Bild 3).

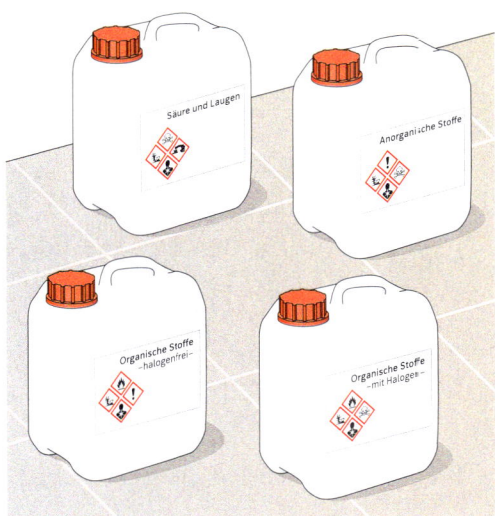

3 Abfallbehälter für Chemikalienreste

① Nenne die Sicherheitseinrichtungen in deinem naturwis-senschaftlichen Fachraum.

② Betrachte Bild 1 und beschreibe, was die Schülerinnen und Schüler richtig machen und was sie falsch machen.

Starthilfe zu 2:

richtig	falsch

③ Lass dir von deiner Lehrkraft einige Chemikalenbehälter mit den Gefahrstoffsymbo-len und den Gefahrstoffhinweisen zeigen. Beschreibe die Verhaltensweisen, die beim Umgang mit den verschiedenen Chemikalien notwendig sind. Nutze die Informationen im Anhang des Buches, um die Gefahrstoffhinweise zu verstehen.

④ Begründe, dass du Chemikalien nie in Lebensmittelbehältern, wie zum Beispiel Getränkeflaschen, aufbewahren darfst.

Eine Gruppenarbeit planen, durchführen und bewerten

A

B

C

1 Gruppenarbeit: **A** Planung, **B** Durchführung, **C** Bewertung

> **Wichtig:** Jedes Gruppenmitglied muss sich auf das andere verlassen können. Das Ergebnis wird nur dann erreicht, wenn jedes seinen Teil dazu beiträgt.

Eine Gruppenarbeit planen

Im Nawi-Unterricht arbeitet ihr oft genauso wie Wissenschaftlerinnen und Wissenschaftler im Team zusammen. Eine Gruppenarbeit müsst ihr gut planen:

Schritt 1: **Planung:** Jedes Gruppenmitglied erhält eine feste Aufgabe, damit es sich einbringen kann. Verteilt dafür folgende Rollen: Schreiberin oder Schreiber, Sprecherin oder Sprecher, Zeitwächterin oder Zeitwächter, Gruppenleiterin oder Gruppenleiter.

Schritt 2: **Durchführung:** Die Gruppenarbeit benötigt ein Ziel. Legt gemeinsam fest, was ihr entdecken oder herausfinden möchtet.

Schritt 3: **Bewertung:** Um das Ziel zu erreichen, ist weitere Planung wichtig: Welche einzelnen Schritte sind nötig? Welche Materialien benötigt ihr?

Eine Gruppenarbeit durchführen

Für eine Gruppenarbeit solltet ihr folgende Regeln berücksichtigen:
- Es redet immer nur ein Gruppenmitglied, die anderen hören aufmerksam zu.
- Gibt es unterschiedliche Meinungen, einigt ihr euch gemeinsam auf das Vorgehen.

Eine Gruppenarbeit bewerten

Zum Abschluss sprecht ihr über eure Gruppenarbeit. Haben wir unser Ziel erreicht?
- Haben wir die Aufgaben gleichmäßig verteilt?
- Hat jedes Gruppenmitglied die Aufgaben erledigt?
- Haben sich alle an die Regeln gehalten?

1 Arbeitet in einer Gruppe!
  a) Erstellt Rollenkärtchen. Legt fest, welche Aufgaben von jeder Rolle erledigt werden sollen.
  b) Stellt weitere Regeln für eine gute Gruppenarbeit auf.
  c) Erstellt einen Bewertungsbogen für eine gute Gruppenarbeit.
  d) Präsentiert eure Ergebnisse der Klasse und diskutiert gemeinsam.

2 Nenne Vorteile und Nachteile einer Gruppenarbeit.

ÜBEN UND ANWENDEN

A Gefahren-Piktogramme zuordnen

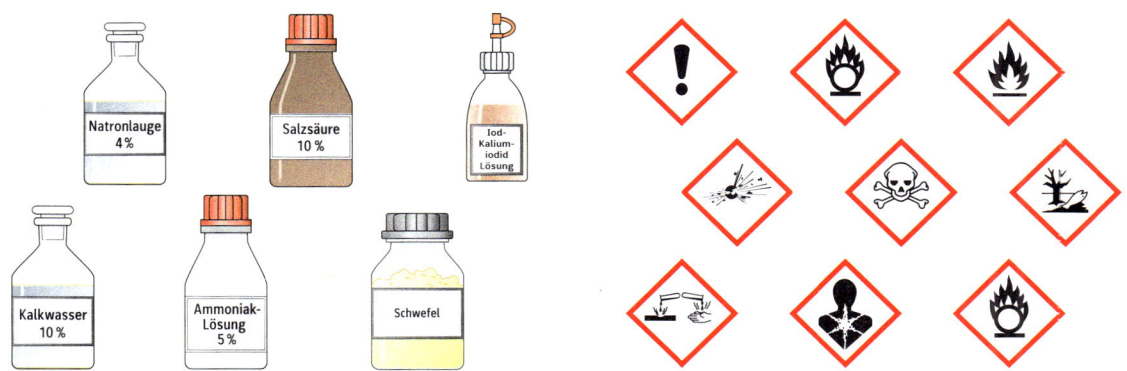

2 Oft verwendete Chemikalien im Chemieunterricht   3 Gefahren-Piktogramme

1 Auf den Chemikaliengefäßen in Bild 2 fehlen die Gefahren-Piktogramme.
Ordne den Chemikalien die richtigen Piktogramme zu. Nutze dazu die Gefahrstoff-Liste am
Ende des Buches.

B Chemikalien richtig entsorgen

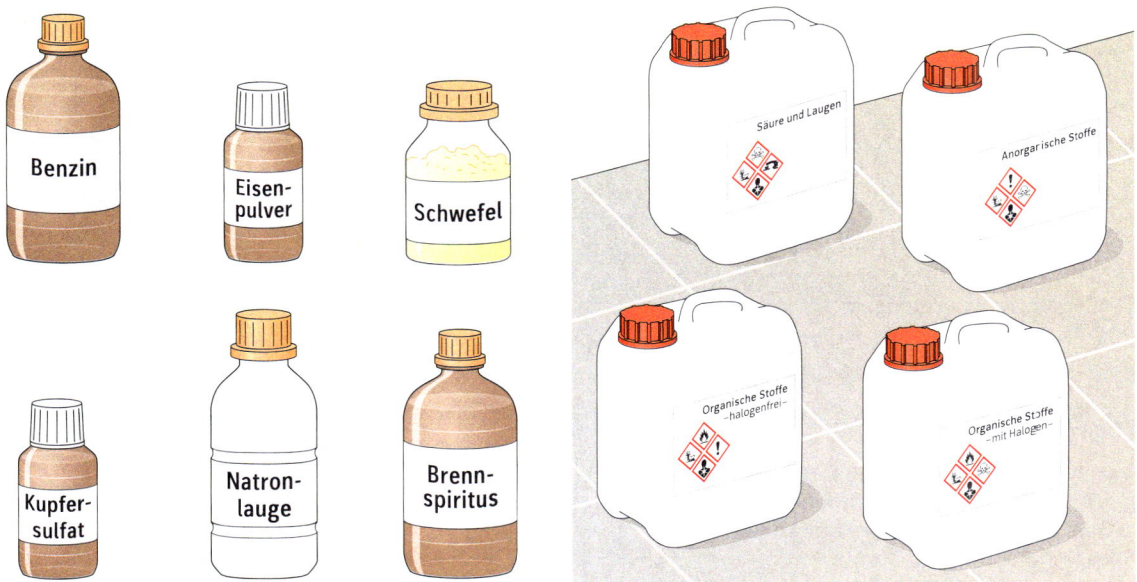

4 Chemikalien und Abfallbehälter

1 Ordne die Chemikalien den richtigen Entsorgungsbehältern zu. Nutze dazu die Gefahrstoff-
Liste am Ende des Buches.

1 Gasbrenner für Erd- und Propangas

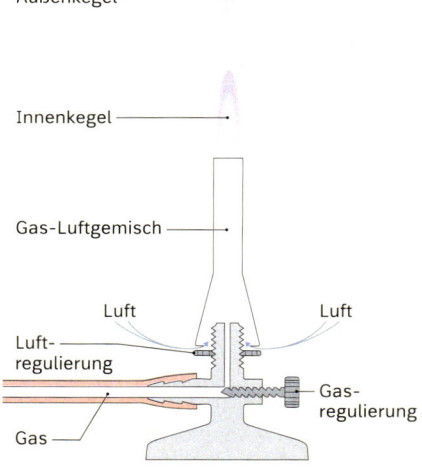

Außenkegel

Innenkegel

Gas-Luftgemisch

Luft   Luft

Luft-
regulierung

Gas-
regulierung

Gas

2 Aufbau eines Gasbrenners

Der Gasbrenner

Der Gasbrenner

Im naturwissenschaftlichen Unterricht führst du häufig Versuche durch, bei denen Stoffe erhitzt werden. Für diese Versuche wird oft ein Gasbrenner verwendet (→ Bild 1). Damit du mit ihm sicher umgehen kannst, musst du folgende Regeln beachten:

Vorbereitung

① Stelle den Gasbrenner standsicher auf eine feuerfeste Unterlage.
② Schließe den Gasschlauch des Brenners an die Gasleitung am Tisch an und kontrolliere die Standsicherheit.
③ Schließe die Gas- und Luftzufuhr des Brenners.
④ Setzte deine Schutzbrille auf und binde deine Haare hinten zusammen.

Entzünden der Brennerflamme

① Öffne das Gasventil am Tisch. Lass das Gas nie zu lange unangezündet ausströmen.
② Öffne die Gasregulierung am Brenner und entzünde das Gas. Stelle die Höhe der Flamme mit der Gasregulierung am Brenner ein.
③ Öffne die Luftregulierung bis die blaue, nicht leuchtende Flamme sichtbar wird.
④ Öffne die Luftzufuhr weiter bis die rauschende Brennerflamme zu hören ist.

Löschen der Brennerflamme

① Schließe die Luftregulierung am Brenner.
② Schließe die Gasregulierung am Brenner.
③ Schließe das Gasventil am Tisch.

Achtung! Ist das Gas zu lange unangezündet ausgeströmt, schließe die Gaszufuhr. Warte 30 Sekunden und beginne von vorn.

Bei der Inbetriebnahme eines Gasbrenners sind die oben genannten Regeln zu beachten.

Leuchtende Flamme: Luftregulierung geschlossen.
Blaue, nicht-leuchtende Flamme: Luftregulierung geöffnet.
Rauschende Flamme: Luftregulierung ganz geöffnet.

Die Flammenarten

An einem Gasbrenner kannst du verschiedene Flammenarten einstellen (→ Bild 3). Für eine Verbrennung wird immer Sauerstoff benötigt. Je mehr Sauerstoff bei einer Verbrennung zur Verfügung steht, desto heftiger ist die Verbrennung. Durch das Drehen der Luftregulierung am Gasbrenner kannst du einstellen, wie viel Sauerstoff der Verbrennung zugeführt wird. In Bild 3A ist die Sauerstoffzufuhr ganz geschlossen. In Bild 3B ist sie halb geöffnet und in Bild 3C ist sie ganz geöffnet. Bei chemischen Versuchen arbeitest du meist mit der rauschenden Brennerflamme wie in Bild 3C, da diese am heißesten brennt.

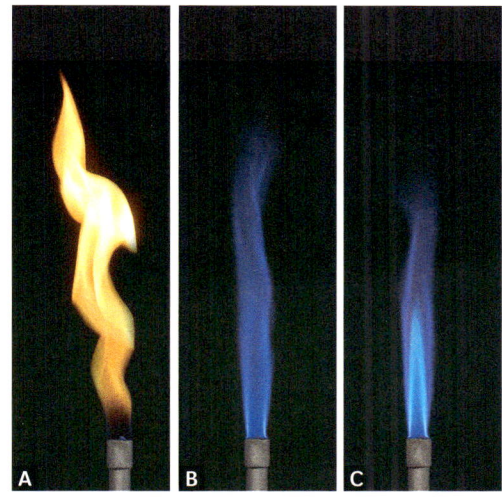

3 A leuchtende Flamme, **B** nicht-leuchtende Flamme, **C** rauschende Flamme

Die Flammenzonen

Du erkennst in Bild 4, dass die rauschende Brennerflamme unterschiedlich stark leuchtet. Sie wird in drei verschieden heiße Zonen eingeteilt. Oben an der Spitze leuchtet die Flamme schwach bläulich. Dort beträgt die Temperatur ca. 1000 °C. Das ist der **Außenkegel.** In der Mitte leuchtet sie am hellsten mit ca. 1200 °C. Diese Zone heißt **Innenkegel.** Diese Stelle nutzt du, um etwas möglichst schnell zu erhitzen. Direkt an der Brenneröffnung leuchtet die Flamme wieder schwach bläulich. Dort beträgt die Temperatur nur noch ungefähr 450 °C.

Für Versuche in der Chemie nutzt du die rauschende Flamme.

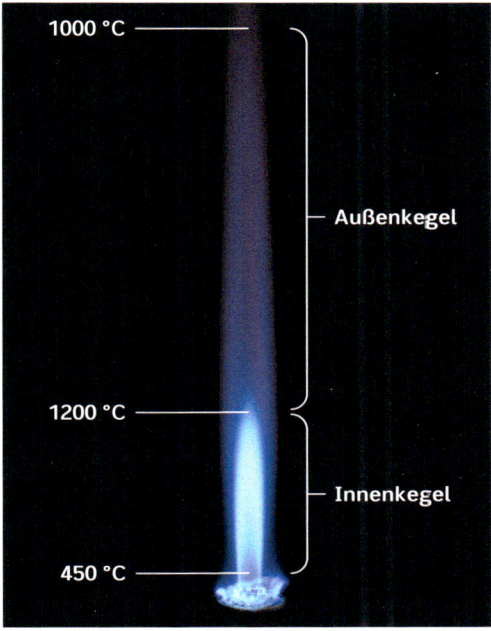

4 Die Flammenzonen der rauschenden Flamme

1 Nenne vier Sicherheitsmaßnahmen, die du vor dem Entzünden des Gasbrenners unbedingt beachten musst.

2 | Beschreibe die Schritte, die du zum Entzünden und zum Löschen der Brennerflamme durchführen musst.

3 || Beschreibe die verschiedenen Flammenarten und erläutere den Zusammenhang zwischen der Luftzufuhr und den Flammenarten.

4 ||| Stelle eine Vermutung an, warum die Temperatur der Flamme direkt an der Brenneröffnung nur ca. 450 °C beträgt.

Starthilfe zu 4:
Eine Verbrennung benötigt immer...

 **METHODE**

Recherchieren – strukturieren – präsentieren

Überall Informationen

Du sollst zu einem bestimmten Thema einen Vortrag halten oder eine Facharbeit schreiben. Heutzutage findest du im Internet unzählige Texte, Bilder und Filme, die an sehr unterschiedliche Lesergruppen gerichtet sind. Der Betreiber eines Kraftwerkes nennt ausschließlich die Vorteile seiner Anlage. Eine Gruppe von Umweltschützern stellt die Nachteile einer Anlage in den Vordergrund. Die folgenden Tipps sollen dir helfen, die Inhalte für dein Thema zu werten, sorgfältig auszuwählen und gut zu strukturieren.

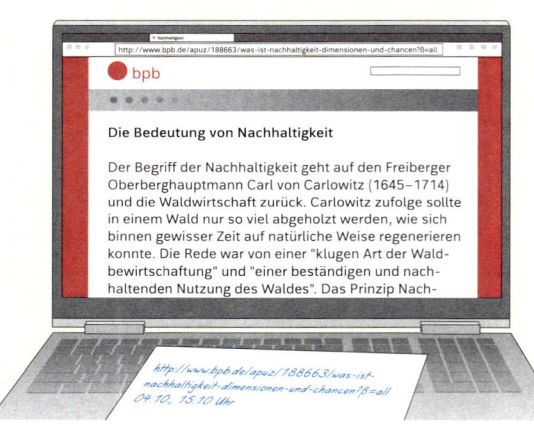

1 Kombiniere Suchworte

Informationen recherchieren

Schritt 1: Stelle dir Fragen zu deinem Thema und überlege dir eine grobe Gliederung.

Schritt 2: Kombiniere das Hauptwort deines Themas mit einem wichtigen Wort aus deinen Fragen und gib diese Kombination in eine Suchmaschine ein.

Schritt 3: Die Suchmaschine bietet dir eine Vielzahl von Ergebnissen an. Schau dir genau an, wer die Seite bereitgestellt hat. Wähle einige Seiten sorgfältig und kritisch aus. Lass dich eventuell von deiner Lehrkraft beraten.

Informationen sortieren und gliedern

Schritt 1: Kopiere die Texte in ein Textverarbeitungsprogramm. Notiere alle Quellen sorgfältig mit Internetadresse, Datum und Uhrzeit deiner Recherche.

Schritt 2: Lies die Texte aufmerksam durch.

Schritt 3: Lösche Absätze, die für die Beantwortung deiner Fragen unwichtig sind oder die du nicht verstehst.

Schritt 4: Markiere wie in Bild 2 wesentliche Informationen in der Textdatei.

Schritt 5: Markiere unbekannte Fachbegriffe mit einer anderen Farbe. Suche im Internet nach verständlichen Begriffserklärungen und ergänze sie in der Datei.

Schritt 6: Schreibe eine Zusammenfassung. Vermeide dabei lange Aufzählungen.

Schritt 7: Formuliere für jeden Gliederungspunkt geeignete Überschriften.

Die Bedeutung von Nachhaltigkeit	Begriffserklärung
Der Begriff der Nachhaltigkeit geht auf den Freiberger Carl von Carlowitz (1645–1714) zurück. Carlowitz zufolge sollte in einem Wald nur so viel abgeholzt werden, wie sich binnen gewisser Zeit auf natürliche Weise regenerieren konnte.	Nachhaltigkeit: geht zurück auf die Waldbewirtschaftung
http://www.bpb.de/apuz/188663/was-ist-nachhaltigkeit-dimensionen-und-chancen 04.10., 15:10 Uhr	regenerieren: auf natürliche Weise nachwachsen

2 Sortiere Informationen

Die Schöpferin oder der Schöpfer eines Werkes wird als **Urheberin** oder **Urheber** bezeichnet. Bei den Werken kann es sich um Texte, Fotos, Bilder, Filme oder Musik handeln. Das **Urheberrecht** schützt den Urheber vor der Verwendung seiner Werke durch Dritte. Verwendest du in einer Recherche fremde Texte oder Abbildungen, bist du **verpflichtet,** die Quellen **anzugeben.**

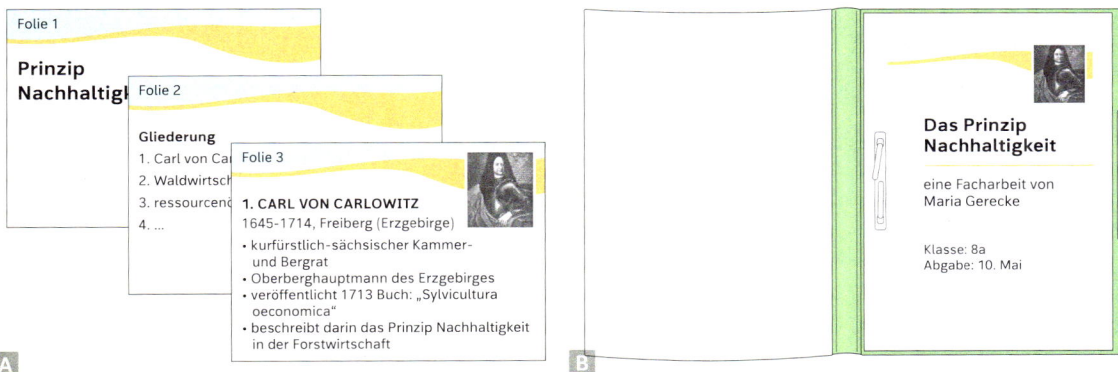

3 Die Informationen kannst du **A** auf Folien präsentieren, **B** in einer Facharbeit zusammenfassen.

Die Informationen präsentieren

Es gibt verschiedene Medien, um die Informationen deines Themas zu präsentieren.
Du kannst einen **Vortrag** mithilfe einer digitalen Präsentation und Anschauungsmaterialien halten. Das Erstellen einer digitalen Präsentation als **Lernvideo** erfordert keine zusätzlichen Worte mehr. Erstellst du eine **Facharbeit,** kann sie von mehreren Personen gelesen werden. (→ Bild 3)

Eine digitale Präsentation erstellen

Schritt 1: Stelle auf der 1. Folie das Thema und eventuell eine Abbildung dar.

Schritt 2: Zeige auf der 2. Folie die Gliederung.

Schritt 3: Lege zu jedem Gliederungspunkt eine weitere Folie an. Liste die wesentlichen Inhalte aus deinen Texten stichpunktartig auf und füge Fotos, Abbildungen und Grafiken ein.

Schritt 4: Notiere alle Quellen in den Fußzeilen der Folien.

Einen Vortrag halten

Benutzt du eine digitale Präsentation für deinen Vortrag, erläuterst du jede Folie mit eigenen Worten. Ohne digitale Präsentation solltest du dir auf nummerierten Kärtchen Stichpunkte für den Vortrag notieren. Versuche dabei so frei wie möglich zu sprechen.

Eine Facharbeit schreiben

Schritt 1: Gestalte ein Deckblatt mit Thema, Name, Klasse, Datum und eventuell einer themenorientierten Abbildung.

Schritt 2: Schreibe ein Inhaltsverzeichnis mit allen Überschriften und Seitenzahlen.

Schritt 3: Binde passende Abbildungen (Fotos, Grafiken) in deine Texte ein.

Schritt 4: Notiere alle Quellen in den Fußzeilen der Seiten oder am Ende der Arbeit.

> **Angabe einer Quelle:**
> Der Begriff der Nachhaltigkeit … . [1]
> [1] https://www.bpb.de/apuz/188663/was-ist-nachhaltigkeit-dimensionen-und-chancen (abgerufen am 30.04.2022)

❶ Recherchiere im Internet den Begriff Nachhaltigkeit.

❷ Entwickle eine sinnvolle Gliederung der Informationen zum Begriff Nachhaltigkeit und wähle für die Abschnitte geeignete Überschriften.

❸ Präsentiere deine gesammelten Informationen mithilfe eines Mediums deiner Wahl.

Chemische Reaktionen

Wozu wird Sauerstoff benötigt?

Was ist typisch für eine chemische Reaktion?

Was ist ein Atommodell?

1 Eine Kerze verbrennt unter bestimmten Bedingungen.

Was geschieht beim Verbrennen?

Bedingungen für eine Verbrennung

Eine brennende Kerze wird immer kleiner. Das Wachs verbrennt. Kurz bevor sie ganz verschwunden ist, erlischt die Kerze. Ohne einen **Brennstoff** kann kein Feuer brennen.

Außerdem ist Luft notwendig. Das kannst du leicht prüfen, indem du ein Glas umgedreht über die Kerze stülpst. So gelangt keine frische Luft mehr an die Kerze. Sie geht bald aus.

Eine dritte Bedingung für ein Feuer ist die hohe Temperatur. Deshalb musst du eine Kerze erst anzünden, damit die Verbrennung in Gang kommt.

Ein Brennstoff, Luft und das Erreichen der **Entzündungstemperatur** sind die Voraussetzungen für eine Verbrennung.

Genauer betrachtet: Die Rolle der Luft

Luft ist ein Gemisch aus verschiedenen Gasen: Stickstoff macht den Hauptanteil aus, aber etwa ein Fünftel der Luft besteht aus **Sauerstoff.** Zusammen machen diese beiden Gase ungefähr 99% der Luft aus. Nur 1 % sind andere Gase, vor allem Argon und Kohlenstoffdioxid. Wissenschaftlerinnen und Wissenschaftler haben untersucht, welche dieser Gase an der Verbrennung beteiligt sind. Dazu haben sie brennende Kerzen in ein Gefäß mit jeweils nur einem dieser Gase gegeben. Das Ergebnis siehst du in Bild 2: In allen Gasen, außer in Sauerstoff, geht die Kerze aus. Im Sauerstoff brennt sie dagegen umso heftiger.Es muss also der Sauerstoff sein, der für die Verbrennung verantwortlich ist.

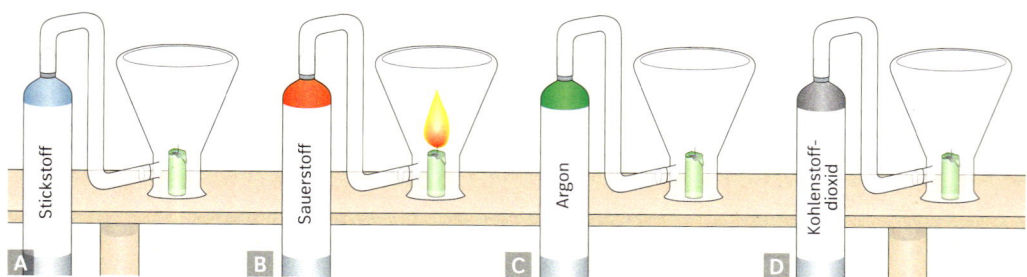

2 Eine Kerze im Labor: **A** in Stickstoff, **B** in Sauerstoff, **C** in Argon, **D** in Kohlenstoffdioxid

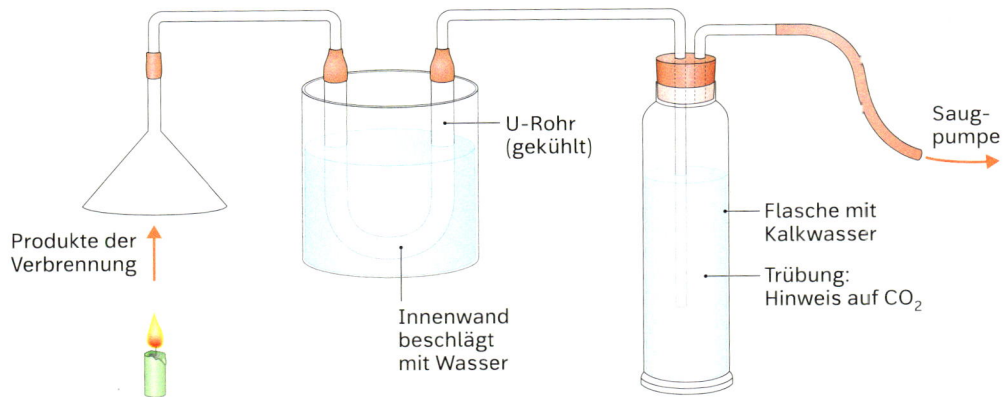

3 Untersuchung von Verbrennungsprodukten im Labor

Was bei der Verbrennung entsteht

Eine Kerze verbrennt nicht spurlos, wie du leicht feststellen kannst: Über der Flamme steigen heiße Gase auf. Du erkennst das am Flimmern über der Flamme. Diese Gase entstehen bei der Verbrennung. Es sind die Verbrennungs**produkte.** Genau wie die Ausgangsstoffe, die **Edukte,** können auch die Produkte der Verbrennung genauer untersucht werden.

Versuch zur Verbrennung

Bild 3 zeigt einen Aufbau, mit dem genau das möglich ist. Beim Abkühlen kondensiert aus den heißen Gasen eine Flüssigkeit. Es ist **Wasser.** Bei der Verbrennung von Wachs entsteht also Wasser. In Kalkwasser verursachen die Gase eine Trübung. Dies ist ein Nachweis für Kohlenstoffdioxid.

Chemische Reaktion

Die Untersuchungen belegen: Bei der Verbrennung einer Kerze entstehen aus den Edukten Wachs und Sauerstoff die Produkte Wasser und Kohlenstoffdioxid.

> Werden ein oder mehrere Edukte zu einem oder mehreren Produkten umgewandelt, ist dies eine **chemische Reaktion.**

Eine chemische Reaktion lässt sich in einem **Reaktionsschema** beschreiben:

> Wachs + Sauerstoff →
> Kohlenstoffdioxid + Wasser

Du liest: Wachs und Sauerstoff reagieren zu Kohlenstoffdioxid und Wasser.

1 Nenne am Beispiel der Verbrennung einer Kerze ein wesentliches Kennzeichen von chemischen Reaktionen.

2 Beschreibe Experimente, die zeigen, welcher Bestandteil der Luft beim Verbrennen reagiert.

Starthilfe zu 2:
Nimm Abbildung 2 zu Hilfe.

3 Erläutere mithilfe der Bedingungen für einen Verbrennungsvorgang mögliche Brandschutzmaßnahmen, die eine unkontrollierte Verbrennung verhindern können.

4 Erdgas verbrennt mit Sauerstoff aus der Luft zu Kohlenstoffdioxid und Wasser.
  I a) Erkläre an diesem Beispiel die Begriffe Edukt und Produkt.
  II b) Schreibe das Reaktionsschema zu dieser chemischen Reaktion.

A Analyse verschiedener Brennstoffe

1 Versuchsaufbau

Kohle, Petroleum und Erdgas haben unterschiedliche Aggregatzustände. Es sind unterschiedliche Brennstoffe, die sich auch in ihrer chemischen Zusammensetzung unterscheiden.

Material: Glastrichter, Glasrohre, hitzebeständige Verbindungen (z. B. Silikonschläuche), Gaswaschflasche mit Kalkwasser, Wanne mit Eiswasser, U-Rohr, Saugpumpe, Öllampe mit Petroleum, Porzellantiegel mit Kohlestückchen, Tiegelzange, Schutzbrille

Durchführung:

Schritt 1: Baue den Versuch auf, der in Bild 1 zu sehen ist. Füllt das Eiswasser und das Kalkwasser ein.

Schritt 2: Schaltee die Saugpumpe ein, sodass Luft durch die Apparatur gesaugt wird.

Schritt 3: Entzünde den Gasbrenner, stellt die leuchtende Flamme so klein wie möglich ein.

Schritt 4: Bringe die Flamme unter den Trichter, sodass die Abgase eingesogen werden. Der Abstand darf nicht zu klein sein, sonst wird die Apparatur zu heiß.

Schritt 5: Beobachte die Veränderungen im U-Rohr und im Kalkwasser.

Schritt 6: Bevor du diese Schritte mit dem nächsten Brennstoff wiederholst, wechsele das Kalkwasser aus und trockne das U-Rohr.

Hinweis: Halte die Kohlestückchen mit der Zange zum Anzünden kurz in die Brennerflamme, dann glühend unter den Trichter.

1 Erstelle ein Protokoll, indem du die folgenden Teilaufgaben erledigst.
a) Zeichne den Aufbau in dein Heft.
b) Ordne die links unter „Material" genannten Materialien zu und beschrifte deine Zeichnung entsprechend.
c) Lege eine Tabelle mit deinen Beobachtungen an: Eine Zeile je Brennstoff, je eine Spalte für das U-Rohr und die Waschflasche.
d) Bei einem der drei Brennstoffe sollten die Beobachtungen etwas anders ausfallen, als bei den anderen beiden. Nenne den entsprechenden Brennstoff und die abweichende Beobachtung.
e) Erstelle für jeden Brennstoff das Reaktionsschema der Verbrennung.

FORSCHEN UND ENTDECKEN

B Mit der Glimmspanprobe Sauerstoff nachweisen

Material: Holzspan, Reagenzglas mit Sauerstoff und Stopfen, Streichhölzer, Schutzbrille

Durchführung:
Schritt 1: Entzünde einen Holzspan mit einem Streichholz. Blase die Flamme vorsichtig aus, sodass der Span noch glimmt.
Schritt 2: Halte den glimmenden Holzspan in das leere Reagenzglas.
Schritt 3: Halte den glimmenden Holzspan in das Reagenzglas mit Sauerstoff.

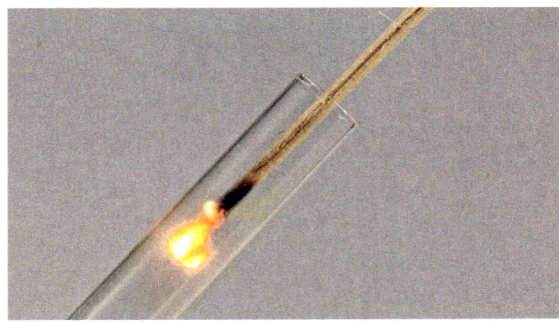

2 Reagenzglas mit glimmendem Holzspan

1 Beschreibe deine Beobachtungen.

C Mit der Kalkwasserprobe Kohlenstoffdioxid nachweisen

Material: Reagenzglas, Reagenzglasklammer, Erlenmeyerkolben, durchbohrter Stopfen, Glasrohr, Calciumhydroxidlösung, Sprudelwasser, Schutzbrille

Durchführung:
Schritt 1: Fülle Sprudelwasser in den Kolben, setze den Stopfen mit Glasrohr auf.
Schritt 2: Tauche das andere Ende des Glasrohres in das Kalkwasser im Reagenzglas.
Schritt 3: Schwenke vorsichtig den Kolben.

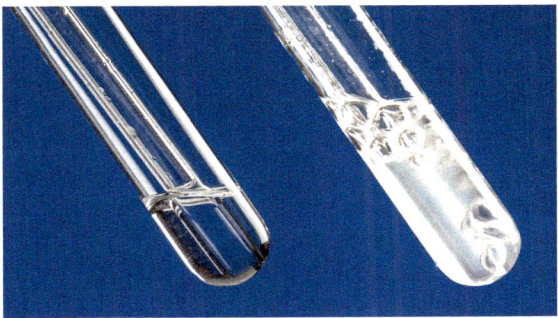

3 Reagenzglas vor und nach dem Einleiten

1 Beschreibe deine Beobachtungen.

D Mit weißem Kupfersulfat Wasser nachweisen

Material: Uhrglas, weißes Kupfersulfat, Spatel, Pipette, Wasser, Schutzbrille

Durchführung:
Schritt 1: Gib mit dem Spatel wenig Kupfersulfat auf das Uhrglas.
Schritt 2: Tropfe mithilfe der Pipette ein paar Tropfen Wasser auf das Kupfersulfat.

1 Beschreibe deine Beobachtungen.

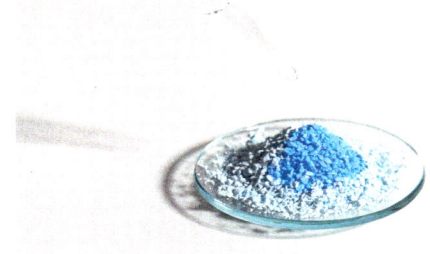

4 Uhrglas mit Kupfersulfat

1 Luftiger Zuckerspaß am Lagerfeuer

Bedingungen für eine Verbrennung

Feuer bringt Licht und Wärme

Mashmallows am Lagerfeuer rösten macht
Spaß und schmeckt gut (→ Bild 1).
Ein Feuer bringt aber auch Licht und
spendet Wärme. Doch was wird für ein
richtiges Lagerfeuer gebraucht?

Ein Lagerfeuer entzünden

Zuerst wird Holz benötigt. Dicke Holzstücke
brennen aber nicht so leicht. Daher werden
zunächst zerknülltes Papier und dann
dünne, trockene Zweige auf die Feuerstelle
gelegt.
Anschließend werden einige dickere
Holzstücke wie ein Zelt darüber aufgestellt.
Dabei werden die sie in einem Kreis
aufgestellt und am oberen Ende aneinander gelehnt.
Das Feuer kann nun mit Streichhölzern
entzündet werden. Das dünne Papier wird
durch die Streichholzflamme schnell heiß
und beginnt zu brennen. Das Papier
entzündet die dünnen Äste und später
beginnen die größeren Holzscheite zu
brennen.

Das Verbrennungsdreieck

Brennbares Material muss bis zu einer
bestimmten Temperatur erhitzt werden,
damit es zu brennen beginnt. Für jede
Verbrennung wird außerdem Sauerstoff
benötigt. Deshalb ist es wichtig, dass
immer ausreichend Sauerstoff an das
Brennmaterial kommt.
Das **Verbrennungsdreieck** zeigt diese
Bedingungen (→ Bild 2). Das Feuer geht
aus, wenn eine der drei Bedingungen nicht
mehr vorhanden ist.

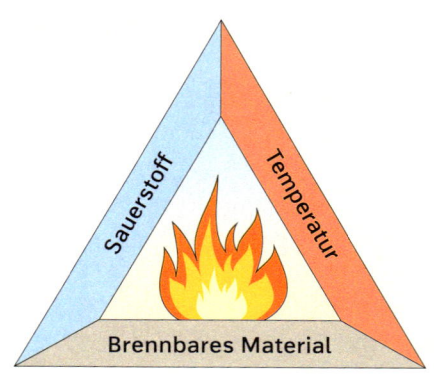

2 Das Verbrennungsdreieck

Zerteilungsgrad nimmt zu

3 Zerteilungsgrad von Holz: **A** dickes Holzstück, **B** Holzscheite, **C** Holzspäne, **D** Holzstaub

Feuer brennt unterschiedlich schnell

Ein dickes Holzstück kannst du nicht so einfach verbrennen. Für ein Kaminfeuer solltest du Holz in kleinere Stücke hacken. Diese verbrennen dann schneller. Dünne Holzspäne verbrennen noch schneller. Feiner Holzstaub kann sogar explodieren, wenn er angezündet wird. Es handelt sich immer um das gleiche brennbare Material, den Brennstoff Holz. Trotzdem verläuft die Verbrennung unterschiedlich schnell.

Der Zerteilungsgrad

Die Verbrennungsgeschwindigkeit hängt davon ab, wie stark ein Brennstoff zerteilt ist. Je feiner das Holz zerteilt wird, desto größer ist der **Zerteilungsgrad** (→ Bild 3). Je größer der Zerteilungsgrad ist, desto schneller verbrennt ein Brennstoff.

Die Oberfläche ist entscheidend

Wird ein Baumstamm in zwei Teile zerteilt, entstehen zwei neue Schnittflächen. Dadurch vergrößert sich die Oberfläche.

> Je stärker ein Brennstoff zerteilt ist, desto größer ist seine Oberfläche.

Wenn ein Brennstoff eine große Oberfläche hat, gelangt viel Luft und damit auch viel Sauerstoff an den Brennstoff. Das sorgt für eine schnellere Verbrennung.

Staubexplosion

Eine sehr schnelle und gefährliche Verbrennung ist die Staubexplosion. Die Gefahr ist sehr groß, wenn sich fein gemahlenes Getreide in Silos oder in Mühlen entzündet. Ebenso können Kohlestaubexplosionen in Bergwerken auftreten.

---

1 Beschreibe, wie du ein Lagerfeuer vorbereiten würdest.

Starthilfe zu 1:
Folgende Satzanfänge können dir helfen: Zuerst braucht man... Dieses legt man...

2 Nenne die drei Bedingungen, die gegeben sein müssen, damit ein Feuer brennen kann.

3 Beschreibe den Zusammenhang zwischen dem Zerteilungsgrad und der Verbrennungsgeschwindigkeit.

4 **I** Erkläre, warum du zerknüllte Zeitungsseiten und nicht eine zusammengefaltete Zeitung für das Anzünden eines Feuers verwenden solltest.

5 **II** Wenn man Sand auf ein Feuer gibt, geht es aus. Erkläre.

6 **III** Erkläre, warum es bei der Verbrennung von Holzstaub zu einer Explosion kommen kann.

A Brennbarkeit von Eisen

1 Versuchsaufbau

1 Beschreibe, wie sich die Flamme bei den unterschiedlichen Zerteilungsgraden von Eisen verändert.

2 ‖ Erkläre deine Beobachtungen.

Eisen ist ein wichtiges Metall und wird vielseitig eingesetzt. Willst du seine Brennbarkeit untersuchen, kommt es auf den Zerteilungsgrad an.

Material: Gasbrenner, Anzünder, feuerfeste Unterlage, Tiegelzange, Spatel, Eisennagel, Eisenwolle, Eisenpulver, Schutzbrille

Durchführung:

Schritt 1: Stelle den Brenner auf die feuerfeste Unterlage und entzünde ihn.

Schritt 2: Halte den Eisennagel mit der Tiegelzange in die rauschende Flamme.

Schritt 3: Halte die Eisenwolle mit der Tiegelzange kurz in die Brennerflamme.

Schritt 4: Puste eine Spatelspitze Eisenpulver vorsichtig in die Brennerflamme.

B Die Kerze unter dem Glas

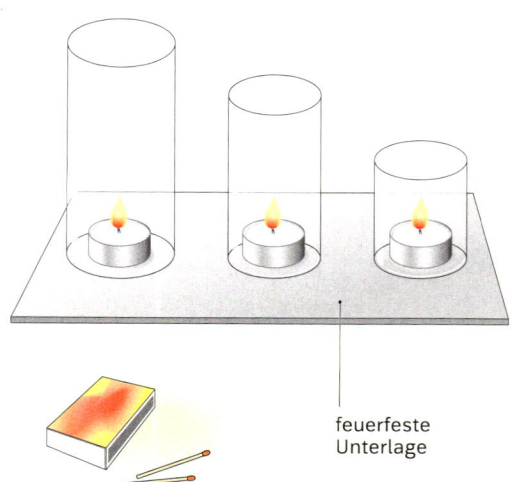

feuerfeste Unterlage

2 Unterschiedliche Bechergläser über den Flammen.

1 Notiere deine Beobachtungen.

2 Erkläre die unterschiedlichen Zeiten, die du gemessen hast.

Für eine Verbrennung sind drei Voraussetzungen notwendig. Eine davon ist die Anwesenheit von Sauerstoff. Dieser ist in der Luft vorhanden.

Material: drei Teelichte, Anzünder, Stoppuhr, großes Becherglas, mittlgroßes Becherglas, kleines Becherglas, Schutzbrille

Durchführung:

Schritt 1: Entzünde ein Teelicht. Stülpe das große Becherglas darüber und stoppe die Zeit, bis das Teelicht erlischt.

Schritt 2: Wiederhole den Versuch mit dem mittelgroßen Becherglas und dem kleinen Becherglas.

Es brennt!

Verhalten im Brandfall

1. Brand melden

Brandmelder betätigen oder Telefon 112

> Meldung bei der Feuerwehr
> • Wer meldet?
> • Wo brennt es?
> • Was ist passiert?
> • Wie viele Verletzte, welche Verletzungen?
> • Warten auf Rückfragen

2. In Sicherheit bringen
- Gefährdete Personen mitnehmen
- Türen und Fenster schließen
- Rettungswegen folgen

3. Nach Möglichkeit einen Löschversuch unternehmen

3 Warnschilder und Hinweisschilder

Regeln für den Umgang mit dem Feuerlöscher

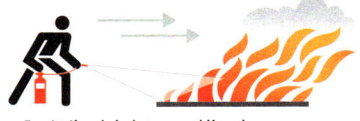

In Windrichtung löschen

Von vorne nach hinten löschen
Strahl auf das brennbare Material halten!

Mehrere Feuerlöscher gleichzeitig einsetzen

Vorsicht vor Wiederentzündung!
Gelöschtes Feuer weiter beobachten

4 Der richtige Umgang mit dem Feuerlöscher

1 Ordne den Warnschildern und den Hinweis-schildern aus Bild 3 folgende Bedeutungen zu: Sammelstelle · Feuerlöscher · Rettungs-weg/Notausgang · Brandmeldetelefon · Erste Hilfe

2 Trainiert in der Klasse die Abgabe einer korrekten Brandmeldung.

3 Erläutere die Regeln für den Umgang mit dem Feuerlöscher.

4 a) Suche in deiner Schule nach Stellen, an denen sich Feuerlöscher befinden.
b) Beschreibe, für welche Stoffe (Brand-klassen) die Feuerlöscher geeignet sind.

1 Löschen eines Waldbrandes

Löschen von Bränden

Vorsicht Waldbrandgefahr

Besonders in trockenen, heißen Sommermonaten entstehen immer wieder Waldbrände. In solchen Zeiten ist daher offenes
Feuer im Wald verboten. Das Grillen ist nur
auf dafür vorgesehenen Plätzen erlaubt.
Zudem ist das Rauchen verboten. Jede
glühende Zigarette kann einen Brand verursachen. Ist ein Feuer ausgebrochen, kann
es mit verschiedenen Methoden gelöscht
werden.

Temperatur senken

Wird Wasser auf ein Feuer gespritzt, kühlt
sich das brennbare Material ab. Dadurch
wird die notwendige Temperatur nicht mehr
erreicht. Das Feuer geht aus.

Entzug von brennbarem Material

Ohne brennbares Material geht ein Feuer
aus. Bei großen Waldbränden werden
Schneisen in den Wald geschlagen.
Schneisen sind Streifen, in denen keine
Bäume stehen. Manchmal werden sie
schon vorher angelegt. So kann ein Feuer
nicht auf das nächste Waldstück
übergreifen.

Entzug von Sauerstoff

Kleinere Brände können mit einer **Löschdecke**, Sand oder einem **Feuerlöscher**
gelöscht werden. Die Decke, der Sand oder
der Schaum aus dem Feuerlöscher bede-
cken das brennbare Material. So kommt
kein Sauerstoff mehr an das Feuer.

2 Löschmethoden: **A** Temperatur senken, **B** Entzug von brennbarem Material, **C** Entzug von
Sauerstoff (Schaumfeuerlöscher)

Wasser als Löschmittel

Wie ein Feuer gelöscht werden kann, hängt vor allem vom brennenden Stoff ab. Wasser kannst du als Löschmittel für viele Feststoffe verwenden. Wenn Metalle, Flüssigkeiten oder Fette brennen, darf aber nicht mit Wasser gelöscht werden.

Achtung Fettbrand

Wenn Fette zu heiß werden, können sie anfangen zu brennen. So einen Fettbrand darf man **niemals mit Wasser löschen!** Versucht man es doch, verdampft das Wasser explosionsartig. Das brennende Öl wird mitgerissen. Es entsteht eine Stichflamme. Das Feuer kann sich im ganzen Raum ausbreiten.
Brennendes Fett wird am besten mit einem Deckel gelöscht. Ohne Sauerstoff geht das Feuer aus.

Verschiedene Feuerlöscher

Für Brände, die nicht mit Wasser gelöscht werden dürfen, gibt es verschiedene Feuerlöscher. Auf den Feuerlöschern stehen verschiedene Brandklassen (→ Bild 4). Sie zeigen an, für welche Stoffe der jeweilige Feuerlöscher geeignet ist. Die Feuerlöscher löschen mit unterschiedlichen Löschmitteln. Sie enthalten entweder **Kohlenstoffdioxid, Schaum** oder **Löschpulver** (→ Bild 5).
Die Löschmittel in den Feuerlöschern sorgen dafür, dass kein Sauerstoff mehr an das Feuer gelangt. Es geht dann aus.

3 Löschen eines Brandes

4 Brandklassen: **A** für Feststoffe, **B** für flüssige Stoffe, **C** für gasförmige Stoffe, **D** für Metalle, **F** für Speisefett, Öle

5 Löschen mit Löschpulver

1 Erkläre die drei Möglichkeiten, ein Feuer zu löschen.

2 Erkläre, dass bei großen Waldbränden Bäume gefällt werden.

3 Nenne zwei Löschmittel und erkläre, wie sie wirken.

4 ‖ Eine umgefallene Kerze hat dein Buch entzündet. Erläutere eine geeignete Löschmethode.

Starthilfe zu 1:
Das Verbrennungsdreieck

Ⓐ Wie löscht ein Kohlenstoffdioxid-Feuerlöscher?

Material: Schutzbrille, Teelicht, Streichhölzer,
2 große Trinkgläser, 1 Päckchen Backpulver, Essig

Durchführung:
Schritt 1: Zünde das Teelicht im Becherglas an.
Schritt 2: Gib das Backpulver in das andere Glas
und füge 20 ml Essig hinzu.
Schritt 3: Halte das Glas mit der Backpulver-
Essig-Mischung leicht schräg über das
Glas mit dem brennenden Teelicht.
Gieße keine Flüssigkeit aus!

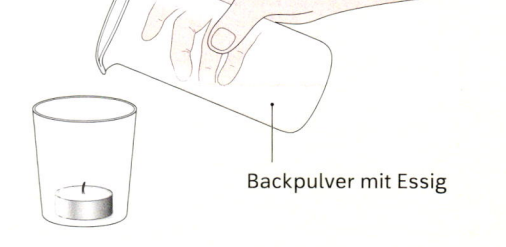

Backpulver mit Essig

1 Löschmittel Kohlenstoffdioxid

❶ Notiere deine Beobachtungen.

❷ Beschreibe die Eigenschaften des entstehenden Gases Kohlenstoffdioxid.

Ⓑ Bau eines Schaumlöschers

Material: Schutzbrille, feuerfeste Unterlage,
Streichhölzer, Porzellanschale, Erlenmeyerkolben, gebogenes Glasrohr, durchbohrter Stopfen,
Spatel, Becherglas, Teelicht, Zitronensäure,
1 Päckchen Backpulver, Leitungswasser, Spülmittel

Durchführung:
Schritt 1: Vermische das Backpulver mit 30 g
Zitronensäure in der Flasche.
Schritt 2: Vermische einige Tropfen Spülmittel
mit ca. 100 ml Wasser im Becherglas.
Schritt 3: Entzünde das Teelicht.
Schritt 4: Schütte das Spülwasser in die Flasche
und setze möglichst schnell den
Stopfen mit dem Glasrohr auf die
Flasche.
Schritt 5: Schwenke die Flasche und halte das
Glasrohr auf das Teelicht.

Wasser mit
Spülmittel

Teelicht

Porzellan-
schale

feuerfeste
Unterlage

Zitronensäure
mit Backpulver

2 Versuchsaufbau zum Bau eines Schaumlöschers

Tipp: Benzin schwimmt auf Wasser.

❶ Notiere die Beobachtung und die Deutung.

❷ ‖ Erkläre, dass Benzinbrände häufig mit
Schaumlöschern bekämpft werden.

Ⓐ Das Verbrennungsdreieck wird angewandt

Im Verbrennungsdreieck sind die drei Voraussetzungen für ein Feuer zusammengefasst. Daran lassen sich auch Möglichkeiten zum Löschen von Bränden ableiten.

Außerdem können mithilfe des Verbrennungsdreiecks Maßnahmen begründet werden, die verhindern, dass sich ein Brand ausbreiten kann.

3 Feuer löschen und vorbeugen

❶ Beschreibe, was auf den Fotos 3A bis 3F dargestellt ist.

❷ Erkläre die Löschmethoden, die im Verbrennungsdreieck dargestellt sind.

❸ Ordne die Fotos den Ziffern des Verbrennungsdreiecks zu.

❹ ‖ Begründe mithilfe des Verbrennungsdreiecks, wie mit den Maßnahmen auf den Bildern Brände gelöscht werden können.

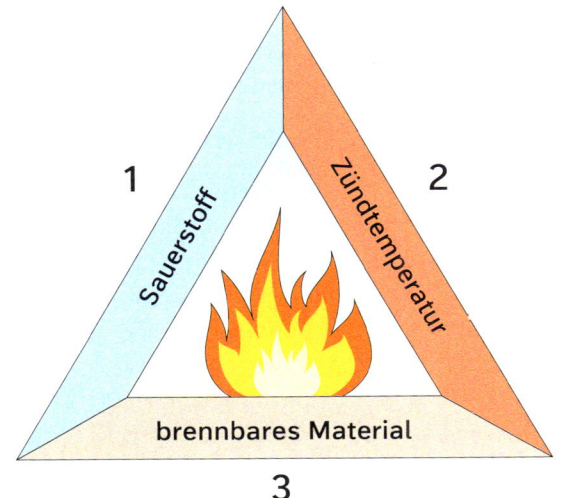

4 Das Verbrennungsdreieck

Wasserstoffatom
(am kleinsten, leichtesten)

Kohlenstoffatom
(größer und schwerer)

Sauerstoffatom

1 John Dalton um 1834

2 Atommodell nach John Dalton

 F

Chemische Reaktionen erklären

Chemie im Jahr 1808

Die Chemie als Naturwissenschaft steckte 1808 noch in den Kinderschuhen: Forscherinnen und Forscher hatten viele Beobachtungen gemacht und beschrieben, konnten sie aber kaum schlüssig erklären.
Bekannt war etwa eine Reihe von Stoffen, die sich nicht weiter in andere Stoffe auftrennen ließen. Sie heißen **Elemente.** Ebenfalls bekannt waren zahlreiche Verbindungen, die aus genau diesen Elementen zusammengesetzt waren.
Verbindungen entstehen, wenn Elemente miteinander reagieren. Sie lassen sich in die Elemente, aus denen sie bestehen, zerlegen. Erklären konnte man all das allerdings kaum.

Der Naturforscher John Dalton

Hätte es 1808 den Nobelpreis schon gegeben: John Dalton hätte vermutlich gute Chancen gehabt, ihn zu bekommen. Denn der englische Naturforscher und Lehrer hatte nach der Auswertung vieler Experimente eine damals bahnbrechende Idee entwickelt. Damit ließen sich Vorgänge und Beobachtungen bei chemischen Reaktionen wissenschaftlich fundiert erklären.

Das Atommodell von Dalton

Dalton ging davon aus, dass alle Stoffe aus Bausteinen bestehen, den **Atomen** (→ Bild 2). Die stellte er sich als winzige Kugeln vor. Die Idee war nicht neu, das Teilchenmodell gab es schon. Dalton fand aber mehr über die Eigenschaften der Atome heraus – Teilchenmodell 2.0 sozusagen. Dalton machte folgende Kernaussagen:
- Die Atome eines Elementes sind gleich.
- Atome verschiedener Elemente sind unterschiedlich groß und schwer.
- Atome verändern sich nie, entstehen nie neu und verschwinden auch nicht.
- Bei einer chemischen Reaktion setzen sich die Atome neu zusammen.

Heutige Vorstellungen vom Atom

Daltons Ideen wurden von anderen Forschenden bestätigt und ergänzt. Wie wir heute wissen, sind nicht nur alle Atome des Elements Sauerstoff sehr ähnlich, sondern es hängen im Sauerstoff immer zwei dieser Atome zusammen. Auch die Fähigkeiten der Atome, sich miteinander zu verbinden, sind besser erforscht. Kohlenstoff kann sich zum Beispiel nicht nur mit einem, sondern auch mit zwei Sauerstoffatomen verbinden.

3 Verbrennung von Kohlenstoff im Dalton-Modell: **A** Edukte – 9 Kohlenstoffatome und 9 Sauer-
stoffmoleküle, **B** Foto der Reaktion, **C** Produkt – 9 Kohlenstoffdioxidmoleküle

Was bei der Verbrennung geschieht

Kohle enthält Kohlenstoffatome. Verbrennt
sie, verbinden sich die Kohlenstoffatome
mit Sauerstoffatomen aus der Luft. Bild 3
zeigt, wie die Atome im Laufe der Reaktion
neu angeordnet werden. So entstehen
neue Teilchen. Sie enthalten jeweils
zwei Sauerstoffatome und ein Kohlenstoff-
atom. Der Stoff, der aus diesen Teilchen
besteht, ist Kohlenstoffdioxid.
Teilchen, die wie die Kohlenstoffdioxidteil-
chen aus mehreren Atomen bestehen,
nennen wir **Moleküle.** Der Stoff Kohlenstoffdioxid besteht also aus Kohlenstoffdi-
oxidmolekülen.

Chemische Reaktion

Bei der Verbrennung von fester Kohle mit
gasförmigem Sauerstoff entsteht Kohlenstoffdioxid. Aus den Edukten Kohlenstoff
und Sauerstoff ist das Produkt er tstanden,
also ein neuer Stoff mit neuen Eigenschaften.
Dabei ist kein Atom verändert worden, neu
entstanden oder verschwunden. Die Atome
haben sich nur anders angeordnet.

> Bei chemischen Reaktionen bleiben Art
> und Anzahl der Atome stets gleich. Die
> Atome der Edukte setzen sich nur anders
> zusammen und bilden so die Procukte.

❶ Notiere die zentralen Aussagen von DALTONS Atommodell in deinem Heft.

❷ Nenne den Unterschied zwischen einem Sauerstoffatom und einem Sauerstoff-
molekül.

❸ | Stelle zeichnerisch dar, wie vier Kohlenstoffatome   **Starthilfe zu 3:**
mit Sauerstoff vollständig verbrennen. Zeichne dazu   **Orientiere dich an Bild 3.**
die richtige Anzahl der jeweiligen Atome und
Moleküle.

❹ ‖ Atome sind die Bausteine aller Stoffe. Auch Legosteine sind Bausteine, aus
denen man verschiedene Sachen bauen kann. Nenne weitere Eigenschaften von
Atomen, die du mit Legosteinen darstellen kannst.

Verschiedene Reaktionen

1 Verbrennung von: **A** Schwefel, **B** Methan

Schwefel (fest)
Besteht aus: vielen zusammenhängenden Schwefelatomen
typische Reaktionen: verbrennt mit Sauerstoff zu Schwefeldioxid

Schwefeldioxid (gasförmig)
Besteht aus: Molekülen mit einem Schwefel- und zwei Sauerstoffatomen
Eigenschaft: entsteht zum Beispiel bei der Verbrennung von Schwefel

Methan (gasförmig)
Besteht aus: Molekülen aus einem Kohlenstoff- und vier Wasserstoffatomen
Eigenschaft: verbrennt mit Sauerstoff zu Kohlenstoffdioxid und Wasser

Wasser (flüssig)
Besteht aus: Molekülen aus zwei Wasserstoff- und einem Sauerstoffatom (Flüssigkeit)

1 Stelle jeweils das Reaktionsschema in Worten (Wortgleichung) für die Verbrennung auf
a) von Schwefel
b) von Methan

2 Stelle für jede der beiden Reaktionen jeweils die Produkte und die Edukte im Atommodell dar. Erstelle dazu beschriftete Zeichnungen.

Tipps:
• Zeichne Sauerstoffatome etwa doppelt so groß wie Wasserstoffatome.
• Zeichne Schwefelatome etwa doppelt so groß wie Sauerstoffatome.

3 Propan findet man zum Beispiel in Campinggaskochern. Propan ist eine Verbindung aus Kohlenstoff und Wasserstoff. Ein Propanmolekül enthält drei Kohlenstoffatome und acht Wasserstoffatome. Stelle für die Verbrennung von Propan an der Luft die Produkte und die Edukte im Atommodell dar.

Starthilfe zu 3:
Im Propanmolekül sind die drei Kohlenstoffatome in einer Kette miteinander verbunden.

METHODE

Reaktionen mit Symbolen beschreiben

Warum Symbole?

Schon Alchemisten nutzten Symbole, allerdings vorwiegend, um ihre Geheimnisse zu verschlüsseln: Nur wer die Symbole kannte, konnte die Aufzeichnungen lesen.

Heute nutzen Forscherinnen und Forscher Symbole, um sich auszutauschen. Die sind unabhängig von Sprache, weltweit bekannt und kürzer als wortreiche Beschreibungen. Außerdem zeigen die Symbole – anders als die Stoffnamen – den Aufbau der Moleküle aus Atomen direkt an.

2 Historische Alchemistensymbole

Elementsymbole

Bisher wurden knapp 120 chemische Elemente entdeckt. Jedes Element hat ein Symbol. Es steht sowohl für das Element an sich als auch für ein Atom des Elements. Die Symbole einiger Elemente zeigt Bild 3.

Symbol	Element
H	Wasserstoff
C	Kohlenstoff
O	Sauerstoff
S	Schwefel

3 Heute verwendete Symbole für einige Elemente

Moleküle beschreiben

Um ein Molekül mit Symbolen zu beschreiben, werden die Symbole der Atome im Molekül hintereinander geschrieben. Kommen Atome mehrfach vor, wird dies durch eine tiefgestellte Zahl hinter dem Elementsymbol dargestellt (→ Bild 4). Das Methanmolekül besteht aus vier Wasserstoffatomen und einem Kohlenstoffatom.

Kohlenstoffatom

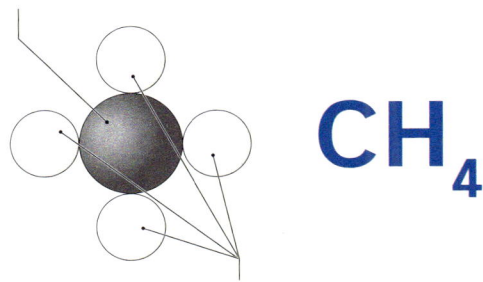

CH_4

A Wasserstoffatome **B**

4 Bau eines Methanmoleküls: **A** im Kugelmodell, **B** als Molekülformel

Molekülanzahl angeben

Sind mehrere gleiche Moleküle beteiligt, schreibt man deren Anzahl mit einer großen Ziffer vor die entsprechenden Symbole. Vier Methanmoleküle sind also 4 CH_4.

1 Chemische Reaktionen lassen sich mit Worten oder mit Symbolen darstellen. Nenne Vor- und Nachteile der Methoden.

2 Beschreibe zwei auf den vorherigen Seiten beschriebene Verbrennungsreaktionen jeweils mit Worten und mit Symbolen.

1 Wunderkerzen brennen nach dem Anzünden ab.

Chemische Reaktionen und Energie

Starten chemischer Reaktionen

Brennende Wunderkerzen sind ein schönes Beispiel für eine chemische Reaktion (→ Bild 1). Wenn die Wunderkerzen an Silvester gebraucht werden, holst du sie aus der Packung und zündest sie an. Die ganze Zeit hatten sie im Regal gelegen, ohne Veränderungen zu zeigen. Sie haben sich nicht von selbst entzündet.

Auch ein Streichholz muss über die Reibfläche der Schachtel gezogen werden. Ansonsten brennt es nicht an. Das Gleiche gilt für Holzkohle zum Grillen. Sie entwickelt ihre Hitze erst, wenn sie entzündet wird. Manche Chemische Reaktionen brauchen einen „Anstoß", um starten zu können, andere nicht. Um eine chemische Reaktion zu starten, musst du erst Energie aufwenden. Diese Energie kann zum Beispiel durch ein Feuerzeug oder einer Gasbrenner in Form von **Wärme** hinzugefügt werden. Erst wenn genügend Energie aufgewandt wurde, fängt die Wunderkerze an zu brennen.

Die Aktivierungsenergie

Es gibt aber auch chemische Reaktionen, die durch **Licht** oder **Bewegung** ausgelöst werden. Der Sprengstoff Nitroglycerin entzündet sich schon beim Fall aus geringer Höhe. Ein Beispiel für eine durch Licht ausgelöste chemische Reaktion ist die Schwärzung einer Silbersalzschicht. So wurden Schwarz-Weiß-Fotos erzeugt, bevor es Digitalkameras gab.

Die Energie zum Starten einer chemischen Reaktion, heißt **Aktivierungsenergie.**

Der Katalysator

Chemische Reaktionen brauchen Aktivierungsenergie. Ein **Katalysator** ist in der Lage, diese Energie zu vermindern. Dadurch benötigt die Reaktion weniger Aktivierungsenergie, damit sie startet. Ein bekanntes Beispiel ist der Abgaskatalysator beim Auto. Er enthält Platin und bewirkt, dass Schadstoffe schnell in ungefährlichere Stoffe umgewandelt werden. Ohne ihn würden die Schadstoffe in die Umwelt gelangen.

2 Exotherme Reaktionen beim Glühen von Holzkohle

4 Endotherme Reaktionen beim Gr llen von Fleisch und Gemüse

Exotherme Reaktionen

In vielen Fällen läuft eine chemische Reaktion von alleine weiter, wenn sie durch Aktivierungsenergie angestoßen wurde. Dies gilt sowohl für die Holzkohle als auch für die Wunderkerze. Einmal entzündet, brennt die Holzkohle über längere Zeit weiter. Eine chemische Reaktion, die Energie freisetzt, heißt exotherme Reaktion. Die chemische Energie wird in andere Energieformen wie Licht und Wärme umgewandelt und abgegeben. Der Energiegehalt aller an der Reaktion beteiligten Stoffe nimmt im Verlauf der Reaktion also ab. Dies zeigt ein Energiediagramm (→ Bild 3).

Endotherme Reaktionen

Es gibt aber auch chemische Reaktionen, die stoppen, wenn nicht ständig Energie zugeführt wird. Dazu gehören die Zubereitung von Speisen, wie das Griller von Fleisch und Gemüse (→ Bild 4). Auch das Backen eines Kuchens oder das Kochen eines Eies funktionieren nicht, wenn du den Herd ausschaltest. Eine chemisch e Reaktion, die eine ständige Energiezufuhr benötigt, heißt endotherme Reaktion. Der Energiegehalt aller an der Reaktion beteiligten Stoffe nimmt zu. Auch endotherme Reaktionen kann man in einem Energiediagramm darstellen (→ Bild 5).

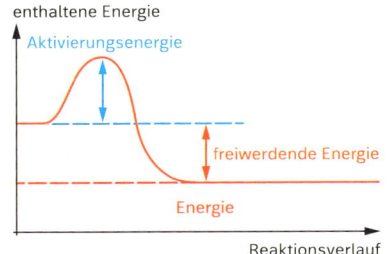

3 Energiediagramm einer exothermen Reaktion

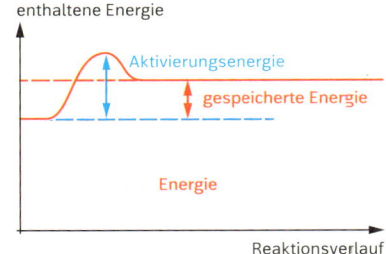

5 Energiediagramm einer endothermen Reaktion

1 Beschreibe in eigenen Worten, was die Begriffe bedeuten: Aktivierungsenergie, Katalysator, exotherme und endotherme Reaktion.

2 I Ordne folgende Vorgänge danach, ob sie endotherm oder exotherm ablaufen: Braten eines Schnitzels, Abbrennen eines Lagerfeuers, Verbrennen von Benzin in einem Motor, Aufbau von Stärke bei der Fotosynthese.

3 III Erkläre mithilfe der Diagramme in Bild 3 und 5 die Begriffe endotherme Reaktion und exotherme Reaktion.

Starthilfe zu 3:
Nutze folgende Begriffe: Aktivierungsenergie, Reaktionsverlauf

A Endotherm oder exotherm?

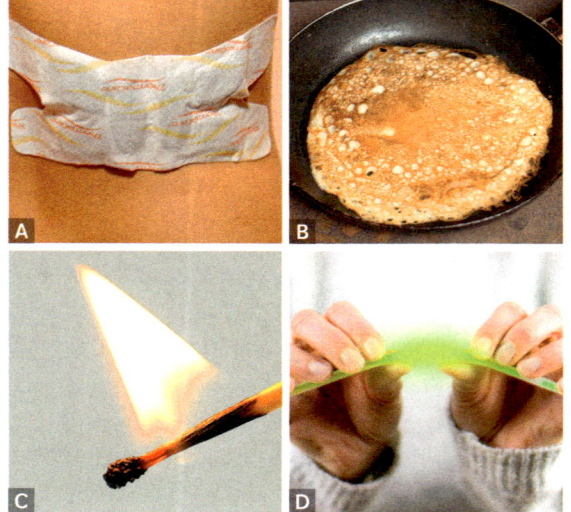

1 Exotherme oder endotherme Vorgänge: **A** Wärme-
pflaster aktivieren, **B** Pfannkuchen backen,
C Streichholz abbrennen, **D** Knicklicht aktivieren

Manche chemische Reaktionen geben Energie
zum Beispiel in Form von Wärme oder Licht ab,
nachdem sie gestartet wurden. Andere chemische Reaktionen benötigen die ganze Zeit über
Energie, um abzulaufen.

1 **a)** Begründe, ob die Vorgänge, die in den
Bilder A – D dargestellt sind, endotherm oder
exotherm ablaufen.
b) Begründe, für welche der abgebildeten
Vorgänge das Zuführen von Aktivierungsenergie nötig ist.

2 Erstelle ein Energiediagramm für einen der
Vorgänge.

B Kupfersulfat und Wasser

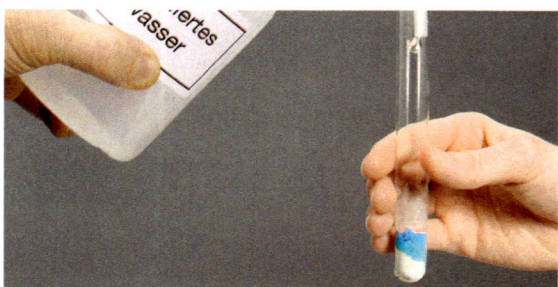

2 Wasser wird auf weißes Kupfersulfat gegeben.

3 Blaues Kupfersulfat wird erhitzt.

Weißes Kupfersulfat wird zum Nachweis von
Wasser verwendet. Bei Umlagerungsvorgängen
in der Kristallstruktur kommt es dabei zur
Energieaufnahme oder Energieabgabe. Außerdem ändert sich die Farbe des Kupfersulfats. Gibt
man Wasser auf weißes Kupfersulfat, so färbt es
sich blau (→ Bild 2). Außerdem wird das Reagenzglas warm. Erhitzt man es über der Brennerflamme, so entsteht wieder das weiße Kupfersulfat (→ Bild 3). Zudem beschlägt das Reagenzglas.

1 Beschreibe den Nachweis von Wasser mit
Kupfersulfat in eigenen Worten.

2 **I** Begründe, welcher Vorgang exotherm
und welcher endotherm ist.

3 **II** Erstelle ein Energiediagramm für die
beiden Vorgänge.

A Einen Katalysator benutzen

Material: Gasbrenner, Anzünder, Tiegelzange, zwei Zuckerwürfel, pflanzliche Asche, feuerfeste Porzellanschale, Schutzbrille

Durchführung:

Schritt 1: Halte einen Zuckerwürfel mit der Tiegelzange in die Brennerflamme.

Schritt 2: Nimm den Zuckerwürfel nach kurzer Zeit aus der Flamme heraus.

Schritt 3: Wälze den zweiten Zuckerwürfel in der pflanzlichen Asche und halte ihn mit der Tiegelzange in die Brennerflamme.

Schritt 4: Nimm den Zuckerwürfel nach kurzer Zeit aus der Flamme heraus.

4 Zuckerwürfel: **A** ohne Asche, **B** mit Asche

1 Beschreibe und vergleiche deine Beobachtungen. Wie verhält sich die Flamme des Gasbrenners?

2 ❙ Begründe, ob es sich um eine exotherme oder eine endotherme Reaktion handelt.

3 ❙❙ Beschreibe die Funktion der Asche.

B Eine Brausetablette in Wasser geben

Material: Becherglas, Thermometer, Brausetablette, Wasser

Durchführung:

Schritt 1: Fülle das Becherglas zur Hälfte mit Wasser.

Schritt 2: Miss die Temperatur des Wassers mit dem Thermometer.

Schritt 3: Löse die Brausetablette in dem Wasser auf und miss dabei erneut die Temperatur.

5 Eine Brausetablette in Wasser

1 Notiere die Temperatur vor und nach dem Versuch.

2 ❙ Begründe, ob es sich um eine exotherme oder eine endotherme Reaktion handelt.

3 ❙❙ Stelle eine Vermutung an, woher bei diesem Versuch die Aktivierungsenergie kommt.

1 Die Reaktion von Zink mit Schwefel

Metalle reagieren mit Schwefel

Aus Schwefel entstehen Sulfide

Metalle reagieren mit Schwefel zu Metallsulfiden. Bei der Reaktion von Zink mit Schwefel entsteht so Zinksulfid (→ Bild 1). Das Reaktionsprodukt Zinksulfid unterscheidet sich in seinen Eigenschaften von den Edukten Zink und Schwefel. Zinksulfid ist ein spröder, schlecht wasserlöslicher, weiß-grauer Stoff. Zink dagegen ist kaum biegsam und metallisch glänzend. Schwefel ist gelb und spröde.

Exotherme Reaktion

Zum Starten der Reaktion wird das Gemisch aus Zink- und Schwefelpulver erhitzt. Es wird also Aktivierungsenergie hinzugefügt. Glüht das Gemisch erst einmal, reagiert es auch ohne weiteres Erhitzen weiter. Dabei wird Energie frei. Es handelt sich also um eine exotherme Reaktion. Die Aktivierungsenergie wird in Form von Wärme hinzugefügt. Dabei wird Energie als Licht und Wärme frei.

	Zink	Schwefel	Zinksulfid
Farbe	bläulich blassgrau	gelb	weiß
Dichte	7,14 $\frac{g}{cm^3}$	2,07 $\frac{g}{cm^3}$	4,10 $\frac{g}{cm^3}$
Schmelztemperatur	420 °C	115 °C	1185 °C
Aussehen			

2 Eigenschaften von Zink, Schwefel und Zinksulfid

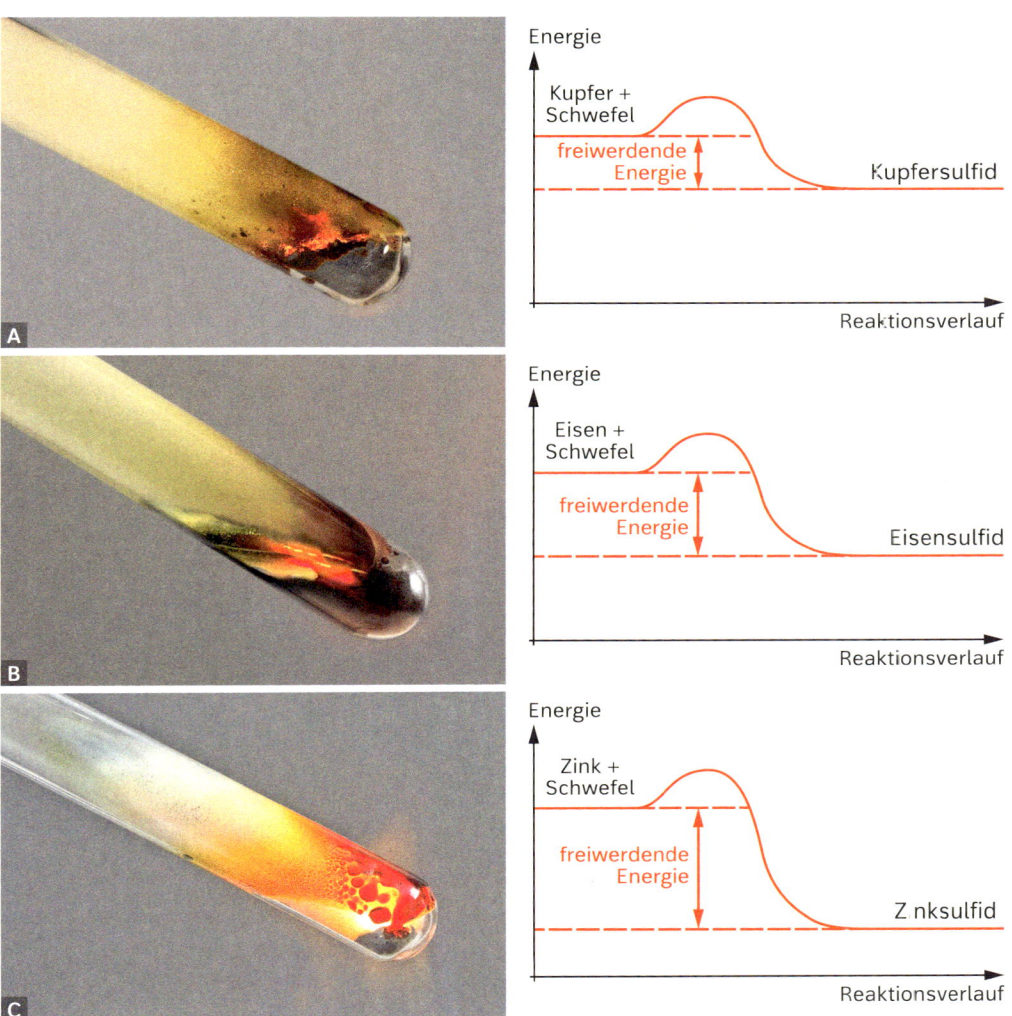

3 Metalle reagieren mit Schwefel: **A** Kupfer, **B** Eisen, **C** Zink

Heftig oder nicht?

Metalle reagieren unterschiedlich heftig mit Schwefel (→ Bild 3). Bei Kupfer glüht die Mischung kaum sichtbar auf. Bei Eisen ist das Glühen deutlich zu sehen. Die Reaktion von Zink mit Schwefel findet explosionsartig statt.

Heftigkeit im Energiediagramm

Je heftiger die Reaktion ist, desto mehr Energie wird freigesetzt. Dies ist in den Energiediagrammen oben gut zu erkennen. Die Länge der roten Pfeile entspricht der freiwerdenden Energie. Sie werden vom Kupfer bis zum Zink immer länger.

1 Ordne die Metalle Eisen, Kupfer und Zink nach zunehmender Heftigkeit bei der Reaktion mit Schwefel.

2 Stelle die Wortgleichung der Eisensulfid-Synthese auf.

Starthilfe zu 2:
Eisen + ...

3 ❙ Begründe, dass die Gemische in den Bildern 3A bis 3C erhitzt werden müssen, um miteinander zu reagieren.

4 ❙❙ Beschreibe den Zusammenhang zwischen der Heftigkeit der Reaktionen in Bild 3A bis Bild 3C und den jeweiligen Energiediagrammen.

A Synthese von Kupfersulfid

Kupfer reagiert nicht nur als Pulver mit Schwefel, sondern auch als Blech. Hier erkennst du die Veränderungen an den Stoffen besonders gut.

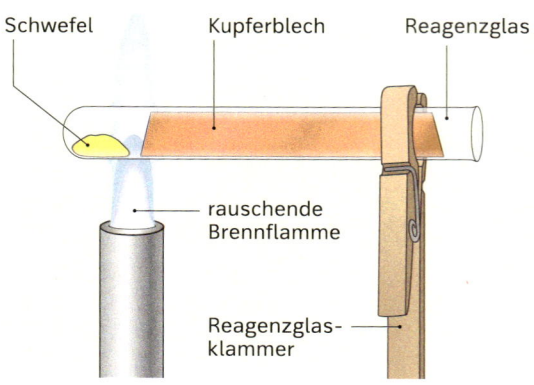

1 Versuchsaufbau

1 Lass abkühlen und beschreibe die Eigenschaften des Produkts Kupfersulfid.

2 Stelle die Wortgleichung der Synthese auf.

Material: Gasbrenner, längere Pinzette, Spatel, Reagenzglas, Reagenzglasklammer, Anzünder, Streifen Kupferblech (ca. 3 cm x 1 cm lang und 0,1 mm dick), Schwefelpulver, Schutzbrille

Durchführung:

Schritt 1: Fülle einen Spatel Schwefel in das Reagenzglas.

Schritt 2: Halte das Reagenzglas waagerecht. Schiebe das Kupferblech so weit in das Reagenzglas, dass es den Schwefel gerade nicht berührt (→ Bild 1).

Schritt 3: Erhitze das Gemisch über dem Brenner, bis das Blech zu glühen beginnt. Entferne es von der Brennerflamme, sobald es reagiert.

3 ‖ Erstelle ein Energiediagramm dieser Reaktion.

B Synthese von Eisensulfid

Eisenpulver eignet sich gut für die Reaktion mit Schwefel.

2 Eisen- und Schwefelpulver reagieren

1 Lass abkühlen!
Kratze etwas von dem Produkt aus dem Reagenzglas und gib es in eine Porzellanschale. Nenne die Eigenschaften des Stoffs.

Material: Gasbrenner, Spatel, Reagenzglas, Mörser, Porzellanschale, Reagenzglasklammer, Anzünder, 1,0 g Eisenpulver, 0,5 g Schwefelpulver, Schutzbrille

Durchführung:

Schritt 1: Plane einen Versuch zur Durchführung einer Eisensulfidsynthese. Orientiere dich dabei am vorherigen Versuch.

Schritt 2: Besprich die Planung mit deiner Lehrkraft.

Schritt 3: Führe erst dann den Versuch durch.

2 Stelle die Wortgleichung für die Reaktion in diesem Versuch auf.

3 ‖ Begründe, weshalb die beiden Stoffe gut vermischt werden müssen.

A Edel oder unedel?

Wie heftig ein Metall mit Schwefel reagiert, hängt davon ab, wie edel oder unedel das Metall ist (→ Bild 3).
Kupfer ist edel und reagiert nicht so leicht mit Schwefel wie Zink. Kupfer und Schwefel reagieren zusammen nur unter schwachem Glühen. Zink hingegen ist unedler als Kupfer und reagiert somit leichter mit Schwefel. Die Reaktion ist sehr heftig.
Edelmetalle werden im Alltag oft für Schmuck verwendet. Diese Stoffe bleiben auch nach langer Zeit unverändert. Sie korrodieren nicht.

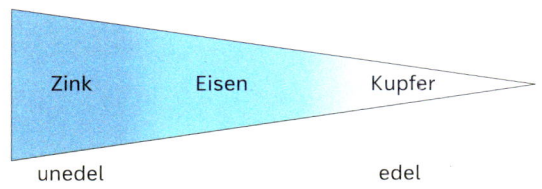

3 Das Edelsein entscheidet.

1 Stelle eine Vermutung über die Heftigkeit der Reaktion von Gold mit Schwefel auf.

2 Begründe, an welcher Position Gold in Bild 3 stehen sollte.

B Eine chemische Reaktion ohne Flamme starten

Zum Starten einer chemischen Reaktion wird häufig erhitzt. Diese Aktivierungsenergie kann auch auf anderen Wegen zugeführt werden. Streichhölzer werden durch Reiben auf einer rauen Oberfläche entzündet. Die Energie, die beim Reiben zugeführt wird, wirkt als Aktivierungsenergie.
Bei einfachen Feuerzeugen wird ein Rad auf einem Zündstein gedreht, um einen Funken zu erzeugen. Andere Feuerzeuge nutzen einen kleinen elektrischen Zünder. Es ist also egal, welche Form der Energie als Aktivierungsenergie genutzt wird. Das Ergebnis ist das gleiche: Das Feuerzeuggas wird entzündet.
Ein Gemisch aus Eisen und Schwefel kann auch durch Schlag mit einem Hammer zur Reaktion gebracht werden (→ Bild 4). Die durch den Schlag zugeführte Aktivierungsenergie reicht dazu aus.

4 Reaktionsstart durch Hammerschlag

1 Zeichne das Energiediagramm der Reaktion von Eisen mit Schwefel in dein Heft. Markiere die Energie im Diagramm, die durch den Hammerschlag zugeführt wird.

2 Nenne ein weiteres Beispiel aus dem Alltag, bei dem eine chemische Reaktion nicht durch Erhitzen gestartet wird.

1 Kochsalz ist eine Verbindung aus den Elementen Natrium und Chlor.

Elemente und Verbindungen

Elemente und Verbindungen

Elemente bestehen nur aus einer Sorte von Atomen. Sie können nicht weiter in andere Elemente zerlegt werden. Natrium und Chlor sind Elemente. Natrium ist ein Metall, das heftig mit Wasser reagiert (→ Bild 2A). Chlor ist ein Gas, das giftig ist (→ Bild 2B). Elemente können miteinander reagieren. Dabei entstehen Verbindungen. Diese haben oft andere Eigenschaften als die Elemente, aus denen sie bestehen. Natrium und Chlor reagieren zu der Verbindung Natriumchlorid. Das ist ein Salz, das du aus der Küche als Kochsalz oder als Streusalz auf vereisten Straßen kennst (→ Bild 1).

Sehr viele Verbindungen

Fast alle Stoffe in der Natur sind Verbindungen. Beispiele dafür sind Kalk, Rost, Wasser oder Kohlenstoffdioxid. Verbindungen wie das Salz Natriumchlorid können durch chemische Reaktionen wieder in ihre Elemente gespalten werden (→ Bild 3).

Wenige Elemente

Bisher wurden knapp 120 Elemente entdeckt. Dazu zählen Metalle, wie Eisen, Kupfer, Silber oder Gold und Nichtmetalle wie Schwefel, Stickstoff oder Kohlenstoff. Elemente können durch eine chemische Reaktion nicht weiter aufgespalten werden (→ Bild 3).

2 Die Elemente **A** Natrium, **B** Chlor

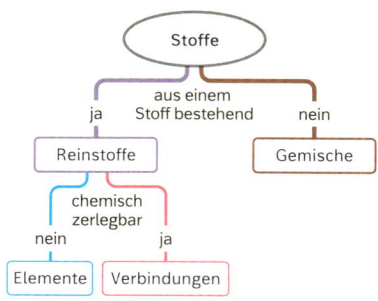

3 Element oder Verbindung?

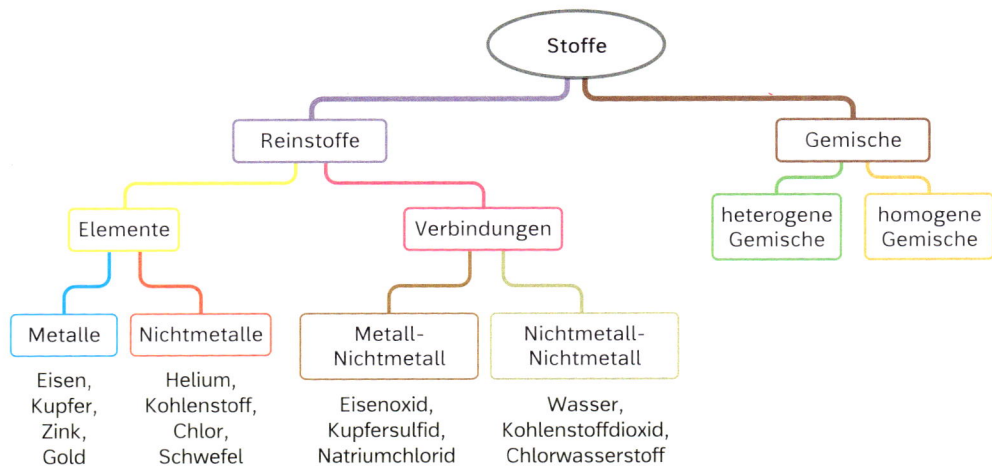

4 Die Stoffpyramide wird erweitert um Elemente und Verbindungen.

Die Stoffpyramide

In Bild 4 siehst du die erweiterte Stoffpyramide. Die Reinstoffe werden in Elemente und Verbindungen unterteilt.

Die Analyse

Die Zerlegung einer chemischen Verbindung heißt **Analyse**. In Bild 5 wird die Verbindung Natriumchlorid in die Elemente Natrium und Chlor zerlegt.

Analyse und Synthese

Analyse und Synthese sind in der Chemie Gegenstücke (→ Bild 5). Die Zerlegung einer chemischen Verbindung in ihre Elemente heißt Analyse. Der umgekehrte Prozess, also die Herstellung einer Verbindung, heißt Synthese. Aus den Elementen Natrium und Chlor lässt sich wieder die Verbindung Natriumchlorid herstellen.

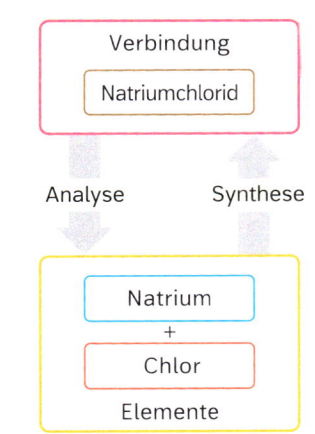

5 Analyse und Synthese

> Stoffe, die sich durch chemische Reaktionen zerlegen lassen, heißen Verbindungen.
> Stoffe, die sich durch chemische Reaktionen nicht zerlegen lassen, heißen Elemente.

1 Nenne den Fachbegriff für das Gegenstück einer Synthese.

2 | Erläutere die beiden Fachbegriffe Analyse und Synthese.

3 || Ordne in einer Tabelle zu, ob es sich um ein Element oder um eine Verbindung handelt: Schwefel, Granit, Kirschbaumholz, Erdgas, Gold, Wasser, Magnesium, Phosphor, Chlor, Kunststoffe, Kohlenstoffdioxid, Silberoxid, Eisen.

Starthilfe zu 3:

Stoff	Element/ Verbindung
Schwefel	...

Ⓐ Kupferiodid zerlegen

Material: Reagenzglas, Reagenzglasklammer, Gasbrenner, Anzünder, Spatel, Kupferiodid

Durchführung:

Schritt 1: Gib einen Spatel Kupferiodid in das Reagenzglas.

Schritt 2: Erhitze das Kupferiodid mit der blauen Brennerflamme.

1 Kupferiodid wird zerlegt.

❶ Beschreibe deine Beobachtungen.

❷ Ordne die neu entstandenen Stoffe als Element oder Verbindung ein.

❸ **II a)** Entscheide, ob es sich bei diesem Versuch um eine Analyse oder Synthese handelt.
III b) Begründe deine Entscheidung.

Ⓐ Die Phlogistontheorie

Vor 200 waren die Menschen davon überzeugt, dass alle Stoffe einen besonderen Stoff enthielten, das Phlogiston. Dieser Stoff war für das Brennen von Stoffen verantwortlich. Die **Phlogistontheorie** besagte, dass ein Gegenstand solange brannte, bis das enthaltene Phlogiston vollständig entwichen war. Diese Theorie galt für fast 100 Jahre als richtig. Der Naturwissenschaftler ANTOINE LAVOISIER konnte diese Theorie als falsch widerlegen. Er entwickelte die **Verbrennungstheorie**. Durch die Entdeckung des Elements Sauerstoff konnte er erklären, dass bei Verbrennungen kein Phlogiston entweicht. Stattdessen entsteht Kohlenstoffdioxid, eine Verbindung aus Kohlenstoff und Sauerstoff. Heutzutage wissen wir, dass für jede Verbrennung Sauerstoff benötigt wird.

❶ Beschreibe mithilfe des Textes, was die Phlogistontheorie aussagt.

❷ Beschreibe den Unterschied zwischen der Phlogistontheorie und der Verbrennungstheorie.

❸ Erläutere, dass die Phlogistontheorie fast 100 Jahre als richtig galt.

❹ **II** Erläutere am Beispiel der Phlogistontheorie und der Verbrennungstheorie, dass naturwissenschaftliche Theorien als falsch widerlegt werden können.

B Begriffschaos entwirren

Analyse

Reinstoff, der durch eine chemische Reaktion weiter zerlegt werden kann.

Synthese

Zerlegung einer chemischen Verbindung.

Chemische Verbindung

Besteht aus mindestens zwei Reinstoffen.

Chemisches Element

Reinstoff, der durch eine chemische Reaktion nicht weiter zerlegt werden kann.

Chemische Reaktion

Herstellung einer chemischen Verbindung.

Reinstoff

Es entstehen neue Stoffe mit neuen Eigenschaften.

Gemisch

Stoff, der überall die gleichen Eigenschaften hat.

4 Welcher Begriff passt zu welcher Beschreibung?

1 Ordne die Begriffe der linken Spalte den richtigen Beschreibungen aus der rechten Spalte zu. Schreibe sie dafür in dein Heft.

2 Schreibt zu zweit oder in Teams Kärtchen mit den Begriffen und Beschreibungen von oben auf. Mischt die Kärtchen und ordnet sie dann einander zu.

3 ‖ Nenne zu jedem Begriff in der linken Spalte ein Beispiel aus dem Unterricht oder deinem Alltag.

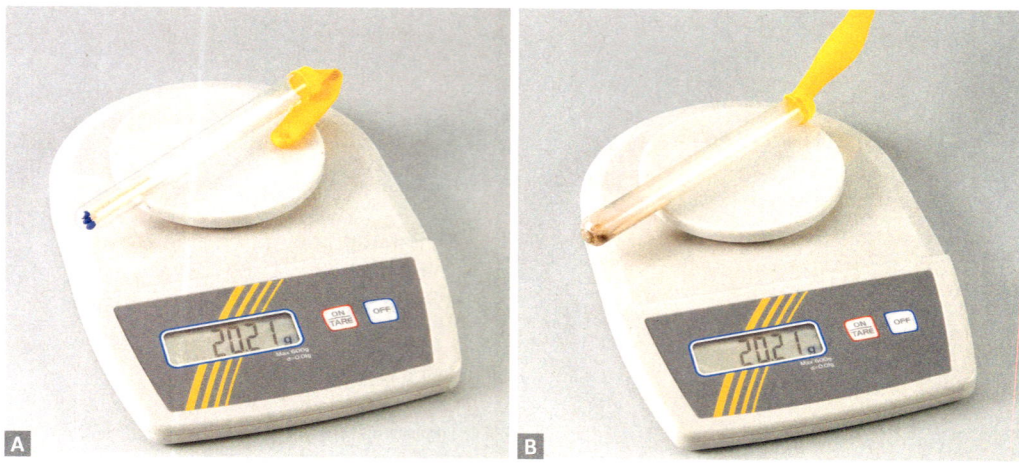

1 Die Masse ist **A** vor und **B** nach der Reaktion gleich.

Die Masse bleibt erhalten

Verbrennen einer Kerze

Wenn es Abend wird, bringt eine Kerze Licht ins Dunkel. Eine Kerze brennt nicht ewig. Sie wird immer kleiner, je länger sie brennt.
Stellst du eine brennende Kerze eine Weile auf die Waage, erkennst du, dass die Masse stetig abnimmt (→ Bild 2). Verschwindet diese Masse rückstandsfrei?

Nicht alle Stoffe sind sichtbar

Wird eine Glasplatte über die Kerze gehalten, so färbt sich diese schwarz. Es bildet sich Ruß. Die Stoffe aus der Kerze verschwinden also nicht. Es bilden sich neue Stoffe, die wir ohne Hilfsmittel nicht sehen können. Beispiele sind Kohlenstoffdioxid (CO_2) und Wasser (H_2O).

2 Verschwindet die Kerze beim Verbrennen?

Die Masse geht nicht verloren

Streichhölzer werden in ein Reagenzglas gegeben. Dieses wird mit einem Luftballon verschlossen, sodass keine Stoffe entweichen können. Dieser Aufbau wird gewogen und die Masse notiert (→ Bild 1A).
Werden die Streichhölzer im Reagenzglas über einem Brenner erhitzt, so entzünden sie sich. Der Ballon bläht sich kurz auf. Nach dem Abkühlen wird das Ganze erneut gewogen (→ Bild 1B). Die Masse ist genauso groß wie vor der Reaktion. Es geht also keine Masse verloren – sie bleibt erhalten.

Beim Verbrennen von Kerzenwachs entstehen hauptsächlich Kohlenstoffdioxid und Wasser. Könntest du diese Verbrennungsprodukte auffangen und wiegen, hätten sie die gleiche Masse wie die des verbrannten Wachses plus die des zur Reaktion benötigten Sauerstoffs auf der Luft.

> Die Gesamtmasse der Edukte ist immer gleich der Gesamtmasse der Produkte. Die Masse bleibt bei einer chemischen Reaktion erhalten.

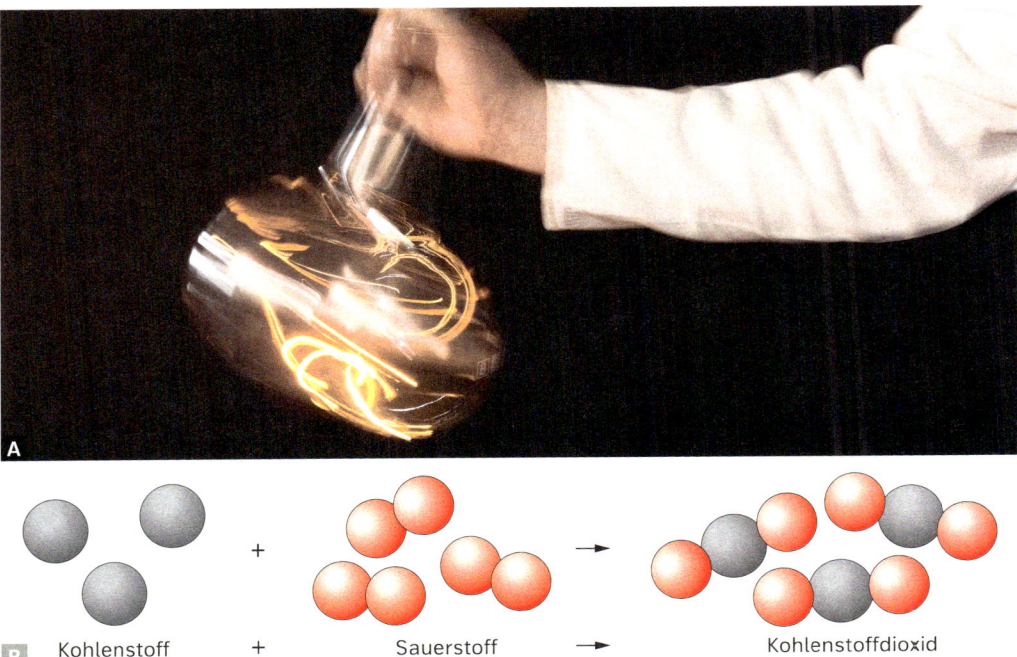

3 Die Verbrennung von Kohlenstoff: **A** die Stoffe, **B** das Teilchenmodell.

Verbrennung von Kohle

Ein kleines Stückchen Holzkohle wird entzündet und in einen Glaskolben mit Sauerstoff gegeben. Der Kolben wird verschlossen und der Kolben umher geschwenkt (→ Bild 3A).
Holzkohle besteht hauptsächlich aus Kohlenstoff. Bei der Verbrennung leuchtet der Kohlenstoff hell auf. Nach der Verbrennung ist der Kohlenstoff vollständig verschwunden. Die Gesamtmasse des Kolbens mit Inhalt hat sich nicht geändert.

> Die Gesamtanzahl an Atomen bleibt bei chemischen Reaktionen erhalten.
> Die Atome werden dabei in den Stoffen anders verknüpft.

Die Atomanzahl bleibt erhalten

Bei der Reaktion in Bild 3 reagiert Kohlenstoff mit Luftsauerstoff zu Kohlenstoffdioxid. Für die Reaktion von drei Kohlenstoff-Atomen (schwarz), werden drei Sauerstoff-Moleküle bzw. sechs Sauerstoff-Atome (rot) benötigt. Es entstehen drei Kohlenstoffdioxid-Moleküle. In diesen sind je ein Kohlenstoff-Atom und zwei Sauerstoff-Atome enthalten.
Insgesamt kommen keine Atome hinzu und es gehen keine verloren. Links des Reaktionspfeils und rechts davon sind gleich viele Atome. Sie sind in den Stoffen nur anders verknüpft. Die Atome wurden zu einem neuen Stoff umgruppiert.

❶ Beschreibe das langsame Verschwinden einer Kerze bei der Verbrennung aus chemischer Sicht.

❷ ❙ Erkläre am Beispiel des Versuchs in Bild 1 das Prinzip der Massenerhaltung.

❸ ❙❙ Begründe, dass die Anzahl der Atom von Holzkohle, die in einem verschlossenen Kolben vor und nach der Verbrennung gleich bleibt.

Starthilfe zu 3:
Betrachte das Teilchenmodell in Bild 3B.

A Die Masse bleibt erhalten

1 Verbrennen einer Kerze auf der Balkenwaage

2 Dieses Mal mit Bechergläsern über den Kerzen

Versuch 1

Zwei gleiche Kerzen werden auf eine Balkenwaage gestellt. Die Waage ist ausgeglichen. Beide Kerzen befinden sich auf gleicher Höhe. Entzündest du eine der Kerzen, gerät die Waage zunehmend aus dem Gleichgewicht. Die brennende Kerze geht nach oben (→ Bild 1).

Versuch 2

Der gleiche Versuch wie links wird wiederholt. Allerdings werden über die Kerzen Bechergläser gestülpt. Es ergeben sich andere Beobachtungen (→ Bild 2):

- Die Seite mit der brennenden Kerze geht nach oben.
- Die Kerze erlischt innerhalb kurzer Zeit.
- Nach dem Abkühlen ist die Waage wieder nahezu ausgeglichen.

1 Nenne den Reaktionspartner des Wachses.

2 Erkläre die Beobachtung.

3 Nenne die bei der Reaktion entstehenden Produkte.

4 ‖ Begründe, dass bei diesem Versuch die Masse erhalten bleibt, obwohl die Waage dies nicht zeigt.

5 Erkläre, dass die Kerze mit der Zeit erlischt.

6 ‖ Begründe, dass die Waage nach dem Abkühlen nahezu ausgeglichen ist.

7 ‖‖ Stelle eine Vermutung über die Anzeige der Waage auf, wenn die Kerzen auf beiden Seiten gleichzeitig entzündet werden.

Ⓐ Verbrennen von Eisenwolle

Material: Eisenwolle, Waage (Balkenwaage oder Digitalwaage, Genauigkeit 0,01 g oder genauer), Porzellanschale, Gasbrenner, Anzünder, Schutzbrille

Durchführung mit einer Balkenwaage:

Schritt 1: Hänge an beide Seiten der Balkenwaage etwas Eisenwolle, sodass die Waage im Gleichgewicht ist.

Schritt 2: Entzünde die Eisenwolle auf der rechten Seite der Balkenwaage (→ Bild 3). Warte bis die Reaktion beendet und die Eisenwolle abgekühlt ist.

Schritt 3: Notiere deine Beobachtungen.

3 Eisenwolle an der Balkenwaage

Durchführung mit einer Digitalwaage:

Schritt 1: Stelle eine Porzellanschale auf die Waage und drücke auf Tara. Die Waage zeigt jetzt 0 g an (→ Bild 4).

Schritt 2: Entzünde die Eisenwolle vorsichtig. Warte bis die Reaktion beendet und die Eisenwolle abgekühlt ist. Lies die Waage erneut ab.

Schritt 3: Notiere deine Beobachtungen.

① Beschreibe das Aussehen des Reaktionsprodukts.

② Benenne das Reaktionsprodukt.

③ Begründe die Massenveränderung, die durch die Verbrennung eingetreten ist.

④ ▮▮ Stelle die Wortgleichung der Reaktion auf.

⑤ ▮▮ Zeichne das Teilchenmodell der Reaktion.

⑥ ▮▮▮ Zeige anhand des Teilchenmodells aus Aufgabe 5, dass die Anzahl jeder Atomsorte erhalten bleibt.

4 Versuchsaufbau mit einer Digitalwaage

Starthilfe zu 5:
Die Formel von Eisenoxid lautet FeO.
Zeichne Eisen grau und Sauerstoff rot.

Reaktionsgleichungen aufstellen

1. Wortgleichung aufstellen
Wasserstoff + Sauerstoff → Wasser

2. Teilchen und Formeln einsetzen

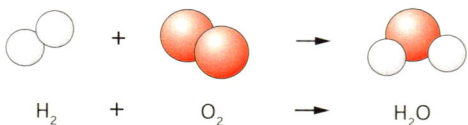

H_2 + O_2 → H_2O

3. Reaktionsgleichung ausgleichen

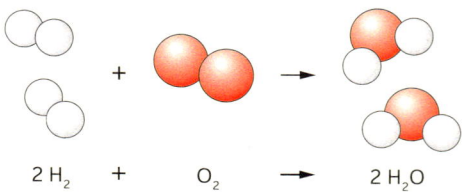

$2\,H_2$ + O_2 → $2\,H_2O$

1 Das Aufstellen der Reaktionsgleichung für die Reaktion von Wasserstoff mit Sauerstoff zu Wasser.

1. Wortgleichung aufstellen
Stickstoff + Wasserstoff → Ammoniak

2. Teilchen und Formeln einsetzen

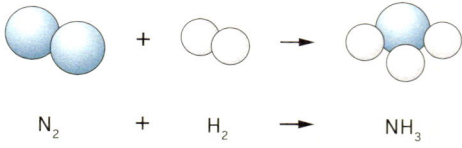

N_2 + H_2 → NH_3

3. Reaktionsgleichung ausgleichen

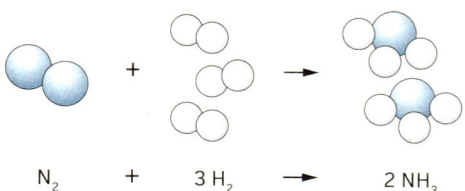

N_2 + $3\,H_2$ → $2\,NH_3$

2 Das Aufstellen der Reaktionsgleichung für die Reaktion von Stickstoff mit Wasserstoff zu Ammoniak.

Chemische Reaktionen darstellen

Eine Wortgleichung stellt dar, welche Stoffe bei einer chemischen Reaktion miteinander reagieren. Um sagen zu können, in welchem Verhältnis die Teilchen miteinander reagieren, werden **Reaktionsgleichungen** verwendet. In diesen werden die Stoffe in Formelschreibweise angegeben.

Reaktionsgleichungen aufstellen

Gehe so vor, wie es anhand der Verbrennung von Wasserstoff in Bild 1 gezeigt wird: Zuerst stellst du die Wortgleichung auf. Dann setzt du die Formeln der Stoffe ein. Im letzten Schritt gleichst du die Anzahl der Atome auf beiden Seiten aus. Die Art und Anzahl der Atome auf der linken und der rechten Seite des Reaktionspfeils muss nach Schritt 3 gleich groß sein. An den Formeln selbst darf nichts geändert werden. Das Ausgleichen erfolgt, indem du eine Zahl vor die Formel des Moleküls schreibst.

In Bild 1 stehen nach dem Ausgleichen links und rechts des Reaktionspfeils jeweils vier Wasserstoff-Atome und zwei Sauerstoff-Atome. Die Atome werden zwischen den Teilchen umgruppiert.

Synthese von Ammoniak

Ammoniak (NH_3) ist ein Gas, aus dem Dünger und Sprengstoffe hergestellt werden. Es entsteht durch die Synthese der Elemente Stickstoff und Wasserstoff. Zum Aufstellen der Reaktionsgleichung führst du wieder die drei Schritte 1 bis 3 durch (→ Bild 2).

Bei Schritt 3 müssen sich beide Stickstoff-Atome des N_2-Moleküls im Produkt wiederfinden. Deshalb müssen zwei NH_3-Moleküle entstehen. In diesen sind sechs Wasserstoff-Atome enthalten.

Auf der Seite der Edukte werden also drei H_2-Moleküle benötigt.

1. Wortgleichung aufstellen

Wasserstoff + Schwefel → Schwefelwasserstoff

2. Teilchen und Formeln einsetzen

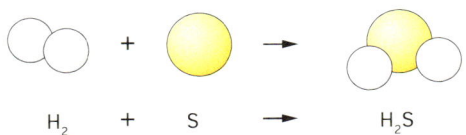

$$H_2 \quad + \quad S \quad \longrightarrow \quad H_2S$$

3. Reaktionsgleichung ausgleichen

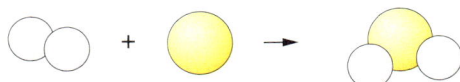

Die Anzahl der Atome ist schon ausgeglichen.

$$H_2 \quad + \quad S \quad \longrightarrow \quad H_2S$$

3 Das Aufstellen der Reaktionsgleichung für die Reaktion von Wasserstoff mit Schwefel zu Schwefelwasserstoff.

1. Wortgleichung aufstellen

Kohlenstoff + Wasserstoff → Propan

2. Teilchen und Formeln einsetzen

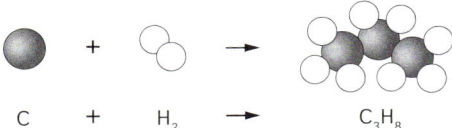

$$C \quad + \quad H_2 \quad \longrightarrow \quad C_3H_8$$

3. Reaktionsgleichung ausgleichen

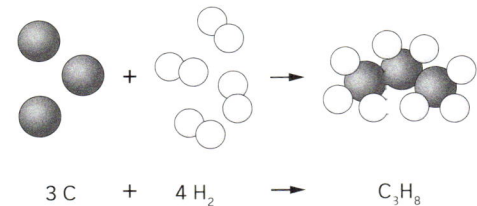

$$3\,C \quad + \quad 4\,H_2 \quad \longrightarrow \quad C_3H_8$$

4 Das Aufstellen der Reaktionsgleichung für die Reaktion von Kohlenstoff mit Wasserstoff zu Propan.

Stinkbomben

Durch die Reaktion von Wasserstoff mit Schwefel kann Schwefelwasserstoff (H_2S) hergestellt werden. Dieses Gas war früher für den üblen Geruch von Stinkbomben verantwortlich.

Beim Aufstellen muss nicht einmal ausgeglichen werden, da links und rechts schon gleiche Anzahlen an Wasserstoff- und Schwefel-Atomen stehen (→ Bild 3).

Feuerzeuggas

Der Hauptbestandteil von Feuerzeuggas ist Propan (C_3H_8). Dieses kann aus den Elementen Kohlenstoff und Wasserstoff hergestellt werden (→ Bild 4).

Beim Aufstellen von Reaktionsgleichungen müssen links und rechts des Reaktionspfeils die gleiche Art und Anzahl an Atomen stehen. Beim Ausgleichen dürfen die Teilchen nicht verändert werden.

1 Beschreibe die einzelnen Schritte beim Aufstellen einer Reaktionsgleichung.

2 ▌ Stelle die Reaktionsgleichung der Wasseranalyse auf.

3 Schreibe die Reaktionsgleichungen in dein Heft und gleiche sie aus:
  ▌ **a)** ... Fe + ... O_2 → ... FeO
  ▌ **b)** ... Na + ... Cl_2 → ... NaCl
  ▌▌▌ **c)** ... Al + ... O_2 → ... Al_2O_3

4 ▌▌▌ Stelle die Reaktionsgleichung der Reaktion von Stickstoff mit Sauerstoff zu Stickstoffmonooxid (NO) auf.

»

Kohlenstoffdioxid

Kohlenstoffdioxid (CO$_2$)

Bei Kohlenstoffdioxid handelt es sich um ein farb- und geruchloses Gas. Es entsteht bei der Verbrennung von Kohlenstoff:

$$C + O_2 \rightarrow CO_2$$

Bei −78 °C wird Kohlenstoffdioxid fest. Es wird **Trockeneis** genannt, weil es beim Erwärmen direkt vom festen in den gasförmigen Zustand übergeht, ohne vorher flüssig zu werden. Es sublimiert.
Trockeneis kann zum Erzeugen von Nebel verwendet werden (→ Bild 1). Mit Trockeneis muss vorsichtig umgegangen werden. Bei direktem Hautkontakt drohen Kälteverbrennungen. In der Luft wirkt das Gas betäubend und erstickend.

1 Trockeneis als Dekoration in einem Getränk

Kohlenstoffdioxid im Alltag

Kohlenstoffdioxid wird zur Herstellung von Erfrischungsgetränken verwendet. Dazu wird Kohlenstoffdioxid unter Druck in Wasser eingepresst. Dabei löst es sich in Wasser und bildet in geringer Menge **Kohlensäure:**

$$CO_2 + H_2O \rightarrow H_2CO_3$$

Öffnest du eine Sprudelflasche, siehst du kleine Gasbläschen aufsteigen. Das ist das Kohlenstoffdioxid, das wieder frei wird (→ Bild 2).

2 Kohlenstoffdioxid in Mineralwasser

Kohlenstoffdioxid wird beim Backen genutzt, um Kuchen oder Brot aufgehen zu lassen. Dazu wird dem Teig Backpulver zugesetzt, aus dem beim Erwärmen im Backofen Kohlenstoffdioxid freigesetzt wird. Es entstehen kleine Gasblasen und der Teig wird lockerer.

3 Kohlenstoffdioxid lässt Teig aufgehen.

❶ Erkläre die Bezeichnung Trockeneis für Kohlenstoffdioxid.

❷ Formuliere die Wortgleichung der Kohlensäure-Herstellung.

❸ Nenne Verwendungsmöglichkeiten für Kohlenstoffdioxid.

Kohlenstoffmonooxid

Kohlenstoffmonooxid (CO)
Kohlenstoffmonooxid ist ein farbloses und geruchloses Gas. Es ist sehr giftig und führt schon bei kleinen eingeatmeten Mengen zum Ersticken, da die Sauerstoffträger im Blut blockiert werden.

Ein Erwachsener und zwei Kinder sind am Mittwochabend mit einer Kohlenstoffmonoxid-Vergiftung ins Krankenhaus gebracht worden.
Der Rettungsdienst war am Mittwoch gegen 21 Uhr in die Wohnung gerufen worden. Dort fand er ein Kind bewusstlos vor. Die beiden anderen Familienangehörigen, unter anderem der 40-jährige Vater, klagten über Übelkeit und Schwindel. Sie hatten auf einem geschlossenen Balkon gegrillt.
Die Familie wurde in eine Klinik eingeliefert.

4 Ein Zeitungsartikel

Gefahr beim Verbrennen von Kohle
Bei der Verbrennung von Kohle oder Kohlenstoff entsteht hauptsächlich Kohlenstoffdioxid. In kleinen Mengen entsteht aber immer auch Kohlenstoffmonooxid. Zieht ein offener Kamin schlecht oder wird in geschlossenen Räumen mit Kohle gegrillt, kann es dazu kommen, dass sich im Raum Kohlenstoffmonooxid ansammelt. Es wird so zu einer tödlichen Gefahr.

5 Grillen – nur im Freien!

Abgase aus Motoren
Kohlenstoffmonooxid entsteht auch beim Verbrennen von Treibstoffen wie Benzin. Die Abgase aus Automobilen haben früher vergleichsweise viel Kohlenstoffmonooxid freigesetzt.
Seit die Autos mit Katalysatoren ausgestattet wurden, sind Vergiftungen durch Kohlenstoffmonooxid selten geworden. Ein Katalysator führt dazu, dass Kohlenstoffmonooxid mit Luftsauerstoff weiter in Kohlenstoffdioxid umgewandelt wird:

$$2\,CO + O_2 \rightarrow 2\,CO_2$$

6 Autoabgase – heute fast CO-frei

1 Beschreibe den Fehler, den die Familie im Zeitungsartikel in Bild 4 gemacht hat.
2 Beschreibe die Funktion eines Katalysators in einem Auto.
3 ‖ Schlage Maßnahmen für ein sicheres Grillen vor.
4 ‖ Begründe, dass die meisten Verbrennungsmotoren heutzutage kaum noch Kohlenstoffmonooxid freisetzen.

Auf einen Blick: Chemische Reaktionen

Verbrennung und chemische Reaktion

Das Branddreieck zeigt die drei Bedingungen, die für eine Verbrennung notwendig sind. Verbrennungen sind chemische Reaktionen. Bei chemischen Reaktionen werden ein oder mehrere Edukte zu einem oder mehreren Produkten umgewandelt.

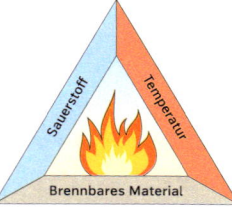

Brennstoffe

Brennbare Stoffe heißen Brennstoffe. Diese können fest, flüssig oder gasförmig sein. Wichtige feste Brennstoffe sind Holz und Kohle. Flüssige Brennstoffe, wie Benzin und Diesel werden zum Antreiben von Kraftfahrzeugen verwendet. Erdgas ist ein gasförmiger Brennstoff und wird zum Heizen und Kochen eingesetzt.

Atommodell

Atome sind die Bausteine aller Stoffe. Sie unterscheiden sich in ihren Eigenschaften wie Größe und Gewicht. Mehrere Atome können zu Molekülen verbunden sein.

Elemente und Verbindungen

Es gibt zwei Arten von Reinstoffen: Elemente und Verbindungen. Verbindungen lassen sich chemisch zerlegen. Elemente können durch chemische Reaktionen nicht zerlegt werden. Es gibt Millionen von Verbindungen, aber nur ungefähr 120 Elemente.

Die Masse bleibt erhalten

Bei einer chemischen Reaktion ändern sich die Atome nicht, sie werden jedoch neu zusammengesetzt. Daher bleibt auch die Masse gleich. Allerdings ändert sich der Energiegehalt.

Endotherm und exotherm

Zum Starten brauchen chemische Reaktionen Aktivierungsenergie. Exotherme chemische Reaktionen laufen nach dem Starten von allein weiter. Endotherme chemische Reaktionen benötigen ständig Energie, sonst stoppen sie und reagieren nicht mehr weiter.

Aufstellen von Reaktionsgleichungen

Eine Reaktionsgleichung gibt das Verhältnis der reagierenden Teilchen in einer chemischen Reaktion an. Dabei wird die Symbolschreibweise verwendet. Die Art und Anzahl der enthaltenen Atome muss links und rechts des Reaktionspfeils gleich sein.

Das Aufstellen einer Reaktionsgleichung erfolgt in drei Schritten:
① Stelle die Wortgleichung auf.
② Setze die Formeln der Stoffe ein.
③ Gleiche die Anzahl an Atomen auf beiden Seiten aus.

WICHTIGE BEGRIFFE
- chemische Reaktion
- Edukte, Produkte
- Atom, Molekül, Elementsymbol
- Elemente, Verbindungen, Reinstoffe

WICHTIGE BEGRIFFE
- Aktivierungsenergie
- Katalysator
- exotherm, endotherm
- Reaktionsgleichung

Lerncheck: Chemische Reaktionen

Welche Stoffe brennen und welche nicht?

1 Nenne zwei Beispiele, wie der Mensch das Feuer nutzt.

2 Nenne fünf Brennstoffe.

3 Nenne je einen Brennstoff, der
a) zum Heizen,
b) zum Betreiben von Kraftfahrzeugen
verwendet wird.

Bedingungen für Verbrennungen

4 Nenne die drei Voraussetzungen für eine Verbrennung.

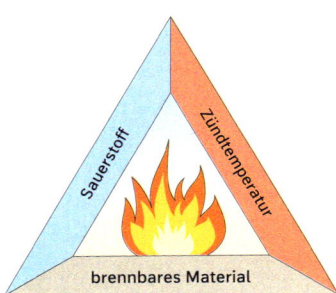

5 Erkläre den Begriff Zerteilungsgrad.

Löschen von Bränden

6 Erkläre drei Möglichkeiten einen Brand zu löschen. Nutze das Verbrennungsdreieck.

7 Gib an, wie die nachfolgenden Brandklassen gelöscht werden sollten:
a) Brandklasse A
b) Brandklasse B

Energiefluss bei chemischen Reaktionen

8 Nenne die Kernaussagen des Atommodells von JOHN DALTON.

9 Verdeutliche die folgenden Begriffe jeweils mit einem selbst gezeichneten Energiediagramm und erkläre sie jeweils mit einigen Sätzen
a) Aktivierungsenergie.
b) endotherme Reaktion.
c) exotherme Reaktion.

Die Masse bleibt erhalten

10 Begründe, warum bei einer brennenden Kerze die Masse der Kerze im Laufe der Zeit abnimmt, aber trotzdem das Gesetz der Erhaltung der Masse gilt.

11 Beschreibe einen Versuch, mit dem das Gesetzt von der Erhaltung der Masse gezeigt werden kann.

Reaktionsgleichungen aufstellen

12 Stelle die Reaktionsgleichung der Synthese von Wasser auf.

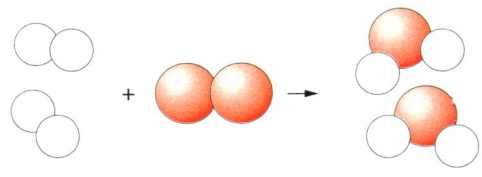

13 Schreibe die folgende Reaktionsgleichung in eine Wortgleichung: $N_2 + 3 H_2 \rightarrow 2 NH_3$

DU KANNST JETZT …

- … die Funktionen und Gefahren von Feuer beschreiben.
- … Beispiele für Brennstoffe nennen.
- … die Voraussetzungen für Verbrennungen nennen.
- … erklären wie Brände gelöscht werden.

DU KANNST JETZT …

- … an Beispielen die Kennzeichen chemischer Reaktionen zeigen.
- … Element und Verbindung unterscheiden.
- … die Erhaltung der Masse bei chemischen Reaktionen beschreiben.
- … Wortgleichungen und Reaktionsgleichungen aufstellen.

Lerncheck

Metalle und Metallgewinnung

Wie kann man aus einem solchen Stein Kupfer herstellen?

Wie wird der Stahl für den Bau eines Schiffes hergestellt?

Warum ist Recycling von Metallen sinnvoll?

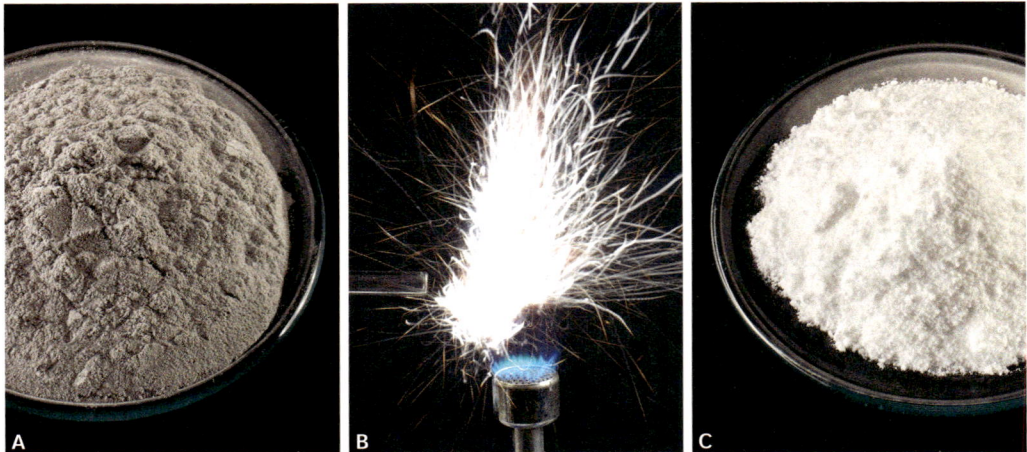

1 **A** Aluminiumpulver, **B** Aluminiumpulver verbrennt, **C** Aluminiumoxid ist entstanden

Metalle verbrennen

Metalloxide

Wenn Metalle mit Sauerstoff reagieren, entstehen dadurch **Metalloxide**.
Bläst du feines Aluminiumpulver in eine Brennerflamme, so kannst du einen hellen Funkenregen beobachten (→ Bild 1B). Aluminium reagiert mit dem Sauerstoff aus der Luft. Aus den beiden Edukten Aluminium und Sauerstoff entsteht das Produkt Aluminiumoxid.
Aluminium ist ein wichtiger metallischer Werkstoff. Da er leicht ist, wird er oft für die Herstellung von Getränkeverpackungen oder beim Bau von Fahrzeugen und Flugzeugen verwendet.

2 Flugzeughülle aus Aluminium

Eigenschaften von Metalloxiden

Das bei der Reaktion von Aluminium mit Sauerstoff entstehende Aluminiumoxid ist ein weißes Pulver. Die Eigenschaften der Metalloxide unterscheiden sich deutlich von den Eigenschaften der Edukte.
Metalle glänzen, sind verformbar und leiten den elektrischen Strom (→ Bild 2). Metalloxide glänzen nicht und sind spröde Feststoffe (→ Bild 1C). Sie reagieren mit Wasser teilweise zu alkalischen Lösungen. Nur als wässrige Lösung leiten Metalloxide den elektrischen Strom. Sie sind salzartig und gehören zu den Metall-Nichtmetall-Verbindungen. Dazu gehören auch Metallsulfide, die bei der Reaktion von Metallen mit Schwefel entstehen.

Synthese und Analyse

Bei der Reaktion von Metallen mit Sauerstoff werden neue Stoffe gebildet. Aluminium reagiert mit Sauerstoff zu Aluminiumoxid. Dies ist ein Beispiel für eine Synthese. Einige Metalloxide, wie zum Beispiel Silberoxid, lassen sich durch Erhitzen wieder in die Stoffe Silber und Sauerstoff zerlegen. Dieser Vorgang wird Analyse genannt.

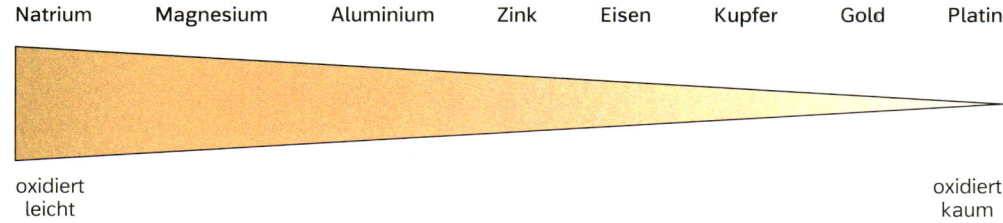

| Natrium | Magnesium | Aluminium | Zink | Eisen | Kupfer | Gold | Platin |

oxidiert
leicht

oxidiert
kaum

3 Die Oxidationsreihe der Metalle

Die Affinität zu Sauerstoff

Wie leicht Metalle oxidieren hängt davon ab, wie leicht sie mit Sauerstoff reagieren. Das wird **Affinität zu Sauerstoff** genannt. Die Reaktion zu Metalloxiden läuft unterschiedlich heftig ab. Bei der Reaktion von Magnesium mit Sauerstoff kannst du ein grelles weißes Licht beobachten. Bei der Reaktion von Kupfer mit Sauerstoff glüht das Metall rötlich auf.

Oxidationsreihe der Metalle

Die Affinität zu Sauerstoff wird in der **Oxidationsreihe der Metalle** dargestellt. In der Reihe kannst du erkennen, wie leicht ein Metall mit Sauerstoff reagiert. Je höher die Affinität zu Sauerstoff ist, desto heftiger reagiert das Metall mit Sauerstoff und desto mehr Energie wird bei der Reaktion frei. Magnesium hat eine höhere Affinität zu Sauerstoff als Kupfer. Das kannst du in den Energiediagrammen in Bild 4 und 5 erkennen. Metalle, die leicht mit Sauerstoff reagieren, werden als unedle Metalle bezeichnet. Magnesium ist ein Beispiel für ein unedles Metall. Edle Metalle, wie zum Beispiel Gold reagieren kaum oder gar nicht mit Sauerstoff.

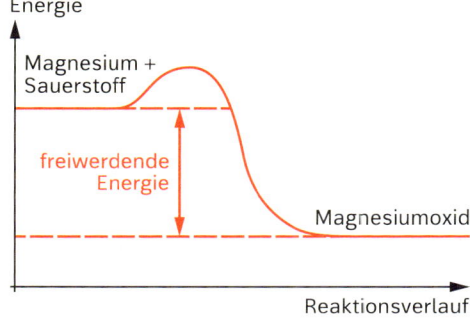

4 Energiediagramm: Oxidation von Magnesium

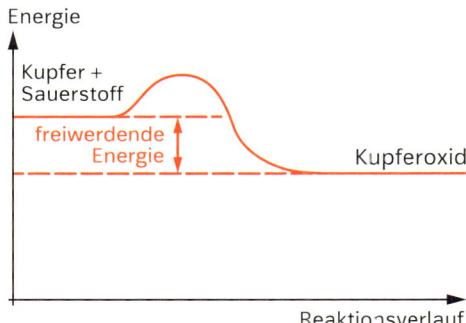

5 Energiediagramm: Oxidation von Kupfer

Metalle reagieren mit Sauerstoff zu Metalloxiden. Die Oxidationsreihe der Metalle gibt an, wie leicht Metalle mit Sauerstoff reagieren.

1 Stelle die Wortgleichung für die Reaktion von Zink mit Sauerstoff auf.

2 Beim Schleifen von Eisen entsteht ein Funkenregen. Es findet eine Oxidation statt. Formuliere die Wortgleichung für die Oxidation von Eisen.

3 **II a)** Erkläre anhand der Beobachtungen bei der Verbrennung von Magnesium und Kupfer den Verlauf der Energiediagramme in Bild 4 und Bild 5.
III b) Übertrage die Energiediagramme in dein Heft und zeichne das Energiediagramm für die Oxidation von Eisen dazu.

Starthilfe zu 3b:
Betrachte Bild 3.

Ⓐ Eisenwolle verbrennen

Eisenwolle brennt nicht nur an der Luft. Gibst du sie in reinen Sauerstoff, brennt sie viel stärker.

Material: feuerfeste Unterlage, Tiegelzange, Gasbrenner, Anzünder, Standzylinder mit reinem Sauerstoff (verschlossen mit einem Uhrglas)

Durchführung:

Schritt 1: Stelle den Gasbrenner auf die feuerfeste Unterlage und entzünde ihn.

Schritt 2: Halte ein Stück Eisenwolle mit der Tiegelzange kurz in die Brennerflamme (→ Bild 1A).

Schritt 3: Entferne das Uhrglas vom Standzylinder und halte die glühende Eisenwolle hinein (→ Bild 1B).

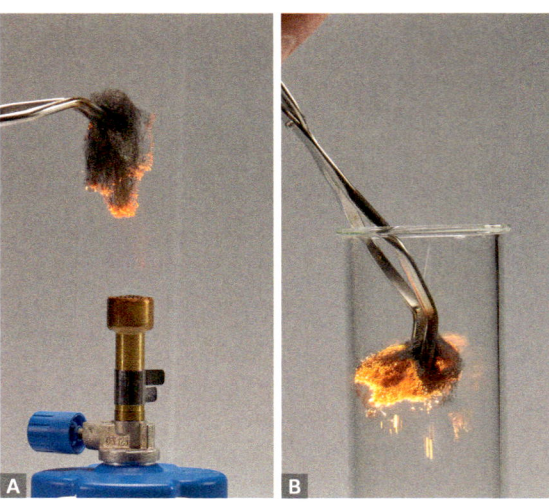

1 **A** Entzünden der Eisenwolle, **B** Reaktion in reinem Sauerstoff

❶ Nenne den Reaktionspartner des Eisens.

❷ Stelle die Wortgleichung auf.

❸ Vervollständige den Merksatz: „Je höher der Anteil an Sauerstoff ist, desto ...“

Ⓑ Metallpulver verbrennen

Werden Metalle in Pulverform in die Brennerflamme gepustet, kann aus der Heftigkeit der Reaktion geschlossen werden, ob ein Metall edel oder unedel ist.

Material: feuerfeste Unterlage, Stativfuß, Doppelmuffe, Gasbrenner, Anzünder, Pipette, Eisen-, Aluminium-, Kupfer-, Zinkpulver

Durchführung:

Schritt 1: Baue den Versuch wie in Bild 2 auf.

Schritt 2: Nimm mit der Pipette ein Metallpulver auf und puste es vorsichtig in die Brennerflame.

Schritt 3: Wiederhole den Versuch mit den anderen Metallpulvern.

2 Metallpulver verbrennen

❶ Sortiere die Metalle nach der Heftigkeit ihrer Reaktion.

❷ Vergleiche die Reihenfolge aus Aufgabe 2 mit der Oxidationsreihe der Metalle.

A Magnesium reagiert heftig

Wird ein Streifen Magnesiumband in die Brennerflamme gehalten, darfst du nicht direkt auf die
Reaktion blicken. Das Licht ist so grell, dass deine
Augen geschädigt werden könnten (→ Bild 3). Bei
der Reaktion entsteht ein weißes Pulver.

1 Stelle die Wortgleichung der Verbrennung
von Magnesium auf.

2 Erläutere an zwei Beobachtungen, ob die
Reaktion endotherm oder exotherm ist.

3 ‖ Die Verbrennung von Eisen und Magnesium ist unterschiedlich heftig. Beurteile, welches der beiden Metalle edler ist.

4 ‖‖ a) Ordne die Edukte und das Produkt der
Reaktion in Bild 3 jeweils einer Stoffklasse
zu (Metall, Salz, flüchtiger Stoff).
‖‖ b) Nenne den oder die Stoffe aus Aufgabe 4 a), die bei Raumtemperatur elektrisch
leitfähig sind.

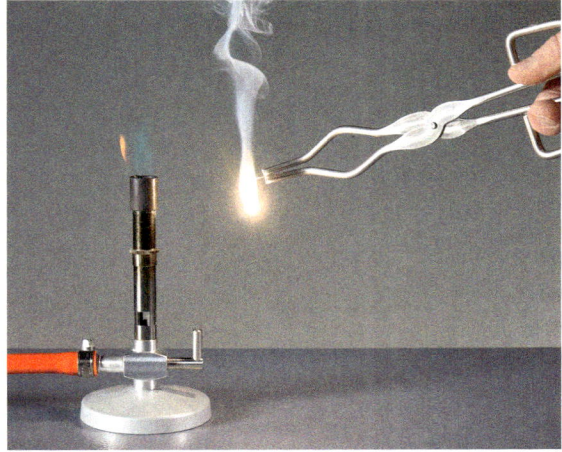

3 Brennendes Magnesium erzeugt sehr helles Licht.

Die Helligkeit der Magnesiumverbrennung wurde
früher in Blitzwürfeln von Fotokameras genutzt
(→ Bild 4). Dabei war die Menge an Magnesium
so gering, dass es dadurch zu keiner Schädigung
der Augen kommen konnte.
Heutzutage wird das Blitzlicht an Kameras oder
Smartphones anders erzeugt.

5 ‖ Nenne eine Möglichkeit, die Reaktion in
einem Blitzwürfel zu starten.

6 ‖ Stelle eine Hypothese auf, wie das
Blitzlicht in Kameras heute erzeugt wird.

Magnesium brennt nicht nur in der Luft, sondern
auch unter Wasser. Dabei entzieht Magnesium
den Wasser-Molekülen den Sauerstoff.
Es entsteht ein Gas (→ Bild 5).

7 ‖‖ Nenne den Namen des entstehenden
Gases.

4 Blitzwürfel enthalten Magnesium.

5 Magnesium brennt unter Wasser.

1 Ein rostendes Schiffswrack

Rosten – eine langsame Oxidation

Oberflächen verändern sich

Viele Metalle verlieren im Laufe der Zeit ihren typischen metallischen Glanz. Sie **oxidieren**. So ist ein Kupferrohr anfangs noch rötlich-glänzend. Nach einiger Zeit hat das Rohr eine feste, bräunliche oder manchmal grünliche Oberfläche (→ Bild 2). Viele Metalle reagieren mit dem Sauerstoff der Luft. Bei dieser Oxidation entsteht auf der Oberfläche eine dünne Oxidschicht. Im Vergleich zur Reaktion von Eisen in einer Flamme verläuft die Oxidation ohne Flamme langsam und ohne die spürbare Abgabe von Wärme. Sie wird deshalb langsame Oxidation genannt. Sie bildet einen festen, für Sauerstoff undurchlässigen Überzug. Diese Oxidschicht schützt das darunterliegende Metall.

2 Ein Regenablaufrohr aus Kupfer

Eisen ist ein unedles Metall

Der Vorgang zur Bildung einer Oxidschicht auf der Oberfläche von Metallen wird **Korrosion** genannt.
Unedle Metalle sind besonders anfällig für Korrosion. Sie reagieren leicht mit dem Sauerstoff aus der Luft und verlieren dabei ihren metallischen Glanz. Eisen ist ein unedles Metall. Es bildet an trockener Luft eine Oxidschicht. In feuchter Luft bildet sich Rost (→ Bild 1).

Rosten zerstört Eisen

Der Rost ist kein fester Überzug. Er bildet eine lockere und poröse Oxidschicht. Deshalb können Sauerstoff und Wasser auch an die tieferen Schichten des Eisens gelangen und diese immer weiter rosten lassen. Findet die Korrosion über längere Zeit ungehindert statt, werden Gegenstände aus Eisen vollständig zerstört.
Durch Korrosion und die Folgeschäden an Schiffen, Autos und Maschinen entstehen jährlich Kosten von vielen Milliarden Euro. Aus diesem Grund müssen Bauteile, die aus Eisen bestehen, vor der Reaktion mit Sauerstoff geschützt werden.

3 Korrosionsschutz durch Rostschutzfarbe

4 Ein verzinktes Treppengeländer

Korrosionsschutz

Um Bauteile aus Eisen vor dem Rosten zu schützen, werden sie mit einem Mittel zum **Korrosionsschutz** behandelt. Dabei wird das zu schützende Eisen mit einer dünnen Schutzschicht überzogen (→ Bild 3). Sie verhindert, dass der Sauerstoff an das Eisen gelangt. Als Korrosionsschutz eignen sich Kunststoffbeschichtungen, Rostschutzfarben und Lacke. Auch das Einfetten, Einölen oder Einwachsen mit Öl oder Fett verhindert das Rosten.

Natürlicher Korrosionsschutz

Metalle wie Kupfer und Aluminium haben einen natürlichen Korrosionsschutz. Wenn diese Metalle oxidieren, bildet sich eine dünne Oxidschicht. Sie ist im Vergleich zu Eisen jedoch fester und nicht wasserdurchlässig. Kupfer eignet sich deshalb gut für Regenrinnen oder Gebäudeverkleidungen.

Galvanisieren

Ein besonders wirkungsvolles Verfahren um Metalle vor Korrosion zu schützen, ist das **Galvanisieren**. Hierbei wird mithilfe elektrischen Stroms ein Metall, das nicht korrodiert, auf das zu schützende Metall aufgebracht. So wird verhindert, dass Sauerstoff an das darunter liegende unedlere Metall gelangt. Es kann dadurch nicht zur Korrosion kommen.
So werden zum Beispiel Nägel oder Treppengeländer verzinkt (→ Bild 4). Die verzinkte Oberfläche ist unempfindlich gegenüber Sauerstoff und Wasser. Eisen kann durch diesen Korrosionsschutz in vielen Bereichen verwendet werden.

> Korrosion ist die Oxidation metallischer Oberflächen mit Sauerstoff.
> Die langsame Oxidation von Eisen wird Rosten genannt.

1 Nenne zwei Metalle, die leicht korrodieren.

2 Beschreibe das Rosten von Eisen.

3 I Erläutere, dass Regenrinnen aus Kupfer und nicht aus Eisen hergestellt werden.

4 II Begründe, dass Gold auch nach langer Zeit immer noch metallisch glänzt.

5 II Nenne Möglichkeiten zum Korrosionsschutz von Metallen.

Ⓐ Eisenwolle rostet

Material: Becherglas, Reagenzglas, Eisenwolle, Wasser

1 Eisenwolle in einem Reagenzglas

Durchführung:

Schritt 1: Gib etwas angefeuchtete Eisenwolle in ein Reagenzglas. Drücke sie leicht bis an den Boden des Reagenzglases.

Schritt 2: Drehe das Reagenzglas mit der Öffnung nach unten und stelle es in das Becherglas.

Schritt 3: Fülle 2 cm hoch Wasser in das Becherglas (→ Bild 1).

Schritt 4: Stelle den Versuchsaufbau für mehrere Tage an einen ungestörten Ort.

❶ Beschreibe deine Beobachtungen nach einigen Tagen.

❷ Nenne das Edukt dieser Reaktion.

❸ Formuliere die Wortgleichung zum Rosten von Eisenwolle.

Ⓑ Nicht alle Metalle rosten

2 Schrauben und Nägel aus verschiedenen Metallen

Material: sechs Reagenzgläser, wasserfester Stift, Schrauben oder Nägel aus unterschiedlichen Metallen, Wasser

Durchführung:

Schritt 1: Beschrifte die Reagenzgläser mit den Zahlen von 1 bis 6.

Schritt 2: Gib jeweils eine Schraube oder einen Nagel in ein Reagenzglas.

Schritt 3: Fülle jedes Reagenzglas so hoch mit Wasser, dass die Schrauben und Nägel zur Hälfte unter Wasser sind.

Schritt 4: Stelle die Reagenzgläser für eine Woche an einen ungestörten Ort.

Reagenz-glas	Schraube/Nagel	Am Anfang	Nach einer Woche
1	Eisen	...	...
2	Kupfer	...	...
...	...	...	...

3 Tabelle zur Beschreibung der Schrauben und Nägel

❶ Beschreibe das Aussehen der Schrauben und Nägel am Anfang des Versuchs und nach einer Woche. Nutze dazu die Tabelle.

❷ Begründe, dass manche der Metalle oxidieren und andere nicht.

Metalle und Metallzeitalter

Die Kupferzeit

Kupfer war eines der ersten Metalle, das die Menschen nutzten. Das Kupfererz wurde vermutlich durch Zufall im Feuer erhitzt. Dabei wurde festgestellt, dass das Metall Kupfer entsteht, das die Menschen bearbeiten konnten. Um mehr Kupfer gewinnen zu können, mussten bessere Schmelzöfen mit höherer Temperatur entwickelt werden. Kupfer war selten und kostbar. Der bedeutendste Fund aus dieser Zeit ist die Eismumie Ötzi. In seinem Gepäck wurde ein Kupferbeil gefunden, das Rückschlüsse auf seine hohe soziale Stellung zuließ. Die Kupferzeit begann etwa 7000 v. Chr.

4 Kupferaxt

Die Bronzezeit

Auf die Kupferzeit folgte die Bronzezeit von ca. 2200 bis 800 v. Chr. Durch die Erfahrung in der Kupferverarbeitung entdeckten die Menschen, dass sich durch die Mischung von Kupfer und Zinn Bronze herstellen lässt. Dieser neue Werkstoff ist härter und lässt sich wegen seiner niedrigeren Schmelztemperatur leichter weiterverarbeiten. Dadurch konnten mit weniger Aufwand bessere Werkzeuge und Waffen hergestellt werden.

5 Waffen aus Bronze

Die Eisenzeit

Kupfer und Bronze waren selten und kostbar, da Kupfererz ein seltener Rohstoff ist. Die Rohstoffe zur Eisengewinnung dagegen waren leichter zu finden, doch das Herstellungsverfahren war sehr aufwändig. Für die Herstellung von Eisen müssen höhere Temperaturen erzeugt werden. Durch die Weiterentwicklung der Schmelzöfen konnten die zur Verarbeitung von Eisenerz nötigen Temperaturen erreicht werden. Eisen ist härter als Kupfer und Bronze und lässt sich besser bearbeiten und verarbeiten. Die Eisenzeit begann um 800 v. Chr.

6 Töpfe aus Eisen

1 Zeichne einen Zeitstrahl von der Steinzeit bis zur Eisenzeit. Trage die oben genannten Zeitalter ein.

2 Nenne Vorteile von Bronze gegenüber Kupfer.

3 Erläutere, warum die Menschen früher ihre Kupferwerkzeuge durch Werkzeuge aus Bronze ersetzt haben.

1 Ein Schnitt durch einen Malachit

Metalle gewinnen

Metalle in der Natur

Die meisten Metalle kommen in der Natur als Verbindungen vor. Oft sind es Verbindungen mit Schwefel, die Sulfide, oder Verbindungen mit Sauerstoff, die Oxide. Oft sind Metallverbindungen im Gestein mit weiteren Verbindungen vermischt. Das Gestein Malachit enthält zum Beispiel viel Kupferoxid, ist aber kein reines Kupferoxid. Möchte man die reinen Metalle gewinnen, muss man zunächst die Metallverbindungen vom restlichen Gestein abtrennen. Aus den abgetrennten Metalloxiden werden dann in einer chemischen Reaktion die Metalle gewonnen.

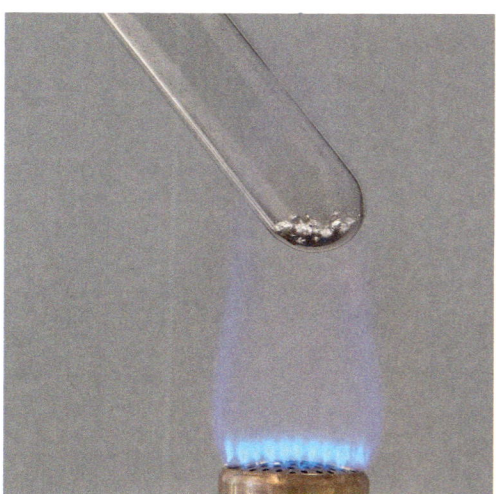

2 Erhitzen von Silberoxid

Silber aus Silberoxid im Labor

Erhitzt man in einem Reagenzglas Silberoxid, verschwindet das Silberoxid und ein silbrig glänzender Stoff bleibt zurück. Es entsteht elementares Silber.
Bei der Zerlegung von Silberoxid bildet sich auch ein Gas, das aufgefangen werden kann. Es lässt einen glimmenden Holzspan aufflammen. Bei dem Gas handelt es sich um Sauerstoff. Bei der Zerlegung des Oxids wird Sauerstoff frei.

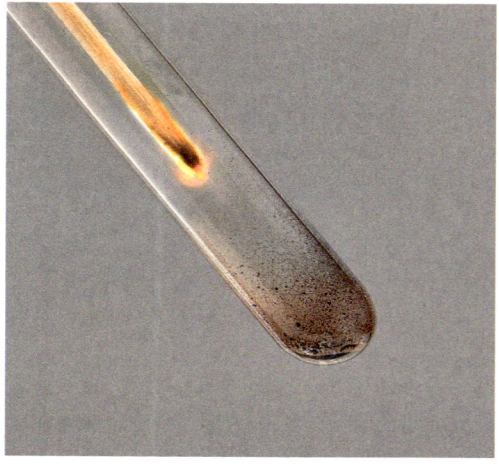

3 Durchführen der Glimmspanprobe

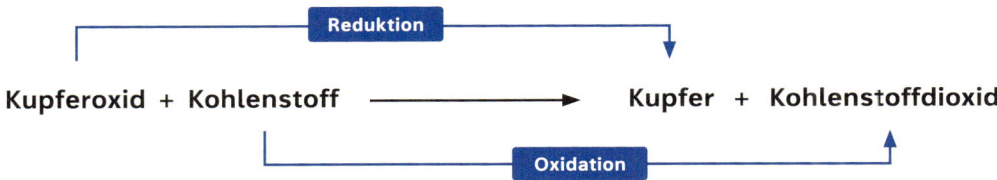

4 Wortgleichung zur Redoxreaktion

Kupfer aus Kupferoxid

Wird Malachit erhitzt, entsteht schwarzes Kupferoxid (→ Bild 6). Aus dem Kupferoxid lässt sich durch weiteres Erhitzen aber kein Kupfer gewinnen. Die Hitze reicht nicht aus, um elementares Kupfer zu gewinnen. Kupferoxid muss mit kohlenstoffhaltiger Holzkohle vermischt werden. Erhitzt man Kupferoxid mit Holzkohle, glüht das Gemisch hell auf. Bei der Reaktion bildet sich rötliches Kupfer (→ Bild 7). Es entsteht auch das Gas Kohlenstoffdioxid. Kupferoxid lässt sich nicht so einfach zerlegen wie Silberoxid. Es ist unedler. Zur Reaktion benötigt es einen Reaktionspartner, der den Sauerstoff aufnimmt. Dies kann nur durch einen noch unedleren Stoff erfolgen. Dies ist hier der Kohlenstoff.

Reduktion und Oxidation

Dem Kupferoxid wurde bei dieser Reaktion der Sauerstoff entzogen. Es wurde zu elementarem Kupfer reduziert. Der Kohlenstoff in der Holzkohle reagiert mit dem abgegebenen Sauerstoff zu Kohlenstoffdioxid. Der Kohlenstoff wurde oxidiert. Beide Reaktionen, Reduktion und Oxidation, sind miteinander gekoppelt. Deshalb bezeichnet man sie auch als **Redoxreaktion**.

5 Malachit

6 Verbranntes Malachit

7 Kupfer aus Malachit

① Beschreibe die Gewinnung von Silber aus Silberoxid.

② Begründe, dass Kupfer nicht durch einfaches Erhitzen von Kupferoxid gewonnen werden kann.

③ ❙ Beschreibe die Reaktion zwischen Kupferoxid und Holzkohle.

④ ❙❙ Formuliere einen Merksatz, der eine Redoxreaktion beschreibt.

Starthilfe zu 4:
Oxidation = Sauerstoffaufnahme
Reduktion = Sauerstoffabgabe

A Reduktionsmittel und Oxidationsmittel

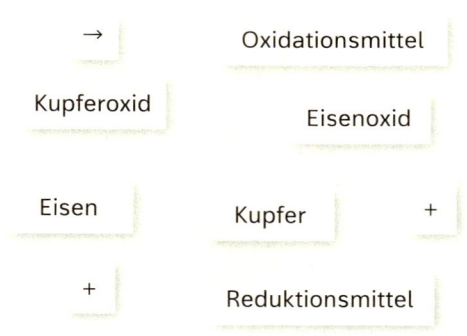

1 Bausteine der Redoxreaktion

Starthilfe zu 2:
Kupferoxid + Kohlenstoff → Kupfer + Kohlenstoffdioxid

Werden Kupferoxid und Eisen zusammen erhitzt findet eine Redoxreaktion statt. Das Kupferoxid gibt Sauerstoff ab und oxidiert das Eisen.
Das Kupferoxid ist das **Oxidationsmittel**.
Das Eisen nimmt den Sauerstoff des Kupferoxids und reduziert somit das Kupferoxid.
Das Eisen ist das **Reduktionsmittel**.

1 Ordne die Bausteine in Bild 1 so an, dass die Redoxreaktion von Kupferoxid mit Eisen entsteht.

2 ❚❚ Benenne das Reduktionsmittel und das Oxidationsmittel bei der Reaktion von Kupferoxid mit Kohlenstoff.

B Die Oxidationsreihe der Metalle

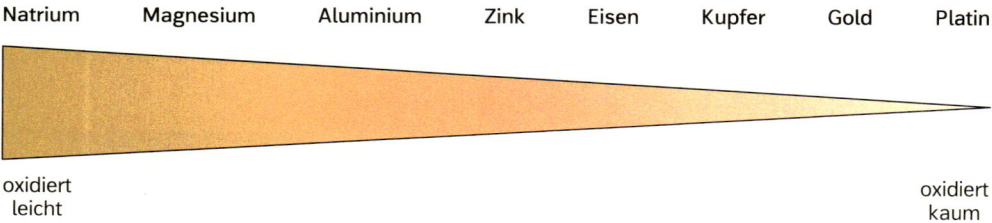

2 Die Oxidationsreihe der Metalle zeigt an, wie leicht ein Metall Sauerstoff aufnimmt.

Kupferoxid kann mit Eisen, Zink, Aluminium, Magnesium und Natrium reduziert werden. Diese Metalle nehmen den Sauerstoff vom Kupferoxid leicht auf. Wird Kupferoxid mit einem dieser Metalle zusammen erhitzt, findet eine Reaktion statt und Sauerstoff wird übertragen.
Aluminiumoxid kann aber nicht mit Zink, Eisen, Kupfer oder Gold reduziert werden. Diese Metalle nehmen Sauerstoff nicht so leicht auf wie Aluminium. Wird Aluminiumoxid zusammen mit einem dieser Metalle erhitzt, findet keine Reaktion statt und es wird kein Sauerstoff übertragen.

1 **a)** Nenne alle Metalle, die sich eignen um Kupferoxid zu reduzieren.
a) Nenne alle Metalle, die sich eignen um Aluminiumoxid zu reduzieren.

2 ❚❚ Beschreibe mindestens drei Redoxreaktionen als Wortgleichung, mit denen Kupferoxid zu Kupfer reduziert werden kann.

3 ❚❚ Erläutere mithilfe der Oxidationsreihe, dass bei der Reaktion von Aluminiumoxid mit Kupfer kein Sauerstoff übertragen wird.

C Sauerstoffübertragung

Nicht nur Kohlenstoff, sondern auch andere Metalle wie Eisen, Aluminium oder Zink können den Sauerstoff vom Kupferoxid aufnehmen. Diese Metalle haben ein größeres Bestreben sich mit dem Sauerstoff zu verbinden als das Kupfer.

Die Edelmetalle Gold, Silber und Platin können Kupferoxid nicht den Sauerstoff entziehen. Ihr Bestreben sich mit Sauerstoff zu verbinden, ist viel schwächer als bei Kupfer.

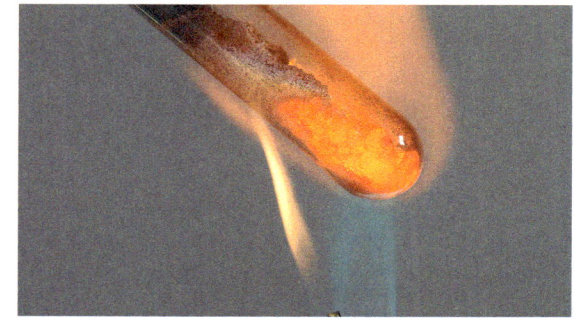

3 Redoxreaktion von Kupferoxid und Eisen

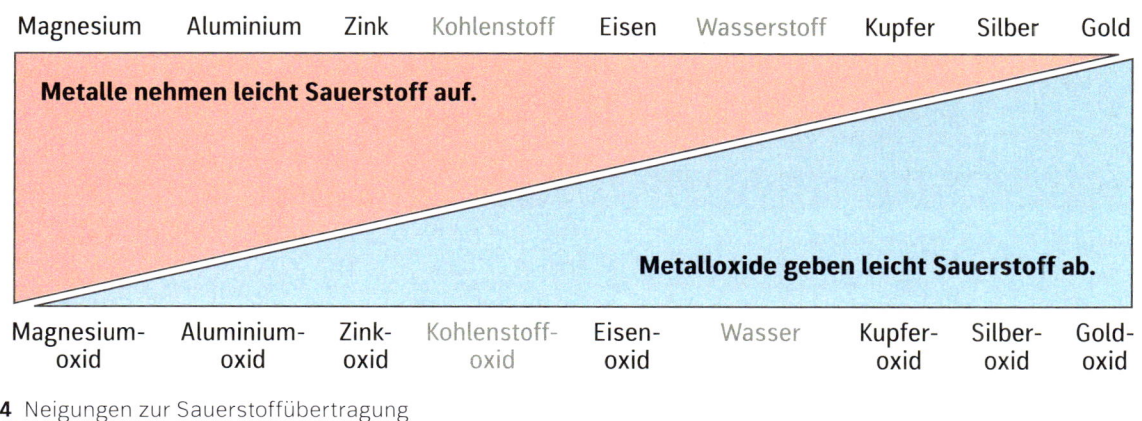

| Magnesium | Aluminium | Zink | Kohlenstoff | Eisen | Wasserstoff | Kupfer | Silber | Gold |

Metalle nehmen leicht Sauerstoff auf.

Metalloxide geben leicht Sauerstoff ab.

| Magnesium-oxid | Aluminium-oxid | Zink-oxid | Kohlenstoff-oxid | Eisen-oxid | Wasser | Kupfer-oxid | Silber-oxid | Gold-oxid |

4 Neigungen zur Sauerstoffübertragung

Zinkoxid   Zink   Eisenoxid

Aluminium   Aluminiumoxid

Magnesiumoxid   Eisen   Magnesium

5 Verschiedene Metalle und Metalloxide

1 Beschreibe, was Bild 4 zeigt.

2 Nenne mithilfe von Bild 4 Metalle, die Kupferoxid Sauerstoff entziehen können.

3 Erkläre, dass aus Aluminiumoxid und Eisen kein Aluminium gewonnen werden kann.

4 **III** Auf dem Zettel in Bild 5 sind verschiedene Metalle und Oxide dargestellt. Gib an, bei welchen Kombinationen aus Metall und Oxid eine Redoxreaktion abläuft. Plane Versuche, um deine Vorhersagen zu überprüfen.

Starthilfe zu 4:
Betrachte Bild 3.

1 Hochofenanlage bei Dortmund

Vom Eisenerz zum Roheisen

Der Hochofen

Ein **Hochofen** ist ein 30 bis 50 Meter hoher Schachtofen zur Roheisengewinnung. Er hat einen Durchmesser von mehr als zehn Metern. Seine Wände bestehen aus feuerfesten Steinen und einem Stahlgerüst (→ Bild 1). Die Wände werden ständig mit Wasser gekühlt. Über eine Rampe wird der Hochofen von oben befüllt. Der obere Teil des Hochofens ist die **Gicht.** Darunter sorgt ein Rohr dafür, dass Gase entweichen können. Im unteren Bereich des Hochofens befindet sich eine Ringleitung, durch die heiße Luft unter Druck in den Ofen geleitet wird. Im Hochofen herrschen Temperaturen von bis zu 2000 °C.
Ganz unten fließen die Endprodukte des Prozesses aus dem Hochofen: **Roheisen** und **Schlacke.**

Funktionsweise des Hochofens

Im Hochofen findet bei großer Hitze eine Reaktion statt, bei der aus Eisenoxid und Kohlenstoff Eisen und Kohlenstoffdioxid entstehen. Dies ist eine **Sauerstoffübertragungsreaktion.**
In den oberen Teil der Hochofenanlage, der Gicht, wird über das Beschickungsrohr abwechselnd **Koks** und **Möller** eingefüllt. Koks ist eine reine Form von Kohle und dient unter anderem als Brennstoff. Möller besteht aus Eisenerz, Kalkstein, Silikat und anderen Stoffen. Die chemischen Prozesse finden in verschiedenen Zonen des Hochofens statt. Für die Gewinnung von **Roheisen** aus Eisenerzen werden hohe Temperaturen benötigt.
Ist ein Hochofen einmal in Betrieb, muss er regelmäßig befüllt werden.

Vorwärmzone

In der **Vorwärmzone** wird das Gemisch durch die aufsteigenden **Gichtgase** bis auf ca. 400 °C erwärmt und getrocknet.

Reduktionszone

Bei der Verbrennung von Koks entsteht zunächst Kohlenstoffdioxid. Dabei wird viel Wärme frei. Bei den hohen Temperaturen reagieren dann Kohlenstoff mit Kohlenstoffdioxid zu Kohlenstoffmonooxid. Dieses Gas ist sehr reaktionsfreudig und entzieht dem Eisenoxid den Sauerstoff.
So entstehen Eisen und Kohlenstoffdioxid. Hier findet eine Sauerstoffübertragungsreaktion statt. In der Reduktionszone liegt die Temperatur über 1000 °C.

Schmelzzone

In der Schmelzzone herrschen Temperaturen bis 2000 °C. Hier sammelt sich das heiße, flüssige Roheisen. Auf dem Roheisen schwimmt die Schlacke, die sich aus Bestandteilen des Eisenerzes, Kalk und den Zusatzstoffen aus dem Möller bildet. Sie verhindert eine erneute Verbindung des Roheisens mit Sauerstoff.

Produkte

In regelmäßigen Abständen wird der Hochofen unten geöffnet. Bei einem solchen **Abstich** läuft das glühend-heiße Roheisen aus dem Hochofen. 10 000 Tonnen täglich produziert ein moderner Hochofen. Die Schlacke wird abgetrennt und im Straßenbau eingesetzt.

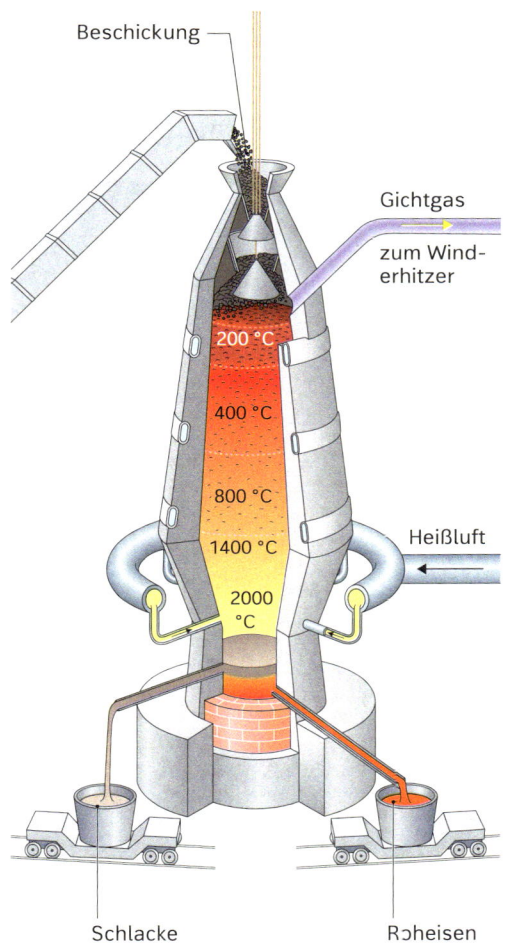

2 schematische Zeichnung eines Hochofens

3 Abstich von glühend heißem Roheisen

1 Beschreibe den Aufbau eines Hochofens. Nimm das Basiskonzept System zur Hilfe.

2 Benenne die Produkte, die im Hochofen entstehen und wozu sie genutzt werden.

3 I Ordne den verschiedenen Bereichen des Hochofens die dort ablaufenden Vorgänge zu. Nimm Bezug auf das Basiskonzept Wechselwirkung.

4 II Erkläre die chemischen Prozesse, die im Hochofen stattfinden.

Starthilfe zu 4:
Erstelle eine Tabelle:

Bereich	Vorgänge
Vorwärmzone	Gemisch wird erwärmt
...	...

C Schienenschweißen mit Thermit

3 Verlegung von Bahnschienen: **A** Reaktionsofen wird gezündet, **B** Reaktionsofen, **C** geschweißte Bahnschienen

Eisenoxid + Aluminium → Eisen + Aluminiumoxid

4 Die Redoxreaktion bei der Thermitreaktion

Eisenbahnschienen werden aus Stahl hergestellt. Eine Schiene ist dabei 25 Meter lang. Wenn Schienen verlegt werden, bleibt eine Lücke zwischen den Teilstücken zurück. Diese Lücken werden mit Thermit verschweißt.

Thermit ist eine Mischung aus grobkörnigem Eisenoxid, Aluminium und weiteren Metallen. Der Chemiker Hans Goldschmidt fand im 19. Jahrhundert heraus, dass Aluminium mit Metalloxiden reagiert. Bei der Reaktion entsteht sehr viel Wärme. Deshalb nannte er das Gemisch Thermit. Beim Thermitschweißen findet eine Sauerstoffübertragungsreaktion vom Eisen auf Aluminium statt.

Um die Schienen zu verbinden, wird an den Spalten eine Gießform mit einem feuerfesten Reaktionsofen angebracht. Er wird mit Thermit befüllt.

Die Mischung wird mit einer Art Wunderkerze entzündet. Es findet eine starke exotherme Reaktion statt. Dabei entstehen Temperaturen von über 2000 °C (→ Bild 3A). Aus dem Ofen fließt die bei der Reaktion entstehende Eisenschmelze in die Gießform und füllt die Lücke zwischen den Schienen (→ Bild 3B).

Sobald das Metall abgekühlt ist, wird die Gießform abgeschlagen und die Schienen werden geschliffen (→ Bild 3C).

1 a) Nenne die Bestandteile des Thermit.
b) Beschreibe das Ziel des Thermitschweißens.
c) Beschreibe das Vorgehen beim Thermitschweißen.

2 Begründe, wie es zu den hohen Temperaturen im Reaktionsofen beim Thermitschweißen kommt.

3 a) Erläutere, welcher Stoff reduziert wird und welcher oxidiert wird.
b) Nenne, welcher Stoff das Reduktionsmittel ist und welcher das Oxidationsmittel ist.

 IM ALLTAG

Metalle verändern sich

Viele Metalle verändern sich mit der Zeit. Sie verlieren ihren Glanz, werden matt oder rosten. Nicht alle Metalle zeigen diese Veränderungen.

Wenn sich Metalle verändern, sind sie meistens Umwelteinflüssen ausgesetzt. Sie haben Kontakt zur Luft oder zu Wasser. Es finden chemische Reaktionen statt.

Edelmetalle

Metalle, die sich an der Luft nicht oder kaum verändern, gehören zu den Edelmetallen. Sie behalten ihre glänzende Oberfläche und rosten nicht, weil sie sich nicht mit dem Sauerstoff der Luft verbinden. Zu den Edelmetallen zählen unter anderem Gold, Silber und Platin.

2 Schmuck aus Gold und Silber

Unedle Metalle

Metalle, die mit anderen Stoffen reagieren, werden als unedel bezeichnet. Durch den Sauerstoff der Luft verändert sich die Oberfläche. Sie bilden eine Oxidschicht. Diese Oxidschicht kann das darunter liegende Metall vor einer weiteren Veränderung schützen.

Unedle Metalle reagieren mit Säuren. Aluminium, Zink und Eisen sind zum Beispiel unedle Metalle.

3 Kessel aus Aluminium

Von ganz unedel bis ganz edel

Je edler ein Metall ist, desto weniger leicht geht es eine Verbindung mit Sauerstoff ein.
Je unedler ein Metall ist, desto heftiger reagiert es mit Sauerstoff.

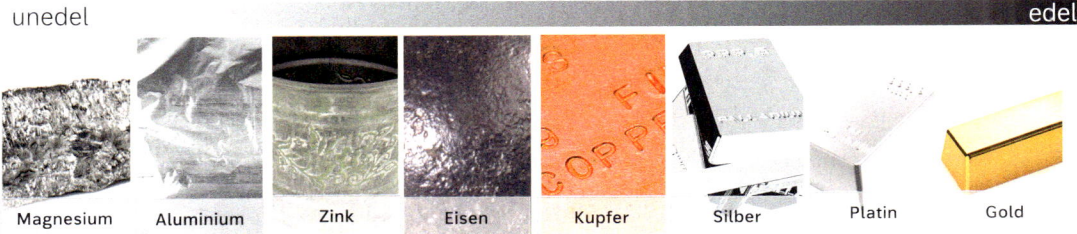

unedel — edel

Magnesium   Aluminium   Zink   Eisen   Kupfer   Silber   Platin   Gold

4 Reihenfolge der Metalle

1 Nenne jeweils zwei edle und zwei unedle Metalle.

2 Nenne die Unterschiede zwischen edlen und unedlen Metallen.

3 Nenne die Verbindungen, die bei der Reaktion von Aluminium mit Sauerstoff und Zink mit Sauerstoff entstehen.

1 Der Konverter zur Stahlherstellung wird mit der Schmelze gefüllt.

Die Stahlherstellung

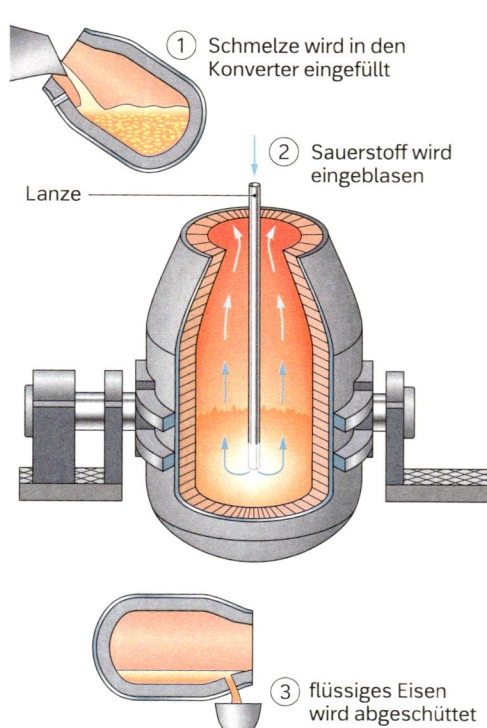

① Schmelze wird in den Konverter eingefüllt

② Sauerstoff wird eingeblasen

Lanze

③ flüssiges Eisen wird abgeschüttet

2 Das Modell eines Konverters

Reinigung im Konverter

Das Roheisen aus dem Hochofen muss noch weiterverarbeitet werden, bevor es als **Stahl** verwendet werden kann.

Dazu kommt es als Schmelze in einen bis 500 t fassenden **Konverter** (→ Bild 1). Durch ein mit Wasser gekühltes Rohr, die Lanze, wird mit hohem Druck Sauerstoff auf die Schmelze geblasen.

Die unerwünschten Bestandteile werden dadurch zum großen Teil oxidiert. Dieses Verfahren heißt **Sauerstoff-Aufblasverfahren**. Dabei entstehen zum einen gasförmige Oxide wie Schwefeldioxid und Kohlenstoffdioxid. Sie können entweichen. Die anderen Oxide sind fest und schwimmen auf der Schmelze. Dazu gehören etwa die Oxide von Phosphor oder Silicium. Sie können leicht entfernt werden. Der so entstandene flüssige Stahl wird abgelassen und weiter verarbeitet.

3 Glühender Stahl wird gewalzt.

Stahllegierung	Zusätze	Eigenschaften	Verwendung
Chrom-Nickel-Stahl	18 % Chrom 8 % Nickel	zäh, nichtrostend	Haushaltsgeräte
Chrom-Vanadium-Stahl	0,3 % Kohlenstoff 0,75 % Chrom 1 % Vanadium	hart, zäh	Werkzeuge wie Schraubenschlüssel
Schnellarbeitsstahl (HSS-Stahl)	6 % Wolfram 5 % Molybdän 2 % Vanadium	hitzebeständig, sehr hart	Bohrer, Sägeblätter

4 Tabelle mit verschiedenen Stahllegierungen

Der Kohlenstoffgehalt

Die Eigenschaften wie die Härte, etwa für Brücken und die Elastizität, wie sie für Federn gebraucht wird, ändern sich je nach Anteil des Kohlenstoffs. Deshalb wird der Kohlenstoff nicht vollständig entfernt, sondern auf einen Anteil von bis zu zwei Prozent verringert.

Bearbeitung des Stahls

Der Stahl aus dem Konverter wird noch weiterbearbeitet. Durch **Walzen** (→ Bild 3) werden etwa Eisenbahnschienen oder Draht, durch **Schmieden** Kurbelwellen für Automotoren hergestellt.

Stahllegierungen

Um die Eigenschaften von Stahl noch weiter zu verbessern, werden weitere Metalle wie Chrom, Nickel oder Vanadium in den geschmolzenen Stahl gegeben. Es entstehen **Stahllegierungen** (→ Bild 4). Stahllegierungen besitzen andere Eigenschaften als reiner Stahl. Sie können besonders hart und zäh sein oder eine bessere Elastizität und größere Hitzebeständigkeit aufweisen. So entstehen unter anderem Edelstähle. Sie dienen zur Herstellung von Kochtöpfen, Besteck oder Blechen für Autos. Sie rosten nicht so leicht wie gewöhnliches Eisen.

1 Beschreibe den Reinigungsprozess des Roheisens beim Sauerstoff-Aufblasverfahren.

2 Nenne Verfahren zur Weiterverarbeitung von Stahl.

3 I Zähle einige Beispiele von Stahllegierungen auf. Nenne jeweils die Zusammensetzung.

4 II Begründe, welche Vorteile verschiedene Stahllegierungen gegenüber Eisen haben.

Starthilfe zu 4:
Eisen rostet...

80

ÜBEN UND ANWENDEN

A Der Stahlbeton

1 Stahlbeton für die Decke eines Hauses

Es gibt viele Anwendungen von Stahl. Eine der wichtigsten ist der Stahlbeton. Dabei wird Beton durch Stahlmatten und Stahlstangen verstärkt. Beton ist sehr druckfest. Für eine Hausdecke ist aber auch Zugfestigkeit erforderlich, die Beton nicht hat. Diese erbringt der Stahl. So wird durch die Nutzung der Vorteile von zwei Materialien eine stabile Konstruktion erreicht.
Stahlbeton ist einer der wichtigsten Baustoffe. Er eignet sich nicht nur zum Bau von Einfamilienhäusern, sondern auch für Hochhäuser, Türme und Brücken.

1 Erkläre den Begriff Stahlbeton.

2 Nenne drei Anwendungen, bei denen Stahlbeton verwendet wird.

3 ❚❚ Nenne die Vorteile der beiden Materialien, die bei Stahlbeton verbunden werden.

B Die Verwendung von Stahl

Material	Verwendung 2017 in Deutschland
Stahl	42100
Aluminium	3247
Kupfer	1516
Zink	627
Blei	356

2 Verwendung von Metallen in Tausend Tonnen

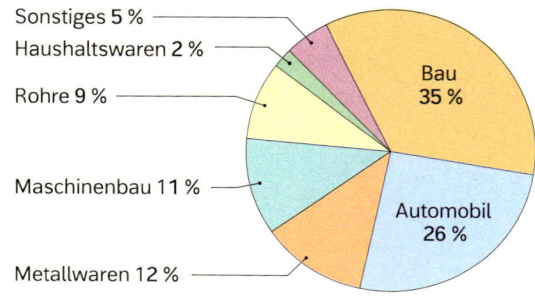

3 Verwendung von Stahl in Deutschland im Jahr 2017

Eisen und Stahl sind die meistbenutzten metallischen Werkstoffe (→ Bild 2). Sie sind in allen Lebensbereichen zu finden (→ Bild 3). Auch andere Metalle haben große Bedeutung. Aluminium findet seine Hauptverwendung im Bau von Fahrzeugen. Kupfer wird vielfach im Elektrobereich eingesetzt. Zink dient häufig zur Herstellung von Messing und zum Verzinken im Automobilbau. Blei wird in Autobatterien eingesetzt.

1 Nenne fünf Anwendungen von Stahl.

2 Nenne die jeweiligen Hauptanwendungsbereiche von Aluminium, Kupfer, Zink und Blei.

3 ❚❚ Berechne die Menge des Stahls in Tonnen, die 2017 in der
a) Automobilindustrie verwendet wurde.
b) Bauindustrie verwendet wurde.

C Legierungen von Metallen

Wenn Metalle durch Erhitzen verflüssigt und mit anderen Metallen vermischt werden, entstehen **Legierungen**. So können die Eigenschaften des Ausgangsmetalls verändert werden. Sie werden dehnbarer, hitzebeständiger, härter und fester, oder erhalten eine größere Beständigkeit gegen Umwelteinflüsse. Oft werden die Metalle Kupfer, Zinn, Zink, Nickel oder Chrom für Legierungen verwendet. Die Schiffsglocke in Bild A ist aus Messing, da diese Legierung aus Kupfer und Zink sehr korrosionsbeständig ist. Auch unser Münzgeld besteht aus verschiedenen Legierungen. Ein Ein-Euro-Geldstück besteht beispielsweise aus Legierungen aus Kupfer, Zink und Nickel.

1 Benenne Vorteile der vorgestellten Metalllegierungen.

2 Recherchiere Einsatzmöglichkeiten weiterer Metalllegierungen und erläutere deren Herstelllungsverfahren. Erstelle eine Tabelle.

4 Gegenstände aus Metalllegierungen: **A** eine Schiffsglocke aus Messing, **B** Münzgeld

D Spezialstähle

Wenn Stahl mit anderen Metallen legiert wird, verändern sich seine Eigenschaften. Es gibt sehr viele verschiedene Sorten Stahl, die alle unterschiedliche Verwendungszwecke haben. Sie können weicher oder fester, elastisch oder starr, oder besonders unempfindlich gegen Umwelteinflüsse sein.

1 Nenne jeweils zwei Eigenschaften von V2A- und HSS-Stahl.

2 Nenne je einen Verwendungszweck, bei dem Stahl besonders hart, elastisch, hitzebeständig und rostfrei sein muss.

3 Ein Hersteller von Essbesteck bestellt neues Rohmaterial. Begründe, welche Sorte Stahl er nehmen sollte.

	V2A-Stahl	HSS-Stahl
Legierung	Chrom, Nickel, Mangan	Wolfram, Molybdän, Vanadium
Eigenschaften	zäh, korrosions- beständig, beständig gegen Säuren und Laugen	hart, zäh
Verwendung	Haushaltsgegen- stände	Werkzeuge

5 Wichtige Stahllegierungen

1 Metallabfälle werden gesammelt.

Recycling von Metallen

Metalle als Verpackungen

Metalle werden oft als Verpackung genutzt. In Konservendosen aus Metall werden Lebensmittel abgepackt. Aus Aluminium werden unter anderem Folien, Grillschalen und Kapseln hergestellt. Nachdem die Lebensmittel verbraucht sind, bleibt die Verpackung übrig.

2 Metallabfälle werden gesammelt.

Recycling schont die Umwelt

Metalle werden viel in der Industrie benötigt, zum Beispiel bei der Autoherstellung oder bei der Herstellung von Elektrogeräten. Die Nachfrage nach Metallen steigt immer weiter an. Die Metallvorkommen auf der Erde sind allerdings begrenzt. Deshalb werden sie gesammelt und müssen dann sortiert werden. Anschließend werden Metalle wiederverwertet. Sie werden **recycelt.**

Je nach Metall sind die Verfahren zur Aufbereitung unterschiedlich aufwändig. Das Recycling von Metallen sorgt für einen geringeren Verbrauch von Erzen, da Schrott wiederverwertet wird. So werden Energie und Rohstoffe gespart. Durch den geringen Energiebedarf beim Recyceln wird auch der Ausstoß von Kohlenstoffdioxid erheblich reduziert. Zudem ist es kostengünstiger, Metalle zu recyceln, als sie aus Erz neu zu gewinnen.

Aluminium recyceln

Aluminium wird aus Aluminiumerz, dem **Bauxit,** gewonnen. Dabei muss viel Energie verwendet werden.

Beim Recyclingverfahren von Aluminium kann das Altmetall beliebig oft eingeschmolzen werden. Die Qualität des recycelten Metalls ist dabei immer gleich. Durch das Einschmelzen können bis zu 96 % der Energie gespart werden. Aluminium kann über die Wertstofftonne dem Recycling zugeführt werden. Bei dem überwiegenden Anteil des Schrotts handelt es sich um Aluminiumabfälle aus der Industrie. Beim Recycling von Aluminium wird das Altmetall zunächst zerkleinert und gereinigt. Anschließend wird es eingeschmolzen und dann zu neuen Produkten verarbeitet.

Recycling von Eisenschrott

Eisenschrott kann in der Stahlherstellung genutzt werden. Der Hochofen wird damit zusätzlich zum Eisenerz beschickt. So wird nicht nur Eisenerz gespart, sondern auch die Temperatur des Hochofens besser gesteuert.

Weitere Metalle

In einem Smartphone sind neben Metallen wie Kupfer, Eisen und Aluminium auch sehr seltene Metalle wie Lanthan verarbeitet. Diese Metalle nennt man auch Seltene Erden. Für alle diese Metalle lohnt sich das Recycling, um Ressourcen zu schonen und Energie zu sparen.

3 Recyclingverfahren von Aluminium

4 Ein Bagger auf einem Metallschrottberg

---

1 Erkläre, dass es sinnvoll ist, Metalle zu recyceln.

2 **a)** Erstelle ein Fließschema zum Recyceln von Metallen. Verwende folgende Begriffe: Erdkruste, Erz, Metallgewinnung, Produktion, Entsorgung, Recycling.
b) Nenne Argumente für das Recyceln von Metallen.

3 I Beschreibe das Verfahren zum Recyceln von Aluminiumabfällen.

Starthilfe zu 3:
Verwende Bild 3.

4 II Begründe, dass Eisenschrott ordnungsgemäß entsorgt werden soll.

A Dosenpfand

1 Recycling von Getränkedosen: **A** Getränkedose leeren, **B** Symbol für Dosenpfand, **C** gepresste Getränkedosen

Getränke werden oft in Dosen aus Weißblech oder Aluminium abgefüllt. Sie schützen die Getränke vor Licht, sind geschmacksneutral und verlängern so die Haltbarkeit der Getränke. Die Dosen sind sehr leicht, da die verwendeten Metalle wenig Eigengewicht haben.

Bis 2003 ein Pfandsystem eingeführt wurde, sind diese Dosen einfach im Restmüll oder in der Natur gelandet. Heute werden die Dosen über Rückgabesysteme in Supermärkten gesammelt und dem Recycling zugeführt werden. Dazu werden die Dosen mit einem Symbol gekennzeichnet.

1 Nenne alternative Verpackungsmöglichkeiten zu Dosen mit ähnlichen Eigenschaften.

2 Die Einführung des Dosenpfands schützt die Umwelt. Erläutere diese Aussage.

B Seltene Metalle - Seltene Erden

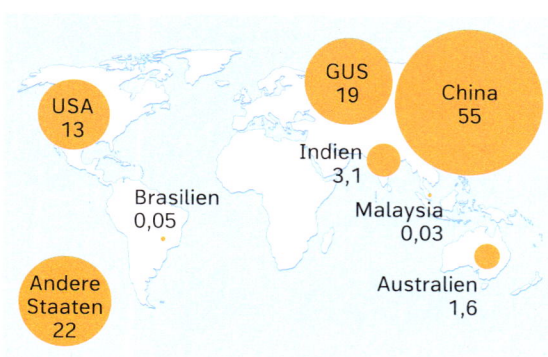

2 Geschätztes Vorkommen Seltener Erden in Millionen Tonnen

Seltene Metalle werden auch als Seltene Erden bezeichnet. Sie kommen in der Erdkruste vor und werden zum Beispiel in elektrischen Geräten wie Smartphones und Notebooks verbaut. Zu Ihnen gehören Neodym, Lanthan und Yttrium. Zur Produktion eines elektrischen Geräts werden nur geringe Mengen benötigt. Jedoch ist das Verfahren zur Gewinnung der Seltenen Erden aus Erzen sehr aufwändig und teuer. Die meisten Seltenen Erden werden in China abgebaut.

1 Recherchiere, wozu Seltene Erden genutzt werden.

2 Nenne die Regionen mit den größten Vorkommen von Seltenen Erden.

3 China produziert weltweit die meisten Computerchips. Nenne Gründe dafür.

Starthilfe zu 3:
Betrachte die Weltkarte in Bild 2.

C Die inneren Werte deines Smartphones

Fast jeder Mensch in Deutschland besitzt ein Smartphone. Die Nachfrage nach diesen Geräten steigt stetig. Neben Kunststoffen und Glas sind verschiedene Metalle verbaut wie Eisen und Kupfer. Auch Edelmetalle und Seltene Erden sind in geringen Mengen nötig, um Smartphones herzustellen.

Die Nutzungsdauer der Geräte ist normalerweise nicht besonders lang. Wenn die Geräte korrekt entsorgt werden, können die enthaltenen Metalle zu einem großen Teil wiederverwertet werden.

1 Das Recyceln von Smartphones spart Ressourcen. Erstelle einen Flyer und argumentiere, warum diese Geräte recycelt werden sollen.

2 Erläutere, dass es sich lohnt, auch die geringen Mengen an edlen und seltenen Metallen aus alten Smartphones zurückzugewinnen.

3 Bestandteile eines Smartphones

D Wohin mit meinem Smartphone?

In deutschen Haushalten liegen rund 200 Millionen alte Smartphones ungenutzt herum. 2010 waren es nur rund 72 Millionen.

Die Nachfrage nach Smartphones ist immer noch sehr hoch. Viele Menschen wollen immer das aktuellste Smartphone besitzen, zum Beispiel wegen einer längeren Akkulaufzeit, mehr Speicherkapazität, einer besseren Kamera oder schnellerem Laden.

Smartphones gehören nicht in den Hausmüll. Es gibt verschiedene Möglichkeiten, ein altes Smartphone zu entsorgen. Man kann das Gerät weiterverkaufen, zu einer Sammelstelle für Elektronikmüll oder zum Händler bringen. Damit leistet man einen Beitrag zum Umweltschutz.

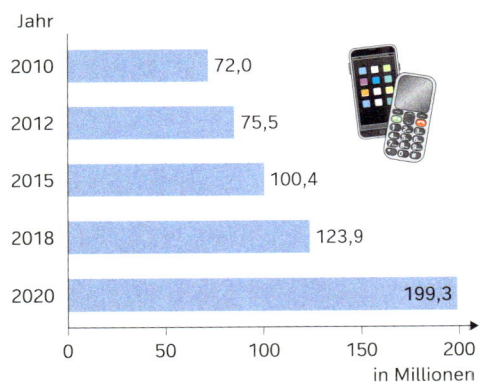

4 Anzahlen ungenutzter, alter Smartphones in deutschen Haushalten

1 Nenne Gründe, warum Smartphones nicht in den Hausmüll gehören.

2 Recherchiere Möglichkeiten in deiner Stadt, ein altes Smartphone zu entsorgen.

Auf einen Blick: Metalle und Metallgewinnung

Metalle und Sauerstoff

Metalle reagieren mit Sauerstoff zu Metalloxiden. Dies sind Metall-Nichtmetall-Verbindungen. Sie haben salzartige Eigenschaften.

Metall + Sauerstoff → Metalloxid + E

Metalle haben unterschiedliche Affinität zu Sauerstoff und reagieren daher unterschiedlich heftig mit ihm. Je größer die Affinität ist, umso unedler ist ein Metall, je kleiner umso edler. Werden die Metalle nach ihrer Affinität geordnet, erhält man die Oxidationsreihe der Metalle.

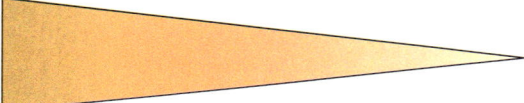

Natrium Magnesium Aluminium Zink Eisen Kupfer Gold Platin

oxidiert leicht   oxidiert kaum

Kupfergewinnung aus Erzen

Kupfer findet sich hauptsächlich in Form von Kupfererzen. Diese müssen zunächst aufwändig abgebaut werden. Kupfererze enthalten Kupferoxide. In einer chemischen Reaktion wird der Sauerstoff aus dem Kupferoxid auf den Kohlenstoff übertragen. Das so gewonnene Kupfer ist ein vielseitig verwendbarer Werkstoff.

Eisengewinnung aus Erzen

Eisen wird aus Eisenerzen gewonnen. Sie enthalten Eisenoxid. In Hochöfen findet bei großer Hitze eine Sauerstoffübertragungsreaktion vom Eisenoxid zum Kohlenstoff statt. Dabei entstehen Roheisen, Kohlenstoffdioxid und Schlacke.

Stahlherstellung

Stahl wird aus Roheisen gewonnen. Mit dem Sauerstoff-Aufblasverfahren wird dem Roheisen Kohlenstoff entzogen. Dadurch lässt sich der Stahl anschließend gut schmieden und walzen. Er wird zugfest, elastisch und beständiger gegenüber Umwelteinflüssen.

Metallschrott und Recycling

Durch die Verwendung von Metallen vor allem in Elektrogeräten und für Verpackungen fällt sehr viel Metallschrott an. Ein Teil dieser Metalle lässt sich recyceln, wenn die Abfälle in geeigneter Weise entsorgt werden. Dabei werden entweder die Metalle zurückgewonnen und wiederverwertet oder die enthaltene Energie wird genutzt. Recycling schont die Umwelt, da der Energiebedarf beim Recyceln meist deutlich geringer ist als bei der Gewinnung der Metalle aus ihren Erzen.

WICHTIGE BEGRIFFE

- Metalloxid
- Affinität zu Sauerstoff
- Oxidationsreihe der Metalle
- elementare Metalle
- Oxidation, Reduktion, Redoxreaktion

WICHTIGE BEGRIFFE

- Erze
- Sauerstoffübertragungsreaktion
- Roheisen
- Stahl
- Recycling

Lerncheck: Metalle und Metallgewinnung

Metalle verbrennen

1 Notiere die allgemeine Wortgleichung zur Oxidation von Metallen.

2 Notiere die Wortgleichung zur Oxidation von Eisen.

3 Erkläre den Unterschied zwischen edlen und unedlen Metallen.

4 Erkläre, nach welchem Prinzip die Oxidationsreihe der Metalle aufgebaut ist.

Metalle gewinnen

5 Beschreibe, wie Metalle aus der Natur gewonnen werden können.

6 Erkläre, warum es ausreicht Silberoxid zu erhitzen, um elementares Silber zu erhalten.

7 Notiere die Wortgleichung der Redoxreaktion von Kupferoxid und Kohlenstoff und gib an, welcher Reaktionspartner oxidiert und welcher Reaktionspartner reduziert wird.

Eisen aus dem Hochhofen

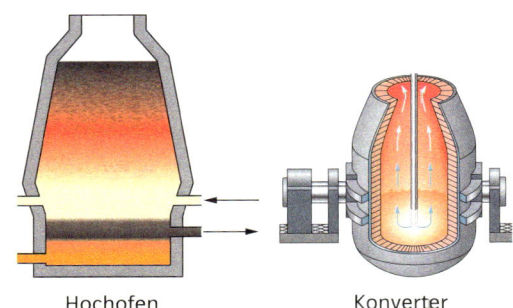

Hochofen   Konverter

8 Beschreibe den Aufbau eines Hochofens.

9 a) Nenne die Stoffe, die für den Prozess im Hochofen benötigt werden und gib die Produkte an. Zeichne dazu die linke Skizze vom Hochofen ab und ergänze mithilfe von Pfeilen, wo die Ausgangsstoffe zugefügt und die Produkte entnommen werden.
b) Beschreibe die drei Zonen des Hochofens und die darin stattfindenden Vorgänge.
c) Beschreibe Eigenschaften des Roheisens und damit verbundene Nachteile.

10 Erläutere Möglichkeiten der Weiterverarbeitung von Eisen zu Stahl auch mithilfe des oben abgebildeten Konverters.

Recycling von Metallen

11 Erkläre was mit dem Begriff „Seltene Erden" gemeint ist.

12 Erläutere, dass das Recyceln von Metallen sinnvoll ist.

DU KANNST JETZT ...

- ... Wortgleichungen zur Oxidation von Metallen aufschreiben.
- ... die Begriffe Affinität zu Sauerstoff und Oxidationsreihe der Metalle erklären.
- ... den Unterschied zwischen edlen und unedlen Metallen erläutern.
- Oxidationsvorgänge und Reduktionsvorgänge kennzeichnen und beschreiben.

DU KANNST JETZT ...

- ... die Vorgänge in einem Hochofen erklären.
- ... den Unterschied zwischen Eisen und Stahl und Stahllegierungen erklären.
- ... Beispiele zur Verwendung von Stahl nennen.
- ... das Recycling von Metallen beschreiben.

Lerncheck

Ökosystem Wald

Wie unterscheiden sich die verschiedenen Wälder?

Woher kommt die Energie für das Leben im Wald?

Wozu brauchen wir den Wald?

1 Ein Buchenmischwald

▶❚❚ F   Der Wald ist ein Ökosystem

Wälder sind unterschiedlich

In einem **Buchenmischwald** ist der Boden feucht und reich an Mineralstoffen. Hier wachsen außer Buchen weitere Baumarten, viele Sträucher und Kräuter. Die Pflanzen können mit tiefen Wurzeln Wasser und Mineralstoffe aufnehmen. Im Buchenmischwald finden viele Tiere Nahrung und Unterschlupf.

In einem **Fichtenwald** ist der oft steinige Boden trocken und arm an Mineralstoffen. Mit flachen Wurzeln nehmen die Pflanzen Wasser und Mineralstoffe auf. Hier wachsen nur wenige Sträucher und Kräuter. Im Fichtenwald finden nur wenige Tiere Nahrung und Unterschlupf.

2 Ein Fichtenwald

Lebensraum Wald

Welche Tiere und Pflanzen in einem Wald vorkommen, hängt von den dort vorherrschenden Bedingungen ab. Dazu gehören die Beschaffenheit des Bodens, die Temperatur, die Lichtstärke, der Niederschlag und die Luftfeuchtigkeit. Diese Bedingungen der Natur werden als **abiotische Faktoren** bezeichnet.

In einem **Lebensraum** können nur Pflanzen und Tiere leben, die an die abiotischen Faktoren angepasst sind.

Abiotische Faktoren im Wald

Die Bäume stehen in einem Buchenmischwald weit auseinander. Zu Beginn des Frühlings nach dem Laubabwurf im Herbst gelangt viel Licht auf den Waldboden. Hier bekommen Sträucher und Kräuter genügend Licht für ihr Wachstum.

In einem Fichtenwald stehen die Bäume enger zusammen. Die immergrünen Baumkronen lassen zu jeder Jahreszeit nur wenig Licht auf den Waldboden. Da die Pflanzen für die Fotosynthese Licht benötigen, wachsen hier nur wenige Sträucher und Kräuter.

Lebensraum + Lebensgemeinschaften = Ökosystem

3 Lebensraum und Lebensgemeinschaften bilden das Ökosystem.

Lebensgemeinschaften im Wald

In der Baumkrone, am Stamm und im Boden eines Waldes leben verschiedene Pflanzen und Tiere. Sie bilden unterschiedliche **Lebensgemeinschaften.** Die Pflanzen und Tiere beeinflussen sich dabei gegenseitig. Diese Bedingungen werden als **biotische Faktoren** bezeichnet.

Biotische Faktoren im Wald

Ein biotischer Faktor sind die Nahrungsbeziehungen. In den Baumkronen eines Buchenwaldes leben Eichhörnchen und Baummarder. Die Eichhörnchen fressen die Früchte der Buche, die Bucheckern. Baummarder jagen die Eichhörnchen. An den Baumstämmen leben Kleiber. Sie fressen Insekten und Larven, welche sich von den Blättern und der Rinde der Bäume ernähren. Goldlaufkäfer jagen am Boden Insekten oder ernähren sich von toten Tieren.

Ökosystem Wald

Der Lebensraum und seine besonderen Lebensgemeinschaften aus Pflanzen und Tieren bilden das **Ökosystem** Wald.

> Jede Pflanzenart und jede Tierart ist an bestimmte abiotische und biotische Faktoren im Ökosystem angepasst.

Die ökologische Nische

Alle Faktoren, an die eine Tierart oder Pflanzenart angepasst ist, bilden die **ökologische Nische** dieser Art. Jede Art ist an die speziellen Umweltbedingungen einer individuellen ökologische Nische angepasst. So können Arten nebeneinander leben, ohne sich **Konkurrenz** zu machen. Zum Beispiel fressen sowohl der Kleiber als auch der Goldlaufkäfer Insekten. Da sie aber an unterschiedlichen Orten jagen, konkurrieren sie nicht um ihre Beute.

1 **a)** Erkläre die Begriffe abiotisch und biotisch.
b) Nenne jeweils drei abiotische Faktoren und drei biotische Faktoren im Wald.

2 Beschreibe, woraus das Ökosystem Wald besteht.

3 Ⅰ Ordne die folgenden Begriffe und Aussagen den biotischen oder den abiotischen Faktoren zu: Kleiber frisst Insekten, Bodenbeschaffenheit, Temperatur, Eichhörnchen frisst Bucheckern, Lichtstärke

4 Ⅱ Begründe, warum auf dem Boden des Fichtenwaldes weniger Pflanzen wachsen als im Buchenmischwald.

Starthilfe zu 4:
Vergleiche die abiotischen Faktoren beider Waldtypen.

Messwerte erfassen und graphisch in Diagrammen darstellen

1 Messungen durchführen und protokollieren

Waldform	Lichtmenge in Lux
Buchenwald	1 600
Kiefernwald	840
Mischwald	5 600

2 Tabelle mit Messwerten

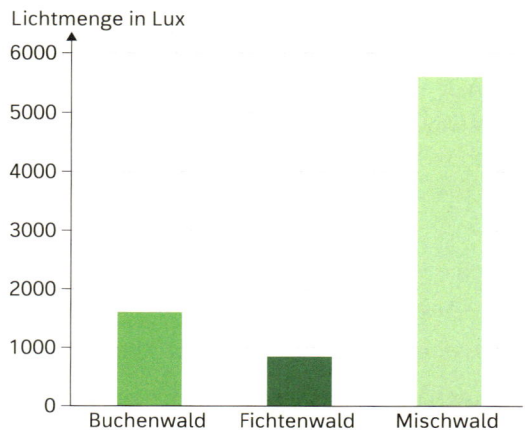

3 Säulendiagramm zu Lichtmengen in verschiedenen Waldformen

Messwerte erfassen

Zur genaueren Untersuchung der Lebensbedingungen im Wald lassen sich abiotische Faktoren messen. Für die verschiedenen Messgrößen sind bestimmte Messgeräte nötig.
- Abstände werden mit einem Maßband in der Maßeinheit Meter (m) gemessen.
- Temperaturen werden mit einem Thermometer in Grad Celsius (°C) angegeben (→ Bild 1).
- Die Lichtmenge wird mit einem Luxmeter gemessen und in der Maßeinheit Lux angegeben. Jedes Smartphone misst für seine Kamera die Helligkeit. Mit einer passenden App lassen sich viele Handys auch als Luxmeter nutzen.

Messwerte protokollieren

Die gemessenen Werte werden in eine vorbereitete Tabelle eingetragen. Die Tabelle in Bild 2 zeigt die Messwerte der Lichtmenge im Innern unterschiedlicher Waldformen. In der ersten Spalte wurde die Waldform und in der zweiten Spalte die jeweils gemessene Lichtmenge in der Einheit Lux eingetragen. Eine Tabelle ordnet die Messwerte und ermöglicht einen guten Überblick über die erfassten Daten.

Ein Säulendiagramm erstellen

Zur Darstellung von Einzelmessungen wie beim oben beschriebenen Beispiel eignet sich ein **Säulendiagramm** (→ Bild 3). Die gemessenen Werte können so vergleichend dargestellt werden. Mit den Messwerten aus der Tabelle in Bild zwei kannst du ein Säulendiagramm mithilfe folgender Schritte erstellen:
- An der waagerechten Achse erfolgt die Beschriftung der Waldformen.
- An die senkrechte Achse schreibst du in 1000er-Schritten die Lichtmenge in Lux in gleichen Abständen.
- Die senkrechten Säulen werden entsprechend der Werte aus der Tabelle mit Messwerten möglichst farbig und breit eingezeichnet.

Ein Kurvendiagramm erstellen

Für weitere Messwerte kann eine andere grafische Darstellung sinnvoll sein.
Die Tabelle in Bild 4 zeigt Messwerte der Lichtmenge innerhalb eines Waldes. Es wurde eine Messreihe in bestimmten Abständen vom Waldrand aus erstellt. In der ersten Spalte wurde der Abstand zum Waldrand und in der zweiten Spalte die jeweils gemessene Lichtmenge eingetragen.

Zur Darstellung einer solchen Messreihe eignet sich ein **Kurvendiagramm** (→ Bild 5). Die gemessenen Werte können so in ihrem Verlauf dargestellt werden.
Aus der Tabelle mit den Messwerten zur Lichtmenge kannst du ein Kurvendiagramm erstellen:
• Schreibe die Abstände 0 bis 10 m im gleichen Abstand an die waagerechte Achse. Beschrifte die Achse.
• Schreibe an die senkrechte Achse in 5 000er-Schritten die Lichtmenge. Beschrifte die Achse im gleichen Abstand.
• Jeden Messwert zur Lichtmenge trägst du als kleines Kreuz in das Diagramm ein. Nutze dazu die Hilfslinien wie in Bild 5.
• Zeichne mit der Hand eine Kurve durch die Messpunkte.

Abstand zum Waldrand in m	Lichtmenge in Lux
0	18 500
2	8 500
4	3 200
6	1 400
8	1 500
10	1 400

4 Tabelle mit Messwerten zur Lichtmenge

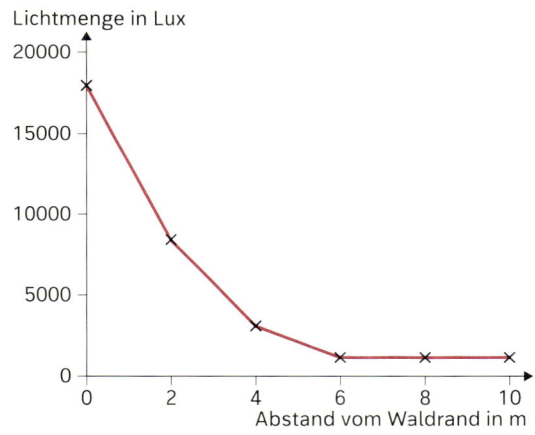

5 Kurvendiagramm zur Lichtmenge in Abhängigkeit vom Abstand zum Waldrand

① **a)** Erstelle eine Messwerttabelle zur Lichtmenge im Fichtenwald mithilfe folgender Werte, gemessen vom Waldrand bei 0 m bis zum Inneren des Waldes bei 10 m: 0 m – 17 500 Lux, 2 m – 8 500 Lux, 4 m – 900 Lux, 6 m – 700 Lux, 8 m – 650 Lux, 10 m – 630 Lux.
b) Stelle die Messergebnisse in einem Kurvendiagramm grafisch dar.
c) Werte die Tabelle beziehungsweise das Diagramm aus.

② Begründe die unterschiedlichen Lichtmengen im Fichtenwald und im Mischwald (→ Bild 3).

③ ▎ Begründe, warum die Messergebnisse aus der Tabelle in Bild 2 nicht als Kurvendiagramm dargestellt werden können.

④ ▎▎ In der Tabelle in Bild 4 wurden die Lichtmengen in bestimmten Abständen gemessen. Erläutere, ob auch andere Abstände möglich gewesen wären und was vielleicht zu dieser Auswahl der Messpunkte geführt hat.

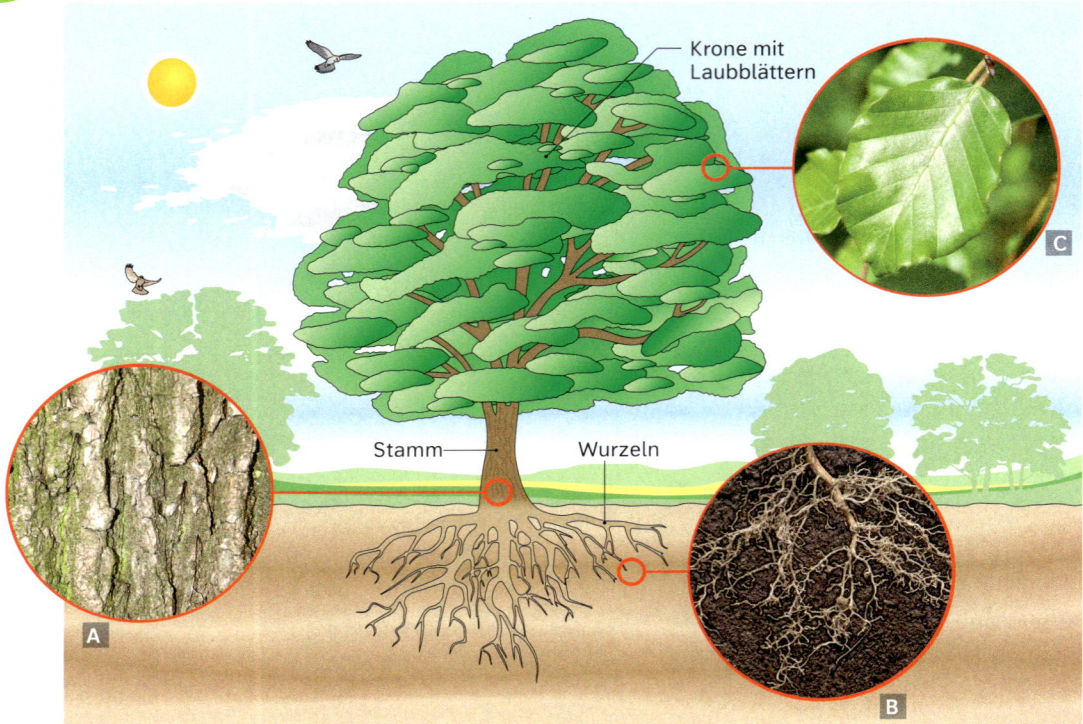

Krone mit
Laubblättern

C

Stamm

Wurzeln

A

B

1 Bau eines Baums: **A** Baumstamm mit Borke, **B** Wurzelspitzen, **C** Laubblatt

F Pflanzenorgane und ihre Funktion

Bau einer Pflanze

Alle Blütenpflanzen haben einen gemeinsamen Grundbauplan. Sie bestehen aus den **Wurzeln** im Boden und dem **Spross.** Bei Bäumen besteht der Spross aus dem Stamm und der Krone mit den Laubblättern.
Alle Organe einer Pflanze haben bestimmte Funktionen, an die sie durch ihren Bau angepasst sind.

Funktionen der Wurzel

Mit ihren Wurzeln ist die Pflanze im Boden verankert. Außerdem nehmen Pflanzen mit den Wurzeln Wasser und Mineralstoffe aus dem Boden auf. Die Wurzeln speichern auch Nährstoffe. Damit die Wurzeln diese Funktionen erfüllen können, sind sie weit verzweigt (→ Bild 1 B). So haben die Wurzeln insgesamt eine große Oberfläche.

Feinbau einer Wurzel

Die zarte Wurzelspitze ist durch eine Wurzelhaube geschützt. An jeder einzelnen Wurzel befinden sich feine **Wurzelhaare.** Durch ihre dünnen Wände können Wasser und darin gelöste Mineralstoffe in die Wurzeln aufgenommen werden. Die Wurzelhaare vergrößern die Oberfläche der Wurzeln zusätzlich. So können die Wurzeln viel Wasser aufnehmen.

Die Sprossachse

Die Wurzel geht in die Sprossachse über. Diese besteht hauptsächlich aus Leitungsgewebe, das von einem stabilen Gewebe geschützt wird. Bei Bäumen wird dieses Gewebe als **Borke** bezeichnet. Es schützt die Pflanze vor Regen, Wind, Sonne, Feuer und Verletzungen. Außerdem dient sie zur Abwehr von Schädlingen und Krankheiten.

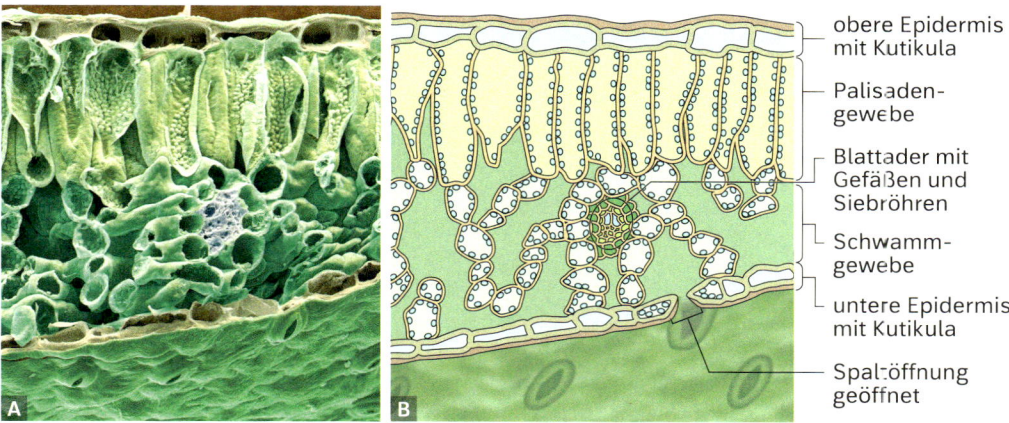

obere Epidermis mit Kutikula

Palisadengewebe

Blattader mit Gefäßen und Siebröhren

Schwammgewebe

untere Epidermis mit Kutikula

Spaltöffnung geöffnet

2 Querschnitt durch ein Laubblatt: **A** unter dem Mikroskop, **B** Schema

Funktionen der Laubblätter

In den Laubblättern der Pflanzen läuft die **Fotosynthese** ab. Außerdem findet über die Laubblätter die **Verdunstung** von Wasser statt. An einem Querschnitt durch ein Laubblatt erkennst du, dass ein Blatt aus mehreren Schichten und verschiedenen Zelltypen besteht (→ Bild 2).

Die Epidermis grenzt das Blatt ab

Das Laubblatt wird oben und unten von einer Zellschicht, der **Epidermis,** abgeschlossen. Sie schützt das Blatt vor Verletzungen. Die Epidermis ist von einer wachsähnlichen Schicht, der **Kutikula,** überzogen. Diese schützt das Blatt vor Austrocknung, Beschädigung und Krankheitserregern.

In der unteren Epidermis befinden sich kleine **Spaltöffnungen.** Sie können geöffnet und geschlossen werden.

Innere Blattschichten

Direkt unter der oberen Epidermis liegt ein Gewebe aus vielen länglichen Zellen, das **Palisadengewebe.** Diese Schicht enthält besonders viele Chloroplasten, in denen die Fotosynthese stattfindet.

Zwischen dem Palisadengewebe und der unteren Epidermis liegt das **Schwammgewebe.** Es hat viele Hohlräume, in denen sich die Gase Kohlenstoffdioxid und Sauerstoff sowie Wasserdampf befinden. Über die Spaltöffnungen kann die Pflanze den Wasserdampf an die Umgebung abgeben. Kohlenstoffdioxid und Sauerstoff können ebenfalls über die Spaltöffnungen mit der Umgebungsluft ausgetauscht werden.

Im Schwammgewebe verlaufen auch die **Blattadern.** Sie bestehen aus Gefäßen zur Wasserleitung und Siebröhren zum Transport von Glucose.

1. Beschreibe den Bau eines Baums.

2. Beschreibe den Bau und die Funktionen einer Wurzel.

3. Stelle die Schichten eines Laubblattes und die jeweilige Funktion in einer Tabelle dar.

4. I Beschreibe den Aufbau eines Laubblattes von oben nach unten und unterscheide dabei zwischen verschiedenen Basiskonzepten.

Starthilfe zu 5:
Beachte beim Bau der Wurzel das Prinzip der Oberflächenvergrößerung.

5. II Erkläre die Struktur der Wurzel in Zusammenhang mit den Funktionen dieses Pflanzenteils.

A Wie ist die Wurzel einer Pflanze gebaut?

Material: Kressesamen, Petrischalen, Filterpapier, Wasser, Pinzette, Binokular

Durchführung:

Schritt 1: Lege eine Petrischale mit feuchtem Filterpapier aus und streue Kressesamen darauf. Lege den Deckel der Petrischale auf.

Schritt 2: Stelle die Petrischale einige Tage bei Zimmertemperatur auf die Fensterbank. Achte darauf, dass das Filterpapier immer feucht ist.

Schritt 3: Betrachte nach einigen Tagen die Wurzeln der Pflanzen mit der Stereolupe und zeichne sie.

❶ a) Beantworte die Forscherfrage.
b) Erläutere den Bau der Wurzel.

❷ ‖ Erläutere das Prinzip der Oberflächenvergrößerung am Beispiel der Wurzel.

1 Petrischale mit Kressesamen

B Worin unterscheidet sich die obere Epidermis eines Blattes von der unteren Epidermis?

Material: Laubblatt z.B. Flieder, Tulpe oder Alpenveilchen, abgeklebte Rasierklinge, Pinzette, Pipette, Becherglas mit Wasser, Mikroskop, Objektträger, Deckgläschen

Durchführung:

Schritt 1: Schneide mit der Rasierklinge die Epidermis an der Unterseite und an der Oberseite des Blattes ein. Ziehe dann mit der Pinzette jeweils ein kleines Stück Epidermis ab (→ Bild 2).

Schritt 2: Fertige jeweils ein mikroskopisches Präparat an.

Schritt 3: Betrachte die Präparate unter dem Mikroskop.

2 Abziehen der Blatthaut

❶ a) Zeichne jeweils einen Ausschnitt aus dem Blattgewebe der oberen und der unteren Epidermis und beschrifte deine Zeichnung.
b) Vergleiche die beiden Gewebe und nenne den wesentlichen Unterschied.

ÜBEN UND ANWENDEN

A Die Funktionen der Wurzeln

Bäume wie die Fichte, die Erle oder die Esche bilden flache Wurzeln in der oberen Bodenschicht (→ Bild 3 A). Bäume wie die Eiche, die Kiefer oder die Tanne bilden lange Pfahlwurzeln, die tief in den Boden wachsen (→ Bild 3 B).

1 Stelle eine begründete Vermutung auf, welche Gruppe Bäume besser an Standorten mit trockenen Böden wachsen kann.

2 Stelle eine begründete Vermutung auf, welche Gruppe Bäume bei einem starken Sturm leichter mit der Wurzel ausgerissen werden kann.

Fichte   Kiefer

A   B

3 Wurzelsysteme: **A** Flachwurzler, **B** Tiefwurzler

B Sonnenblätter und Schattenblätter

Bäume wie Buchen haben unterschiedliche Blätter. Ganz oben und außen in der Baumkrone wachsen **Sonnenblätter**. Sie sind fest und haben eine kleinere Blattfläche. Ihr Palisadengewebe ist dick und kann aus mehreren Schichten bestehen. Die obere Epidermis ist von einer wachsartigen Kutikula überzogen. Damit sind die Blätter gut vor Verletzungen und Wasserverlust geschützt.

Im Innern der Baumkrone wachsen **Schattenblätter**. Sie sind größer und zarter als Sonnenblätter. Ihre Epidermis ist dünner als die der Sonnenblätter. Ihr Palisadengewebe besteht aus einer Schicht. Sie können auch bei wenig Licht noch Fotosynthese betreiben.

A   B

4 Buchenblätter

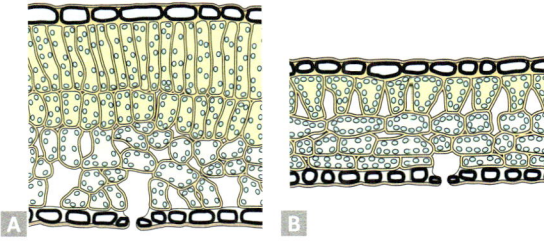

A   B

5 Blattquerschnitte Buchenblätter

1 Das Bild 4 zeigt ein Sonnenblatt und ein Schattenblatt einer Buche. Gib an, welches Blatt das Sonnenblatt ist und begründe deine Aussage.

2 Nenne Stellen in einer Baumkrone, an der Sonnenblätter und Schattenblätter jeweils wachsen.

3 ❙❙ Beschreibe, wie sich die beiden Blattarten in ihrem Bau unterscheiden.

4 ❙❙ Bild 5 zeigt zwei Blattquerschnitte. Gib an, welcher Blattquerschnitt jeweils ein Sonnenblatt und welcher ein Schattenblatt zeigt. Begründe deine Aussage. Nutze dazu das Basiskonzept Struktur und Funktion.

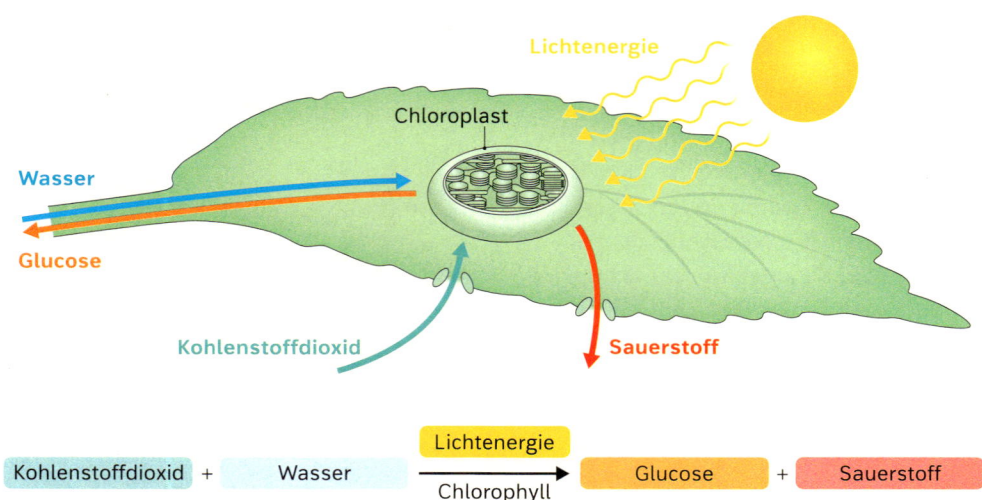

1 Der Vorgang der Fotosynthese

Fotosynthese und Stofftransport

Die Fotosynthese

Durch die Fotosynthese können sich Pflanzen selbst ernähren. In den Pflanzenzellen befinden sich **Chloroplasten.** Sie enthalten den grünen Blattfarbstoff **Chlorophyll.** In den Chloroplasten läuft die Fotosynthese ab.

Bei der Fotosynthese stellt die Pflanze mithilfe des Sonnenlichts aus Kohlenstoffdioxid aus der Luft und Wasser aus dem Boden Glucose her. In der Glucose ist die Energie aus dem Sonnenlicht gespeichert. Aus der Glucose gewinnt die Pflanze beispielsweise Energie zum Wachsen.

Bei der Fotosynthese entsteht auch Sauerstoff. Er gelangt über die Spaltöffnungen der Blätter in die Außenluft. Den Sauerstoff nutzen Pflanzen, Tiere und Menschen zur Atmung.

> Nur wenn die Faktoren Kohlenstoffdioxid, Wasser, Chlorophyll und Sonnenlicht vorhanden sind, kann eine Pflanze Fotosynthese betreiben. Dabei produziert sie Glucose und Sauerstoff.

Die Bildung weiterer Stoffe

Aus vielen Glucoseteilchen bilden Pflanzen **Stärke**, die in Pflanzenorganen gespeichert wird. Die Stärke kann in Saccharose umgewandelt und dann zu allen Teilen einer Pflanze transportiert werden. So wird die Energie aus der Glucose in allen Zellen der Pflanze nutzbar.

Außerdem stellen Pflanzen aus der Glucose und Mineralstoffen aus dem Boden **Fette** und **Proteine** her (→ Bild 2). Die Pflanzen nutzen die hergestellten Stoffe zum Wachsen. Sie vergrößern so ihre Masse. Diese Masse wird **Biomasse** genannt. Von der Biomasse der Pflanzen ernähren sich Tiere und Menschen.

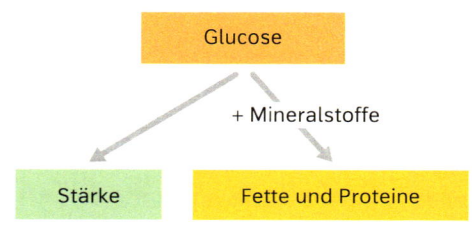

2 Bildung weiterer Stoffe aus Glucose

Transport von Wasser

Über die Wurzelhaare dringt ständig Wasser mit Mineralstoffen in die Wurzeln ein. Es entsteht ein Druck, der das Wasser in den **Gefäßen zur Wasserleitung** in der Sprossachse nach oben drückt.

Wichtiger für den Wassertransport ist aber die **Saugwirkung** von oben, die durch die Strahlung der Sonne ausgelöst wird. Pflanzen geben über die Spaltöffnungen der Blätter ständig Wasser in Form von Wasserdampf ab. Dieser Vorgang wird **Verdunstung** genannt. Durch die Verdunstung wird das Wasser mit den Mineralstoffen in sehr dünnen, langen Gefäßen von der Wurzel bis in die Blätter gesaugt. Da sich die Wasserteilchen gegenseitig anziehen, reißt der Wasserstrom in den dünnen Gefäßen nie ab. Über das Öffnen und Schließen der Spaltöffnungen kann die Verdunstung reguliert werden.

Transport von Glucose

Die Glucose wird in ihrer Transportform Saccharose in einem zweiten Transportsystem, den **Siebröhren,** transportiert. In Wasser gelöst, gelangt die Saccharose zu allen Teilen einer Pflanze. Als Stärke kann sie dann zum Beispiel in der Wurzel gespeichert werden. Wenn Pflanzen im Frühjahr Energie zum Austreiben brauchen, kann die Stärke wieder in Glucoseteilchen zerlegt und genutzt werden.

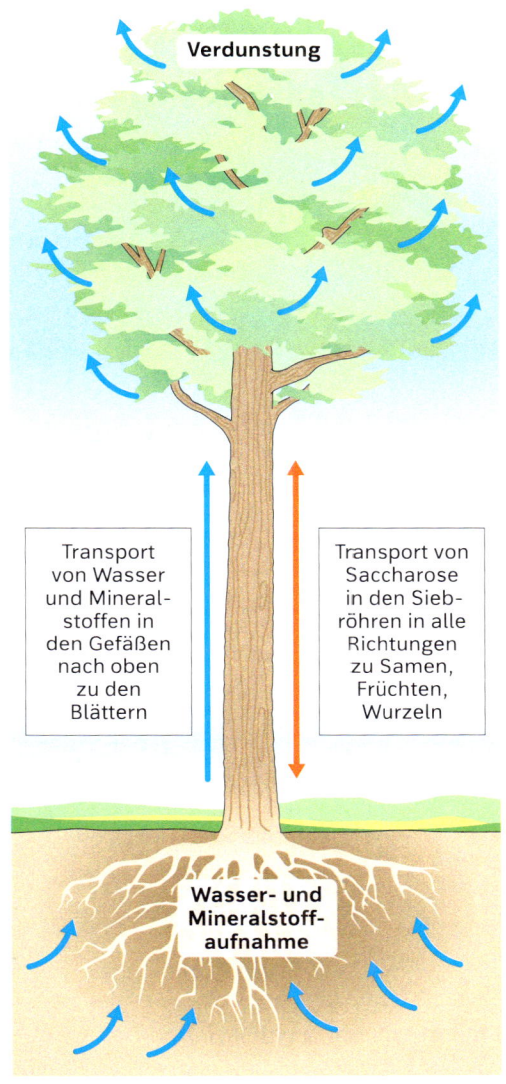

3 Wassertransport und Stofftransport

1 Beschreibe die Fotosynthese.

2 Beschreibe, wie die Glucose in alle Teile einer Pflanze gelangt.

3 Beschreibe die beiden Vorgänge, durch die das Wasser in einer Pflanze entgegen der Schwerkraft bis zu allen Blättern steigen kann.

4 ❙ Nenne weitere Stoffe, die Pflanzen aus Glucose und Mineralstoffen aus dem Boden bilden.

5 ❙ Beurteile die Bedeutung der Fotosynthese für das Leben auf der Erde.

6 ❙❙ Nenne eine Eigenschaft von Wasserteilchen, die den Transport von Wasser in Pflanzen ermöglicht.

Starthilfe zu 1:
Beginne mit den Stoffen, die eine Pflanze für die Fotosynthese benötigt. Gehe dann auf die Funktion der Chloroplasten ein. Zuletzt beschreibst du die Endprodukte.

»

A Wie ernähren sich Pflanzen?

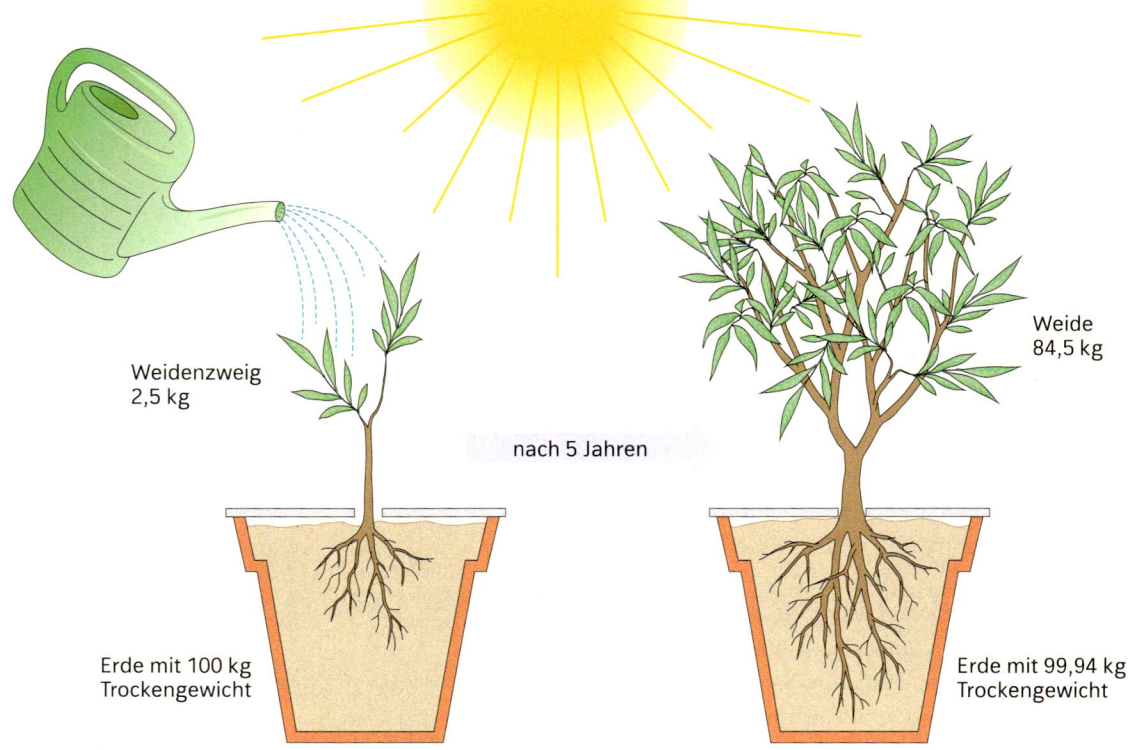

Weidenzweig
2,5 kg

nach 5 Jahren

Weide
84,5 kg

Erde mit 100 kg
Trockengewicht

Erde mit 99,94 kg
Trockengewicht

1 Der VAN-HELMONT-Versuch

Menschen und Tiere essen und verdauen Nahrung, um Baustoffe für ihre Körper zu erhalten. Aber woher erhalten die Pflanzen ihre Baustoffe?
Der belgische Wissenschaftler JOHAN JEAN BAPTISTA VAN HELMONT untersuchte im 17. Jahrhundert, welche Bedeutung der Boden bei der Ernährung der grünen Pflanzen hat. Dazu pflanzte er eine junge Weide mit einer Masse vom 2,5 kg in einen Kübel mit 100 kg Erde. Fünf Jahre lang erhielt die Pflanze nur Regenwasser. Um zu verhindern, dass keine Erde hinzukommt oder verloren geht, deckte er den Kübel ab.
Nach den fünf Jahren wog er die Weide und die Erde wieder. Die Weide hatte jetzt eine Masse von 84,5 kg, die Erde eine Masse von 99,94 kg. VAN HELMONTS Versuch ist in Bild 1 dargestellt.

1 Berechne, wie sich die Masse der Weide und die Masse der Erde in fünf Jahren verändert haben. Halte die Werte in einer Tabelle fest.

2 Beurteile, ob die Gewichtszunahme der Weide nur mit der Nährstoffentnahme aus der Erde zu erklären ist.

3 VAN HELMONT erklärte die Gewichtszunahme der Weide damit, dass die Weide die Nährstoffe hierfür ausschließlich aus dem Regenwasser entnommen hat. Beurteile seine Deutung des Versuchs.

4 Entwickle einen Versuch, mit dem belegbar wäre, dass die Menge der verfügbaren Luft die Gewichtszunahme der Weide beeinflusst.

B Stärkenachweis bei Pflanzen mit grün-weißen Blättern

2 Eine grün-weiße Efeupflanze

Stärke in Blättern lässt sich mit Iod-Kaliumiodid-Lösung nachweisen.
Wird Iod-Kaliumiodid-Lösung auf Stärke getropft, verfärbt sich die Stelle blauschwarz.

1 **a)** Beschreibe das Ergebnis des Stärkenachweises, das in Bild 3 B zu sehen ist.
b) Erkläre, welcher Faktor der Fotosynthese in diesem Versuch untersucht wurde.

3 Grün-weißes Efeublatt: **A** ohne Behandlung,
B nach Behandlung mit Iod-Kaliumiodid-Lösung

C Auswertung eines Versuchs zur Fotosynthese

Ein häufig durchgeführter Versuch bei der Fotosynthese ist das Abkleben von Blättern mit Alufolie. Du siehst einen solchen Versuchsansatz in Bild 4.

1 Nenne den Faktor der Fotosynthese, der mit diesem Versuch untersucht wird.

2 ‖ **a)** Stelle eine Vermutung an, wie das Ergebnis des Versuchs aussieht, nachdem mit einem abgeklebten Blatt ein Stärkenachweis durchgeführt wurde.
‖ **b)** Zeichne deine Vorstellung und begründe sie.
Beachte: Beim Stärkenachweis färben sich die Blattflächen, in denen Stärke vorhanden ist, blauschwarz.

4 Versuch zur Fotosynthese

F

1 Die Buche ist ein Produzent.

2 Das Reh ist ein Konsument und Pflanzenfresser.

3 Der Wolf ist ein Konsument und Fleischfresser.

4 Der Mistkäfer ist ein Destruent.

Nahrungs-beziehungen im Wald

Die Produzenten

Die Buchen und alle anderen Pflanzen im Buchenmischwald betreiben Fotosynthese. Sie nehmen Wasser aus dem Boden und Kohlenstoffdioxid aus der Luft auf. Mithilfe von Lichtenergie produzieren die Pflanzen aus den aufgenommenen Stoffen Glucose und Sauerstoff. Aus der produzierten Glucose werden weitere Nährstoffe herge-stellt. Diese Nährstoffe benötigen die Pflanzen für ihr Wachstum.
Weil nur Pflanzen die Nährstoffe produzie-ren können, werden sie Erzeuger oder **Produzenten** genannt. Pflanzen benötigen auch Mineralstoffe. Sie nehmen diese mit dem Wasser aus dem Boden auf.

Die Konsumenten

Rehe, Kaninchen und viele andere Tiere fressen Pflanzen. Sie sind **Pflanzenfres-ser.** Die Tiere benötigen die aufgenomme-nen Nährstoffe und Mineralstoffe zum Leben. Sie können die Nährstoffe und Mineralstoffe nicht selber bilden.
Der Wolf und der Luchs ernähren sich von Rehen und anderen Tieren. Sie sind **Fleischfresser.** Tiere, die sich von Pflanzen oder anderen Tieren ernähren, werden Verbraucher oder **Konsumenten** genannt.

Die Destruenten

Der Mistkäfer und andere Bodenlebewesen ernähren sich von Kot und abgestorbenen Pflanzen und Tieren. Bakterien zersetzen anschließend die Reste. Dabei werden Mineralstoffe freigesetzt. Diese Mineral-stoffe können von den Pflanzen wieder aus dem Boden aufgenommen werden. Lebewesen, die Reste von Pflanzen und Tieren zersetzen, werden Zersetzer oder **Destruenten** genannt.

Nahrungketten

Alle Nahrungsketten beginnen mit Pflanzen. Die Früchte der Buche sind Bucheckern. Sie werden zum Beispiel von Rehen gefressen. Rehe sind Nahrung für Wölfe. Es bildet sich eine **Nahrungskette**.
Bucheckern werden jedoch nicht nur von Rehen gefressen, sondern auch von Mäusen und Eichhörnchen. Diese Tiere haben ebenfalls Feinde. So bildet sich aus vielen Nahrungsketten ein **Nahrungsnetz** (→ Bild 5).

> Ein Nahrungsnetz zeigt die unterschiedlichen Nahrungsbeziehungen zwischen Lebewesen in einem Ökosystem.

Räuber-Beute-Beziehungen

Innerhalb eines Nahrungsnetzes beeinflussen sich Jäger und Gejagte gegenseitig. So hat die Anzahl der Mäuse in einem Gebiet großen Einfluss auf die Anzahl ihrer Räuber. Vermehren sich die Mäuse beispielsweise während eines milden Winters stark, können ihre Räuber viele Mäuse erbeuten. Die Räuber vermehren sich dann ebenfalls stark (→ Bild 6).
Die vielen Räuber fangen jetzt aber viele Mäuse. Dadurch sinkt die Anzahl der Mäuse wieder. So wird das Angebot an Beutetieren wieder kleiner. Anschließend sinkt auch die Anzahl der Räuber wieder.

> Die gegenseitige Abhängigkeit von Jägern und Gejagten wird **Räuber-Beute-Beziehung** genannt.

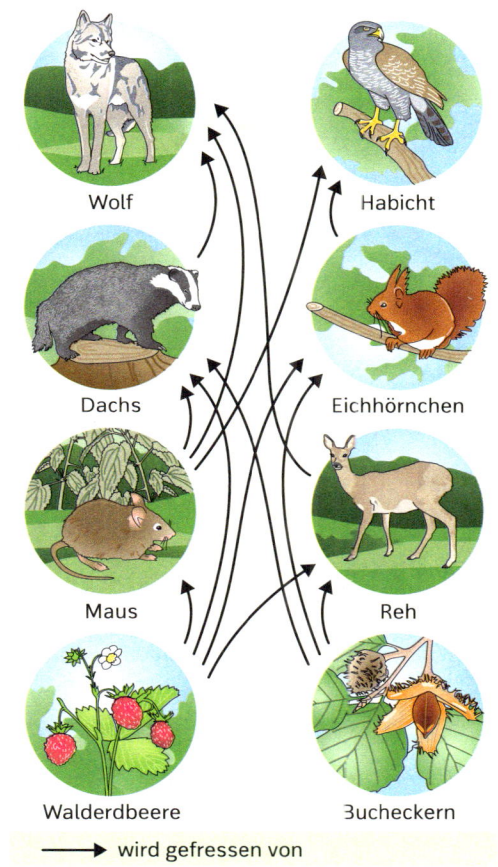

Wolf Habicht
Dachs Eichhörnchen
Maus Reh
Walderdbeere Bucheckern

→ wird gefressen von

5 Nahrungsketten in einem Nahrungsnetz

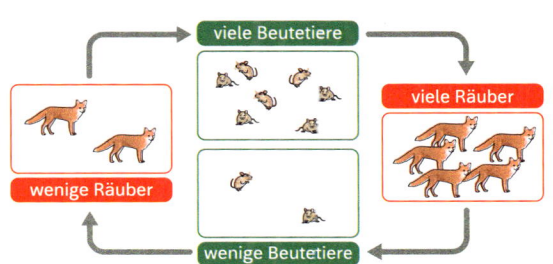

viele Beutetiere
wenige Räuber viele Räuber
wenige Beutetiere

6 Räuber-Beute-Beziehung

---

1 Erkläre die Begriffe Produzent, Konsument und Destruent.

2 a) Erstelle mithilfe von Bild 5 mindestens drei Nahrungsketten.
b) Erkläre, warum Pflanzen immer am Beginn von Nahrungsketten stehen.

3 Erkläre, wie aus vielen Nahrungsketten ein Nahrungsnetz entsteht.

4 I Erläutere den Weg der Nährstoffe von den Bucheckern bis zum Wolf.

5 II Beschreibe, wie sich die Jäger und die Gejagten innerhalb eines Nahrungsnetzes beeinflussen.

Starthilfe zu 5:
Formuliere die Aussage des Diagramms in Bild 6 am Beispiel von Mäusen und ihren Fressfeinden.

A Nahrungskonkurrenz im Wald

1 Waldtiere: **A** Bussard, **B** Waldohreule, **C** Wolf, **D** Fuchs

Greifvögel wie Bussard und Waldohreule jagen im Wald die gleiche Nahrung. Sie stehen aber nicht in **Konkurrenz** um Nahrung. Die beiden Vögel jagen zu unterschiedlichen Zeiten. Der Bussard jagt am Tag und die Waldohreule nachts. Anders sieht es beim Wolf und beim Fuchs aus. Beide Tierarten jagen zur gleichen Zeit die gleiche Beute.

1 a) Erkläre, warum Bussard und Waldohreule keine Nahrungskonkurrenten sind.
b) Begründe, warum Wolf und Fuchs Nahrungskonkurrenten sind.

2 ‖ Stelle Vermutungen an, wie Wolf und Fuchs im gleichen Wald leben können.

B Räuber und Beute beeinflussen sich gegenseitig

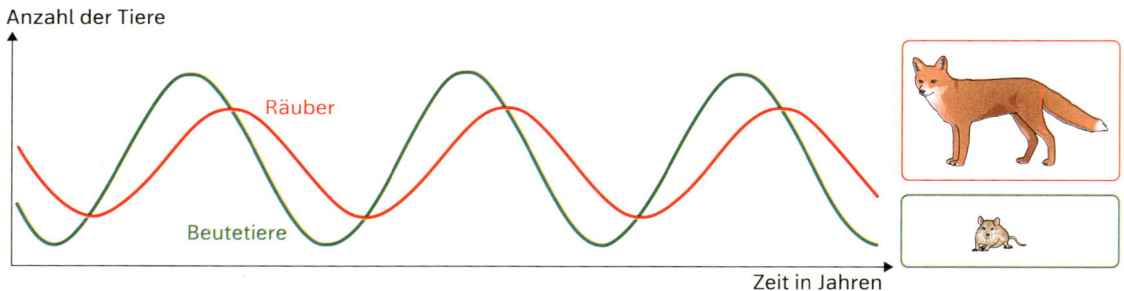

2 Grafisches Modell der Räuber-Beute-Beziehung von Mäusen und Füchsen

Bei dem oben dargestellten Diagramm handelt es sich um ein grafisches Modell. Es zeigt die gegenseitige Beeinflussung einer Art von Räubern und einer Art von Beutetieren innerhalb eines Ökosystems. In dem Modell wird davon ausgegangen, dass die Räuber sich nur von einer Art Beutetiere ernähren.

1 Beschreibe die im Modell dargestellte gegenseitige Beeinflussung von Füchsen und Mäusen.

2 ‖ Erkläre, warum die Anzahl der Beutetiere im Modell eher steigt als die Anzahl der Räuber.

3 ‖ Begründe mithilfe von Nahrungsnetzen, weshalb das Modell nicht ganz mit der Wirklichkeit übereinstimmen kann.

Starthilfe zu 1:
Nutze folgende Formulierung:
Je mehr/weniger …, desto mehr/weniger …

Besondere Nahrungsbeziehungen im Wald

3 Eine Blattlaus

4 Blattlaus wird von Ameise „gemolken"

Blattläuse bilden Honigtau

Blattläuse sind Insekten. Sie saugen aus den Blattadern der Pflanzen Flüssigkeiten. Dadurch werden die Pflanzen geschädigt, weil ihnen lebensnotwendige Stoffe entnommen werden. Die aufgenommenen Flüssigkeiten enthalten Eiweiße und Zucker.
Die Eiweiße verwerten die Blattläuse für sich. Der Zucker wird in gelöster Form als **Honigtau** über den Hinterleib ausgeschieden.

Ameisen „melken" Blattläuse

Ameisen nehmen den ausgeschiedenen Honigtau direkt vom Hinterleib der Blattläuse auf. So bekommen Ameisen eine energiereiche Nahrung. Ameisen vertreiben die Fressfeinde der Blattläuse wie Marienkäfer und ihre Larven. Dadurch sichern die Ameisen ihre Nahrungsquelle.
Ameisen und Blattläuse bilden eine **Symbiose.** Bei dieser Form des Zusammenlebens haben beide Arten einen Vorteil.

5 Honigbiene sammelt Honigtau

Aus Honigtau wird Waldhonig

Auch Honigbienen ernähren sich vom Honigtau, den die Blattläuse ausscheiden. Sie nehmen den Honigtau auf und bilden daraus Waldhonig. Je nach Waldform unterscheiden sich die Farbe und der Geschmack des Waldhonigs.

1 Beschreibe die Bildung von Honigtau.
2 Begründe, wodurch Blattläuse Pflanzen schädigen.
3 Beschreibe die Symbiose zwischen Blattlaus und Ameise.
4 Erkläre, warum Waldhonig kein Blütenhonig ist.

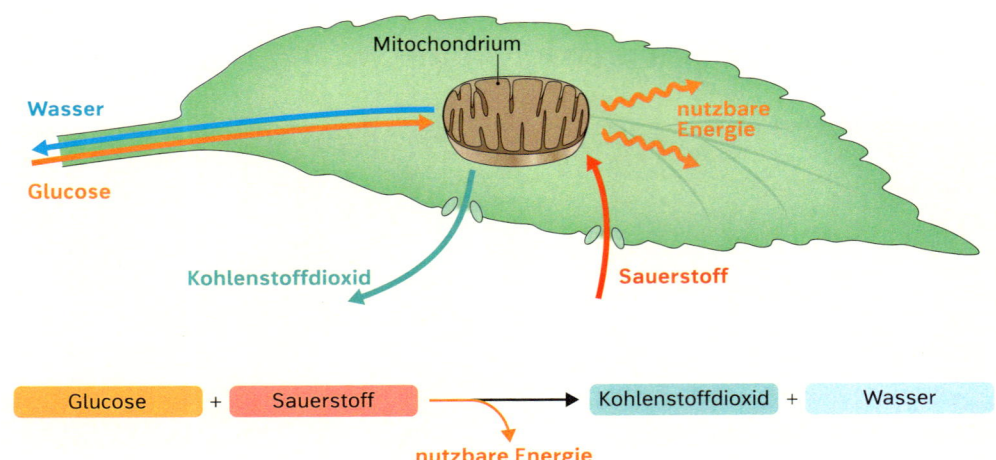

1 Der Vorgang der Zellatmung

▶‖ F

Lebewesen benötigen Energie

Glucose als Grundstoff

Bei der Fotosynthese stellen Pflanzen mithilfe der Sonnenenergie Sauerstoff und energiereiche Glucose her. Etwa die Hälfte der Glucose nutzen sie für ihr Wachstum. So bilden sie Biomasse beispielsweise in Form von **Cellulose**. Diese ist der Hauptbestandteil pflanzlicher Zellwände.

2 Fotosynthese und Zellatmung

Wie Pflanzen Energie gewinnen

Die andere Hälfte der Glucose verwenden die Pflanzen zur Energiegewinnung für ihren eigenen Stoffwechsel. Die Glucose wird dazu in den Mitochondrien der Pflanzenzellen mithilfe von Sauerstoff zu Kohlenstoffdioxid und Wasser abgebaut (→ Bild 1). Die in der Glucose gespeicherte Energie des Sonnenlichts wird dabei wieder frei und für die Pflanzen verfügbar. Der Vorgang wird als **Zellatmung** bezeichnet.

Wie Tiere Energie gewinnen

Auch Tiere und Menschen gewinnen die Energie für ihre Lebensvorgänge durch Zellatmung. Sie können jedoch die dafür notwenige Glucose nicht selbst herstellen. Deshalb müssen Menschen und Tiere Nahrung zu sich nehmen, die Glucose enthält. Der für die Zellatmung notwenige Sauerstoff wird der Luft entnommen. Das bei der Zellatmung freiwerdende Kohlenstoffdioxid atmen alle Lebewesen aus. Pflanzen nutzen das Kohlenstoffdioxid wieder für die Fotosynthese.

Energie für Pflanzenfresser

Ein Ökosystem erhält die gesamte benötigte Energie als Lichtenergie von der Sonne. Die Pflanzen speichern diese Energie über die Fotosynthese. Sie wird dann über Nahrungsketten weitergegeben. Pflanzenfressende Tiere sind **Konsumenten 1. Ordnung**. Sie benötigen einen Großteil ihrer aufgenommenen Energie für ihre eigenen Lebensvorgänge wie beispielsweise die Tätigkeit der Muskeln. Dabei geben sie auch Wärme an die Umgebung ab. Nur etwa 10 % der von den Pflanzenfressern aufgenommenen Energie wird in ihrer Biomasse gebunden.

Energie für Fleischfresser

Fleischfresser sind **Konsumenten 2. Ordnung**. Sie fressen die Pflanzenfresser. Von der ursprünglich in den Pflanzen gebunden Energie steht den Konsumenten 2. Ordnung nur noch etwa 10 % zur Verfügung. Von diesem Rest benötigen auch sie wieder 90 % für ihre Lebensvorgänge. Dabei entsteht wieder Wärme.

Die Konsumenten 2. Ordnung werden von größeren Fleischfressern der 3. Ordnung gefressen. Solche Tiere werden als **Endkonsumenten** bezeichnet. Diesen Tieren steht nur noch etwa 1 % der ursprünglich vorhandenen Energie zur Verfügung.

Die Biomasse und auch die Anzahl der Lebewesen nehmen von Stufe zu Stufe der Nahrungspyramide nach oben ab.

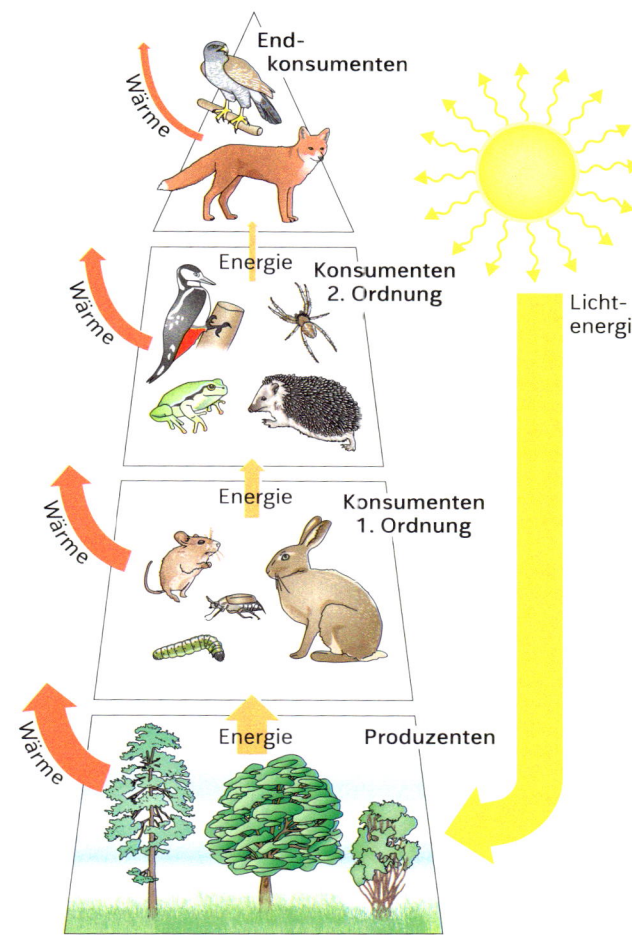

3 Nahrungspyramide mit Energiefluss

Die Energie für alle Lebewesen muss über die Sonne ständig zugeführt werden.
Die Energie fließt nur in einer Richtung.

---

1. Erkläre, woher Pflanzen ihre Energie erhalten und wofür sie diese verwenden.

2. Erkläre, woher Tiere und Menschen ihre Energie erhalten und wofür sie diese verwenden.

3. Beschreibe den Vorgang der Zellatmung.

4. | Nahrungsbeziehungen lassen sich in einer Nahrungspyramide darstellen. Nenne für jede Stufe drei Lebewesen aus dem Ökosystem Wald.

5. || Erkläre den Zusammenhang zwischen Fotosynthese und Zellatmung.

Starthilfe zu 5:
Nimm Bild 2 zu Hilfe.

6. || Begründe, warum Energie in Ökosystemen ständig neu zugeführt werden muss.

A Die Stufen einer Nahrungspyramide

A Brennnesseln und andere Kräuter betreiben Fotosynthese.

B Grasfrösche fressen Wirbellose wie Würmer, Fliegen und andere Insekten.

C Füchse fressen Mäuse, Insekten, Vögel, Hasen, Beeren, Früchte.

D Waldmäuse fressen Beeren, Nüsse, Samen, Knospen.

1 Unterschiedliche Lebewesen im Wald

❶ a) Ordne die einzelnen Lebewesen aus Bild 1 den Stufen einer Nahrungspyramide zu. Fertige dazu eine Skizze an.
b) Begründe, warum sich manche Lebewesen unterschiedlichen Stufen zuordnen lassen.

❷ Begründe, warum auch reine Fleischfresser wie der Mäusebussard auf die Pflanzen angewiesen sind.

❸ ‖ a) Beurteile, auf welcher Stufe der Nahrungspyramide es die meisten Lebewesen gibt. Nutze dazu auch die Basisseite.
‖ b) Erkläre, warum die Anzahl der Lebewesen nach oben abnimmt.

B Auswirkungen eines hohen Fleischkonsums

Für die Produktion von Fleisch müssen zunächst Pflanzen als Futtermittel für die Tiere angebaut werden. Würden diese Ackerflächen direkt für den Anbau von Feldfrüchten genutzt, könnten damit mehr Menschen ernährt werden als mit dem Fleisch der Nutztiere.

❶ Erkläre, warum ein hoher Fleischkonsum problematisch ist.

Starthilfe zu 1:
Vergleiche den Flächenverbrauch bei der Produktion von (1 kg) Kartoffeln und (1 kg) Rindfleisch.

❷ Erkläre an einem Beispiel, warum mehr Ackerflächen für den Anbau von Feldfrüchten für Menschen genutzt werden sollten.

❸ Stelle eine begründete Vermutung auf, warum es trotzdem sinnvoll ist, auch fleischliche Nahrung zu sich zu nehmen.

❹ ‖ Erkläre mithilfe der Nahrungspyramide auf der Basisseite das Bild 2 zum Flächenverbrauch. Bedenke deine Kenntnisse über den Verlust an Biomasse und Energie innerhalb einer Nahrungspyramide.

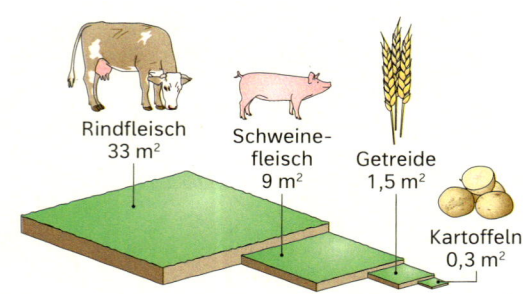

Rindfleisch 33 m²
Schweinefleisch 9 m²
Getreide 1,5 m²
Kartoffeln 0,3 m²

2 Flächenverbrauch pro Kilogramm Nahrungsmittel

C Ohne Fotosynthese keine Zellatmung

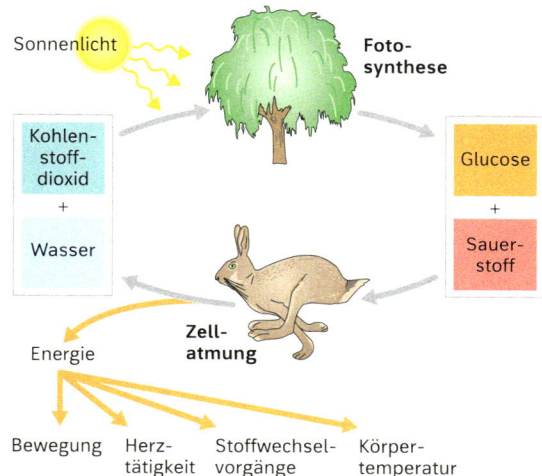

3 Fotosynthese und Zellatmung

1 a) Nenne mithilfe von Bild 3 die Stoffe, die zur Fotosynthese gebraucht werden und erkläre, woher sie kommen.
b) Nenne die Produkte, die bei der Fotosynthese entstehen.

2 a) Nenne mithilfe von Bild 3 die Stoffe, die zur Zellatmung gebraucht werden und erkläre, woher sie kommen.
b) Nenne die Produkte, die bei der Zellatmung entstehen.

3 Erkläre, warum die Fotosynthese und die Zellatmung zwei sich ergänzende Vorgänge sind.

D Energie sparen im Winter

Pflanzen und Tiere haben verschiedene Strategien entwickelt, um den Winter zu überstehen.

1 a) Beschreibe, worüber Pflanzen im Winter nicht oder nur wenig verfügen können.

> **Starthilfe zu 1a:**
> Bedenke dabei, was Pflanzen zum Leben und Wachsen brauchen.

b) Recherchiere, warum ein Laubbaum im Winter keine Blätter benötigt und sie deshalb, auch zum Schutz vor Frost, abwirft.

2 a) Beschreibe, worüber Tiere im Winter nicht oder nur wenig verfügen können.

> **Starthilfe zu 2a:**
> Bedenke dabei, was Tiere zum Leben und Wachsen brauchen.

b) Erkläre, warum ein Siebenschläfer im Winter mehrere Monate Winterschlaf hält.

3 ‖ Erläutere mithilfe der Nahrungspyramide den Zusammenhang zwischen der geringen Sonneneinstrahlung im Winter und dem Winterschlaf des Siebenschläfers.

4 Energie sparen: **A** Laubbaum, **B** Siebenschläfer

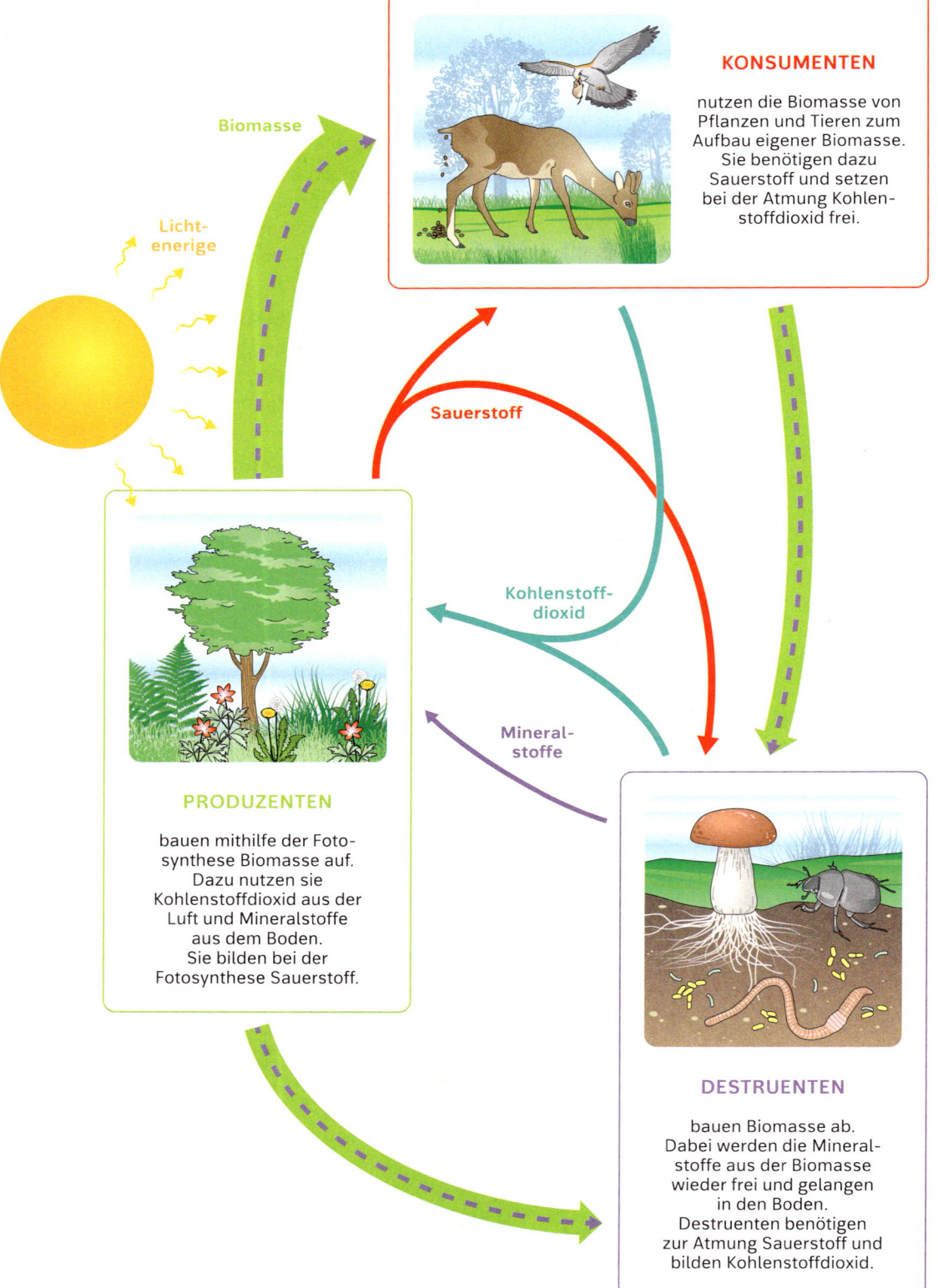

Licht-energie

Biomasse

KONSUMENTEN

nutzen die Biomasse von Pflanzen und Tieren zum Aufbau eigener Biomasse. Sie benötigen dazu Sauerstoff und setzen bei der Atmung Kohlen-stoffdioxid frei.

Sauerstoff

Kohlenstoff-dioxid

Mineral-stoffe

PRODUZENTEN

bauen mithilfe der Foto-synthese Biomasse auf. Dazu nutzen sie Kohlenstoffdioxid aus der Luft und Mineralstoffe aus dem Boden. Sie bilden bei der Fotosynthese Sauerstoff.

DESTRUENTEN

bauen Biomasse ab. Dabei werden die Mineral-stoffe aus der Biomasse wieder frei und gelangen in den Boden. Destruenten benötigen zur Atmung Sauerstoff und bilden Kohlenstoffdioxid.

1 Stoffkreisläufe im Ökosystem Wald

In Ökosystemen geht kein Stoff verloren

Stoffkreisläufe

Kohlenstoff, Sauerstoff und Mineralstoffe bewegen sich in Stoffkreisläufen.

> In Stoffkreisläufen gehen die Bestandteile unterschiedlicher Stoffe nicht verloren. Sie werden bei chemischen Reaktionen nur in andere Stoffe eingebaut.

Bild 1 zeigt die Rolle, die die Produzenten, Konsumenten und Destruenten in diesen Kreisläufen einnehmen. Außerdem kannst du damit auch den Aufbau und den Abbau der Biomasse nachvollziehen.

Der Kohlenstoffkreislauf

Die Tiere atmen Kohlenstoffdioxid aus. Mithilfe der Fotosynthese speichern die Pflanzen den Kohlenstoff aus dem Kohlenstoffdioxid. Sie nutzen ihn als Baustoff beim Wachsen. So bauen sie Biomasse auf. Die Pflanzen werden von Tieren gefressen. Auf diesem Weg gelangt der Kohlenstoff wieder in die Tiere. Sie nutzen den Kohlenstoff zur Energiegewinnung und zum Aufbau ihres Körpers. Ein Teil der Biomasse der Pflanzen wird so an die Tiere weitergegeben. Wenn die Tiere den Kohlenstoff bei der Atmung wieder als Kohlenstoffdioxid ausatmen, schließt sich der Kohlenstoffkreislauf.

Der Sauerstoffkreislauf

Beim Aufbau von Biomasse mithilfe der Fotosynthese nutzen die Pflanzen Kohlenstoffdioxid und Wasser. Dabei entsteht als Produkt auch Sauerstoff. Der Sauerstoff stellt für die Pflanzen ein Abfallprodukt dar. Sie geben ihn an die Luft ab.
Tiere atmen diesen Sauerstoff ein und nutzen ihn bei der Zellatmung zur Energiegewinnung. Als Abfallprodukt der Zellatmung entsteht wiederum Kohlenstoffdioxid. Kohlenstoffdioxid ist eine Verbindung aus Kohlenstoff und Sauerstoff.
Wenn die Tiere das Kohlenstoffdioxid ausatmen, geben sie also auch wieder Sauerstoff an die Luft ab. Der Sauerstoffkreislauf ist somit geschlossen.

Der Mineralstoffkreislauf

Die Pflanzen nehmen lebensnotwendige Mineralstoffe aus dem Boden auf und bauen diese in ihre Biomasse ein. Wenn Tiere die Pflanzen fressen, nehmen sie damit auch die Mineralstoffe auf und bauen sie in ihre eigenen Körper ein.
Sterben die Pflanzen oder die Tiere, bauen die Destruenten die Reste wieder ab. Dabei gelangen die Mineralstoffe wieder in den Boden. Der Kreislauf schließt sich.

1. Erkläre, wie der Kohlenstoff in die Tiere gelangt und in welcher Form er wieder abgegeben wird.
2. Nenne ein Abfallprodukt, das bei der Fotosynthese entsteht.
3. Pflanzen nehmen Mineralstoffe aus dem Boden auf. Erkläre, wie sie wieder in den Boden gelangen.
4. I Begründe, warum grüne Pflanzen für alle Lebewesen lebensnotwendig sind.
5. II Erläutere die Bedeutung der Sonne in Bild 1.
6. II Eine Maus frisst in einem Wald Bucheckern. Erkläre, wieso sie damit Teil verschiedener Stoffkreisläufe ist.

A Bäume pflanzen für die Umwelt

Unter dem Motto **#Einheitsbuddeln** hat das Bundesland Schleswig-Holstein zum Pflanzen von Bäumen aufgerufen. Anlässlich der Feierlichkeiten zum 3. Oktober sollte dazu jeder Deutsche einen Baum pflanzen. Die Bäume werden unter anderem deshalb gepflanzt, weil laut der Veranstalter „Aufforstungen eines der wirksamsten Mittel gegen den Klimawandel überhaupt und einer der entscheidenden Schlüssel zum Erreichen der Klimaziele sind".

1 Aktion „Einheitsbuddeln"

Neben der Aktion „Einheitsbuddeln" (→ Bild 1) gibt es jedes Jahr viele weitere Aufrufe zu ähnlichen Baumpflanzaktionen.
Das Ziel dabei ist, dass gerodete Wälder wieder aufgeforstet werden. Damit soll überschüssiges Kohlenstoffdioxid aus der Atmosphäre in den Bäumen gebunden werden.

1 Nenne zwei Gründe, warum laut der Veranstalter in Deutschland Bäume gepflanzt werden müssen.

2 Bewerte den Nutzen von Baumpflanzaktionen.

3 Nenne Argumente, die für die aktive Teilnahme an einer Baumpflanzaktion sprechen.

4 **a)** Recherchiere weitere Projekte, die es in Deutschland und weltweit zur Wiederaufforstung von Wäldern gibt.
b) Präsentiere deine Ergebnisse.

B Das Holz und die Biomasse

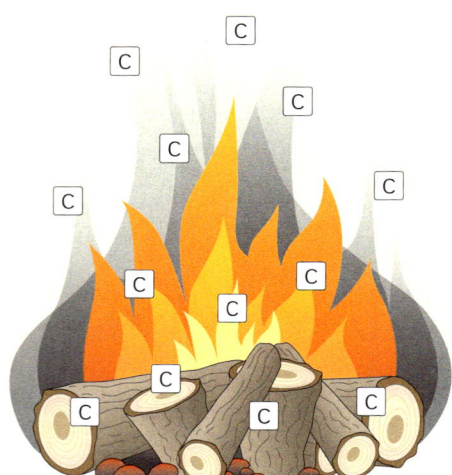

2 Ein Lagerfeuer

Beim Verbrennen von Holz wird der Kohlenstoff aus der Biomasse des Baumes wieder frei. Der Kohlenstoff wird als Kohlenstoffdioxid an die Luft abgegeben. Zu viel Kohlenstoffdioxid in der Luft trägt zur Klimaerwärmung bei.

1 Erkläre, was mit dem Kohlenstoffdioxid geschieht, das beim Verbrennen frei wird.

Starthilfe zu 1:
Nutze Bild 1 auf der Basisseite. Überlege, wie das freie Kohlenstoffdioxid genutzt wird.

2 ▌ **a)** Recherchiere, wodurch der Anteil an Kohlenstoffdioxid in unserer Luft steigt.
▌ **b)** Erkläre auch den Zusammenhang zwischen Kohlenstoffdioxid und der Klimaerwärmung.

A Nachweis von Kohlenstoff in Biomasse

Mit diesem Versuch kannst du Kohlenstoff in Biomasse nachweisen.

> Wird die Stoffprobe beim Versuch schwarz, ist in dem getesteten Stoff Kohlenstoff und damit Biomasse enthalten.

Material: Schutzbrille, feuerfeste Reagenzgläser, Reagenzglasständer, Reagenzglashalter, Gasbrenner, feuerfeste Unterlage, Stoffproben (z. B. Laubblätter, Sand, Wasser, Eiklar, Holzstückchen, Salz, Getreidekörner, Nudeln)

Durchführung:

Schritt 1: Fülle die Reagenzgläser mit jeweils einer Stoffprobe ca. 0,5 cm. Stelle die Reagenzgläser in den Reagenzglasständer.

Schritt 2: Halte jeweils ein Reagenzglas mit der Stoffprobe mithilfe des Reagenzglashalters schräg in die Flamme des Gasbrenners (→ Bild 4).
Wichtig: Achte dabei darauf, dass die Öffnung des Reagenzglases nicht in deine Richtung oder in Richtung einer Mitschülerin oder eines Mitschülers zeigt.

Schritt 3: Erhitze die Stoffproben vorsichtig, bis sich die Stoffproben nicht mehr verändern.

Schritt 4: Erstelle zur Auswertung des Versuchs eine Tabelle wie in Bild 5.

1 Bestimme, in welchen Stoffproben Kohlenstoff und damit Biomasse enthalten ist.

2 ‖ Erkläre, was mit dem Kohlenstoff in der Stoffprobe passiert ist, wenn diese schwarz geworden ist.

> **Starthilfe zu 2:**
> Nutze dazu den Text zum Verbrennen von Holz in Material B auf der gegenüberliegenden Seite.

3 Materialien für den Versuch

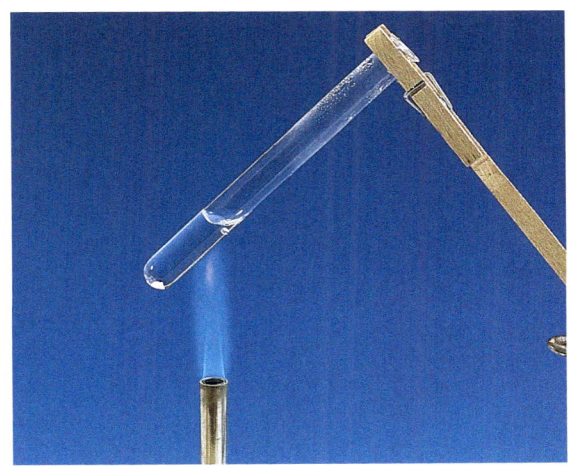

4 Versuchsdurchführung

Stoffprobe	Beobachtung	Kohlenstoff enthalten	Biomasse enthalten
Holz	färbt sich dunkelbraun bis schwarz	ja	ja
...	...	...	...

5 Beobachtungsprotokoll

1 Spaziergang im Wald

2 Holzproduktion

3 Schutzfunktion

Funktionen des Waldes

Lebensraum

Ein naturnaher Mischwald ist ein Lebens-raum für viele Tiere, Pflanzen und Pilze. Der Erhalt von Wäldern ist deshalb beson-ders wichtig. Försterinnen und Förster kümmern sich um den Pflanzenbestand der Wälder. Jägerinnen und Jäger sorgen dafür, dass sich Tiere wie Wildschweine nicht zu stark vermehren.

Erholung

Viele Menschen gehen in ihrer Freizeit gern in den Wald. Einige treiben dort Sport, andere gehen spazieren. Manche Menschen beobachten Tiere. Dabei atmen sie die frische, saubere Luft. In stadtnahen Wädern nutzen viele Menschen den Wald. Deshalb müssen alle aufeinander Rücksicht nehmen.

Holzproduktion

Der Wald ist ein wichtiger Rohstofflieferant. Holz ist ein nachwachsender Rohstoff. Viele Gegenstände des täglichen Lebens wie Möbel bestehen aus Holz. Holz ist auch ein wichtiger Baustoff. Er wird für Dach-konstruktionen, Treppen oder Böden verwendet. Außerdem wird Holz als Brenn-stoff und zur Papierherstellung genutzt.

Schutzfunktion

Wälder halten mit den Wurzeln der Pflan-zen den Boden fest. So verhindern sie den Abtrag von Erde durch Wasser oder Wind. Bergwälder schützen Siedlungen in den Tälern vor Lawinen aus Schlamm oder Geröll. Außerdem halten die Baumstämme Schneemassen fest, so dass keine Schnee-lawinen entstehen. Entlang von Eisenbahn-linien oder Autobahnen schützen Bäume die Anwohner vor Lärm und Feinstaub. Häufig werden Büsche und Bäume auch als Windschutz angepflanzt.

Wasserspeicher

Am Waldboden speichern Humus und Moose die Niederschläge. Das Wasser versickert deshalb nur langsam und wird dabei gefiltert. Ein Teil des Wassers gelangt in das Grundwasser und steht Menschen und Tieren für die Wasserversorgung zur Verfügung. Einen anderen Teil des Wassers nehmen Pflanzen über ihre Wurzeln wieder auf. Bei der Verdunstung über die Laubblätter geben die Pflanzen das Wasser wieder an die Luft ab und feuchten sie an.

Kohlenstoffspeicher

Zur Fotosynthese benötigen Pflanzen Kohlenstoffdioxid. Pflanzen wie Bäume bauen den Kohlenstoff aus dem Kohlenstoffdioxid beim Wachsen in ihre Biomasse ein, zum Beispiel in Holz. Wenn Pflanzen wachsen, entziehen sie der Erdatmosphäre auf diese Weise Kohlenstoff. Kohlenstoffdioxid ist ein Gas, das zur Erwärmung der Erdatmosphäre beiträgt. Je weniger Kohlenstoffdioxid in der Luft ist, desto weniger wird die Erdatmosphäre aufgeheizt.

Klimaverbesserung

Über Städten steigt warme Luft auf, die Staub und Abgase enthält. In der Höhe kühlt die Luft ab. Sie strömt in das Umland und sinkt wieder ab. Wenn sich dort ein Wald befindet, werden Staub und Abgase von den Bäumen aus der Luft gefiltert. Außerdem wird die Luft angefeuchtet. Die kühle, feuchte Luft strömt dann wieder in die Stadt zurück. So tragen Wälder zur Luftverbesserung in Städten bei.

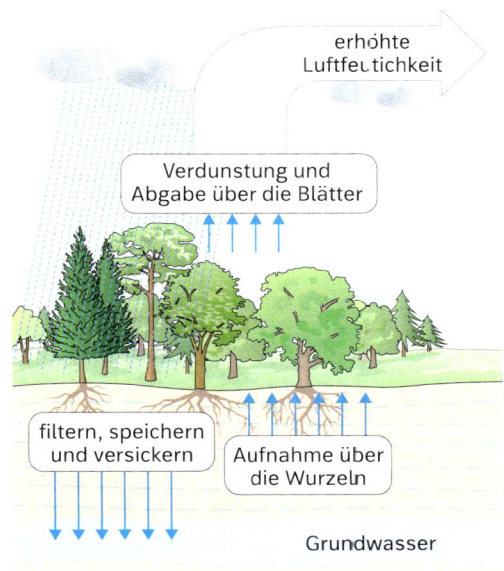

4 Wasserspeicher

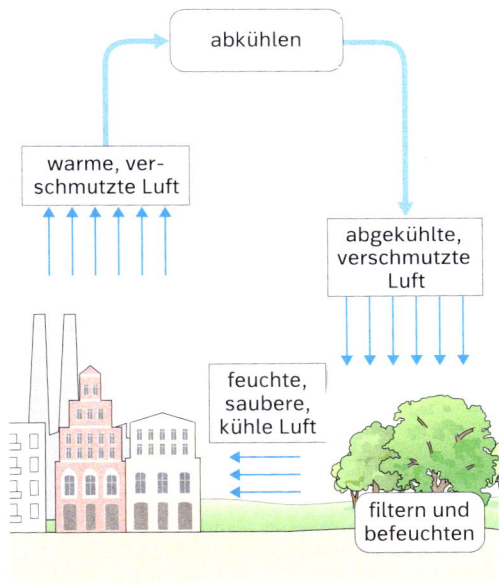

5 Klimaverbesserung

1 a) Nenne verschiedene Funktionen des Waldes.
b) Beschreibe zwei der Funktionen genauer.

2 Begründe, dass es wichtig ist, dass Menschen im Wald besonders rücksichtsvoll mit der Natur und mit anderen Menschen umgehen.

3 I Nenne drei Beispiele, wie Wälder Menschen vor Gefahren oder Wettereinflüssen schützen können.

4 II Erkläre, dass Wälder als Kohlenstoffspeicher bezeichnet werden.

A Menschen im Wald

1 Situationen im Wald

1 Beschreibe die einzelnen Situationen in Bild 1 und was die Menschen in diesen Situationen jeweils tun.

2 **a)** Bewerte das Verhalten der Menschen.
b) Mache Verbesserungsvorschläge, wenn du denkst, dass das Verhalten nicht in Ordnung ist. Begründe deine Aussagen mit den Funktionen des Waldes.

B Wälder und Städte

2 Waldlandschaften

Die beiden Bilder zeigen Landschaften, bei denen jeweils eine Funktion des Waldes besonders im Vordergrund steht.

1 Beschreibe die Landschaften.

2 **a)** Nenne die Funktion des Waldes, die jeweils im Vordergrund steht.
b) Beschreibe, was passieren könnte, wenn die Wälder nicht mehr da wären.

Expertendiskussion

Ein Thema - viele Meinungen

Das Fahren mit dem Mountainbike ist sehr beliebt. In einem Waldgebiet in der Nähe einer Großstadt soll ein Trail eingerichtet werden. Viele Menschen sind dafür, andere sind dagegen. Nach einer öffentlichen Expertendiskussion will die Stadtverwaltung entscheiden, ob der Trail eingerichtet werden soll.

3 Trail ja oder nein?

So könnt ihr vorgehen:

- Das Problem wird formuliert.
- Die Interessengruppen werden festgelegt. Jeweils zwei bis drei Schülerinnen und Schüler teilen sich den einzelnen Positionen zu. Die anderen sind Zuhörer.
- In Gruppen werden Argumente zu den einzelnen Positionen gesammelt und auf Karten geschrieben.
- In jeder Gruppe wird eine Sprecherin oder ein Sprecher als Expertin oder Experte bestimmt.
- Alle Expertinnen und Experten tragen in der Diskussion ihre Argumente vor. Dabei gehen sie auch auf die Argumente der anderen Gruppen ein.
- Eine Diskussionsleiterin oder ein Diskussionsleiter achtet darauf, dass die Gesprächsregeln eingehalten werden. Vielleicht lassen sich Kompromisse finden.
- Die Zuhörerinnen und Zuhörer entscheiden am Ende über die Lösung des Problems. Außerdem geben sie den Expertinnen und Experten Rückmeldung zu ihrem Diskussionsverhalten.

In einer **Expertendiskussion** bringen die unterschiedlichen Interessengruppen ihre Argumente vor.
Eine Expertendiskussion zu einem Thema, zu dem es unterschiedliche Meinungen gibt, kann in einem Rollenspiel geübt werden.

4 Experten stellen die Argumente vor.

Für die Rückmeldung können folgende Fragen helfen:

- Welche Rolle hat mich am meisten, wer hat mich am wenigsten überzeugt?
- Welche Argumente waren für mich besonders wichtig?
- Wer hat dazu beigetragen, einen Kompromiss zu finden?

1 Bereitet eine Expertendiskussion zu folgendem Thema vor: Soll im Waldgebiet neben unserem Wohnort ein Mountainbike-Trail eingerichtet werden?

2 Führt die Expertendiskussion durch.

3 Wertet die Expertendiskussion aus.

1 Fichten werden braun und verlieren ihre Nadeln.

Der Wald ist in Gefahr

Der Wald in Deutschland

Etwa ein Drittel der Fläche Deutschlands besteht aus Wald. Die häufigsten Baumarten sind die Nadelbäume Fichte und Kiefer, und die Laubbäume Buche und Eiche. Ein Spaziergang durch den Wald zeigt, dass in den Kronen vieler Laubbäume schon im Sommer Blätter vertrocknen. Bei Nadelbäumen werden die Nadeln gelb oder fallen teilweise ganz ab. Nur etwa jeder vierte Baum in unseren Wäldern ist gesund.

2 Buchen verlieren im Sommer die Blätter.

Luftschadstoffe

Häufige Ursachen für Waldschäden sind Luftschadstoffe wie Stickstoffoxide oder Schwefeldioxid aus Verkehr, Industrie, Landwirtschaft und Haushalten. Die Luftschadstoffe bilden zusammen mit Niederschlägen und Wasserdampf in der Luft giftige Säuren.

Schäden an Blättern und Nadeln

Die Säuren greifen die Blätter und Nadeln der Bäume an. Die Spaltöffnungen können sich dann nicht mehr richtig schließen. Dadurch verdunsten die Bäume mehr Wasser, als sie aus dem Boden aufnehmen können. Die Blätter und Nadeln werden langsam braun und vertrocknen.

Schäden an den Wurzeln

Wenn die Schadstoffe mit dem Wasser in den Boden kommen, sterben die feinen Wurzeln der Bäume ab. Betroffene Bäume können dann nur noch wenig Wasser mit Mineralstoffen aufnehmen. Viele Bodenlebewesen sterben. Die Bildung von Humus wird gestört.

Wetter und Klima

Forscherinnen und Forscher haben festgestellt, dass sich das Klima auf der Erde in
den letzten Jahrzehnten stark verändert
hat. Es ist sehr schnell immer wärmer
geworden. Dieser Klimawandel wird durch
die Lebensweise von uns Menschen
erheblich verstärkt. Wir verbrennen Kohle
oder Erdöl, um Energie zu gewinnen. Dabei
entstehen Gase wie Kohlenstoffdioxid.
Solche Gase verursachen Klimaveränderungen. Durch die Erderwärmung kommt es
immer häufiger zu extremen Wetterereig-
nissen wie langen, trockenen Sommern,
Starkregen oder Orkanen. Wenn Bäume
bereits durch Luftschadstoffe geschädigt
sind, können solche extremen Wetterlagen
dem Wald zusätzlich Schaden zufügen.

3 Sturmschäden

Schäden durch Insekten

In Wäldern, die durch Trockenheit oder
Stürme geschädigt sind, können Insekten
große Schäden anrichten. Der Fichtenborkenkäfer lebt zum Beispiel unter der Rinde
von Fichten. Er kann sich in geschwächten
Bäumen in einem reinen Fichtenwald stark
vermehren. Der Käfer hat dort nur wenige
Fressfeinde wie Buntspechte oder Fleder-
mäuse. Stark befallene Bäume sterben ab.

Hilfe für den Wald

Die Reduzierung von Luftschadstoffen und
die Begrenzung der Erderwärmung sind
wichtige Ziele, um Wälder gesund zu
erhalten. Eine Maßnahme dazu ist beispielsweise, durch unsere Lebensweise
weniger Erdöl und Kohle zu verbrauchen.

4 Fichtenborkenkäfer

1 a) Nenne Beispiele für Luftschadstoffe, die Bäume schädigen.
b) Beschreibe, wie sich die Schadstoffe auf die Funktion der Blätter, Nadeln und
Wurzeln auswirken.

2 a) Beschreibe, wie sich der Klimawandel auf Wälder auswirkt.
b) Erkläre, wie es zu einem Massenbefall von Fichtenborkenkäfern kommen kann.

3 | Nenne Merkmale geschädigter Bäume.

4 || Erkläre, warum ein geschädigter Baum die Blätter oder Nadeln abwirft.

Ⓐ Monokultur oder Mischwald?

Die beiden Bilder zeigen zwei verschiedene Waldarten. In einer **Monokultur** wie einem Fichtenwald gibt es nur schnellwachsende Fichten. Solche Wälder wurden früher angepflanzt, um nach einigen Jahren möglichst einfach viel Holz ernten zu können.

In einem **Buchenmischwald** wachsen unterschiedliche Baumarten. Die Bäume sind unterschiedlich alt. Solche Wälder sind ein Lebensraum für viele Tiere und Pflanzen. Die Baumarten sind an ihren Standort angepasst. Damit sind Buchenmischwälder besser gegen extreme Umwelteinflüsse geschützt.

❶ Ordne die beiden Bilder den beiden Waldarten zu.

❷ Beschreibe die beiden unterschiedlichen Waldtypen.

❸ Beurteile, in welcher Waldart sich Waldschädlinge wie der Fichtenborkenkäfer besser vermehren können.

❹ Begründe, warum eine der beiden Waldarten besser gegen extreme Umwelteinflüsse geschützt ist.

1 Verschiedene Wälder

Ⓑ Gesund oder geschädigt?

Die Bilder 2 A und 2 B zeigen zwei verschiedene Buchenzweige.

❶ Beschreibe mithilfe der beiden Abbildungen die Unterschiede zwischen gesunden und geschädigten Zweigen einer Buche.

❷ ‖ Stelle eine Vermutung auf, warum die Blätter der geschädigten Buche braun werden. Begründe deine Vermutung.

Starthilfe zu 2:
Nutze die Informationen auf der Basisseite.

2 Zweige einer Buche: **A** gesund, **B** geschädigt

C Nachhaltige Waldbewirtschaftung

Neben der Reduktion von Luftschadstoffen ist für das Überleben unserer Wälder eine nachhaltige Bewirtschaftung notwendig. Das Konzept der Nachhaltigkeit bedeutet, dass wir bei allem was wir tun, die langfristigen Folgen mitbedenken müssen. Auch unsere Kinder und Enkelkinder wollen in Zukunft in einer unzerstörten Umwelt leben.

3 Nachhaltigkeit

Totholz und Holzabfall bleiben im Wald und dienen Tieren als Nahrung und Lebensraum.

Bäume werden einzeln geerntet, wenn sie dick genug sind.

Wenn möglichst viele gleiche Bäume einer Art gleichzeitig gepflanzt werden, können sie nach einigen Jahren gleichzeitig geerntet werden. Damit spart man Zeit.

In Wäldern sollen möglichst viele verschiedene Baumarten angepflanzt werden.

In Wäldern sollen möglichst wenig verschiedene Baumarten angepflanzt werden.

Die Bäume im Wald müssen gut an ihren Standort angepasst sein. So sollen zum Beispiel an trockenen Standorten möglichst Bäume angepflanzt werden, die Trockenheit vertragen.

Um naturnahe Wälder zu erhalten, sollen Wälder als Naturschutzgebiete ausgewiesen werden.

Um Wälder besser bewirtschaften zu können, sollen möglichst breite Wege für den Holztransport angelegt werden.

Im Wald sollen möglichst keine chemischen Pflanzenschutzmittel oder Düngemittel angewendet werden.

Beim Kauf von Möbeln aus Holz sollte darauf geachtet werden, dass das Holz möglichst aus nachhaltiger Waldwirtschaft stammt.

1 a) Bewerte die Aussagen im Hinblick darauf, ob sie zu einem nachhaltigen Umgang mit unseren Wäldern beitragen.
b) Mache Vorschläge für alternatives Handeln, wenn du eine Aussage für nicht nachhaltig hältst.

Auf einen Blick: Ökosystem Wald

Beziehungen im Ökosystem Wald

Der Wald ist ein Ökosystem. Ein Ökosystem besteht aus einem Lebensraum und einer Lebensgemeinschaft aus Pflanzen und Tieren. Abiotische Faktoren wie die Temperatur, die Niederschläge, die Lichtmenge oder die Bodenbeschaffenheit bestimmen die Lebensbedingungen in einem Lebensraum. Alle Lebewesen in einem Ökosystem sind über Nahrungsketten miteinander verbunden. Viele Nahrungsketten bilden ein Nahrungsnetz.

Funktionen des Waldes

Wälder sind für alle Lebewesen von großer Bedeutung. Sie sind beispielsweise Lebensräume für viele Pflanzen und Tiere. Wir Menschen nutzen Wälder zur Erholung und als Holzlieferant. Wälder produzieren Sauerstoff und helfen, das Klima zu verbessern.

Gefahren und Schutz für den Wald

Luftschadstoffe und die Klimaerwärmung zerstören die Wälder. Warme, trockene Sommer und heftige Stürme schaden den Bäumen. An geschädigten Bäumen können sich Insekten wie der Borkenkäfer massenhaft vermehren. Stark befallene Bäume sterben ab. Die Gefahren für den Wald werden von uns Menschen ausgelöst. Durch unsere Lebensweise können wir zum Schutz der Wälder beitragen. Dazu gehört zum Beispiel, seltener mit dem Auto zu fahren.

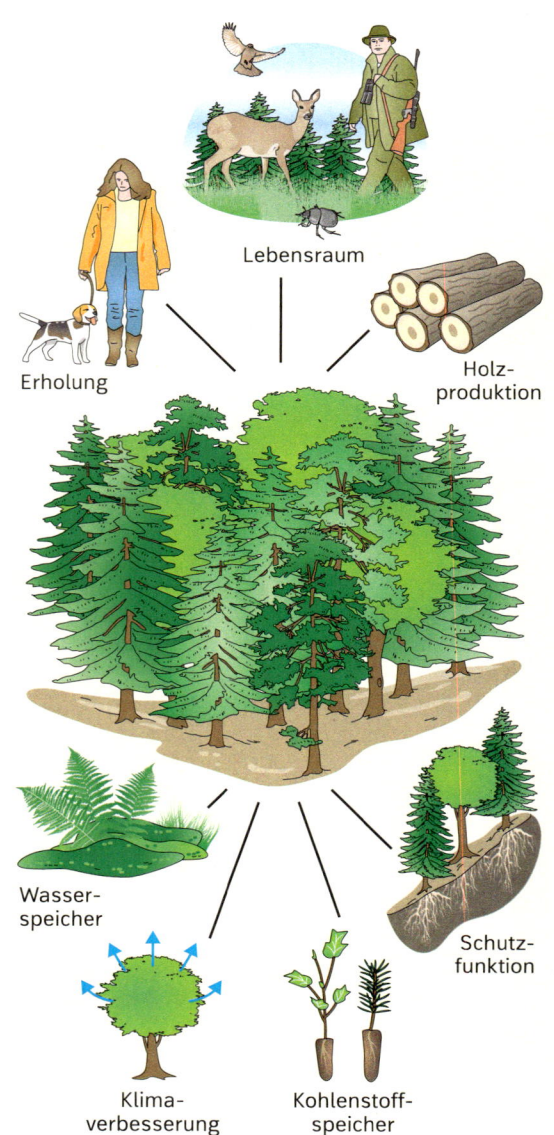

Lebensraum

Erholung

Holz-
produktion

Wasser-
speicher

Schutz-
funktion

Klima-
verbesserung

Kohlenstoff-
speicher

WICHTIGE BEGRIFFE

- Ökosystem
- Lebensraum, Lebensgemeinschaft
- abiotische und biotische Faktoren

WICHTIGE BEGRIFFE

- Rohstoff Holz
- Kohlenstoffspeicher

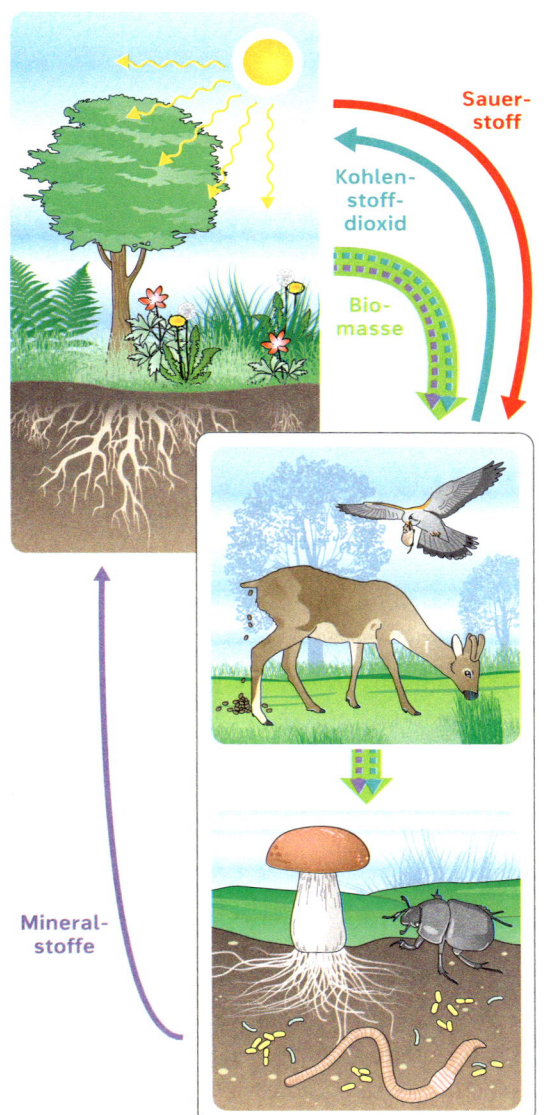

Sauer-
stoff

Kohlen-
stoff-
dioxid

Bio-
masse

Mineral-
stoffe

Pflanzenorgane und Fotosynthese

Pflanzen nehmen über ihre Wurzeln Wasser und
Mineralstoffe aus dem Boden auf. Durch die
Verdunstung gelangt das Wasser in dünnen
Gefäßen im Spross zu allen Laubblättern.
In den Laubblättern betreiben Pflanzen Fotosynthese. Dabei produzieren sie in den Chloroplasten mithilfe der Sonnenenergie Glucose. Pflanzen werden deshalb Produzenten genannt.
Die Glucose wird zu allen Teilen einer Pflanze
transportiert und dort genutzt. Für die Fotosynthese brauchen die Pflanzen Kohlenstoffdioxid.
Neben der Glucose entsteht dabei auch Sauerstoff.

Stoffkreislauf und Energiefluss

Einen Teil der in der Glucose gespeicherten
Energie nutzen die Pflanzen für ihre eigenen
Lebensvorgänge. Aus dem anderen Teil bauen
sie Biomasse auf. Die darin gespeicherte Energie
und die Nährstoffe werden über Nahrungsketten
weitergegeben. Tiere und Menschen werden
deshalb Konsumenten genannt.
Bei der Nutzung der Biomasse durch Konsumenten entsteht Kohlenstoffdioxid. Bei der Zersetzung von Biomasse durch die Destruenten
werden die Mineralstoffe wieder frei, die in der
Biomasse enthalten waren.
So entstehen Stoffkreisläufe in Ökosystemen.
Energie muss in Ökosystemen über die Sonne
ständig neu hinzugeführt werden.

Auf einen Blick

WICHTIGE BEGRIFFE

- Pflanzenorgane, Wurzel, Spross, Laubblätter
- Fotosynthese, Chloroplast, Glucose

WICHTIGE BEGRIFFE

- Biomasse, Energie, Mineralstoffe
- Produzenten, Konsumenten Destruenten
- Stoffkreislauf, Energiefluss

Lerncheck: Ökosystem Wald

Beziehungen im Ökosystem Wald

1 Ordne die folgenden Begriff nach abiotischen oder biotischen Faktoren: Wildschwein, Schnee, Buche, Bodenfeuchtigkeit, Reh, Hitze, Moos, Sand, Regenwurm, Farn.

2 Beschreibe, wozu du ein Luxmeter bei der Untersuchung eines Laubwaldes einsetzen würdest.

3 Erläutere am Beispiel des Waldes die Begriffe Lebensraum, Lebensgemeinschaft und Ökosystem.

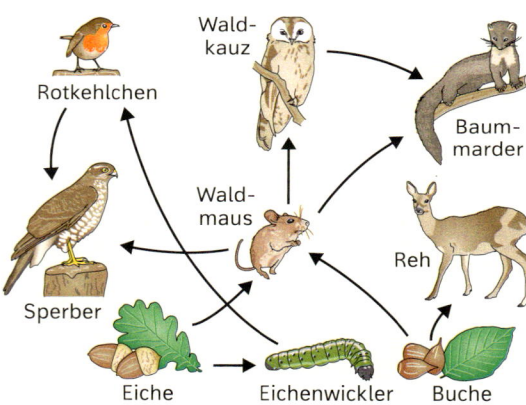

4 a) Schreibe aus dem Nahrungsnetz oben mindestens zwei mögliche Nahrungsketten heraus.
b) Kennzeichne in den Nahrungsketten die Produzenten mit P, die Konsumenten mit K und die Endkonsumenten mit EK.

Funktionen des Waldes und Gefahren für den Wald

5 Nenne die Funktionen des Waldes, die auf den Bildern oben jeweils zu sehen sind.

6 Das Bild zeigt einen Schaden an den Blättern eines Laubbaums.
a) Beschreibe den Schaden.
b) Erkläre, wodurch solche Schäden entstehen können.
c) Nenne mögliche Folgen für den Baum.

7 Nenne Beispiele dafür, wie wir durch unsere Lebensweise zum Schutz der Wälder beitragen können.

DU KANNST JETZT ...

- ... abiotische und biotische Faktoren beschreiben, die das Leben im Ökosystem Wald prägen.
- ... Nahrungsketten in einem Wald beschreiben und erläutern, wie diese zu einem Nahrungsnetz verknüpft sind.

DU KANNST JETZT ...

- ... Funktionen des Waldes beschreiben.
- ... Gefahren für den Wald beschreiben.
- ... Beispiele für Verhaltensweisen darstellen, die zum Schutz des Waldes beitragen.

Pflanzenorgane und Fotosynthese

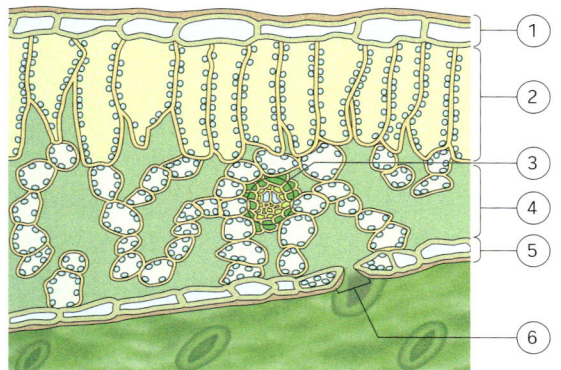

8 **a**) Benenne die mit Ziffern gekennzeichneten Teile eines Laublattes.
b) Beschreibe jeweils die Funktion.

9 Beschreibe die beiden Vorgänge, durch die das Wasser in Pflanzen von den Wurzeln zu allen Blättern gelangt.

10 **a**) Schreibe den Vorgang der Fotosynthese als Wortgleichung auf.
b) Benenne das Produkt, in dem die Energie der Sonne gespeichert ist.
c) Nenne weitere Stoffe, die Pflanzen aus diesem Produkt der Fotosynthese herstellen.
d) Erkläre, warum die Blätter grün aussehen.

Stoffkreislauf und Energiefluss

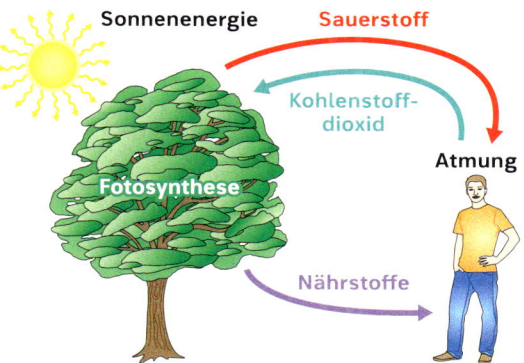

11 Stelle mithilfe des Bildes den Zusammenhang zwischen dem Kohlenstoffkreislauf und dem Sauerstoffkreislauf dar.

12 Der Weg der Energie in einem Ökosystem wird als „Einbahnstraße" bezeichnet.
a) Erläutere diese Aussage mithilfe der Abbildung.
b) Erkläre, warum Produzenten und Konsumenten in einer Pyramide angeordnet sind.

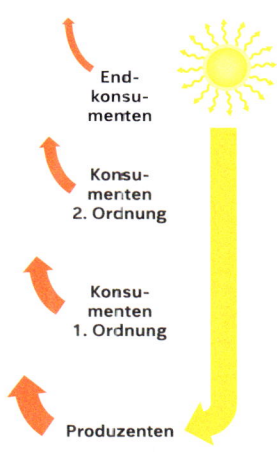

DU KANNST JETZT ...

- ... Pflanzenorgane und ihre jeweilige Funktion beschreiben.
- ... den Stofftransport in Pflanzen erläutern.
- ... beschreiben, wie die Fotosynthese abläuft und welche Produkte dabei entstehen.

DU KANNST JETZT ...

- ... den Zusammenhang zwischen Kohlenstoffkreislauf und Sauerstoffkreislauf beschreiben.
- ... die Rolle von Produzenten, Konsumenten und Destruenten in den Stoffkreisläufen erläutern.
- ... den Energiefluss in einem Ökosystem beschreiben.

Lerncheck

Ökosysteme See und Stadt

Welche Beziehungen gibt es zwischen Lebewesen in einem See?

Warum ist eine Stadt ein besonderes Ökosystem?

Wie beeinflussen wir Menschen unsere heimischen Ökosysteme?

1 Ein Waldsee

F Der See ist ein Ökosystem

Seen sind unterschiedlich

Ein naturbelassener **Waldsee** im Tiefland hat oft flache Ufer mit Schilf und Seerosen. Milde Temperaturen und genügend Mineralstoffe ermöglichen ein kräftiges Pflanzenwachstum. Hier finden Wasservögel und andere Tiere viel Nahrung.

Ein **Bergsee** mit steilen oder felsigen Ufern wirkt dagegen kahl. Es gibt kaum Pflanzen und das Wasser ist sehr klar. Die Temperaturen sind im Winter eisig und im Sommer kühl. Für das Pflanzenwachstum fehlen außerdem oft die Mineralstoffe. Hier finden nur wenige Tiere einen Lebensraum. Bachforellen allerdings bevorzugen das kalte, sauerstoffreiche Wasser.

2 Ein Bergsee

Lebensraum See

Welche Pflanzen und Tiere in einem See leben, hängt von den dort vorherrschenden Bedingungen ab. Dazu gehören beispielsweise die Temperaturen in den verschiedenen Jahreszeiten. Zudem beeinflussen der Wind, der Boden und die Form der Ufer, welche Pflanzen dort wachsen können.

Pflanzen sind bei der Fotosynthese auf Licht angewiesen. Licht fehlt in zu großer Wassertiefe oder bei zu trübem Wasser. Der Mineralstoffgehalt des Wassers wirkt als „Dünger" für das Pflanzenwachstum. Für die Atmung der Tiere ist der Sauerstoffgehalt des Wassers ausschlaggebend. An der Wasseroberfläche und dort, wo Wasserpflanzen Fotosynthese betreiben, ist der Sauerstoffgehalt hoch. Kaltes Wasser kann außerdem mehr Sauerstoff lösen als warmes Wasser.

> Diese Einflüsse der unbelebten Natur, die **abiotischen Faktoren**, bestimmen einen Lebensraum.
> In jedem Lebensraum können nur die Pflanzen und Tiere leben, die an diese Faktoren angepasst sind.

Lebensgemeinschaften im See

Das Ufer, das freie Wasser und der Boden sind verschiedene Lebensräume in einem See. Hier bilden sich unterschiedliche Lebensgemeinschaften von Pflanzen und Tieren aus. Diese Lebensgemeinschaften sind durch die Wechselwirkungen zwischen den Lebewesen gekennzeichnet.

> Die Einflüsse der Lebewesen aufeinander heißen **biotische Faktoren.**

In den **Uferzonen** ist das Wasser flach. Hier wachsen Schilf und Rohrkolben. Teichrohrsänger bauen ihre Nester zwischen den Schilfstängeln. Der Hecht findet zwischen den Stängeln Deckung. Er jagt kleine Fische. Im **freien Wasser** schwimmen Haubentaucher. Sie tauchen mehrere Meter tief nach kleinen Fischen.
Am **Boden** leben Würmer und Muscheln. Der Wels spürt sie in dunkler Tiefe mit seinen Tastorganen, den Barteln, auf.

Ökosystem See

Die verschiedenen Lebensräume mit ihren besonderen Lebensgemeinschaften bilden zusammen das **Ökosystem** See.
Jede Pflanzenart und jede Tierart ist an bestimmte abiotische und biotische Faktoren angepasst. Alle diese Faktoren bilden die **ökologische Nische** dieser Art. Jede Art nutzt eine etwas andere ökologische Nische. So können viele Arten nebeneinander leben, ohne sich **Konkurrenz** zu machen.

3 Schilf mit dem Nest eines Teichrohrsängers

4 Haubentaucher

5 Europäischer Wels mit Barteln

1 **a)** Nenne abiotische Faktoren, die einen Bergsee von einem Waldsee unterscheiden.
b) Erkläre, warum am Ufer eines Bergsees nur wenige Pflanzen wachsen.

2 Beschreibe eine Lebensgemeinschaft im Uferbereich eines Waldsees. Beschreibe dabei auch biotische Faktoren in dieser Lebensgemeinschaft.

3 I Nenne zwei abiotische Faktoren, die die Uferzone eines Waldsees kennzeichnen.

4 I Erkläre, welche unterschiedlichen Lebensräume Hecht und Wels nutzen.

5 II Beschreibe, wie der Teichrohrsänger einen biotischen Faktor für seine Fortpflanzung nutzt.

A Was lebt in einem Teich oder einem See?

1 Gewässeruntersuchung

Material: Kescher oder Küchensieb, flache Kunststoffschale, Schnappgläser, Lupe, Stereolupe, Bestimmungsbuch oder Bestimmungs-App, Smartphone, Zeichenmaterial

> **ACHTUNG**
> Haltet gefangene Wassertiere immer im Wasser. Die Tiere dürfen nicht lange in der Sonne stehen. Setzt die Tiere nach kurzer Zeit in das Gewässer zurück.

Durchführung:

Schritt 1: Erstellt eine Übersichtszeichnung von dem See oder Teich. Tragt dort ein:
- Uferformen wie Sandstrand, sumpfiges Ufer, Steilufer usw.
- Hauptpflanzenzonen (→ Basisseite)
- Besonderheiten wie Stege, Müll am Ufer oder anderes

Schritt 2: Fotografiert die Pflanzenzonen. Fotografiert oder zeichnet einzelne Pflanzen und Tiere. Notiert, wo ihr die Tiere beobachtet habt.

Schritt 3: Fischt mit dem Kescher oder Sieb kleine Tiere aus dem Wasser. Zieht den Kescher vorsichtig durch das Wasser oder über den Boden. Wirbelt dabei nicht zu viel Schlamm auf und beschädigt keine Pflanzen.

Schritt 4: Leert den Kescher vorsichtig in die mit Wasser gefüllte Schale aus. Gebt einzelne Tiere zur Beobachtung in ein Schnappglas.

Schritt 5: Findet die Namen einiger Tierarten und Pflanzenarten heraus.

1 Vergleicht und präsentiert eure Ergebnisse.

B Wie verhalten sich Wassertiere?

2 Ein Wasserläufer

Material: Smartphone, Behälter mit Abdeckung

Durchführung:

Beobachtet Wassertiere und filmt sie mit der Handykamera. Ihr könnt die Tiere dazu auch in ein Glas oder in ein kleines Aquarium setzen. Achtet zum Beispiel auf die Fortbewegung, auf das Fluchtverhalten oder die Nahrungsaufnahme.

1 Sprecht zu euren Kurzvideos später Texte ein, die das Verhalten der Tiere erläutern.

ÜBEN UND ANWENDEN

A Abiotische Faktoren in einem See

Wichtige Umweltfaktoren in einem See hängen
von der Wassertiefe ab.

1 Beschreibe, wie sich Lichtmenge, Temperatur und Sauerstoffgehalt mit zunehmender
Wassertiefe verändern.

2 ‖ **a)** Erkläre die Möglichkeiten für die
Fotosynthese und für das Pflanzenwachstum in unterschiedlichen Wassertiefen.
‖ **b)** Erkläre Möglichkeiten für die Atmung
von Fischen in unterschiedlichen Wassertiefen.

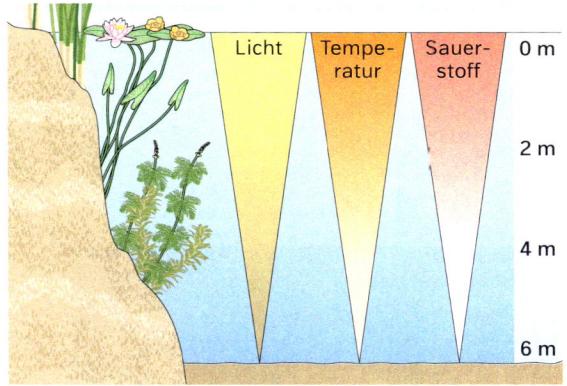

3 Abiotische Faktoren im See

B Wasservögel nutzen verschiedene ökologische Nischen

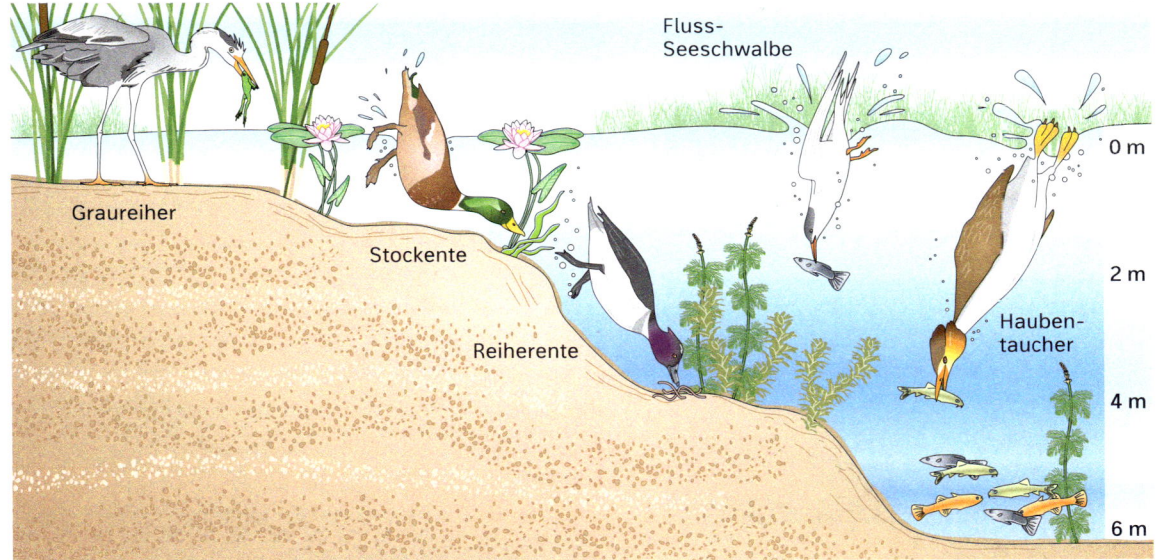

4 Vögel im See

Verschiedene Vögel leben im Ökosystem See,
ohne sich Konkurrenz zu machen.

1 **a)** Nenne die Bereiche des Sees, auf die die
Wasservögel spezialisiert sind.
b) Nenne Beispiele für die Nahrung der
Vögel in Bild 4.

2 Erkläre, warum sich die Vögel bei ihrer
Nahrungssuche im See keine Konkurrenz
machen.

3 ‖ Erkläre den Begriff der ökologischen
Nische in Bezug auf die Ernährung der Vögel
im See.

▶❚ F

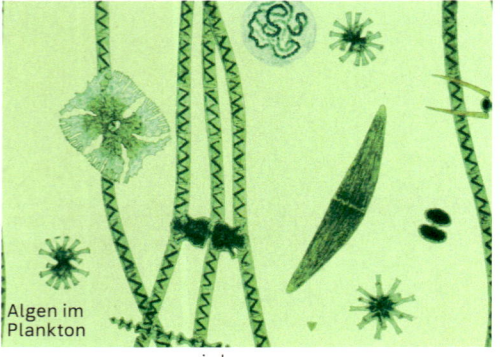

Algen im Plankton

wird
gefressen
von

Wasserflöhe

wird
gefressen
von

Libellenlarve

wird
gefressen
von

Rotauge

wird
gefressen
von

Hecht

1 Eine Nahrungskette im See

Nahrungs-beziehungen im See

Pflanzen sind Produzenten

Pflanzen wie Seerosen, Wasserpest oder mikroskopisch kleine Algen bilden die Nahrungsgrundlage für die Lebewesen im See. Pflanzen beziehen ihre Energie zum Leben aus dem Sonnenlicht. Bei der Fotosynthese produzieren sie mithilfe der Sonnenenergie Glucose und andere energiereiche Nährstoffe. Dazu brauchen sie Kohlenstoffdioxid. Sie geben Sauerstoff ins Wasser ab. Um zu wachsen nehmen die Pflanzen zusätzlich Mineralstoffe aus dem Wasser auf. Pflanzen heißen Erzeuger oder auch **Produzenten,** weil sie bei der Fotosynthese energiereiche Nährstoffe produzieren.

Tiere sind Konsumenten

Tiere ernähren sich von Pflanzen oder anderen Tieren. Sie sind Verbraucher und werden **Konsumenten** genannt. Beim Abbau von Nährstoffen erhalten sie die Energie für ihre Lebensvorgänge. Bei der Atmung nehmen die Konsumenten Sauerstoff auf und bauen Nährstoffe zu Kohlenstoffdioxid und Wasser ab. Beim Abbau werden auch Mineralstoffe frei. Diese werden mit den Ausscheidungen ins Wasser abgegeben.
Die Tiere nehmen die Nährstoffe und die Mineralstoffe aus den Pflanzen und Tieren auf, die sie fressen. Sie verwenden diese Stoffe auch um selbst zu wachsen.

Nahrungsketten im See

Nährstoffe, die die Pflanzen produzieren, werden in vielen **Nahrungsketten** weitergegeben. Zum Beispiel werden Algen von Wasserflöhen gefressen. Wasserflöhe werden von Libellenlarven gefressen. Diese werden von Rotaugen gefressen. Rotaugen werden von Hechten gefressen. Da große Hechte keine Fressfeinde haben, sind sie die **Endkonsumenten** dieser Nahrungskette.

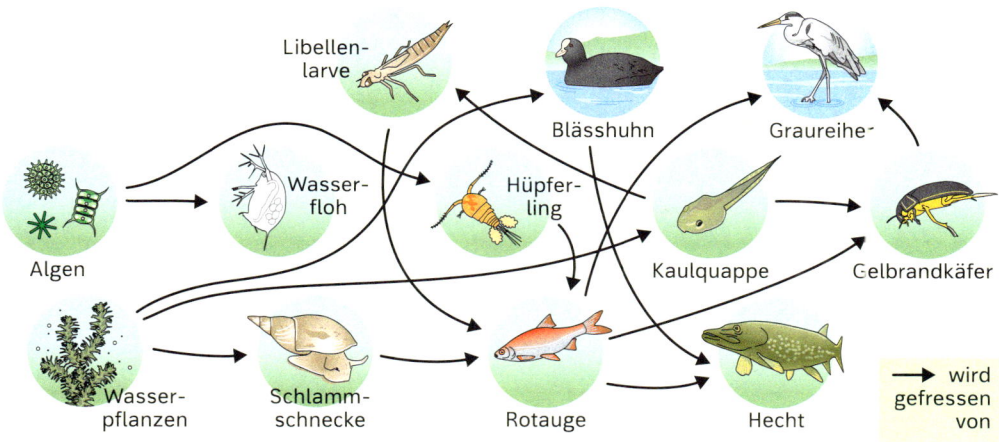

2 Ein Nahrungsnetz im See

Nahrungsnetz im See

Rotaugen fressen nicht nur Libellenlarven, sondern auch Kaulquappen oder Schlammschnecken. Rotaugen werden nicht nur von Hechten, sondern auch von Graureihern gefressen. So gibt es viele verzweigte Nahrungsketten in einem See. Sie bilden zusammen ein **Nahrungsnetz.**

Destruenten zersetzen Reste

Sterben Pflanzen oder Tiere, wird das tote Material von Muscheln, anderen kleinen Tieren und Bakterien zersetzt. Diese Zersetzer heißen auch **Destruenten.** Destruenten beziehen ihre Energie aus dem Abbau der Nährstoffe. Dabei bleiben Mineralstoffe übrig, die den Pflanzen wieder für ihr Wachstum zur Verfügung stehen.

Stoffkreisläufe

Produzenten brauchen für die Fotosynthese Kohlenstoffdioxid und bilden Sauerstoff. Konsumenten und Destruenten brauchen zur Atmung Sauerstoff und bi.den Kohlenstoffdioxid. So entsteht ein Kreislauf. Auch die Mineralstoffe befinden sich in einem Kreislauf. Aus dem Wasser gelangen sie in die Pflanzen, dann weiter zu den Tieren und über die Destruenten wieder ins Wasser.

Energiefluss

Energie wird in einer Nahrungskette von Lebewesen zu Lebewesen weitergegeben (→ Bild 1). Den größten Teil der aufgenommenen Nahrungsenergie nutzt das Lebewesen für sich. Daher wird immer nur wenig Nahrungsenergie an das nächste Lebewesen weitergegeben.

1. **a)** Nenne je zwei Beispiele für Produzenten, Konsumenten und Destruenten.
   b) Erkläre, woher diese Lebewesen die Energie für ihre Lebensvorgänge erhalten.

2. **a)** Erstelle mithilfe von Bild 2 zwei Nahrungsketten.
   b) Erkläre, warum Nahrungsketten immer mit Pflanzen oder Algen beginnen.
   c) Erkläre den Begriff Nahrungsnetz. Nutze dazu auch das Basiskonzept „System".

3. Erkläre die Bedeutung der Destruenten für den Mineralstoffkreislauf im See.

4. **I** Benenne Nahrung und Fressfeinde von Rotaugen.

5. **II a)** Beschreibe den Energiefluss in einer Nahrungskette.
   III b) Erkläre, warum ein Hecht etwa 10 kg Rotaugen fressen muss, um ´ kg zuzunehmen.

A Stoffkreisläufe im See

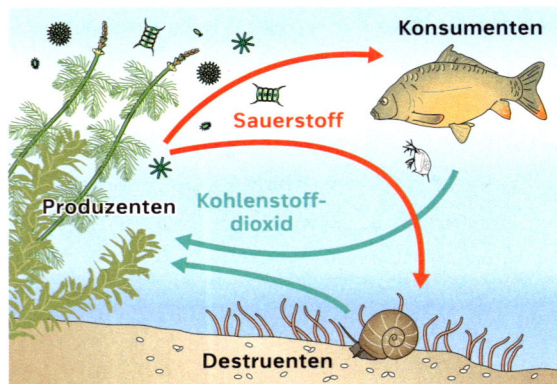

1 Kreislauf von Sauerstoff und Kohlenstoffdioxid

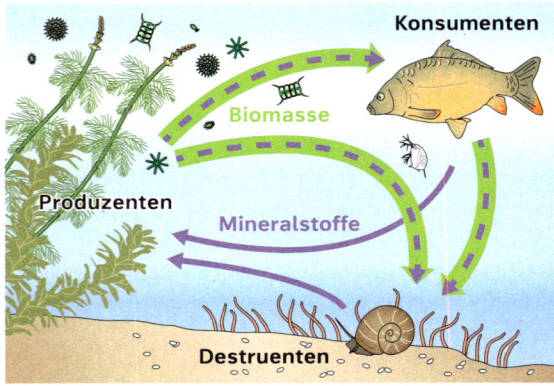

2 Kreislauf der Mineralstoffe

Produzenten brauchen Sonnenlicht, Konsumenten und Destruenten können überall leben. Die verschiedenen Stoffe befinden sich daher nicht überall in gleichen Mengen im Wasser.

1 a) Beschreibe die beiden Stoffkreisläufe, die in Bild 1 und Bild 2 gezeigt sind.
b) Gib an, wo sich Sauerstoff und Kohlenstoffdioxid befinden.

c) Gib an, wo sich die Mineralstoffe befinden, die die Produzenten aufnehmen und wo sich die Mineralstoffe befinden, die Konsumenten und Destruenten aufnehmen.

2 II a) Erkläre, warum sich Sauerstoff eher in den oberen Wasserschichten, Kohlenstoffdioxid vermehrt in den unteren befindet.
II b) Begründe, warum Algen manchmal unter Mineralstoffmangel leiden.

B Plankton

Im Sommer entwickelt sich im Seewasser ein reiches Leben mit teilweise mikroskopisch kleinen Organismen. Sie schwimmen und schweben im Wasser und bilden das Plankton. Viele Algen des Planktons haben Formen, die das Schweben im Wasser erleichtern. Andere schwimmen mit Geißeln.

1 a) Erkläre, warum es für Algen im Plankton wichtig ist, das Herabsinken im Wasser möglichst lange Zeit hinauszuzögern.
b) Stelle eine Vermutung auf, ob dies auch für Tiere des Planktons von Bedeutung ist, und begründe deine Vermutung.

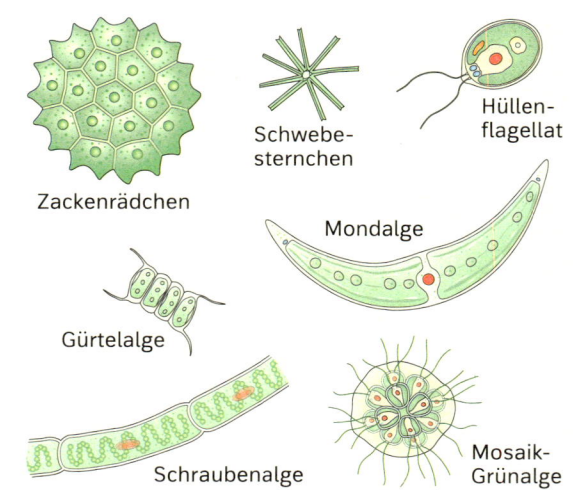

3 Algen des Planktons

C Nahrungspyramide und Energiefluss im See

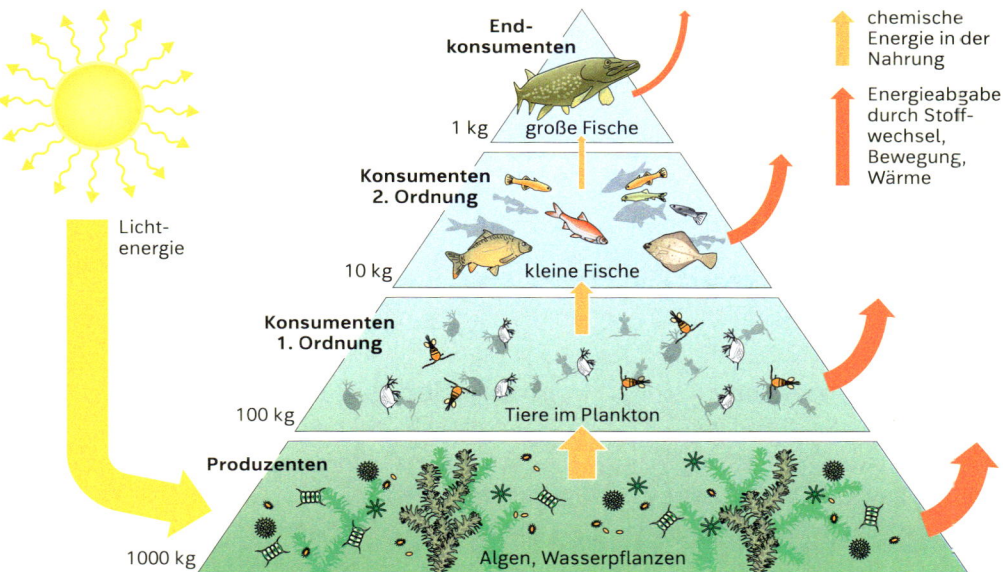

4 Nahrungspyramide und Energiefluss

Die Nahrungspyramide

Bild 4 zeigt eine Nahrungspyramide in einem See. Ganz unten befindet sich die große Masse der Produzenten. Darüber sind die Pflanzenfresser, die Konsumenten 1. Ordnung. Dann kommen die Konsumenten 2. Ordnung, die Tiere fressen. An der Spitze der Nahrungspyramide stehen die Endkonsumenten.

Die Biomasse nimmt von Stufe zu Stufe etwa auf ein Zehntel ab. Das hat zur Folge, dass für die Konsumenten höherer Ordnung immer weniger Nahrungsenergie zur Verfügung steht.

Der Energiefluss

In Bild 4 zeigen die farbigen Pfeile den Energiefluss im Ökosystem.

Das Ökosystem erhält seine gesamte Energie als Lichtenergie von der Sonne. Produzenten nutzen die Lichtenergie durch die Fotosynthese und stellen energiereiche Nährstoffe her. Beim Fressen wird die chemische Energie an die Konsumenten der folgenden Stufe weitergegeben. Ein Teil der Energie wird von den Lebewesen jeder Stufe aber an die Umwelt abgegeben. Dies geschieht durch den Stoffwechsel, die Bewegung und die Wärmeabgabe der Lebewesen.

1 Beschreibe die Nahrungsbeziehungen, die in Bild 4 dargestellt sind.

2 Beschreibe den Energiefluss im Ökosystem See. Gliedere deine Beschreibung durch die Farben der Pfeile.

3 Erkläre, was die unterschiedliche Breite der Pfeile in Bild 4 darstellen soll.

4 ‖ Erkläre, warum die Biomasse von Stufe zu Stufe abnimmt.

5 ‖‖ Erkläre, warum die Tiere in der Nahrungskette von Stufe zu Stufe größer werden, ihre Anzahl aber abnimmt.

6 ‖‖ Mit Krebsen und kleinen Fischen lassen sich mehr Menschen ernähren als mit der Fischerei nur großer Fische. Erkläre dies.

1 Freizeit am See

▶❙❙ F **Seen müssen geschützt werden**

Gefährdete Lebensräume

Menschen gefährden Seen und ihre Lebensgemeinschaften auf vielfältige Weise. Manche kleinere Gewässer werden trocken gelegt, wenn dort gebaut werden soll. Bei größeren Seen sind die Uferzonen im Bereich der Städte oft durch Mauern und Bootsanleger befestigt.

Rasenflächen und Spazierwege grenzen oftmals direkt ans Wasser. Natürliche Uferzonen fehlen dort. Dadurch kann starker Wellenschlag am Ufer entstehen. Dieser kann Boden wegschwemmen und den Uferverlauf ändern. Viele Seen werden für Freizeitaktivitäten genutzt. Boote stören Wasservögel und Fische. Im Sommer sorgen Badegäste für Unruhe. Wenn sie noch Müll hinterlassen, werden Ufer und Wasser verschmutzt.

Empfindliche Bereiche

Viele Wasservögel brüten in ungestörten, dicht bewachsenen Uferzonen. Sie ziehen dort ihre Küken auf. Auch viele Fische, Amphibien und Insekten sind auf geschützte Flächen wie Röhrichte oder Bruchwälder angewiesen.

Wasserqualität

Aus falsch verstandener Tierliebe füttern manche Menschen Wasservögel. Sie locken viele Stockenten und Gänse an. Nicht gefressenes Futter und der Vogelkot belasten das Wasser.

Abwässer aus Haushalten und Industrie werden heute durch Kläranlagen weitgehend gereinigt. Allerdings wird die Wasserqualität durch Dünger und Pestizide aus der Landwirtschaft verschlechtert.

2 Seeufer in der Stadt

3 Seen und Landwirtschaft

4 Umkippen eines Sees: **A** Überdüngung, **B** Algenblüte, **C** Fischsterben

Wie kann ein See umkippen?

Werden Wiesen und Felder in der Landwirtschaft zu stark gedüngt, schwemmt der Regen den Dünger weg. Er kann das Grundwasser belasten. Der Dünger gelangt aber auch in Bäche, Flüsse und Seen. Dort führt der Dünger zu starkem Algenwachstum, vor allem in den warmen und sonnigen Sommermonaten. Es kommt dann zu einer so genannten **Algenblüte** vor allem von Blaualgen. Dies sind eigentlich keine Pflanzen, sondern blaugrüne Bakterien. Sie bilden dichte Massen und können Giftstoffe ausscheiden. Das trübe Wasser lässt kaum noch Licht durch. Die Produzenten sterben ab. Die Destruenten vermehren sich, verbrauchen den Sauerstoff und schaffen es dennoch nicht, die Biomasse zu zersetzen. Diese sinkt nach unten und führt zu Fäulnis. **Fäulnisbakterien** bilden stinkende Faulgase. Fische und andere Wassertiere sterben. Man sagt: „Der See ist umgekippt".

Gewässer schützen

Das Problem der Überdüngung von Gewässern ist noch nicht ausreichend gelöst. Aber die Lebensbedingungen in vielen Gewässern konnten durch den Natur- und Umweltschutz deutlich verbessert werden. In den letzten Jahrzehnten lassen sich wieder mehr Eisvögel beobachten und Biber breiten sich wieder aus. Das zeigt, dass sich Umweltschutz lohnt. Heute müssen bei Bauprojekten und Verkehrsprojekten ökologische Richtlinien beachtet werden. Freizeitaktivitäten werden eingeschränkt. Motorboote sind auf vielen Gewässern verboten. Paddler und Surfer dürfen nicht in Schwimmblattzonen oder Röhrichte fahren. Das Baden ist nur in begrenzten Bereichen erlaubt. Angler müssen sich an Schonzeiten für Fische halten. So können die verschiedenen Interessen der Menschen mit dem Naturschutz in Einklang gebracht werden.

1 Betrachte die Bilder 1 bis 4. Beschreibe für jedes Bild, welche Beeinträchtigungen für das Ökosystem See dort erkennbar sind.

2 **a)** Erkläre, dass gerade die Uferzonen wie Röhrichte besonderen Schutz brauchen.
b) Beschreibe zwei Maßnahmen zum Schutz von Uferzonen.

3 Erstelle ein Flussdiagramm, das den Ablauf beim Umkippen eines Sees darstellt.

Starthilfe zu 3:
Nutze folgende Stichworte:
Gülle ausbringen · Fische sterben · Algenblüte · Sonne und Wärme · Sauerstoffmangel · Destruenten vermehren sich · Fäulnis

4 **I** Beurteile das Füttern von Enten aus ökologischer Sicht.

5 **II** Teiche und Seen werden manchmal zur Fischzucht genutzt. Finde Argumente für und gegen eine solche Nutzung. Diskutiert in der Klasse darüber.

»

A Gezielt schützen

J	F	M	A	M	J	J	A	S	O	N	D
				Brasse							
	Hecht										
			Rotfeder								
			Bläss-huhn								
			Krick-ente								
				Wasser-frosch							
			Kammmolch								

1 Störungsempfindliche Zeiten bei Wassertieren

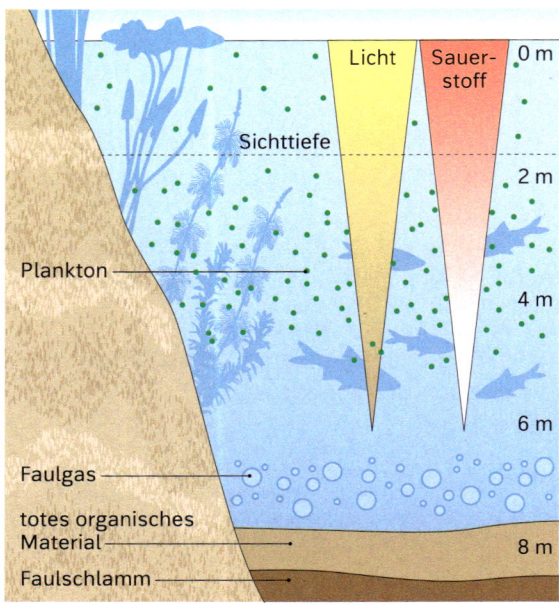

2 Nest eines Blässhuhns

Fische, Amphibien und Wasservögel reagieren in der Fortpflanzungszeit besonders empfindlich auf Störungen. Der Wassersport sollte auf diese Zeiten besondere Rücksicht nehmen.

1 **a)** Nenne die Monate, in denen sich viele Wassertiere fortpflanzen.
b) Entwickelt in Arbeitsgruppen sinnvolle Regeln für Wassersportler auf einem See. Diskutiert eure Vorschläge.
c) Entwerft ein Hinweisschild mit Verhaltensregeln für Wassersportler.

B Umweltfaktoren im See ändern sich

In einem naturnahen See ist das Wasser klar. Das Licht dringt einige Meter tief ein. Wasserpflanzen, Algen und blaugrüne Bakterien (Blaualgen) produzieren Sauerstoff. Er ist für die Atmung von Fischen und anderen Wassertieren lebenswichtig. Nur am Boden des Sees fehlt der Sauerstoff. Hier sammelt sich Biomasse. Aus dieser Biomasse bildet sich Faulschlamm.

1 Beschreibe Bild 3.

2 ‖ Zeichne in dein Heft eine ähnliche Skizze (Größe mindestens eine halbe Seite) wie in Bild 3. Sie soll jedoch die Verhältnisse nach dem Umkippen eines Sees zeigen.

Starthilfe zu 2:
Berücksichtige: Plankton mit blaugrünen Algen · Sichttiefe · Licht · Sauerstoffgehalt · tote Biomasse und Faulschlamm · Faulgas · Fische

3 Umweltverhältnisse in einem natürlichen See

C Kleine Tiere im See

sauerstoffreiches, klares, sauberes Wasser ➤ gute Wasserqualität

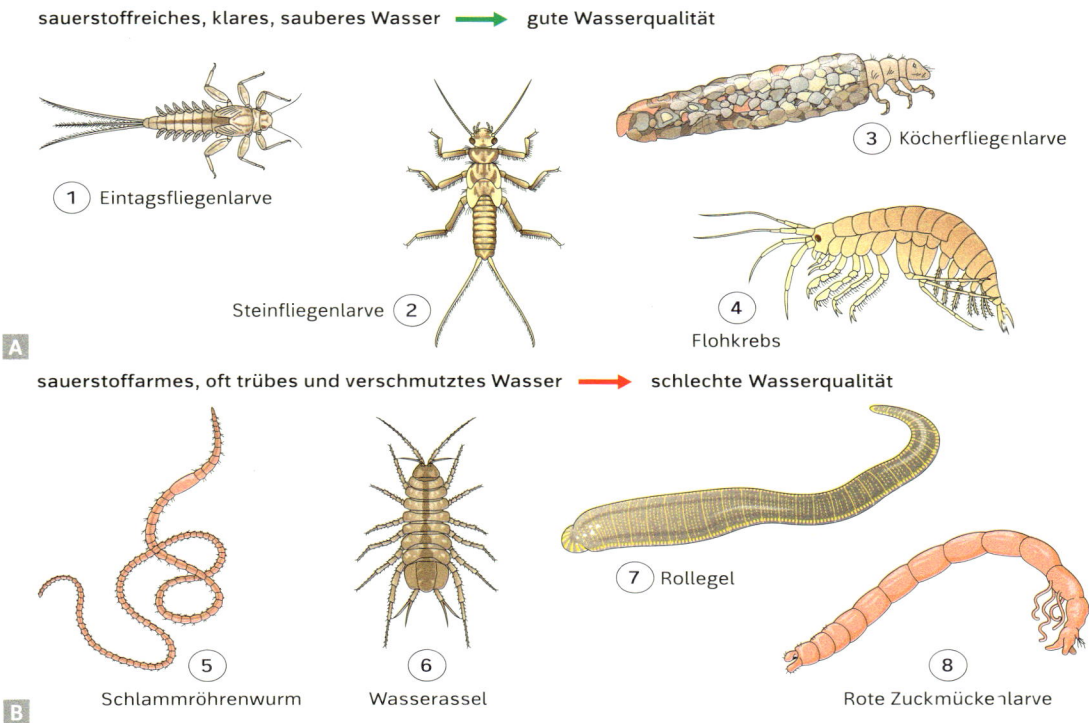

1 Eintagsfliegenlarve

Steinfliegenlarve 2

3 Köcherfliegenlarve

4

Flohkrebs

A

sauerstoffarmes, oft trübes und verschmutztes Wasser ➤ schlechte Wasserqualität

7 Rollegel

5

Schlammröhrenwurm

6

Wasserassel

8

Rote Zuckmückenlarve

B

4 Tiere im See: **A** bei guter Wasserqualität, **B** bei schlechter Wasserqualität

Manche Tiere kommen nur in Gewässern mit guter Wasserqualität vor. Sie sind auf sauerstoffreiches und sauberes Wasser angewiesen. Andere Tiere leben auch in Gewässerabschnitten mit schlechter Wasserqualität. So zeigen die Tierarten die Wasserqualität an.

1 **a)** Bild 5 zeigt Tiere, die in unterschiedlichen Seen gefangen wurden.
Bestimme die Tiere mithilfe von Bild 4.
b) Entscheide, welche der Tiere in einem See mit guter Wasserqualität und welche in einem See mit schlechter Wasserqualität leben.

2 **‖** Manchmal lässt sich die Wasserqualität in einem See mithilfe von Kleintieren nicht eindeutig bestimmen. Stelle eine begründete Vermutung auf, warum das so ist.

A

B

C

5 Kleintiere im See

1 Spurdelndes Mineralwasser enthält gelöstes Gas.

Bedeutung und Eigenschaften von Wasser

Wasser zum Leben

Für viele Menschen sind verschiedene Lebewesen aus Meeren, Seen und Flüssen eine wichtige Nahrungsgrundlage. Doch Wasser ist auch als Produktionsmittel für die Menschen wichtig. Wer Pflanzen anbaut oder Tiere züchtet, benötigt dafür Wasser. Doch auch für die Herstellung von Kleidung oder Maschinen wird Wasser benötigt. Für ein Auto werden zum Beispiel ungefähr 400 000 Liter Wasser benötigt!

Transporte über das Wasser

Auf dem Meer sind Tag für Tag viele Schiffen unterwegs. Containerschiffe transportieren große Mengen von Gütern wie Elektrogeräte oder Möbel von einem Teil der Erde zu einem anderen.

Wasser als Energieträger

Schon vor Jahrhunderten wurde die Energie des Wassers mechanisch genutzt, zum Beispiel für Getreidemühlen.
Heute wird die Bewegungsenergie des fließenden Wassers in elektrische Energie umgewanelt. Diese Energieform benötigt keine Brennstoffe. Sie ist erneuerbar.

Lösungsverhalten von Wasser

Frischer Sprudel schmeckt prickelnd, weil das Gas Kohlenstoffdioxid im Wasser gelöst ist. Schon nach ein paar Minuten schmeckt der Sprudel fade. Das Kohlenstoffdioxid ist wieder in die Luft entwichen. Auch Sauerstoff löst sich in Wasser. Ohne Sauerstoff im Wasser wäre das Leben von Tieren im Wasser nicht möglich.
Die Löslichkeit von Gasen hängt von der Wassertemperatur ab. Je höher die Temperatur, desto weniger Gas löst sich im Wasser. Auch viele feste und flüssige Stoffe lösen sich im Wasser. Unser Blut besteht zum größten Teil aus Wasser. In ihm werden zahlreiche Stoffe in gelöster Form transportiert.

Wassertemperatur (in °C)	Löslichkeit von Sauerstoff (pro 100 ml Wasser)
0	14,2 g
10	10,9 g
20	8,8 g
30	7,5 g

2 Löslichkeit von Sauerstoff in Wasser bei unterschiedlichen Temperaturen

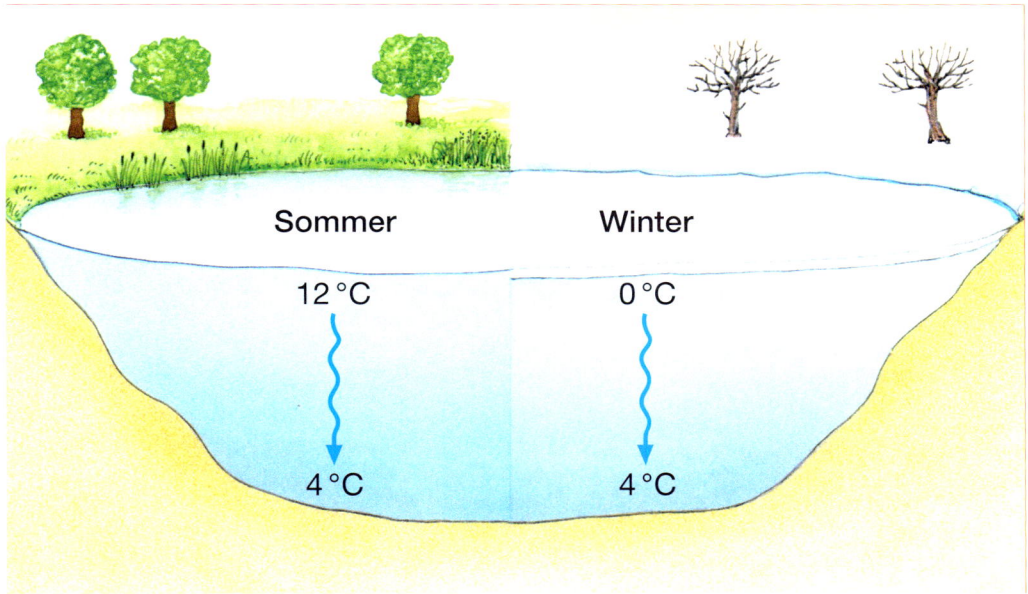

3 Der Wasserkreislauf

Oberfläche von Wasser

Mansche Insekten können auf der Wasseroberfläche laufen, obwohl sie eigentlich im
Wasser versinken müssten. Es wirkt so, als
hätte das Wasser eine feste Haut. Bei
genauem Hinsehen, können sogar kleine
Dellen in der Wasseroberfläche entdeckt
werden wie in einer Folie.

Doch das Wasser besitzt keine richtige
Haut, wie beispielsweise ein abgekühlter
Vanillepudding. Die Insekten versinken
nicht im Wasser, weil das Wasser eine
große Oberflächenspannung hat. Die
einzelnen Wassermoleküle ziehen sich
gegenseitig an und verhindern so, dass das
Wasser „auseinander fällt". Sogar Büro-
klammern oder Reißnägel können auf dem
Wasser liegen, wenn man sie sehr vorsichtig darauf ablegt.

Anomalie des Wassers

Normalerweise haben feste Stoffe eine
höhere Dichte als gleiche Stoffe in ihrem
flüssigen Zustand. Die Teilcher sind in
Feststoffen dichter gepackt. Eiswürfel
schwimmen dagegen an der Wasseroberfläche. Wasser in Form von Eis hat eine
geringere Dichte als Wasser in flüssiger
Form. Dafür ist der besondere den Bau des
Wassermoleküls verantwortlich. Man
spricht von der **Anomalie des Wassers**.

Ein See friert von oben zu

Bei 4 °C hat Wasser die größte Dichte.
Daher sinkt Wasser mit dieser Temperatur
im See nach unten, während sich oben eine
Eisschicht bildet (→ Bild 3). Tiere und
Pflanzen können so weiter unten in einem
gefrorenen See überleben.

1 Nenne drei Beispiele für Wasser als Lösungsmittel.

2 Begründe mithilfe von Bild 2, dass Fische im Hochsommer an Sauerstoffmangel
leiden können.

3 I Erkläre, dass manche Insekten auf der Wasseroberfläche laufen können.

4 II Erläutere, weshalb die Tiere und Pflanzen in einem sehr flachen See im Winter
besonders gefährdet sind.

A Dichteanomalie

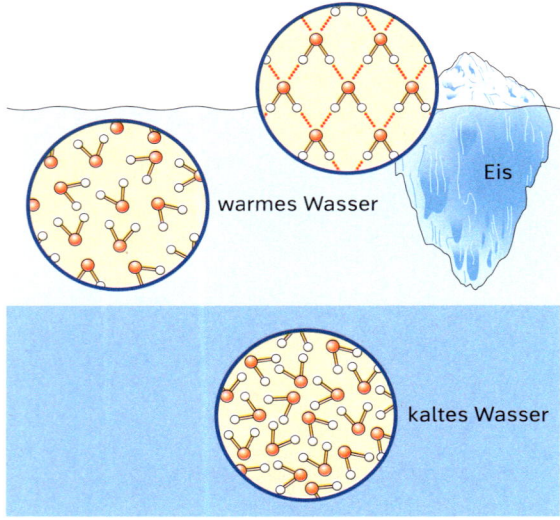

1 Wassermoleküle in den Aggregatzuständen

1 Beschreibe die Anordnung der Wassermoleküle in den drei Lupen.

2 Erkläre, warum Eis auf dem Wasser schwimmt.

3 Begründe, warum 4 °C kaltes Wasser sich am Boden eines Gewässers sammelt.

4 ‖ Erkläre, warum man von einer Dichteanomalie spricht.

Starthilfe zu 3:
Beachte, dass Wasser bei 4 °C besitzt die größte Dichte besitzt.

B Wasser und Wachs

2 Wasser und Wachs aus dem Gefrierfach

Bei einem Versuch wurden zwei leere Teelichtbehälter gefüllt. In einen Teelichtbehälter wurde Wasser gefüllt in den anderen Teelichtbehälter flüssiges Wachs. Der Füllstand in beiden Teelichtbehältern war gleich hoch.
Danach wurden beide Teelichtbehälter für einige Zeit in ein Gefrierfach gestellt.
Das Ergebnis des Versuchs siehst du in Bild 2.

Starthilfe zu 2:
Nutze die Informationen auf der Basisseite.

1 Beschreibe das Versuchsergebnis mithilfe von Bild 2.

2 Erkläre deine Beobachtung mit der Besonderheit des Wassers.

Berufe rund um das Wasser

Wasserbauerin – Wasserbauer

Wasserbauerinnen und Wasserbauer arbeiten im Büro und im Freien. Sie sind dafür zuständig, dass Flüsse und Kanäle für Schiffe befahrbar bleiben. Außerdem pflegen sie Dämme und sorgen für Küstenschutz und Inselschutz. Auch im Katastrophenschutz sind Wasserbauerinnen und Wasserbauer tätig. Die Ausbildung dauert drei Jahre.

3 Wasserbauer

Fachkraft für Abwassertechnik

Fachkräfte für Abwassertechnik arbeiten in Kläranlagen. Sie müssen sich mit allen Teilen der Kläranlage auskennen. Damit stellen sie sicher, dass die Kläranlage auch wirklich funktioniert. Sie überprüfen anhand von Wasserproben, ob das Wasser sauber ist. Außerdem müssen sie die Kanalisation überprüfen und warten. Fachkräfte für Abwassertechnik arbeiten im Büro, am PC und draußen. Die Ausbildung dauert drei Jahre.

4 Fachkraft für Abwassertechnik

Fachangestellte – Fachangestellter für Bäderbetriebe

Fachangestellte für Bäderbetriebe arbeiten im Schwimmbad. Sie sind dafür zuständig, dass dort alles läuft. Sie kümmern sich um die Anlagen, die Besucher und die Technik. Die Wasserqualität muss stimmen. Dafür müssen Proben genommen und analysiert werden. Auch Schwimmunterricht und Fitnesskurse werden von Fachangestellten für Bädertechnik angeboten. Außerdem sorgen sie für die Sicherheit im Schwimmbad. Dazu müssen sie auch darauf achten, dass sich alle Besucher an die Regeln halten. Die Ausbildung zur Fachangestellten oder zum Fachangestellten für Bäderbetriebe dauert drei Jahre.

5 Fachangestellter für Bäderbetriebe

① Beschreibe Interessen und Voraussetzungen, die du für die vorgestellten Berufe mitbringen solltest.

② Informiere dich über einen weiteren Beruf, der mit Wasser zu tun hat.
Tipp: www.planet-beruf.de

Die Analyse von Wasser

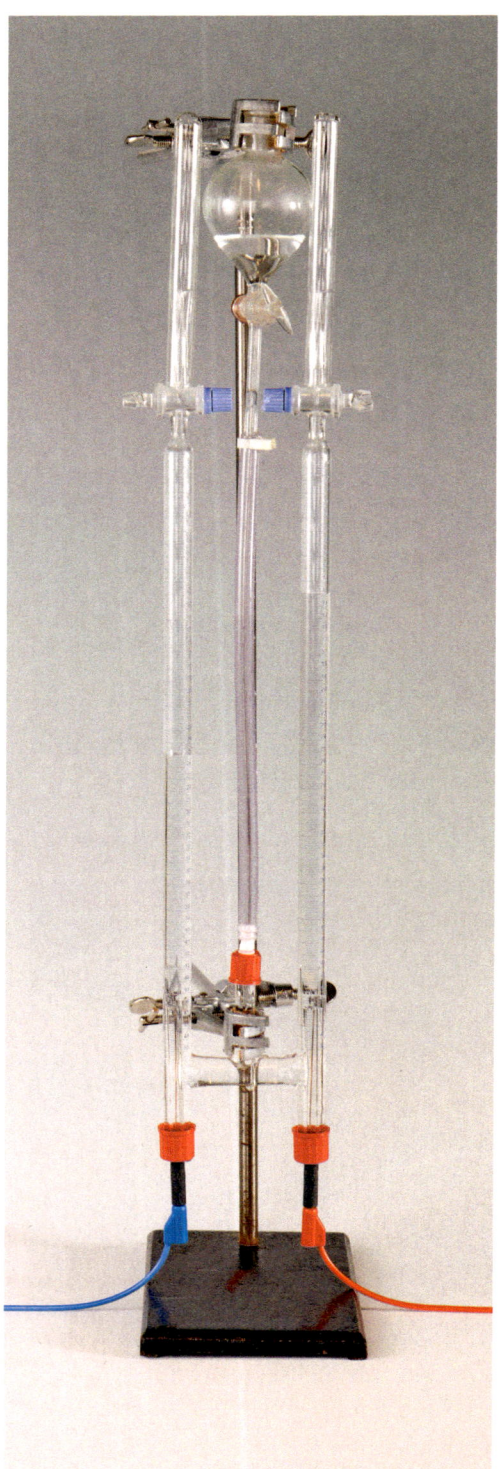

1 Apparat zur Wasserzersetzung nach HOFMANN

Analyse und Synthese

Durch elektrische Energie können Verbindungen in ihre Elemente zerlegt werden. Ein solcher Vorgang heißt **Analyse**. Das Gegenstück zur Analyse heißt **Synthese**. Dabei reagieren Elemente zu einer Verbindung.

Die Elektrolyse

Ein Prozess, bei dem eine chemische Reaktion durch Zuführung von elektrischer Energie herbeigeführt wird, heißt **Elektrolyse.** Sie ist eine Form der Analyse.

Der Zersetzungsapparat

Wird die Verbindung Wasser (H_2O) in ihre Elemente Wasserstoff und Sauerstoff gespalten, handelt es sich um eine Analyse. Dafür wird Wasser in einen Zersetzungsapparat gegeben und eine Spannung angelegt ($\rightarrow$ Bild 1). An der blauen und roten Elektrode entstehen Gase. Am **Minuspol** entsteht Wasserstoff und am **Pluspol** entsteht Sauerstoff. Dabei entsteht doppelt so viel Wasserstoff wie Sauerstoff.

> Die Wortgleichung lautet:
>
> Wasser + E $\rightarrow$ Wasserstoff + Sauerstoff

Die zugeführte elektrische Energie ist mit E in der Wortgleichung dargestellt. Energie ist kein Stoff und taucht deshalb im Teilchenmodell nicht auf.

> Eine chemische Reaktion, die durch Zufuhr elektrischer Energie bewirkt wird, heißt Elektrolyse.
> Die Spaltung einer Verbindung in die zugehörigen Elemente wird Analyse genannt.
> Eine Synthese ist die Bildung einer Verbindung aus den Elementen.

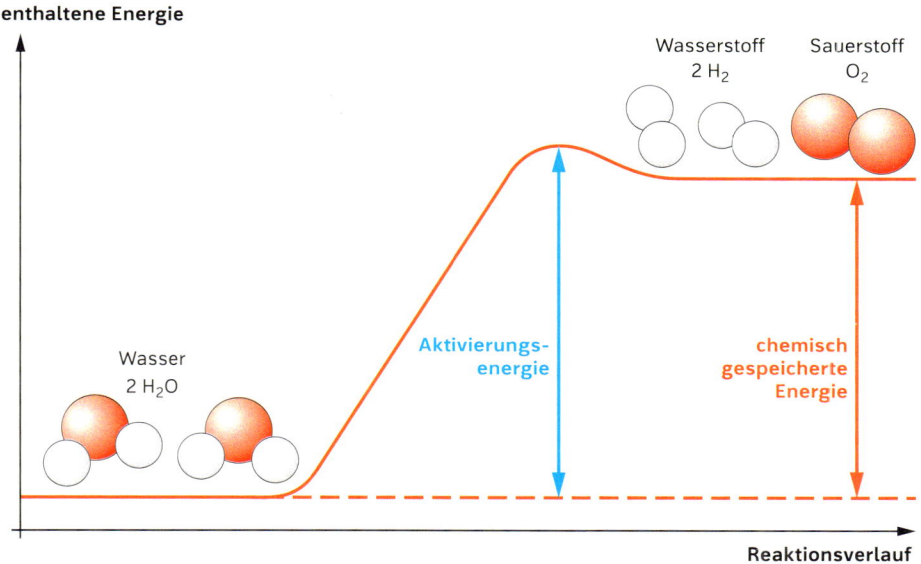

2 Das Energiediagramm der Analyse von Wasser

Energie bei der Analyse

Bei der Elektrolyse wird ständig Energie zugeführt. Es handelt sich um eine endotherme Reaktion. Die Aktivierungsenergie ist in Bild 2 als blauer Pfeil dargestellt. Sie wird benötigt, um die Wasser-Moleküle zu spalten. Schaltest du die Spannung bei dem Versuch in Bild 1 aus, stoppt die Reaktion. Es entstehen keine Gase mehr. Die neu gebildeten Moleküle speichern fast die gesamte zugeführte Energie als chemische Energie. In Bild 2 ist die gespeicherte Energie als roter Pfeil dargestellt.

Verhältnis der Gase

Bei der Elektrolyse von Wasser entsteht ein doppelt so großes Volumen an Wasserstoff wie an Sauerstoff. Das bedeutet, dass doppelt so viele Wasserstoff-Moleküle (H_2) wie Sauerstoff-Moleküle (O_2) entstehen. Im einfachsten Fall entstehen aus zwei Wasser-Molekülen also zwei Wasserstoff-Moleküle und ein Sauerstoff-Molekül. Da die Anzahl und die Art der Atome vor und nach der Reaktion jedoch gleich bleiben müssen, werden für die Zerlegung zwei Wasser-Moleküle benötigt (→ Bild 3).

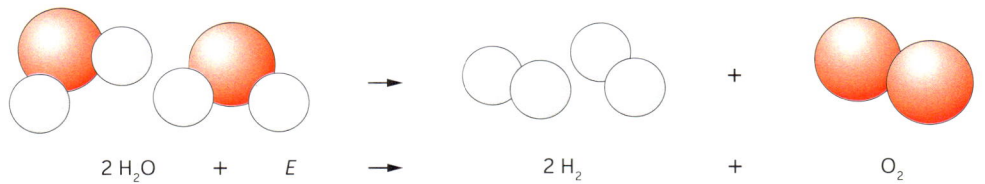

$$2\,H_2O \quad + \quad E \quad \longrightarrow \quad 2\,H_2 \quad + \quad O_2$$

Wasser wird zerlegt in Wasserstoff und Sauerstoff

3 Das Teilchenmodell und die Reaktionsgleichung der Analyse von Wasser

1 Erkläre die Begriffe Elektrolyse, Analyse und Synthese.

2 ‖ Begründe, dass die Gase Wasserstoff und Sauerstoff bei der Elektrolyse im Verhältnis zwei zu eins entstehen.

3 ‖ Beschreibe die Funktionsweise des Wasserzersetzungsapparats in Bild 1.

A Nachweise der Gase bei der Elektrolyse von Wasser

Die Knallgasprobe

Mit der Knallgasprobe kann das Element Wasserstoff nachgewiesen werden.

Material: Anzünder, Kerze, mit Stopfen verschlossenes Reagenzglas mit Wasserstoff

Durchführung:
Schritt 1: Entzünde die Kerze.
Schritt 2: Halte das Reagenzglas mit der Öffnung nach unten und entferne den Stopfen.
Schritt 3: Halte das offene Ende des Reagenzglases in die Nähe der brennenden Kerze (→ Bild 1).

❶ Notiere deine Beobachtungen.

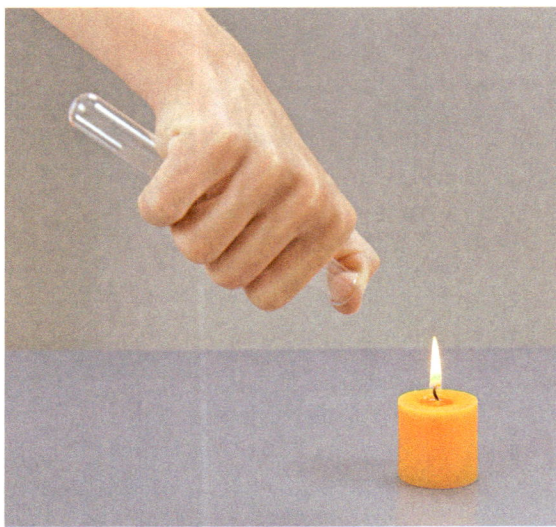

1 Durchführung der Knallgasprobe

Die Glimmspanprobe

Material: Holzstäbchen oder dünner Holzspan, Anzünder, mit Stopfen verschlossenes Reagenzglas mit Sauerstoff

Durchführung:
Schritt 1: Entzünde das Holzstäbchen und puste es aus. Es soll nur glimmen.
Schritt 2: Entfernen den Stopfen und führe das glimmende Holzstäbchen in das Reagenzglas.

❷ Notiere deine Beobachtungen.
❸ Erläutere welches der Gase brennbar ist und welches Gas brandfördernd ist.
❹ ‖ Beschreibe, was du bei beiden Versuchen beachten musst.
❺ ‖ Stelle eine Vermutung an, warum das Reagenzglas bei der Knallgasprobe mit der Öffnung nach unten gehalten werden muss.

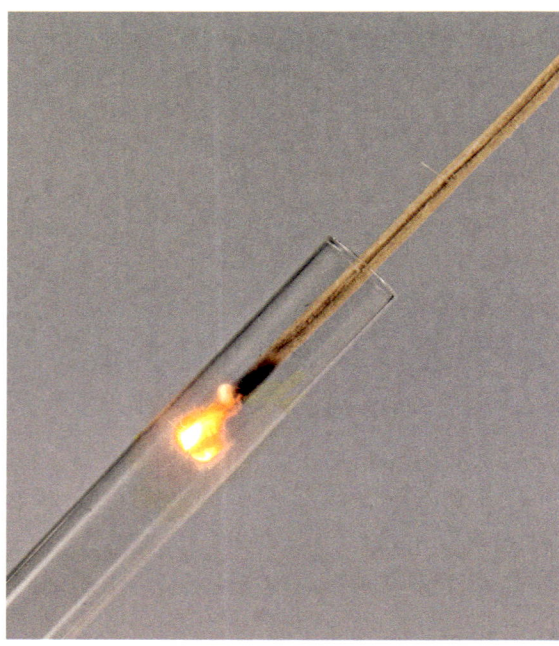

2 Was wird hier nachgewiesen?

 **IM ALLTAG**

Anwendungen der Elektrolyse

Anwendungen der Elektrolyse

Die Elektrolyse hat vielfältige Anwendungen. Metalle werden mithilfe der Elektrolyse beschichtet. Die Oberflächen der Metalle bekommen so andere Eigenschaften.

Aus dem Alltag kennst du versilberte Bestecke, verchromte Fahrradlenker oder verzinkte Schrauben (→ Bild 3).Durch das Beschichten erhalten Bestecke und Fahrradlenker ihren Glanz und Schrauben einen Schutz vor dem Rosten.

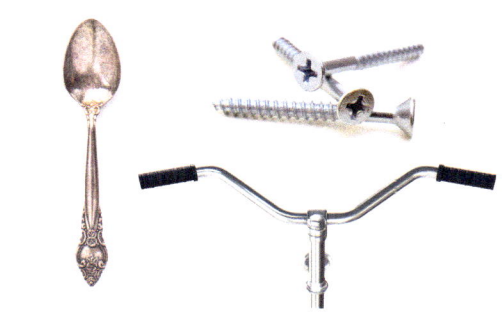

3 Anwendungen der Elektrolyse

Berufsbild
Oberflächenbeschichter/-in

Oberflächenbeschichter/-innen bringen Metalle auf andere Werkstoffe auf. Durch diese Beschichtung erhalten die Werkstoffe Eigenschaften, die sie selbst nicht haben. Beispiele sind das Verchromen, um das Aussehen zu verbessern oder das Aufbringen einer Schutzschicht zur Erhöhung der Haltbarkeit von Autoteilen. Die Ausbildung dauert drei Jahre. Anschließend kannst du den Abschluss als Meister machen.

Voraussetzungen für die Ausbildung sind unter anderem:

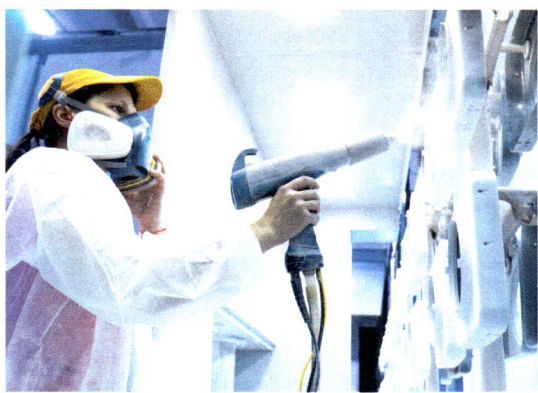

4 Eine Oberflächenbeschichterin bei der Arbeit

- Guter mittlerer Schulabschluss
- Gute Noten in naturwissenschaftlichen und mathematischen Fächern
- Sorgfalt und handwerkliches Geschick

- Technisches Verständnis
- Freude am Umgang mit Maschinen und Anlagen

1 Beschreibe Vorteile von Materialien, die eine elektrolytische Beschichtung haben.

2 Nenne drei weitere Gegenstände aus deinem Alltag, die mithilfe der Elektrolyse metallisch beschichtet wurden.

3 **∥** Begründe, weshalb mathematische und chemische Kenntnisse für die Ausbildung zum/zur Oberflächenbeschichter/-in vorausgesetzt werden.

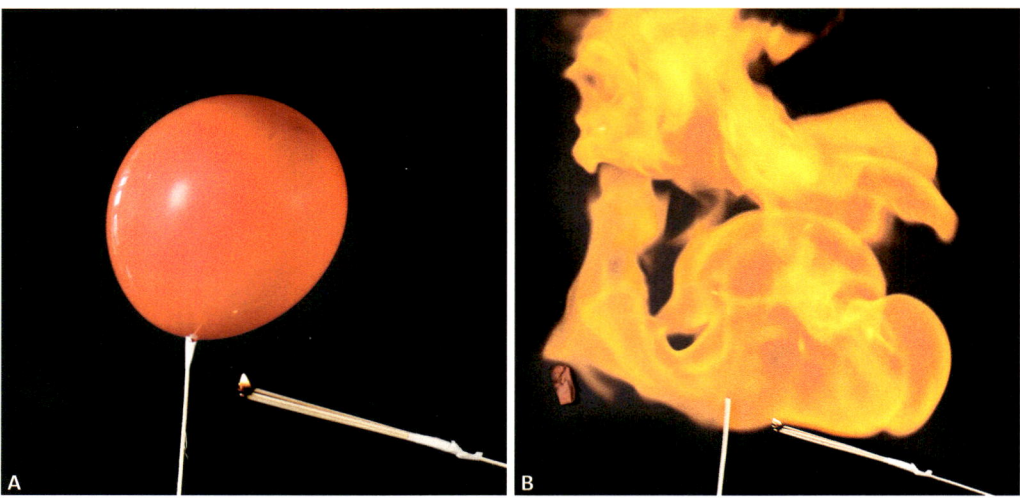

1 Die Knallgasreaktion: **A** wasserstoffgefüllter Ballon, **B** Wasserstoff reagiert mit Luftsauerstoff.

Die Synthese von Wasser

Wasserstoff – Achtung laut

Wasserstoff ist sehr reaktionsfreudig. Wird er in einen Ballon gefüllt (→Bild 1A) und mit einer Kerze gezündet, wird viel Energie frei. Die Kerze liefert die Aktivierungsenergie und entzündet dadurch den Wasserstoff im Ballon. Dieser reagiert mit Luftsauerstoff zu Wasser. Dabei ist ein lauter, dumpfer Knall zu hören und ein großer Feuerball zu sehen (→ Bild 1B).

Diese Reaktion wird **Knallgasreaktion** genannt. Diese kennst du bereits von der Knallgasprobe.

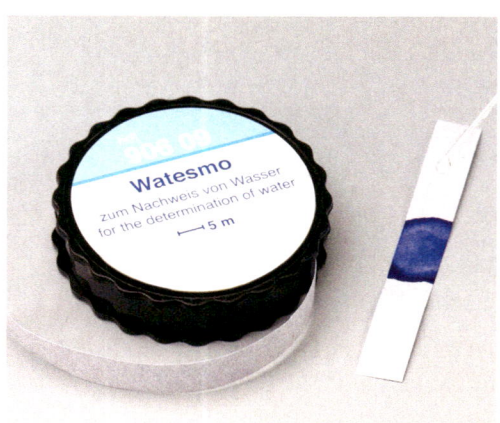

2 Wassernachweis mit Watesmo-Papier

Synthese

Bei der Knallgasreaktion reagieren die Elemente Wasserstoff und Sauerstoff miteinander. Dabei entsteht Wasser.

Dies ist eine Verbindung. Bei der Bildung von Wasser handelt es sich also um eine Synthese. Die Knallgasreaktion ist die Umkehrung der Wasserelektrolyse.

Bei der Elektrolyse wurde elektrische Energie zugeführt, um das Wasser in seine Elemente zu zerlegen. Die gleiche Menge an Energie wird bei der Knallgasreaktion wieder frei, allerdings viel schneller. Du spürst die Energie als Wärme, Licht und Schall.

Wassernachweis

Bei der Knallgasreaktion entstehet Wasser. Du kannst es mithilfe von **Watesmo-Papier** nachweisen. Das Watesmo-Papier verfärbt sich bei Berührung mit Wasser von farblos nach blau (→ Bild 2).

> Wasser kann mit Watesmo-Papier nachgewiesen werden. Es verfärbt sich blau.

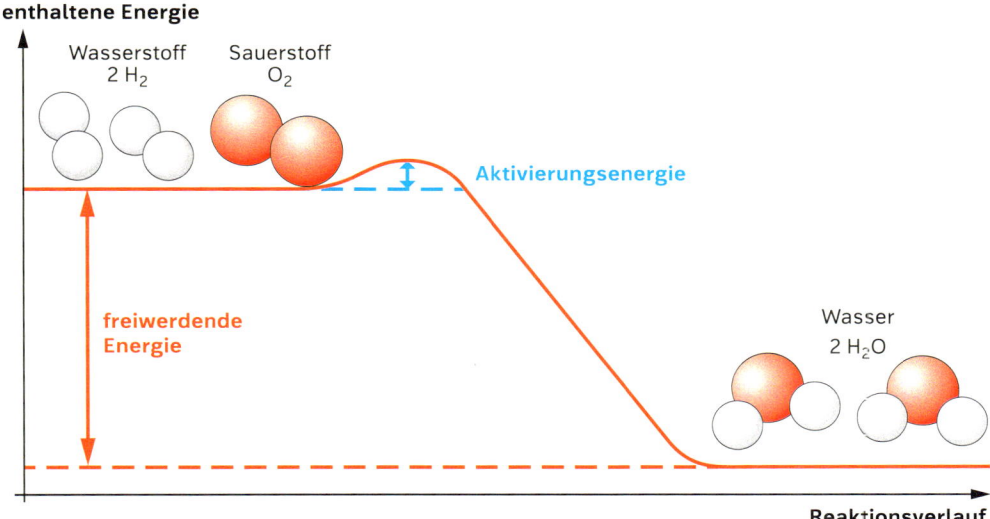

3 Das Energiediagramm der Synthese von Wasser.

Energie bei der Analyse

Die Knallgasreaktion ist eine exotherme Reaktion. Die bei der endothermen Elektrolyse des Wasserstoffs gespeicherte Energie wird bei der Knallgasreaktion schlagartig frei gesetzt. Dadurch kommt es zu einer heftigen Reaktion. Bei der Brennstoffzelle wird diese Energie genutzt, um Fahrzeuge anzutreiben. Dort findet die Reaktion aber nicht explosionsartig, sondern langsam und kontrolliert statt.

Verhältnis der Gase

Bei der Elektrolyse von Wasser werden Wasserstoff und Sauerstoff im Verhältnis zwei zu eins frei gesetzt. Für die Synthese von Wasser wird dieses Verhältnis ebenfalls benötigt. So reagieren zwei Wasserstoff-Moleküle mit einem Sauerstoff-Molekül zu zwei Wasser-Molekülen (→ Bild 4). Die Art und Anzahl der in den Molekülen enthaltenen Atome ist auf der Seite der Edukte gleich der auf der Produktseite.

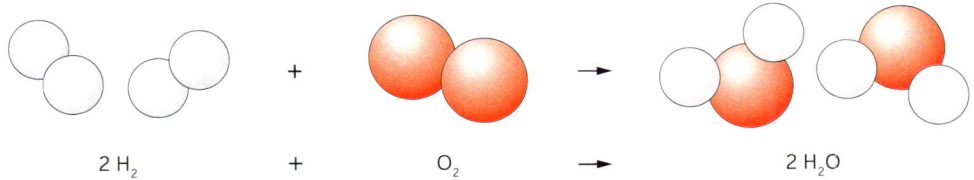

Wasserstoff und Sauerstoff verbinden sich zu Wasser als Produkt.

4 Das Teilchenmodell und die Reaktionsgleichung der Synthese von Wasser

1 Beschreibe die Aufgabe der Zündflamme aus chemischer Sicht in Bild 1.

2 ❙ Begründe, dass es sich bei der Knallgasreaktion um eine exotherme Reaktion handelt.

3 ❙❙ Erkläre durch Vergleich mit der Analyse von Wasser, dass die Anzahl und die Art der Atome bei der Knallgasreaktion gleich bleiben.

4 ❙❙ Begründe, warum bei einer exothermen Reaktion die Aktivierungsenergie niedriger ist als bei einer endothermen Reaktion

»

A Knallgasreaktion im Eudiometer

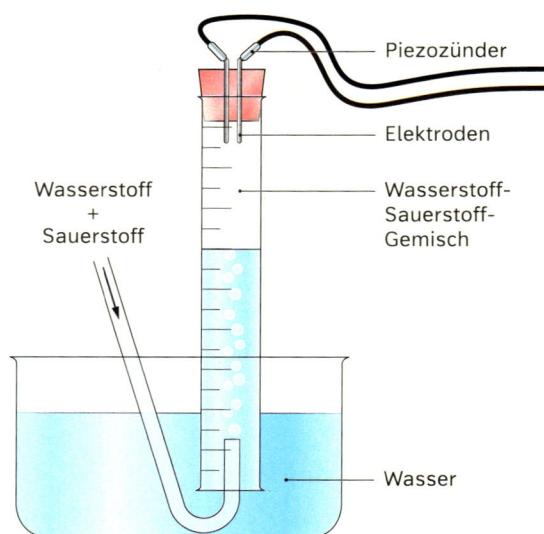

1 Schematischer Versuchsaufbau

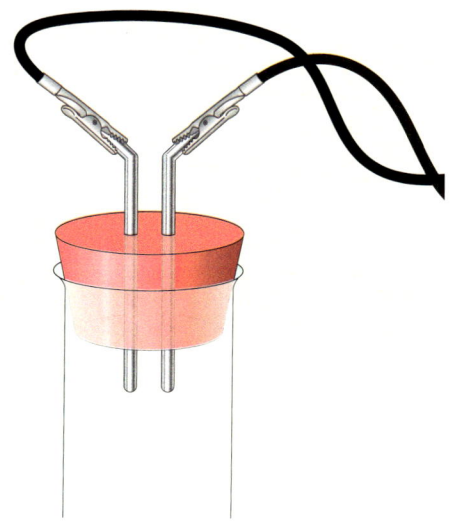

2 Aufbau der Zündvorrichtung

Mit diesem Versuch kannst du zeigen, in welchem Verhältnis Wasserstoff und Sauerstoff miteinander reagieren.

Material: Eudiometer 5 ml (z. B. Kunststoffspritze ohne Stempel) mit Skala, Stativ mit Stativklemme, Schale mit Wasser
Zündvorrichtung: zwei Stecknadeln als Elektroden, Piezozünder mit Kabel, zwei Krokodilklemmen
Zum Befüllen: Spritze (10 ml) mit angeschlossenem Schlauch (1x Wasserstoff, 1x Sauerstoff)

Durchführung:

Schritt 1: Baue den Versuch wie abgebildet auf (→ Bild 1 und 2). Fülle dabei das Eudiometer vollständig mit Wasser.

Schritt 2: Starte mit Ansatz A (→ Bild 3). Fülle entsprechende Mengen an Wasserstoff und Sauerstoff mit den großen Spritzen in das Eudiometer.

Schritt 3: Zünde das Knallgasgemisch mithilfe des Piezozünders.

Schritt 4: Lies das Volumen des nach der Reaktion in der Spritze verbleibenden Gases ab. Notiere dieses.

Schritt 5: Fülle das Eudiometer erneut vollständig mit Wasser und wiederhole den Versuch mit den Ansätzen B und C.

Ansatz	Volumen Wasser-stoff	Volumen Sauer-stoff	Verhältnis $H_2 : O_2$
A	1,5 ml	1,5 ml	1 : 1
B	1,0 ml	2,0 ml	1 : 2
C	2,0 ml	1,0 ml	2 : 1

3 Reaktionsansätze

❶ Übertrage die Tabelle aus Bild 3 in dein Heft. Füge dahinter eine weitere Spalte ein. Trage in diese das in der Spritze verbleibende Gasvolumen ein.

❷ ‖ Begründe, warum in Versuch C kein Gas übrig bleibt. Nenne für Versuche A und B das im Eudiometer verbleibende Gas.

A Oxidbildung und Oxidzerlegung

Wasser ist Diwasserstoffoxid
Wasser besteht aus H_2O-Molekülen. Es ist ein Oxid des Wasserstoffs. Wasser kann somit als Diwasserstoffoxid bezeichnet werden.

Bildung und Zerlegung eines Oxids
Bei der Wasser-Synthese verbindet sich ein Sauerstoff-Atom des Sauerstoff-Moleküls mit einem Wasserstoff-Molekül. Es bilden sich Diwasserstoffoxid-Moleküle (→ Bild 4). Bei der Analyse ist es umgekehrt. Bei dieser trennen sich zwei Diwasserstoffoxid-Moleküle wieder in zwei Wasserstoff-Moleküle und ein Sauerstoff-Molekül. Das Oxid wird zerlegt (→ Bild 5).

> Nimmt ein Element Sauerstoff auf, wird es zu einem Oxid. Gibt ein Oxid den Sauerstoff ab, so entsteht wieder das Element.

❶ Beschreibe das Zustandekommen und die Zerlegung eines Oxids. Wähle dazu eine andere Reaktion als hier abgebildet.

❷ ‖ Nenne drei Metalle und deren zugehörige Metalloxide.

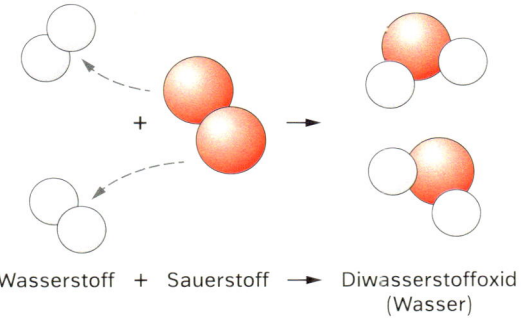

Wasserstoff + Sauerstoff ⟶ Diwasserstoffoxid (Wasser)

4 Die Wasser-Synthese – eine Oxidbildung

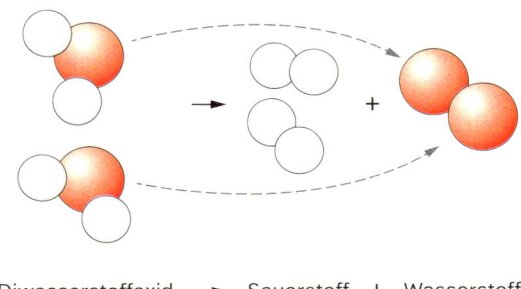

Diwasserstoffoxid (Wasser) ⟶ Sauerstoff + Wasserstoff

5 Die Wasser-Analyse – eine Oxidzerlegung

B Eine umkehrbare Reaktion

Nicht nur die Reaktion von Wasserstoff und Sauerstoff zu Wasser lässt sich umkehren. Auch andere Reaktionen sind umkehrbar. Wasserfreies Kupfersulfat ist farblos (→ Bild 6A). Wird etwas Wasser zugegeben, wird das Kupfersulfat blau (→ Bild 6B). Wird das blaue Kupfersulfat über dem Brenner erhitzt, so verdampft das Wasser wieder. Das Kupfersulfat erhält seine weiße Farbe zurück.

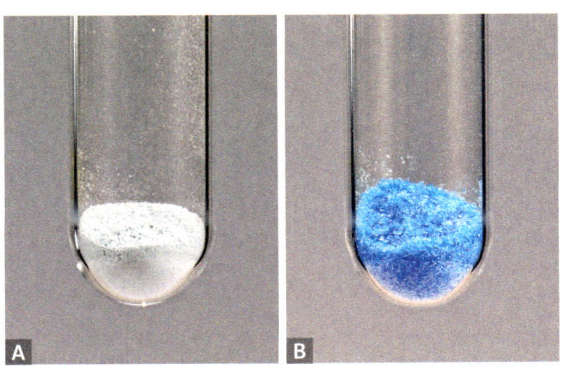

6 Kupfersulfat: **A** wasserfrei, **B** wasserhaltig

❶ Schreibe eine Wortgleichung für die Hin- und die Rückreaktion von Kupfersulfat mit Wasser auf.

❷ ‖ Begründe, welche der beiden Reaktionen aus Aufgabe 1 exotherm und welche endotherm ist.

1 Luftaufnahme einer Stadt

Die Stadt ist ein besonderes Ökosystem

Lebensraum Stadt

Wer in eine Stadt kommt, bemerkt sofort den starken Verkehr und den Lärm. Große Flächen sind bebaut oder von Straßen und Plätzen bedeckt. Solche Umweltbedingungen in einem Lebensraum werden als **abiotische Faktoren** bezeichnet. Sie prägen den **Lebensraum Stadt.**
Weitere abiotische Faktoren in der Stadt sind zum Beispiel die besonderen Lichtverhältnisse. In Städten wird es selbst nachts nie richtig dunkel. Auch die Temperaturen, der Wind und die Belastung der Luft durch Abgase und Staub gehören zu den abiotischen Faktoren.

Lebensgemeinschaft Stadt

Millionen Menschen leben in Städten oder pendeln jeden Tag in die Stadt, um dort zu arbeiten oder einzukaufen.
Tierarten wie Tauben oder Ratten fühlen sich in der Stadt sehr wohl. Auch Pflanzenarten wie Rosskastanien oder Linden sind an die Umweltbedingungen in der Stadt gut angepasst. Die Menschen, Tiere und Pflanzen im Lebensraum Stadt beeinflussen sich gegenseitig. Bäume spenden Schatten und Tauben picken Essenreste auf (→ Bild 2). Solche Einflüsse auf ein Lebewesen werden **biotische Faktoren** genannt. Alle Lebewesen eines Lebensraums bilden eine **Lebensgemeinschaft.**

Ökosystem Stadt

Der Lebensraum und die Lebensgemeinschaft bilden zusammen das **Ökosystem Stadt.**

> Städte sind künstliche, vom Menschen geschaffene Ökosysteme.
> Hier leben, neben den Menschen, bestimmte Pflanzen und Tiere. Sie sind an die besonderen Bedingungen in der Stadt angepasst.

2 Menschen und Tiere in der Stadt

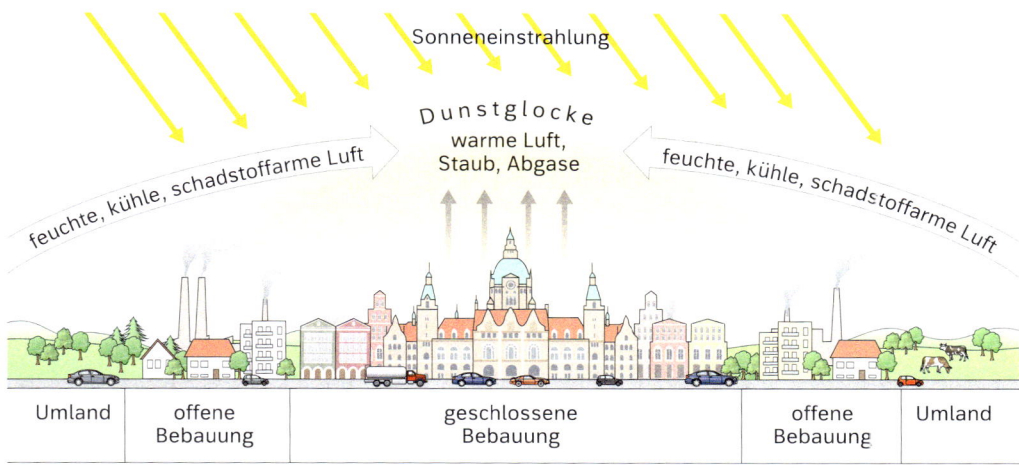

3 Das Klima in einer Stadt

Die Temperatur

Die Bedeckung des Bodens durch Gebäude, Straßen oder Plätze wird **Versiegelung** genannt. Steine und Beton heizen sich durch Sonneneinstrahlung am Tag stark auf. Nachts kühlen sie nur langsam wieder ab. Oft fehlt in Innenstädten frische, kühlende Luft. Diese entsteht normalerweise durch Bodenfeuchte und Verdunstung von Wasser über Pflanzen.

Luft

Die warme Luft über Städten steigt auf (→ Bild 3). Dadurch wird kühle Luft vom Stadtrand angesaugt. Die Luftströmungen nehmen auf ihrem Weg Staub und Abgase auf. Wenn kein Wind weht, kann sich so über der Stadt eine **Dunstglocke** aus Staub und Abgasen bilden.

Wasserhaushalt

Die Versiegelung des Bodens führt dazu, dass Regen nicht so leicht im Boden versickern kann. Das Wasser muss schnell über die Kanalisation abgeführt werden, damit es nicht zu Überschwemmungen kommt. Daher ist der Boden in der Stadt unter der Versiegelung sehr trocken. Pflanzen wie Bäume können deshalb nur wenig Wasser aus dem Boden aufnehmen.

4 Überschwemmte Straße nach Starkregen

1. Nenne mindestens drei abiotische Faktoren, die den Lebensraum Stadt bestimmen.

2. Erkläre, warum die Temperaturen in Städten meist höher sind als im Umland.

3. Erkläre, warum es bei sehr starken Regenfällen zu Überschwemmungen in einer Stadt kommen kann.

4. **|** Beschreibe die besonderen Lichtverhältnisse in der Stadt.

5. **||** Erkläre, warum der Boden in Städten oft sehr trocken ist.

Starthilfe zu 5:
Beginne so: Wenn Regen auf eine versiegelte Fläche fällt, ...

A Leben in der Stadt

Manche Menschen leben gern in der Stadt. Andere können sich ein Leben dort nicht vorstellen. Bild 1 zeigt typische Aspekte des Lebens in der Stadt.

1 a) Beschreibe die Situationen, die in Bild 1 A – D dargestellt sind.
b) Bewerte, ob die Situationen aus deiner Sicht für das Leben in der Stadt sprechen oder eher dagegen. Begründe deine Meinung.
c) Nenne weitere Gründe, die aus deiner Sicht für oder gegen das Leben in einer Stadt sprechen.

2 ‖ Es wird viel unternommen, um das Leben von Menschen in Städten zu verbessern. Nenne Beispiele für solche Maßnahmen. Denke dabei an die Verbesserung des Klimas, den Anbau von Pflanzen, die Fortbewegung der Menschen oder den Bau von Wohnflächen.

1 Leben in der Stadt

B Klima in der Stadt

2 Klima in der Stadt

Das Klima in einer Stadt unterscheidet sich von dem Klima des Umlands. Städte werden auch als Wärmeinseln bezeichnet.

1 Erkläre, wie eine Dunstglocke über einer Stadt wie in Bild 2 entstehen kann.

2 ‖ Beschreibe mithilfe der Basisseite, wie sich das Leben in einer Stadt auf das Klima und die Luft dort auswirkt.

 METHODE

Eine Folie für eine Präsentation erstellen

Erstellen von Folien

Zum Präsentieren von Inhalten zu einem Thema eignen sich Folien mit Bildern und kurzen Texten. Du kannst Folien zur Präsentation selbst zeichnen oder mit einem Computerprogramm erstellen.

Wenn du mit dem PC präsentieren willst, werden selbst gezeichnete Folien in ein Präsentationsprogramm eingefügt. Wenn du die Folien direkt im Präsentationsprogramm erstellst, kannst du sie unmittelbar für deinen Vortrag nutzen.

Bei der Präsentation am PC hast du außerdem die Möglichkeit, Filmausschnitte oder Soundeffekte einzubauen. Zur Projektion benötigst du einen Beamer.

Tipps zur Gestaltung einer Folie

- Verwende nur kurze Sätze oder einzelne Wörter.
- Schreibe groß und deutlich, sodass deine Folien auch von hinten im Klassenraum gut lesbar sind.
- Wähle wenige, aber aussagekräftige Bilder aus.
- Schaubilder und Diagramme verdeutlichen komplizierte Zusammenhänge.
- Verwende Symbole wie Pfeile, um Zusammenhänge aufzuzeigen.
- Nutze ein einheitliches Layout für alle Folien.

3 Beispiel für eine Folie

① **a)** Stellt Kriterien zur Bewertung von Folien zusammen. Betrachtet dabei nur die Gestaltung der Folien.
b) Bewertet verschiedene Folien mithilfe der Kriterien.

Starthilfe zu 1a:

Kriterium	Bewertung
Schriftgröße	☺ ☺ ☺ ☹ ☹

1 Eine Nahrungskette in einer Stadt

Nahrungsbeziehungen in der Stadt

Nahrungsketten

Nur Pflanzen können mithilfe der Fotosynthese energiereiche Nährstoffe erzeugen. Sie werden zum Beispiel in Samen gespeichert. Pflanzen werden deshalb als Erzeuger oder **Produzenten** bezeichnet.

Tiere wie die Hausmaus fressen Pflanzensamen, da sie die Nährstoffe zum Leben brauchen. Mäuse dienen wiederum größeren Tieren wie dem Turmfalken als Nahrung.

Alle Tiere werden deshalb als Verbraucher oder **Konsumenten** bezeichnet. Solche Nahrungsbeziehungen lassen sich als **Nahrungsketten** darstellen (→ Bild 1).

Nahrungsnetz

Neben Getreidesamen fressen Hausmäuse auch noch Beeren, Früchte und Kräuter. Hausmäuse werden nicht nur von Turmfalken gefressen. Sie werden auch von Steinmardern und Rotfüchsen gejagt. So hat jede Tierart verschiedene Nahrungsquellen und verschiedene Fressfeinde.

Das Fressen und Gefressen werden lässt sich als **Nahrungsnetz** darstellen (→ Bild 2). In einem Nahrungsnetz sind viele Nahrungsketten miteinander verbunden. Grüne Pflanzen sind die Nahrungsgrundlage vieler Konsumenten. Daher beginnen Nahrungsketten bei grünen Pflanzen.

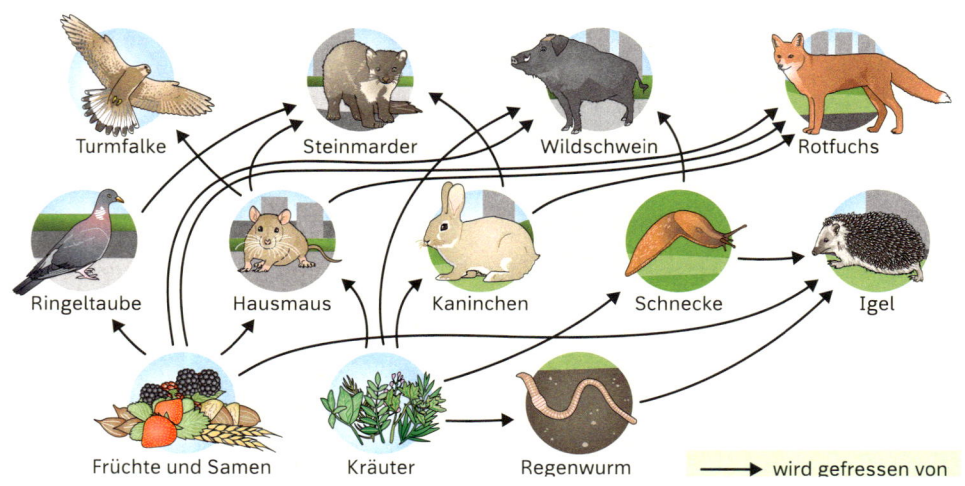

2 Naturnahes Nahrungsnetz in einer Stadt

Ein geschlossener Kreislauf

Kleine Bodenorganismen wie der Regenwurm ernähren sich von Überresten von
Pflanzen und Tieren. Solche Organismen
werden als Zersetzer oder **Destruenten**
bezeichnet. Bei ihrer Tätigkeit werden die
Mineralstoffe, die in den Pflanzen und
Tieren enthalten waren, wieder frei. Durch
die Tätigkeit der Produzenten, Konsumenten und Destruenten ist also ein Stoffkreislauf entstanden (→ Bild 3).

Künstliches Ökosystem Stadt

In einem natürlichen Ökosystem wie einem
Wald sind alle Stoffe, die Pflanzen und
Tiere zum Leben brauchen, vorhanden. In
verschiedenen **Kreisläufen** gelangen sie
von den Produzenten zu den Konsumenten
und wieder zurück. Um die Kreisläufe in
Gang zu halten, wird ständig neue Energie
von der Sonne benötigt. In einem künstlichen Ökosystem wie einer Stadt werden
alle Nahrungsbeziehungen und die Stoffkreisläufe stark vom Menschen beeinflusst.

Energie und Abfall

Alle Güter des täglichen Verbrauchs
müssen über weite Strecken in die Stadt
transportiert werden. Beim Transport und
der Nutzung dieser Güter wird viel Energie
verbraucht. Außerdem entsteht Abfall, der
nicht wie in einem natürlichen Ökosystem
von Destruenten „recycelt" werden kann.

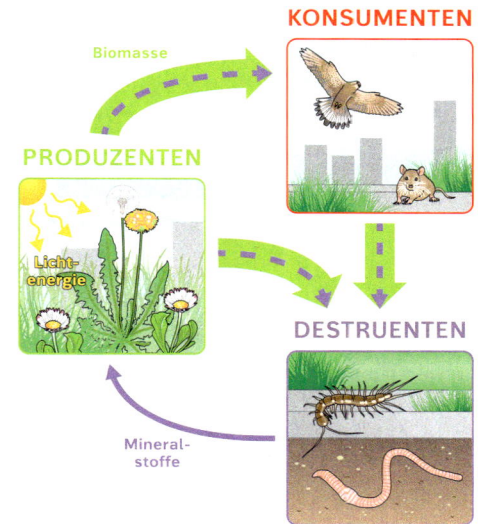

3 Stoffkreislauf

Schutz der Umwelt

Die Abfallbeseitigung und die Wiederauf-
bereitung von Gütern wie Wasser verursachen hohe Kosten. Abfallvermeidung und
gewissenhafte Mülltrennung sind wichtige
Beiträge jedes Menschen zu einer saube-
ren Umwelt. Auch ein sparsamer Umgang
mit Energie ist wichtig. Dazu gehört,
öffentliche Verkehrsmittel zu benutzen oder
mit dem Rad zu fahren. Außerdem können
viele Gebrauchsgüter wie Autos oder
Elektrogräte gemeinsam genutzt werden.
Dies trägt zur Abfallvermeidung und zum
nachhaltigen Umgang mit der Natur bei.

---

1 **a)** Beschreibe die Nahrungskette in Bild 1. Benutze die Begriffe „Produzenten" und
„Konsumenten".
b) Erkläre, warum am Anfang jeder Nahrungskette grüne Pflanzen stehen.

2 **a)** Erstelle mithilfe von Bild 2 mindestens zwei Nahrungsketten, die miteinander
verknüpft sind.
b) Erläutere, wie durch Nahrungsketten ein Nahrungsnetz entsteht.

3 Nenne Beispiele für nachhaltiges Verhalten in der Stadt.

4 **I** Beschreibe den Unterschied zwischen einem natürlichen und einem künstlichen Ökosystem.

Starthilfe zu 3:
Dazu gehört alles, was die
Menschen tun können, um
die Umwelt zu schützen.

5 **II** Menschen greifen in die Stoffkreisläufe von Städten ein. Nenne Beispiele.

Ⓐ Nahrungsbeziehungen und Stoffkreisläufe im Stadtpark

1 Lebewesen im Stadtpark: **A** Steinmarder, **B** Gänseblümchen, **C** Wildkaninchen, **D** Regenwurm

1 **a)** Ordne jedes Lebewesen einer der folgenden Gruppen zu:
– Produzenten
– Konsumenten
– Destruenten
b) Erkläre die Begriffe.

2 Zeichne einen Stoffkreislauf aus Produzenten, Konsumenten und Destruenten. Verbinde dazu die drei Gruppen mit entsprechenden Pfeilen.

3 **a)** Um den Stoffkreislauf in Gang zu halten, wird ständig neue Energie benötigt. Beschreibe, woher die Energie kommt.
b) Nenne den Prozess, durch den die Energie für die Konsumenten verfügbar gemacht wird.

4 Nenne ein Beispiel dafür, wie der Mensch in den Stoffkreislauf eingreift.

Ⓑ Nahrungspyramide

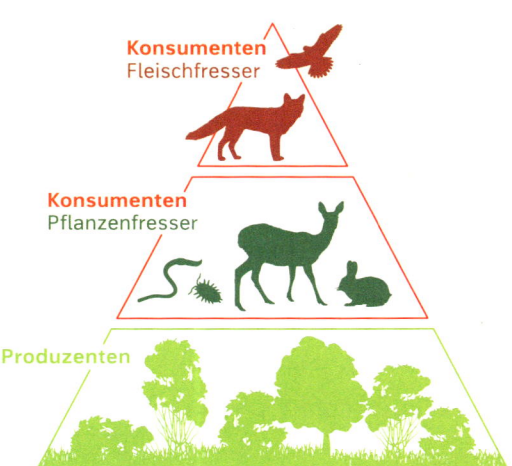

2 Nahrungspyramide

Nahrungsbeziehungen von Lebewesen in einem Lebensraum lassen sich auch in einer Pyramide darstellen.

1 Beschreibe die Nahrungsbeziehungen, die in der Nahrungspyramide in Bild 2 dargestellt sind.

2 Nenne für jede Stufe der Nahrungspyramide zwei Lebewesen aus dem Ökosystem Stadt.

3 ‖ Erläutere, welche Aspekte der Nahrungsbeziehungen diese Nahrungspyramide deutlicher darstellt als ein Nahrungsnetz.

4 ‖‖ Erkläre den Energiefluss in der Nahrungspyramide. Beginne damit, woher die Produzenten ihre Energie bekommen.

C Abfallmenge pro Einwohner und Jahr in Deutschland

Im Durchschnitt verursacht jeder Einwohner in Deutschland etwa 450 Kilogramm Müll pro Jahr. Davon sind etwa 170 Kilogramm Restmüll, 30 Kilogramm Sperrmüll und 100 Kilogramm biologisch abbaubare Gartenabfälle. Glas, Verpackungen, Papier, Metalle und Holz werden getrennt gesammelt. Sie machen insgesamt etwa 150 Kilogramm aus.

3 Müllabfuhr in der Stadt

1 Stelle in einem Diagramm die Mengen der einzelnen Müllsorten dar, die ein Einwohner im Jahr verursacht.

2 Nenne Möglichkeiten, wie du dazu beitragen kannst, Müll zu vermeiden.

D Umweltfreundliches Verhalten – oder nicht?

Ich finde es super, wenn meine Mutter mich mit dem Auto zur Schule bringt.

Meine Familie und meine Großeltern – wir teilen uns ein Auto.

Ich fahre nicht gern mit Bus und Bahn, weil ich mich dort nicht sicher fühle.

Letzte Woche war unser Föhn kaputt, da haben wir uns sofort einen neuen gekauft.

Lastenfahrräder sehen einfach uncool aus. Und sie brauchen viel Platz.

Die Parkhäuser in der Innenstadt sind viel zu teuer. Meine Mutter hat deshalb keine Lust mehr, mit dem Auto in die Stadt zu fahren.

Wir kochen nur noch selten selbst. Meistens lassen wir uns etwas vom Lieferservice bringen.

Ich bestelle alles im Internet und lasse es mir zuschicken. Dann brauche ich nicht in die Stadt zum Einkaufen. Und wenn etwas nicht passt, schicke ich es eben wieder zurück und bestelle mir was Neues.

Ich finde Fahrradkuriere in der Stadt ziemlich lästig, weil sie immer so schnell unterwegs sind und durch die Fußgängerzone fahren.

Mein Vater fährt mit dem Fahrrad zur Arbeit, weil er so mehr Bewegung hat.

4 Aussagen zum Verhalten von Menschen in der Stadt

Im Interesse aller muss sich jeder einzelne Gedanken über die Zukunft und die Umwelt machen. Dazu gehört, das eigene Verhalten zu hinterfragen und eventuell zu ändern.

1 **a)** Bewerte die Aussagen im Hinblick auf umweltfreundliches Verhalten in der Stadt.
b) Mache Vorschläge für alternatives Verhalten, wenn du eine Aussage für nicht umweltfreundlich hältst.

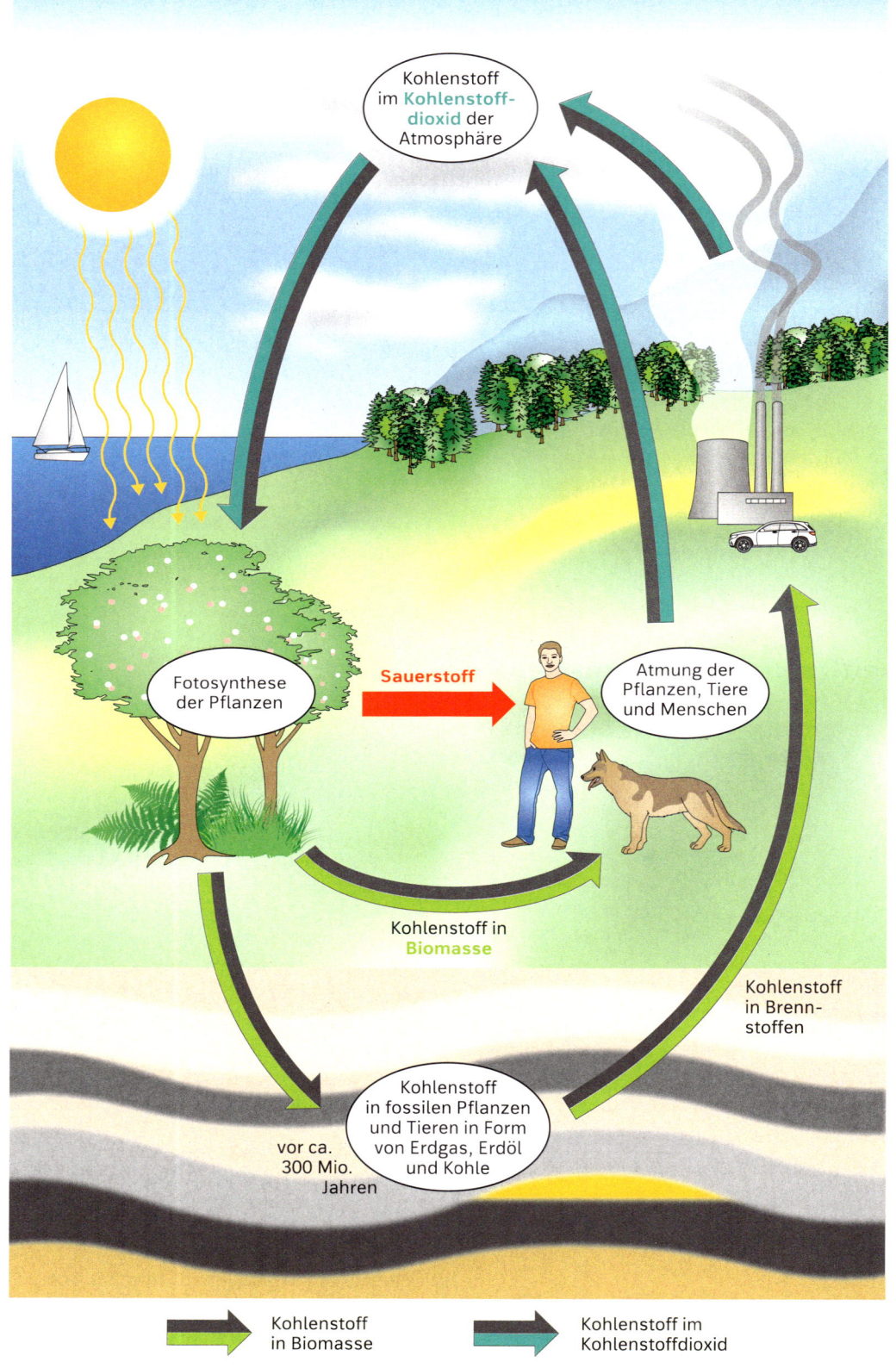

Kohlenstoff im **Kohlenstoffdioxid** der Atmosphäre

Fotosynthese der Pflanzen

Sauerstoff

Atmung der Pflanzen, Tiere und Menschen

Kohlenstoff in **Biomasse**

Kohlenstoff in Brennstoffen

Kohlenstoff in fossilen Pflanzen und Tieren in Form von Erdgas, Erdöl und Kohle

vor ca. 300 Mio. Jahren

Kohlenstoff in Biomasse

Kohlenstoff im Kohlenstoffdioxid

1 Kohlenstoffkreislauf auf der Erde

Der Kohlenstoffkreislauf

Ökosysteme sind vernetzt

In allen Ökosystemen sind die Lebewesen voneinander abhängig.

> Durch Stoffkreisläufe wie den Kohlenstoffkreislauf sind auch die Ökosysteme weltweit untereinander verbunden.

Natürlicher Kohlenstoffkreislauf

Alle Pflanzen der Erde verwerten bei der Fotosynthese den **Kohlenstoff** aus dem Kohlenstoffdioxid der Luft. Sie verwenden den Kohlenstoff beim Wachsen als Baustoff und bilden energiereiche Biomasse wie Blätter oder Früchte.

Lebewesen wie Tiere nehmen beim Fressen der energiereichen Biomasse Kohlenstoff auf. Einen Teil davon bauen sie in ihren eigenen Körper ein. Der andere Teil dient zur Gewinnung von Energie für ihre Lebensvorgänge. Dazu wird der Kohlenstoff aus der Nahrung in den Körperzellen der Tiere mit dem Sauerstoff aus der Luft verbunden. Bei diesem Prozess, der Zellatmung genannt wird, entsteht im Körper der Tiere das Gas Kohlenstoffdioxid. Es wird von den Tieren ausgeatmet. So gelangt ein Teil des Kohlenstoffs zurück in die Luft. Er kann von den Pflanzen bei der Fotosynthese wiederverwendet werden.

Globaler Kohlenstoffkreislauf

Der Kohlenstoff bewegt sich so immer zwischen der Luft, den Pflanzen und den Tieren in einem Kreislauf. Da alle Ökosysteme der Erde zum Kohlenstoffkreislauf beitragen, wird der Prozess auch als globaler Kohlenstoffkreislauf bezeichnet. Ein Teil des Kohlenstoffs befindet sich in der Lufthülle der Erde, der Atmosphäre. Am **globalen Kohlenstoffkreislauf** sind auch die Ozeane und Seen sowie große Landmassen wie die Gebirge und der Boden beteiligt.

Eingriffe in den Kreislauf

Brennstoffe wie Kohle, Erdöl und Erdgas sind vor vielen Millionen Jahren aus urzeitlichen Lebewesen entstanden. Der Kohlenstoff dieser Lebewesen ist der Hauptbestandteil der fossilen Brennstoffe. Die fossilen Brennstoffe sind deshalb riesige Kohlenstoffspeicher. Bei ihrer Bildung wurde der Atmosphäre Kohlenstoff entzogen. Wenn wir heute die fossilen Brennstoffe zur Energiegewinnung verbrennen, wird dabei der damals gespeicherte Kohlenstoff in Form von Kohlenstoffdioxid wieder frei. Dadurch nimmt die Menge des Kohlenstoffs in der Atmosphäre zu. Dies ist eine Ursache für den Klimawandel.

1 Beschreibe den natürlichen Kohlenstoffkreislauf.

2 Begründe, warum der natürliche Kohlenstoffkreislauf auch als globaler Kohlenstoffkreislauf bezeichnet wird.

Starthilfe zu 1:
Beschreibe zunächst, wie Pflanzen Biomasse herstellen. Beschreibe danach, wie der Kohlenstoff in die Tiere und Menschen und wieder zurück in die Luft gelangt.

3 a) Beschreibe, wie wir Menschen in den natürlichen Kohlenstoffkreislauf eingreifen.
b) Erkläre, warum das Verbrennen von fossilen Brennstoffen ein Problem ist.

4 ❙ Erkläre den Kohlenstoffkreislauf am Beispiel einer Waldmaus, die Bucheckern frisst.

Starthilfe zu 4:
Nutze dazu den Absatz „Der natürliche Kohlenstoffkreislauf".

5 a) ❙❙ Beschreibe, woher die Energie in der Biomasse von Pflanzen stammt.
b) ❙❙ Begründe, warum Energie in Ökosystemen immer wieder über die Sonne neu zugeführt werden muss.

»

Ⓐ Kohle ist nicht gleich Kohle

1 Gewinnung von Kohle: **A** Braunkohletagebau, **B** Lehmofen zur Holzkohleherstellung

Kohle ist ein vielfältiger Energierohstoff. Es gibt verschiedene Arten von Kohle. Sie alle entstanden aus Pflanzen. Sie unterscheiden sich aber darin, wie und wann sie entstanden sind. Wir nutzen sie auch ganz unterschiedlich.
Braunkohle entstand aus Bäumen, die vor mindestens 2 Millionen Jahren lebten. Wir nutzen Braunkohle zum Beispiel in Kraftwerken zur Stromerzeugung.
Holzkohle wird hingegen aus dem Holz frisch geschlagener Bäume hergestellt. Dazu wird es erhitzt. Heute geschieht dies meist mit Öfen in Fabriken. Holzkohle wird unter anderem zum Grillen verwendet.

❶ Vergleiche die beiden Kohlearten in einer Tabelle miteinander. Berücksichtige jeweils den Ausgangsstoff, die Entstehung und die Zeit, die diese in Anspruch nimmt, sowie die Verwendung der fertigen Kohle.

❷ Beurteile die Auswirkungen auf den Kohlenstoffkreislauf die die Nutzung der beiden Kohlearten jeweils verursachen.

Starthilfe zu 2:
Nur so lange eine Pflanze wächst, entnimmt sie Kohlenstoff aus der Luft.

Ⓑ Ausstoß von Kohlenstoffdioxid und sein Anteil an der Atmosphäre

Jedes Jahr produzieren die Menschen über 35 Milliarden Tonnen Kohlenstoffdioxid. Das war in der Geschichte der Menschheit aber nicht immer so.

❶ Beschreibe das Diagramm. Beachte den Zeitraum und den Verlauf der Kurve.

❷ Interpretiere das Diagramm, indem du mögliche Gründe für die dargestellte Entwicklung erläuterst.

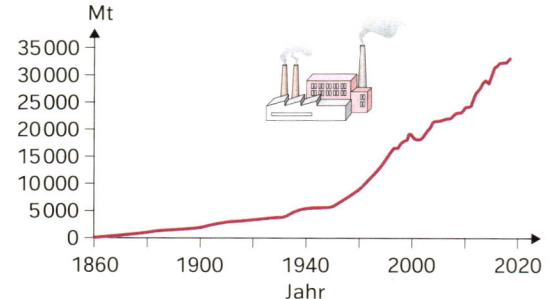

2 Energiebedingter Ausstoß von Kohlenstoffdioxid in Milliarden Tonnen pro Jahr

Ökosysteme verändern sich

3 Neophyt: Ambrosia

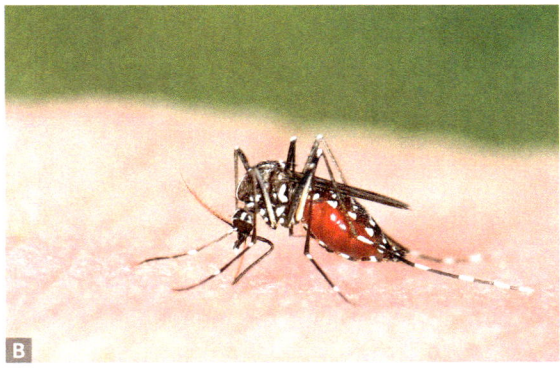

4 Neozoen: **A** Feuerlibelle, **B** Tigermücke

Der Klimawandel begünstigt die Verbreitung fremder Arten in Deutschland. Dadurch verändern sich die Ökosysteme. **Neophyten** und **Neozoen** sind Tier- und Pflanzenarten, die natürlicherweise nicht in Deutschland beheimatet sind, jedoch durch die Einwirkung des Menschen hier heimisch werden. Manche von ihnen verdrängen einheimische Arten. Sie werden als **invasive** Arten bezeichnet. Sie sind konkurrenzstärker und stellen daher eine Gefahr für die einheimische Artenvielfalt dar. Geschieht die Anpassung der heimischen Lebewesen an die veränderten Bedingungen des Lebensraumes nicht schnell genug, sterben sie aus.
Ein Neuzoon ist die Feuerlibelle (→ Bild 4A). Sie ist sehr aggressiv und verdrängt einheimische Arten. Ein anderes Beispiel ist die Dreikantmuschel. Durch massenhafte Vermehrung verdrängt sie einheimische Süßwassermuscheln.
Manche Neozoen können auch dem Menschen gefährlich werden. Die Asiatische Tigermücke ist Überträger verschiedener Krankheitserreger wie beispielsweise dem Dengue-Virus oder dem Zika-Virus (→ Bild 4B). Die aus Nordamerika stammende Ambrosiapflanze ist ein Neophyt. Ihre Pollen können beim Menschen heftige allergische Reaktionen auslösen.
Wärmeliebende Arten kommen aus dem Süden nach Deutschland. Die schnellsten unter ihnen sind Vögel und Insekten, denn diese können fliegen.

1 Erkläre, warum sich Neophyten und Neuozoen in Deutschland ansiedeln, obwohl sie hier nicht heimisch sind.

2 Beschreibe Auswirkungen der Ansiedlung von Neophyten und Neozoen auf die heimischen Ökosysteme.

3 Recherchiere Gewinner und Verlierer des Klimawandels. Wähle eine Art aus den Gewinnern oder Verlierern aus und bereite einen Kurzvortrag vor. Stelle deine Beispielart vor und erkläre, warum diese zu den Gewinnern oder Verlierern des Klimawandels zählt.

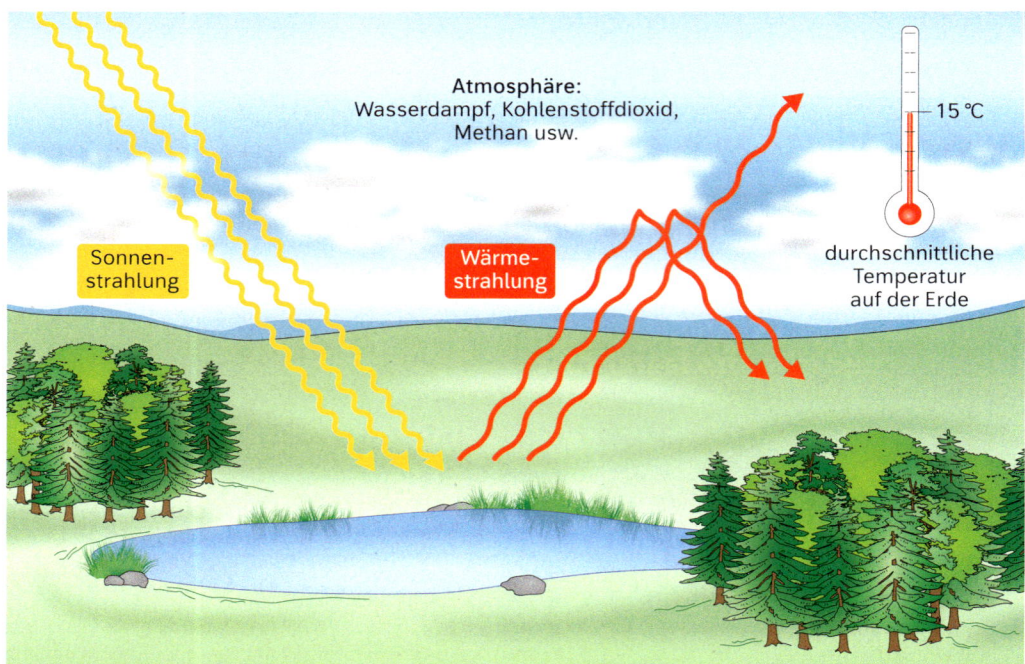

1 Der natürliche Treibhauseffekt

Das Klima ändert sich weltweit

Die Atmosphäre der Erde

Die Erde ist von einer schützenden Hülle umgeben, die **Atmosphäre** genannt wird. Ohne die Atmosphäre würde die Energie der Sonnenstrahlen von der Erdoberfläche direkt wieder ins Weltall aufsteigen. Auf der Erde würde eine mittlere Durchschnittstemperatur von etwa -18 Grad Celsius herrschen. Das Leben von Pflanzen, Tieren und Menschen wäre nicht möglich.

Bestandteile der Atmosphäre

Die Atmosphäre besteht aus verschiedenen Gasen, zu denen der Stickstoff, der Sauerstoff, das Kohlenstoffdioxid, das Methan und das Lachgas gehören. In der Atmosphäre ist außerdem Wasserdampf enthalten. Er kann Wolken bilden, aus denen manchmal Regen oder Schnee fällt. In etwa 20 Kilometer Höhe liegt die **Ozonschicht** der Erde. Sie fängt die schädlichen ultravioletten Strahlen der Sonne ab.

Der natürliche Treibhauseffekt

Wenn Sonnenstrahlen auf die Erdoberfläche treffen, wird die Energie der Sonnenstrahlen in Wärme umgewandelt. So erwärmt sich die Erdoberfläche und die Luft. Nur ein kleiner Teil der Wärmestrahlung gelangt wieder ins Weltall. Die Gasteilchen der Atmosphäre wirken nämlich wie die Glasscheiben eines Gewächshauses, das auch Treibhaus genannt wird. In einem Gewächshaus herrschen hohe Temperaturen. Wie die Scheiben eines Treibhauses halten die Gasteilchen der Atmosphäre einen großen Teil der Wärmestrahlung zurück. Diese Vorgänge werden als **natürlicher Treibhauseffekt** bezeichnet. Bei der Zusammensetzung unserer heutigen Atmosphäre lässt sich auf der Erde eine durchschnittliche Temperatur von etwa 15 Grad Celsius berechnen. Nur so können Pflanzen, Tiere und Menschen auf der Erde überleben.

Der zusätzliche Treibhauseffekt

Durch unser Verhalten greifen wir in die Zusammensetzung unserer Atmosphäre ein. Beim Verbrennen von fossilen Brennstoffen wie Erdöl, Erdgas oder Kohle zur Energiegewinnung wird viel Kohlenstoffdioxid freigesetzt. Auch durch großflächige Waldbrände entsteht Kohlenstoffdioxid. In der Landwirtschaft wird durch die Düngung, die Viehhaltung oder den Anbau von Reis viel Methan und Lachgas freigesetzt. Die Menge dieser sogenannten Treibhausgase in der Atmosphäre nimmt damit zu. Dadurch wird der natürliche Treibhauseffekt verstärkt und die durchschnittliche Temperatur auf der Erde steigt. Diese durch Menschen verursachten Vorgänge werden als **zusätzlicher Treibhauseffekt** bezeichnet.

2 Kohlenstoffdioxid durch Verkehr

3 Methan durch Rinderhaltung

Klimawandel

Forscherinnen und Forscher vermuten, dass durch den zusätzlichen Treibhauseffekt die Temperatur auf der Erde bis zum Jahr 2100 um bis zu vier Grad Celsius oder mehr ansteigen könnte. Dies würde zu einem so deutlichen **Klimawandel** auf der Erde führen, dass die Existenz der Menschheit bedroht wäre. Viele Menschen ändern deshalb ihr Verhalten mit dem Ziel, weniger Kohlenstoffdioxid zu produzieren. Außerdem setzen sich immer mehr Menschen wie zum Beispiel die Schülerinnen und Schüler der Bewegung „Fridays for Future" dafür ein, Politiker zu überzeugen, mehr gegen den Klimawandel zu unternehmen.

4 Demonstration gegen den Klimawandel

---

1 a) Beschreibe den natürlichen Treibhauseffekt.
b) Begründe, dass das Leben auf der Erde ohne den natürlichen Treibhauseffekt nicht möglich wäre.

2 a) Beschreibe, wie der künstliche Treibhauseffekt entsteht.
b) Beschreibe, welche Vermutung Forscherinnen und Forscher im Hinblick auf das zukünftige Klima auf der Erde aufstellen.

Starthilfe zu 2a:
Nuzte folgende Begriffe: Verhalten der Menschen, fossile Brennstoffe, Landwirtschaft, Kohlenstoffdioxid, Methan, steigende Durchschnittstemperatur

3 ❙ Nenne mindestens zwei Hauptursachen für den zusätzlichen Treibhauseffekt.

4 ❙❙ Bewerte die Bewegung „Fridays for Future" im Hinblick auf ihre Wirksamkeit.

A Klimawandel in Deutschland

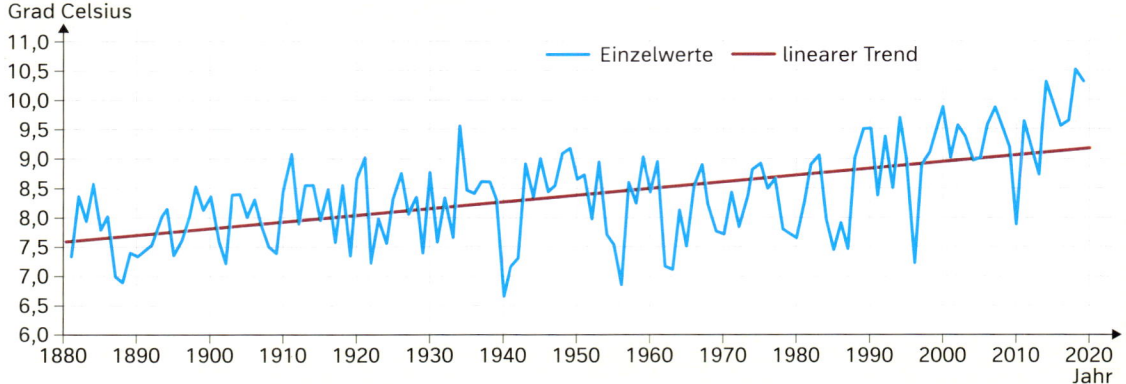

1 Durchschnittstemperaturen in Deutschland

Seit 1881 wird das Wetter in Deutschland systematisch beobachtet und aufgezeichnet. Die Kurven in Bild 1 geben einen Hinweis auf die Klimaveränderung in Deutschland.

1 a) Beschreibe den Sachverhalt, der in Bild 1 dargestellt wird.
b) Ziehe Schlussfolgerungen aus den dargestellten Informationen.

Starthilfe zu 1b:
Gib zunächst an, welche Werte auf der senkrechten Achse und auf der waagrechten Achse dargestellt sind. Beschreibe dann den Verlauf der beiden Kurven.

B Klimaschutzplan 2050 der Bundesregierung

2 Verringerung des Ausstoßes von Kohlenstoffdioxid in unterschiedlichen Bereichen

Das Klimaschutzabkommen von Paris vom Dezember 2015 sieht für die globale Erderwärmung eine Obergrenze von deutlich unter zwei Grad vor. Die Bundesregierung hat deshalb Maßnahmen beschlossen, die dazu führen sollen, dass Deutschland bis 2050 treibhausgasneutral wird. Das bedeutet, dass durch unsere Lebensweise das Klima nicht mehr beeinflusst wird.

1 Betrachte die Abbildung und erläutere mindestens zwei der fünf Bereiche, in denen es große Veränderungen geben wird.

2 Nenne mindestens fünf konkrete Maßnahmen, wie du durch dein Verhalten dazu beitragen kannst, dass weniger klimaschädliche Gase entstehen.

ÜBEN UND ANWENDEN

C Der natürliche Treibhauseffekt

3 Gewächshaus im Garten

Ein Gewächshaus kann als Modell zur Erläuterung des Treibhauseffekts verwendet werden.

1 Erkläre den Treibhauseffekt am Modell eines Gewächshauses.

> **Starthilfe zu 1:**
> Beschreibe die Funktion der Sonne und gib an, wofür die Glasscheiben des Gewächshauses stehen.

2 **II** Beschreibe weitere Funktionen der Glasscheiben eines Gewächshauses, die du zur Erklärung des Treibhauseffekts nicht verwenden kannst.

D Das Treibhausgas Methan

4 Eine Rinderherde

Nach dem Kohlenstoffdioxid ist Methan das zweitwichtigste Treibhausgas. Es wird natürlicherweise aus Sumpfgebieten abgegeben, entwickelt sich aber auch auf Mülldeponien. Ein großer Teil des in die Atmosphäre abgegebenen Methans entsteht aber bei der Nahrungsmittelerzeugung.

Reisfelder geben zum Beispiel Methan an die Luft ab. Auch wenn Wiederkäuer wie Rinder oder Schafe die Nahrung verdauen, entsteht in ihrem Magen Methan, das sie an die Luft abgeben. Ein Hausrind stößt täglich etwa 150 l bis 250 l Methan aus. Derzeit werden weltweit mehr als eine Milliarde Rinder zur Lieferung von Fleisch und Milch gehalten.

Jahr	Messwerte in tausend Tonnen (tt)
1994	4.230
1998	3.664
2002	3.172
2006	2.565
2010	2.304
2014	2.216
2018	2.054

5 Methan-Emissionen der vergangenen Jahre.

1 Beschreibe, woher das Treibhausgas Methan in der Atmosphäre kommt.

2 Erstelle mithilfe der Messwerte der Methan-Emmissionen ein Diagramm und stelle die Entwicklung in der Klasse vor.

1 Je höher du steigst, desto dünner wird die Luft.

Die Zusammensetzung der Luft

Die Luft wird dünner

Der Mount Everest ist der höchste Berg der Erde. Die Zusammensetzung der Luft auf dem Gipfel ist die gleiche wie im Tal. Jedoch nimmt der Luftdruck mit steigender Höhe ab. Dadurch ist weniger Sauerstoff vorhanden, den der Bergsteiger einatmen kann. Deshalb kann es in großen Höhen zur Höhenkrankheit kommen. Damit Bergsteiger genügend Sauerstoff zum Atmen haben, nutzen sie Sauerstoffflaschen (→ Bild 1).

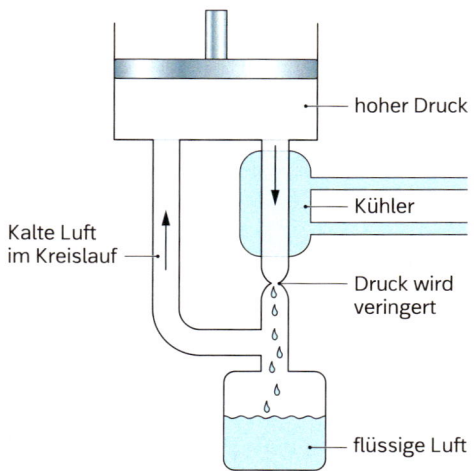

2 Das LINDE-Verfahren als Modell

Die Luft wird getrennt

Die Industrie benötigt jährlich große Mengen an Sauerstoff und Stickstoff. Diese Reinstoffe werden aus der Luft gewonnen. Durch Verflüssigung der Luft und anschließender Destillation kann die gasförmige Luft in flüssigen Sauerstoff und flüssigen Stickstoff zerlegt werden. Dies wird mit dem LINDE-Verfahren durchgeführt (→ Bild 2).

Das Linde-Verfahren

Das Verfahren wurde nach seinem Erfinder CARL VON LINDE benannt. Dazu wird Luft stark zusammengepresst. Dadurch erwärmt sie sich. Kühlwasser senkt die Temperatur ab. Dann wird der Druck gesenkt und die verdichtete Luft kühlt sich ab.
Dieser Vorgang wird so oft wiederholt, bis eine Temperatur von −189 °C erreicht wird. Bei dieser Temperatur kondensiert Sauerstoff. Dieser kann abgetrennt werden. Durch weiteres Abkühlen auf −196 °C kann auch Stickstoff verflüssigt werden. Flüssiger Sauerstoff wird als Raketentreibstoff verwendet. Flüssiger Stickstoff wird in der Technik häufig als Kühlmittel eingesetzt.

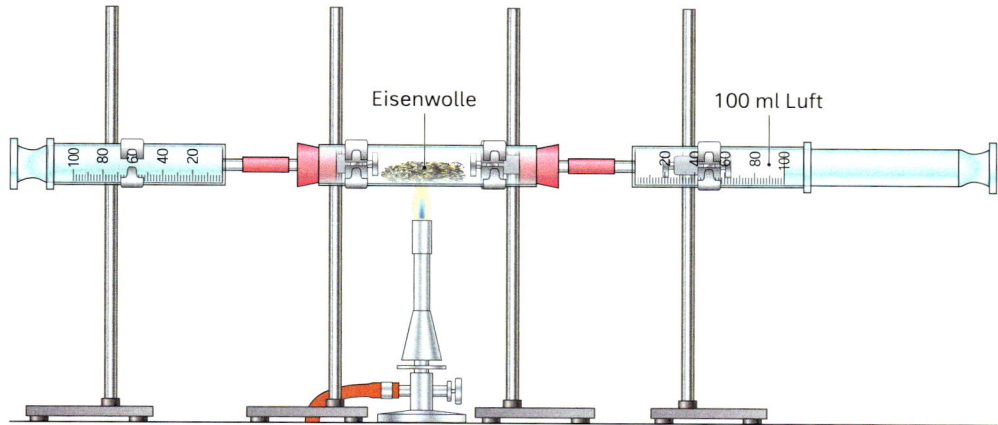

Eisenwolle   100 ml Luft

3 Der Kolbenproberversuch

Den Sauerstoffanteil bestimmen

Um den Sauerstoffanteil in der Luft zu bestimmen, wird im Labor der Kolbenproberversuch durchgeführt (→ Bild 3). Dazu wird Eisenwolle mit Sauerstoff in einem luftdichten Versuchsaufbau durch Erhitzen zur Reaktion gebracht. Das Eisen reagiert mit Sauerstoff zu Eisenoxid. In einem der Kolbenprober werden genau 100 ml Luft abgemessen. Die Eisenwolle wird mit einem Brenner bis zum Glühen erhitzt. Nun wird die Luft über die glühende Eisenwolle in den zweiten Kolbenprober gedrückt. Dieser Vorgang wird wiederholt. Nach dem Abkühlen der Eisenwolle kannst du am Kolbenprober das Gasvolumen ablesen. Von den 100 ml Luft am Anfang des Versuchs sind nur noch 80 ml Luft übrig geblieben. Es haben 20 ml der Luft mit dem Eisen reagiert. Dies entspricht etwa dem Sauerstoffanteil in der Luft.

Die Luft ist ein Gasgemisch

Der gasförmige Sauerstoff aus der Luft hat mit der Eisenwolle zu festem Eisenoxid reagiert. Der Sauerstoff ist nach der Reaktion nicht mehr in der Luft im Kolbenprober vorhanden. Das übrig gebliebene Gas im Kolbenprober besteht fast ausschließlich aus Stickstoff. Der Hauptbestandteil der Luft ist Stickstoff mit etwa 78 %. Dieser Wert gilt jedoch nur für trockene Luft, in der keine Staubteilchen vorhanden sind. Je nach Luftfeuchtigkeit ist auch immer ein Anteil an Wasserdampf in der Luft enthalten.

Luftbestandteil	Formel	Volumenanteil in %
Stickstoff	N_2	78
Sauerstoff	O_2	21
Argon	Ar	0,9
weitere Gase	CO_2, ...	0,1

4 Zusammensetzung der Luft

1 Erläutere, dass Bergsteiger in großen Höhen zusätzlichen Sauerstoff benötigen.

2 I Nenne die Wortgleichung der Reaktion von Sauerstoff und Eisen.

Starthilfe zu 2:
Eisen + ... → ...

3 II Beschreibe das Verfahren der Luftverflüssigung.

4 II Bei dem Kolbenproberversuch in Bild 3 ist immer noch Eisenwolle enthalten, die nicht mit dem Sauerstoff reagiert hat. Begründe, dass am Ende der Reaktion immer noch Eisen als Reinstoff vorhanden sein muss.

»

A Die Luft wird dünn

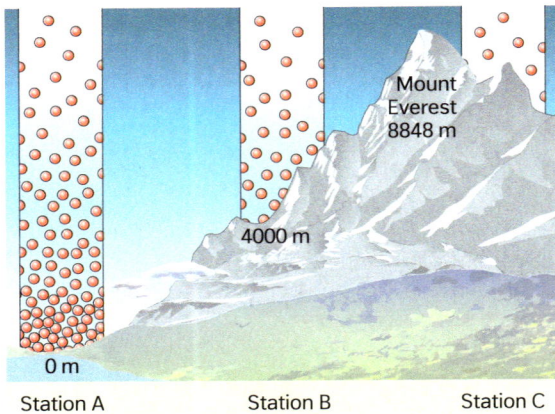

1 Luftdruck ändert sich mit der Höhe

Luft besteht aus einem Gemisch verschiedener Gase. Die Teilchen der Gase üben auf einen Körper und die Umgebung einen Druck aus, den **Luftdruck**. Je höher du auf einen Berg steigst, desto niedriger wird der Luftdruck. Dadurch verringert sich die Anzahl aller Gas-Teilchen in der Luft. Somit sinkt auch die Anzahl der Sauerstoff-Teilchen (→ Bild 1). Die Luft wird dünn.
Ein Bergsteiger auf der Spitze des Mount Everest nimmt bei einem Atemzug weniger Sauerstoff-Teilchen auf als bei einem Atemzug im Tal. Die Zusammensetzung der Luft ist auf dem Gipfel jedoch genauso wie im Tal.

1 Beschreibe die Anzahl der Sauerstoff-Teilchen an den Stationen A bis C in Bild 1.

2 Beschreibe, wie sich die Luft im Tal und auf der Spitze des Mount Everest unterscheidet.

3 Erläutere die Aussage: „Die Luft wird dünn".

Starthilfe zu 3:
Betrachte die Säulen in Bild 1. Sie zeigen die Anzahl der Sauerstoff-Teilchen.

B Gasgemische beim Tauchen

2 Taucher nutzen spezielle Atemgasgemische.

Genau wie beim Bergsteigen in großen Höhen ist das Tauchen in großen Tiefen eine Belastung für den Körper. Der Druck nimmt unter Wasser immer weiter zu, je tiefer getaucht wird. Dadurch entwickelt besonders das Gas Stickstoff eine schädliche Wirkungen auf den Körper. Es kann zu einer Stickstoffvergiftung kommen. Anzeichen dafür sind Übelkeit, Schwindel, Erbrechen, Tunnelblick und Persönlichkeitsveränderungen. Druckluftflaschen von Tauchern werden deshalb mit Gasgemischen befüllt, die eine andere Zusammensetzung haben als die normale Atemluft. Damit können Taucher bis zu 200 m tief tauchen.

1 Nenne die Auswirkungen einer Stickstoffvergiftung auf den menschlichen Körper.

2 Beschreibe, wieso beim Tauchen in großen Tiefen spezielle Gasgemische verwendet werden müssen.

Reinigen, bleichen und desinfizieren mit Sauerstoff

3 Verschiedene „Oxi-Reiniger"

4 Sauerstoffverbindungen bleichen Haare.

Oxi-Reiniger enthalten Sauerstoff

Hersteller von Putz- und Waschmitteln
werben mit der reinigenden Wirkung von
Sauerstoff in „Oxi-Reinigern". Als Reini-
gungslösungen wirken sie desinfizierend, da
sie Mikroorganismen wie Bakterien abtöten.
In der Medizin werden Sauerstoff-Verbindungen zur Desinfektion von Instrumenten
und Oberflächen verwendet.
Außerdem können die Reiniger der Wäsche
beigegeben werden, um Flecken zu beseiti-
gen. Das liegt an der bleichenden, entfär-
benden Wirkung des Reinigers. Der Sauerstoff liegt in diesen Reinigern nicht elementar
vor. Er ist Teil von Sauerstoff-Verbindungen.
Diese Verbindungen werden Peroxide
genannt. Wird das Reinigungsmittel erhitzt,
kann Sauerstoff mit der Glimmspanprobe
nachgewiesen werden (→ Bild 3).

Bleichende Wirkung von Sauerstoff

Oxi-Reiniger nutzen die bleichende Wirkung
von reaktionsfreudigen Sauerstoff-Verbindungen wie Peroxiden, die mit Farbstoffen reagieren. Das Reaktionsprodukt ist farblos.
Ähnlich funktioniert das Blondieren (→ Bild 4).
Hier verwendet der Frisör Wasserstoffperoxid,
um die Haare aufzuhellen. Es zerstört die
Farbstoffe der Haare dauerhaft. Eine Blondie-
rung wäscht sich deshalb nicht heraus. Erst
wenn das Haar nachgewachsen ist, hat es
wieder seine ursprüngliche Farbe. Je länger
das bleichende Mittel auf das Haar einwirkt,
desto mehr Farbstoffe werden zerstört und
desto heller wird das Haar. Auch bei dieser
Reaktion entsteht Sauerstoff. Bei der Verwendung von Wasserstoffperoxid ist Vorsicht
geboten. Es schädigt die Haarfaser und reizt
die Haut.

1 Beschreibe die Verwendungen von Sauerstoff-Verbindungen im Alltag.

2 Nenne ein Beispiel für reaktionsfreudige Sauerstoff-Verbindungen.

3 ‖ Erläutere, bei welchen der folgenden Beispiele gebleicht wird:
Papierherstellung, Haare blondieren, Tintenkiller, Sonnencreme, Wände streichen, Wäsche
waschen.

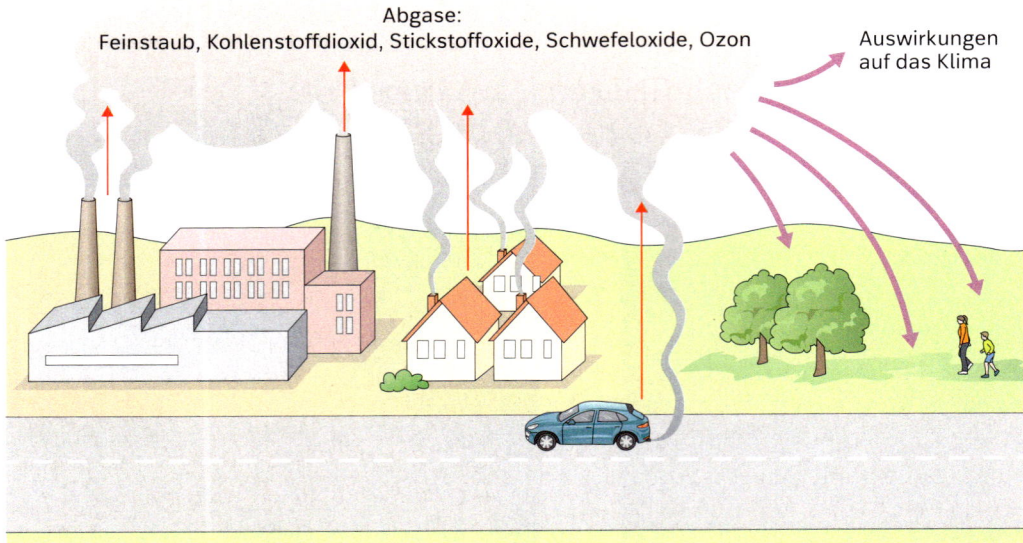

Abgase:
Feinstaub, Kohlenstoffdioxid, Stickstoffoxide, Schwefeloxide, Ozon

Auswirkungen
auf das Klima

1 Entstehung und Wirkung von Abgasen

Eine gute Luftqualität ist lebensnotwendig

Die Luftschadstoffe

Für alle Lebewesen in den unterschiedlichen Ökosystemen ist saubere Luft lebensnotwendig. Luft ist ein Gemisch aus verschiedenen Gasen. Durch die Verbrennung von fossilen Brennstoffen zum Beispiel in Autos, Heizungsanlagen oder in Kraftwerken entstehen **Abgase**. Sie enthalten neben dem klimaschädlichen Kohlenstoffdioxid weitere Stoffe wie Feinstaub, Stickstoffoxide, Schwefeloxide oder Ozon.

Der Feinstaub

Bei Verbrennungen entstehen sehr kleine Teilchen, die in die Luft abgegeben werden. Sie werden als **Feinstaub** bezeichnet. Feinstaub entsteht auch durch Bremsenabrieb, Reifenabrieb und die Aufwirbelung von Straßenstaub durch Autos. Beim Einatmen kann Feinstaub in die Lungen oder ins Blut gelangen. Dort kann er Erkrankungen des Herzkreislaufsystems oder der Atmungsorgane verursachen.

Stickstoffoxide und Schwefeloxide

Bei der Verbrennung von fossilen Brennstoffen beispielsweise in Motoren entstehen in Verbindung mit Sauerstoff **Stickstoffoxide** und **Schwefeloxide.**
Stickstoffoxide reizen die Schleimhäute in den Atemwegen und können Atemwegserkrankungen auslösen. Schwefeloxide bilden in Verbindung mit Sauerstoff und Wasser sauren Regen. Er schädigt Pflanzen und kann sogar Gebäude angreifen.

Das Ozon

Ozon ist ein Gas in der Erdatmosphäre. Die natürliche **Ozonschicht** liegt in etwa 20 km Höhe. Sie schützt die Erde vor schädlichen ultravioletten Strahlen der Sonne.
Ozon in Bodennähe bildet sich vor allem im Sommer aus Sauerstoff und Stickstoffoxiden. Es entsteht in der Mittagszeit, wenn es sehr sonnig und heiß ist. Das Gas kann Husten, Kopfschmerzen oder Atembeschwerden verursachen.

Verminderung der Luftschadstoffe

In den letzten Jahren ist die Schadstoffbe-
lastung der Luft in Deutschland deutlich
zurückgegangen. Die Industrie trägt dazu
bei, indem sie neue Methoden der Abgas-
reinigung nutzt. Außerdem sind Vorgaben
zur Schadstoffbegrenzung und ihre Einhal-
tung zum Beispiel für Kraftwerke, Indust-
riebetriebe, Kraftfahrzeuge oder Heizungsanlagen wichtig. Auch Fahrverbote können
zur Luftreinhaltung beitragen.

2 Fahrverbote für ältere Dieselfahrzeuge

Elektrofahrzeuge

Die Zunahme von Elektrofahrzeugen an der
Gesamtzahl aller Fahrzeuge ist ebenfalls
wichtig. Elektrofahrzeuge fahren mit Strom
und produzieren beim Fahren keine gesund-
heitsschädlichen oder klimaschädlichen
Abgase. Allerdings werden bei der Herstellung der Batterien oder bei der Produktion
der Autos ebenfalls problematische Stoffe
verwendet oder produziert. Außerdem wird
derzeit in Deutschland erst etwa die Hälfte
des Stroms aus erneuerbaren Energiequellen gewonnen. Der Rest wird hauptsächlich
in Kohlekraftwerken erzeugt.

3 Elektroauto an einer Ladestation

Erneuerbare Energien

Energie, die aus der Sonne, dem Wind, der
Wasserkraft, der Erdwärme oder aus der
Biomasse von Pflanzen gewonnen wird,
wird als erneuerbare Energie bezeichnet.
Im Gegensatz zu den fossilen Energieträ-
gern verbrauchen sich die Quellen für diese
Energien nicht.

4 Erneuerbare Energien wie Windkraft

1 **a)** Nenne vier Luftschadstoffe, die durch die Verbrennung von fossilen Brennstoffen entstehen.
b) Beschreibe, wie sie entstehen.

2 Beschreibe Gesundheitsbelastungen durch Luftschadstoffe. Erstelle dazu eine Tabelle.

Starthilfe zu 2:

Luftschadstoff	Gesundheitsbelastung
Feinstaub	

3 Beschreibe, wie Luftschadstoffe vermindert werden können.

4 **I** Nenne mindestens drei Beispiele für erneuerbare Energien.

5 **II** Elektrofahrzeuge sind viel umweltfreundlicher als Fahrzeuge mit Verbrennungsmotoren. Beurteile diese Aussage und begründe deine Stellungnahme.

A Luftbelastung in Städten

Besonders im Winter kann in Städten die Belastung der Luft durch Feinstaub und Stickstoffoxide sehr hoch werden. Dies passiert, wenn sich an windstillen Tagen warme Luft wie eine Glocke über kältere Luft legt, die sich in Bodennähe befindet. Die Abgase, der Rauch und der Feinstaub reichern sich dann in Bodennähe stark an. Bei Menschen kann dies zu Atemwegserkrankungen und zu Kreislaufbeschwerden führen. Wenn von der EU vorgegebene Grenzwerte überschritten werden, können Fahrverbote zum Beispiel für ältere Fahrzeuge oder für Dieselfahrzeuge ausgesprochen werden. Auch offene Kamine dürfen dann nicht mehr benutzt werden. Wir werden gebeten, öffentliche Verkehrsmittel zu benutzen.

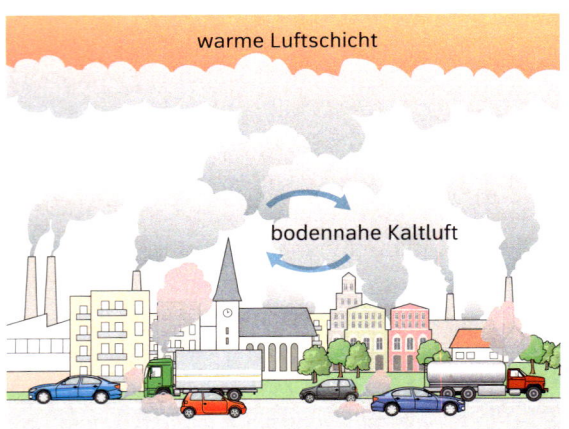

1 Schlechte Luft in Städten

1 Beschreibe mithilfe des Textes und Bild 1, wie es in Städten im Winter zu einer hohen Konzentration von Feinstaub und Stickstoffoxiden in Bodennähe kommen kann.

2 Nenne Beispiele für Maßnahmen, die dann zum Schutz der Gesundheit der Menschen getroffen werden.

3 ‖ Recherchiere, warum insbesondere Dieselfahrzeuge von den Fahrverboten betroffen sind. Stelle die Gründe vor.

B Die Belastung der Luft betrifft uns alle

Das Feinstaubproblem betrifft mich nicht. Ich wohne auf dem Land.

Wenn es sehr sonnig und warm ist, ist es besser, morgens oder abends zu joggen.

Ozon schützt uns vor den UV-Strahlen der Sonne.

Elektroautos sind eine gute Alternative zu Autos mit Verbrennungsmotoren.

Fahrverbote in Städten sind uncool. Ich wohne auf dem Land und möchte mit dem Auto in die Stadt fahren, wann ich will.

Windräder verschandeln die Landschaft. Deshalb will ich an meinem Wohnort keines haben.

Wenn immer es möglich ist, fahre ich mit öffentlichen Verkehrsmitteln, weil sie die Luft weniger belasten als Autos.

2 Aussagen zu Luftschadstoffen

Für Menschen, Tiere und Pflanzen ist saubere Luft lebensnotwendig. Eine zu hohe Konzentration an Schadstoffen kann zu gesundheitlichen Beeinträchtigungen bei Menschen führen und Ökosysteme belasten.

1 a) Bewerte die Aussagen im Hinblick darauf, ob in den Aussagen die negative Wirkung von Luftschadstoffen berücksichtigt wird.
b) Mache Vorschläge für alternatives Handeln, wenn du eine Aussage für falsch hältst.

Beispiele für erneuerbare Energien

3 Wasserkraftwerk

Energie aus Wasser

Bei der Gewinnung von Energie aus Wasser wird die Bewegungsenergie von Strömungen im Wasser genutzt. Energie kann durch Stauseen, in Flüssen oder im Meer durch die Gezeiten gewonnen werden.

4 Biogasanlage

Energie aus Biomasse

In Biogasanlagen wird die Biomasse von Pflanzen, Mist oder Speiseresten von Bakterien zersetzt. Dazu muss die Biogasanlage luftdicht abgeschlossen sein. Biogas kann zur Erzeugung von Strom, Wärme oder Kraftstoffen genutzt werden.

5 Fotovoltaikanlage

Energie aus Sonnenlicht

In der Solartechnik wird die Energie des Sonnenlichts genutzt. Sonnenkollektoren werden eingesetzt, um Wärme zu gewinnen. In Fotovoltaikanlagen, zum Beispiel auf Hausdächern, wird über Solarzellen Strom erzeugt. Kleine Solarzellen werden auch in Alltagsgeräte wie Taschenrechner eingebaut.

6 Windpark in der Nordsee

Energie aus Wind

Windenergieanlagen können in Gebieten mit starkem Wind gebaut werden. Manchmal entstehen Winparks auch auf dem Wasser. Der Rotor der Windräder treibt einen Generator an, der die Windenergie in elektrische Energie umwandelt.

1 **a)** Nenne den entscheidenden Vorteil aller erneuerbaren Energien.
 b) Beschreibe für jede erneuerbare Energie, wie dieser Vorteil genutzt wird.

2 **II** Recherchiere möglichen Nachteile der einzelnen erneuerbaren Energiequellen. Stelle deine Ergebnisse vor.

Auf einen Blick: Ökosystem See und Stadt

Ökosystem See

Ein See ist ein natürliches Ökosystem, in dem bestimmte Pflanzen und Tiere in einer Lebensgemeinschaft leben. Je nach Einfluss der abiotischen und biotischen Faktoren bilden sich unterschiedliche Lebensgemeinschaften.
Am Seeufer gibt es verschiedene Pflanzenzonen. Die Pflanzen und die Tiere, die hier leben, sind den unterschiedlichen Umweltbedingungen angepasst.
Alle Lebewesen sind über Nahrungsketten in einem Nahrungsnetz miteinander verbunden. Produzenten, Konsumenten und Destruenten bilden Stoffkreisläufe.
Die Lebensgemeinschaft in einem See wird durch die Besiedlung, Wassersport oder andere menschliche Aktivitäten beeinflusst. Durch Überdüngung kann es zu Sauerstoffmangel in einem See kommen.

Ökosystem Stadt

Eine Stadt ist ein künstliches, von Menschen geschaffenes Ökosystem. Das Ökosystem wird durch die besonderen abiotischen Faktoren wie Klima, Luft und Wasserhaushalt geprägt.
Innerhalb einer Stadt gibt es viele kleine Lebensräume wie Parks oder Fußgängerzonen. Hier leben jeweils unterschiedliche Tiere und Pflanzen. Alle Lebewesen sind über Nahrungsketten in einem Nahrungsnetz miteinander verbunden. Erzeuger, Verbraucher und Zersetzer bilden Stoffkreisläufe.
In der Stadt sind alle Nahrungsbeziehungen und die Stoffkreisläufe stark von Menschen beeinflusst. Abfallvermeidung, Luftreinhaltung und die sparsame Nutzung von Energie sind in einer Stadt besonders wichtig. Sie sind die Voraussetzung dafür, dass alle Lebewesen dauerhaft in einer Stadt leben können.

WICHTIGE BEGRIFFE

- natürliches Ökosystem
- abiotische und biotische Faktoren
- Produzenten, Konsumenten, Destruenten
- Nahrungskette, Nahrungsnetz
- Stoffkreislauf

WICHTIGE BEGRIFFE

- künstliches Ökosystem
- abiotische und biotische Faktoren
- Nahrungskette, Nahrungsnetz
- Nahrungspyramide
- Stoffkreislauf

Lerncheck: Ökosystem See und Stadt

Ökosystem See

1 Erläutere am Beispiel eines Sees die Begriffe Lebensraum, Lebensgemeinschaft und Ökosystem.

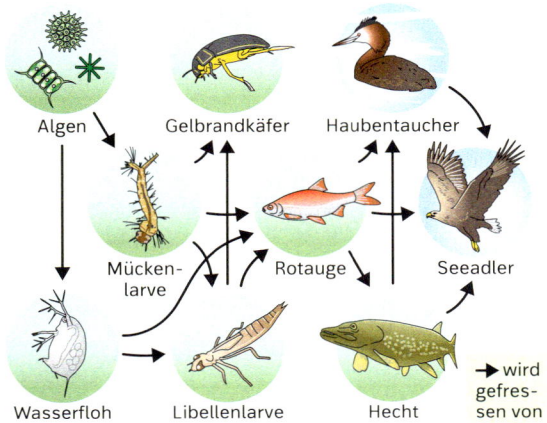

Algen Gelbrandkäfer Haubentaucher

Mücken-larve Rotauge Seeadler

Wasserfloh Libellenlarve Hecht

→ wird gefressen von

2 a) Schreibe aus dem Nahrungsnetz oben mindestens zwei Nahrungsketten heraus.
b) Gib für jedes Lebewesen an, ob es zu den Produzenten oder Konsumenten gehört.

3 a) Zeichne einen Stoffkreislauf. Verwende dabei die Begriffe Produzenten, Destruenten und Konsumenten.
b) Nenne jeweils ein Lebewesen als Beispiel.

4 Nenne Beispiele, wie Menschen in das Ökosystem See eingreifen. Beschreibe mögliche Folgen.

Ökosystem Stadt

5 Begründe, warum Städte im Gegensatz zu Wäldern oder Seen als künstliche Ökosysteme bezeichnet werden.

6 a) Beschreibe eine Nahrungskette aus dem Ökosystem Stadt.
b) Erläutere für die Glieder der Nahrungskette, ob es sich jeweils um Produzenten oder Konsumenten handelt.

7 Nenne Beispiele für unterschiedliche Lebensräume in einer Stadt und bewerte ihre Bedeutung.

8 Beschreibe Verhaltensweisen von Menschen, die zum nachhaltigen Umgang mit der Natur in der Stadt beitragen.

Kohlenstoffkreislauf

9 Beschreibe den natürlichen Kohlenstoffkreislauf

10 Beurteile den Einfluss des Menschen auf den natürlichen Kohlenstoffkreislauf.

Zusammensetzung der Luft

11 Nenne die Bestandteile der Luft.

12 Zeichne ein Diagramm, in dem die Bestandteile der Luft und ihre Anteile zu sehen sind.

DU KANNST JETZT …

- … abiotische Faktoren beschreiben, die das Leben im Ökosystem See prägen.
- … Nahrungsketten in einem See beschreiben und erläutern, wie diese zu einem Nahrungsnetz verknüpft sind.
- … den Stoffkreislauf am Beispiel See darstellen.
- … beschreiben, wie Menschen in das Ökosystem See eingreifen.

DU KANNST JETZT …

- … abiotische Faktoren beschreiben, die das Leben im Ökosystem Stadt prägen.
- … Nahrungsketten in einer Stadt beschreiben und erläutern, wie diese zu einem Nahrungsnetz verknüpft sind.
- … den Kohlenstoffkreislauf und den Einfluss des Menschen auf diesen erläutern.
- … Stoffe nennen, die in unserer Atemluft enthalten sind.

Lerncheck

Optische Instrumente

Was bedeutet Lichtbrechung?

Warum benutzen manche Menschen Kontaktlinsen?

Wie funktioniert ein Fernrohr?

1 Bild der Umgebung durch eine Lochblende

▶⏸ F Löcher erzeugen Bilder

Ist das eine optische Täuschung?

Das Bild an der Wand von Bild 1 stammt nicht von einem Projektionsapparat. Es ist die Abbildung der Umgebung. Allerdings ist diese Abbildung seitenverkehrt und steht auf dem Kopf.

Die Verdunkelung am Fenster hat ein kleines Loch. So ein Loch kann in diesem Fall als **Lochblende** bezeichnet werden. Die Lichtstrahlen aus der Umgebung dringen geradlinig durch die Lochblende und bilden die Umgebung auf der Wand ab.

Die Natur abbilden

Vor rund 700 Jahren wurde die Lochkamera zur Beobachtung der Sonne genutzt. So mussten die Menschen nicht mit bloßem Auge in das helle Licht blicken. Das Bild der Sonne wurde auf eine Fläche projiziert.

In der Renaissance (15.-16. Jahrhundert) beschäftigten sich die Menschen viel mit der Natur. Zeichner und Maler nutzten **Lochkameras,** um Dinge abzubilden und dann nachzuzeichnen (→ Bild 2). Die Zeichnungen wurden dadurch naturgetreu.

Von der Lochblende zur Kamera

Die Lochkamera ist ein großer Raum mit einem kleinen Loch in einer Wand. Auf der gegenüberliegenden Wand erscheint dann das Bild der Umgebung. Der Maler kann dieses Bild nun auf eine Leinwand übertragen.

Eine dunkle, finstere Kammer heißt auf Latein **Camera obscura.** So hat die Lochkamera ihren Namen bekommen. Im Laufe der Zeit haben sich die Lochkameras und die gesamte Technik der Fotografie weiterentwickelt. Der Name Kamera aber wird bis heute beibehalten. Auch heute findest du als Attraktion in manchen Städten noch eine Camera obscura.

2 Skizze einer Camera obscura

Die Bildentstehung an einer Lochblende

Ein sichtbarer Gegenstand sendet Licht in alle Richtungen aus. Steht eine Kerze vor einer Lochblende, fällt von jeder Stelle der Kerze auch ein Lichtstrahl durch die Blende auf die Wand oder einen Schirm. Dort entsteht ein kleiner Lichtfleck von der entsprechenden Stelle der Kerze (→ Bild 3). Aus diesen Lichtflecken setzt sich dann das Bild zusammen.

Der Verlauf der Lichtbündel

Den Verlauf der Lichtstrahlen kannst du wie in Bild 4 zeichnen. Die Lichtstrahlen verlaufen immer geradlinig. Der Lichtstrahl von der Kerzenspitze trifft daher unten auf den Schirm. Der Lichtstrahl vom unteren Teil der Flamme trifft weiter oben auf den Schirm. Das Bild steht auf dem Kopf. Rechts und links werden ebenfalls vertauscht. Das Bild ist also seitenverkehrt.

Die Helligkeit

Die Lochblende ist klein. Daher kann nur wenig Licht einfallen und das Bild ist lichtschwach, aber scharf. Bei einer Lochblende mit einem größeren Durchmesser werden auch die Lichtstrahlen, die durch die Blende fallen, größer. Sie erzeugen auf dem Schirm größere Lichtflecken, die sich überlagern. Das Bild wird heller, aber unschärfer.

3 Lichtstrahlen fallen durch eine Lochblende.

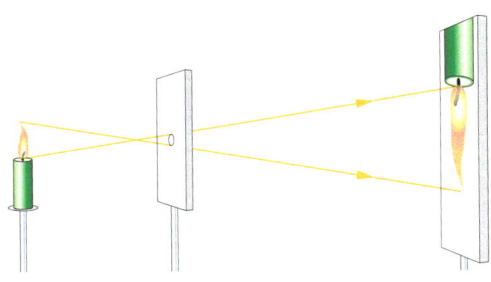

4 Verlauf der Lichtstrahlen an einer Lochblende

> **Das Bild durch eine Lochblende:**
> ist seitenverkehrt
> steht auf dem Kopf
> scharf, aber lichtschwach
> unscharf, aber lichthell

① Nenne eine wichtige Erfindung, die durch die Camera obscura möglich wurde.

② a) Nenne die Eigenschaften des Bildes, das hinter einer Lochblende auf einem Schirm aufgefangen werden kann.
b) Beurteile die Änderung des Bildes in Abhängigkeit von der Lochgröße.

③ I Erkläre, zu welchem Zweck Maler und Zeichner eine Camera obscura benutzten.

④ II Erstelle eine Skizze von einer Tasse, die hinter einer Lochblende ein Bild auf einem Schirm erzeugt. Zeichne den Verlauf eines Lichtbündels ein, das vom Henkel ausgeht.

Starthilfe zu 4:
Betrachte dazu Bild 4.

Ⓐ Du baust eine Lochkamera

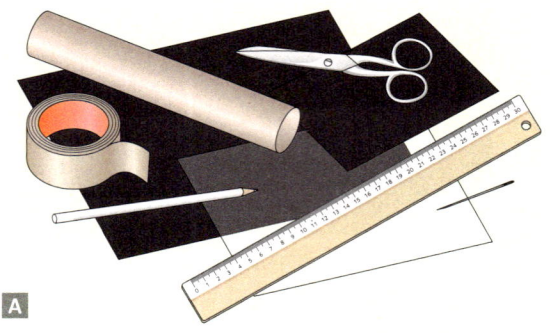

Material: Pappröhre (z. B. von einer Haushalts-papierrolle), schwarze Pappe, Nähnadel, Transparentpapier, Klebeband, Schere, weißer Stift

Durchführung:

Schritt 1: Schneide ein Stück schwarze Pappe zurecht. Es soll einmal um die Papp-röhre gewickelt werden und etwa die Länge der Röhre haben.

Schritt 2: Wickele das Pappstück so fest um deine Pappröhre, dass es sich gerade noch verschieben lässt. Klebe es mit dem Klebeband zusammen, sodass eine zweite Pappröhre entsteht (→ Bild 1B).

Schritt 3: Zeichne auf schwarze Pappe und Transparentpapier mithilfe der Papp-röhre einen Kreis.

Schritt 4: Schneide die beiden Kreise im Radius etwa 0,5 cm größer aus.

Schritt 5: Schneide Zacken in diese Teile bis zur Kreislinie (→ Bild 1C).

Schritt 6: Befestige den schwarzen Kreis (Loch-blende) mit Klebeband an der schwar-zen Pappröhre und den Transparent-papierkreis (Mattscheibe) an der anderen Pappröhre.

Schritt 7: Stich mit der Nadel ein Loch in die Mitte der Lochblende.

1 Vom Material zur fertigen Lochkamera

❶ Betrachte deine Umgebung mit der Lochkamera.

❷ Betrachte immer aus der selben Entfernung einen hellen Gegenstand. Verändere die Länge der Kamera durch Zusammenschieben und Auseinanderziehen der Röhren. Beschreibe die Verän-derung des Bildes auf der Mattscheibe.

❸ Beschreibe die Veränderung des Bildes auf der Mattscheibe, wenn du mit der Kamera näher an den beobachteten Gegenstand heran gehst und dich wieder entfernst.

B Wie lässt sich das Bild der Lochkamera verändern?

Material: Camera obscura aus dem vorherigen Versuch, verschieden dicke Nähnadeln, Schere

Durchführung:

Schritt 1: Schneide einen rechteckigen Papp-streifen zurecht (→ Bild 2).

Schritt 2: Stich mit den verschiedenen Nadeln Löcher in den Streifen.

Schritt 3: Vergrößere das Loch in der Blende der Kamera so, dass es etwas größer ist als das größte Loch deiner Nadel.

Schritt 4: Halte den Lochstreifen so vor die Blende deiner Lochkamera, dass Licht durch eines der Löcher auf die Matt-scheibe fallen kann.

Schritt 5: Betrachte einen hellen Gegenstand durch die verschieden großen Löcher.

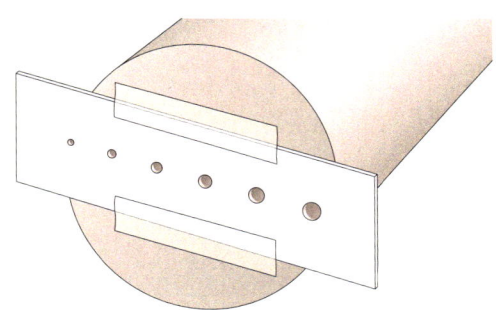

2 Camera obscura mit veränderbarer Lochblende

Schritt 6: Wiederhole Schritt 4 und 5 mit den anderen Löchern in den Lochblenden.

❶ Erkläre die Veränderung des Bildes in Abhängigkeit von der Größe der Lochblen-de.

A Zeichnen durch eine Lochblende

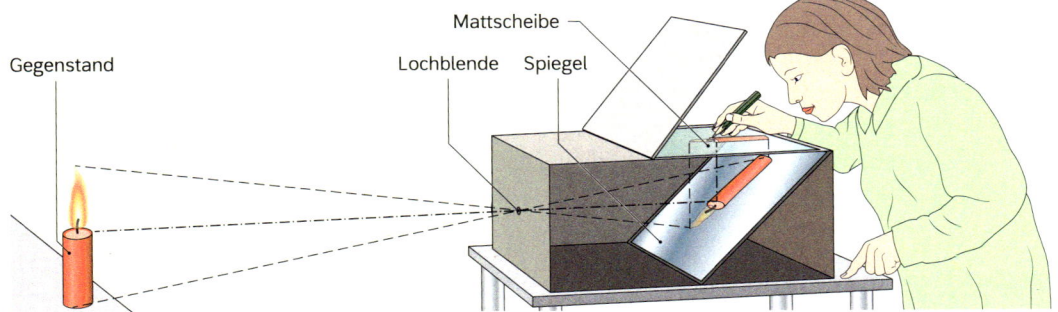

3 Camera obscura mit Spiegel

Die Camera obscura, die früher von Zeichnerin-nen und Zeichnern verwendet wurde, hatte eine Lochblende und oft auch einen Spiegel (→ Bild 3). Damit konnten Dinge gespiegelt und auf eine Mattscheibe zum Nachzeichnen abgebildet werden.

❶ Erstelle eine Skizze wie in Bild 3 und zeich-ne den Verlauf der Lichtstrahlen von zwei Punkten am Gegenstand zum Spiegel und vom Spiegel zur Mattscheibe ein.

❷ Vergleiche die Eigenschaften von dem Bild auf der Mattscheibe mit denen des Bildes, das nur von einer Lochblende erzeugt wird.

1 Optische Täuschung durch Lichtbrechung.

▶❚❚ F Die Lichtbrechung

Der doppelte Pinguin

Der Bauch des Pinguins in Bild 1 scheint viel tiefer im Wasser zu liegen, als der Kopf vermuten lässt. Grund ist die unterschiedliche Dichte von Luft und Wasser. In durchsichtigen Stoffen wie Luft, Wasser und Glas breitet sich Licht geradlinig aus.

Der Übergang von einem Medium ist die **Grenzfläche.** Treffen Lichtstrahlen auf eine Grenzfläche, ändern sie ihre Richtung. Sie werden **gebrochen.** Man spricht von einer **Lichtbrechung.** Ein Teil des Lichtes wird an der Grenzfläche **reflektiert** (→ Bild 1).

Für die Beschreibung der Brechung des Lichtes werden die Winkel zwischen Lichtbündel und Lot gemessen (→ Bild 2).

Lichtbrechung

Der Winkel zwischen einfallendem Lichtbündel und Lot ist der **Einfallswinkel.** Der Winkel zwischen dem Lot und dem gebrochenen Lichtbündel heißt **Brechungswinkel.** Bei großen Einfallswinkeln ist die Brechung stärker, als wenn das Licht fast senkrecht auf die Grenzfläche fällt. Beim Übergang des Lichtes von Luft in Wasser ist der Einfallswinkel größer als der Brechungswinkel. Das Licht wird **zum Lot hin** gebrochen. Beim Übergang von Wasser in Luft ist der Einfallswinkel kleiner als der Brechungswinkel. Das Licht wird **vom Lot weg** gebrochen.

Bei der **Reflexion** ist der **Reflexionswinkel** immer so groß wie der Einfallswinkel.

2 Lichtweg durch Luft – Wasser – Luft

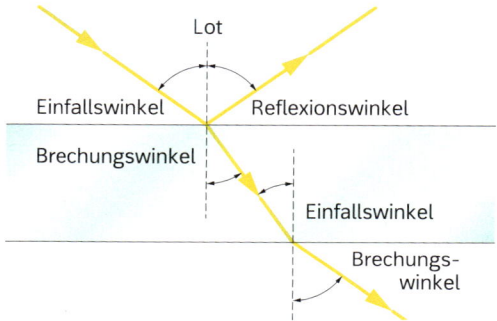

3 Lichtweg durch Luft – Wasser – Luft (Skizze)

Optische Dichte

Durchsichtige Stoffe wie Luft, Wasser und Glas sind **optische Medien.** Jedes optische Medium hat eine andere **optische Dichte.** Je höher die optische Dichte des Mediums ist, desto langsamer breitet sich das Licht darin aus. Also ist Licht in Luft schneller als Licht in Wasser.

Beim Übergang in ein **optisch dichteres** Medium wird das Licht zum Lot hin gebrochen. Geht Licht in ein **optisch dünneres** Medium über, wird das Licht vom Lot weggebrochen. Wasser ist optisch dichter als Luft. Deshalb scheint der Bleistift im Wasserglas an der Grenzfläche abzuknicken (→ Bild 4). Das Auge betrachtet die Spitze des Bleistifts. Durch die Lichtbrechung im Wasser scheint die Spitze aber nach oben verschoben zu sein (→ Bild 5).

Totalreflexion

Etwas Besonderes kannst du beobachten, wenn Licht aus einem optisch dichteren Medium auf die Grenzfläche zu einem optisch dünneren Medium fällt. Bei einem kleinen Einfallswinkel durchdringt das Licht die Grenzfläche und wird vom Lot weg gebrochen. Je größer der Einfallswinkel ist, desto mehr Licht wird wieder in das dichtere Medium reflektiert. Von einem bestimmten Einfallswinkel an wird das gesamte Licht wieder in das dichtere Medium zurückreflektiert (→ Bild 6). Das Licht tritt gar nicht aus dem dichteren Medium aus. Dieser Effekt heißt **Totalreflexion.**

4 Lichtbrechung bei einem Stift

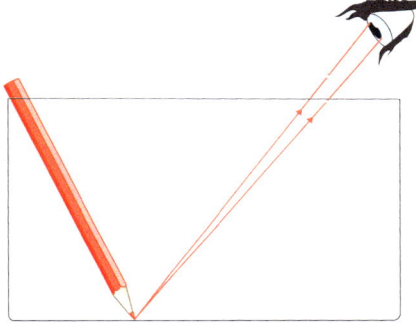

5 Skizze einer Lichtbrechung be einem Stift

6 Totalreflexion bei großen Einfallswinkeln

---

1 Beschreibe die Wegänderung des Lichtes, wenn das Lichtbündel vor Luft in Wasser übergeht.

2 Erläutere den Lichtweg durch Luft - Wasser - Luft anhand von Bild 3.

3 I Erläutere den Unterschied zwischen einem optisch dichteren und einem optisch dünneren Stoff.

4 II Beschreibe die Bedingung, unter der Totalreflexion entsteht.

5 II a) Skizziere den Lichtweg eines Lichtstrahls durch Wasser - Luft - Wasser.
b) Stelle Überlegungen bezüglich des Einfallswinkels des Lichtstrahls an und erläutere verschiedene Strahlenverläufe.

Ⓐ Wie hängen Einfallswinkel, Reflexionswinkel und Brechungswinkel zusammen?

1 Halbzylinder auf einer Winkelscheibe

Material: Halbzylinder aus Glas, Experimentierleuchte mit Schlitzblende, Winkelscheibe

Durchführung:

Schritt 1: Lege den Halbzylinder auf die Winkelscheibe wie in Bild 1.

Schritt 2: Leuchte mit der Lampe aus fünf verschiedenen Winkeln auf die gerade Fläche des Halbzylinders. Der Lichtstrahl soll dabei immer durch den Mittelpunkt der Winkelscheibe verlaufen.

Schritt 3: Leuchte mit der Lampe aus fünf verschiedenen Winkeln auf die runde Fläche des Halbzylinders. Der Lichtstrahl soll dabei immer durch den Mittelpunkt der Winkelscheibe verlaufen.

❶ **a)** Erstelle jeweils eine Tabelle mit den Einfallswinkeln und den zugehörigen Reflexionswinkeln sowie Brechungswinkeln aus Schritt 2 und 3.
b) Beschreibe den Zusammenhang zwischen Einfallswinkel und Brechungswinkel.

❷ Erkläre den Unterschied zwischen den Werten der Einfallswinkel und der Brechungswinkel in der Tabelle aus 1a) mit der unterschiedlichen optischen Dichte.

Ⓑ Die schwebende Münze

2 Versuchsaufbau

Material: Wasser, Becherglas oder Tasse, Münze

Durchführung:

Schritt 1: Lege die Münze in die Tasse.

Schritt 2: Schaue von der Seite so in die Tasse, dass du den Boden nicht mehr sehen kannst.

Schritt 3: Gieße Wasser in die Tasse.

Schritt 4: Beobachte, was in der Tasse passiert.

❶ Notiere deine Beobachtung.

❷ Stelle Vermutungen über das Zustandekommen dieses Phänomens an.

❸ ‖ Zeichne den Strahlenverlauf von der Lichtquelle durch die Tasse in ein Auge.

Ⓐ Fische jagen

Ein Speerfischer steht mit einer Harpune am Ufer und möchte einen Fisch jagen. Doch wenn er den Speer in Richtung des Fisches ins Wasser sticht, schwimmt der Fisch weiter. Der Fisch befindet sich im Wasser nicht dort, wo er zu sein scheint. Das Gehirn denkt, dass Lichtstrahlen sich nur geradlinig fortsetzen. Bild 4 zeigt einen Versuchsaufbau, der diese Situation nachstellt. Statt eines Speers wird ein Stab verwendet.

3 Zielen über der Wasseroberfläche

❶ Skizziere Bild 4 und zeichne darin den Weg des Lichtes von der Münze zu deinem Auge, mit dem du am oberen Ende durch das Rohr schaust.

❷ **a)** Beurteile, ob du mit dem Stab die Münze mit der Einstellung auf dem Bild treffen kannst.
b) Beschreibe und begründe mögliche Anpassungen der Einstellung, um die Münze mit dem Stab zu treffen.

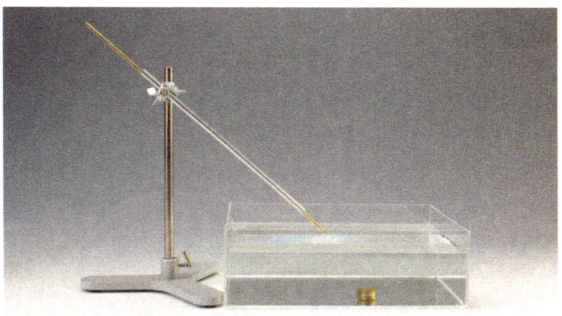

4 Versuchsaufbau

Ⓑ Lichtbrechung bei unterschiedlichen Medien

Wenn du ein Becherglas mit Wasser und Öl füllst und einen Stift hineinstellst, scheint der Stift nicht gerade zu sein (→ Bild 5).

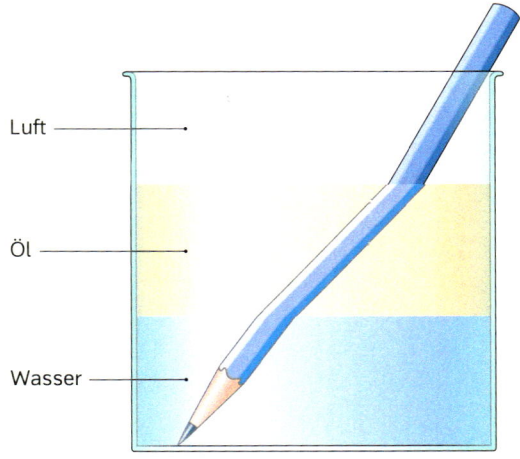

Luft

Öl

Wasser

❶ Erkläre das Aussehen des Stiftes in Bild 5. Verwende dafür die Begriffe Grenzfläche, Einfallswinkel und Brechungswinkel.

❷ Begründe mithilfe von Bild 5 die optischen Dichten der drei Materialien. Bringe sie in eine logische Reihenfolge und begründe deine Wahl.

5 Becherglas gefüllt mit Wasser und Öl

1 Sammellinse als Brennglas

▶II F # Die optischen Linsen

Brechung durch Sammellinsen

Hältst du eine Lupe bei Sonnenlicht in einem bestimmten Abstand über Holz, siehst du einen kleinen, sehr hellen Lichtfleck. Die Stelle wird heiß (→ Bild 1). Leicht brennbares Material wie Holz lässt sich mit einem solchen Brennglas entzünden. Eine Lupe kann Licht an einer Stelle sammeln. Sie ist eine **Sammellinse** (→ Bild 2).

Im Sommer können leere Glasflaschen ein Feuer entfachen. Der Boden einer Glasflasche ist wie eine Sammellinse geformt. Die gesammelten Lichtstrahlen erhitzen getrocknetes Gras und dies fängt an zu brennen.

Bilder durch Sammellinsen

Sammellinsen bündeln parallel einfallende Lichtstrahlen in einem Punkt, dem **Brennpunkt F.** In der Mitte einer Sammellinse liegt die **Mittelebene.** Der Abstand der Sammellinse von der Mittelebene zum Brennpunkt F ist die **Brennweite f** (→ Bild 3). Eine Sammellinse ist in der Mitte dicker als am Rand. Sie ist also **gewölbt.**

Die Brennweite hängt von der Wölbung der Linse ab. Je größer die Wölbung der Linse, desto kleiner ist die Brennweite.

Sammellinsen werden als Lupe eingesetzt, können in Brillen Sehfehler korrigieren und werden in Fotoobjektiven verwendet.

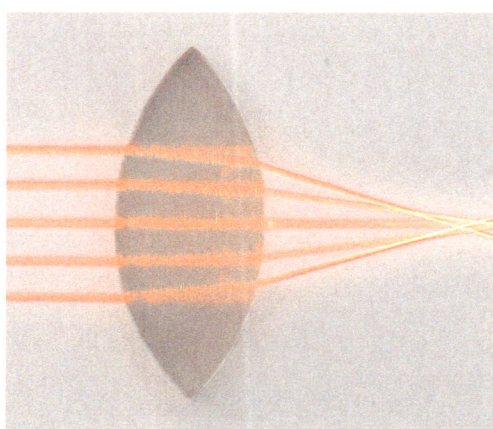

2 Eine Sammellinse

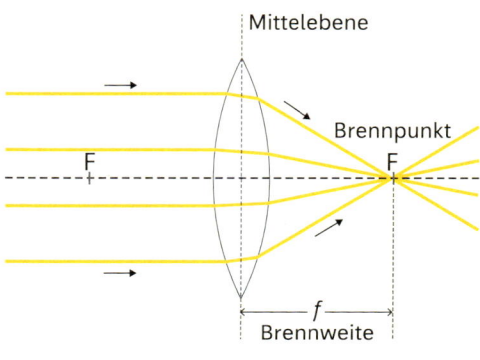

3 Lichtweg durch eine Sammellinse

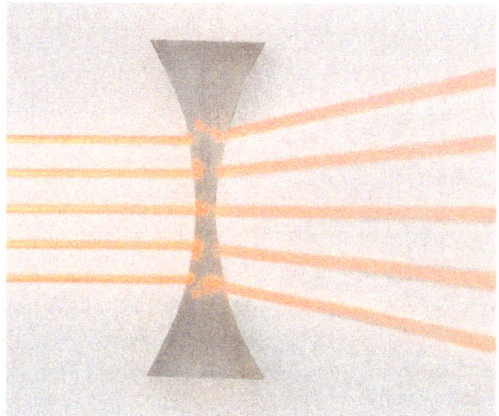

4 Eine Zerstreuungslinse

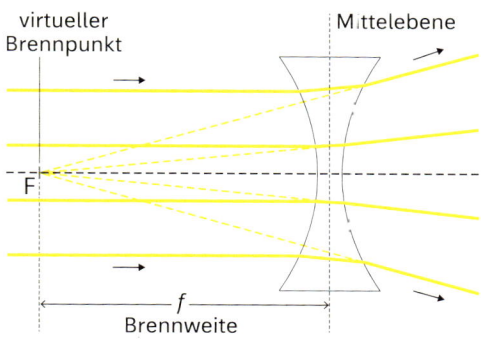

5 Lichtweg durch eine Zerstreuungslinse

Brechung durch Zerstreuungslinsen

Eine **Zerstreuungslinse** ist im Gegensatz zur Sammellinse am Rand dick und innen dünn. Je länger der Weg des Lichtbündels durch das Glas ist, desto mehr wird das Licht gebrochen. Deshalb laufen Lichtbündel nach der Lichtbrechung auseinander. Zerstreuungslinsen werden hauptsächlich bei Brillen verwendet. Sie können Kurzsichtigkeit korrigieren. Je stärker die Kurzsichtigkeit ist, desto dicker sind die Brillengläser am Rand und desto mehr wird das einfallende Licht aufgeweitet.
Zerstreuungslinsen finden sich auch in manchen Fernrohren, LEDs und Fotoapparaten.

Virtuelle Bilder bei der Zerstreuungslinse

Trifft ein paralleles Lichtbündel auf eine Zerstreuungslinse, werden die Lichtstrahlen hinter der Linse von der optischen Achse weggebrochen.
Um den Weg des Lichtes bei einer Zerstreuungslinse zu konstruieren, musst du die gestreuten Lichtbündel geradlinig zurück vor die Linse verlängern. Sie scheinen von einem Punkt auszugehen. Dies ist der **virtuelle Brennpunkt F** (→ Bild 5). Die Brennweite f ist auch hier der Abstand von der Mittelebene zum Brennpunkt. Brennweite und Brennpunkt werden mit negativen Werten angegeben, da sie vor der Linse liegen.

---

1 Beschreibe den Weg des Lichts durch eine Sammellinse.

2 Erläutere den Begriff Brennglas.

3 **I** Erkläre die Bestimmung der Brennweite einer Sammellinse mithilfe von Sonnenlicht.

4 **II** Formuliere Sätze, in denen du die beiden Linsentypen gegenüber stellst.

5 **III** Eine Sammellinse hat eine Brennweite von f = 4 cm. Konstruiere die Strahlen eines einfallenden parallelen Lichtbündels in dein Heft.

6 **III** Eine Zerstreuungslinse hat eine Brennweite von f = 5 cm. Konstruiere die Strahlen eines einfallenden parallelen Lichtbündels in dein Heft.

Starthilfe zu 4:
Eine Sammellinse … parallele…
… hat einen Brennpunkt, die …linse …
Eine Sammellinse ist in der Mitte…

»

Ein Versuchsprotokoll erstellen

Versuchsprotokoll

Name: Klasse: Datum:

<u>Versuchsbezeichnung:</u> Bestimmung der Brennweite einer Sammellinse

<u>Vermutung oder Frage:</u> Wie groß ist die Brennweite der vorliegenden Sammellinse?

<u>Material:</u> Sammellinse, Maßband, Schirm, Lampe

<u>Versuchsaufbau:</u> Die Lampe, die Sammellinse und der Schirm werden auf einer Gerade hintereinander angeordnet. Der Abstand zwischen Lampe und Sammellinse wird möglichst groß gewählt.

<u>Durchführung:</u> Die Sammellinse wird zwischen Lampe und Schirm verschoben. Auf dem Schirm wird die Größe des Brennflecks beobachtet.

<u>Beobachtung:</u> Wenn die Linse sehr weit entfernt oder sehr nah am Schirm ist, ist der Brennfleck auf dem Schirm groß. Es gibt eine Stelle, an der der Brennfleck auf dem Schirm minimal ist. Dieser Abstand zwischen der Linse und dem Schirm wird mithilfe des Maßbandes gemessen.

Skizze des Versuchsaufbaus

<u>Auswertung:</u> Der ermittelte Messwert zwischen Linse und minimalem Brennfleck entspricht der Brennweite.

1 Ein vollständiges Versuchsprotokoll

Versuche helfen weiter

Wenn du die Brennweite einer Sammellinse bestimmen möchtest, kannst du das mit einem wissenschaftlichen Versuch herausfinden. In der Physik werden Versuche durchgeführt, um wissenschaftliche Erkenntnisse über unterschiedlichste Phänomene zu gewinnen.

Wozu ein Versuchsprotokoll erstellen?

Wenn du im Unterricht einen Versuch durchführst, musst du ihn genau protokollieren. Nur so kannst du später nachvollziehen, welche einzelnen Schritte du durchgeführt hast.

Anleitung für ein Versuchsprotokoll

Ein Versuchsprotokoll ist immer gleich aufgebaut. Diese Anleitung hilft dir beim Erstellen.

Schritt 1: **Versuch:**
Beschreibe den Versuch in wenigen Sätzen. Notiere das Datum, deine Klasse und deinen Namen.

Schritt 2: **Vermutung oder Frage:**
Vor dem Versuch stellst du eine Vermutung auf oder notierst die Frage, die du mit dem Versuch beantworten willst.

Schritt 3: **Material:**
Hier notierst du die benötigten Geräte und das Zubehör für deinen Versuch.

Schritt 4: **Versuchsaufbau:**
Jetzt beschreibst du, wie der Versuch aufgebaut ist. Du kannst auch eine Skizze des Versuchs anfertigen.

Schritt 5: **Durchführung:**
Hier notierst du die einzelnen Schritte, die du nacheinander durchführst.

Schritt 6: **Beobachtung:**
In diesem Schritt schreibst du nur auf, was du sehen kannst. Dazu zählt zum Beispiel die Veränderung der Größe des Brennflecks. Erstelle außerdem eine Skizze und trage ermittelte Werte ein.

Schritt 7: **Auswertung:**
Ist der Versuch beendet, wertest du deine Beobachtungen aus. In diesem Schritt formulierst du einen Antwortsatz auf deine Frage oder Vermutung aus Schritt 2.

1 Plane einen Versuch, die Brennweite einer Sammellinse zu bestimmen. Führe den Versuch durch und fülle das Versuchsprotokoll aus. Notiere eure Ergebnisse auch in einer Skizze.

2 ‖ Erläutere den Unterschied zwischen Beobachtung und Auswertung.

Ⓐ Wie hängen Brennpunkt und Brennweite zusammen?

Material: zwei verschiedene Sammellinsen, Knete, Lampe, Millimeterpapier, Maßstab

Durchführung:

Schritt 1: Klebe das Millimeterpapier an eine Wand.

Schritt 2: Leuchte mit der Lampe auf die Wand.

Schritt 3: Stelle eine Linse parallel zur Wand in das Lichtbündel der Lampe. Die Knete kann helfen, die Linse zu halten.

Schritt 4: Miss den Durchmesser des hellen Lichtflecks, den Durchmesser des Schattens und den Abstand der Linse zur Wand.

Schritt 5: Verändere den Abstand der Linse zur Wand und wiederhole Schritt 3.

Schritt 6: Wiederhole Schritt 4 dreimal. Wähle den Wandabstand der Linse so, dass ein möglichst kleiner Lichtfleck entsteht.

Schritt 7: Wiederhole Schritt 2 - 5 mit der anderen Linse.

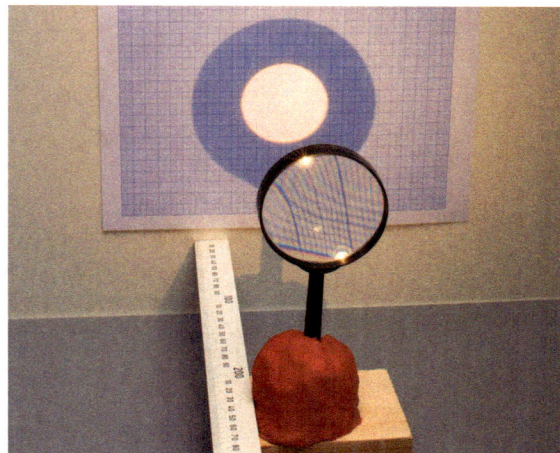

2 Sammellinse vor einem Milimeterpapier

1 Nenne die Brennweiten der beiden Linsen.

2 Erstelle eine Tabelle, in der du jeweils den Abstand zur Wand, die Größe des Lichtflecks und die des Schattens einträgst.

3 Beschreibe deine Beobachtungen

Ⓑ Wie kannst du Papier mit einer Linse entzünden?

Mit einer Sammellinse kannst du bei Sonnenschein Papier entzünden.

Material: Sammellinse (Brennweite +50 mm), zum Beispiel eine Leselupe, Papier oder anderes leicht entzündbares Material, feuerfeste Unterlage

Durchführung:

Schritt 1: Halte eine Sammellinse so, dass die Lichtstrahlen der Sonne senkrecht darauf fallen.

Schritt 2: Lege ein Stück Papier oder leicht entzündbares Material auf die andere Seite der Linse auf eine feuerfeste Unterlage und verändere den Abstand zur Linse, bis der helle Lichtfleck ganz klein wird.

3 Druchführung des Versuchs

1 Beschreibe deine Beobachtungen.

2 Wenn im Sommer im trockenen Gras Glasscherben liegen und die Sonne darauf scheint, kann dies nicht nur für deine Füße gefährlich werden. Erkläre mögliche Auswirkungen auf das Gras.

1 Original auf einem Monitor und Bild durch eine Linse auf einem Schirm

▶❚❚ F

Linsen erzeugen Bilder

Bildentstehung durch eine Sammellinse

Schaust du mit einem kurzen Abstand durch eine Sammellinse auf einen Gegenstand, siehst du die Einzelheiten vergrößert. Das Bild ist aufrecht und seitenrichtig. Vergrößerst du den Abstand zwischen der Linse und dem Gegenstand, verschwindet das Bild. In diesem Moment ist der Abstand so groß wie die Brennweite der Linse. Vergrößerst du den Abstand weiter, kannst du das Bild wieder sehen. Es steht jetzt aber auf dem Kopf und ist seitenverkehrt. Dieses Bild kannst du auch auf einem weißen Blatt Papier auffangen (→ Bild 1).

Optische Größen einer Sammellinse

Um Linsenabbildungen zu beschreiben, sind verschiedene Größenangaben entlang der **optischen Achse** notwendig. Der Gegenstand hat die **Gegenstandsgröße G.** Er ist mit der **Gegenstandsweite g** von der Mittelachse der Linse entfernt. Das Bild hinter der Linse auf dem Schirm hat die **Bildgröße B.** Der Abstand von der Linse zum Bild heißt **Bildweite b.** Der Brennpunkt F befindet sich im Abstand der Brennweite f von der **Mittelebene** der Linse. Normalerweise ist die Brennweite zu beiden Seiten gleich.

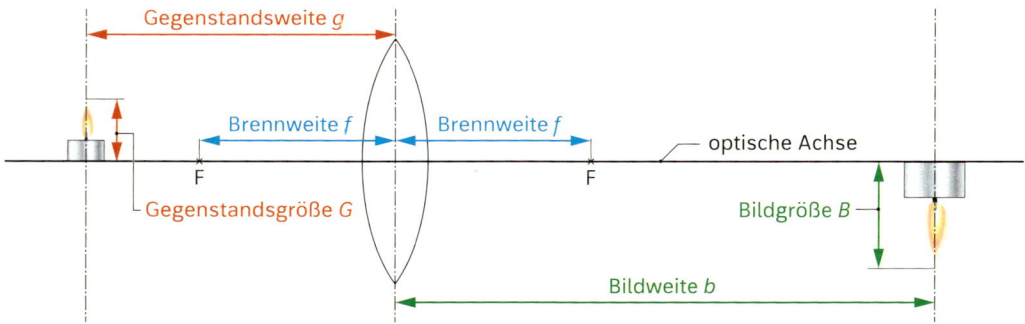

2 Optische Größen bei einer Bildkonstruktion

3 Bildkonstruktion mithilfe ausgezeichneter Lichtstrahlen

Ausgezeichnete Lichtstrahlen

Eine Linse erzeugt ein Bild von einem Gegenstand. Um ein Bild zu konstruieren, kannst du **ausgezeichnete Lichtstrahlen** benutzen (→ Bild 3).

Ein Lichtstrahl verläuft von der Spitze des Gegenstandes parallel zur optischen Achse und trifft auf die Linse. Nach der Brechung geht dieser Strahl durch den Brennpunkt der Linse (→ Bild 2). Dieser Strahl heißt **achsenparalleler Strahl.**

Ein Lichtstrahl, der von der Spitze des Gegenstandes durch den Brennpunkt verläuft und dann auf die Linse trifft, heißt **Brennpunktstrahl.** Er geht nach der Brechung parallel zur optischen Achse weiter.

Licht, das durch den Mittelpunkt der Linse verläuft, wird nicht gebrochen. Dieser Strahl heißt **Mittelpunktstrahl.**

Vereinfacht wird die Brechung an der Mittelebene der Linse gezeichnet, obwohl das Licht an beiden Grenzflächen gebrochen wird.

Reelle Bilder

Lässt sich ein Bild mit einem Schirm auffangen, ist es ein **reelles Bild.** Das Bild ist seitenverkehrt und steht auf dem Kopf. Solche Bilder entstehen bei einer Sammellinse, wenn die Gegenstandsweite g größer als die Brennweite f ist (g>f).

Virtuelle Bilder

Manche Bilder lassen sich aber nicht auf einem Schirm auffangen. Es handelt sich dann um ein scheinbares Bild oder **virtuelles Bild.** Die Bildgröße B eines virtuellen Bildes ist stets größer als die Gegenstandsgröße G. Außerdem ist das Bild seitenrichtig.

Virtuelle Bilder entstehen, wenn sich der Gegenstand innerhalb der Brennweite f der Sammellinse befindet. Für die Konstruktion virtueller Bilder müssen die ausgezeichneten Strahlen jeweils nach hinten verlängert werden.

1 Beschreibe die Veränderung des Bildes, das du durch eine Lupe siehst, wenn du mit der Lupe zuerst nah an einem Gegenstand bist und die Lupe dann weiter von dem Gegenstand entfernst.

2 Nenne die drei ausgezeichneten Strahlen zur Beschreibung der Bildentstehung durch Linsen. Beschreibe jeweils den Verlauf dieser Strahlen vor und nach der Brechung an einer Sammellinse.

Starthilfe zu 2:
Der ...strahl verläuft ... und nach der Brechung ...

3 | Stelle die Begriffe Bildweite und Gegenstandsweite zeichnerisch dar.

4 || **a)** Beschreibe das Bild, das an einer Zerstreuungslinse entsteht.
|| **b)** Nenne den Ort, an dem das Bild entsteht.

Ⓐ Gegenstandsweite und Bildweite

1 Versuchsaufbau

Material: Lampe, Sammellinse (f = 20 – 30 cm), weiße Pappe, Maßband

Durchführung:

Schritt 1: Stelle die Gegenstände wie in Bild 1 auf. Erzeuge jeweils ein möglichst scharfes Bild.

Schritt 2: Erstelle eine Tabelle wie in Bild 2.

Schritt 3: Variiere die Gegenstandsweite wie in der Tabelle vorgegeben und trage deine Beobachtungen in der Tabelle ein.

g in cm	b in cm	Bild- eigenschaften	Bildgröße in cm
10	...	...	...
20	...	...	...
25	...	...	...

2 Wertetabelle

❶ Beschreibe den Zusammenhang zwischen der Bildweite b und der Brennweite f, wenn der Gegenstand doppelt so weit von der Linse entfernt ist wie die Brennweite.

❷ Vergleiche die Bildgröße mit der Gegenstandsgröße und formuliere einen „je…, desto…"-Satz.

Ⓐ Scheinbare Bilder

3 Blick durch eine Lupe auf das scheinbare Bild

Sammellinsen können auch scheinbare Bilder erzeugen, die nicht auf einem Schirm aufgefangen werden können.

❶ Ein Gegenstand ist 2 cm groß und er steht 3 cm vor der Mittelebene einer Linse.
a) Konstruiere das Bild des Gegenstandes vor einer Sammellinse mit einer Brennweite von f = 8 cm.
b) Beschrifte in deiner Zeichnung Brennweite, Bildweite und Gegenstandsweite mit den Abkürzungen.

❷ Konstruiere das Bild des Gegenstandes an einer Zerstreuungslinse mit einer Brennweite von f = – 8 cm.

METHODE

Eine Mindmap zur Recherche

Ein neues Thema erarbeiten

Wenn du zu einem neuen Thema recherchierst, erhältst du sehr viele Informationen, beispielsweise aus dem Internet oder aus Büchern und Zeitungen (→ Bild 4). Um sie zu sortieren, kann dir eine **Mindmap** helfen. Mindmap bedeutet Gedankenlandkarte. Auf ihr ordnest du die unterschiedlichen Informationen an (→ Bild 5).

Schritt 1: Schreibe das Hauptthema in die Mitte eines großen Blattes Papier.

Schritt 2: Suche Informationen zu dem Thema.

Schritt 3: Notiere jeweils einen Stichpunkt zu dem Thema auf einem Zettel.

Schritt 4: Sortiere die Stichpunkte um das Hauptthema herum. Hänge dabei ähnliche Inhalte zusammen.

Schritt 5: Fasse die verschiedenen Themen zu Schwerpunkten zusammen.

Schritt 6: Versuche, deine Stichworte immer weiter zu verfeinern und auf die verschiedenen Ebenen zu sortieren.

Schritt 7: Mithilfe der Themenschwerpunkte und der Inhalte der Karten kannst du die vielen Informationen gut strukturieren.

Zusatz: Du kannst deine Mindmap auch digital mit einem Textverarbeitungsprogramm oer einer geeigneten Software erstellen.

4 Informationsmaterial über Berlin

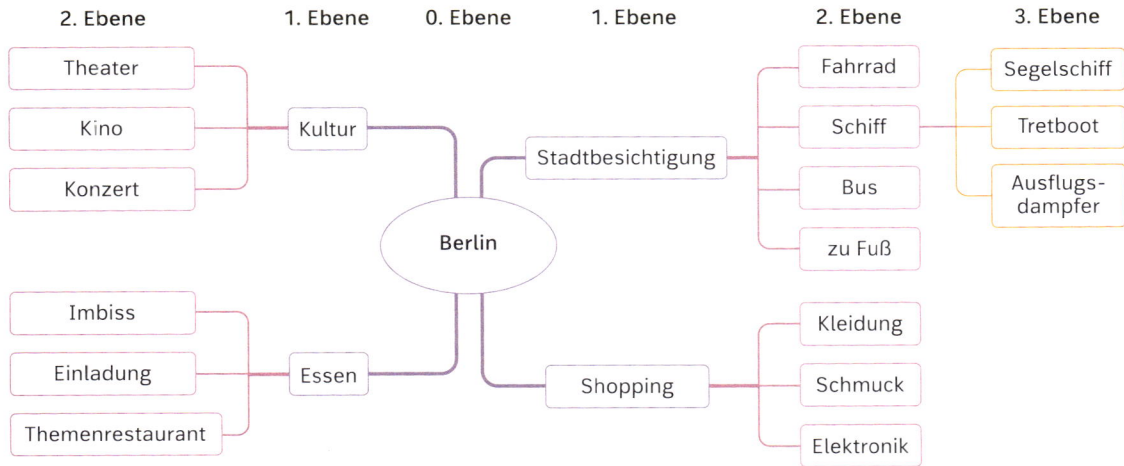

5 Mindmap zu möglichen Aktivitäten in Berlin

1 **a)** Suche im Schulbuch und im Internet Informationen zu dem Thema optische Instrumente.
b) Erstelle mithilfe deiner Informationen eine Mindmap.

2 Schreibe einen Sachtext mithilfe deiner Mindmap über optische Instrumente. Gehe dabei schrittweise jeden einzelnen Themenschwerpunkt nacheinander durch.

1 Eine Kamera und ein Auge funktionieren unterschiedlich.

▶❚❚ F

Bildentstehung im Auge und in der Kamera

Aufbau des Auges

Das Auge ist fast kugelförmig. Es ist mit einer durchsichtigen Masse, dem Glaskörper gefüllt (→ Bild 2). Das Licht fällt durch die **Pupille** ins Auge und wird durch die Linse auf der **Netzhaut** abgebildet.
Die Netzhaut besteht aus **lichtempfindlichen Sinneszellen**, den **Stäbchen** und den **Zapfen.** Die Stäbchen erkennen Helligkeiten, die Zapfen sind für das Farbsehen zuständig. Die Stäbchen und Zapfen wandeln das einfallende Licht in elektrische Impulse um und senden diese durch den **Sehnerv** ins Sehzentrum des Gehirns. Dort entsteht das Bild, das du siehst.

Aufbau einer Kamera

Äußerlich scheint eine Kamera nur wenig Ähnlichkeit mit dem Auge zu haben. Doch beim Aufbau kannst du Teile entdecken, die denen des Auges entsprechen (→ Bild 3). Bei der Kamera fällt das Licht durch das **Objektiv** auf eine Linse. Diese bündelt das Licht und lenkt es auf einen **lichtempfindlichen Sensor.** Das eintreffende Licht wird in elektrische Signale umgewandelt und kann als **Datensatz** gespeichert werden. So kannst du das Bild immer wieder anschauen. Je mehr Pixel, also lichtempfindliche Stellen, der Sensor hat, desto genauer werden Details abgebildet.

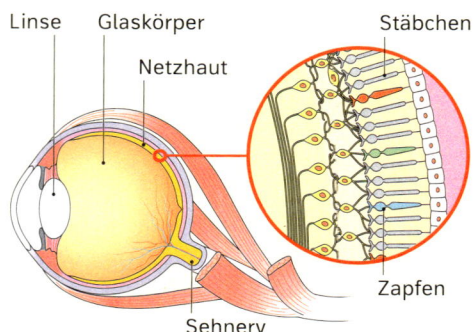

Linse   Glaskörper   Stäbchen
Netzhaut
Zapfen
Sehnerv

2 Aufbau des Auges

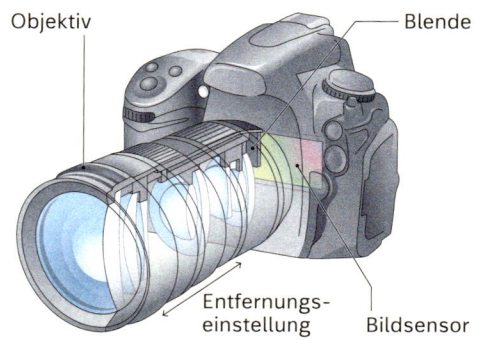

Objektiv   Blende
Entfernungs-einstellung   Bildsensor

3 Aufbau einer Kamera

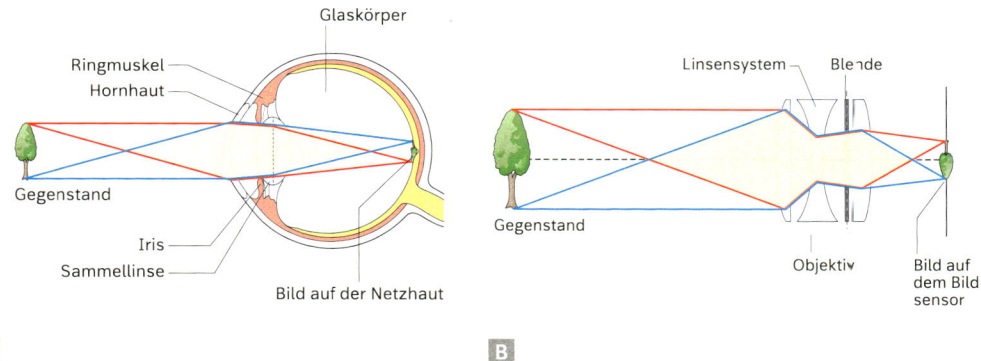

4 Strahlenverlauf: **A** im Auge, **B** in einer Digitalkamera

Stahlenverlauf im Auge

Fällt Licht in dein Auge, wird es an der durchsichtigen Hornhaut und an der Sammellinse gebrochen. Die Iris, welche vor der Pupille liegt, reguliert die einfallende Lichtmenge. Das Licht verläuft durch den Glaskörper zur Netzhaut. Diese dient als Schirm. Auf der Netzhaut entsteht ein reelles Bild, das umgekehrt, verkleinert und seitenverkehrt ist. Das Gehirn dreht das Bild so um, dass wir im Sehzentrum ein aufrechtes Bild wahrnehmen.

Strahlenverlauf in einer Digitalkamera

Das Licht fällt durch das Objektiv, das aus einem Linsensystem besteht. Eine Blende reguliert die einfallende Lichtmenge. Das Licht wird so gebrochen, dass auf dem Bildsensor ein reelles Bild entsteht. Das Bild ist umgekehrt, verkleinert und seitenverkehrt. Der Bildsensor dient als Schirm. Das Bild wird auf der Speicherkarte gespeichert. Mit einem Computerprogramm kannst du es aus der Speicherkarte auslesen.

1 **a)** Beschreibe Aufbau und Funktion des Auges und vergleiche sie mit dem Aufbau und der Funktion einer Kamera.
b) Erläutere den Strahlenverlauf des Lichtes im Auge und vergleiche ihn mit dem Strahlenverlauf in einer Kamera.

2 **a)** Vergleiche das Auge und die Kamera miteinander. Übertrage dazu die Tabelle 1 in dein Heft und ergänze sie.
b) Nimm bei deinem Vergleich die Basiskonzepte System, Struktur und Funktion sowie Wechselwirkung zur Hilfe.

3 **II** Das Netzhautbild ist umgekehrt. Begründe, dass wir das Bild trotzdem aufrechtstehend sehen.

biologischer Aufbau	physikalisches Bauteil	Aufgabe
Iris	...	...
...	Sammellinse	...
...	...	verändert die Brennweite
Netzhaut	...	...
...	...	Bildverarbeitung

Tabelle 1 Entfernungen zur Sonne

Ⓐ Nah- und Fernanpassung – die Akkommodation

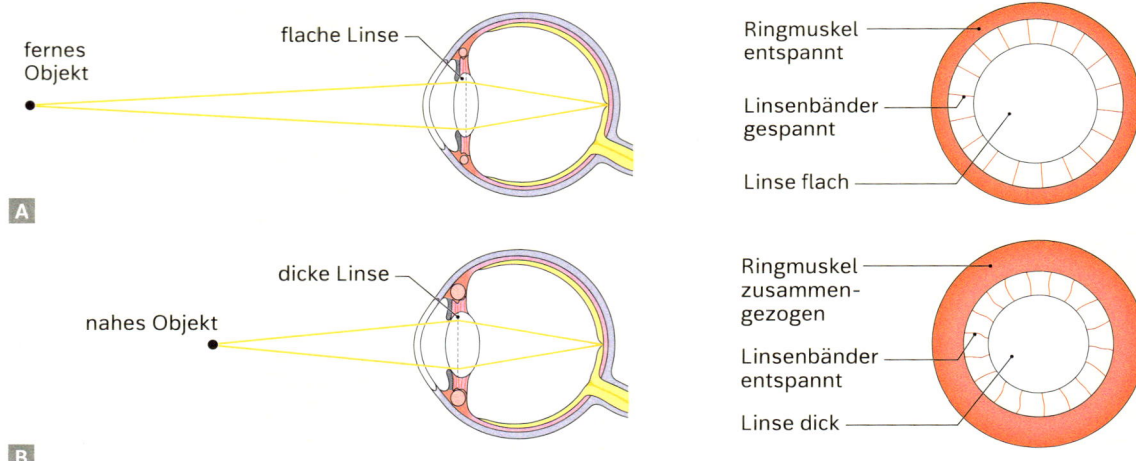

fernes Objekt

flache Linse

Ringmuskel entspannt

Linsenbänder gespannt

Linse flach

A

nahes Objekt

dicke Linse

Ringmuskel zusammen-gezogen

Linsenbänder entspannt

Linse dick

B

1 Akkommodation: **A** Fernsicht **B** Nahsicht

Die Augenlinse ist ringsum an Linsenbändern aufgehängt, die mit einem Ringmuskel verbunden sind. Im Inneren des Auges herrscht Druck. Dieser Druck gibt dem Auge die kugelige Form. Er sorgt auch dafür, dass die Linsenbänder im ruhigen Zustand straff gespannt sind. Sie ziehen dann die Augenlinse etwas flach. So ist die Augenlinse bei Entspannung auf Fernsicht eingestellt.

Wenn wir nahe Dinge genauer erkennen wollen, zieht sich der Ringmuskel zusammen. Er wird dabei dicker und der Kreis in der Mitte wird kleiner. Die Linsenbänder lockern sich. Die elastische Augenlinse kugelt sie sich dann leicht ab. Sie wölbt sich mehr und hat eine höhere Brechkraft. So entsteht das scharfe Bild weiterhin auf der Netzhaut, obwohl der Gegenstand näher an der Linse ist.

1 Erstelle für die Fernsicht und die Nahsicht jeweils eine Tabelle, in die du die Zustände und Wirkungen der beteiligten Augenbestandteile einträgst.

Starthilfe zu 1:
Bei Fernsicht

Bestandteil	Zustand	Wirkung
Augapfel	unter Druck	zieht Linsenbänder straff
Ringmuskel	entspannt	...
...	...	geringe Brechkraft
...	...	...

2 Erkläre, warum die Augen nach längerem Lesen ermüden.

3 ▮▮▮ Bild 2 zeigt einen Luftballon, der mehr oder weniger auseinander gezogen wird. Analysiere ihn als Modell der Augenlinse bei der Akkommodation. Was entspricht sich in Modell und Realität? Was zeigt das Modell schön? Wo liegen seine Grenzen?

2 Luftballon als Linsenmodell

Die Vergrößerung und die Auflösung

Die Vergrößerung eines Objektes
Wenn du ein Objekt durch eine Lupe anschaust, dann wird es größer dargestellt. Ein Detail, das vorher nur 2 mm lang war, ist dann 10 mm lang. So kannst du die Eigenschaften viel besser erkennen. Dir können plötzlich Dinge auffallen, die du vorher gar nicht wahrgenommen hast, weil sie zu klein waren.

3 Eine Lupe macht Details sichtbar

Die Auflösung
Auf den ersten Blick scheinen Bilder von unterschiedlichen Kameras gleich zu sein. Doch die Qualität einer Kamera zeigt sich in ihrer **Auflösung.**
Wenn du die Details der Blume genauer betrachten möchtest, dann zoomst du in die Aufnahme hinein. Das heißt, du machst den Bildausschnitt, den du betrachtest, immer größer. Bei einer Kamera mit einer hohen Auflösung kannst du auch beim Hineinzoomen noch viele Einzelheiten erkennen (→ Bild 5 A).
Bei einer schlechteren Auflösung wirst du irgendwann keine Farbverläufe erkennen, sondern grobe Übergänge. Das Bild ist verpixelt (→ Bild 5 B).
Je höher die Auflösung einer Kamera ist, desto mehr Pixel hat die Kamera. Deshalb kannst du auch länger in das Bild hineinzoomen, ohne dass es pixelig wird.
Die Auflösung beschreibt, wie viele Informationen auf einer bestimmten Fläche gespeichert werden können.
In Bild 6 ist eine Fläche abgebildet. Diese gleiche Fläche ist in B in 16 Teilflächen und in C in 256 Teilflächen aufgeteilt. Du hast in C also viel mehr Informationen als in B.
Die Angabe der Auflösung erfolgt in Pixel pro Inch (ppi). Ein Inch ist eine amerikanische Maßeinheit und hat die Länge von 2,54 cm.

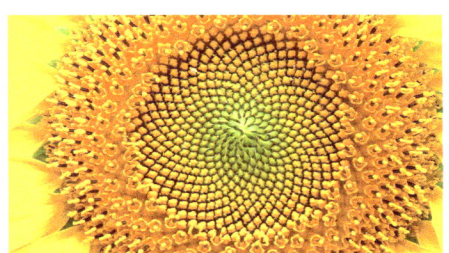
4 Fotoaufnahme einer Blume

5 Details der Blume: **A** mit hoher Auflösung, **B** mit geringer Auflösung

6 Anzahl der Pixel auf einer Fläche
B 4x4 = 16 Pixel, **C** 16x16 = 256 Pixel

1 Erkläre die Begriffe Vergrößerung und Auflösung mit eigenen Worten.

2 Vergleiche Bild 5 A und 5 B und erläutere die Unterschiede.

3 Erläutere die höhere Detailtreue bei Fotos, die eine hohe Auflösung haben.

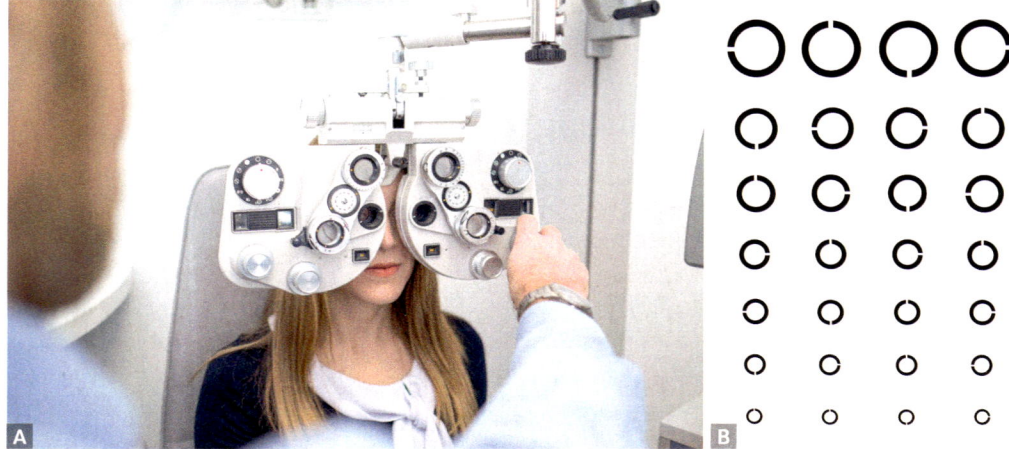

1 Beim Augenarzt: **A** Untersuchung, **B** Sehtest

▶❚❚ F

Linsen korrigieren Sehfehler

Sehfehler

Kannst du in der Schule die Tafelanschriebe oder projizierte Bilder nur schlecht erkennen? Wirst du beim Lesen schnell müde und bekommst Kopfschmerzen? Ist die Schrift am Computer oft zu klein? Erkennst du Hinweisschilder oder Personen auf größere Entfernung nur unsicher? Dann solltest du deine Augen einmal untersuchen lassen.

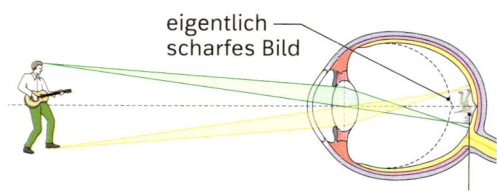

A
korrigiert mit: **Zerstreuungslinse**

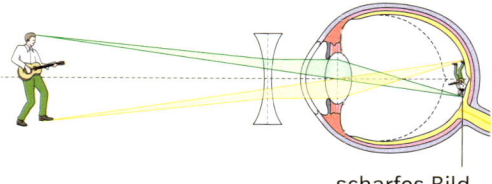

B
2 Kurzsichtigkeit: **A** scharfes Bild vor der Netzhaut, **B** Korrektur durch eine Zerstreuungslinse

Die Augen untersuchen

Ein Augenarzt oder eine Augenärztin kann ins Auge schauen, den Augenhintergrund untersuchen und den Augendruck messen. Augenkrankheiten lassen sich so erkennen und gezielt behandeln.
Häufige Sehfehler wie die **Kurzsichtigkeit** oder die **Weitsichtigkeit** lassen sich durch eine Brille oder Kontaktlinsen korrigieren. Sie können auch durch einen Optiker oder eine Optikerin angepasst werden.

Die Kurzsichtigkeit

Kurzsichtige Menschen sehen nahe Dinge scharf, sie erkennen aber Gegenstände in größerer Entfernung nicht genau.
Die Linse erzugt ein scharfes Bild bereits vor der Netzhaut. Wenn diese Lichtbündel anschließend auf die Netzhaut fallen, laufen sie schon wieder auseinander und bilden ein unscharfes Bild.
Eine Zerstreuungslinse vor dem Auge weitet die Lichtstrahlen auf. So entsteht das scharfe Bild erst weiter hinten auf der Netzhaut. Die Stärke der Zerstreuungslinse wird genau an die Entfernung zur Netzhaut angepasst.

Die Weitsichtigkeit

Bei der Weitsichtigkeit sind die Verhältnisse genau umgekehrt. Weitsichtige können in der Entfernung alles gut erkennen. Sie haben aber beim Lesen kleiner Schrift und beim genauen Betrachten nah gelegener Gegenstände Schwierigkeiten.

Das Lichtbündel trifft bereits die Netzhaut, obwohl es noch nicht fokussiert ist. Das scharfe Bild würde erst hinter der Netzhaut entstehen. Auf der Netzhaut dagegen bleibt das Bild unscharf.

Hier schaffen Sammellinsen der richtigen Stärke Abhilfe. Sie brechen die Lichtstrahlen so, dass das scharfe Bild vorgezogen auf der Netzhaut entsteht.

Ältere Personen benutzen oft eine Lesebrille. Grund ist die **Alterssweitsichtigkeit.** Die Augenlinse ist im Alter weniger elastisch. Sie bleibt in der etwas flacheren Form zur Fernsicht und kugelt sich zur Nahsicht nicht mehr genug ab.

Brille oder Kontaktlinsen

Sowohl Brillengläser als auch Kontaktlinsen sind genau angepasste Zerstreuungslinsen oder Sammellinsen. Die meist weichen Kunststofflinsen werden direkt auf das Auge gesetzt. Brillenträger können sich aus kosmetischen Gründen oder bei bestimmten Sportarten oder Arbeiten für die eine oder andere Lösung entscheiden und auch situationsbedingt wechseln.

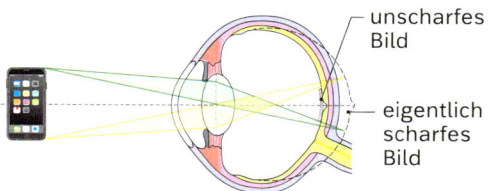

unscharfes Bild

eigentlich scharfes Bild

A

korrigiert mit: **Sammellinse**

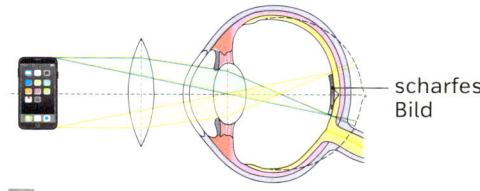

scharfes Bild

B

3 Weitsichtigkeit: **A** scharfes Bild hinter der Netzhaut, **B** Korrektur durch eine Sammellinse

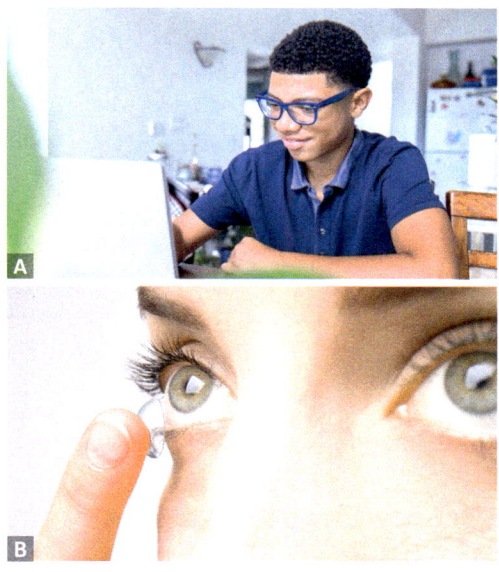

A

B

4 Sehhilfen: **A** Brille, **B** Kontaktlinsen

1 Stelle in einer Tabelle wichtige Informationen zur Kurzsichtigkeit und Weitsichtigkeit zusammen.

2 Erkläre die Verwendung von unterschiedlichen Linsentypen für die Korrektur von Sehfehlern.

3 ❘ Beschreibe Nachteile in der Schule, die durch Sehfehler entstehen.

4 ❘ Vergleiche die Alterssweitsichtigkeit mit der „normalen" Weitsichtigkeit.

5 ❘❘ Erläutere die Korrektur von Fehlsichtigkeit mithilfe von Linsen.

Starthilfe zu 1:

Sehproblem	Augapfel	Korrektur-linsen
kurzsichtig: in der Ferne schlecht sehen	zu …	…-linsen
…	…	…

Ⓐ Wie wirken Brillengläser?

Material: weißer Karton DIN A4, Klebeband, Sammellinse f = 15 cm, Sammellinse f = 30 cm, Zerstreuungslinse f = – 30 cm, Kerze, optische Bank oder andere Halterungen
Hinweis: Bei entsprechender Anpassung der Abstände können auch andere Linsenstärken verwendet werden.

Durchführung:

Schritt 1: Schneide zwei 25 cm lange und 6 cm breite Kartonstreifen und klebe sie zu einem Kreis mit einem Durchmesser von etwa 15 cm. Schneide auf einer Seite ein Loch von etwa 3 cm Durchmesser.

Schritt 2: Befestige das so angefertigte Augenmodell vor der Sammellinse f = 15 cm, die als Augenlinse dient.

Schritt 3: Stelle in einiger Entfernung die Kerze auf und stelle die Entfernung der Augenlinse so ein, dass auf dem „Augenhintergrund" ein scharfes Bild der Flamme entsteht.

1 Versuchsaufbau zur Bildentstehung am Auge und der Korrektur von Sehfehlern

Schritt 4: Drücke den Pappkreis etwas zusammen oder ziehe ihn auseinander und verändere so die Form des Auges.

Schritt 5: Stelle eine der anderen Linsen als „Brillengläser" so vor die Augenlinse, dass wieder ein scharfes Bild entsteht.

❶ **a)** Beschreibe deine Beobachtungen für die beiden veränderten „Augenformen".
b) Erkläre die Beobachtungen am Augenmodell im Zusammenhang mit deinem Wissen über Kurz- und Weitsichtigkeit von Augen.

Ⓑ Eine Simulation erstellen

Material: Computer, Präsentationsprogramm

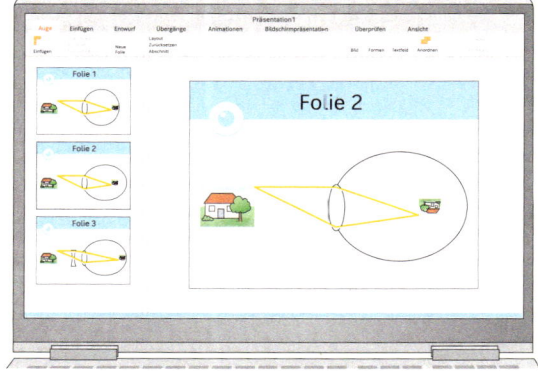

2 Präsentation zu Sehfehlern

Durchführung:

Schritt 1: Erstelle eine einfache Folie mit einem Kreis als Auge, einer Linse, einem Gegenstand, seinem Bild und Lichtbündeln.

Schritt 2: Kopiere die Folie und verändere die Form des Auges. Simuliere eine Kurzsichtigkeit oder eine Weitsichtigkeit.

Schritt 3: Kopiere die Folien weiter und verändere sie so, dass Sehfehler und ihre Korrekturen deutlich werden.

❶ Präsentiere deine Simulation.
Tipp: Du kannst auch einen Text einsprechen und die Präsentation ablaufen lassen.

Barrierefreiheit für Sehbehinderte

3 Tastend orientieren

Bodenleitsysteme

Bodenleitsysteme und Stufenmarkierungen auf Gehwegen, in Bahnhöfen und in Gebäuden helfen Blinden und sehbehinderten Menschen bei der Orientierung. Die weißen oder sogar nachleuchtenden Streifen sind für Menschen mit starker Seheinschränkung noch erkennbar. Blinde Menschen ertasten mithilfe des Blindenstocks die Struktur der Markierungen. So können sie sich im öffentlichen Raum orientieren und selbstständig fortbewegen.

4 Braille-Tastatur

Digitale Hilfen

Die Digitalisierung bietet für Blinde und Sehbehinderte viele Möglichkeiten. Mit einer Tastatur in der Braille-Blindenschrift können sie Computer bedienen. Sie können sich Texte und Bilder in Großformaten anzeigen lassen. Texte werden vorgelesen und Diktierhilfen erleichtern das Schreiben.

5 Mobiles Lesegerät

Lesehilfen

Lesegeräte – auch mobile – stellen einen Text stark vergrößert dar. Damit die Übersicht nicht verloren geht, ist aber meist ein größerer Bildschirm nötig.

1 Vergleiche, wie Blinde und stark Sehbehinderte die Bodenleitsysteme unterschiedlich nutzen können.

2 Beschreibe Hilfen, die Sehbehinderte durch Computer bekommen.

3 ❚❚ Recherchiere unter dem Stichwort „barrierefreies Internet" für verschiedene Formen von Einschränkungen. Berichte darüber.

1 Mit dem Mikroskop können k.eine Objekte vergrößert betrachtet werden.

Mikroskop und Fernrohr

Eigenschaften eines Mikroskops

Mit einem Mikroskop lassen sich sehr kleine Gegenstände stark vergrößern. Typische Vergrößerungsstufen sind 5-fache, 20-fache oder sogar 100-fache Vergrößerungen. Für jede dieser Stufen gibt es ein eigenes Objektiv. Diese lassen sich oftmals mithilfe eines Objektivrevolvers auswählen (→ Bild 2).

Im wesentlichen besteht ein Mikroskop aus zwei Linsen.

Der Aufbau des Mikroskops

Das Okular ist meist abgewinkelt am Mikroskop angebaut. So fällt es leichter, in das Mikroskop hineinzuschauen (→ Bild 3). Die verschiedenen Objektive im Objektivrevolver haben unterschiedliche Vergrößerungen. Das kürzeste Objektiv vergrößert am wenigsten. Es dient dazu, einen Überblick zu bekommen. Um mehr Einzelheiten zu sehen, werden die längeren Objektive mit dem Objektivrevolver herangedreht.

2 Objektivrevolver eines Mikroskops

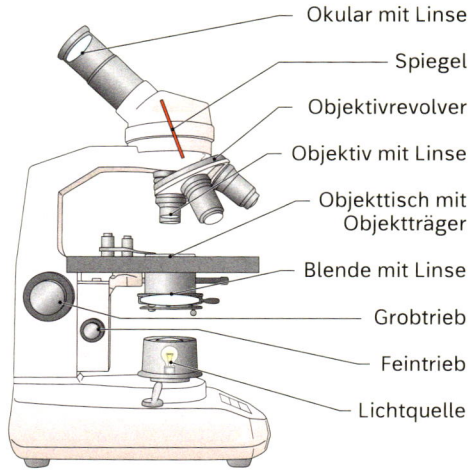

Okular mit Linse
Spiegel
Objektivrevolver
Objektiv mit Linse
Objekttisch mit Objektträger
Blende mit Linse
Grobtrieb
Feintrieb
Lichtquelle

3 Aufbau eines Mikroskops

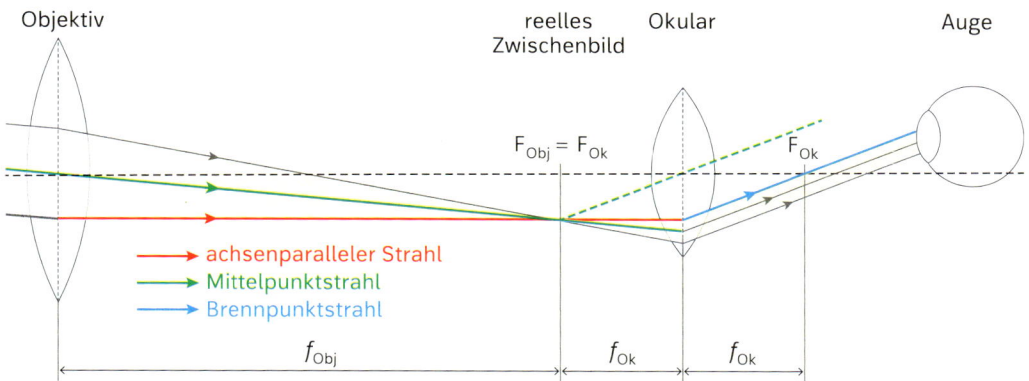

Objektiv reelles Okular Auge
Zwischenbild

$F_{Obj} = F_{Ok}$ F_{Ok}

— achsenparalleler Strahl
— Mittelpunktstrahl
— Brennpunktstrahl

f_{Obj} f_{Ok} f_{Ok}

4 Strahlengang im astronomischen Fernrohr

Die ersten Fernrohre

Das erste Fernrohr wurde Anfang des 16. Jahrhunderts von einem holländischen Brillenmacher entwickelt und dann vom Astronom und Physiker GALILEO GALILEI (1564-1642) weiterentwickelt. Er beobachtete damit vor allem das Weltall und entdeckte Sonnenflecken, Mondberge und die vier Monde des Jupiter.

Der Aufbau eines Fernrohrs

Die ursprünglichen Fernrohre bestehen aus zwei Linsen, die hintereinander angeordnet sind. Das **Objektiv** befindet sich auf der Seite des Gegenstandes, der beobachtet werden soll. Es hat eine lange Brennweite. Dadurch wird das Fernrohr sehr lang. Das Objektiv erzeugt ein **Zwischenbild.** Das **Okular** befindet sich auf der Seite des Auges und spielt die Rolle einer Lupe. Deshalb wird das Zwischenbild stark vergrößert.

Das astronomische Fernrohr

Beim **astronomischen Fernrohr** ist sowohl das Objektiv als auch das Okular eine Sammellinse. Das Objektiv hat eine lange Brennweite. In der Brennweite entsteht ein reelles Zwischenbild des Sterns.
Das vom Stern einfallende Lichtbündel kann als paralleles Lichtbündel angesehen werden. Deshalb wird das Bild an einem Punkt scharf abgebildet. Dieses Zwischenbild befindet sich gleichzeitig in der Brennweite des Okulars. Das Okular wirkt als Lupe und vergrößert das Zwischenbild ins Auge (→ Bild 4).

5 Antikes Fernrohr

1 Erkläre den Nutzen eines Mikroskops.

2 Beschreibe den Aufbau des astronomischen Fernrohrs und erläutere den Strahlengang.

3 I Beschreibe die Bedeutung des Fernrohrs für die Menschen mit Hinblick auf die Erforschung des Weltalls.

4 II Recherchiere nach dem galileischen Fernrohr und benenne Unterschiede zum astronomischen Fernrohr.

A Arbeiten mit verschiedenen Lupen

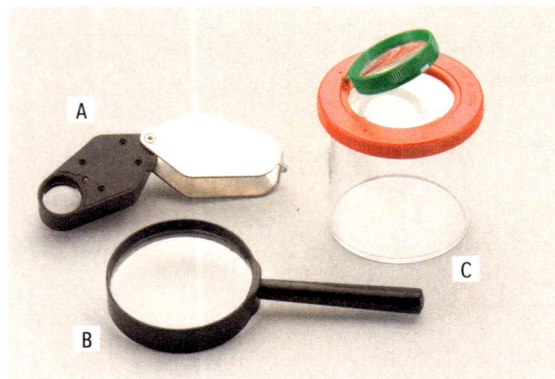

1 Verschiedene Lupen

Es gibt verschiedene Lupen. Mit Lupen können Objekte bis zu 20-fach vergrößert werden.
Die **Einschlaglupen** vergrößern relativ stark. Sie sind gut für das Arbeiten draußen geeignet.
Stillupen vergrößern nicht so stark. Dafür kann man mit ihnen einen größeren Ausschnitt vergrößern.
Becherlupen sind gut für Beobachtungen von bewegten Objekten wie Insekten geeignet.
Beim Untersuchen mit Lupen sieht man immer nur mit einem Auge durch die Lupe. Das andere Auge bleibt geschlossen.

Lupe	Vorteile	Nachteile
Becherlupe	auch für lebende Objekte	…
…	…	…

Tabelle 1 Vor- und Nachteile verschiedener Lupen

❶ Ordne den Lupen A–C die folgenden Bezeichnungen zu: Becherlupe, Stillupe, Einschlaglupe

❷ ‖ Beschreibe mithilfe der tabelle die Vorteile und Nachteile der einzelnen Lupen.

B Umgang mit dem Mikroskop

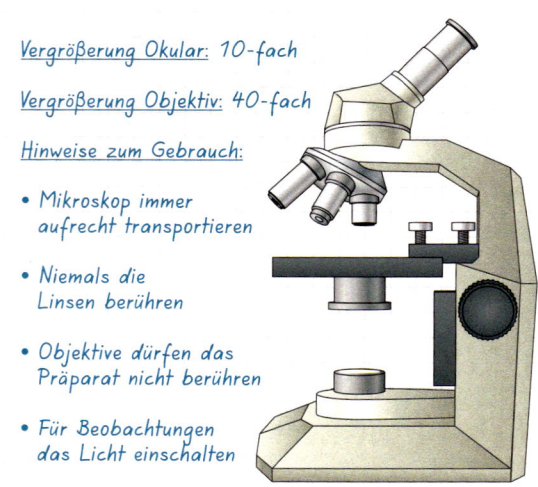

Vergrößerung Okular: 10-fach

Vergrößerung Objektiv: 40-fach

Hinweise zum Gebrauch:

- *Mikroskop immer aufrecht transportieren*

- *Niemals die Linsen berühren*

- *Objektive dürfen das Präparat nicht berühren*

- *Für Beobachtungen das Licht einschalten*

2 Informationen zum Umgang mit dem Mikroskop

Bevor die Arbeit mit einem Mikroskop beginnt, sollte man sich mit den Bedienungshinweisen eines Mikroskops beschäftigen. Mikroskope sind empfindliche optische Instrumente, die bei falscher Bedienung schnell kaputt gehen können.

❶ Beschreibe mithilfe von Bild 2, was man beim Umgang mit einem Mikroskop beachten muss.

❷ ‖ Nenne die maximale Gesamtvergrößerung, die mit den beigelegten Objektiv erreicht werden kann.

Gegenstände vergrößert darstellen

Das Foto eines Schmetterlings

Wenn du einen Schmetterling mit einem Smartphone fotografierst, zeigt das Bild meistens das ganze Tier. Du kannst einzelne Details auf dem Flügel erkennen, beispielsweise die schwarzen Punkte. Den genauen Aufbau der Flügel siehst du aber nicht. Dafür ist die **Vergrößerung** des Smartphones nicht ausreichend.

3 Das Foto eines Schmetterlings

Der Flügel unter der Lupe

Eine Lupe oder eine Stereolupe kann ein Objekt 20-mal bis 40-mal vergrößern. Ein Detail mit einer Länge von 1 mm ist dann 20 mm bis 40 mm lang. Mit der Lupe kannst du also auch Dinge gut erkennen, die nur ungefähr 0,1 mm groß sind.
Bei dem Schmetterlingsflügel kannst du einzelne Schuppen erkennen, aus denen der Flügel besteht.

4 Der Schmetterlingsflügel unter der Lupe

Der Flügel unter dem Mikroskop

Wenn du den Flügel noch genauer anschauen möchtest, nutzt du ein Mikroskop. Es kann einen Gegenstand bis zu 1000-fach vergrößern. Damit kannst du auch Strukturen sehr gut erkennen, die nur 1/1000 mm groß sind.
Beim Schmetterling siehst du, dass die Schuppen wie Dachziegel angeordnet sind.

5 Der Flügel unter dem Mikroskop

Das Elektronenmikroskop

Wenn du wissen willst, wie eine einzelne Schuppe aufgebaut ist, reicht ein Lichtmikroskop nicht mehr aus. Dann wird ein **Elektronenmikroskop** benötigt. Ein Elektronenmikroskop kann sogar einzelne Atome sichtbar machen. Es sind bis zu 500000-fache Vergrößerungen möglich.

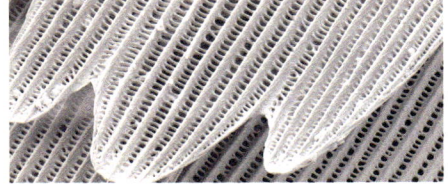

6 Unter dem Elektronenmikroskop

1 Ein menschliches Haar hat eine Dicke von 0,07 mm. Recherchiere und beschreibe die Darstellung eines menschlichen Haares in den verschiedenen Vergrößerungsstufen.

1 Regenbogen auf Seifenblasen

▶❚❚ F **Die Farbzerlegung**

Die Regenbogenfarben

Die Farben eines Regenbogers bringen uns immer wieder zum Staunen. Dieselbe Abfolge von Farben beobachten wir aber auch an einem Springbrunnen, an Seifenblasen oder an einer DVD im Sonnenlicht. Das farblose, oft auch als „weiß" bezeichnete Sonnenlicht enthält offenbar viele Farben.

Weißes Licht zerlegen

Weißes Licht lässt sich auch mithilfe eines Prismas aus Glas oder Quarz in die „Regenbogenfarben" zerlegen (→ Bild 2). Sie werden **Spektralfarben** genannt und die Abfolge der Farben ist das **Spektrum.** Im Spektrum beobachten wir Rot, Orange, Gelb, Grün, Blau und Violett. Dazwischen sind fließende Übergänge.

Spektralfarben sind rein

Wenn Licht einer Spektralfarbe noch einmal durch ein Prisma geschickt wird, lässt es sich nicht mehr in weitere Farben auftrennen. Spektralfarben sind reine Farben. Licht einer bestimmten Spektralfarbe wird an Glaskörpern oder Wassertropfen in ganz bestimmter Weise gebrochen. Blau wird zum Beispiel stärker gebrochen als Rot.

Spektralfarben zu weiß addieren

Lässt man das Licht des Spektrums durch eine Sammellinse laufen, so bündelt die Linse das Licht wieder. Die Farben überlagern sich und bilden auf einem dahinter aufgestellten Bildschirm wieder einen hellen, weißen Fleck. Die Spektralfarben lassen sich zu Weiß addieren (→ Bild 3).

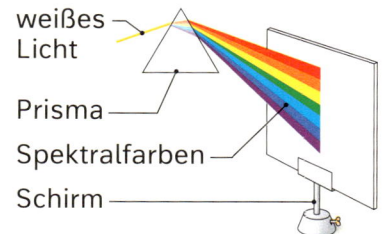

2 Schema zur Spektralzerlegung am Prisma

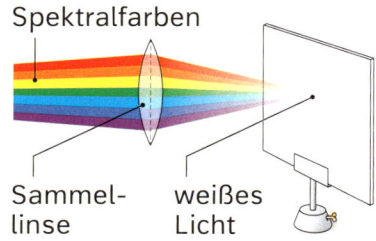

3 Spektralfarben überlagert zu weißem Licht

4 Additive Farbmischung aus rotem, grünem und blauem Licht

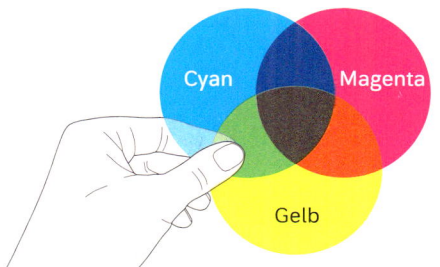

5 Subtraktive Farbmischung mit Cyan, Gelb und Magenta

Die Farbaddition

Weißes Licht lässt sich in viele Farben auftrennen. Es muss also auch der umgekehrte Weg möglich sein. Aus der Überlagerung vieler Farben lässt sich weißes Licht erzeugen. Doch erstaunlicherweise reichen schon drei Farben, um weißes Licht zu erzeugen. Die Überlagerung von rotem, grünem und blauem Licht ergibt weißes Licht. Diese drei Farben befinden sich an den Enden und in der Mitte des Spektrums. Mithilfe dieser drei Grundfarben lassen sich auch alle möglichen Mischfarben erzeugen. Dafür wird die Lichtstärke der drei Lampen verändert.

Die Überlagerung verschiedenfarbigen Lichtes heißt **Farbaddition.**

> Bei der **additiven Farbmischung** überlagert sich Licht verschiedener Farben. Die Grundfarben der additiven Farbmischung sind Blau, Grün und Rot.

Die Farbsubtraktion

Eine weiße Farbfläche reflektiert das gesamte einfallende Licht. Eine rote Farbfläche absorbiert das gesamte einfallende Licht bis auf den roten Anteil. Der Farbanteil im Licht wird **subtrahiert.**

Wenn du zwei Farben miteinander mischst, erhältst du eine Mischfarbe. So entsteht aus Gelb und Blau die Farbe Grün. Wenn du alle Farben übereinander malst, erhältst du Schwarz. Schwarz nimmt jede Farbe in sich auf. Um bunte Bilder zu drucken, sind nur drei Farben notwendig, nämlich Cyan (Blaugrün), Gelb und Magenta (Rotviolett). Durch Überlagerung erhältst du jede andere Mischfarbe.

> Bei der **subtraktiven Farbmischung** wird Licht verschiedener Farben absorbiert. Die Grundfarben der subtraktiven Farbmischung sind Cyan, Gelb und Magenta.

1 a) Nenne Beispiele dafür, wo du in der Natur oder im Alltag Farbspektren beobachtest.
b) Nenne die Hauptspektralfarben in der Reihenfolge, wie sie tatsächlich auftreten. Betrachte den Regenbogen genau und begründe, warum du deine Aufzählung sowohl mit Rot als auch mit Blau beginnen kannst.

2 Stelle Unterschiede zwischen additiver und subtraktiver Farbmischung heraus.

Starthilfe zu 2:
Beachte: das Vorgehen, die Grundfarben, die Mischfarbe aus allen drei Grundfarben.

3 I Zeichne mithilfe von Bild 3 die Versuchsanordnung zur Lichtzerlegung in dein Heft. Beschrifte die Zeichnung.

4 III Hunde besitzen zum Farbensehen nur zwei Zapfentypen, nämlich für Blau und für Rot. Wenn Hunde sprechen könnten: Welche Grundfarben der Farbaddition würden sie nennen? Begründe deine Vermutung.

»

A Sonnenbrille

Kategorie	Wirkung	Nutzung
1		bedeckter Himmel
2		draußen im Schatten bzw. im Wald
3		mittags bei hellem Sonnenlicht, am Strand
4		stark reflektierende Oberflächen: Wassersport, im Schnee

1 Kategorien von Sonnenbrillen

Sonnenbrillen können in unterschiedliche Kategorien eingeteilt werden. In welche Kategorie eine Sonnenbrille eingeteilt wird, hängt von ihrer Tönung und ihrer Lichtdurchlässigkeit ab. In der Produktbeschreibung einer Sonnenbrille kannst du nachlesen, in welche Filterkategorie die Sonnenbrille eingeteilt ist. Für die verschiedenen Bedingungen sollte immer die richtige Sonnenbrille ausgewählt werden.

1 Beschreibe die Einsatzgebiete der verschiedenen Sonnenbrillen

2 ‖ Erkläre, welche Sonnenbrille du im Sommer kaufen solltest.

3 ‖‖ Stelle Vermutungen an, warum man eine Sonnenbrille der Kategorie 4 nicht zum Autofahren tragen sollte.

A Farbfilter nehmen Licht weg

2 Subtraktive Farbmischung

Material: Farbfilter (Folien) für Blau, Gelb und Rot, Overhead-Projektor (oder Beamer)

Durchführung:

Schritt 1: Halte Farbfilter einzeln und auch übereinander in das Licht des Projektors. Erzeuge verschiedene Mischfarben.

1 a) Beschreibe deine Beobachtungen.
b) Erkläre deine Beobachtungen.

2 ‖ a) Erkläre, dass die Mischfarben immer dunkler werden, je mehr Farben du mischst.
b) Erkläre, dass Weiß und Schwarz physikalisch gesehen eigentlich keine Farben sind.

Die Farben des Regenbogens

Wann entsteht ein Regenbogen?

Für die Entstehung eines Regenbogens sind zwei Voraussetzungen notwendig. Während oder nach einem Regenschauer muss gleichzeitig die Sonne scheinen. Zudem siehst du den Regenbogen nur, wenn die Sonne hinter dir steht und du auf die Regenwand blickst. Der Regen besteht aus vielen kleinen Wassertropfen. Diese brechen das weiße Licht der Sonne wie ein Prisma.

3 Ein Regenbogen

Wie entsteht ein Regenbogen?

Der Regen besteht aus vielen, fast kugelförmigen Wassertropfen. In diese Tropfen fällt weißes Sonnenlicht. Das Licht wird beim Eintritt in den Tropfen gebrochen. Die im weißen Licht enthaltenen Spektralfarben werden dabei unterschiedlich stark gebrochen. An der Rückwand des Tropfens werden die Spektralfarben reflektiert. Beim Austritt aus dem Tropfen wird das Licht ein zweites Mal gebrochen.

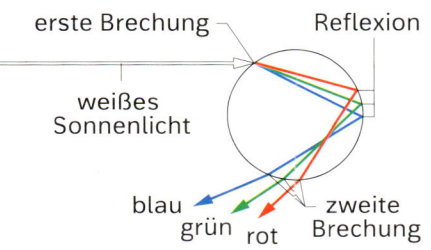

4 Weißes Licht wird gebrochen

Wieso erscheint der Himmel blau?

Das weiße Licht der Sonne erreicht die Atmosphäre. In der Erdatmosphäre befinden sich Luftteilchen. Wenn das Licht auf die Luftteilchen trifft, wird blaues Licht stärker in alle Richtungen gestreut. Aus der Luft trifft das blaue Licht in unsere Augen. So erscheint der Himmel für unsere Augen blau. Violettes Licht wird auch gestreut, aber es ist nicht so intensiv wie blaues Licht.

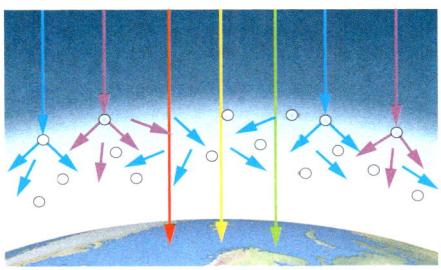

5 Weißes Licht trifft auf Luftteilchen

1 Nenne die Wettervoraussetzungen, damit ein Regenbogen entstehen kann.

2 Erkläre auf welche Weise das Sonnenlicht in einem Regentropfen in die Spektralfarben zerlegt wird.

3 ‖ Erkläre die blaue Färbung des Himmels.

1 Eine Sonnenfinsternis solltest du nur mit einer Sonnenschutzbrille beobachten.

Licht mit besonderen Eigenschaften

Das Lichtspektrum

Weißes Licht lässt sich in verschiedene Farben zerlegen. Diese Aufte lung in die unterschiedlichen Farben ist das **Lichtspektrum des sichtbaren Lichtes** (→ Bild 2). Nur diesen Ausschnitt aus dem gesamten Lichtspektrum kann das menschliche Auge wahrnehmen. Es verläuft immer von Violett über Blau und Grün nach Gelb und dann nach Rot. Die Energie nimmt dabei ab. Violettes Licht ist energiereicher als rotes Licht.
Sonnenlicht besteht aus einem viel größeren Spektrum als nur dem sichtbaren Licht. Deshalb solltest du ohne Sonnenschutzbrille nicht in die Sonne schauen (→ Bild 1).

Das unsichtbare Licht

An den Kanten des sichtbaren Lichtes hört das Lichtspektrum aber nicht auf. Es setzt sich an beiden Seiten fort, auch wenn wir es nicht mehr sehen können. An das violette Licht des sichtbaren Spektrums schließt sich **ultraviolettes Licht** an. Es wird abgekürzt mit **UV-Licht.** Es ist energiereicher als das sichtbare Licht und kann bei starker Einstrahlung die Haut schädigen. Deshalb sind Sonnencremes mit einem UV-Schutz ausgerüstet. Auf der anderen Seite des sichtbaren Spektrums schließt sich das **infrarote Licht** an. Es wird abgekürzt mit **IR-Licht.** IR-Licht wird auch als **Wärmestrahlung** bezeichnet.

2 Das Lichtspektrum

Das Laserlicht

Wenn du einen Laserpointer und eine Taschenlampe auf eine weit entfernte Wand richtest, siehst du deutliche Unterschiede in den Lichtkegeln. Das Licht der Taschenlampe ist schwach und der Kegel ist sehr groß. Das Laserlicht ist ein kleiner, heller Punkt. Laserlicht ist ein spezielles Licht mit besonderen Eigenschaften.

- Es besteht aus genau einer Farbe.
- Es ist sehr energiereich.
- Es ist nahezu paralleles Licht.
- Es kann sehr fein gebündelt werden.

3 Ein Laserpointer

Laser in Technik und Medizin

Laserlicht hat eine so hohe Energiedichte, dass es sogar Metall schmelzen kann. Deshalb kann ein Laser auch zum Trennen oder Fügen von Blech verwendet werden (→ Bild 4). Bei der Lasermaterialbearbeitung gelangt viel weniger Wärme ins Bauteil. Deshalb verzieht es sich nicht so stark wie bei traditionellen Verfahren. Laserstrahlung besitzt eine sehr kleine Ausdehnung und lässt sich sehr genau einstellen. Deshalb wird Laserstrahlung auch für die Korrektur der Augenlinse eingesetzt. Die Augenlinse des menschlichen Auges wird durch den Laser verändert und angepasst (→ Bild 5). Nach der Behandlung kann die Patientin oder der Patient dann oft auf die Brille verzichten.

4 Laserschneiden

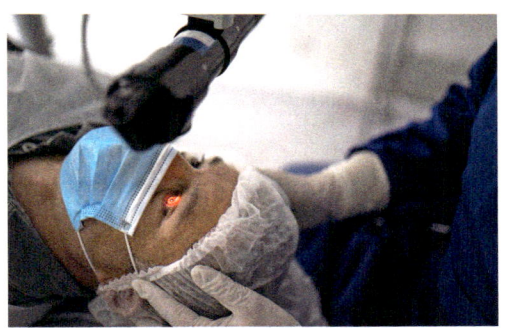

5 Fehlsichtigkeit korrigieren

① Vergleiche die Eigenschaften von Laserlicht mit dem Licht einer Glühbirne.

② **a)** Erkläre, dass du niemals den Laserstrahl eines Laserpointers auf Personen richten solltest.
b) Lies in der Gebrauchsanweisung eines Laserpointers die Sicherheitshinweise, die du beim Benutzen eines Laserpointers beachten musst. Gebrauchsanweisungen kannst du auch im Internet nachlesen.

③ **I** Erstelle eine Liste mit Lasern, die du in deinem Alltag findest.

④ **II** Erstelle eine Mindmap zu Lasern in der Technik und in der Medizin. Ergänze deine Mindmap mit deiner Liste aus Aufgabe 2.

Starthilfe zu 2:

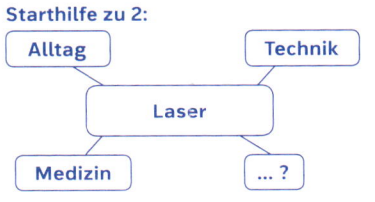

Ⓐ Gefahren durch Strahlung

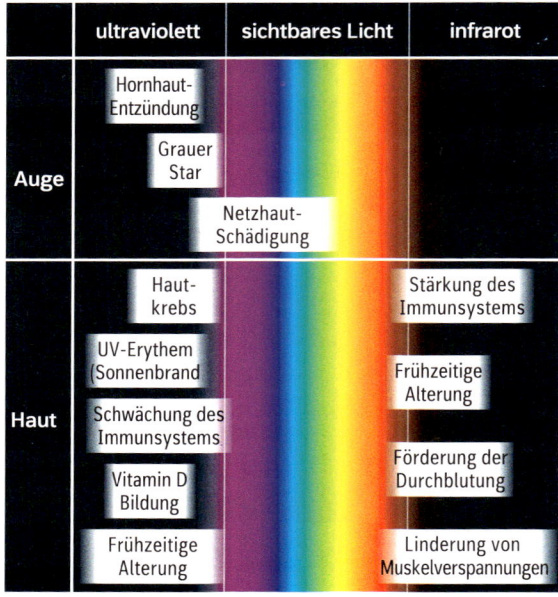

1 Wirkung von Strahlung auf Augen und Haut

Strahlung wirkt auf Haut und Augen

Strahlung ist immer auch mit Energie verbunden. Blaues Licht hat mehr Energie als rotes Licht. Wenn du in intensive Strahlung hineinschaust oder deine Haut Strahlung aussetzt, kann das Auswirkungen haben. Bild 1 zeigt verschiedene Auswirkungen, die durch intensive Strahlung ausgelöst werden können.

❶ a) Beschreibe den Aufbau von Bild 1.
b) Beschreibe die Wirkung von intensiver Strahlung auf die Augen. Gehe dabei auf die unterschiedliche Energie der Strahlung ein.
c) Beschreibe die Wirkung von intensiver Strahlung auf die Haut. Gehe dabei auf die unterschiedliche Energie von Strahlung ein.
d) Gib Maßnahmen an, mit denen du dich vor den Schädigungen durch intensive Strahlung schützen kannst.

Ⓑ Augen brauchen besonderen Schutz

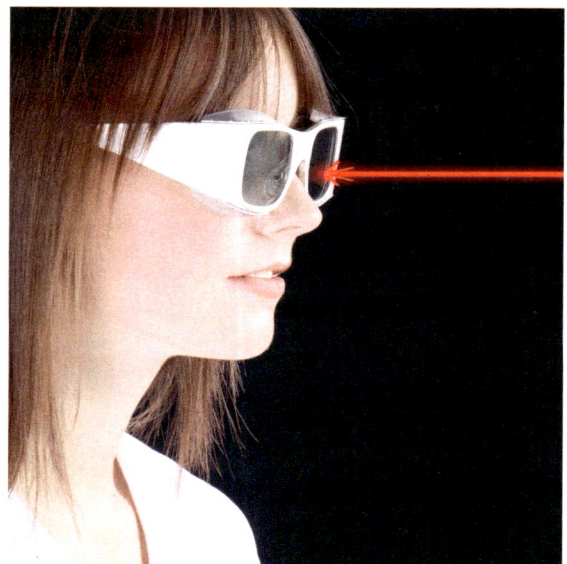

2 Eine Laserschutzbrille

Die Augenlinse ist so aufgebaut, dass sie sichtbares Licht auf die Netzhaut des Auges fokussiert. Nur so können wir scharf sehen.
Wenn unsichtbares Licht auf das Auge fällt, fokussiert die Augenlinse dieses Licht ebenfalls auf die Netzhaut. Allerdings ist Laserstrahlung viel energiereicher. Das Licht trifft mit sehr hoher Intensität auf die Netzhaut und kann diese verbrennen.

❶ Beschreibe mit eigenen Worten die Gefahr von sichtbarem Laserlicht auf das Auge.

❷ Nenne Eigenschaften, die eine Laserschutzbrille haben muss.

IM ALLTAG

Schutzmaßnahmen beim Umgang mit Strahlung

Die Sonnenfinsternis

Eine Sonnenfinsternis ist ein seltenes Ereignis. Um eine Sonnenfinsternis beobachten zu können, ohne Verletzungen davon zu tragen, sind spezielle Sonnenbrillen notwendig. Sie bestehen meistens aus einer reflektierenden Aluminiumschicht, die nur etwa 1/100 der einfallenden Strahlung durchlässt. So ist das Auge sowohl gegen das sichtbare Licht als auch gegen die intensive UV- und IR-Strahlung der Sonne geschützt (→ Bild 3).

3 Eine Sonnenschutzbrille

Warnhinweise

Um auf Laserstrahlung hinzuweisen, gibt es ein spezielles Warnsymbol (→ Bild 4). Du findest es auf jedem Laserpointer. In manchen Unternehmen werden Laser eingesetzt, zum Beispiel für das Laserschneiden. In diesem Fall muss das Warnschild deutlich sichtbar sein, bevor der Raum betreten wird. Solche Unternehmen benötigen auch eine Laserschutzbeauftragte oder einen Laserschutzbeauftragten. Er prüft, dass alle Regeln im Umgang mit Lasern eingehalten werden.

4 Warnsymbol Laserlicht

Die Schutzkleidung

Beim Lichtbogenschweißen entsteht neben dem sichtbaren Licht sehr starke UV-Strahlung. Diese schädigt sowohl die Augen als auch die Haut. Deshalb tragen Schweißer stets Schutzkleidung, die die gesamte Haut bedeckt. Der Schutzhelm ist mit schwarz gefärbtem Glas ausgestattet. Es lässt nur wenig Strahlung durch. So kann die Schweißerin oder der Schweißer die Schweißnaht erkennen. Moderne Schweißhelme dunkeln das Sichtfeld automatisch ab, sobald der Lichtbogen zündet.

5 Lichtbogenschweißen

1 Begründe den Einsatz einer besonderen Schutzbrille beim Betrachten einer Sonnenfinsternis.

2 Gute Sonnenbrillen sind mit einem hochwertigen UV-Schutz ausgestattet. Begründe die Notwendigkeit dieser Maßnahme.

3 ‖ Recherchiere verschiedene Laserschutzklassen und die jeweils notwendigen Schutzmaßnahmen

Auf einen Blick: Optische Instrumente

Reflexion

Bei der Reflexion an glatten Oberflächen gilt das Reflexionsgesetz. Einfallswinkel = Reflexionswinkel. Einfallender Strahl, Lot und reflektierter Strahl liegen in einer Ebene.

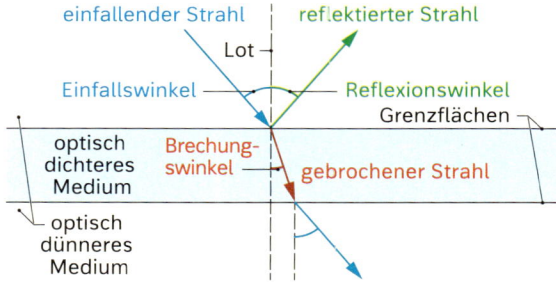

Totalreflexion

Beim Übergang von einem optisch dichteren zu einem optisch dünneren Medium kann das Licht wieder im Medium zurückreflektiert werden. Das ist die Totalreflexion.

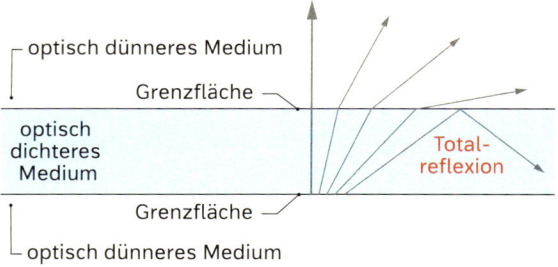

Brechung

Beim Übergang von zwei optisch unterschiedlichen Medien wird der Lichtstrahl an der Grenzfläche gebrochen. Je dichter das Medium ist, desto kleiner ist der Brechungswinkel.

Sammellinse und Zertreuungslinse

Sammellinsen führen das Licht am Brennpunkt f zusammen. Es entsteht ein reelles Bild. v Zerstreuungslinsen weiten den Strahlenverlauf. Es entsteht ein virtuelles Bild.

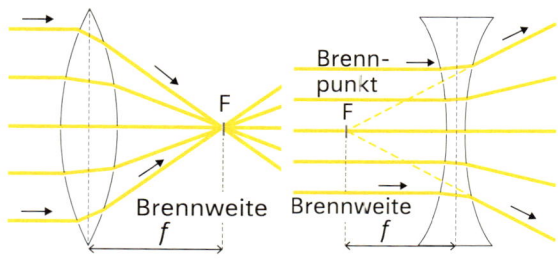

Das Auge

Die Augenlinse bricht das einfallende Licht und fokussiert es auf der Netzhaut.
Ist das Bild auf der Netzhaut nicht scharf, hat der Mensch einen Sehfehler.

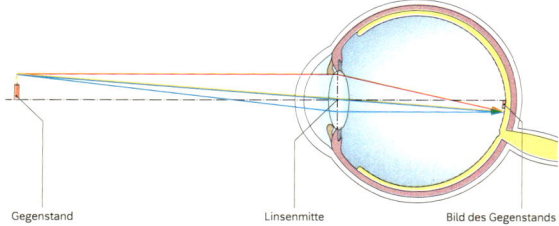

Linsen zur Korrektur

Linsen können Sehfehler korrigieren.
Bei weitsichtigen Menschen liegt der Fokuspunkt hinter der Netzhaut. Sie benötigen Sammellinsen. Kurzsichtige Menschen benötigen eine Brille mit einer Zerstreuungslinse. Sie verschiebt den Fokuspunkt nach hinten.

WICHTIGE BEGRIFFE

- Reflexion
- Lichtbrechung
- Sammellinsen, Zerstreuungslinsen
- reelles und virtuelles Bild

WICHTIGE BEGRIFFE

- Totalreflexion
- Lichtstrahlen im Auge

Bildentstehung im Gehirn

Wenn Licht ins Auge fällt, wird es durch die Augenlinse auf der Netzhaut fokussiert. Die Stäbchen und Zapfen wandeln das Licht in elektrische Signale um und senden sie über den Sehnerv ans Gehirn. Dort entsteht das Bild. Fokussiert die Augenlinse bereits vor der Netzhaut, ist das Kurzsichtigkeit. Das Bild ist unscharf. Bei der Weitsichtigkeit fokussiert die Linse hinter der Netzhaut. Das Bild ist ebenfalls unscharf.

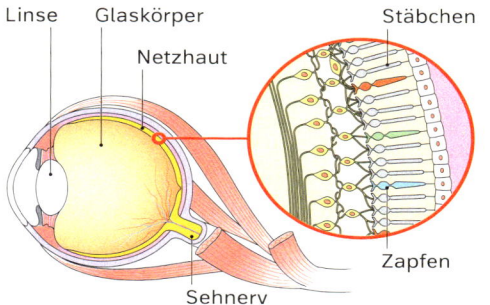

Das Mikroskop

Mit einem Mikroskop lassen sich kleine Gegenstände stufenweise stark vergößern. Für jede dieser Stufen gibt es ein eigenes Objektiv im Objektivrevolver. Ein Mikroskop besteht aus zwei Linsen, dem Okular und dem Objektiv.

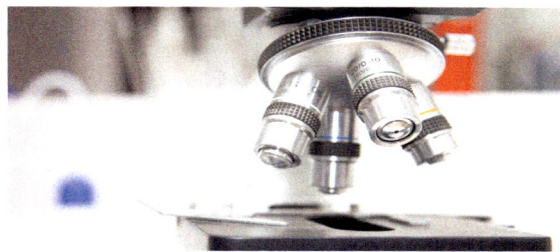

Das Fernrohr

Mit einem Fernrohr lassen sich weit entfernte Gegenstände beobachten. Das astronomische Fernrohr besteht aus zwei Sammellinsen. Sie habe einen gemeinsamen Brennpunkt, der sich zwischen den beiden Linsen befindet.

Licht und Farben

Fällt weißes Licht durch ein Prisma, wird es in seine Spektralfarben aufgespaltet. Um eine beliebige Farbe zu erzeugen, sind nur drei Lichtquellen notwendig. Rotes, grünes und blaues Licht zusammen ergibt weißes Licht. Das ist die Farbaddition. Bei der Farbsubtraktion wird immer ein Teil des Lichtes entfernt. Die Überlagerung von Cyan, Gelb und Magenta ist Schwarz.

Der Laser

Laserlicht besteht aus nur einer Farbe und ist nahezu parallel. Ein Laserstrahl kann sehr viel Energie besitzen. Die Energie kann so hoch sein, dass sie sogar Metall zum Schmelzen bringt.

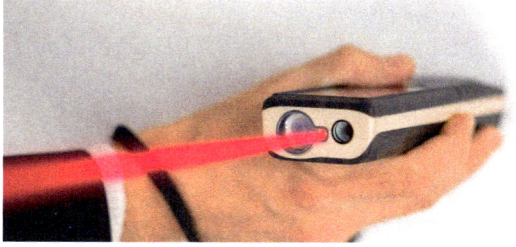

WICHTIGE BEGRIFFE

- Bau und Funktion des Auges
- Nahsicht, Fernsicht, Sehfehler, Sehhilfen
- Farbspektrum
- Farbaddition, Farbsubtraktion

WICHTIGE BEGRIFFE

- Linsensysteme
- Astronomisches Fernrohr
- Galileisches Fernrohr
- Laser

Auf einen Blick

Lerncheck: Optische Instrumente

Reflexion und Brechung

1 Zeichne eine waagerechte Spiegelebene als Linie. Errichte etwa in der Mitte ein Einfallslot. Zeichne ein Lichtbündel, das mit einem Einfallswinkel von $\alpha = 35°$ auf den Spiegel trifft. Zeichne nach dem Reflexionsgesetz den reflektierten Strahl und den Reflexionswinkel β ein.

2 a) Beschreibe die Reflexion an ebenen Flächen und nenne das Reflexionsgesetz.
b) Erläutere den Unterschied zwischen der Reflexion und der Brechung.
c) Erläutere den Zusammenhang zwischen der optischen Dichte eines Mediums und dem Brechungswinkel.
d) Nenne die Voraussetzungen für das Entstehen einer Totalreflexion.

3 a) Zeichne eine Lochkamera, eine davor stehende Kerze und das Bild der Kerze in der Lochkamera.
b) Erläutere den Zusammenhang zwischen Schärfe und Lichtstärke des Bildes bei unterschiedlicher Lochgröße.

DU KANNST JETZT …

- … das Reflexionsgesetz beschreiben und anwenden.
- … Spiegelung und Streuung unterscheiden.
- … Eigenschaften von Spiegelbildern an ebenen Spiegeln beschreiben.
- … die Bildentstehung an der Lochkamera beschreiben und erklären.

Optische Linsen

4 a) Beschreibe die Wirkungsweise einer optischen Linse.
b) Beschreibe den Aufbau unterschiedlicher optischer Linsen.

5 Zeichne den Strahlenverlauf eines parallelen Lichtbündels
a) durch eine Sammellinse mit der Brennweite $f = 3$ cm.
b) durch eine Zerstreuungslinse mit der Brennweite $f = -3$ cm
c) Begründe das unterschiedliche Vorzeichen bei der Angabe der Brennweite in a) und b).

6 Ein Gegenstand mit der Höhe 2 cm wird durch eine Sammellinse abgebildet. Die Linse hat eine Brennweite von $f = 4$ cm. Der Gegenstand befindet sich 6 cm von der Mittelachse der Linse entfernt.
a) Konstruiere den Strahlengang durch die Linse und benenne die ausgezeichneten Strahlen.
b) Beschrifte die Abbildung mit allen dir bekannten Begriffen und Angaben.

DU KANNST JETZT …

- … die Lichtbrechung beschreiben und zeichnerisch darstellen.
- … die Lichtbrechung an Sammellinsen und Zerstreuungslinsen vergleichen.
- … Linsen über ihre Brennweite charakterisieren.
- … die Bildentstehung an einer Sammellinse beschreiben.

Auge und Farben

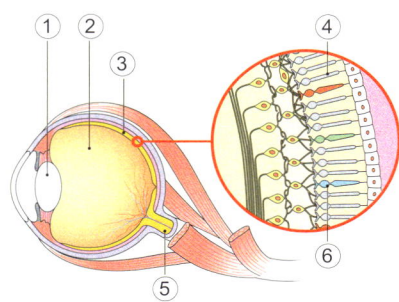

7 a) Benenne die mit Zahlen gekennzeichneten Bestandteile des Auges.
b) Nenne Bestandteile, die das Auge schützen.
c) Nenne Bestandteile, die das Licht brechen.

8 Vergleiche den Aufbau des Auges mit dem Aufbau einer Kamera.

9 Can und Clara vergleichen ihre neuen Brillen. Die Gläser von Cans Brille sind in der Mitte dicker als am Rand, die von Clara am Rand dicker als in der Mitte.
a) Entscheide und begründe, wer von den beiden kurzsichtig und wer weitsichtig ist.
b) Erkläre die Funktionsweise der Brillengläser bei Ausgleich der Sehfehler.

10 a) Erläutere die Verfahren der Farbaddition und der Farbsubtraktion.
II b) Bei der Farbsubtraktion werden Farben miteinander vermischt. Begründe, dass das keine Farbaddition ist.

Optische Instrumente und Laser

11 Erkläre den Begriff Linsensystem und nenne Beispiele.

12 a) Nenne verschiedene Arten von Fernrohren.
b) Beschreibe den Aufbau der verschiedenen Fernrohre und nenne die Besonderheiten.
c) Konstruiere den Strahlengang eines weit entfernten Gegenstandes durch ein Fernrohr. Wähle geeignete Linsen.

13 a) Erläutere den Aufbau eines Mikroskops.
b) Nenne Gemeinsamkeiten und Unterschiede von einem astronomischen Fernrohr und einem Mikroskop.

14 Begründe, dass auch Strahlung, die für das Auge nicht sichtbar ist, sehr gefährlich sein kann.

15 Erläutere, dass du beim Umgang mit einem Laserpointer sehr vorsichtig mit Spiegeln sein musst.

Lerncheck

Erforschung des Weltalls

Was ist Gravitation?

Wie ist unser Sonnensystem aufgebaut?

Wie erforschen wir das Weltall?

1 Die Gravitation: **A** SIR ISAAC NEWTON, **B** ein Freefall-Tower

Die Gravitation

Alles fällt zu Boden

Hältst du einen Gegenstand in der Hand und lässt ihn los, fällt er nach unten auf den Boden. Das ist überall auf der Erde so. Der Naturphilosoph SIR ISAAC NEWTON (1642 - 1727) beobachtete neben dieser Tatsache auch, dass die Bewegung von Sonne, Mond und Sternen damit zusammenhängt. Alle Gegenstände ziehen sich gegenseitig an.

NEWTON nannte diesen Effekt **Gravitation.** Erst Jahre später konnte HENRY CAVENDISH (1731 - 1810) die Gravitation mit einer Messung bestätigen.

Anziehung zum Zentrum

Man bezeichnet einen Gegenstand als einen **Körper mit Masse.** Es gibt kleine Massen wie einen Stift und große Massen wie die Erde. NEWTON fand auch heraus, dass jeder Körper abhängig von seiner Masse **Gravitationskraft** ausübt. Diese Kraft erzeugt ein Feld, das **Gravitationsfeld**. Je mehr Masse ein Körper hat, umso größer ist das Gravitationsfeld und die Gravitationskraft des Körpers. Dabei wird jede Masse zum Zentrum der anderen Masse gezogen (→ Bild 3). Dieses Zentrum ist der **Masseschwerpunkt** (→ Bild 2).

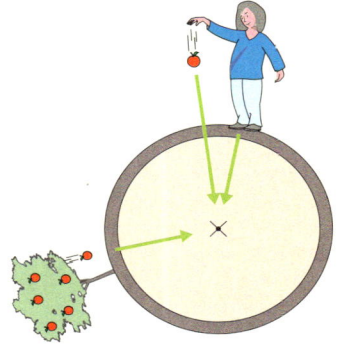

2 Masseschwerpunkt

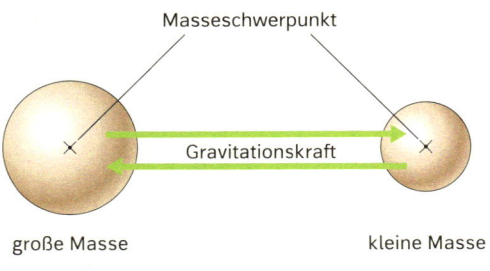

3 Gravitation zwischen zwei Massen

Anziehung zwischen Massen

Um jeden Körper wirkt ein Gravitationsfeld. Daher ziehen sich Körper gegenseitig an. Je größer der Abstand zwischen zwei Massen ist, desto schwächer wird die Gravitation. Wenn die Körper unterschiedliche Massen haben, ist auch die Wirkung der Gravitation auf die Körper unterschiedlich. Bei zwei Körpern mit gleicher Masse liegt der gemeinsame Schwerpunkt genau auf halber Strecke zwischen den Masseschwerpunkten der Körper. Bei zwei Körpern mit unterschiedlicher Masse, liegt der Schwerpunkt nicht in der Mitte zwischen den beiden Masseschwerpunkten. Beispielsweise hat die Erde gegenüber dem Mond eine wesentlich größere Masse. Der gemeinsame **Erde-Mond-Schwerpunkt** liegt daher näher am Masseschwerpunkt der Erde. Er liegt außerdem noch innerhalb der Erdkugel (→ Bild 6). Erde und Mond bewegen sich beide um den Erde-Mond-Schwerpunkt. Da das Wasser auf der Erde außerhalb vom Erde-Mond-Schwerpunkt liegt, wird es stellenweise zum Mond hingezogen. Es entstehen Wasserberge auf der Erde, die Flut.

Umlaufbahnen von Planeten

Die Masse der Sonne ist gegenüber den anderen Planeten so groß, dass die Sonne fast gar nicht durch die Gravitationsfelder der Planeten bewegt wird. Die Planeten haben eine kleine Masse im Vergleich zur Sonne und bewegen sich auf Kreisbahnen um die gemeinsamen Schwerpunkte mit der Sonne (→ Bild 5).

4 Gravitationsfeld der Erde

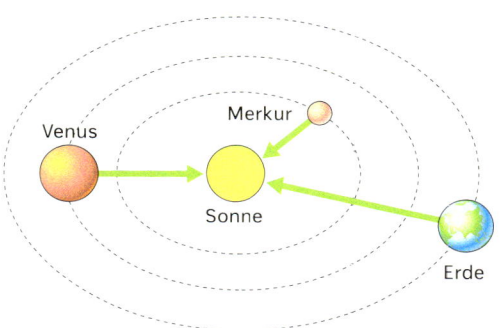

5 Umlaufbahnen der Planeten

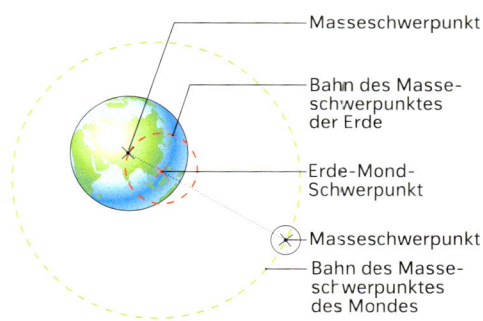

6 Erde-Mond-Schwerpunkt

❶ Erkläre, was der Masseschwerpunkt eines Körpers ist.

❷ Nenne Stichpunkte über Sir Isaac Newton und seine Forschung.

❸ **I** Nimm verschiedene Gegenstände und versuche, diese auf einem Finger zu balancieren. Beschreibe die Schwerpunkte der verschiedenen Gegenstände.

❹ **II** Beschreibe den Unterschied zwischen dem Gravitationsfeld und der Gravitation.

❺ **III** Gib den gemeinsamen Schwerpunkt von mehreren Körpern mit gleicher Masse mithilfe einer Zeichnung an.

A Die Entstehung von Gezeiten

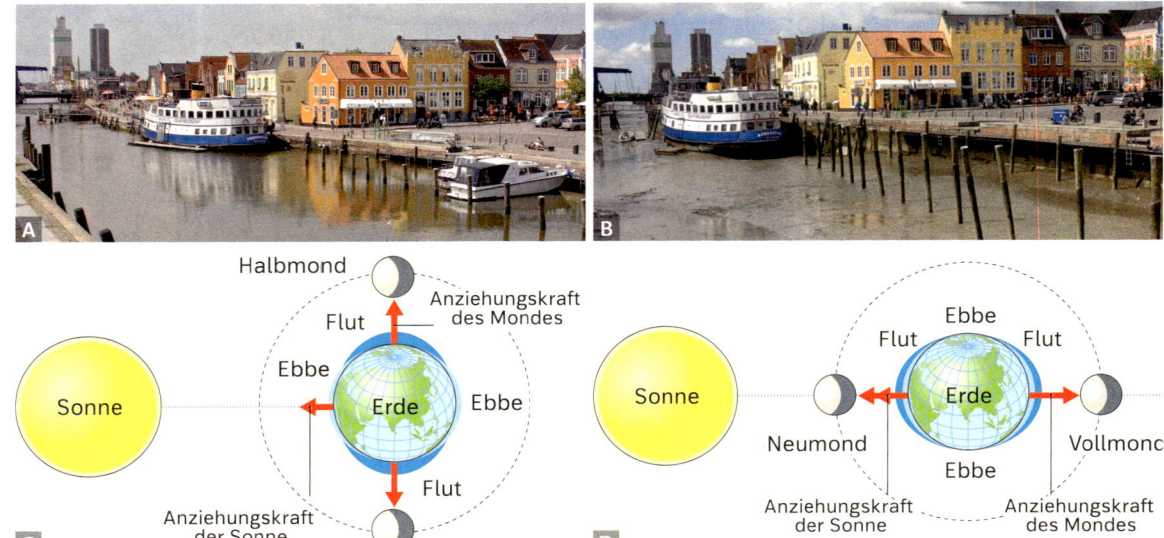

1 Die Gezeiten: **A** Hochwasser nach Flut, **B** Niedrigwasser nach Ebbe, **C** Entstehung Flut, **D** Entstehung Ebbe

1 Beschreibe die Beobachtung von Bild 1 A und 1 B.

2 ‖ Erkläre die Entstehung der Gezeiten durch den Einfluss von Mond und Sonne.

3 ‖‖ Errin behauptet: „Die Flut und die Ebbe wechseln sich ungefähr alle sechs Stunden ab." Begründe, dass Errin Behauptung korrekt ist.

B Ein Gespür für die Anziehungskraft

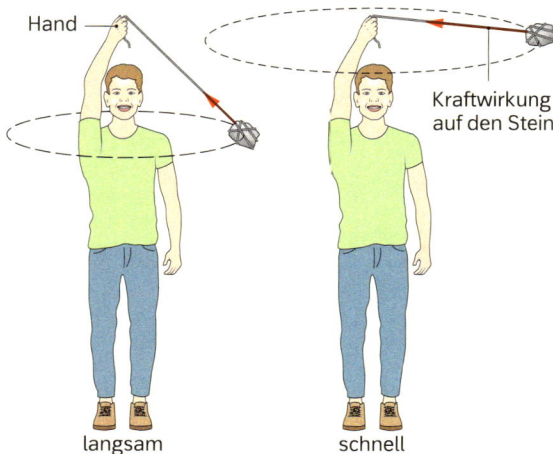

2 Gravitation im Modell

Gravitation kann als eine Kraft aufgefasst werden, die einen Stein an einem Seil zu einem Zentrum zieht. In Bild 2 entspricht der Stein einem Planeten und die Hand, die die Schnur festhält, einer Sonne. Die von der Hand aufgebrachte Kraft steht für die Anziehungskraft durch die Sonne.

1 Beschreibe die Vorgänge im Bild und arbeite die Unterschiede im Hinblick auf die Stärke und die Richtung der Kraftwirkung heraus.

2 ‖‖ Adara sagt: „Dieses Hand-Stein-Modell hat Unterschiede zur Sonne-Planet-Realität." Erläutere die Unterschiede.

ÜBEN UND ANWENDEN

C Fallexperiment

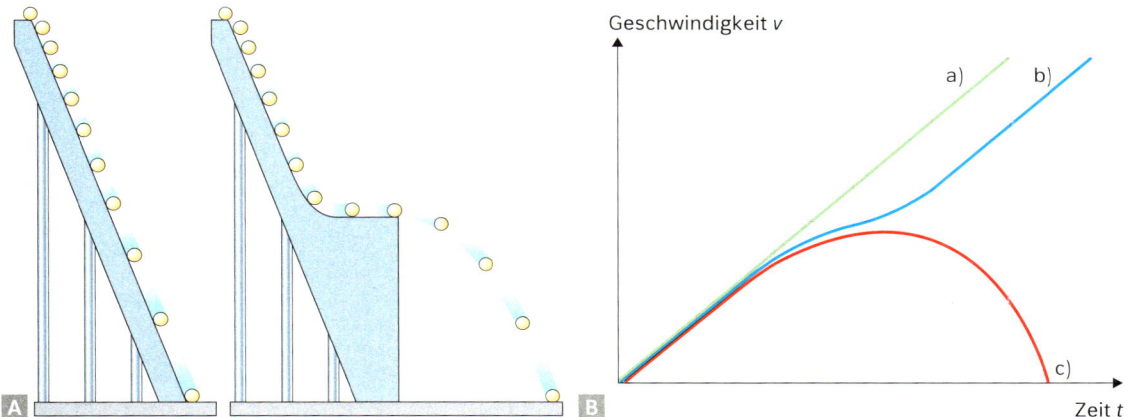

3 Ein Fallexperiment: **A** Zwei Kugelbahnen, **B** Zeit-Geschwindigkeit-Diagramm

Bild 3 A zeigt zwei Kugelbahnen mit je einer Kugel, die hinabrollt. Die Orte der Kugeln sind zu gleichen Zeitabständen dargestellt. Je größer der Abstand ist, umso höher ist die Geschwindigkeit der Kugel in diesem Abschnitt.
Bild 3 B zeigt drei Verläufe von Geschwindigkeiten. Nach rechts ist die Zeit aufgetragen, nach oben die Geschwindigkeit.

1 Beschreibe den Bewegungsablauf und die wirkende Kraft in Bild 3 A.

2 Beschreibe den Verlauf der Geschwindigkeiten in Bild 3 B.

3 Ordne zwei der drei Verläufen aus 3 B den Kugelbahnen in 3 A zu und skizziere eine Kugelbahn für den Verlauf, der nach der Zuordnung noch übrig ist.

D Gravitationswaage nach CAVENDISH

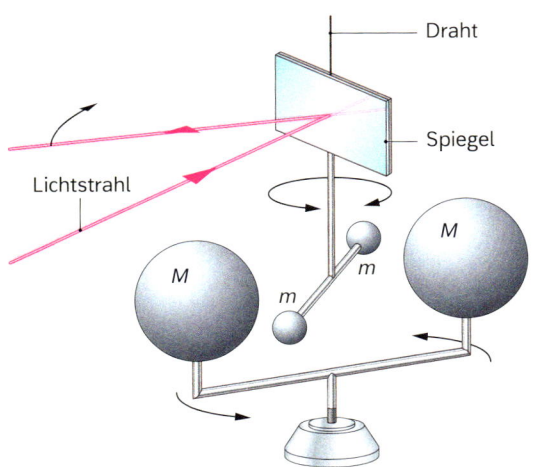

4 Gravitationswaage

Das Bild zeigt den Aufbau einer Gravitationswaage. Ein Lichtstrahl trifft auf einen Spiegel und wird in eine andere Richtung reflektiert. Aufgrund der Gravitationsfelder der Kugeln wird der Spiegel bewegt. Durch Ablesen des Ablenkungswinkels kann die Stärke der Gravitation gemessen werden.

1 Beschreibe den Aufbau und benenne alle Teile, die sich im Experiment frei bewegen.

2 Erkläre die Wirkung der Gravitation.

3 III Adin behauptet korrekt: „Nur die Verdrehung des Drahtes hindert die kleinen Massen an der Berührung der großen Massen." Erkläre.

1 Der Orionnebel - ein Ort, an dem Sterne entstehen.

Das Universum

Der Himmel über uns

Sonnenuntergang, wolkenloser Himmel und dann viele leuchtende Punkte am Nachthimmel. So sieht das **Weltall** von der Erde aus. Das Weltall wird auch Universum genannt. Die verschiedenen leuchtenden Punkte sind die **sichtbaren Objekte** in diesem Weltall. Die Erde ist ein Teil des Weltalls. Würdest du jedes Jahr zum selben Datum und zur selben Uhrzeit den Sternenhimmel beobachten, würdest du winzige Unterschiede erkennen können. Das Weltall ist **veränderlich**. Alle Objekte des Universums bewegen sich ohne Pause.

2 Das Universum dehnt sich aus (Modell).

Kein Mittelpunkt, aber ein Anfang

Die Menschen dachten früher, sie wären das Zentrum des Universums und das Universum wäre unveränderlich. Heute wissen wir, dass sich alle Objekte im Weltall voneinander wegbewegen und es keinen Rand des Universums gibt. Deswegen ist jeder Punkt im Universum ein Zentrum, von dem sich alle anderen Punkte entfernen. Die Menschen sind nicht das Zentrum. Da sich also alles voneinander wegbewegt, muss früher irgendwann alles an einem Punkt zusammengepresst gewesen sein. So wird der **Urknall** beschrieben.

Geburt des Universums

Alles begann mit dem Urknall vor ungefähr **14 Milliarden Jahren**. Beim Urknall war alles an einem Punkt gebündelt. Alles war sehr dicht beieinander und es herrschten extrem hohe Temperaturen. Dann dehnte sich alles sehr schnell aus.
Diese Ausdehnung hält zwar bis heute an, findet jedoch nur noch langsam statt.

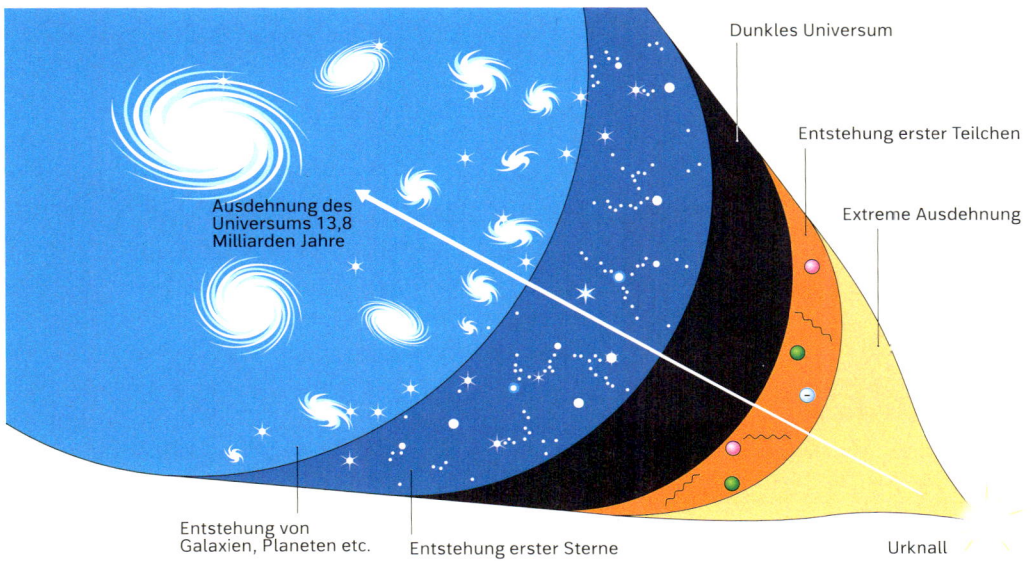

Dunkles Universum

Entstehung erster Teilchen

Extreme Ausdehnung

Ausdehnung des
Universums 13,8
Milliarden Jahre

Entstehung von
Galaxien, Planeten etc.

Entstehung erster Sterne

Urknall

3 Entstehung des Universums

Leben und Ende des Universums

Mit dem Ausdehnen entstanden nach dem Urknall kleinste Materiebausteine, die sich zu Atomen zusammenfügten. Die Atome verbanden sich zu der Materie, die heute die Objekte im Weltall sind und aus der wir bestehen. Alle schweren Atome (hauptsächlich Metalle) stammen von längst verschwundenen Sternen. Die Zukunft des Universums ist nicht klar. Es kann sich immer weiter ausdehnen und dunkel und kalt werden. Oder es verdichtet sich wieder wie beim Urknall.

Echo des Urknalls

Durch die Ausdehnung nach dem Urknall, hatte das Licht irgendwann genug Platz, um sich ungehindert auszubreiten. Man nennt dieses Licht **Hintergrundstrahlung** (→ Bild 4). Es ist nicht mehr mit dem bloßen Auge sichtbar.

Entstehung von Sternen

Die erste stabile Materie, die nach dem Urknall entstanden ist, bestand aus Wasserstoff und Helium. Durch die Gravitation wurden weitere Wasserstoffteilchen angezogen. Der Wasserstoff wurde heiß und fing an zu leuchten. Er zog sich weiter zusammen und schließlich entstanden die ersten Sterne.

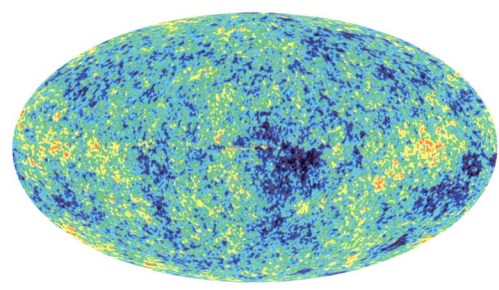

4 Hintergrundstrahlung

1 Erkläre, was die verschiedenen leuchtenden Punkte am Sternenhimmel sind.

2 Beschreibe den Zustand des Universums beim Urknall.

3 | Beschreibe das Altern des Universums.

4 || Remi behauptet: „Wenn es beim Urknall nur Licht gab, war das Universum sehr heiß." Begründe, dass Remi mit der Behauptung recht hat.

Weltbilder im Wandel

1 Himmelsscheibe von Nebra

Himmelsscheibe von Nebra

Schon immer haben sich die Menschen für die Welt um sie herum und auch das Weltall interessiert. Die älteste überlieferte Darstellung des Himmels von den Menschen, ist die Himmelsscheibe von Nebra. Sie stammt aus der Bronzezeit und ist rund 4000 Jahre alt. Es wird angenommen, dass die Menschen mit der Himmelsscheibe Mondphasen und Sonnenstände bestimmt haben und somit eine erste Form eines Kalenders hatten.

Geozentrisches Weltbild

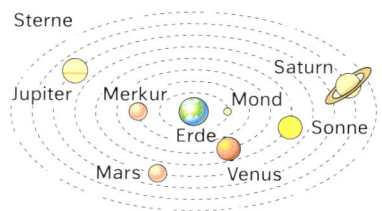

2 Geozentrisches Weltbild (Schema)

Im europäischen Abendland wurde in der griechischen Antike um 350 v. Chr. durch ARISTOTELES (384 v. Chr. - 322 v. Chr.) das geozentrische Weltbild ausgearbeitet. Die Erde stand im Mittelpunkt. Die Sonne, der Mond und die damals bekannten Planeten kreisten um die Erde. Die Umlaufbahnen wurden kreisförmig angenommen. Damals war der religiöse Glaube, dass der Mensch der Mittelpunkt der Schöpfung ist, weit verbreitet. Bis ins späte 16. Jahrhundert wurden mit diesem Modell Standorte der Planeten vorrausberechnet.

Heliozentrisches Weltbild

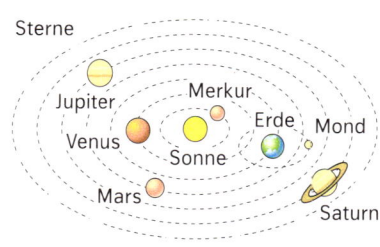

3 Heliozentrisches Weltbild (Schema)

Die Instrumente zur Beobachtung wurden immer besser. GALILEO GALILEI (1564 - 1642) entdeckte mithilfe von Fernrohren immer mehr Hinweise, die gegen das geozentrische Weltbild sprachen. Mehr und mehr Widersprüche zwischen den berechneten und den tatsächlichen Standorten der Planeten wurden erkennbar. So griff NIKOLAUS KOPERNIKUS (1473-1543) das heliozentrische Weltbild, das um 250 v. Chr. schon im antiken Griechenland entwickelt wurde, wieder auf und arbeitete es aus. Hier steht die Sonne im Zentrum. Die Planeten bewegen sich auf Kreisbahnen um die Sonne. Im 17. Jahrhundert festigten JOHANNES KEPLER und ISAAC NEWTON dieses Weltbild.

1 **a)** Nenne die im geozentrischen und heliozentrischen Weltbild bekannten Planeten.
b) Beschreibe die Unterschiede zwischen diesen beiden Weltbildern.

2 **II** Erkläre, aus welchem Grund das geozentrische Weltbild nicht weiter bestehen konnte.

3 **III a)** Recherchiere die Himmelskörper, die auf der Himmelsscheibe von Nebra abgebildet sind.
III b) Begründe und recherchiere, warum genau diese Himmelskörper für die Menschen der damaligen Zeit besonders wichtig waren.

IM ALLTAG

STEPHEN HAWKING und das Universum

Wer war STEPHEN HAWKING?

STEPHEN HAWKING (1942 - 2018) war einer der bedeutensten und bekanntesten Astrophysiker. Wenn er über das Univserum sprach, hatte er Zuhörer aus der ganzen Welt und füllte jeden Vortragsraum. In seiner Forschung befasste er sich zuerst mit den schwarzen Löchern im Weltall. Dann verallgemeinerte HAWKING seine Ergebnisse auf den Ursprung des Universums. Da er an einer unheilbaren Krankheit litt, war er auf einen Rollstuhl angewiesen.

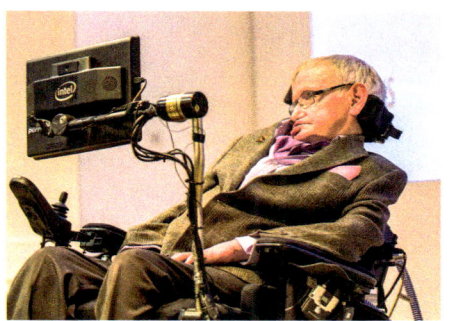

4 Dr. STEPHEN HAWKING

Was war vor dem Urknall?

Man nimmt heute an, dass das Universum mit dem Urknall, den der belgische Physiker GEORGES LEMAÎTRE (1894 - 1966) herleitete, entstanden ist. Doch was war davor? STEPHEN HAWKING lieferte die Bestätigung, dass es vor dem Urknall keine Zeit gab und damit auch kein „davor" oder „danach". HAWKING nahm an, dass unser Universum weder Grenze noch Rand hat. So ist es auch mit der Zeit. Geht man bis zum Urknall zurück, gibt es kein „Davor". Außerdem existierten wahrscheinlich auch keine physikalischen Gesetze.

Ist das Weltall unendlich?

Wissenschaftlerinnen und Wissenschaftler gehen davon aus, dass sich das Universum nach dem Urknall sehr schnell ausdehnte. Heute ist die Ausdehnung relativ langsam. Über die Zukunft unseres Universums gibt es verschiedene Theorien. Eine Art besagt, dass sich das Universum wieder zu einem Zustand wie beim Urknall zusammenziehen wird. Die zweite Art besagt, dass sich das Universum immer weiter und sogar schneller ausdehnt. Unser Universum kann wieder selbst reißen und bildet kleine neue Universen. HAWKING war aber von der dritten Theorie überzeugt. Das Universum dehnt sich immer langsamer aus, bis es fast zum Stillstand kommt.

1 Bea fragt: „Was gab es in der Zeit vor dem Urknall?" Erkläre, aus welchem Grund diese Frage nicht richtig beantwortet werden kann.

2 ▌▌ Beschreibe die Vorstellung von Stephen Hawking über unser Universum. Notiere dazu Stichworte.

3 ▌▌▌ Erläutere mit eigenen Worten die unterschiedlichen Theorien über das Ende unseres Universums.

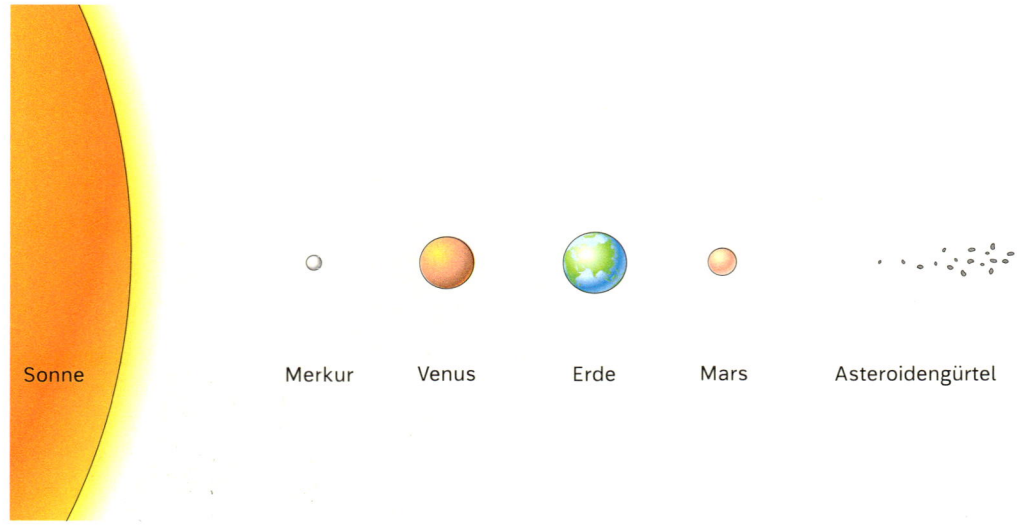

1 Die inneren Planeten und der Astroidengürtel

▶❚ F # Unser Sonnensystem

Die Milchstraße

Unsere Erde gehört zu einem System aus Planeten, dem **Planetensystem.** Alle Planeten bewegen sich um die Sonne. Sie bildet das Zentrum des **Sonnensystems.** Daher wird sie auch **Zentralstern** genannt. Von der Sonne aus betrachtet, besteht unser Planetensystem aus den Planeten **Merkur, Venus, Erde, Mars, Jupiter, Saturn, Uranus** und **Neptun** (→ Bild 1 und 3).
Das Sonnensystem ist ein Teil einer **Galaxie.** Die Galaxie, in der unser Sonnensystem liegt, heißt **Milchstraße** (→ Bild 2).

Sterne und Planeten

Sterne sind selbstleuchtende Himmelskörper. Am Tag kannst du nur den Stern „Sonne" erkennen. Planeten sind beleuchtete Körper. Planeten brauchen einen Stern, der sie beleuchtet. Sonst ist es auf den Planeten dunkel. Planeten bewegen sich auf Ellipsenbahnen um den Zentralstern. Die inneren Planeten Merkur, Venus, Erde und Mars sind **Gesteinsplaneten.** Sie besitzen eine so feste Struktur wie die Erde. Jupiter, Saturn, Uranus und Neptun sind die äußeren Planeten. Sie sind **Gasplaneten** und besitzen keine feste Oberfläche.

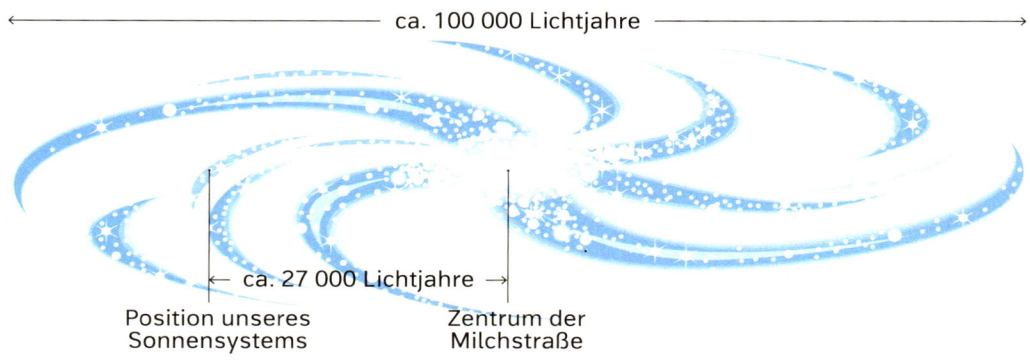

2 Die Milchstraße und unser Sonnensystem

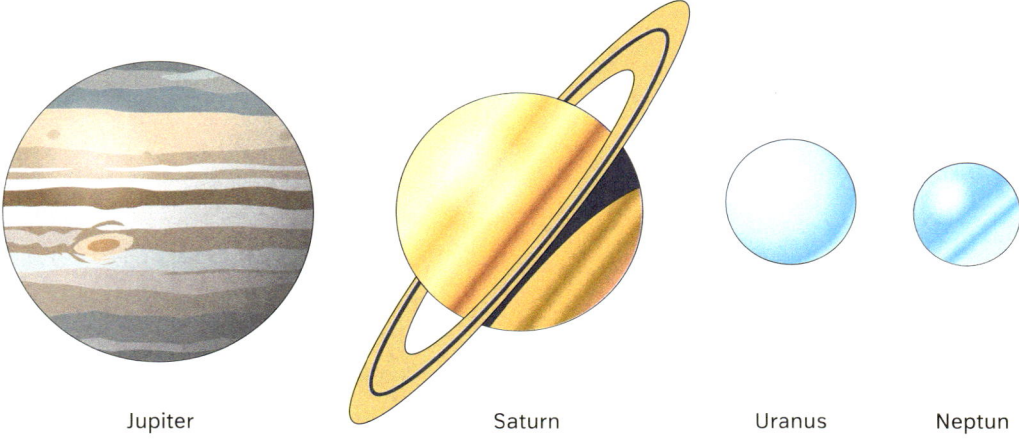

Jupiter   Saturn   Uranus   Neptun

3 Die äußeren Planeten

Innere Planeten

Die Gesteinsplaneten in unserem Sonnensystem sind alle gleich aufgebaut. Sie besitzen im Inneren einen flüssigen Kern. Er besteht normalerweise aus Metall. Daran schließt sich der Mantel an. In ihm nimmt die Temperatur der Planeten von innen nach außen langsam ab. Die Struktur ändert sich von flüssig über zähflüssig nach fest. Die Kruste bildet die äußere Hülle des Planeten. Sie hat eine feste Struktur und besteht vorwiegend aus festen Bestandteilen. Zwischen den Umlaufbahnen von Mars und Jupiter befindet sich ein **Asteroidengürtel**. Das ist eine gehäufte Ansammlung von Asteroiden. Diese Grenze trennt die inneren und äußeren Planeten (→ Bild 1).

Äußere Planeten

Die Gasplaneten sind genau entgegengesetzt zu den Gesteinsplaneten aufgebaut. Sie besitzen einen festen Kern aus Gestein oder Eis. Der Mantel ist flüssig und besteht zum Großteil aus Wasserstoff. Die Atmosphäre ist gasförmig und besteht hauptsächlich aus Wasserstoff und Helium (→ Bild 3).

> Du kannst dir die Reihenfolge der Planeten mit einer Eselsbrücke merken:
> **M**ein **V**ater **e**rklärt **m**ir **j**eden **S**onntag **u**nseren **N**achthimmel.
> Die ersten Buchstaben stehen jeweils für den Anfangsbuchstaben des Planeten von der Sonne aus betrachtet.

❶ Erkläre den Unterschied zwischen Planetensystem und Sonnensystem.

❷ **I** **a)** Nenne die Planeten unseres Sonnensystems in der Reihenfolge von der Sonne aus betrachtet.
b) Finde eine eigene Eselsbrücke, um dir die Reihenfolge zu merken.

Starthilfe zu 2b:
Orientiere dich am ge.ben Merkkasten.

❸ **II** **a)** Nenne verschiedene Planetentypen.
b) Erläutere den Aufbau der verschiedenen Planetentypen.
c) Beschreibe die Unterschiede zwischen den verschiedenen Planetentypen.

❹ **III** Erläutere den Begriff Asteroidengürtel.

Entfernungen im Weltall

Das Lichtjahr

Die Entfernungen im Weltall sind unvorstellbar groß.
Die auf der Erde genutzte Einheit km reicht für solche
Entfernungen nicht aus.
Die größte Geschwindigkeit, die wir auf der Erde
kennen, ist die **Lichtgeschwindigkeit.** Sie beträgt etwa
300000 $\frac{km}{s}$. Das heißt, das Licht legt jede s die Strecke
von etwa 300000 km zurück.
Das Licht von vielen Sternen ist viele Jahre unterwegs,
bis wir es auf der Erde sehen können. So kann die
Dauer, die das Licht unterwegs ist, auch für die Entfer-
nungsangabe genutzt werden. Die Strecke, die das
Licht ein Jahr unterwegst ist, heißt **1 Lj (Lichtjahr)** und
beträgt ungefähr 1 Lj = $9{,}5 \cdot 10^{12}$ km.

1 Planet mit seinem Mond

Die Astronomische Einheit

Ein besonderer Abstand innerhalb unseres Sonnensystems ist der Abstand von der Erde zur Sonne.
Dieser Abstand wird ebenfalls für die Entfernungsmes-
sung im Weltall genutzt. Diese Einheit heißt **AE (Astronomische Einheit).** 1 AE ist die mittlere Entfernung
zwischen der Sonne und der Erde und beträgt ungefähr
1 AE = $149{,}6 \cdot 10^{6}$ km.

2 Die Sonne und die Erde

1 Nenne Gründe, Entfernungen im Weltall
messen zu wollen.

2 Begründe die Einführung eigener Entfer-
nungsangaben für das Universum.

3 Erläutere die beiden Einheiten Lj und AE mit
eigenen Worten.

4 Übertrage die Tabelle 1 in dein Heft und
ergänze die fehlenden Werte.

5 ‖ Bestätige die angegebene Entfernung für 1
Lj durch eine Rechnung.

6 ‖‖ Erläutere die Angabe 1 AE und recherchiere ihre Ungenauigkeit.

Planet Abstand zur Sonne	km	AE	Lj
Merkur		0,4	
Venus	108 000 000		
Erde			0,000016
Mars		1,5	
Jupiter	779 000 000		
Saturn			0,000151
Uranus		19,2	
Neptun	4 495 000 000		0,000624

Tabelle 1 Entfernungen zur Sonne

METHODE

Ⓐ Ein Modell von unserem Sonnensystem nachbauen

	Merkur	Venus	Erde	Mars	Jupiter	Saturn	Uranus	Neptun
	8 m	16 m	22 m	32 m	112 m	204 m	412 m	646 m

3 Abstände zur Sonne im Modell

4 Aufbauen des Modells

Das Melonen-Sonnensystem

Unser Sonnensystem ist so groß, dass man sich Entfernungen und Größen nur schwer vorstellen kann.

Um einen besseren Eindruck zu bekommen, kann man es in einem verkleinerten Modell nachbauen.

Dazu stellen wir uns vor, die Sonne hätte nur die **Größe einer Melone.** Ihr Durchmesser wäre dann etwa 20 cm. Auch die Planeten und die Abstände zur Sonne wären dann viel kleiner.

Planet	Durchmesser in der Wirklichkeit	Durchmesser im Modell (gerundet)
Merkur	4 878 km	1 mm
Venus	12 104 km	2 mm
Erde	12 756 km	2 mm
Mars	6 794 km	1 mm
Jupiter	142 796 km	20 mm
Saturn	120 600 km	17 mm
Uranus	51 200 km	7 mm
Neptun	49 600 km	8 mm

Tabelle 2 Durchmesser der Planeten

Im Bild 3 kannst du sehen, in welcher Entfernung die Umlaufbahnen der Planeten im Melonen-Sonnensystem sind.

Die Durchmesser der Planeten im Modell findest du in der Tabelle (→ Tabelle 2).

Material: Knete, Lineal, langes Maßband, Hütchen aus der Sporthalle oder Kreide

Durchführung:

Schritt 1: Fertige für jeden Planeten eine Kugel aus Knete an. Lies dazu den Durchmesser aus der Tabelle ab und kontrolliere mit dem Lineal.

Schritt 2: Suche dir eine lange, gerade Strecke. An das eine Ende stellst du das erste Hütchen für die Sonne.

Schritt 3: Stelle nun für Merkur, Venus, Erde und Mars jeweils ein Hütchen im richtigen Abstand auf. Befestige die entsprechende Knetkugel daran.

❶ Beschreibe das Melonen-Sonnensystem.

❷ Vergleiche es mit unserem Sonnensystem.

1 Ohne die Sonne gäbe es kein Leben auf der Erde.

▶❚❚ F

Sterne und Planeten

Die Sonne als Stern

Sterne sind Kugeln aus Gasen leichter Elemente. Durch Reaktionen im Inneren leuchten sie selbst und geben Wärme ab. Unsere Sonne ist ein typischer Stern.

Der Aufbau der Sonne

Die Sonne ist schalenförmig aufgebaut (→ Bild 2B). Die inneren drei Schichten **Kern, Strahlungszone** und **Konvektionszone** bilden den Stern. Die **Photosphäre** ist die sichtbare Schicht des Sterns. **Chromosphäre** und **Korona** bilden die Atmosphäre des Sterns. Die Sonne besteht hauptsächlich aus Wasserstoff (→ Bild 2A).

Hitze und Druck im Inneren des Sterns

Im Kern eines Sterns wird durch die äußeren Schichten und die Gravitationskraft der Sonne ein hoher Druck aufgebaut. Dieser Druck führt zu hohen Temperaturen. Bei diesen hohen Temperaturen können die Elementkerne reagieren und schwere Elemente erzeugen. Diese Reaktion ist die **Kernfusion**. Bei der Kernfusion entstehen auch Wärme und andere Strahlung wie Licht.

Die Abläufe im Inneren lassen die Korona ständig gasförmiges Material ins Weltall schleudern. Dies ist der **Sonnenwind**.

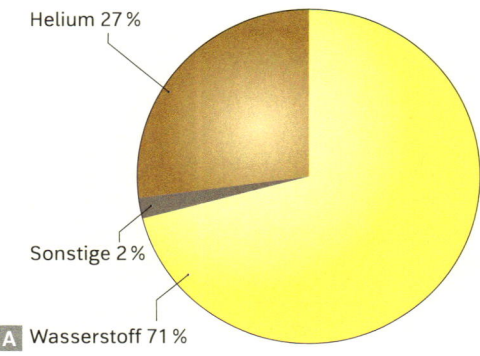

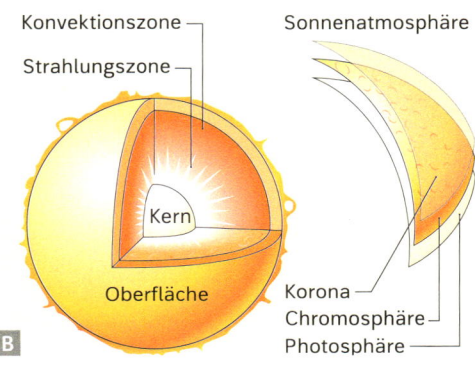

2 Die Sonne: **A** Zusammensetzung, **B** Aufbau

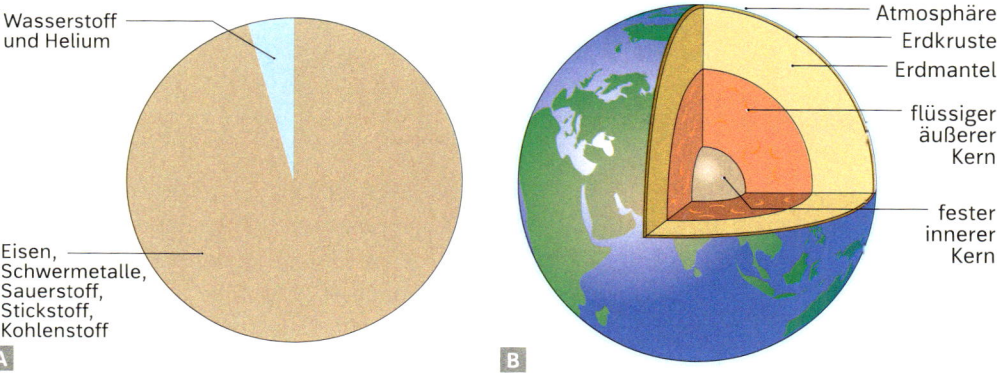

3 Die Erde: **A** Zusammensetzung, **B** Aufbau

Planeten aus Sternenstaub

Durch die Kernfusion in einem Stern entstehen immer **schwerere Elemente.** Ein sehr alter, schwerer Stern stirbt und explodiert als **Supernova.**
Dabei gibt er alle seine Elemente frei, die er im Laufe seines Lebens gebildet hat. Diese Elemente formen sich zu Planeten wie die Erde.

Erde und andere Planeten

Planeten sind **kugelförmig** und umkreisen einen Stern. Man sieht sie am Nachthimmel leuchten, weil sie das Licht von Sternen reflektieren.
Die Planeten unterteilen sich in Gesteinsplaneten und Gasplaneten. Unsere Erde gehört zu den Gesteinsplaneten, da sie eine feste Oberfläche hat.

Aufbau der Erde

Unsere Erde hat einen festen und auch flüssigen Kern. Dieser ist sehr warm. Der Mantel ist weniger warm und zähflüssig. Die **Erdkruste** ist fest und schwimmt auf dem zähflüssigen **Mantel.**
Die Erde hat außerdem eine Atmosphäre, die nicht jeder Planet hat. Es gibt auch Gesteinsplaneten, die ganz aus festem Material bestehen. Sie kommen aber in unserem Sonnensystem nicht vor.

Magnetfelder

Bei Sternen, Gasplaneten und Gesteinsplaneten mit teilweise flüssigem Inneren haben die Stoffe, aus denen sie im Inneren bestehen, mehr als einen Aggregatzustand. Durch Strömungen des flüssigen Anteils entsteht das Magnetfeld der Erde.

1 Erkläre den Unterschied zwischen unserer Sonne und Planeten in unserem Sonnensytem.

2 I Beschreibe mithilfe der Bilder die wärmsten und kältesten Stellen von Sternen und Planeten.

3 II Erkläre den Aufbau eines Sterns, kurz bevor er zur Supernova wird, mithilfe deines Wissens über die Gravitation.

4 III Bayek sagt: „Heißes Metall leuchtet sehr hell und weiß, bevor es schmilzt. Ist es kälter, ist es dunkler." Erkläre damit den optischen Effekt der Sonnenflecken.

5 III Bengt sagt: „Nach aktueller Forschung sind alle großen Objekte in unserem Universum, die kein starkes Magnetfeld haben, feste Gesteinsbrocken." Begründe, dass Bengt damit recht hat.

A Lebenszyklus eines Sterns

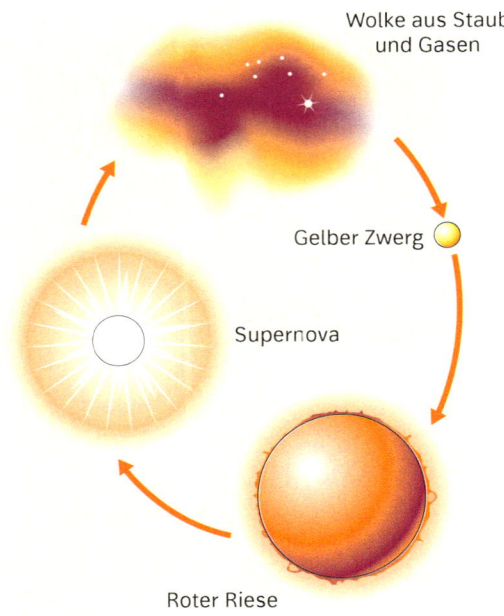

1 Der Lebenszyklus eines Sterrs

Das Bild zeigt den Zyklus von schweren Sternen. Je schwerer und heißer der Stern ist, umso kürzer ist die Phase, in der er weiß, hellgelb oder gelb leuchtet. Zum Ende blähen sich die Sterne auf und ihre Leuchtfarbe wechselt über orange zu rot. Sie sind dann **rote Riesen**, bevor sie explodieren. Eine kleine Epxlosion wird **Nova** genannt, eine große Explosion heißt Supernova. Hierbei wirft der Stern seine Hülle ab und nur der Kern bleibt übrig. Aus der Hülle können dann neue Sterne entstehen.

1 Beschreibe den Lebenszyklus eines schweren Sterns und erkläre den Unterschied zwischen einer Supernova und einer Nova.

2 **III** Patrick behauptet: „Im Universum wird alles recycelt". Erläutere im Zusammenhang mit Sternen, dass Patrick Recht hat.

B Tod eines Sterns

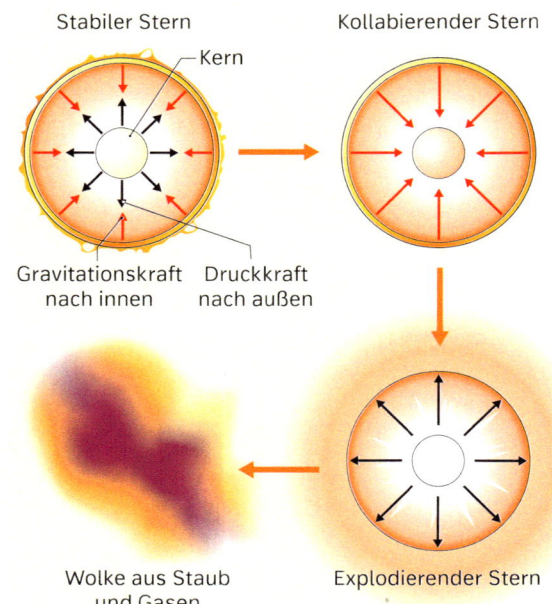

2 Der Ablauf einer Supernova

Sterne existieren nicht ewig. Schwerere Sterne sind auch heißer und altern schneller. Die Leuchtfarbe zeigt ihre Oberflächentemperatur. Sehr heiße Sterne leuchten weiß, kühlere Sterne gelb. Werden Sterne zum roten Riesen, ist ihre Oberfläche kühl. Explodiert ein Stern, so wird aus dem Kern sehr schwerer Sterne ein Neutronenstern oder ein schwarzes Loch. Schwarze Löcher sind klein, massereich und verschlingen alles in ihrem Umkreis, sogar Licht. Leichtere Sterne explodieren als Supernova. Deren Kern wird zu einem schwach glimmenden und massearmen Objekt.

1 Beschreibe den Ablauf einer Supernova.

2 **III** Erläutere mit Hilfe der Gravitation und der Druckkraft durch Strahlung aus dem Kern, dass ein roter Riese kurz vor der Nova pulsiert.

Der Sonnenwind und das Polarlicht

Der Sonnenwind

Die Sonne spendet der Erde Licht und Wärme. Dieses für uns sichtbare Licht ist jedoch nur ein kleiner Teil der Strahlung, die von der Sonne ausgeht. Die Sonne sendet außerdem dauerhaft einen unsichtbaren Strom geladener Teilchen aus. Diesen nennt man Sonnenwind. Der Sonnenwind kann unterschiedlich stark sein. Ein besonders starker Sonnenwind kann schwere Auswirkungen auf der Erde haben. Er stört Funkwellen und damit die Kommunikationssysteme der Menschen.

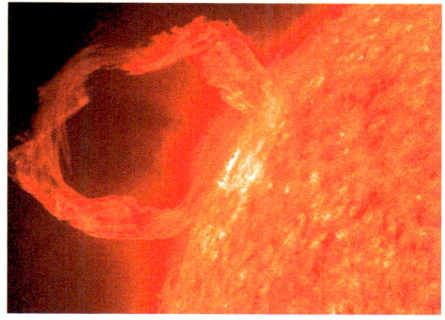

3 Sonnenwind

Das Polarlicht

Das Polarlicht wird auch **Aurora polaris** genannt und ist eine Leuchterscheinung am Himmel. Besonders im Winter kommen in polnahen Gegenden häufiger Polarlichter vor. In sehr seltenen Fällen ist es auch möglich, Polarlichter in Deutschland zu beobachten.

Das Polarlicht ist die besonders sichtbare Auswirkung des Sonnenwindes auf die Erde. Der Teilchenstrom erreicht das Magnetfeld der Erde und wird von diesem umgeleitet. Das Magnetfeld der Erde reicht jedoch nicht kreisförmig um die Erde herum, sondern bildet an den Polkappen trichterförmige Öffnungen (→ Bild 5). Diese Öffnungen im Magnetfeld lenken den Sonnenwind zur Erdoberfläche ab. So gelangen die geladenen Teilchen in die Erdatmosphäre und regen dort die Luftmoleküle zum Leuchten an. Polarlichter kommen sowohl auf der Nordhalbkugel als auch auf der Südhalbkugel der Erde vor. Auch auf anderen Planeten im Sonnensystem können Polarlichter beobachtet werden.

4 Polarlichter

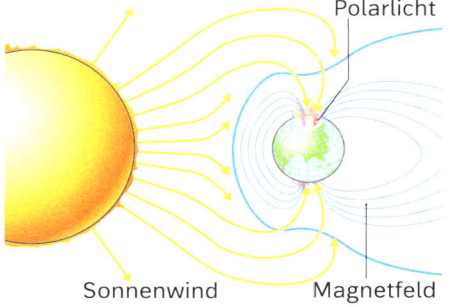

5 Entstehung der Polarlichter

① Nenne Auswirkungen des Sonnenwindes auf der Erde.

② Erkläre mithilfe von Bild 5 die Entstehung von Polarlichtern auf der Erde.

③ ‖ Stelle eine Vermutung an, was passieren würde, wenn das Magnetfeld der Erde keine trichterförmigen Öffnungen bilden würde.

1 Viele Himmelskörper sind für uns als leuchtende Punkte sichtbar.

Die Himmelskörper

Körper am Himmel

Im Universum gibt es viele verschiedene **Himmelskörper.** Tagsüber kannst du die Sonne als unseren leuchtenden Stern sehen. Nachts siehst du viele andere Sterne leuchten. Doch es gibt auch Himmelskörper, die du nicht siehst. Dazu zählen Planeten, kleine Gesteinsbrocken oder auch Staubteilchen. Das sind **natürliche Himmelskörper.** 1957 haben Menschen den ersten Satelliten in den Weltraum geschickt. Seitdem kommen immer mehr **künstliche Himmelskörper** hinzu.

2 Der große und kleine Wagen

Die Monde

Unseren Mond kannst du sehen, wenn er von der Sonne beleuchtet wird. Er ist ein beleuchteter Körper. Trotzdem ist er kein Planet. Der Mond ist ein **Satellit.** Das ist ein Begleiter der Erde, der die Erde umkreist. Auch andere Planeten besitzen Satelliten oder Monde, die sie umkreisen. Unser **Erdmond** ist einer von vielen Monden im Sonnensystem und im Universum. Er trägt den namen **Luna.**
Der Mond hat keine Atmosphäre wie unsere Erde.

Die Sterne

Sterne sind **selbstleuchtende Himmelskörper.** Der einzige Stern, den du am Taghimmel sehen kannst, ist unsere Sonne. Sie ist das Zentrum unseren Sonnensystems. Manche Sonnensysteme haben mehrere Sonnen. Die Sterne anderer Sonnensysteme kannst du am Nachthimmel beobachten.
Manche Sterne bilden zusammen ein **Sternbild** (→ Bild 2).

Die Kleinkörper

Die größten Kleinkörper sind **Asteroiden.**
Eine besondere Form der Asteroiden sind
Kometen. Sie hinterlassen eine Spur aus
Bruchstücken. Stoßen zwei Asteroiden
zusammen, entstehen kleine Trümmerteile,
die **Meteoroiden.** Manchmal steuert ein
Meteoroid auf die Erde zu. In der Atmosphäre trifft er auf Luftteilchen, die ihn
abbremsen. Dabei entsteht so viel Wärme,
dass der Meteoroid in der Luft verglüht.
Dabei hinterlässt er eine leuchtende Spur,
eine Sternschnuppe (→ Bild 3). Das wird
auch **Meteor** genannt. Verglüht ein Meteor
nicht vollständig, dann landet er als
Meteorit auf der Erde.

3 Nachthimmel mit Sternschnuppen

Die schwarzen Löcher

Eine neue Entdeckung im Weltall sind
schwarze Löcher (→ Bild 4). Sie lassen sich
mit herkömmlichen Fernrohren nicht
erkennen. Die ersten Schwarzen Löcher
konnten in den 1970er Jahren beobachtet
werden. Schwarze Löcher sind Himmelskörper mit einer sehr hohen Dichte. Sie können
sogar Lichtstrahlen umlenken.

4 Das Einsaugen des Lichts

Die Galaxien

Eine Galaxie ist eine große Ansammlung von
Gas, Staub und Sternen im Universum. Das
Sonnensystem und die Erde befinden sich in
der Galaxie Milchstraße. Die Milchstraße ist
ein Teil eines **Spiralarms**. Mehrere Spiralar-
me bilden die **Spiralgalaxie**. In deren Mitte
befindet sich ein Kern. Er besteht hauptsächlich aus alten, roten Sternen.

5 Eine Galaxie

---

1 a) Nenne verschiedene Himmelskörper.
    b) Erstelle eine Mindmap mit allen Himmelskörpern.

2 Beschreibe den Unterschied zwischen Monden und
Sternen.

3 **I** Beschreibe die Entstehung einer Sternschnuppe.

4 **II** Erkläre die erst späte Entdeckung von
Schwarzen Löchern.

5 **III** Ordne ein schwarzes Loch als Himmelskörper ein und begründe deine Wahl.

Starthilfe zu 1b:

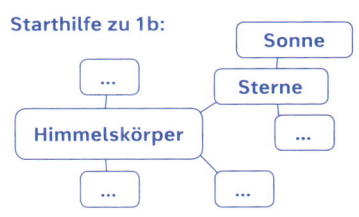

Ⓐ Himmelskörper und ihre Eigenschaften

1 Himmelskörper

A Es ist ein selbstleuchtender Himmelskörper.
B Es umkreist die Erde.
C Es ist ein Meteoroid, der in der Atmosphäre verglüht.
D Es ist ein nicht vollständig verglühter Meteor.
E Es ist ein Bruchstück von Asteroiden.

F Es ist der größte Kleinkörper und es besteht aus Stein und Eisen.
G Es ist ein Kleinkörper aus Eis und Gestein. Er hinterlässt eine Spur aus gefrorenem Gas.
H Der Mensch stellt diesen Himmelskörper her.
I Dieser Planet besitzt eine Atmosphäre.

❶ Benenne die Himmelskörper in Bild 1.

❷ ‖ Ordne in einer Tabelle allen Himmelskörpern aus Bild 1 die entsprechende Aussage (A-I) zu.

❸ ‖ Beschreibe den Weg eines Asteroiden im Weltall bis zum Meteorit auf der Erde.

Künstliche Himmelskörper

Satelliten und Sonden

Ein **Satellit** ist ein künstlicher Raumflugkörper, der die Erde umkreist. Satelliten erfüllen unterschiedliche Aufgaben. Mit manchen von ihnen werden die Erde und Veränderungen auf der Erde wie beispielsweise das Ozonloch beobachtet. Andere Satelliten leiten Kommunikationssignale weiter oder werden für die genaue Ortsbestimmung bei Navigationsgeräten benötigt. **Raumsonden** sollen nicht die Erde beobachten, sondern sie werden zu anderen Planeten im Universum geschickt. Die ersten Sonden waren Mondsonden. Mithilfe von Raumsonden werden sowohl die Planeten als auch die Sonne und die Räume dazwischen untersucht.

2 A Satellit, **B** Raumsonde

Die Weltraumstationen

Damit Astronautinnen und Astronauten überleben können, sind **Raumstationen** notwendig. Sie kreisen um die Erde und bieten Platz für Menschen. Die Internationale Raumstation ISS (engl. International Space Station) ist die bislang größte und langlebigste Raumstation der Menschheit. Der Aufbau begann 1998. Seit dem 02.11.2000 ist sie dauerhaft bewohnt. Sie umrundet die Erde innerhalb von 93 Minuten in rund 400 km Höhe.

3 Raumstation ISS

Weltraum-Teleskope

Weltraum-Teleskope kreisen auf Umlaufbahnen um die Erde. So befinden sie sich außerhalb der Erdatmosphäre. Die Luft der Erdatmosphäre kann viele Signale aus dem Weltall verschlucken oder verändern. In der großen Höhe fangen Weltraum-Teleskope die Hintergrundstrahlung auf und senden die Daten auf die Erde. Forschende können daraus Rückschlüsse über die Entwicklung des Weltalls ziehen.

4 Hubble-Teleskop

1 Verfolge den Überflug der ISS mithilfe einer App und versuche, sie am Himmel zu entdecken.

2 Recherchiere die Anzahl der Menschen und deren Nationen, die auf der ISS gelebt haben.

1 Die internationale Raumstation ISS

Die Erforschung des Weltalls

Weltraumforschung

Der italienische Astronom und Physiker GALILEO GALILEI (1564-1642) entdeckte mithilfe von Fernrohren Sonnenflecken, Mondberge und die vier Monde des Jupiter. Heutzutage wird der Weltraum mithilfe von Satelliten und Raumfähren untersucht. Die NASA (National Aeronautics and Space Administration) ist ein ziviles Raumfahrtprogramm der USA. In Europa gibt es die ESA (European Space Agency).

2 Mondladung (Apollo 11)

Wettlauf im All

Am 29. Juli 1955 kündigte der US-Präsident DWIGHT D. EISENHOWER (1890-1969) die Beauftragung für einen Erdsatelliten an. Vier Tage später kündigte auch die Sowjetunion ein ähnliches Programm an. Bereits am 4. Oktober 1957 schickte die Sowjetunion den ersten Satelliten mit dem Namen Sputnik ins All und gewann damit den Wettlauf. Die USA konnte dafür die erste bemannte Raumfahrtmission Apollo 11 mit einer Mondlandung am 20. Juli 1969 für sich verzeichnen (→ Bild 2).

ISS

Der Bau der ISS (International Space Station) begann 1998. Seit 2000 wird sie dauerhaft bewohnt. Sie ist eine internationale Kooperation der USA, Russlands, Europas und weiterer Raumfahrtagenturen. An Bord erforschen Wissenschaftlerinnen und Wissenschaftler aus der ganzen Welt wie der deutsche Physiker und Astronaut ALEXANDER GERST (*1976) das Weltall.

Das Leben auf der ISS

Die Schwerelosigkeit beherrscht den gesamten Alltag auf einer Raumstation (→ Bild 3). Es gibt keine Anziehungskräfte die Dinge und Menschen in eine Richtung ziehen. Wasser fließt nicht ab, sondern muss abgesaugt werden. Deshalb gibt es keine Duschen. Zum Waschen verwenden die Raumfahrer feuchte Tücher. Beim Schlafen müssen sich die Astronautinnen und Astronauten festschnallen, um nicht durch die Gegend zu fliegen

3 Sport im All

Forschung in Schwerelosigkeit

Auf der Erde können keine Versuche ohne die Anwesenheit der Schwerkraft durchgeführt werden. Im Weltraum kann ohne den Einfluss der Schwerkraft geforscht werden. Das erlaubt an vielen Stellen neue Einblicke. Auf der Erde steigt die warme Luft nach oben, weil sie leichter ist. In der Schwerelosigkeit steigt warmes Gas nicht auf (→ Bild 4).

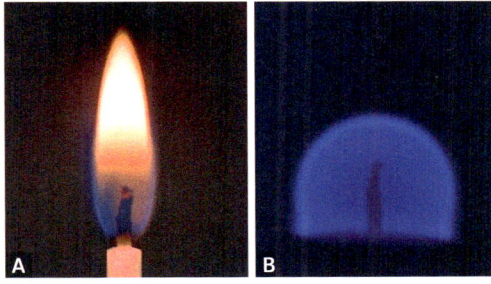

4 Eine Kerzenflamme: **A** auf der Erde, **B** im All

Entfernungen messen

Für eine immer bessere Erforschung des Weltalls werden große Fernrohre gebaut. Mithilfe der Teleskope können auch Entfernungen gemessen werden. Zum Beispiel sieht für Beobachter auf der Erde ein weit entfernter Stern rot aus. Das liegt daran, dass sich das Lichtspektrum des Sterns durch seine Bewegung von der Erde weg zum roten Bereich hin verschiebt. Bewegen sich Lichtquellen wie Sterne immer weiter von der Erde weg, erscheinen sie einem immer mehr rot. Man nennt dies Rotverschiebung. Durch Beobachtungen konnte man feststellen, dass sich sehr viele Sterne von der Erde wegbewegen. Das liegt an der Ausdehnung des Universums.

5 Rotverschiebung

1 Nenne Gründe für die Erforschung des Weltalls.

3 **I** Vergleiche das Aussehen einer Kerzenflamme auf der Erde und im Weltall und erkläre die Unterschiede.

4 **II** Benenne die besonderen Herausforderungen beim Lauftraining im All.

Die Entwicklungen für die Raumfahrt

Solarzellen

Wenn technische Geräte im All funktionieren sollen, benötigen sie elektrische Energie. Auf der Raumstation werden Versuche durchgeführt, Satelliten in den Umlaufbahnen nehmen Daten auf und senden sie an die Erde. Im All stellt die Sonne jederzeit ausreichend Licht zur Verfügung. Das Licht wird mithilfe von Solarzellen in elektrische Energie umgewandelt und kann genutzt werden.

1 Satellit mit Solarmodulen

Klettverschluss

Was in der Internationalen Raumstation nicht fixiert ist, schwebt umher und kann die Astronautinnen und Astronauten verletzen. Deshalb wird jeder Gegenstand mit einem Klettverschluss versehen. Sogar die Notizblöcke und Kugelschreiber haben einen Klettverschluss und werden meistes an den Klettbändern an den Hosenbeinen befestigt. So können die Forscherinnen und Forscher ihre Forschungsergebnisse gleich festhalten.

2 Fast überall Klettverschlüsse

UV-Beschichtung

Im Weltall fehlt die schützende Ozonschicht. Die Astronautinnen und Astronauten sind auf Weltraumspaziergängen der UV-Strahlung des Sonnenlichtes schutzlos ausgeliefert. Die UV-Beschichtung auf den Weltraumanzügen hält die UV-Strahlung von den Astronautinnen und Astronauten im Inneren fern.

3 UV-Beschichtungen schützen

1 Begründe die Notwendigkeit von Solarmodulen.

2 Begründe, dass die Voraussetzungen für Solarmodule im Weltall optimal sind.

3 Beschreibe den besonderen Nutzen von Klettverschlüssen im Alltag von Astronautinnen und Astronauten.

4 ‖ Nenne Folgen eines fehlenden UV-Schutzes für Astronautinnen und Astronauten.

Die Entwicklungen der Raumfahrt auf der Erde

Energietechnik

Heutzutage sind Solarmodule aus unserem Alltag fast nicht mehr wegzudenken. Auf großen Solarfeldern wandeln sie das Licht der Sonne in elektrische Energie um und stellen diese bereit.
In der Gartenbeleuchtung befinden sich oft Solarzellen, die elektrische Energie speichern. So kann der Garten auch bei Dunkelheit beleuchtet werden.

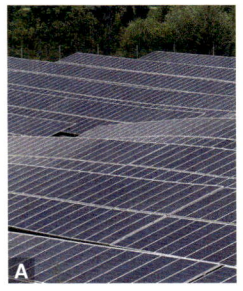

4 A Solarfeld, **B** Gartenbeleuchtung

Befestigungstechnik

Wenn etwas dauerhaft halten soll und dennoch flexibel angepasst werden muss, wird der Klettverschluss eingesetzt. Deshalb ist er insbesondere in der Medizintechnik nicht mehr wegzudenken.
Der Klettverschluss ist auch besonders strapazierfähig und kann immer wieder geöffnet und geschlossen werden.

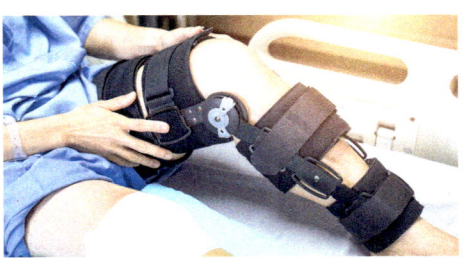

5 Klettverschlüsse fixieren die Orthese

Frischebeschichtung

UV-Strahlung kann nicht nur dem Menschen schaden, sondern auch die Qualität von Lebensmitteln beeinträchtigen. Durch die Einstrahlung kann es beispielsweise zu Verfärbungen kommen. Beschichtete Verpackungen halten die UV-Strahlung von den Lebensmitteln fern. So bleiben sie frisch und ansehnlich.

6 UV-Beschichtung schützt Lebensmittel

1 Nenne weitere Einsatzgebiete
   a) für Solarzellen
   b) für den Klettverschluss
   c) für die UV-Beschichtung.

2 ‖ Begründe, dass es diese Produkte ohne die Weltraumforschung vermutlich nicht geben würde.

3 ‖‖ Finde weitere Produkte, die ihren Ursprung in der Raumfahrt haben und heute auch im Alltag auf der Erde genutzt werden.

 «

Auf einen Blick: Erforschung des Weltalls

Die Gravitation

Die Gravitationskraft ist eine anziehende Kraft, die auf die Ferne wirkt. Die Masse eines Körpers erzeugt das Gravitationsfeld und damit die Fähigkeit des Körpers Gravitationskraft auszuüben. Sie wird schwächer mit zunehmendem Abstand und greift immer am Masseschwerpunkt an. Sie ist für die Bahnen der Objekte im Universum verantwortlich.

Das Universum

Das Universum ist mit dem Urknall entstanden und dehnt sich seitdem aus. Sein Ende ist ungewiss. Die unsichtbare Hintergrundstrahlung ist der Nachhall dieses Urknalls. Erst in den letzten Jahrhunderten hat sich das Bild vom Universum zum dem gewandelt, das wir heute kennen.

Sterne und Planeten

Sterne haben einen Lebenszyklus. Der Anfang sind Gase, die sich durch Gravitation zusammenziehen. Das Ende ist eine Nova, da die Gravitation den Stern nicht mehr zusammenhalten kann. Sterne und Planeten sind in Schalen aufgebaut.

Sonnensystem und Himmelskörper

Um unsere Sonne kreisen acht Planeten: Merkur, Venus, Erde, Mars, Jupiter, Saturn, Uranus und Neptun. Die vier inneren Planeten besitzen eine feste Oberfläche, die äußeren Planeten bestehen aus Gas und sind wesentlich größer. Zwischen den inneren und äußeren Planeten liegt der Asteroidengürtel.

Neben Planeten und Asteroiden gibt es noch weitere Himmelskörper wie Sterne, Monde oder schwarze Löcher. Neben diesen natürlichen Himmelskörpern gibt es auch künstliche Himmelskörper wie Satelliten oder Teleskope.

Erforschung des Weltalls

Die Erforschung des Weltalls begann mit der Erfindung des ersten Fernrohrs und hat sich seitdem stark verändert. Heute erforschen Sonden und Satelliten das Weltall. An Bord der ISS forschen Wissenschaftlerinnen und Wissenschaftler aus der ganzen Welt. Viele Entwicklungen für die Raumfahrt werden heute auch im Alltag auf der Erde für unterschiedliche Zwecke genutzt.

Auf einen Blick

WICHTIGE BEGRIFFE

- Gravitation
- Schwerpunkt
- Urknall
- Ausdehnung des Universums
- Hintergrundstrahlung

WICHTIGE BEGRIFFE

- (natürliche und künstliche) Himmelskörper
- Planeten, Asteroiden, Sterne, Monde
- Satelliten, Teleskope
- ISS (International Space Station)
- Entwicklungen für die Raumfahrt

Lerncheck: Erforschung des Weltalls

Gravitation und Universum

1. Beschreibe die Wirkung der Gravitation auf das Wasser auf der Erdoberfläche.

2. Erläutere die Bedeutung des Schwerpunktes von Körpern.

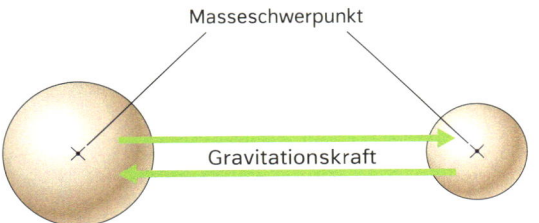

Masseschwerpunkt

Gravitationskraft

große Masse   kleine Masse

3. Erkläre Ursprung, Entwicklung und Ende des Universums.

4. a) Beschreibe den Aufbau eines Sterns.
   b) Beschreibe das Leben eines Sterns.

5. Beschreibe Aufbau und Eigenschaften eines Planeten.

DU KANNST JETZT ...

- ... die Gravitation und ihre Auswirkungen beschreiben.
- ... das aktuelle Bild von unserem Planetensystem und vom Universum beschreiben.
- ... das Leben von Sternen erklären.
- ... den Aufbau und die Eigenschaften von Sternen und Planeten beschreiben.

Himmelskörper und Forschung

6. Zähle die acht Planeten unseres Sonnensystems in der richtigen Reihenfolge von der Sonne aus gesehen auf.

7. a) Beschreibe die inneren Planeten unseres Sonnensystems.
   b) Beschreibe die äußeren Planeten unseres Sonnensystems.

8. a) Erkläre den Begriff Lichtjahr.
   b) Erkläre den Begriff Astronomische Einheit.

9. Erläutere, aus welchem Grund man Entfernungen im Weltall nicht in Kilometern misst.

10. Nenne verschiedene Himmelskörper und ihre Eigenschaften.

11. Erkläre das unterschiedliche Aussehen einer Kerzenflamme auf der Erde und im Weltall.

12. Nenne Entwicklungen für die Raumfahrt, die auch auf der Erde Verwendung finden.

DU KANNST JETZT ...

- ... die Planeten unseres Sonnensystems aufzählen.
- ... den Begriff Lichtjahr erklären.
- ... Eigenschaften verschiedener Himmelskörper nennen.
- ... Entwicklungen der Raumfahrt benennen und deren Nutzen erklären.

Lerncheck

Entwicklung des Lebens

Wie entwickelte sich das Leben auf der Erde?

Wie entstehen neue Arten und wie sterben sie wieder aus?

Sind Affen die Vorfahren der heutigen Menschen?

1 Fossil eines *Tyrannosaurus rex*

▶❚ F

Fossilien sind Zeugen der Erdgeschichte

Fossilien belegen die Evolution

Im Laufe vieler Millionen Jahre sind immer wieder neue Arten von Lebewesen entstanden. Diese Entwicklung in der Erdgeschichte heißt **Evolution.** Die meisten Arten, die im Laufe der Evolution entstanden, sind wieder ausgestorben (→ Bild 1).

> Die Überreste ausgestorbener Lebewesen bezeichnen wir als **Fossilien.**

Oft ähneln Fossilien heute lebenden Arten. Zum Beispiel sieht das etwa 153 Millionen Jahre alte Fossil eines jungen Urkrokodils dem Skelett heutiger Krokodile sehr ähnlich (→ Bild 2). Mithilfe solcher Fossilien kann die Geschichte heute lebender Tiere oft weit in die Vergangenheit verfolgt werden.

2 Babykrokodil aus der Urzeit

Dinosaurier in Deutschland

In den Jahren 2007 und 2008 stießen Forschende in Obernkirchen in Niedersachsen bei einer Ausgrabung auf eine Vielzahl unterschiedlicher Saurierspuren. Vor mehr als 100 Millionen Jahren lebten dort Saurier. Das damals tropische Klima bot den Reptilien ideale Lebensbedingungen. Die Ausgrabungsarbeiten brachten Fußspuren von einigen Raubsauriern und Pflanzenfressern an die Oberfläche. Die Spuren der Pflanzenfresser belegen, dass Arten wie das *Iguanodon* im Rudel lebten.

Altersbestimmung von Fossilien

Anhand der Gesteinsschichten, in denen Fossilien gefunden werden, kann deren Alter bestimmt werden. Weiter oben liegende Schichten sind jünger als die darunter liegenden. Werden Fossilien aus einer bekannten Gesteinsschicht in Amerika oder auch in Afrika entdeckt, kann daraus das ungefähre Alter der Gesteinsschicht und der darin liegenden Fossilien abgeleitet werden. Solche Fossilien werden als **Leitfossilien** bezeichnet. Für eine exaktere Altersbestimmung nutzen Wissenschaftlerinnen und Wissenschaftler physikalische und chemische Untersuchungsmethoden.

Wie Fossilien entstanden

Funde von vollständigen Skeletten sind sehr selten. Wissenschaftlerinnen und Wissenschaftler vermuten, dass solche Tiere beispielsweise am Rand eines flachen Gewässers gestorben sind. In kurzer Zeit wurden ihre Körper von Schlick und Sand bedeckt (→ Bild 3 B).

Die so abgedeckten Körper hatten keinen Kontakt mit Sauerstoff. Die Weichteile der Tiere verfaulten. Aber die Körper wurden nicht vollständig zersetzt. Hartteile wie Zähne und Knochen blieben erhalten. Immer neue Schichten aus Schlamm und Sand lagerten sich über den toten Sauriern ab. Je feiner dieses abgelagerte Material war, desto mehr Einzelheiten sind heute an den Fossilien erkennbar.

Durch Mineralsalze aus eindringendem Wasser, zunehmendem Druck und Temperatur veränderte sich die Beschaffenheit der Knochen und Zähne der Saurier. Bei diesem Prozess der **Versteinerung** blieb die Form der Körperteile jedoch erhalten.

Wie Fossilien wieder auftauchen

Durch Bewegungen in der Erdkruste kamen die Fossilien wieder an die Erdoberfläche. Dort werden sie auch heute noch durch Regen und Wind wieder freigelegt. Häufig handelt es sich bei den Fossilien um Abdrücke von versteinerten Hartteilen wie Panzern oder Knochen. Auch Abdrücke von Pflanzen werden gefunden. Solche Funde werden auf der ganzen Welt gemacht.

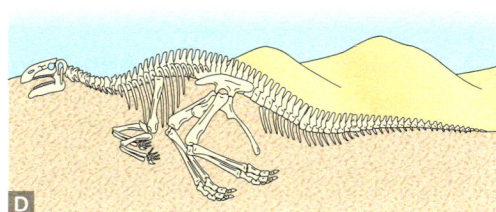

3 Versteinerung eines *Iguanodons*

① Erkläre den Begriff Evolution.

② Beschreibe an einem Beispiel die Bedeutung von Fossilien für die Wissenschaft.

③ Beschreibe mithilfe der Bilder 3 A – D, wie ein Fossil entsteht.

④ Erkläre den Prozess der Versteinerung eines Lebewesens.

⑤ I Nenne zwei Beispiele für Tiere, die im Lauf der Evolution wieder ausgestorben sind.

Starthilfe zu 4:
Folgende Begriffe sollten in deiner Erklärung vorkommen: Schlick und Sand, kein Sauerstoff, Mineralsalze, Druck, Temperatur

⑥ II Stelle eine begründete Vermutung auf, weshalb Fossilien von Tieren, die im oder am Wasser gelebt haben, häufiger gefunden werden, als solche von Landtieren.

A Die Entstehung eines Abdrucks

1 Der Abdruck eines Trilobiten

Nach dem Tod des Trilobiten (→ Bild 1) wurde das Tier mit Schlamm und Sediment bedeckt. Der harte Panzer hinterließ Abdrücke im Sediment. Nach der Zersetzung des Tieres blieben die Abdrücke erhalten und versteinerten. Es gibt Abdrücke des Panzers von der Außenseite und von der Innenseite.

1 Beschreibe, wie der Abdruck des Trilobiten entstanden ist.

2 Fossilien gibt es nicht nur in Form von Abdrücken.
a) Informiere dich über die folgenden Fossilien-Arten: Steinkerne, versteinertes Holz, Mumifizierung oder Bernstein-Einschlüsse.
b) Stelle deine Ergebnisse vor.

A Wie entsteht ein Fossilien-Modell?

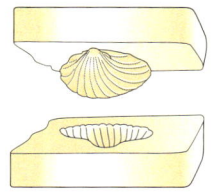

2 Herstellung eines Fossilien-Modells

Material: zum Beispiel ein Schneckengehäuse, ein Tetra-Pak, Schnellgips, Gipsbecher, Wasser, Löffel, Seidenpapier, Hammer, Meißel

1 **a)** Plane die Durchführung zur Herstellung eines Fossilien-Modells mithilfe einer Muschelschale oder eines Schneckengehäuses und Gips.
Tipp: Mit den gegebenen Materialien kannst du zwei Arten von Fossilien-Modellen herstellen.
b) Stelle dein Fossilien-Modell her.
c) Präsentiere es nach der Fertigstellung der Klasse und erkläre deine Vorgehensweise. Berichte auch von deinen Schwierigkeiten.
d) Erkläre, welchen Vorgang der Fossilien-Bildung du bei der Herstellung deines Modells nachvollzogen hast.

Die Rekonstruktion eines Dinosauriers

3 Fund eines *Plateosaurus*

5 Modell der Muskulatur von *Plateosaurus*

Die Rekonstruktion des Skeletts

Die Funde von Fossilien werden zunächst vorsichtig aus dem Gestein herausgelöst und gut verpackt in ein wissenschaftliches Institut gebracht. Meist werden nur wenige versteinerte Knochen gefunden, die oft verstreut im Gestein liegen. Die **Rekonstruktion** der Skelette ist die Aufgabe von **Präparatorinnen** und **Präparatoren.** Sie sortieren die Knochen, bauen fehlende Skelettteile nach und rekonstruieren das ursprüngliche Aussehen des Sauriers.

Dazu werden die vorhandenen Knochen mit Lasern vermessen. Mithilfe der Daten werden die Größe und die Lage der fehlenden Knochen ermittelt. Diese Knochen werden aus speziellen Kunststoffen nachgebildet oder mit 3D-Druckern angefertigt.

Die Herstellung von Modellen

Die lebensnahe Darstellung eines Dinosauriers ist sehr schwierig, da Weichteile wie die Muskulatur fast nie vorhanden sind. Um Aussagen über das Aussehen der Tiere zu machen, wird das fossile Skelett mit dem Knochenbau lebender Tieren verglichen. Außerdem wird die Muskelmasse von großen Wirbeltieren, wie zum Beispiel Elefanten, mit Laserscannern ermittelt. Diese Daten werden anschließend am Computer auf das Skelett eines Dinosauriers mit vergleichbarer Körpergröße übertragen.

Über die Farbe der Haut oder deren Musterung ist bis heute nichts bekannt. Bei der Rekonstruktion lebensechter Modelle wird daher darauf geachtet, wie der Lebensraum der Tiere beschaffen war, an den sie angepasst waren.

4 Rekonstruktion eines *Plateosaurus*

6 Modell eines *Plateosaurus*

1 Beschreibe die Herstellung von Modellen.

2 Erkläre, wie Wissenschaftlerinnen und Wissenschaftler vorgehen könnten, wenn sie die Farbe und die Musterung der Haut eines Dinosauriers rekonstruieren wollen.

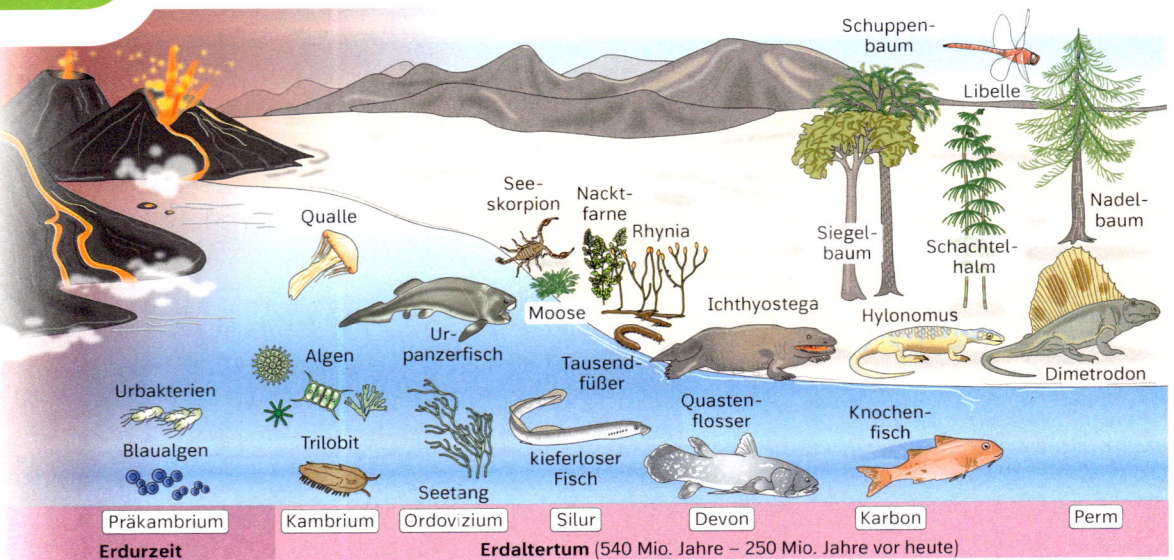

1 Die Entwicklung der Lebewesen im Laufe der Evolution: Erdurzeit und Erdaltertum

Die Erdzeitalter und ihre Lebewesen

Die Entstehung der Erde

Vor etwa 4,5 Milliarden Jahren entstand die Erde. Sie war ein glühender Gasball, der über viele hundert Millionen Jahre abkühlte. Meteoriteneinschläge, extreme Regenfälle und Vulkanausbrüche prägten die Entstehungszeit der Erde.

Die „Uratmosphäre" bestand vermutlich aus Stickstoff, Kohlenstoffdioxid, Wasserdampf, Schwefelwasserstoff, Methan und Spuren von Ammoniak. Sauerstoff gab es noch nicht.

Die Erdurzeit

Urbakterien gab es schon vor 3,8 Milliarden Jahren. Andere Bakterien konnten etwa 600 Millionen Jahre später bereits Fotosynthese betreiben und ihre Nährstoffe selbst bilden. Der bei der Fotosynthese entstandene Sauerstoff war für die damaligen Lebewesen giftig. Diese deutliche Umweltveränderung überlebten nur wenige Organismen. Vor 1,5 Milliarden Jahren nutzten erste höher entwickelte Zellen den Sauerstoff bei der Zellatmung.

Das Erdaltertum

Im **Kambrium** entwickelten sich viele mehrzellige Lebewesen im Wasser. Zum Beispiel Algen, Quallen und Gliederfüßer wie die Trilobiten. Panzerfische waren im **Ordovizium** die ersten Wirbeltiere im Wasser. Im **Silur** besiedelten Nacktfarne als erste höhere Pflanzen das Land. Lungenfische lebten im **Devon.** Sie waren Vorfahren der ersten Landwirbeltiere. Urlurche wie *Ichthyostega* konnten sich bereits an Land auf vier Beinen fortbewegen. Bei der Fortpflanzung waren sie jedoch noch auf das Wasser angewiesen. Erste Pflanzen wie *Rhynia* besiedelten die Ufer.

Erst die Reptilien konnten vollständig an Land leben. Im **Karbon** war es zum Beispiel *Hylonomus*. Zudem entstanden im Karbon riesige Sumpfwälder. Hier wuchsen Siegelbäume, Schuppenbäume und baumhohe Schachtelhalme. Ein typisches Reptil im **Perm** war der Fleisch fressende *Dimetrodon*. In dieser Zeit entwickelten sich auch die ersten Nadelbäume.

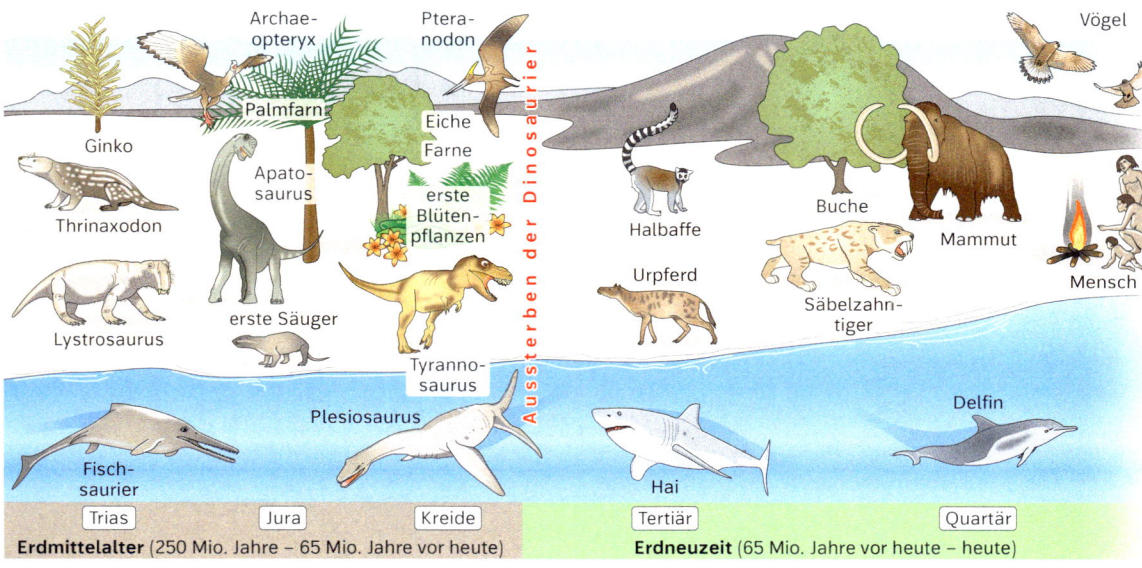

2 Die Entwicklung der Lebewesen im Laufe der Evolution: Erdmittelalter und Erdneuzeit

Das Erdmittelalter

Im Erdmittelalter beherrschten laufende, fliegende und schwimmende Saurier die meisten Lebensräume auf der Erde.

Zu Beginn des **Trias** waren Pflanzenfresser wie *Lystosaurus* und Fleischfresser wie *Thrinaxodon* häufige Reptilienarten.

Im **Jura** entwickelten sich die größten und schwersten Landlebewesen, wie der *Apatosaurus*. Im Jura lebten auch schon wenige kleine Säugetiere.

Am Ende der **Kreidezeit** starben die Saurier aus. Die Ursachen sind bisher noch ungeklärt. Die Vögel gelten heute als die direkten Nachfahren der Dinosaurier. Neben Farnen und Bärlappgewächsen entwickelten sich die ersten Laubbäume und Blütenpflanzen.

Die Erdneuzeit

Auch Wechselwirkungen zwischen den Lebewesen beeinflussen die Evolution. Solange die Saurier alle Lebensräume besetzten, gab es nur wenige Säugetiere. Erst nach dem Aussterben der Saurier konnten sich die Säugetiere in großer Artenvielfalt entwickeln.

Im **Tertiär** wuchsen bei tropischem Klima Wälder fast bis zum Nordpol. Als es trockener und kühler wurde, entstanden Laubwälder aus Eichen und Buchen. Am Ende des Tertiärs hatten sich erste menschenähnliche Lebewesen entwickelt.

Im **Quartär** wurden die Tiere und Pflanzen den heutigen Lebewesen immer ähnlicher. Erste Menschen wie *Homo erectus* belebten vor etwa zwei Millionen Jahren.

1 Beschreibe die Auswirkung, die das Auftreten von Sauerstoff auf die Entwicklung der Lebewesen hatte.

2 Ordne in einer Tabelle jedem Erdzeitalter typische Lebewesen dieser Zeit zu. Nutze dazu die Bilder 1 und 2 und die Informationen im Text.

3 I Stelle einen Zusammenhang zwischen der Entwicklung des Lebens und dem Basiskonzept Entwicklung her.

4 II Erläutere, welche entscheidenden Entwicklungen sich bei den Lebewesen vom Silur bis in das Karbon vollzogen.

A Organische Verbindungen in der Uratmosphäre

1 Das Miller-Experiment

Die Forscher STANLEY MILLER (1930-2007) und HAROLD CLAYTON UREY (1893-1981) stellten 1953 in einem Experiment die Uratmosphäre nach. Dazu mischten sie die Gase der Uratmosphäre und erhitzte das Gemisch. Er erzeugte mit Elektroden künstliche Blitze und bestrahlte seine „Uratmosphäre" mit UV-Licht.
Wenige Tage später machte er die sensationelle Entdeckung, dass seine Ursuppe organische Verbindungen enthielt.

1 Beschreibe den Versuch.

2 ‖ Ordne den Teilen des Versuchsaufbau die entsprechenden Teile der Wirklichkeit zu.

3 ‖ Beurteile den Wahrheitsgehalt folgender Aussage: „Miller hat eindeutig bewiesen, dass alles Leben auf der Erde aus anorganischen Vorstufen entstanden ist."

Starthilfe zu 3:
Bedenke, dass ein Experiment unter kontrollierten Bedingungen abläuft.

B Vogelbecken vs. Echsenbecken

2 Echsenbecken- und Vogelbecken-Dinosaurier

Die Dinosaurier lassen sich in zwei große Gruppen unterteilen. Es gab die Echsenbecken-Dinosaurier, zu denen der Brachiosaurus und der Tyrannosaurus gehören und es gab die Vogelbecken-Dinosaurier zu denen der Tricertaops oder der Ankylosaurus gehörten.

1 Recherchiere Unterschiede zwischen den Gruppen der Vogelbecken-Dinosauriern und den Echsenbecken-Dinosauriern

2 Suche dir einen Vertreter aus einer der beiden Gruppen aus und erstelle einen Steckbrief.

C So starben die Dinosaurier vermutlich aus

3 Meteoriten-Einschlag

4 Die Halbinsel Yukatan

Vor etwa 66 Millionen Jahren traf ein riesiger Meteorid die Erde. Der Einschlag auf der Halbinsel Yukatan erzeugte einen Krater von fast 200 km Durchmesser.
Mit diesem Ereignis könnte das Aussterben der Dinosaurier begonnen haben. Durch den Aufprall des Meteoriten entstanden riesige Flutwellen, die viele Saurier töteten. Zudem kam es zu weiträumigen Buschbränden und es gelangten gewaltige Mengen Asche und Schwefel in die Luft. Dadurch verdunkelte sich lange Zeit der Himmel.
Da die Sonne kaum noch die Erdoberfläche erreichte, wurde das Klima deutlich kälter.

Viele Pflanzen konnten aus Lichtmangel keine Fotosynthese mehr betreiben und starben.
In der Folge starben viele Pflanzenfresser und schließlich auch die Fleisch fressenden Dinosaurier aus.

1 Erkläre, wie es zum Aussterben der Dinosaurier vor rund 65 Millionen Jahren kam.

2 ‖ Stelle eine begründete Vermutung auf, warum die viel kleineren Säugetiere die Auswirkungen des Meteoriten-Einschlags überleben konnten.

D Artenzahl

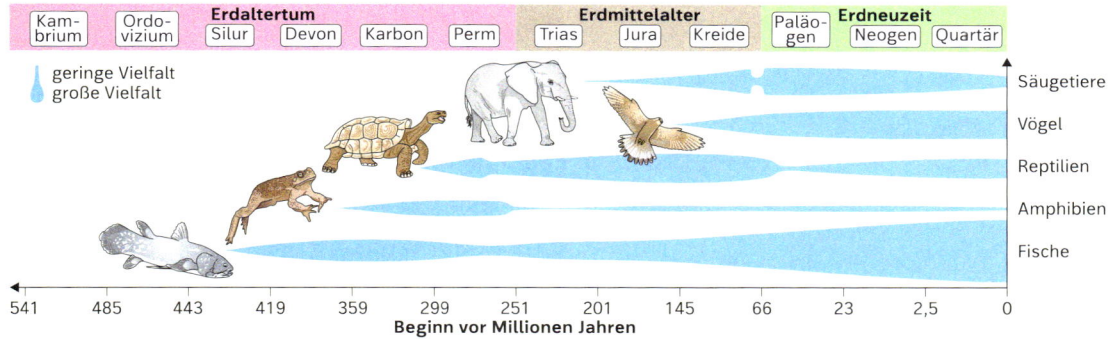

5 Artenzahl in den Erzeitaltern

1 Beschreibe die Grafik

2 ‖ Erkläre mithilfe der Grafik, wie die Erde in Zeitabschnitte gegliedert werden kann.

3 ‖‖ Stelle Vermutungen an, warum sich die Vielfalt der Wirbeltiere im laufe der Zeit ändert.

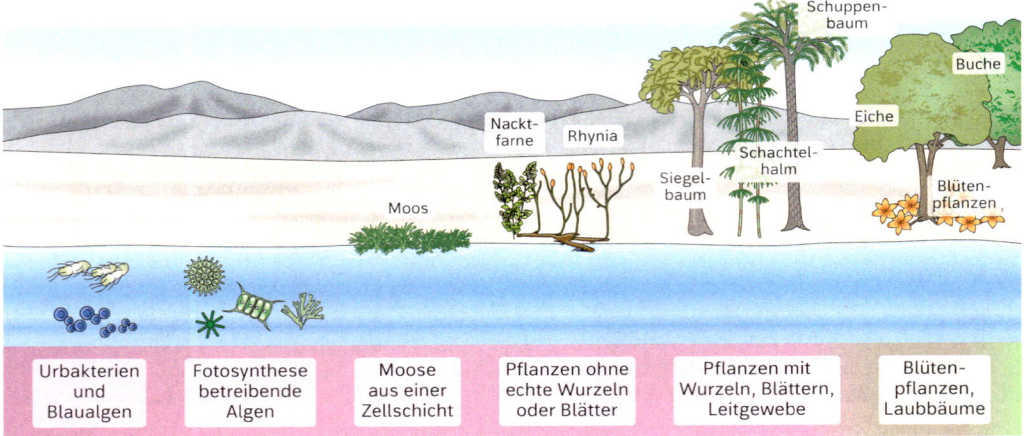

1 Die Entwicklung der Landpflanzen

Die Lebewesen erobern das Land

Das Leben begann im Wasser

Im Kambrium gab es noch keine Lebewesen an Land. In den Meeren war das Leben jedoch sehr vielfältig. Das belegen zahlreiche Fossilienfunde.

Pflanzen im Wasser

Die Pflanzenwelt bestand nur aus Algen. Die Algen waren sehr klein und lebten frei im Wasser. Später entstanden fadenförmige und kugelförmige pflanzliche Algen. Sie konnten bereits das Sonnenlicht zur Energiegewinnung nutzen. Dabei entstand Sauerstoff, der sich im Wasser anreicherte.

Tiere im Wasser

Im Wasser gab es bereits Vertreter aus fast jedem heute existierenden Tierstamm. Zahlreiche Würmer, Schwämme, Nesseltiere und Gliederfüßer mit Außenskeltten aus Kalk besiedelten die Ozeane.
Über ihre Körperoberfläche oder über Kiemen konnten die Tiere den im Meerwasser gelösten Sauerstoff aufnehmen. So konnten sich erste Tierarten entwickeln, die den Sauerstoff für ihre Lebensprozesse benötigten.

Die Pflanzen erobern das Land

Im Ordovizium entwickelten sich aus Algen die ersten einfachen Landpflanzen in Form von Moosen. Die ersten echten Landpflanzen wie *Rhynia* lebten im Devon. Sie hatte einen verzweigten Spross, aber noch keine Blätter. Mit einem wurzelartigen Erdspross hielt sie sich im Boden fest. Im Lauf vieler Millionen Jahre entwickelten sich echte Wurzeln zur Verankerung im Boden und zur Wasseraufnahme. Festigungsgewebe sorgten für Stabilität und einen aufrechten Stand. Durch Leitgewebe gelangten Wasser und Nährstoffe in alle Pflanzenteile. Zudem entwickelten die Landpflanzen Blätter. Mit ihnen konnten die Pflanzen das für die Fotosynthese nötige Kohlenstoffdioxid aus der Luft aufnehmen.
Im Karbon gab es dann Wälder mit Baumfarnen, Schuppenbäumen und Schachtelhalmen. Blütenpflanzen und Laubbäume entstanden erst in der Kreidezeit.

> Alle Tiere und Pflanzen entstanden im Wasser. Für das Leben an Land war die Entwicklung von Organen nötig, die Pflanzen und Tiere vom Leben im Wasser unabhängig machte.

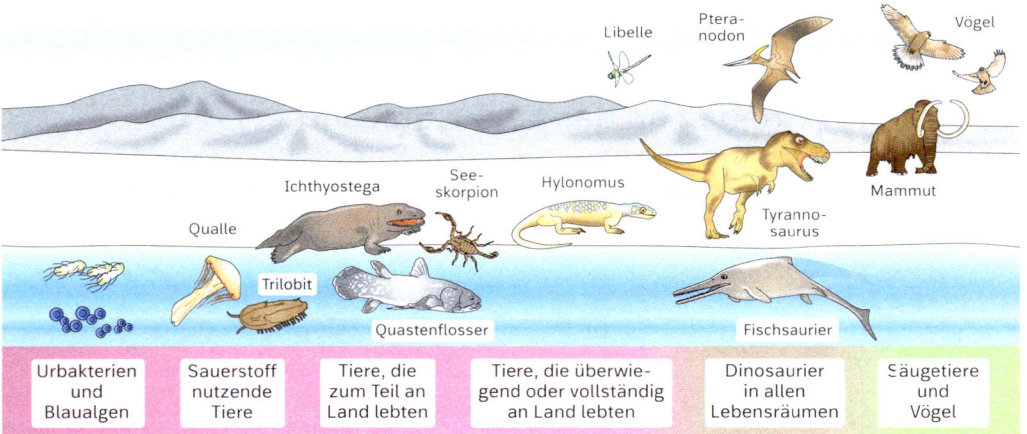

Libelle · Pteranodon · Vögel · Ichthyostega · Seeskorpion · Hylonomus · Mammut · Qualle · Tyrannosaurus · Trilobit · Quastenflosser · Fischsaurier

Urbakterien und Blaualgen	Sauerstoff nutzende Tiere	Tiere, die zum Teil an Land lebten	Tiere, die überwiegend oder vollständig an Land lebten	Dinosaurier in allen Lebensräumen	Säugetiere und Vögel

2 Die Entwicklung der Landtiere

Die ersten Tiere gehen an Land

Die ersten Gliederfüßer gab es bereits im Kambrium. Sie hatten einen Panzer aus Chitin. Dieser Panzer schützte die Tiere an Land vor der Austrocknung. Vermutlich waren Seeskorpione und Tausendfüßer die ersten Landtiere im Silur. Aus ihnen entwickelten sich später dann auch die Insekten, wie beispielsweise Libellen.

Die Fische gehen an Land

Vor 400 Millionen Jahren lebten Quastenflosser, die sich mit ihren Gliedmaßen auf dem Meeresboden fortbewegten. Bei einigen Arten der **Quastenflosser** entwickelte sich neben den Kiemen ein Schwimmblasen-Lungen-Organ. Damit konnten diese Fische Luft atmen und zeitweise am Ufer leben.

Das erste Landtier

Für die Fortbewegung an Land waren Veränderungen im Körperbau notwendig. Vorher nutzten die Tiere den Auftrieb des Wassers. An Land waren starke Muskeln und kräftige Beine nötig, um den schweren Körper zu tragen. *Ichthyostega* hatte noch einen Fischschwanz aber auch schon Beine. Er lebte wie die heutigen Amphibien.

Die ersten Reptilien

Vor etwa 300 Millionen Jahren entwickelten sich aus den Amphibien erste Reptilien wie *Hylonomus*. Sie legten Eier, deren Schale sie vor Zerstörung und Austrocknung schützten. So waren die Reptilien unabhängiger vom Wasser. Es begann das Zeitalter der Dinosaurier, erst später entwickelten sich Vögel und Säugetiere.

❶ Beschreibe vier Angepasstheiten, die Pflanzen zur Besiedlung des Landes brauchten.

❷ Beschreibe, welche Entwicklungen bei den Organen notwendig waren, damit die ersten Wirbeltiere das Wasser verlassen konnten.

❸ Nenne Merkmale von Reptilieneiern, die Angepasstheiten an das Ablegen der Eier an Land sind.

❹ ❙ a) Beschreibe die Besonderheit in der Entwicklung der Atmungsorgane bei einigen Arten der Quastenflosser.
❙ b) Erkläre, welche Vorteile sich daraus für diese Quastenflosser-Arten ergaben.

Starthilfe zu 1:

Angepasstheit	Funktion
Wurzeln	

Ⓐ Angepasstheiten an das Leben an Land

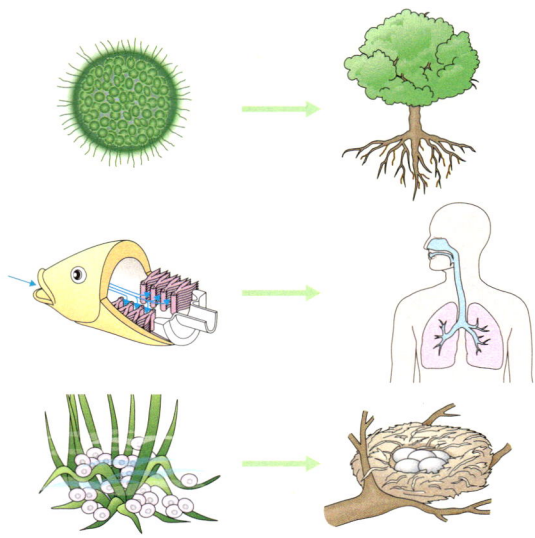

1 Angepasstheiten an das Leben an Land

Damit Pflanzen und Tiere das Land besiedeln konnten, mussten sich bestimmte Angepasstheiten entwickeln.

1 Beschreibe mithilfe von Bild 1, welche grundsätzlichen Angepasstheiten die Pflanzen und die Tiere entwickeln mussten, um das Land besiedeln zu können.

2 ‖ Erkläre, warum die Tiere für das Leben an Land starke Muskeln und kräftige Gliedmaßen brauchten.

Starthilfe zu 2:
Nutze den Textabschnitt „Das erste Landtier" auf der Basisseite.

3 ‖‖ Erkläre die Funktion der schützenden Außenhaut bei Landtieren.

Ⓑ Vom Land zurück ins Wasser

2 Eine Gruppe Schwertwale

Alle Wal-Arten sind Säugetiere und atmen mit Lungen. Durch Fossil-Funde ist belegt, dass ihre Vorfahren vor vielen Millionen Jahren an Land gelebt haben müssen. Die nächsten Verwandten der Wale sind wahrscheinlich die Flusspferde. Die Gründe für den Rückgang ins Wasser sind noch nicht völlig geklärt. Forschende vermuten eine mögliche Nahrungskonkurrenz mit anderen Säugetieren oder Nahrungsangebote im Meer, die sie besser nutzen konnten als die Fische.

1 a) Nenne mögliche Gründe, weshalb bei Walen eine Entwicklung zurück ins Meer erfolgte.
‖ b) Nenne weitere Säugetierarten, bei denen eine ähnliche Entwicklung stattgefunden hat.

2 Recherchiere weitere Tierarten, bei denen sich eine Entwicklung vom Land zurück ins Wasser zeigt.

ÜBEN UND ANWENDEN

C Der Stammbaum der Wirbeltiere

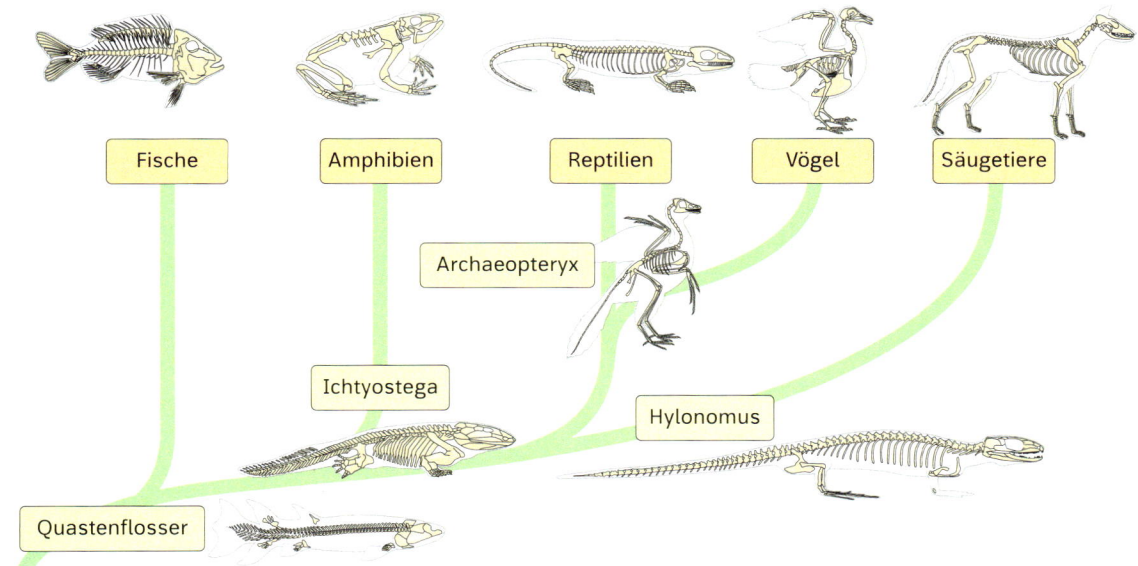

3 Stammbaum der fünf Klassen der Wirbeltiere

Stammesgeschichte der Wirbeltiere
Die fünf Klassen der Wirbeltiere haben sich zu unterschiedlichen Zeiten entwickelt.

Die Fische
Die Panzerfische waren die erste Gruppe der Wirbeltiere. Sie atmeten mit Kiemen. Mit den ersten Lungenfischen wie den Quastenflossern begann die Eroberung des Landes.

Die Amphibien
An die Stelle der Kiemenatmung trat bei den Amphibien die Lungenatmung. Damit konnten sie das Wasser längere Zeit verlassen. Sie hatten vier Beine mit Schultergürtel und Beckengürtel. *Ichthyostega* gilt als erstes Landtier. Er hatte Merkmale von Fischen und Reptilien.

Die Reptilien
Als erstes vollständig an das Landleben angepasste Wirbeltier gilt *Hylonomus*. Es legte Eier mit einer Schale und einer Eihaut. Dieses neue Merkmal führte zu den Vögeln und Säugetieren.

Die Vögel
Die ersten Vögel entwickelten sich aus Reptilien. Der bekannteste Beleg ist der ***Archaeopteryx***. Er hatte eine gleichbleibende Körpertemperatur.

Die Säugetiere
Aus ersten Reptilien entwickelten sich auch gleichwarme Säugetiere. Sie waren unabhängiger von den Umweltbedingungen. Die neuen Merkmale waren ein Haarkleid, Milchdrüsen und das Gebären von lebenden Jungen.

1 Nenne Merkmale, die am Anfang der Evolution von Reptilien, Vögeln und Säugetieren jeweils neu entstanden sind.

2 Erkläre mithilfe des Stammbaums in Bild 3, zu welchem „Ast" die nächsten Verwandten der Vögel gehören.

1 *Archaeopteryx*: Ein Fossil aus Solnhofen

F Belege für die Evolution

Der Archaeopteryx

1861 wurde im bayrischen Solnhofen das versteinerte Skelett eines rabenähnlichen Tieres aus dem Jura gefunden.

Neben Federn, Flügeln und einem vogelartigen Kopf, hatte es Zähne, Krallen an den Flügeln und einen knöchernen Schwanz, wie bei den Reptilien. Weitere typische Merkmale von Reptilien sind eine Wirbelsäule mit nicht verwachsenen Wirbeln und Bauchrippen. Untersuchungen zeigten zudem einen vogeltypischen Schultergürtel und die zu einem Gabelbein verwachsenen Schlüsselbeine. Diese Merkmale sind typisch für heutige Vögel.

2 Rekonstruktion eines *Archaeopteryx*

Der Archaeopteryx ist ein Brückentier

Dieses ungewöhnliche Tier schien wie ein Mosaik aus Einzelteilen eines Reptils und eines Vogels zusammengesetzt. Es wurde *Archaeopteryx* genannt.

Die bisher elf Fossil-Funde von *Archaeopteryx* sind von wissenschaftlich großer Bedeutung. Sie zeigen alle Merkmale von zwei benachbarten Tierklassen: den Reptilien und den Vögeln.

> Tiere, die Merkmale von verschiedenen benachbarten Tierklassen aufweisen, heißen **Brückentiere.**

Brückentiere belegen, dass es eine Evolution von einer Tierklasse zu einer anderen Tierklasse gegeben haben muss.

Zwischen den Dinosauriern und den heutigen Vögeln gab es vermutlich viele Brückentiere, die alle ausgestorben sind. Die Vögel sind die einzigen Nachkommen der Dinosaurier, die heute noch leben.

3 *Ginkgo biloba*

4 Schnabeltier

Der Ginkgobaum ist ein lebendes Fossil

Die bis zu 40 Meter hohen Ginkgobäume gab es schon vor 250 Millionen Jahren auf der Erde. Bis zur Kreidezeit existierten weltweit viele unterschiedliche Arten. Während der Eiszeit wurde der Ginkgo jedoch aus Europa verdrängt. Erst im Jahr 1730 brachten ihn Seefahrer aus Japan nach Europa zurück.

Ginkgo biloba ist die einzige heute noch vorkommende Art. Sie gilt als **lebendes Fossil,** da ihre Merkmale in der Erdgeschichte fast unverändert geblieben sind. *Ginkgo biloba* ist weder ein Laubbaum noch ein Nadelbaum, sondern bildet eine eigene Pflanzenklasse.

Das Schnabeltier ist ein lebendes Fossil

Schnabeltiere leben in Australien. Sie besitzen körperliche Merkmale von Vögeln, Reptilien und Säugetieren. Ihre Eier haben wie bei Reptilien eine ledrige Schale. Die Ausgänge von Darm, Harnleiter und Geschlechtsorganen enden in nur einer Öffnung, der Kloake. Die Kloake ist ein typisches Merkmal bei Reptilien und Vögeln. Schnabeltiere haben außerdem ein Fell und füttern ihre Jungen mit Milch, die aus Poren auf der Bauchseite kommt. Schnabeltiere entwickelten sich vor 166 Millionen Jahren aus reptilienähnlichen Säugetieren. In ihrer Entwicklung haben sie bestimmte Merkmale von Reptilien, Vögeln und Säugetieren behalten.

1. Nenne die Besonderheiten im Körperbau von *Archaeopteryx*.

2. Erkläre, warum Tiere wie *Archaeopteryx* als Brückentiere bezeichnet werden.

Starthilfe zu 2:
Bedenke, dass *Archaeopteryx* Merkmale von zwei Tierklassen aufweist.

3. Erkläre an einem Beispiel, warum die Bezeichnung „lebendes Fossil" in sich widersprüchlich ist.

Starthilfe zu 3:
Als Fossilien werden Lebewesen bezeichnet, die nicht mehr leben..

4. I „Das heutige Schnabeltier ist ein Brückentier." Nimm begründet Stellung zu dieser Aussage.

5. II Erläutere, welche Bedeutung Funde wie der *Archaeopteryx* für das Verständnis von Evolutionsprozessen haben.

»

A Halb Reptil und halb Vogel

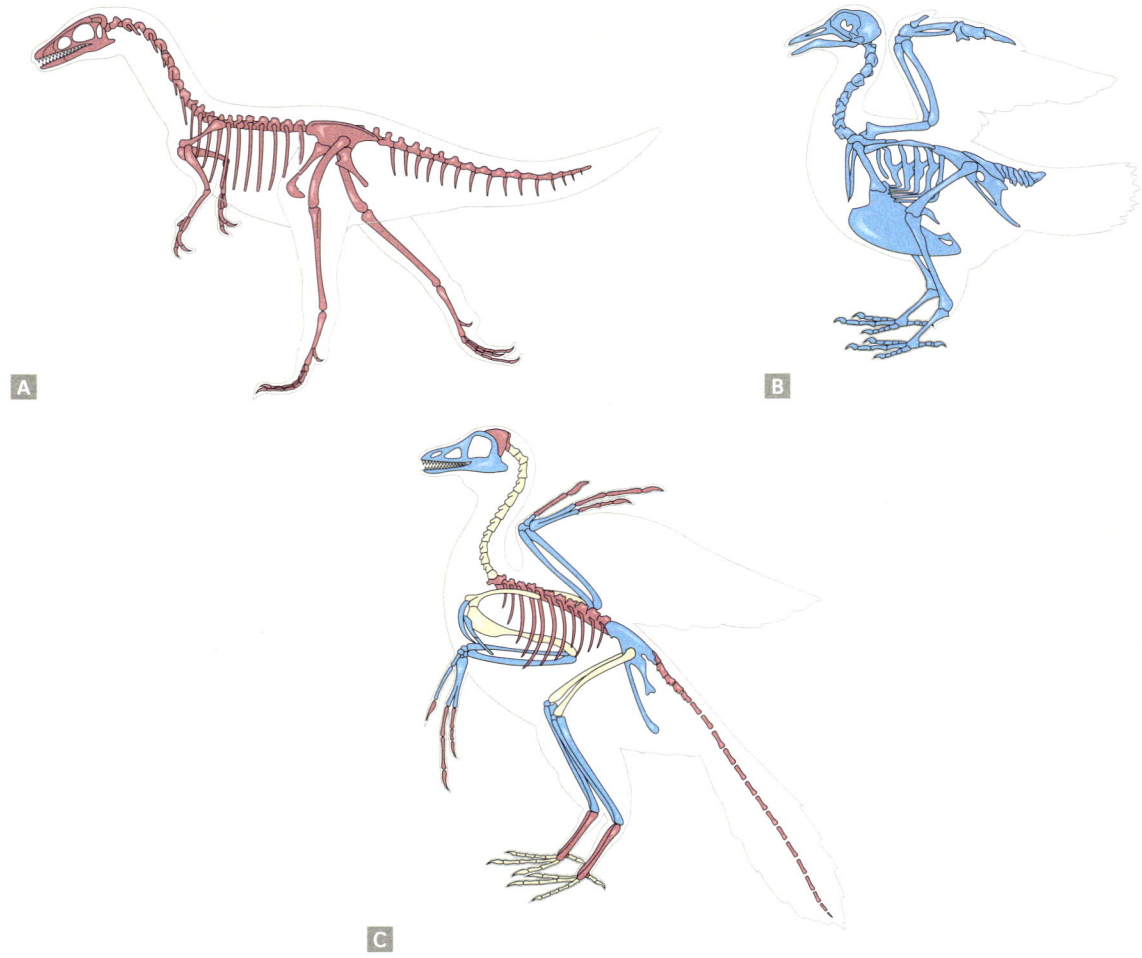

1 Skelette: **A** Reptil, **B** Vogel, **C** *Archaeopteryx*

Die Fossilfunde von *Archaeopteryx* waren das erste entdeckte Bindeglied zwischen zwei Wirbeltierklassen.

1 *Archaeopteryx* (→ Bild 1 C) hat Merkmale von Reptilien (→ Bild 1 A) und von Vögeln (→ Bild 1 B) Erstelle eine Tabelle und ordne die jeweiligen Merkmale zu.

2 Nenne körperliche Merkmale des *Archaeopteryx*, die nicht mithilfe des Skeletts ermittelt werden können.

3 a) Recherchiere, wo in Deutschland Fossilien von *Archaeopteryx* gefunden wurden.
b) Recherchiere weltweite Fundorte. Stelle deine Ergebnisse vor.

4 ‖ a) Der Quastenflosser ist ein Lebewesen, das Merkmale von Fischen und Reptilien aufweist. Recherchiere, welche Merkmale das sind.
‖ b) Erkläre die wissenschaftliche Bedeutung der Entdeckung lebender Quastenflosser.

ÜBEN UND ANWENDEN

B Vom Urpferd zum heutigen Pferd

Leben im Wald

Als vor etwa 55 Millionen Jahren die Entwicklung der Pferde begann, waren große Bereiche auf der Erde von dichten Wäldern bedeckt. Hier lebte das Urpferd *Hyracotherium.* Es war nur so groß wie ein Schäferhund. Seine Nahrung waren weiche Blätter und Früchte. Mit seinen 4 Zehen an den Vorderpfoten war es gut an den weichen Waldboden angepasst. Vor etwa 35 Millionen Jahren hatte sich das etwa 60 cm große *Mesohippus* entwickelt. Es hatte noch drei Zehen. Mit seinem Gebiss konnte es schon festere Blätter zerkauen.

Leben in der Steppe

Als das Klima kälter und trockener wurde, breiteten sich Grasflächen aus. Dies beeinflusste auch die Entwicklung der Pferde. Das ponygroße *Merychippus* entwickelte sich vor etwa 25 Millionen Jahren. Seine Beine waren länger und der deutlich größere Mittelzeh hatte bereits eine Hufform. Die Zähne waren zum Zerreiben harter Gräser gut geeignet. Mit *Pliohippus* hatte sich vor etwa 7 Millionen Jahren das Pferd zu einem schnellen Steppentier weiterentwickelt. Dadurch war es vor Raubtieren relativ sicher. *Pliohippus* war den heutigen Pferden schon sehr ähnlich.

Heutige Pferde

Viele Pferdeartige starben in Folge der Eiszeit vor etwa 12 000 Jahren aus. Die damals lebenden Menschen zähmten vor etwa 10 000 Jahren Wildpferde und züchteten sie gezielt weiter. Welche Wildpferdeart der Urahn unserer **heutigen Pferde** ist, konnte wissenschaftlich noch nicht belegt werden. Zu den Pferdeartigen gehören auch die Esel und die Zebras.

① Beschreibe die Entwicklung der Pferde.

② Die Pferdeartigen waren in ihrem Körperbau an die jeweiligen Bedingungen angepasst. Erkläre diese Aussage an einem Beispiel.

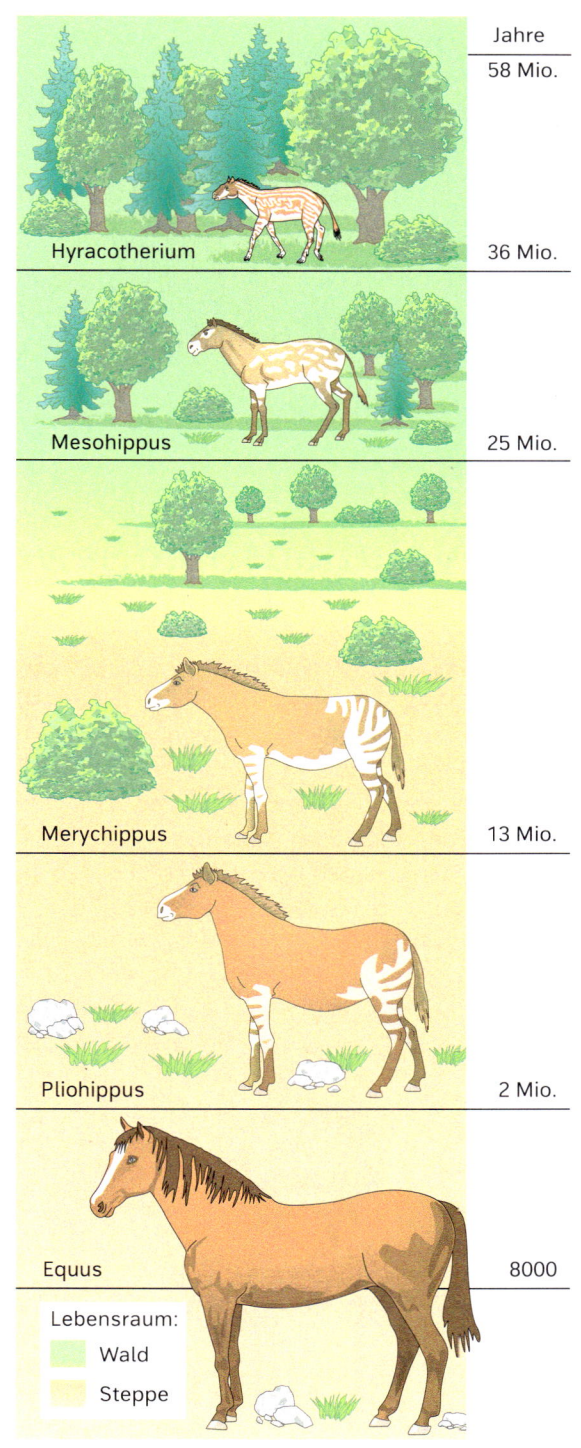

Jahre
58 Mio.

Hyracotherium — 36 Mio.

Mesohippus — 25 Mio.

Merychippus — 13 Mio.

Pliohippus — 2 Mio.

Equus — 8000

Lebensraum:
Wald
Steppe

2 Die Entwicklung der Pferde

1 Giraffen in Afrika

▶❚❚ F   Die Evolutionstheorie von Charles Darwin

Darwins Theorie zur Entstehung von Arten

Im 19. Jahrhundert waren viele Menschen der Ansicht, dass jede einzelne Art der Lebewesen von Gott geschaffen wurde und alle Arten unveränderlich sind.
Charles Darwin fand heraus, dass sich die Arten aus anderen Arten entwickeln und im Laufe der Evolution immer wieder verändern. Er war der Ansicht, dass sich alle Arten aus früheren Formen entwickelt haben.

2 Charles Darwin (1809 – 1882)

Die Tiere innerhalb einer Art unterscheiden sich

Darwin suchte nach einer Erklärung, wie aus einer Art unterschiedliche neue Arten entstehen können. Durch Beobachtungen stellte er fest, dass innerhalb einer Art kein Tier dem anderen in jedem Detail gleicht. So beobachtete er beispielsweise bei Giraffen, dass sie alle unterschiedlich lange Hälse haben. Das heißt, sie haben eine große **Variabilität** in der Länge der Hälse. Heute ist bekannt, dass diese Variabilität durch ungerichtete und zufällige Veränderungen des Erbmaterials, den **Mutationen,** entsteht. Durch die **Fortpflanzung** kommt es zu **Neukombinationen** des Erbmaterials. Damit entstehen Unterschiede innerhalb einer Art.
Die zufälligen neuen Eigenschaften können für ein Lebewesen von Vorteil oder von Nachteil sein. Über längere Zeit setzen sich nur solche Eigenschaften durch, die einem Lebewesen unter den gegebenen Lebensbedingungen Vorteile bringen.

Variabilität in der Halslänge

In DARWINS Vorstellung hatten die Vorfahren der Giraffen kurze Hälse. Sie lebten in Wäldern und kamen gut an die Blätter von Büschen und Bäumen heran. Dabei gab es aber immer schon Giraffen mit längeren und andere mit kürzeren Hälsen.

Die Umwelt verändert sich

Durch Veränderungen des Klimas gab es irgendwann nur noch höhere Bäume. Dadurch hatten die Giraffen mit einem längeren Hals einen Vorteil. Durch ihre bessere **Angepasstheit** an die hohen Bäume kamen sie besser an die Blätter heran.

Die natürliche Auslese

Aufgrund der besseren Ernährung hatten in die Giraffen mit den längeren Hälsen der neuen Umgebung einen größeren **Erfolg bei der Fortpflanzung.** Sie bekamen viele Nachkommen. Ihr Nachwuchs erbte den langen Hals der Eltern.

Über viele Generationen hinweg gab es so nach und nach immer mehr Giraffen mit längerem Hals. Giraffen mit kurzen Hälsen wurden dagegen immer seltener, da sie durch die schlechtere Ernährung weniger Nachkommen hattten. Sie starben irgendwann aus.

> Die natürliche Auslese, bei der sich durch bessere Angepasstheit ein Merkmal durchsetzt, wird **Selektion** genannt.

3 DARWINS Evolutionstheorie zur Entstehung des langen Giraffenhalses

1 Beschreibe die Vorstellungen der Menschen zur Entstehung der Arten im 19. Jahrhundert.

2 Erkläre die Entstehung der langen Hälse bei den Giraffen mit der Theorie von DARWIN. Erstelle dazu ein Flussdiagramm.

Starthilfe zu 2:

> Giraffen haben unterschiedlich lange Hälse (Variabilität)
> ↓

3 ❘ Nenne die entscheidenden Faktoren, die nach DARWIN zur Entwicklung der langen Hälse bei den Giraffen geführt haben.

4 ❘❘ Im Lauf der Evolution wurden die Hälse der Giraffen immer länger. Stelle eine begründete Vermutung auf, weshalb die Hälse der heutigen Giraffen nicht haushoch sind.

ÜBEN UND ANWENDEN

Ⓐ LAMARCKS Theorie zur Entstehung von Arten

1 A - **C** LAMARCKS Theorie zur Entstehung der Arten

JEAN BAPTISTE LAMARCK (1744 – 1829) entwickelte als einer der ersten Forscher eine Theorie zur Entstehung der Arten. Nach seiner Theorie passten sich die Lebewesen nach und nach den wechselnden Umweltbedingungen an.

Nach LAMARCK sollen die langen Hälse der Giraffen dadurch entstanden sein, dass die Vorfahren der heutigen Giraffen ihre Hälse zum Fressen nach oben streckten. Dadurch sollen die Hälse immer länger geworden sein.

LAMARCK erkannte zwar den Wandel der Arten, konnte ihn aber nicht richtig erklären. Seine Theorie von der Vererbung erworbener Eigenschaften wird als **Lamarckismus** bezeichnet. LAMARCKS Theorie gilt heute als widerlegt.

❶ Beschreibe die Unterschiede in den Theorien von LAMARCK und DARWIN zur Entstehung der Arten.

❷ Ⅲ Erkläre, warum die Theorie von LAMARCK nach heutigen Erkenntnissen falsch ist.

Ⓑ Vorteile durch fehlende Flügel?

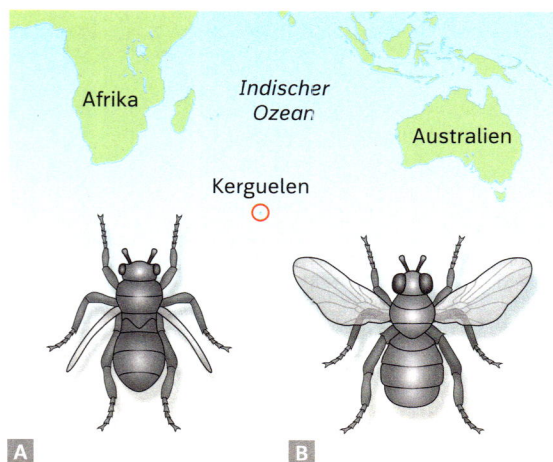

2 Kerguelen-Inseln: **A** Kerguelen-Fliege,
B normale Fliegenart

Die auf den Kerguelen-Inseln lebenden Kerguelen-Fliegen haben keine oder stark zurückgebildete Flügel. Daher können sie nicht fliegen. Auf den Inseln herrschen ständig starke Winde und die Fliegen haben ein sehr geringes Körpergewicht.

❶ **a)** Erkläre, warum die fehlenden Flügel für die Kerguelen-Fliegen einen Selektionsvorteil darstellen.
b) Erkläre, warum fehlende Flügel für andere Arten von Fliegen in Lebensräumen ohne starke Winde ein Nachteil wären.

❷ Ⅱ Erkläre die Entstehung der flügellosen Kerguelen-Fliegen mithilfe der Theorie von CHARLES DARWIN.

Religiöse Mythen über die Entstehung des Lebens

3 Uluru (Ayers Rock): Der heiliger Berg

4 MICHELANGELO: Die Erschaffung Adams

Naturreligionen

Theorien über die Entstehung des Lebens sind schon sehr alt. In vergangenen wie gegenwärtigen Kulturen gab und gibt es Vorstellungen über ein schöpferisches Wesen. Die Regenbogenschlange ist beispielsweise für die Aborigines Australiens die Quelle allen Lebens. In ihrem Glauben erschufen die Ahnen alle Lebewesen und sind damit die eigentlichen Schöpfer der Welt. Die Aborigines behandeln die Erde mit Respekt und Verantwortung. Sie wollen die Welt im Urzustand der Schöpfung erhalten und so an ihre Nachkommen weitergeben.

Auch bei den Ureinwohnern in Nordamerika ist die gesamte Umwelt beseelt. Deshalb wird von jedem Menschen erwartet, dass er mit der Natur respektvoll umgeht.

Christliche Schöpfungsmythen

Nach christlichem Glauben schuf Gott die Welt mit allen Lebewesen. Demnach sind alle Lebewesen seit Anbeginn der Welt unverändert vorhanden. Daraus leiten einige Anhänger dieses Glaubens ab, dass sich die Arten seit dem Beginn des Lebens auf der Erde nicht mehr verändert haben.

Seit dem 20. Jahrhundert leugnet eine Bewegung aus Nordamerika die Evolutionstheorie. Ihre Anhänger verfolgen das Ziel, den Schöpfungsbericht der Bibel als einzig gültige Grundlage eines Weltbildes wieder einzusetzen. Diese Richtung wird als Kreationismus bezeichnet. Die Kreationisten halten es für wissenschaftlich belegbar, dass alle Lebewesen als sogenannte Grundtypen von einem Schöpfer geschaffen wurden.

---

1 Beschreibe die wesentlichen Aspekte der dargestellten Schöpfungstheorien.

2 Informiere dich über Schöpfungsmythen aus anderen Kulturen wie beispielsweise den Mayas, Azteken, alten Ägyptern, Römern oder Germanen.

3 Recherchiere, welchen Einfluss der Kreationismus auf den Biologieunterricht in Nordamerika hat. Stelle deine Ergebnisse vor.

4 ‖ Viele Menschen können ihren Glauben mit der Evolutionstheorie vereinbaren. Der Kreationismus beansprucht für sich, die einzige und auch bessere Wahrheit zu lehren. Bewerte mögliche Gefahren, die von Glaubensgruppen dieser Art ausgehen können.

Ähnlich dem
Urfinken

1 Finkenarten auf Galapagos: **A** Großer Grundfink frisst harte Samen. **B** Kleiner Grundfink frisst weiche Samen. **C** Vegetarischer Fink frisst Blüten.

Die Entstehung neuer Arten

Die Galapagos-Finken

Die entscheidenden Ideer für seine Evolutionstheorie erhielt DARWIN durch den Besuch der Galapagos-Inseln vor Südamerika (→ Bild 2). Ihm fiel die große Ähnlichkeit der dort lebenden Finken-Arten auf. Oft unterschieden die Finken sich nur in der Form ihrer Schnäbel.

DARWIN vermutete, dass alle 13 Finken-Arten, die auf verschiedenen Inseln lebten, von einem „Urfinken" abstammten (→ Bild 1A). Diese Urfinken mussten vom Festland Südamerikas auf die Inseln gelangt sein. Alle heutigen Galapagos-Finken haben sich aus diesen Urfinken entwickelt.

2 Südamerika, Heimat des „Urfinken"

Die Evolutionsfaktoren Mutation und Neukombination

Bei den auf den Galapagos-Inseln lebenden Urfinken hatten sich nach einiger Zeit etwas unterschiedliche Schnabelformen entwickelt. Die veränderten Schnabelformen waren das Ergebnis zufälliger und ungerichteter Veränderungen des Erbmaterials. Solche Veränderungen werden **Mutationen** genannt.

Bei der Fortpflanzung der Finken kam es zur **Neukombination** des zufällig veränderten Erbmaterials. Dadurch entstand eine Vielfalt, eine sogenannte **Variabilität,** bei den Schnabelformen.

Der Evolutionsfaktor Selektion

Die unterschiedlichen Schnabelformen brachten den Finken bessere oder schlechtere Überlebenschancen. Gab es in einem Lebensraum beispielsweise viele harte Samen, dann hatten Finken mit einem kräftigen Schnabel Vorteile gegenüber anderen Finken-Arten. Sie konnten sich besser ernähren, vermehrten sich stärker und vererbten die Anlagen für kräftige Schnäbel an ihre Nachkommen.

Die Auswahl der am besten angepassten Lebewesen wird als **Selektion** bezeichnet.

3 Finkenarten auf Galapagos: **A** Kaktusfink frisst Blütennektar. **B** Kleiner Baumfink frisst Insekten.
C Spechtfink stochert nach Insektenlarven.

Der Evolutionsfaktor räumliche Isolation

Auf den verschiedenen Inseln entwickelten sich die Finken sehr unterschiedlich. Die räumliche Trennung führte dazu, dass sich die Vögel über die Inseln hinweg nicht mehr paarten. Zwischen den Finken der einzelnen Inseln wurden keine Erbinformationen mehr ausgetauscht.

Je länger diese räumliche Trennung dauerte, desto größer wurden die Unterschiede zwischen den Finken auf den verschiedenen Inseln. Diese **räumliche Isolation** führte deshalb über ange Zeiträume hinweg zur Entwicklung unterschiedlicher Arten.

> Zu einer **Art** gehören alle Individuen, die sich miteinander fortpflanzen können.

Der Evolutionsfaktor ökologische Isolation

Neben der räumlichen Isolation entwickelte sich noch eine **ökologische Isolation.**
Eine starke Vermehrung führt in der Regel schnell zur Konkurrenz um das begrenzte Nahrungsangebot. Aufgrund de` Variabilität der Schnabelformen konnten die Finken-Arten aber unterschiedliche Nahrungsquellen nutzen. Die meisten Arten mit spitzen Schnäbeln fraßen Insekten, die mit kräftigen Schnäbeln harte Samen. Durch die Angepasstheit an verschiedene Nahrungsquellen, konnten auch auf einer Insel mehrere Arten entstehen.

> Neue Arten entstehen durch das Zusammenwirken der Faktoren Mutation, Selektion, Neukombination und Isolation.

1 Nenne die entscheidenden Faktoren, die die Entstehung neuer Arten ermöglichen.

2 Erkläre, wie die Evolutionsfaktoren bei der Entstehung neuer Arten wirken.

3 Erkläre, wie die große Variabilität bei den Schnabelformen der Galapagos-Finken entstehen konnte.

Starthilfe zu 3:
Bedenke das begrenzte Angebot der unterschiedlichen Nahrungsquellen.

4 I Der Große Grundfink und der Kaktusfink ernähren sich beide von Pflanzen. Stelle eine begründete Vermutung auf. warum die beiden Finkenarten keine Nahrungskonkurrenten sind.

5 II „Mutationen sind Veränderungen, die sich im Erbmaterial von Lebewesen einstellen, damit sie besser an ihren Lebensraum angepasst sind." Nimm begründet Stellung zu dieser Aussage.

Ⓐ Aus einer Urform entwickeln sich viele Arten

1 Galapagos-Riesenschildkröten: **A** Schildkröte mit sattelförmigem Panzer, **B** Schildkröte mit kuppelförmigem Panzer

Auf den Galapagos-Inseln leben verschiedene Arten von Riesenschildkröten. Durch Mutationen und Neukombinationen des Erbmaterials entwickelten sich bei den Schildkröten unterschiedlich geformte Panzer. Das Klima auf der Insel Espanola ist heiß und trocken. Daher gibt es wenig Bodenbewuchs. Bei den hier lebenden Schildkröten entwickelte sich ein sattelförmiger Panzer. Durch die größere Beweglichkeit des Halses können die Tiere Pflanzenteile in größerer Höhe erreichen (→ Bild 1A). Auf der Nachbarinsel Santa Cruz herrscht feuchteres Klima. Hier entwickelte sich durch die Isolation eine Art der Riesenschildkröten mit einem kuppelförmigen Panzer. Sie ernähren sich vom hier reichlich vorhandenen Bodenbewuchs (→ Bild 1B).

❶ Beschreibe die unterschiedlichen ökologischen Bedingungen auf den Inseln „Espanola" und „Santa Cruz".

❷ **II** Belege am Beispiel der Galapagos-Schildkröten, dass unterschiedliche Umweltbedingungen einen Selektionsfaktor darstellen.

Ⓑ Weißes Fell durch Mutation

2 Löwen mit weißem Fell und normal gefärbtem Fell

Ein entscheidender Evolutionsfaktor ist die Mutation. Durch sie wird das Erbmaterial ungezielt verändert. Für ein Lebewesen kann eine Mutation Vorteile, Nachteile oder auch keine Bedeutung haben. Sichtbare Mutationen bei verschiedenen Tierarten sind beispielsweise einzelne Tiere, deren Körperfarbe weiß ist.

❶ **a)** Erkläre mithilfe von Bild 2, in welchen Lebensbereichen sich die Mutation „weißes Fell" negativ auswirken könnte.
b) Stelle eine begründete Vermutung auf, wann sich eine Mutation wie ein weißes Fell als Vorteil erweisen würde.

Sexuelle Selektion

3 Männliche und weibliche Enten

Geschlechtsmerkmale
Bei einigen Tierarten unterscheiden sich die Männchen und die Weibchen deutlich voneinander. Oft sind die männlichen Tiere auffälliger: Der männliche Löwe hat eine Mähne, der männliche Hirsch hat ein Geweih und vielen Vögeln wie Enten, Fasanen und Pfauen sind die Männchen auffälliger gefärbt als die Weibchen.

4 Hirsche beim Kampf

Kampf um Weibchen
Die Weibchen der Rothirsche leben in Herden zusammen. Zur Paarungszeit stößt zu jeder Herde ein männlicher Hirsch, der sich mit allen geschlechtsreifen Weibchen der Herde paart. Dieser Platzhirsch verteidigt seine Position in Kämpfen gegen andere Hirsche. Meist gewinnt bei solchen Kämpfen der größere Hirsch mit dem größeren Geweih. Dieser Hirsch hat schließlich den größten Fortpflanzungserfolg.

5 Männlicher und weiblicher Pfau

Werben um Weibchen
Weibliche Pfauen haben ein braunes, kurzes Gefieder. So können sie sich gut im Regenwald verstecken. Männliche Pfauen haben ein auffälliges, buntes Gefieder. So sind die männlichen Pfauen nicht nur leichter für Feinde wie dem Leopard zu entdecken, mit ihren langen Schwanzfedern können sie auch nur schlecht davonlaufen und wegfliegen. Das auffällige Gefieder des männlichen Pfaus spielt eine wichtige Rolle bei der Fortpflanzung: Sieht der männliche Pfau ein Weibchen, stellt der die Schwanzfedern zu einem **Rad** auf. Er **balzt**.
Die Weibchen entscheiden, mit welchem Pfau sie sich paaren und mit welchem nicht. Untersuchungen haben gezeigt, dass sich die Weibchen eher mit Pfauen paaren, die ein größeres und bunteres Rad haben als andere. Ein besonders großes Rad ist für einen männlichen Pfau ein Nachteil. Der Pfau, der trotz dieser Last überlebt, wird den größten Fortpflanzungserfolg haben.

1 Erkläre, warum sich bei manchen Tierarten Männchen und Weibchen äußerlich deutlich voneinander unterscheiden.

2 ‖ Erläutere, warum ohne Variabilität keine sexuelle Selektion möglich ist.

1 Schimpansen sind unsere nächsten Verwandten.

▶❚❚ F

Mensch und Affe sind verwandt

Menschen sind Menschenaffen

Auch wir Menschen sind Ergebnis der Evolution. Wir gehören zu den Primaten und innerhalb dieser Ordnung zu den Menschenaffen. Mit den heute lebenden Menschenaffen Schimpanse, Gorilla und Orang-Utan sind wir unterschiedlich nah verwandt.

Diese Verwandtschaft wurde mit körperlichen Vergleichen und genetischen Vergleichen festgestellt. Besonders genau sind dabei die genetischen Vergleiche. Dabei sind Arten umso näher mit anderen Arten verwandt, je höher die Übereinstimmungen in ihrer DNA sind (→ Bild 2).

Verwandtschaft im Stammbaum darstellen

Unsere Verwandtschaft mit den anderen Menschenaffen lässt sich in einem **Stammbaum** darstellen. Dort ist auch abzulesen, wann in der Evolution sich die Arten voneinander getrennt haben. Je mehr Übereinstimmungen in der DNA es gibt, desto später haben sich die Arten voneinander getrennt und desto später hat der letzte gemeinsame Vorfahre der heutigen Arten gelebt. So lebte der letzte gemeinsame Vorfahre von Schimpansen und Menschen vor ungefähr sechs Millionen Jahren (→ Bild 3).

Arten im Vergleich	Ähnlichkeit der DNA
Mensch – Schimpanse	98,8 %
Mensch – Gorilla	98,4 %
Mensch – Orang Utan	96,9 %
Schimpanse – Gorilla	98,2 %

2 Ähnlichkeit der DNA von Mensch und Menschenaffen

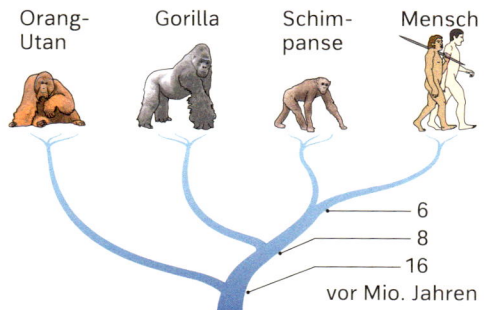

Orang-Utan   Gorilla   Schimpanse   Mensch

6
8
16
vor Mio. Jahren

3 Stammbaum von Mensch und Menschenaffen

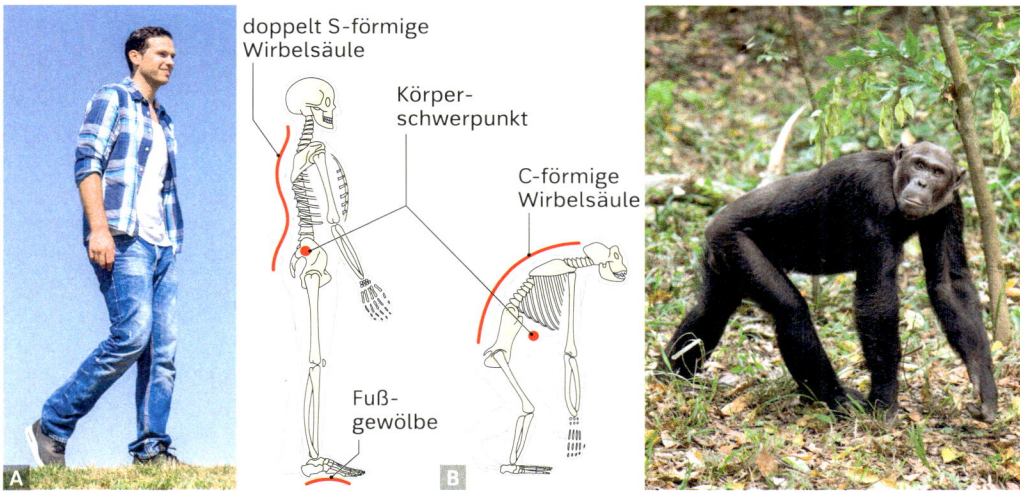

doppelt S-förmige
Wirbelsäule

Körper-
schwerpunkt

C-förmige
Wirbelsäule

Fuß-
gewölbe

A   **B**

4 Skelettvergleich von Mensch und Schimpanse: **A** Mensch, **B** Schimpanse

Menschen und Schimpansen

Trotz gemeinsamer Vorfahren, haben sich Menschen und Schimpansen seit langer Zeit unabhängig voneinander entwickelt. So sind Unterschiede entstanden (→ Bild 4).

Wirbelsäule und Becken

Wir Menschen gehen aufrecht. Dies ermöglicht unsere doppelt-S-förmig gebogene Wirbelsäule. Schimpansen können nur für kurze Zeit auf zwei Beinen laufen. Ihr Körperschwerpunkt liegt weiter vorn als der des Menschen. Meist stützen sie sich mit den Händen ab oder sind kletternd unterwegs. Ihre Wirbelsäule ist C-förmig gebogen. Unser Becken ist schüsselförmig. Beim aufrechten Gang muss es die Organe abstützen. Das Becken des Schimpansen dagegen ist langgestreckt.

Arme und Beine

Unsere Beine sind länger als unsere Arme. So können wir große Schritte mchen. Die Schimpansen hingegen haben längere Arme, die ihnen beim Klettern ir den Bäumen helfen.

Unsere Füße sind an den aufrechten Gang angepasst. Bei uns Menschen hat sich dazu ein **Fußgewölbe** entwickelt (→ Bild 4 A). Schimpansen haben einen Greiffuß, aber kein Fußgewölbe.

An den Händen kann unser Daumen jedem anderen Finger gegenübergestellt werden. So können wir sehr genau greifen. Dieser **Präzisionsgriff** fehlt den Schimpansen.

> Die Körpermerkmale von Menschen und Schimpansen sind an ihre unterschiedliche Lebensweise angepasst.

1 **a)** Beschreibe die Ergebnisse aus der Tabelle in Bild 2.
b) Erkläre, warum der Mensch mit dem Schimpansen am nächsten verwandt ist.

2 Beschreibe mithilfe von Bild 3, wann sich die Entwicklungslinien der dargestellten Arten jeweils voneinander getrennt haben.

3 Beschreibe die Unterschiede zwischen Menschen und Schimpansen.

4 ▌ Erkläre, warum es bei der Frage nach der Evolution des Menschen sinnvoll ist, Menschen mit Schimpansen zu vergleichen.

Starthilfe zu 3:
Beachte dazu die Art der Fortbewegung, den Bau der Wirbelsäule, den Bau des Beckens, den Bau der Füße, den Bau der Hände und die Länge der Arme und Beine.

A Unterschiede im Körperbau bei Menschen und Schimpansen

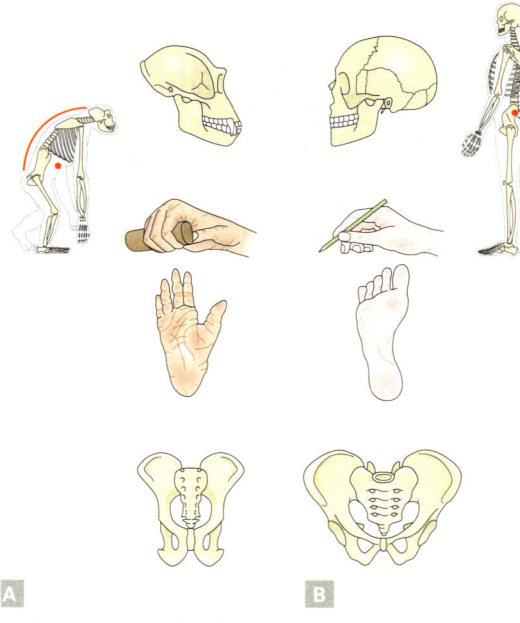

... haben Greiffüße.

...haben eine doppelt S-förmige Wirbelsäule.

... haben ein Fußgewölbe.

... haben ein schüsselförmiges Becken.

... haben nur kleine Eckzähne.

...haben längere Arme als Beine.

... haben einen Präzisionsgriff.

...haben eine Knochenwulst über den Augen.

1 a) Ordne die Beschreibungen der Körpermerkmale mithilfe von Bild 1 und der Basisseite den Schimpasen oder den Menschen zu. Erstelle dazu eine Tabelle.
b) Vervollständige die fehlenden Eintragungen mithilfe von Bild 1 und der Basisseite.

1 Körpermerkmale: **A** Schimpanse, **B** Mensch

A Wie tragfähig sind unterschiedliche Modelle von Wirbelsäulen?

Mithilfe von Draht kann modellhaft die Tragfähigkeit untersucht werden.

Material: Holzplatte mit Löchern, Drahtstücke mit Schlaufe, Gewichte mit gleicher Masse

Durchführung:
Schritt 1: Spanne zwei Drahtstücke senkrecht auf die Unterlage ein (→ Bild 2).
Schritt 2: Biege einen Draht C-förmig und einen Draht doppelt S-förmig. Hänge jeweils ein Gewicht an das obere Ende.

1 a) Teste die Tragfähigkeit der Drahtmodelle mit unterschiedlichen Gewichten.

2 ‖ Nenne Vorteile der Doppel-S-Form der menschlichen Wirbelsäule aufgrund deiner Versuchsergebnisse im Modell.

2 Versuchsaufbau

B Beobachtungen an Schimpansen im Zoo

Bei einem Zoobesuch könnt ihr Schimpansen beobachten und mit dem Menschen und anderen Affenarten vergleichen.
Bildet kleine Gruppen, die abwechselnd die Schimpansen und die anderen Affenarten beobachten.

Material:
Schreibzeug, pro Gruppe eine Kamera oder ein Smartphone

3 Schimpanse klettert im Baum.

Durchführung:

Schritt 1: Beobachte einen Schimpansen und notiere dir Stichworte zu seiner Körperhaltung. Achte dabei auf die Stellung der Beine, den Rücken und die Haltung des Kopfes.

Schritt 2: Vergleiche die Länge der Arme und der Beine beim Schimpansen. Mache dazu auch ein Foto von einem Schimpansen.

Schritt 3: Beobachte die Fortbewegungsweise der Schimpansen. Filme dazu verschiedene Fortbewegungsweisen.

4 Schimpanse geht aufrecht.

1 a) Beschreibe anhand deiner Notizen und deiner Fotos die Körperhaltung eines Schimpansen.
b) Miss mithilfe deiner Fotos eines Schimpansen die Länge seiner Arme und seiner Beine. Berechne dann das Verhältnis von Armlänge zu Beinlänge indem du Armlänge in cm durch Beinlänge in cm teilst.
c) Beschreibe, wie ein Schimpanse sich auf vier Füßen fortbewegt und wie er sich auf zwei Beinen fortbewegt.

2 a) Vergleiche die Körperhaltung eines Schimpansen mit deiner eigenen.
b) Bestimme dein eigenes Verhältnis von Armlänge zu Beinlänge und vergleiche das Ergebnis mit dem des Schimpansen.
c) Vergleiche deine eigene Fortbewegung mit der eines Schimpansen.

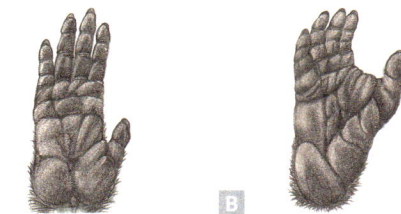

5 Hand und Fuß eines Schimpansen

3 a) Ordne die Bilder 5 A und 5 B mithilfe deiner Beobachtungen der Hand oder dem Fuß eines Schimpansen zu.
b) Vergleiche Hände und Füße mit deinen eigenen Händen und Füßen.

4 ▌ Erläutere die unterschiedlichen Ausprägungen der Gliedmaßen von Schimpanse und Mensch aufgrund ihrer unterschiedlichen Funktionen mithilfe der Bilder 3- 5.

1 Fossiler menschlicher Schädel

2 Rekonstruktion eines menschlichen Vorfahren

3 Schädel von *Sahelanthropus tschadensis*

Auf dem Weg zum Menschen

Schwierige Deutung der Funde

Wenn Fossilien von früheren Menschenty-pen gefunden werden, ist das immer eine Sensation. Solche Funde sind sehr selten und sie richtig einzuordnen ist sehr schwie-rig. Ob man es bei unterschiedlichen Merkmalen mit Variationen innerhalb einer Art oder mit verschiedenen Arten zu tun haben, lässt sich oft nicht eindeutig klären. Daher gibt es immer wieder unterschiedli-che Angaben dazu, welche Funde zu welcher Art gehören und wie viele verschie-dene Menschenarten es überhaupt gege-ben hat. Einig sind sich alle aber darüber, dass alle heutigen Menschen zu einer Art gehören, dem *Homo sapiens*.

Menschenaffen und Menschen

Die letzten gemeinsamen Vorfahren von Menschenaffen und Menschen lebten wahrscheinlich vor ungefähr 20 Millionen Jahren in Afrika.
Sie waren durchschnittlich so groß wie ein Pavian. Sie gingen auf vier Füßen, hielten sich aber wahrscheinlich sowohl in den Bäumen als auch auf dem Boden auf (→ Bild 2).

Ein früher Vorfahre

Ein fossiler Schädel aus Zentralafrika könnte der erste Hinweis auf die Entwick-lung der Menschen sein. Er stammt ver-mutlich von einem der frühesten Vorfahren der Menschen, der Art *Sahelanthropus tschadensis*. Diese affenähnlichen Men-schen lebten vor sechs bis sieben Millionen Jahren in Afrika. Sie hatten einen länglichen Schädel und Überaugenwülste ähnlich der heutigen Gorillas. (→ Bild 3).
Sahelanthropus tschadensis ging eventuell schon aufrecht, sichere Hinweise darauf fehlen allerdings bisher.

Die Gattung Australopithecus

Fossile Fußabdrücke von Frühmenschen von vor 3,5 Millionen Jahren geben die ersten gesicherten Belege für einen aufrechten Gang einer Menschenart (→ Bild 4). Sie stammen von Individuen der Art *Australopithecus afarensis* und wurden in Tansania in Afrika entdeckt.

Funde wie diese zeigen, dass in der Evolution des Menschen zuerst der aufrechte Gang entstanden ist. Das Gehirn von *Australopithecus afarensis* hatte noch ein Volumen von 500 cm^3. Das ist nur geringfügig größer als das des heutigen Schimpansen. Aufgrund der gebogenen Handknochen und der Länge der Arme wird vermutet, dass *Australopithecus* noch viel Zeit auf Bäumen verbrachte, auf dem Boden aber schon aufrecht ging.

Das Klima verändert die Landschaft

Australopithecus afarensis lebte vor 3,5 Millionen Jahren. Eine Klimaveränderung sorgte zu dieser Zeit dafür, dass sich Wald zu einer offenen Landschaft mit Büschen und Bäumen veränderte. Die Vorfahren des Menschen, die zuvor vorwiegend auf Bäumen gelebt hatten, entwickelten Angepasstheiten an das Leben am Boden. So entstand der aufrechte Gang.

Außer der Art *Australopithecus afarensis* lebten zur gleichen Zeit noch weitere Arten von Vorfahren der Menschen.

4 Fußabdrücke von *Australopithecus afarensis*

5 Zeichnung von *Australopithecus afarensis*

1 Erkläre, warum der genaue Ablauf der menschlichen Evolution unklar ist.

2 Beschreibe, wann und wie die letzten gemeinsamen Vorfahren von Affen und Menschen vermutlich gelebt haben.

3 Beurteile die Ansicht, dass *Australopithecus afarensis* auf Bäumen und auf dem Boden lebte.

4 Begründe, weshalb eine Klimaveränderung vor 3,5 Millionen Jahren zum aufrechten Gang der Vorfahren der Menschen begetragen haben könnte.

Starthilfe zu 4:
Benutze die folgenden Begriffe: Wald, offene Landschaft, Boden

5 | Erkläre, woraus die Wissenschaftlerinnen und Wissenschaftler schließen, dass sich der aufrechte Gang vor der Volumenzunahme des Gehirns entwickelt hat.

Ⓐ War Lucy noch Affe oder schon Mensch?

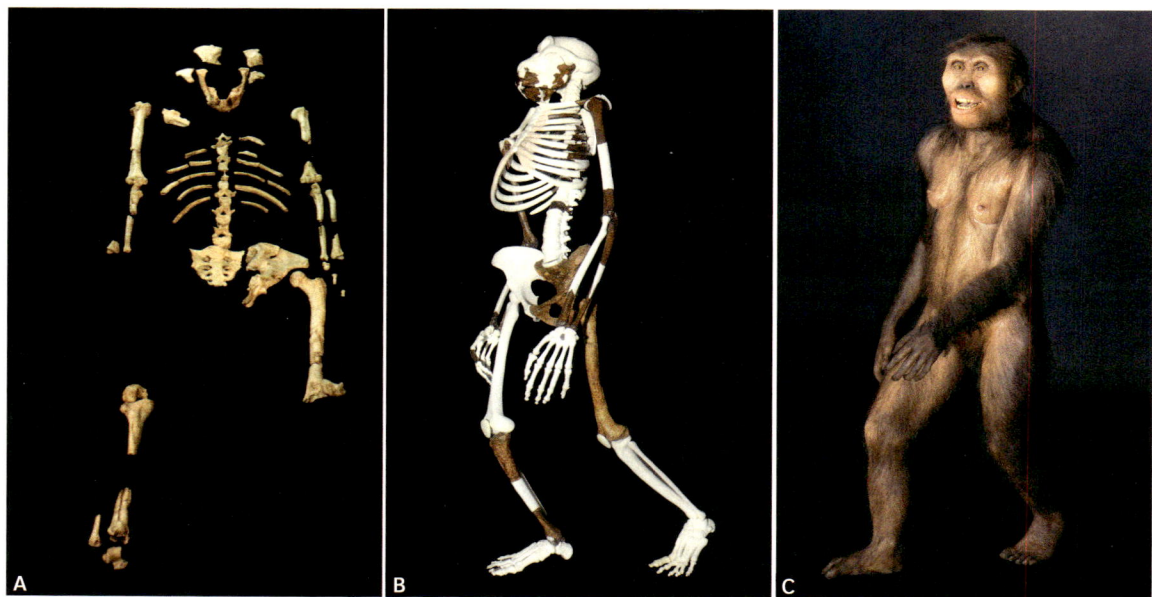

1 Lucy: **A** fossile Knochen, **B** Skelett (braune Teile gefunden, weiße Teile ergänzt), **C** Rekonstruktion

In der Evolution zum Menschen muss es viele Zwischenstufen zwischen Affen und Menschen gegeben haben.

Ein wichtiger Fund ist das Skelett von **Lucy**, das der Paläontologe DONALD JOHANSON 1974 in Ostafrika fand. Die Knochen von Lucy sind ungefähr 3,5 Millionen Jahre alt.

Inzwischen gibt es von der Art *Australopithecus afarensis,* zu der Lucy gehörte, über 400 weitere Funde. Sogar Fußabdrücke wurden gefunden.

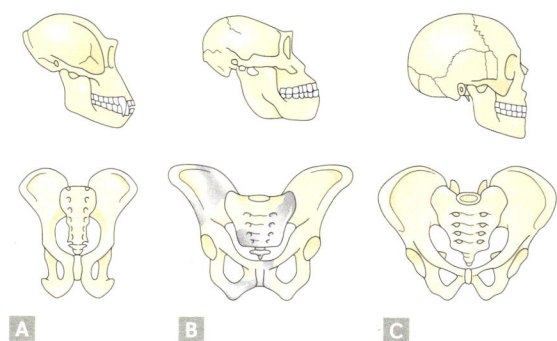

2 Schädel und Beckenknochen: **A** Schimpanse, **B** *Australopithecus afarensis,* **C** Mensch

❶ a) Vergleiche den Schädel von Lucy mit den Schädeln von Schimpansen und Menschen.
b) Vergleiche das Becken von Lucy mit dem Becken von Schimpansen und Menschen.
c) Vergleiche den Fußabdruck von *Australopithecus afarensis* mit dem Fußabdruck eines Affen und eines Menschen.
d) Beurteile auf der Grundlage der Aufgaben 1 a – c, ob Lucy ein Mensch oder ein Affe war.

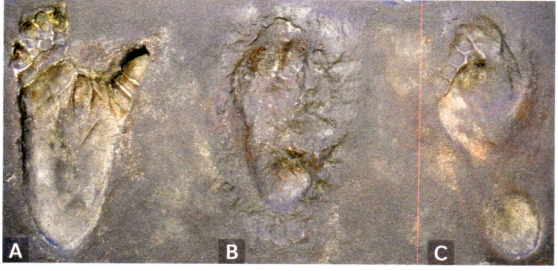

3 Fußabdrücke: **A** Affe, **B** *Australopithecus afarensis,* **C** Mensch

ÜBEN UND ANWENDEN

B Vielfalt von Australopithecus

4 Verbreitung von *Australopithecus*

Die ersten Frühmenschen entstanden in Afrika. Fossile Funde zeigen, dass vor 4 bis 1,5 Millionen Jahren dort mehrere Arten der Gattung *Australopithecus* parallel lebten.

1 Beschreibe das Verbreitungsgebiet der Frühmenschengattung *Australopithecus*.

2 **II** Erkläre, warum es zu dieser Zeit noch keine Menschenarten außerhalb von Afrika gab.

2 **III** Von einigen dieser Arten wurden nur ein oder sehr wenige Exemplare gefunden. Bewerte dazu die Aussage: „Alle Funde könnten auch einer einizigen Art angehören."

C Vom kletternden Vierfüßer zum aufrechten Gang

5 Fortbewegung: **A** in Bäumen, **B** in offener Landschaft

Frühe Affen-Vorfahren lebten in dichten Wäldern. Als sich durch Klimaveränderungen der Lebensraum teilweise in offene Landschaften mit Büschen und Bäumen veränderte, veränderten einige Affen auch ihre Art der Fortbewegung.

1 **a)** Beschreibe die Fortbewegung der Affen in dichten Wäldern und die in einer offenen Landschaft mithilfe von Bild 5.
b) Nenne Angepasstheiten, die für die jeweilige Fortbewegung notwendig waren.
c) Nenne Vorteile beider Fortbewegungsarten und vergleiche sie.

2 **II** Erläutere, warum der aufrechte Gang eine Angepasstheit an die offenen Savannenlandschaften darstellt.

3 **III** Stelle begründete Vermutungen an, warum der aufrechte Gang eine Weiterentwicklung für die Frühmenschen darstellte.

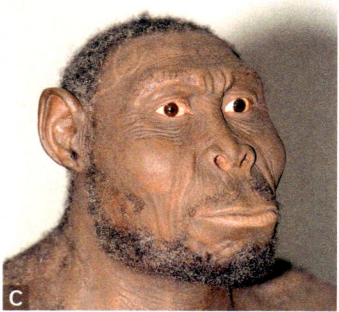

1 Frühmenschen: **A** *Australopithecus afarensis*, **B** *Homo habilis*, **C** *Homo rudolfensis*

▶❚❚ F Die Entwicklung des modernen Menschen

Die Gattung Homo entsteht

Die meisten Forscher sind sich einig, dass sich aus der Art *Australopithecus afarensis* die Gattung *Homo* entwickelte (→ Bild 2). Die Gattung *Homo* entstand vor etwa 2 Millionen Jahren in Afrika. Zu der Zeit lebten verschiedene Arten dieser Gattung.

Homo habilis

Homo habilis hatte noch viel Ähnlichkeit mit der Gattung *Australopithecus* wie beispielsweise ein kleines Gehirn von 600 cm^3. Er lebte vor 2,4 bis 1,4 Millionen Jahren und stellte schon einfache Werkzeuge her.

Homo rudolfensis

Homo rudolfensis lebte ungefähr zur gleichen Zeit wie *Homo habilis* in Afrika. Die Art hatte mit 730 cm^3 ein etwas größeres Gehirn als *Homo habilis*. *Homo rudolfensis* nutzte schon vielfältigere Werkzeuge. Damit konnten sich diese frühen Menschen schon ein umfangreiches Nahrungsangebot erschließen.

> Die Entwicklung von Werkzeugen ermöglichte die Verarbeitung von Pflanzenteilen, das Schneiden von Fleisch und die Herstellung weiterer Werkzeuge.

Volumenangaben am Schädel geben die Gehirngröße an.

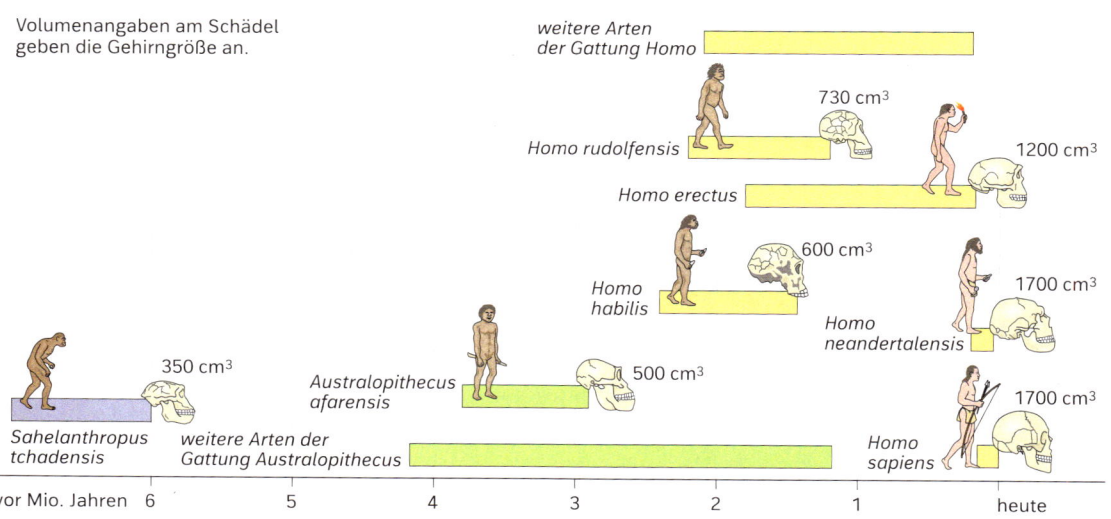

2 Der Stammbaum des Menschen

3 Frühmenschen und Jetztmensch: **A** *Homo erectus*, **B** *Homo neanderthalensis*, **C** *Homo sapiens*

Homo erectus

Homo erectus entwickelte sich in Afrika. *Homo erectus* war die erste Menschenart, die aus Afrika auswanderte und auch Europa und Asien besiedelte. Durchschnittlich hatten die Funde von *Homo erectus* ein Gehirnvolumen zwischen 800 cm³ und 1200 cm³. Die Art beherrschte schon das Feuer und stellte aufwändige Steinwerkzeuge her.

Homo neanderthalensis

Aus Nachfahren des *Homo erectus* entwickelten sich in Europa vor 300 000 Jahren die Neandertaler. Sie hatten mit einem Gehirnvolumen von bis zu 1700 cm³ ein sehr großes Gehirn. Neandertaler waren kräftig gebaut und hatten einige geistige und handwerkliche Fähigkeiten. Einige Stämme waren zumindest zeitweise sesshaft und bauten eigene Behausungen.

Homo sapiens

Ungefähr zur gleichen Zeit entwickelte sich in Afrika der *Homo erectus* zu unserer Art, dem *Homo sapiens,* weiter. In einer zweiten Auswanderungswelle nach dem *Homo erectus* besiedelte *Homo sapiens* nach und nach die ganze Welt. Bevor der Neandertaler ausstarb, vermischte sich *Homo sapiens* mit ihm, was heute noch in der menschlichen DNA nachgewiesen werden kann.

Viele offene Fragen

Laufend stoßen Wissenschaftlerinnen und Wissenschaftler durch weitere fossile Funde und neue Untersuchungsmethoden auf neue Erkenntnisse zur Evolution des Menschen. Sicher ist, dass es auch bei der Entwicklung des modenen Menschen viele „Sackgassen" gab. Einige Menschentypen starben wieder aus, andere entwickelten sich weiter und einige vermischten sich miteinander.

1 Erkläre, wie die Gattung *Homo* entstanden ist.

2 Erkläre, warum einige Forscherinnen und Forscher *Homo habilis* zur Gattung *Australopithecus* rechnen.

3 a) Nenne mithilfe von Bild 2 für alle aufgeführten Arten, wann sie gelebt haben.
b) Gib eine Zeit an, zu der die meisten Menschenarten gleichzeitig gelebt haben.

Starthilfe zu 3a:
Beispiel: Der Balken von *Australopithecus afarensis* geht von 4,2 Millionen bis 3,1 Millionen Jahre. Also hat *Australopithecus afarensis* in dieser Zeit gelebt.

4 I Erstelle eine Tabelle mit Lebenszeiten, Menschenarten, Gehirnvolumen und Verbreitung der im Text genannten Arten.

5 II Stelle eine begründete Vermutung auf, warum das Beherrschen des Feuers und die Herstellung von Werkzeugen wichtige Meilensteine in der Entwicklung der Menschen waren.

A Die Gattung *Homo* breitet sich aus

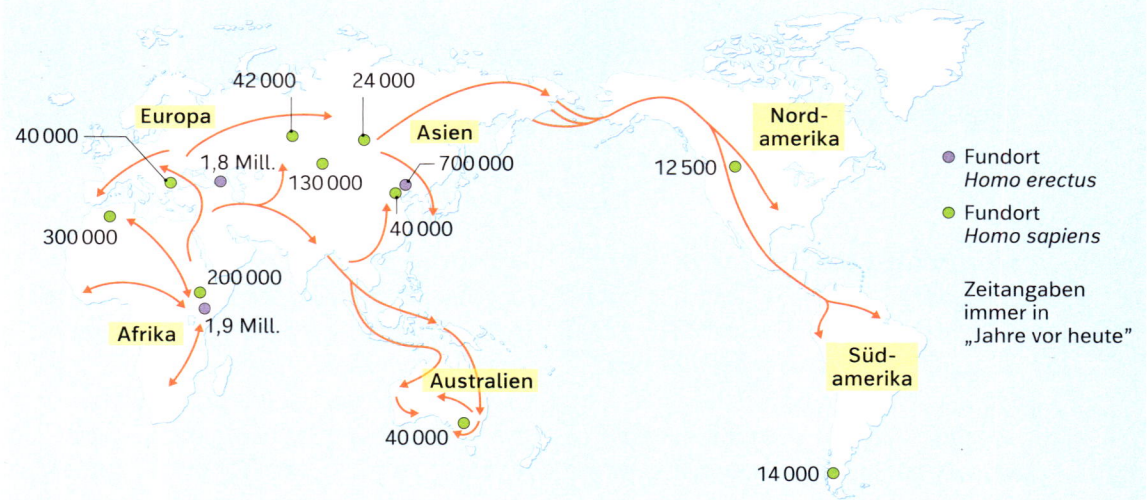

1 Funde von *Homo erectus* und *Homo sapiens*

Wissenschaftlerinnen und Wissenschaftler gehen davon aus, dass zuerst *Homo erectus* aus Afrika auswanderte.
In einer zweiten Welle soll dann auch *Homo sapiens* ausgewandert sein.

1 Beschreibe den Weg, wie *Homo erectus* die Erde erobert hat. Nenne Regionen und Zahlen der Reihe nach.

2 Beschreibe den Weg, wie *Homo sapiens* die Erde erobert hat.

B *Homo erectus* nutzte das Feuer

Homo erectus benutzte Waffen und Werkzeuge. Er nutzte als erster Frühmensch auch das Feuer. Damit wandelte sich seine Lebensweise vom Aasfresser zum Jäger.
Durch das Feuer konnten die Nährstoffe in der Nahrung besser genutzt werden. Das Feuer spendete Wärme und gab Schutz vor wilden Tieren. Auf diese Weise war es *Homo erectus* auch möglich, in die kälteren Regionen in Asien und Europa auszuwandern.

2 *Homo erectus* konnte Feuer für sein Leben nutzen

1 Begründe, warum es *Homo erectus* als erstem Frühmensch möglich war, Afrika zu verlassen.

2 ▌▌ Stelle eine begründete Vermutung auf, warum *Homo erectus* Afrika verlassen haben könnte.

C Die Erforschung des Neandertalers

Über viele Jahre wurde der Neandertaler durch Vergleiche seiner fossilen Knochen mit den Knochen heutiger Menschen erforscht. Dabei wurde lange vermutet, dass der Neandertaler ein primitiver Vormensch ohne Kultur war.
Der Forscher SVANTE PÄÄBO entwickelte ein Verfahren, alte DNA aus Fossilien zu gewinnen und zu untersuchen. Seine DNA-Vergleiche veränderten die Sicht auf den Neandertaler vollkommen.

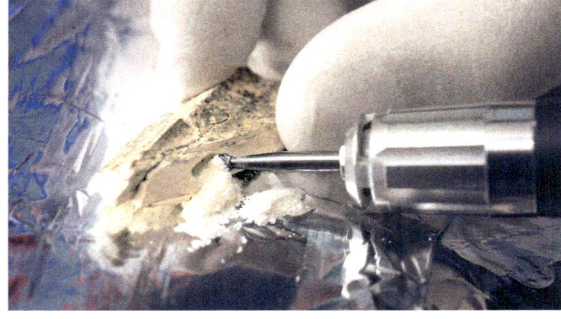

3 Gewinnung von DNA aus alten Knochen

1 **a)** Vergleiche die Schädel und Gesichter von *Homo sapiens* und *Homo neanderthalensis* in Bild 4 A und B miteinander.
III b) Begründe, ob die beiden Menschentypen zur gleichen Art oder zu unterschiedlichen Arten gehörten.

2 **a)** Beschreibe die Karte in Bild 5.
II b) Formuliere Schlussfolgerungen aus den Ergebnissen der DNA-Forschung.

> **Starthilfe zu 2b:**
> Suche die Regionen, in denen bei heutigen Menschen keine oder wenig Anteile von Neandertaler-DNA festgestellt wurden.
> Überlege, welche Schlussfolgerung du daraus für die Verbreitung der Neandertaler ziehen kannst.

3 **II** Beurteile, ob Neandertaler und heutige Menschen zu einer Art gehören.

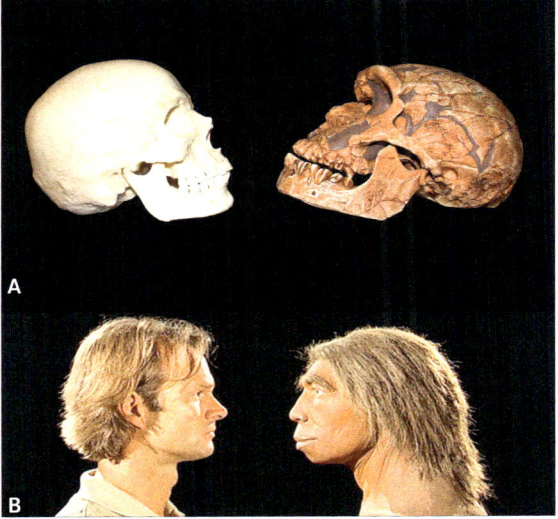

4 *Homo sapiens* (links) und *Homo neanderthalensis* (rechts): **A** Schädel, **B** Rekonstruktion

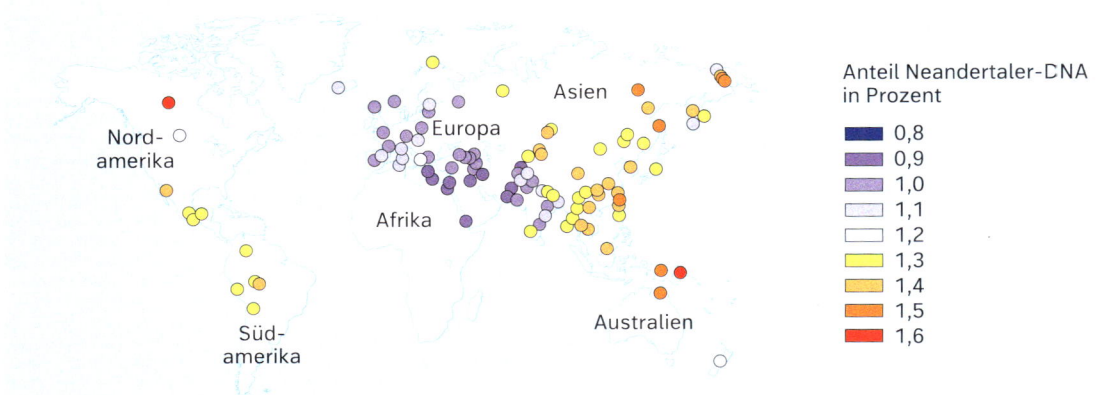

Anteil Neandertaler-DNA in Prozent

▬	0,8
▬	0,9
▬	1,0
▭	1,1
▭	1,2
▬	1,3
▬	1,4
▬	1,5
▬	1,6

5 Anteil von Neandertaler DNA in Prozent bei heutigen Menschen in verschiedenen Regionen der Erde

Auf einen Blick: Entwicklung des Lebens

Die Evolution der Lebewesen

Die langsame, aber ständige Veränderung von Lebewesen über sehr viele Generationen hinweg wird Evolution genannt.

Im Verlauf der Erdgeschichte haben sich über viele Hundertmillionen Jahre aus einfachen Formen unzählige kompliziert gebaute Lebewesen entwickelt. Aufgrund sich ändernder Umweltbedingen sind sehr viele Lebewesen wieder ausgestorben.

Brückentiere

Brückentiere sind Lebewesen, die körperliche Merkmale unterschiedlicher Tiergruppen aufweisen. Brückentiere wie *Archaeopteryx* oder das Schnabeltier sind Belege dafür, dass verschiedene Tiergruppen miteinander verwandt sind, sich aber auseinander entwickelt haben.

Fossilien

Die Überreste verstorbener Lebewesen aus früheren Erdzeitaltern werden als Fossilien bezeichnet. Mithilfe von Fossilien lassen sich Verwandtschaften nachweisen und Entwicklungslinien rekonstruieren. Leitfossilien helfen bei der zeitlichen Einordnung neuer Fossilien-Funde.

Homologe und analoge Organe

Homologe Organe sehen oft unterschiedlich aus und haben meist unterschiedliche Funktionen. Dennoch sind sie im Grundbauplan gleich. Sie sind Belege für eine gemeinsame Abstammung. Analoge Organe haben die gleiche Funktion, unterscheiden sich aber in ihrem Aufbau. Es sind Angepasstheiten an ähnliche Umweltbedingungen. Sie sind keine Hinweise auf Verwandtschaft.

WICHTIGE BEGRIFFE
- Evolution
- Fossilien
- Leitfossilien

WICHTIGE BEGRIFFE
- Brückentiere
- homologe Organe
- analoge Organe

Evolutionstheorien

Der Wissenschaftler CHARLES DARWIN fand eine Erklärung zur Entstehung neuer Arten im Verlauf der Erdgeschichte. Er stellte fest, dass die Faktoren Variabilität, Selektion und Isolation für die Entwicklung neuer Arten verantwortlich sind. Darwin erkannte die Veränderungen, nicht aber ihre Ursache. Erst die moderne Genetik konnte die Veränderungen mit zufälligen Mutationen erklären und Darwins Theorie bestätigen.

Die Entstehung neuer Arten

Veränderungen der Erbinformationen sind die Ursache der Variabilität. Diese Veränderungen sind die Folgen zufälliger Mutationen und Rekombinationen der Gene. Erweisen sich die neu entstandenen Merkmale als Vorteil, nimmt die Vermehrung bei diesen Lebewesen zu. So können sich über lange Zeiträume neue Arten entwickeln.

Affen und Menschen sind verwandt

Die Menschen sind mit Menschenaffen, wie den Schimpansen, sehr nah verwandt. Neben vielen Ähnlichkeiten gibt es aber auch deutliche Unterschiede im Körperbau.
Vor etwa sechs Millionen Jahre trennten sich die Entwicklungslinien von Affen und Menschen.

Die Evolution des Menschen

Frühe Menschen wie die Gattung *Australopithecus* hatten noch viele Ähnlichkeiten mit Affen. Die Gattung *Homo* hatte schon größere Gehirne. Insbesondere die Herstellung von Werkzeugen und die Verwendung von Feuer waren Meilensteine in der Entwicklung des Menschen.

WICHTIGE BEGRIFFE

- Evolutionstheorie
- Variabilität, Selektion, Isolation
- Mutation, Rekombination

WICHTIGE BEGRIFFE

- Verwandtschaft von Mensch und Affe
- Gattung *Australopithecus*, Gattung *Homo*

Auf einen Blick

Lerncheck: Entwicklung des Lebens

Evolution der Lebewesen

1 Nenne Bedingungen, die für die Entstehung von Fossilien notwendig sind.

2 Erkläre, wie mithilfe von Leitfossilien das Alter eines anderen fossilen Fundstücks bestimmt werden kann.

3 Beschreibe die körperlichen Veränderungen der Wirbeltiere, die das Land eroberten.

4 Nenne Beispiele für Lebewesen aus dem Jura.

5 ‖ Erkläre, wie das Aussterben einer Tiergruppe die Weiterentwicklung einer anderen Tiergruppe fördern kann.

Entstehung neuer Arten

6 Erkläre am Beispiel der Extremitäten von Wirbeltieren, was homologe Organe sind.

7 Beurteile, ob die Stromlinienform bei Pinguin und Delfin homolog oder analog ist. Begründe deine Einschätzung.

8 a) Erkläre den Begriff "Brückentier" am Bespiel des Schnabeltiers.
b) Erkläre den Begriff "lebendes Fossil" am Beispiel des Schnabeltiers.

9 Erläutere, wie es zu Variabiltät von Merkmalen innerhalb einer Art kommt.

10 Erläutere an einem Beispiel, wie neue Arten entstehen. Nutze dabei die Begriffe Isolation und Selektion.

Menschenaffen und Mensch

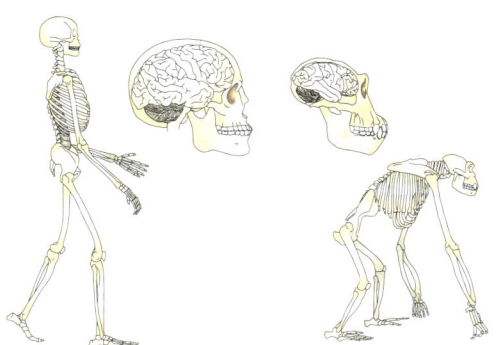

11 Vergleiche die körperlichen Merkmale von Schimpansen und Menschen.

12 Erläutere den wesentlichen Unterschied zwischen der Hand eines Schimpansen und der eines Menschen.

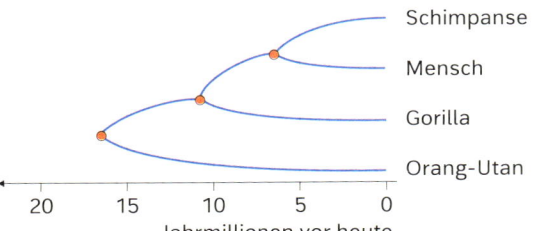

Schimpanse

Mensch

Gorilla

Orang-Utan

20 15 10 5 0
Jahrmillionen vor heute

13 Nenne mithilfe des Stammbaums die Zeitpunkte, an denen sich die Entwicklungslinien folgender Gruppen getrennt haben:
a) Gorillas von Menschen.
b) Schimpansen von Menschen.

Evolution des Menschen

14 Nenne Unterschiede zwischen den Menschentypen *Australopithecus* und *Homo*.

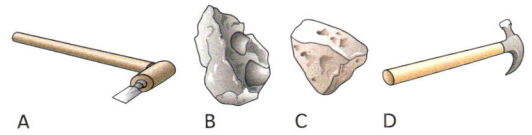

A   B   C   D

15 **a)** Sortiere die abgebildeten Werkzeuge A–D in der richtigen zeitlichen Reihenfolge ihrer Enstehung.
b) Begründe deine Einschätzung.

11 Beschreibe das Bild und nenne die darauf abgebildeten Meilensteine bei der Entwicklung des Menschen.

Lerncheck

Die chemischen Elemente der Erde

Wie sind die Elemente im Periodensystem geordnet?

Wieso gibt es unterschiedliche Atommodelle?

Wer war ERNEST RUTHERFORD

Perioden	Hauptgruppen							
	I	II	III	IV	V	VI	VII	VIII
1	1,01 **H** 1 Wasserstoff							4,00 **He** 2 Helium
2	6,94 **Li** 3 Lithium	9,01 **Be** 4 Beryllium	10,81 **B** 5 Bor	12,01 **C** 6 Kohlenstoff	14,01 **N** 7 Stickstoff	16,00 **O** 8 Sauerstoff	19,00 **F** 9 Fluor	20,18 **Ne** 10 Neon
3	22,99 **Na** 11 Natrium	24,31 **Mg** 12 Magnesium	26,98 **Al** 13 Aluminium	28,09 **Si** 14 Silicium	30,97 **P** 15 Phosphor	32,06 **S** 16 Schwefel	35,45 **Cl** 17 Chlor	39,95 **Ar** 18 Argon
4	39,10 **K** 19 Kalium	40,08 **Ca** 20 Calcium	69,72 **Ga** 31 Gallium	72,63 **Ge** 32 Germanium	74,92 **As** 33 Arsen	78,97 **Se** 34 Selen	79,90 **Br** 35 Brom	83,80 **Kr** 36 Krypton
5	85,47 **Rb** 37 Rubidium	87,62 **Sr** 38 Strontium	114,82 **In** 49 Indium	118,71 **Sn** 50 Zinn	121,75 **Sb** 51 Antimon	127,60 **Te** 52 Tellur	126,90 **I** 53 Iod	131,29 **Xe** 54 Xenon
6	132,91 **Cs** 55 Caesium	137,33 **Ba** 56 Barium	204,38 **Tl** 81 Thallium	207,20 **Pb** 82 Blei	208,98 **Bi** 83 Bismut	(209) **Po** 84 Polonium	(210) **At** 85 Astat	(222) **Rn** 86 Radon
7	(223) **Fr** 87 Francium	(226) **Ra** 88 Radium						

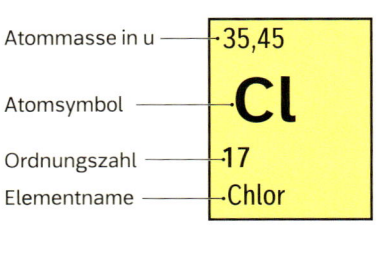

Atommasse in u — 35,45
Atomsymbol — **Cl**
Ordnungszahl — 17
Elementname — Chlor

■ Nichtmetalle
■ Halbmetalle
■ Metalle

1 Das vereinfachte Periodensystem

▶❙❙ F Das Periodensystem der Elemente

Elemente und Atomdaten

Im Periodensystem der Elemente findest du Informationen über die Elemente. Oft wird es mit **PSE** abgekürzt. Für jedes Element gibt es ein Kästchen. In diesem steht der Name des Elements, das Atomsymbol, die Ordnungszahl und die Atommasse in **u** (→ Bild 1). Das u steht für das englische Wort **unit** und bedeutet Einheit.

Metalle, Halbmetalle, Nichtmetalle

An den Farben im Periodensystem kannst du Metalle, Halbmetalle und Nichtmetalle erkennen. Die Elemente in den blauen Kästchen sind Metalle, die in den grünen Kästchen Halbmetalle und die in den gelben Kästchen Nichtmetalle.
Metalle sind metallisch glänzend, haben eine gute elektrische Leitfähigkeit und eine gute Wärmeleitfähigkeit. Sie lassen sich verbiegen, ohne zu brechen.
Nichtmetalle leiten den elektrischen Strom nicht und haben oft eine schlechte Wärmeleitfähigkeit. Halbmetalle haben teilweise die Eigenschaften von Metallen und teilweise die von Nichtmetallen.

Hauptgruppen und Perioden

Die Spalten des Periodensystems heißen **Hauptgruppen**. Sie sind mit römischen Ziffern von I bis VIII nummeriert.
Die Elemente einer Hauptgruppe haben ähnliche Eigenschaften. Deshalb werden sie auch als Elementfamilien bezeichnet (→ Bild 2). Die Zeilen des Periodensystems heißen **Perioden**. Sie sind mit den Ziffern 1 bis 7 nummeriert. In einer Periode nimmt die Atommasse der Elemente von links nach rechts zu.

Hauptgruppe	Elementfamilie
I. Hauptgruppe	Alkalimetalle
II. Hauptgruppe	Erdalkalimetalle
III. Hauptgruppe	Erdmetalle
IV. Hauptgruppe	Kohlenstoffgruppe
V. Hauptgruppe	Stickstoffgruppe
VI. Hauptgruppe	Sauerstoffgruppe
VII. Hauptgruppe	Halogene
VIII. Hauptgruppe	Edelgase

2 Die Elementfamilien im Periodensystem

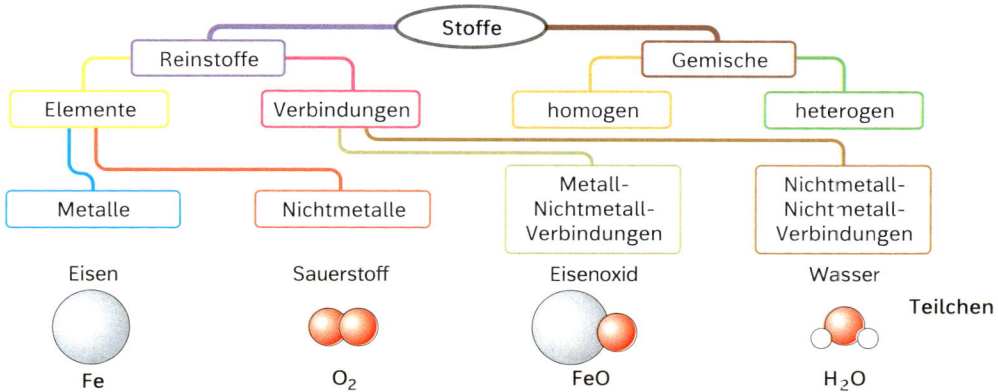

3 Die Stoffpyramide

Einteilung der Stoffe

Eine andere Möglichkeit zur Einteilung der Stoffe ist die Stoffpyramide (→ Bild 3). In dieser sind die Stoffe nach gemeinsamen Eigenschaften und nach der Art ihrer Teilchen geordnet.

Reinstoffe und Gemische

Stoffe lassen sich in Reinstoffe und Gemische unterteilen. Ein Gemisch besteht aus mehreren Reinstoffen. Diese können über physikalische Trennverfahren, wie Filtrieren, Destillieren, Auslesen oder Abdampfen voneinander getrennt werden. Ein Reinstoff hingegen lässt sich mit diesen Methoden nicht weiter trennen.

Elemente und Verbindungen

Reinstoffe werden in Elemente und Verbindungen eingeteilt. Die Teilchen der Elemente bestehen aus einer Atomsorte. Eisen und Sauerstoff sind Elemente. Verbindungen bestehen aus mehreren Atomsorten. Eisenoxid und Wasser sind Verbindungen.

Metalle und Nichtmetalle

Die Teilchen der Metalle sind einzelne Atome, die in einem Metallgitter angeordnet sind. Beispiele sind Eisen (Fe) und Kupfer (Cu).
Die Teilchen der Nichtmetalle sind Moleküle. Sie bestehen aus mehreren Atomen. Beispiele für Nichtmetalle sind Chlor (Cl_2) und Schwefel (S_8).

Verschiedene Verbindungen

Bei den Verbindungen gibt es Metall-Nichtmetall-Verbindungen. Diese werden auch Salze genannt. Ihre Teilchen bestehen aus Ionen. Beispiele sind Eisenoxid (FeO) und Kupfersulfid (CuS). Bei den Nichtmetall-Nichtmetall-Verbindungen sind die Teilchen Moleküle. Beispiele sind Kohlenstoffdioxid (CO_2) und Ammoniak (NH_3).

> Das PSE enthält Informationen über die Elemente. Mit der Stoffpyramide lassen sich die Stoffe und ihre Teilchen ordnen.

1 Nenne jeweils ein Ordnungssystem für Elemente und für Stoffe.

2 I Nenne die Informationen, die du zu den Elementen Calcium, Silizium und Chlor aus dem PSE ablesen kannst.

Starthilfe zu 2:
Beachte auch die Farben der Kästchen.

3 Beschreibe die Unterschiede zwischen:
  a) I Element und Verbindung.
  b) II Metall und Nichtmetall.
  c) III Metall-Nichtmetall-Verbindung und Nichtmetall-Nichtmetall-Verbindung.

Ⓐ Mit dem Periodensystem und der Stoffpyramide arbeiten

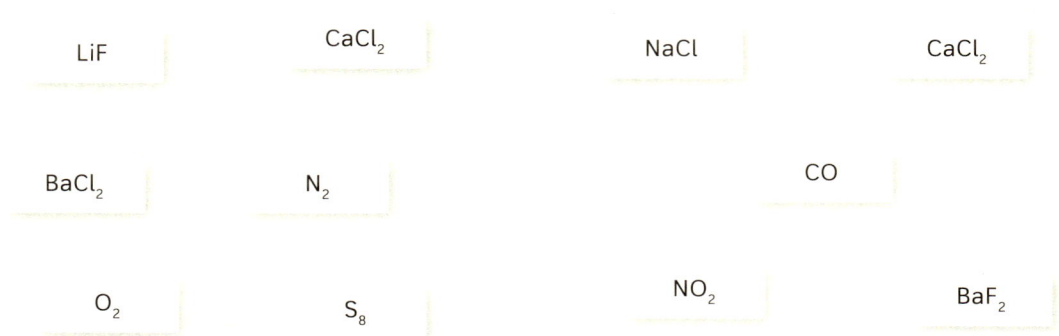

LiF CaCl$_2$ NaCl CaCl$_2$

BaCl$_2$ N$_2$ CO

O$_2$ S$_8$ NO$_2$ BaF$_2$

1 Elemente oder Verbindungen?

3 Metall-Nichtmetall- oder Nichtmetall-Nichtmetall-Verbindungen?

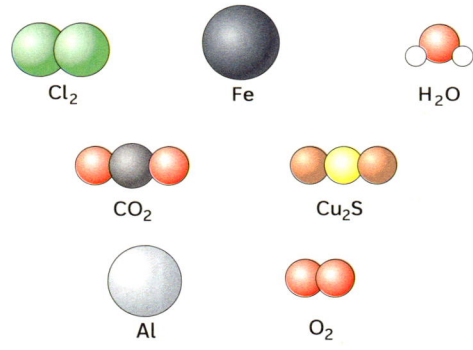

Cl$_2$ Fe   H$_2$O

CO$_2$ Cu$_2$S

Al   O$_2$

2 Teilchen von Elementen und Verbindungen

1 Nenne die Kennzeichen, an denen du die Metalle, die Halbmetalle und die Nichtmetalle im PSE erkennen kannst.

2 Nenne die Atommassen der folgenden Elemente:
a) Aluminium, Chlor, Lithium, Kohlenstoff
b) F, Mg, S, Na, H, O

3 Nenne die Namen von drei Hauptgruppen und gib jeweils ihre römische Nummer an.

4 Nenne das Element, das in der zweiten Hauptgruppe und der fünften Periode steht.

5 Überprüfe, ob sich ein Name aus eurer Klasse mit Atomsymbolen schreiben lässt. Notiere die entsprechenden Atomnamen.

6 ‖ Beschreibe die Veränderung der Atommasse bei steigender Ordnungszahl.

7 ‖ Ordne die Atomsymbole in Bild 1 Element und Verbindungen.

8 ‖ **a)** Benenne die Teilchen in Bild 2.
‖ **b)** Ordne die Teilchen mit Hilfe der Stoffpyramide.

9 ‖ Ordne die Formeln in Bild 3 in Metall-Nichtmetall-Verbindungen und Nichtmetall-Nichtmetall-Verbindungen ein.

Starthilfe zu 8:
Verwende die Stoffpyramide auf der vorherigen Seite.

10 ‖‖ Beschreibe den Unterschied zwischen einem Atom und einem Molekül am Beispiel von Sauerstoff.

11 ‖‖ Nenne die beiden Eigenschaften der Elemente, die du aus dem Namen der Hauptgruppe VIII ablesen kannst.

Starthilfe zu 11:
Beachte den Namen der Elementfamilie.

B Elemente einer Hauptgruppe sind sich ähnlich

4 Typische Vertreter der **A** Alkalimetalle, **B** Halogene, **C** Edelgase und ihre Teilchen

Eigenschaften vorhersagen

Die Elemente innerhalb einer Hauptgruppe haben ähnliche Eigenschaften. Kennst du die Eigenschaften eines Elements, kannst du oft die Eigenschaften der anderen Elemente vorhersagen. Meist sind auch die Teilchen innerhalb einer Hauptgruppe ähnlich aufgebaut.

Alkalimetalle

Die Elemente der Hauptgruppe I bezeichnest du als Alkalimetalle. Lithium und Natrium sind wichtige Vertreter (→ Bild 4A). Alkalimetalle sind metallisch glänzend und elektrisch leitfähig. Sie sind weich und lassen sich mit einem Messer schneiden. Mit Wasser reagieren sie heftig zu alkalischen Lösungen. Die Teilchen der Alkalimetalle sind Atome.

Halogene

Die Elemente der Hauptgruppe VII heißen Halogene. Bekannt sind die Nichtmetalle Fluor, Chlor, Brom und Iod (→ Bild 4B). Sie sind sehr reaktionsfreudig und kommen deshalb in der Natur als Verbindungen vor. Ihre Teilchen sind die zweiatomigen Moleküle F_2, Cl_2, Br_2 und I_2.

Edelgase

In der Hauptgruppe VIII des PSE findest du die Edelgase (→ Bild 4C). Alle Edelgase sind Nichtmetalle. Sie sind gasförmig und gehen kaum chemische Reaktionen ein. Sie verhalten sich also edel. Ihre Teilchen sind einzelne Atome wie He, Ne, Ar, Kr, Xn und Rn.

Starthilfe zu 1:
Nutze dazu das PSE am Ende des Buchs.

1 a) Nenne jeweils zwei Alkalimetalle, Halogene und Edelgase.
b) Nenne je zwei typische Eigenschaften der Alkalimetalle, Halogene und Edelgase.
II c) Nenne die Formeln der Elemente von Chlor, Argon, Lithium und Iod.

Starthilfe zu 2:
Kalium hat ähnliche Eigenschaften wie Lithium oder Natrium.

2 II a) Nenne drei Eigenschaften, die das Alkalimetall Kalium haben sollte.
III b) Die Halogene Brom und Chlor haben ähnliche, aber keine identischen Eigenschaften. Recherchiere drei Unterschiede zwischen ihnen.

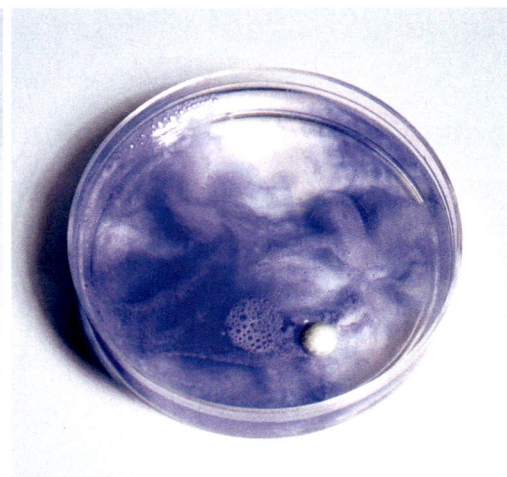

1 Natrium reagiert heftig mit Wasser.

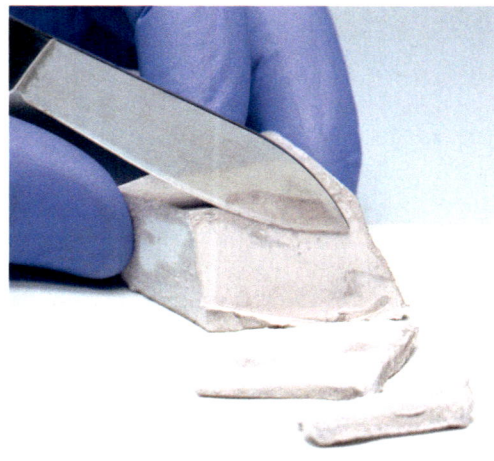

2 Natrium lässt sich leicht schneiden.

3 Petroleum schützt vor Kontakt mit Sauerstoff.

Die Alkalimetalle

Reaktionsfreudige Metalle

Die Stoffe der I. Hauptgruppe des Periodensystems bilden die Elementfamilie der **Alkalimetalle**.

Zu ihnen gehören die Metalle Lithium, Natrium, Kalium, Rubidium, Caesium und Francium.

Mit Wasser reagieren die Alkalimetalle heftig und bilden dabei eine alkalische Lösung. Gibst du Universalindikator in die Lösung, färbt sie sich lila (→ Bild 1).

Im Gegensatz zu anderen Metallen, wie zum Beispiel Eisen oder Kupfer, sind die Alkalimetalle weich und lassen sich mit einem Messer schneiden (→ Bild 2).

Die frischen Schnittflächen der Alkalimetalle verfärben sich schnell, da sie mit dem Sauerstoff in der Luft reagieren. Sie oxidieren. Da sie sehr leicht mit anderen Stoffen reagieren, werden sie in Petroleum aufbewahrt (→ Bild 3).

Auf Grund ihrer Reaktionsfreudigkeit kommen sie in der Natur nicht als Elemente, sondern als Verbindung vor.

Die Reaktionsfreudigkeit der Alkalimetalle nimmt innerhalb der Hauptgruppe von oben nach unten zu.

Element	Dichte	Schmelztemperatur	Härte	Reaktion mit Wasser
Lithium	$0,53 \frac{g}{cm^3}$	180 °C	nimmt ab	
Natrium	$0,97 \frac{g}{cm^3}$	98 °C		
Kalium	$0,86 \frac{g}{cm^3}$	64 °C		
Rubidium	$1,53 \frac{g}{cm^3}$	39 °C		
Caesium	$1,87 \frac{g}{cm^3}$	29 °C		reagiert heftiger

4 Eigenschaften der Alkalimetalle

Verwendung von Alkalimetallen

Das Element Lithium wird in Akkus verwendet. Akkus mit Lithiumtechnik halten ihre elektrische Ladung lange und können häufig aufge- und entladen werden.
Natrium gehört zu den häufigsten Elementen der Erde. Es kommt nur in Verbindungen vor. Natriumchlorid ist die bekannteste Natriumverbindung. Du kennst es unter dem Namen Kochsalz.
Kalium ist ein wichtiger Bestandteil in Düngemitteln. Es spielt bei Stoffwechselprozessen von Lebewesen eine wichtige Rolle.
Rubidium und Caesium gehören zu den reaktionsfähigsten Metallen. Sie entzünden sich nach wenigen Sekunden an der Luft von selbst. Sie werden daher unter Luftabschluss in Glasampullen aufbewahrt. Diese zunehmende Reaktionsfreudigkeit siehst du in Bild 4 ganz rechts. Sie nimmt von Lithium nach Caesium zu.

Alkalimetalle färben Flammen

Chemische Verbindungen von Alkalimetallen färben Flammen in unterschiedlichen Farben. Jedes Alkalimetall erzeugt dabei eine bestimmte Farbe. Diese Eigenschaft wird für Feuerwerkskörper genutzt (→ Bild 5).

5 Ein buntes Feuerwerk

> Die Alkalimetalle bilden eine Elementfamilie. Sie sind sehr reaktionsfreudig und kommen in der Natur nur als Verbindungen vor.

1 Alkalimetalle unterscheiden sich in ihren Eigenschaften von gewöhnlichen Metallen. Nenne diese besonderen Eigenschaften.

2 I Begründe, dass die Alkalimetalle nicht als Reinstoffe in der Natur vorkommen.

3 II Nenne Alkalimetalle, die auf einer Wasseroberfläche schwimmen. Nutze die Werte aus Bild 4.

Starthilfe zu 3:
Wasser hat eine Dichte von $1 \frac{g}{cm^3}$.

A Die Flammenfärbung

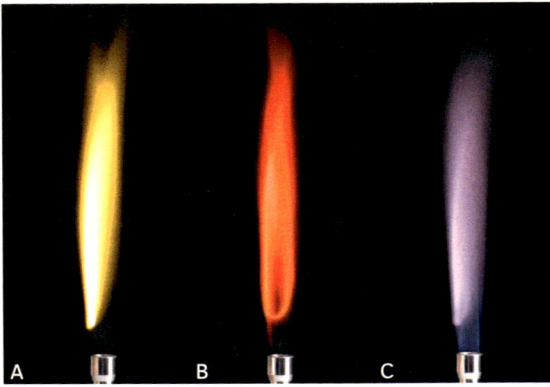

1 Verschiedene Flammenfärbungen

Die Salze von Alkalimetallen färben die rauschende Brennerflamme eines Gasbrenners.

1 Beschreibe deine Beobachtungen und vergleiche die Flammenfärbungen mithilfe einer Tabelle.

2 Benenne die Salze in Bild 1 mithilfe deiner Beobachtungen.

Material: Gasbrenner, Anzünder, Becherglas mit destilliertem Wasser, Becherglas mit verdünnter Salzsäure, Magnesiastäbchen, Lithiumchlorid, Natriumchlorid, Kaliumchlorid

Durchführung:

Schritt 1: Glühe das Magnesiastäbchen in der Brennerflamme aus.

Schritt 2: Tauche das Magnesiastäbchen in das Wasser und danach in die verdünnte Salzsäure.

Schritt 3: Tauche das Stäbchen in das Lithiumchlorid.

Schritt 4: Halte das mit Salz bedeckte Ende des Stäbchens in die Flamme.

Schritt 5: Wiederhole die Schritte 1 bis 4 mit Natriumchlorid und Kaliumchlorid.

Starthilfe zu 1:

Salz des Alkalimetalls	Flammenfärbung
Lithiumchlorid	...
...	...

B Lithium auf Wasser

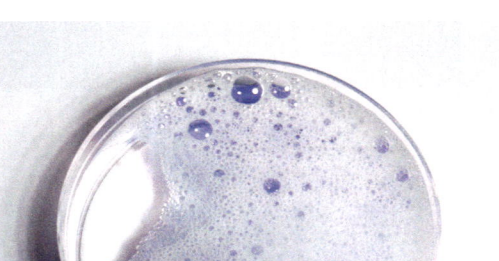

2 Lithium reagiert mit Wasser.

1 Notiere deine Beobachtungen.

2 Beschreibe die Veränderung des pH-Wertes..

Material: Glasschale, Handschuhe, Pinzette, Messer, Wasser, Spülmittel, Universalindikator-Lösung, Lithium

Durchführung:

Schritt 1: Befülle die Glasschale zur Hälfte mit Wasser.

Schritt 2: Gib einen Tropfen Spülmittel und einige Tropfen Universalindikator-Lösung in das Wasser. Bestimme den pH-Wert.

Schritt 3: Nutze Handschuhe! Schneide mithilfe der Pinzette und des Messers ein erbsengroßes Stück Lithium ab.

Schritt 4: Gib das Stückchen Lithium in das Wasser. Bestimme nun den pH-Wert.

Vielfältiges Natriumchlorid

Unser wichtigstes Salz

Wenn wir im Alltag von Salz sprechen, meinen wir damit meistens Natriumchlorid. Es wird auch Kochsalz genannt. Natriumchlorid ist für Menschen und Tiere lebensnotwendig. Täglich verliert der Körper Natriumchlorid, das er durch die Nahrung wieder aufnimmt. Natriumchlorid ist in der Natur in großen Mengen vorhanden. Meerwasser enthält davon circa 3 %. Mit anderen Salzen zusammen wird es Meersalz genannt. Steinsalz ist mit Gestein verunreinigtes Natriumchlorid. Es wird in Salzbergwerken abgebaut. Der größte Teil unseres Salzes wird aus Steinsalz gewonnen.

Gewinnung

Kochsalz wird aus Meersalz oder Steinsalz gewonnen. Die Gewinnung von Kochsalz aus Meerwasser ist nur in Küstengebieten mit hoher Sonneneinstrahlung möglich. Die Sonne verdunstet das Wasser. Das Kochsalz bleibt zurück und wird abgeschöpft.

In Salzbergwerken wird Steinsalz durch Bohr- und Sprengarbeiten aus dem Gestein gelöst. Anschließend wird es durch weitere Arbeitsschritte gereinigt.

Verwendung

Bei der Herstellung von Lebensmitteln wird Salz als Konservierungsmittel eingesetzt. In der Medizin wird Kochsalzlösung verabreicht, um Blutverlust auszugleichen oder um Medikamente in die Blutbahn von Patientinnen und Patienten zu bringen.

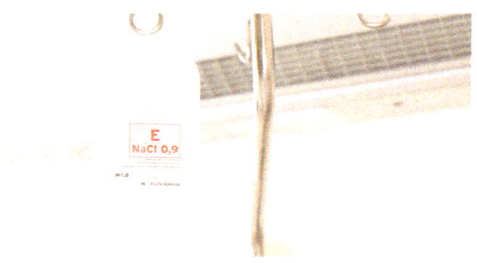

Im Winter wird Streusalz verteilt, wenn Straßen mit Eis bedeckt sind. Auch das Streusalz für vereiste Straßen im Winter enthält überwiegend Natriumchlorid.

1 Erläutere, dass der Großteil unseres Bedarfs an Natriumchlorid aus Steinsalz gewonnen wird.

2 Erkläre den Unterschied zwischen Meersalz und Steinsalz.

3 Nenne mindestens vier verschiedene Verwendungsmöglichkeiten für Kochsalz.

1 Zur Desinfektion von Wasser werden in Schwimmpools oft Chlortabletten eingesetzt.

Die Halogene

Reaktionsfreudige Nichtmetalle

Die Halogene bilden die VII. Hauptgruppe des Periodensystems. Halogene sind sehr **reaktionsfreudige** Nichtmetalle.
Die Reaktionsfreudigkeit dieser Elemente nimmt innerhalb der Gruppe von oben nach unten ab (→ Bild 2). Da sie sehr leicht mit anderen Stoffen reagieren, kommen sie in der Natur nur als chemische Verbindungen vor. Die bedeutendsten Elemente dieser Hauptgruppe sind Fluor, Chlor, Brom und Iod.

Die Salzbildner

Das Wort Halogen stammt aus dem Griechischen und bedeutet Salzbildner. Halogene reagieren leicht mit Metallen und erzeugen somit Salze. Im Gegensatz zu den reinen Halogenen, sind die Salze der Halogene **reaktionsträge**. Die Halogene, wie zum Beispiel Chlorgas (Cl_2), sind für den Menschen giftig. Manche Salze der Halogene sind jedoch wichtig für den menschlichen Körper, wie zum Beispiel Fluoride oder Natriumchlorid.

Element	Farbe	Schmelztemperatur	Siedetemperatur	Aggregatzustand bei 20 °C	Reaktionsfreudigkeit
Fluor	gelblich	−220 °C	−188 °C	gasförmig	nimmt ab
Chlor	gelbgrün	−101 °C	−34 °C	gasförmig	
Brom	rotbraun	−7 °C	59 °C	flüssig	
Iod	violett-schwarz	114 °C	185 °C	fest	

2 Eigenschaften der Halogene

Fluor und seine Verbindungen

Fluor ist ein sehr giftiges Gas. Es ist ätzend und äußerst reaktionsfreudig. Es hat eine hellgelbe Farbe und einen stechenden Geruch. Einige Fluor-Verbindungen sind für den Menschen sehr wichtig, weil sie am Aufbau von Knochen und Zähnen beteiligt sind. Fluor-Verbindungen wie Natriumfluorid in Zahnpasta (→ Bild 3) härten den Zahnschmelz und dienen als Kariesschutz.

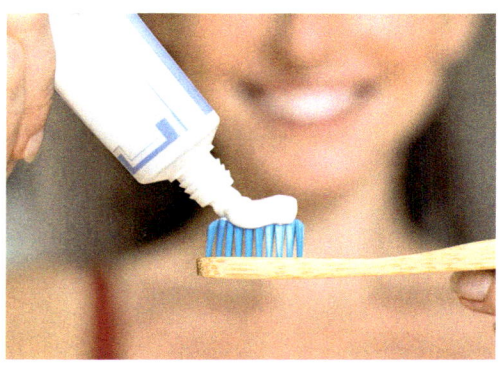

3 Zahnpasta enthält oft Natriumfluorid.

Chlor und seine Verbindungen

Chlor ist ein gelbgrünes, sehr giftiges Gas mit stechendem Geruch. Aufgrund seiner hohen Reaktionsfreude wird Chlor zur Desinfektion in Schwimmbädern und für Trinkwasser eingesetzt (→ Bild 1). Es tötet bereits in geringen Mengen Bakterien ab. Ist Chlor in Wasser gelöst, riecht es kaum. Ein intensiver Chlorgeruch entsteht erst, wenn Chlor mit anderen Stoffen, wie zum Beispiel Harnstoff reagiert. In der Natur kommt Chlor hauptsächlich als Natriumchlorid vor. In der chemischen Industrie wird Natriumchlorid zur Herstellung von reinem Chlor benötigt.

4 Iodiertes Speisesalz

Brom ist ein flüssiges Halogen

Flüssiges Brom hat eine dunkelrote bis braune Färbung. Es ist neben Quecksilber das einzige Element, das bei Raumtemperatur flüssig ist. Brom verdampft leicht und bildet dabei stechend riechende, giftige Dämpfe. Brom-Verbindungen werden hauptsächlich in Brandschutzmitteln verwendet. Außerdem wirkt Brom, ähnlich wie Chlor, desinfizierend.

Iod ist ein festes Halogen

Iod bildet violett-schwarze Kristalle, die bereits bei Raumtemperatur verdampfen. Iod-Verbindungen sind wichtig für Lebewesen. Ein Mangel an Iod kann zu Schilddrüsenerkrankungen führen. Um diesen Mangel vorzubeugen gibt es iodiertes Speisesalz (→ Bild 4).

> Halogene sind reaktionsfreudig und bilden durch Reaktion mit Metallen Salze.

1 Begründe, dass Halogene in der Natur nur in Verbindungen vorkommen.

2 Erläutere, dass Duschen vor und nach dem Schwimmbadbesuch sinnvoll ist.

3 Nenne eine Möglichkeit dem Iodmangel im menschlichen Körper vorzubeugen.

4 ‖ Erläutere den Unterschied zwischen dem giftigen Gas Chlor und der lebensnotwendigen Chlorverbindung Natriumchlorid.

A Bleichen mit Chlor

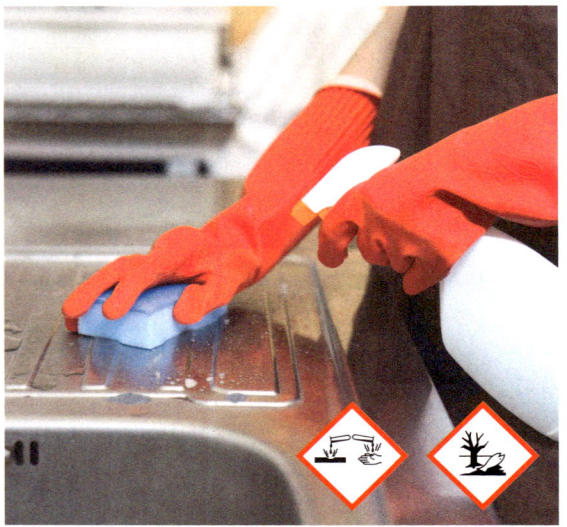

1 Ein chlorhaltiges Bleichmittel

Manche Bleichmittel beinhalten chlorhaltige Verbindungen. Ihre Wirkung entfalten die Chlorverbindungen gegenüber vielen Materialien. Mit Bleichmitteln können zum Beispiel Flecke aus der Wäsche entfernt werden. Oberflächen in Küche und Bad können mit chlorhaltigen Bleichmitteln desinfiziert werden. Bei jedem Einsatz von Bleichmitteln ist auf die passende Dosierung zu achten.

1 Nenne drei Vorsichtsmaßnahmen, die im Umgang mit Bleichmitteln zu beachten sind. Betrachte dazu die Gefahren-Piktogramme in Bild 1.

2 Nenne mindestens drei Beispiele aus dem Haushalt für den Einsatz chlorhaltiger Bleichmittel.

B Ätzen von Glas mit Flusssäure

2 Fensterscheibe nach dem Ätzen mit Flusssäure

Flusssäure ist die wässrige Lösung von Fluorwasserstoff (HF). Sie ist eine farblose, stechend riechende und hochgiftige Flüssigkeit. Flusssäure greift Glas an und wird deshalb zur Glasbearbeitung verwendet. Durch das Ätzen von Glas können dabei besondere Glasoberflächen hergestellt werden (→ Bild 2). Auch die meisten Metalle mit Ausnahme von Blei, Silber, Gold und Platin werden von Flusssäure aufgelöst. Dabei entstehen Wasserstoff und Fluoride. Fluoride sind die Salze der Flusssäure. Beim Ätzen von Zink mit Flusssäure entsteht Wasserstoff und Zinkfluorid.

1 Beschreibe die Herstellung einer Glasoberfläche wie in Bild 2.

2 Erkläre, warum Flusssäure nur in Kunststoffflaschen aufbewahrt werden darf.

3 Formuliere die Wortgleichung für die Reaktion von Eisen mit Flusssäure.

Halogene im Einsatz

Chlorung von Leitungswasser

Leitungswasser zählt zu den am besten kontrollierten Lebensmitteln in Deutschland.
Unser Wasser aus der Leitung kann überall bedenkenlos getrunken werden. Jedoch können bei starken Regenfällen die Böden ihre Filterfunktion verlieren und Keime in das Grundwasser gelangen. Dadurch wird unser Leitungswasser belastet. Wird eine erhöhte Belastung durch Keime festgestellt, wird das Leitungswasser gechlort. Das Chlor macht die Keime unschädlich. Über eine kurze Zeit stellt Chlor im Leitungswasser kein gesundheitliches Problem dar. Die Gefahr für die Gesundheit ist durch Keime wesentlich größer als durch Chlor. Vorsorglich sollten Schwangere und Kleinkinder nicht für längere Zeit gechlortes Wasser trinken.

3 Grundwasser wird überprüft.

Das Spurenelement Iod

Spurenelemente sind für Menschen und Tiere lebensnotwendige Verbindungen. Sie sind für den Aufbau und die Funktion des Körpers verantwortlich. Das Spurenelement Iod wird für die Funktion der Schilddrüse benötigt. Ein Mangel an Iod kann zu einer Unterfunktion der Schilddrüse führen und so Erkrankungen auslösen. Um einem Iodmangel vorzubeugen, wird iodiertes Speisesalz zum Kochen verwendet. Weitere iodhaltige Lebensmittel sind Meeresfische, Milchprodukte oder Eier. Für Vegetarier sind Algen eine fisch- und fleischlose Iodquelle.

4 Seefisch und Algen enthalten viel Iod.

1 Begründe, wann Leitungswasser mit Chlor versetzt wird.

2 Beschreibe die Ursachen von Iodmangel.

3 Nenne zwei Personengruppen, die bei gechlortem Wasser besonders achtsam sein sollten.

4 Recherchiere fünf weitere Spurenelemente neben Iod.

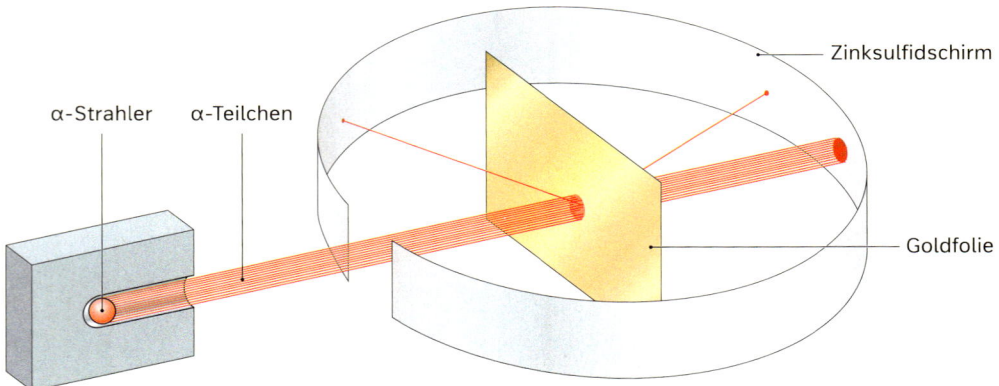

1 Modell des Streuversuchs von RUTHERFORD

▶❚❚ F # Die Entdeckung des Atomkerns

Daltons Vorstellung der Atome

Im Jahr 1808 stellte der Engländer JOHN DALTON seine Modellvorstellung vom Aufbau der Stoffe vor. Er nahm an, dass es sich bei diesen kleinsten Teilchen der Stoffe um harte Kugeln handelt (→ Bild 2). Dabei haben unterschiedliche Stoffe unterschiedlich große und schwere Teilchen.

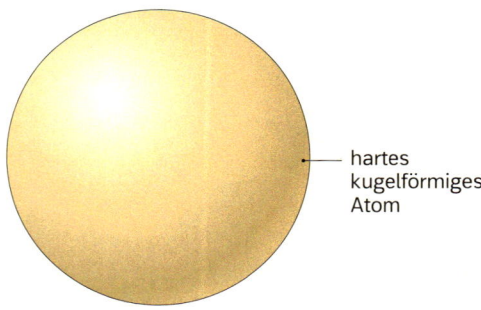

hartes kugelförmiges Atom

2 Kugelteilchenmodell von DALTON

Die Radioaktivität

Um das Jahr 1900 wurde die Radioaktivität entdeckt. Diese Entdeckung ermöglichte neue Arten von Versuchen. Der Forscher ERNEST RUTHERFORD konnte durch Versuche mit Radioaktivität das Atommodell von DALTON teilweise widerlegen. Mit seinen Entdeckungen entwickelte er das Atommodell weiter.

Der Streuversuch

RUTHERFORD beschoss eine dünne Goldfolie mit **α-Teilchen** aus einem radioaktiven Stoff. Diese bestehen aus positiv geladenen Teilchen, die sich mit hoher Geschwindigkeit bewegen. Treffen radioaktive Teilchen auf einen Zinksulfidschirm, erzeugen sie dort Lichtblitze (→ Bild 1).

Erwartung des Streuversuchs

Nach dem Modell von DALTON sollten alle α-Teilchen an den kugelförmigen Gold-Teilchen abprallen und zurückgeworfen werden. Dadurch sollten nur Lichtblitze auf dem Zinksulfidschirm vor der Goldfolie sichtbar werden (→ Bild 3A).

Beobachtung des Streuversuchs

Überraschenderweise beobachtete RUTHERFORD jedoch etwas ganz anderes: Die meisten Lichtblitze befanden sich auf dem Schirm hinter der Goldfolie. Es schien so, als ob die Goldfolie für die meisten α-Teilchen kein Hindernis war. Nur sehr wenige α-Teilchen wurden in die Ausgangsrichtung zurückgeworfen und einige α-Teilchen wurden abgelenkt. Das Atommodell von DALTON konnte diese Entdeckung nicht erklären.

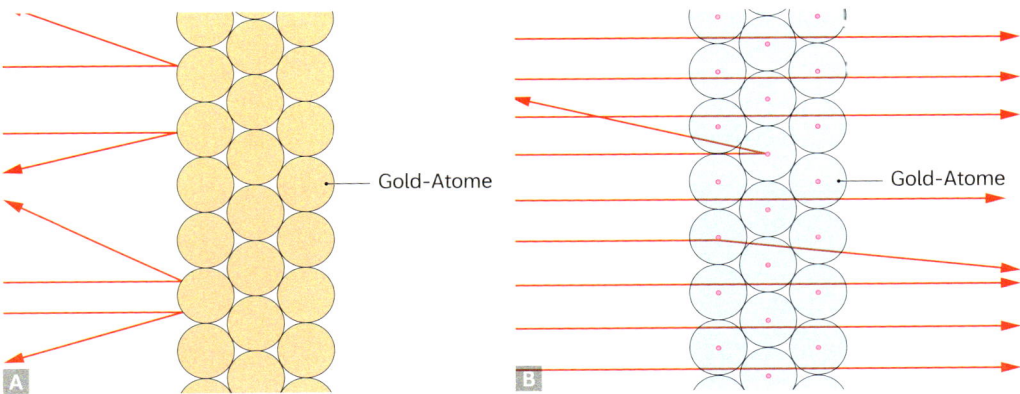

3 Strahlenverläufe beim Streuversuch: **A** In DALTONS Modell, **B** bei RUTHERFORDS Beobachtung

Deutung des Streuversuchs

Da die meisten α-Teilchen durch die Goldfolie hindurch fliegen konnten, folgerte RUTHERFORD, dass die Atome größtenteils leer sein mussten. Diesen leeren Teil nannte er **Atomhülle** (→ Bild 3B).

Aus den zurückgeworfenen α-Teilchen schloss RUTHERFORD, dass es in der Mitte eines Atoms einen massiven **Atomkern** geben musste. Dieser musste den Hauptteil der Masse enthalten. Die Ablenkung der α-Teilchen führte RUTHERFORD auf eine Abstoßung zwischen den α-Teilchen und dem Atomkern zurück. Da α-Teilchen positiv geladen sind, musste der Atomkern ebenfalls **positiv geladen** sein.

Weitere Schlussfolgerungen

Da Atome insgesamt elektrisch neutral sind, müssen sich neben dem positiv geladenen Atomkern auch negative Ladungen im Atom befinden. Diese befinden sich in der Atomhülle und haben fast keine Masse. Diese **negativ geladenen** Teilchen werden als Elektronen bezeichnet.

RUTHERFORDS Atommodell

Durch diese Entdeckungen entwickelte RUTHERFORD das **Kern-Hülle-Modell** des Atoms (→ Bild 4). Es sagt aus, dass jedes Atom einen positiv geladenen Atomkern besitzt. Er enthält über 99,9 % der Atommasse, ist aber etwa 10 000-mal kleiner als das ganze Atom. Um den Atomkern befindet sich die Atomhülle mit den negativ geladenen Elektronen. Es enthält gleich viele positive Ladungen im Kern wie negative Ladungen in der Hülle. Das Atom ist insgesamt elektrisch neutral.

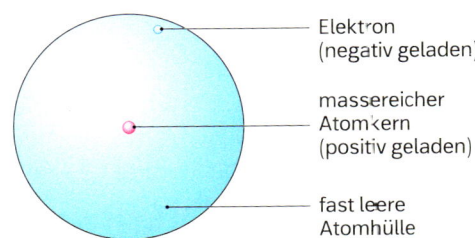

Elektron
(negativ geladen)

massereicher
Atomkern
(positiv geladen)

fast leere
Atomhülle

4 Modell des Streuversuchs von Rutherford

> Nach RUTHERFORD bestehen Atome aus einem positiv geladenen Atomkern und einer negativ geladenen Atomhülle.

1 Beschreibe die Unterschiede in den Atommodellen von DALTON und RUTHERFORD.

2 **I a)** Beschreibe den Versuchsaufbau von RUTHERFORD.
II b) Beschreibe die Beobachtungen von RUTHERFORD.
III c) Beschreibe Schlussfolgerungen, die RUTHERFORD aus seinen Beobachtungen gezogen hat.

Starthilfe zu 2b und 2c:

Beobachtung	Schluss-folgerung
α-Teilchen durchdringen die Goldfolie.	…

A Atome im Stecknadelkopf

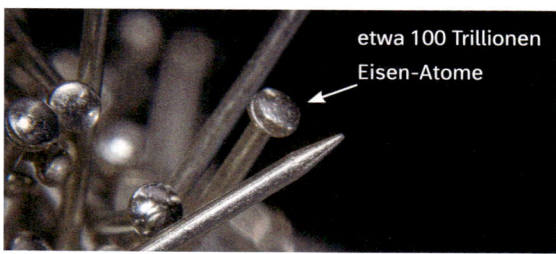

1 Stecknadelkopf aus Eisen

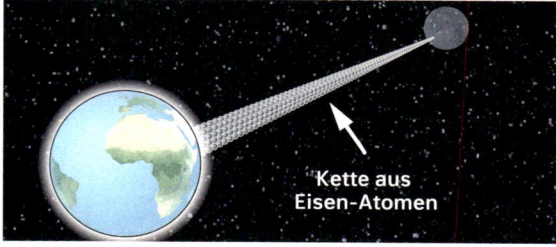

2 Eisen-Atom-Kette zwischen Erde und Mond

Atome sind sehr klein. Betrachtest du den Kopf einer Stecknadel, so befinden sich darin etwa 100 Trillionen Eisen-Atome (→ Bild 1). Ausgeschrieben sieht diese Zahl so aus: 100 000 000 000 000 000 000.

Würdest du alle Eisen-Atome eines Stecknadelkopfes aneinander hängen, wäre diese Kette etwa 28 Millionen Kilometer lang. Sie würde reichen, um sie mehr als 70-mal von der Erde zum Mond zu spannen (→ Bild 2).

1 Der Erdumfang beträgt etwa 40 000 km. Berechne, wie oft die Kette aus Eisen-Atomen eines Stecknadelkopfes um die Erde gewickelt werden könnte.

B Atome auf der Waage

Ein einzelnes Atom zu wiegen ist unmöglich, da seine Masse viel zu klein ist. Deshalb wurde die Atommasse u eingeführt.
Bild 3 zeigt Modellbalkenwaagen. Diese helfen die Einheit u besser verständlich zu machen.
Ein Kohlenstoff-Atom wiegt 12 u. Damit die Modellwaage im Gleichgewicht ist, benötigst du dafür zwölf Wasserstoff-Atome, die jeweils 1 u wiegen.
Ein Schwefel-Atom ist doppelt so schwer wie ein Sauerstoff-Atom. Für ein Schwefel-Atom benötigst du zwei Sauerstoff-Atome, damit die Waage im Gleichgewicht ist.

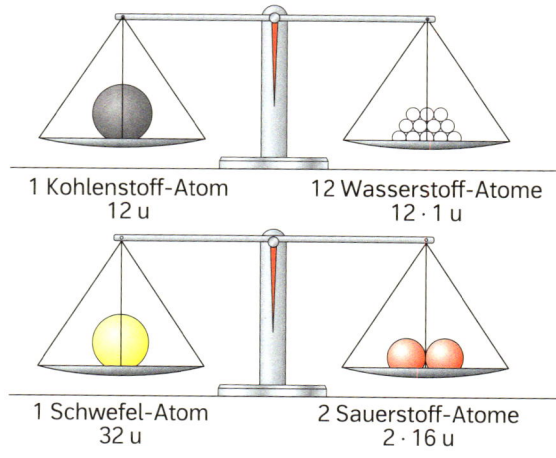

1 Kohlenstoff-Atom
12 u

12 Wasserstoff-Atome
12 · 1 u

1 Schwefel-Atom
32 u

2 Sauerstoff-Atome
2 · 16 u

3 Atome auf einer Modellwaage

1 Gib die richtige Anzahl an Atomen an, um die Modellwaage ins Gleichgewicht zu bringen.
  a) Zwei Sauerstoff-Atome mit Wasserstoff-Atomen ausgleichen.
  b) Drei Sauerstoff-Atome mit Kohlenstoff-Atomen ausgleichen.
  Ⅱ c) Sechs Schwefel-Atome ausgleichen mit Kohlenstoff-Atomen.

Radioaktivität

MARIE CURIE

MARIE CURIE studierte in Paris am Ende des 19. Jahrhunderts Physik und Chemie. Nach ihrem erfolgreichen Studium widmete sie sich einem rätselhaften Phänomen, dass von HENRY BECQUEREL entdeckt wurde. Es handelte sich um eine unbekannte Strahlung, die von uranhaltigem Material ausging. Diese Strahlung nannte sie **Radioaktivität**. Dafür erhielt sie 1903 den Nobelpreis für Physik. Durch ihre Arbeit gelang es ihr, ein neues Element zu finden. Es strahlt 900-mal so stark wie Uran. MARIE CURIE nannte es **Radium**. Für diese Entdeckung erhielt sie 1911 den Nobelpreis für Chemie. Zur damaligen Zeit waren Naturwissenschaftlerinnen sehr selten. Mit Hilfe des Radiums wurden Strahlentherapien entwickelt, um Tumore zu behandeln. MARIE CURIE starb im Alter von 67 Jahren an den Folgen ihrer jahrelangen Arbeit mit radioaktiven Stoffen.

Radium

MARIE CURIES Entdeckung des Radiums löste weltweit eine große Begeisterung für diesen Stoff aus. Damals dachten die Menschen, dass die natürliche Strahlung heilende Wirkungen hatte. Deshalb wurde es vielen Produkten beigemischt wie zum Beispiel Zahnpasta, Hautcreme, Wasser, Schokolade und auch leuchtenden Zifferblättern in Uhren. Die Schlussfolgerung, dass alles was aus der Natur kommt, gut ist, heißt **naturalistischer Fehlschluss**. Erst später wurde festgestellt, dass die radioaktive Strahlung schädlich für Lebewesen ist.

1. Beschreibe die Entdeckungen, für die MARIE CURIE zwei Nobelpreise erhielt.
2. Erkläre den Begriff „naturalistischer Fehlschluss".
3. Recherchiere, wie radioaktive Stoffe heute genutzt werden.

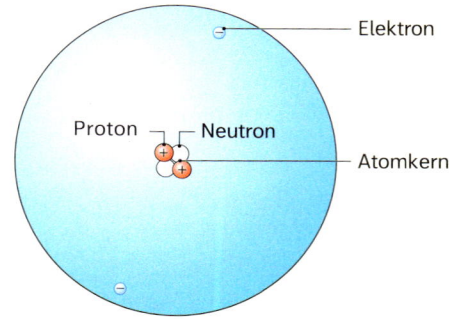

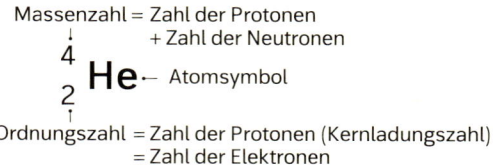

1 Wichtige Elementarteilchen: Elektron, Proton und Neutron am Beispiel des Helium-Atoms

Der Aufbau der Atome

Die Entwicklung geht weiter

Die Entdeckungen von RUTHERFORD ermöglichten es Wissenschaftlerinnen und Wissenschaftlern, weitere Details über den Bau der Atome herauszufinden. Sie entdeckten neben dem Elektron noch das **Neutron** und das **Proton** als Bausteine der Atome. Diese drei Teilchen heißen **Elementarteilchen** (→ Bild 1).

Der Atomkern

Protonen und Neutronen befinden sich im Atomkern, die Elektronen befinden sich in der Hülle. Protonen haben eine **positive Ladung**. Sie werden mit **p⁺** abgekürzt und haben eine Masse von ungefähr 1 u. Neutronen sind **ungeladen**. Sie werden mit **n** abgekürzt und haben eine Masse von etwa 1 u. Der Großteil der Atommasse eines Atoms befindet sich in seinem Kern.

Die Atomhülle

In der Atomhülle befinden sich die Elektronen. Sie sind negativ geladen und werden mit **e⁻** abgekürzt. Elektronen haben eine Masse von etwa $\frac{1}{2000}$ u. Das bedeutet, dass 2000 Elektronen die gleiche Masse wie ein Proton oder ein Neutron haben. Da die Masse so gering ist, wird sie in Rechnungen oft nicht beachtet.

Anzahl der Elementarteilchen

Die Anzahl an Protonen und Elektronen kannst du direkt aus dem Periodensystem der Elemente ablesen. Mit diesen Informationen kannst du die Anzahl der Neutronen berechnen.

Protonenanzahl

Die Ordnungszahl eines Atoms entspricht der Anzahl seiner Protonen. Das Helium-Atom hat zwei Protonen und deshalb die Ordnungszahl 2. Das Lithium-Atom hat drei Protonen und die Ordnungszahl 3.

Elektronenanzahl

Ein Atom hat dieselbe Anzahl an Protonen im Atomkern und Elektronen in der Atomhülle. Die Ladungen heben sich gegenseitig auf. Deshalb ist ein Atom elektrisch neutral. Das Helium-Atom hat zwei Protonen im Kern und zwei Elektronen in der Hülle.

Neutronenanzahl

Die Anzahl der Neutronen erhältst du, wenn du von der gerundeten Massenzahl die Protonenanzahl abziehst.

Massenzahl − Anzahl der Protonen = Anzahl der Neutronen

Bau des Wasserstoff-Atoms

Das kleinste und leichteste Atom ist das Wasserstoff-Atom. Es hat die Ordnungszahl 1 und hat deshalb ein Proton im Atomkern und ein Elektron in der Atomhülle. Da die Massenzahl und die Ordnungszahl gleich sind, hat das Wasserstoff-Atom keine Neutronen (→ Bild 2).

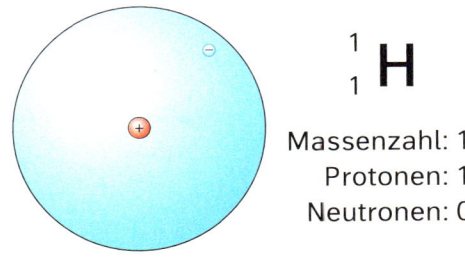

$^{1}_{1}\text{H}$

Massenzahl: 1
Protonen: 1
Neutronen: 0

2 Atombau des Wasserstoff-Atoms

Bau des Helium-Atoms

Das Helium-Atom hat die Ordnungszahl 2. Es hat zwei Protonen im Atomkern und zwei Elektronen in der Atomhülle. Die gerundete Massenzahl des Helium-Atoms beträgt 4 u. Ziehst du von der Massenzahl die Anzahl der Protonen ab, erhältst du zwei Neutronen (→ Bild 3).

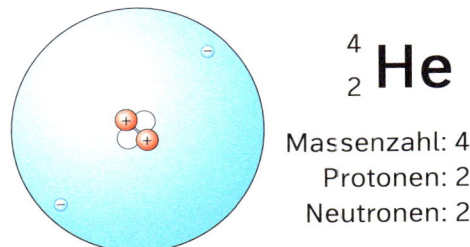

$^{4}_{2}\text{He}$

Massenzahl: 4
Protonen: 2
Neutronen: 2

3 Atombau des Helium-Atoms

Bau des Lithium-Atoms

Das Lithium-Atom hat die Ordnungszahl 3. Damit hat es drei Protonen im Kern und drei Elektronen in der Atomhülle. Seine gerundete Massenzahl ist 7 u. Deshalb hat es vier Neutronen im Atomkern (→ Bild 4).

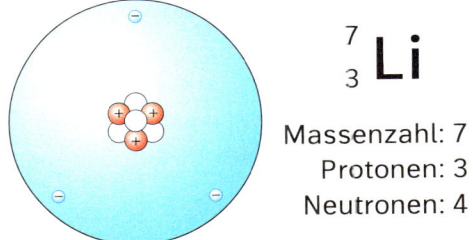

$^{7}_{3}\text{Li}$

Massenzahl: 7
Protonen: 3
Neutronen: 4

4 Atombau des Lithium-Atoms

> Die Elementarteilchen eines Atoms sind Protonen, Neutronen und Elektronen. Die Protonen und Neutronen befinden sich im Kern, die Elektronen befinden sich in der Hülle.

1 a) Nenne die Elementarteilchen eines Atoms.
b) Nenne die Masse, die Ladung und den Aufenthaltsort der Elementarteilchen eines Atoms.
Ⅰ c) Begründe, dass die Elektronen bei der Bestimmung der Atommasse keine Rolle spielen.

2 Ⅰ Begründe, dass Atome insgesamt elektrisch neutral sind, obwohl sie geladene Teilchen enthalten.

3 Ⅰ a) Beschreibe den Aufbau eines Lithium-Atoms.
Ⅱ b) Beschreibe die Verteilung der Masse und der Ladungen in einem Lithium-Atom.

Starthilfe zu 3a:
Betrachte Bild 2.

4 Ⅱ Nenne die Anzahl der Protonen, Neutronen und Elektronen eines Sauerstoff-Atoms.

Starthilfe zu 4:
Nutze das PSE.

5 Ⅱ Formuliere einen Merksatz, der den Zusammenhang zwischen Massenzahl, Protonenzahl und Neutronenzahl beschreibt.

»

A Elektron, Neutron und Proton richtig zuordnen

| Proton | Elektron | Neutron |

p$^+$ ungeladen   Atomkern   Atomhülle   e$^-$

Masse $\frac{1}{2000}$ u   Masse 1 u   negativ geladen   Masse 1 u

n   Atomkern   positiv geladen   Atomkern

1 Begriffe zum Atombau - Überbegriffe sind fett gedruckt.

1 **a)** Ordne den Überbegriffen Proton, Neutron und Elektron die jeweils passenden Karten in Bild 1 zu.
b) Übertrage die Begriffe tabellarisch in dein Heft. Achte darauf, dass in gleichen Zeilen zugehörige Begriffe stehen.

Starthilfe zu 1 a:
Jeder Überbegriff hat die gleiche Anzahl an zugehörigen Begriffen.

Starthilfe zu 1 b:

Proton	Neutron	Elektron
Atomkern	Atomkern	---
...	...	...

B Atomkerne genauer betrachtet

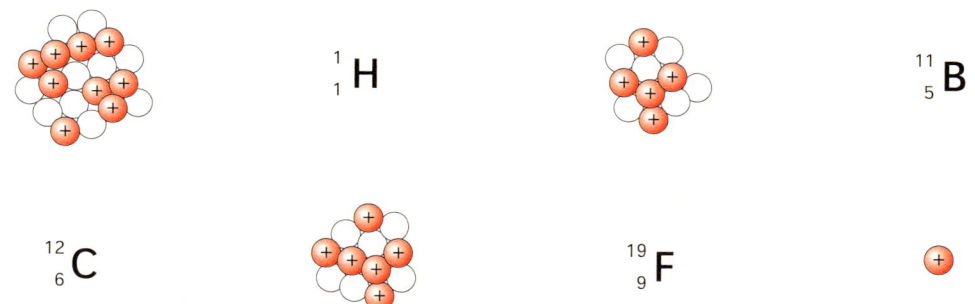

$_1^1$H

$_5^{11}$B

$_6^{12}$C

$_9^{19}$F

2 Begriffe zum Atomkern

1 Ordne den Atomkernen in Bild 2 die richtigen Symbole zu.

2 Zeichne die Atomkerne von Bild 2 in dein Heft und ergänze deine Zeichnungen mit der richtigen Anzahl der Elektronen.

3 ❚❚ Zeichne die Atomkerne von $_3^7$Li, $_7^{14}$N und $_{11}^{23}$Na.

4 ❚❚ Schreibe einen Merksatz, der den Aufbau der Atomkerne in Bild 2 beschreibt.

Starthilfe zu 4:
Beginne den Merksatz mit: „Der Atomkern des ...-Atoms besteht aus..."

ÜBEN UND ANWENDEN

C Unterschiedliche Wasserstoff-Atome

Viele Atomsorten haben Atommassen, die nicht ganzzahlig sind. Das bedeutet, sie haben genauso viele Protonen wie Elektronen, aber unterschiedlich viele Neutronen. Wasserstoff kann entweder kein Neutron, ein Neutron oder zwei Neutronen enthalten. Es kann also eine Masse von 1 u, 2 u oder 3 u haben. Gleiche Atomsorten mit unterschiedlicher Masse heißen **Isotope**.

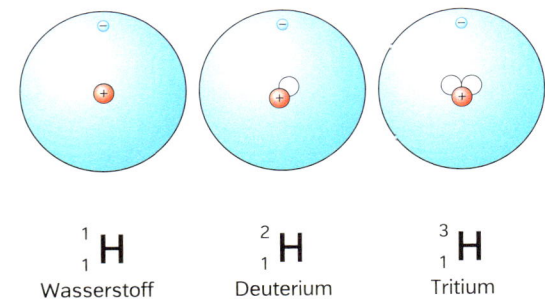

$^{1}_{1}H$ $^{2}_{1}H$ $^{3}_{1}H$

Wasserstoff   Deuterium   Tritium

3 Die drei Isotope des Wasserstoffs

❶ Beschreibe die Unterschiede der drei Isotope des Wasserstoffs in Bild 3.

❷ ‖ Begründe, dass Deuterium auch als schwerer Wasserstoff und Tritium als überschwerer Wasserstoff bezeichnet wird.

Starthilfe zu 2:
Ein Neutron hat eine Masse von 1 u.

❸ ‖ **a)** Erkläre die hochgestellte und die tiefgestellte Zahl vor den drei Isotopen Wasserstoff, Deuterium und Tritium.
‖‖ **b)** Begründe, dass die hochgestellte Zahl für eine Atomsorte unterschiedlich sein kann.

Starthilfe zu 3 a:
Die untere Zahl gibt die Anzahl der ...

D Den Atomaufbau vervollständigen

Name des Atoms	Ordnungszahl	Masse des Atoms in u	Anzahl an Protonen	Anzahl an Neutronen	Anzahl an Elektronen
Kohlenstoff	...	...	...	...	...
...	13	27	...	...	...
...	...	...	19	...	...
Beryllium	...	...	...	5	...
...	...	...	...	12	11
...	...	...	...	...	40

4 Tabelle mit fehlenden Angaben

❶ Übertrage die Tabelle aus Bild 4 in dein Heft und ergänze die leeren Felder.

Starthilfe zu 1:
Nutze das Periodensystem am Ende des Buchs.
Es kommen keine Isotope vor.

❷ ‖ Erstelle selbst eine Tabelle wie in Bild 4. Notiere für deine Tabelle eine Musterlösung. Tausche deine Tabelle mit einer Mitschülerin/ einem Mitschüler aus. Fülle die Tabelle aus, die du erhalten hast.

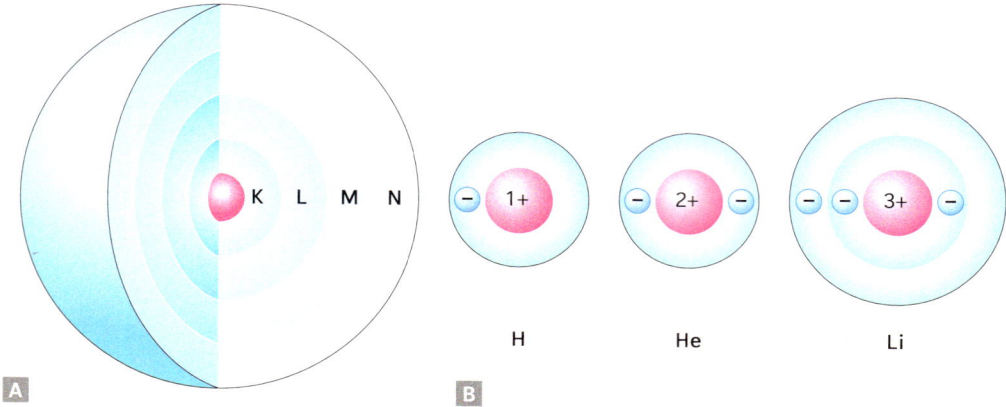

1 Das Schalenmodell: **A** Bezeichnung der Schalen, **B** Darstellung der drei einfachsten Atome

F
Das Schalenmodell

Die Atomhülle
RUTHERFORD fand heraus, dass sich die Elektronen in der Atomhülle befinden. Eine genauere Aussage konnte NILS BOHR etwa zwei Jahre später (1885-1962) machen.

Die Energie der Elektronen
NIELS BOHR nahm an, dass die Elektronen in **kugelförmigen Schalen** um den Atomkern kreisen. Er benannte die Schalen von innen nach außen mit den Buchstaben **K, L, M**... bis **Q** (→ Bild 1A). Dabei haben die Elektronen innerhalb einer Schale eine ähnliche hohe Energie. Die negativ geladenen Elektronen der innerern Schalen werden vom positiv geladenen Kern stärker angezogen als die Elektronen weiter außen. Wird einem Atom Energie zugeführt, werden daher zuerst die äußeren Elektronen entfernt. Dabei entsteht ein geladenes Atom, ein **Ion**.

Die Belegung der Schalen
Mit steigender Ordnungszahl werden die Schalen von innen nach außen befüllt. In die K-Schale passen 2 Elektronen, in die L-Schale 8 Elektronen und in die M-Schale 18 Elektronen. Ab Kalium gibt es Ausnahmen zum Befüllen der Schalen.

Das Wasserstoff-Atom
Das kleinste Atom ist das Wasserstoff-Atom. Es besteht aus einem Proton und einem Elektron. Das Proton befindet sich im Atomkern. Das Elektron kreist in der innersten Schale, der K-Schale (→ Bild 1 B).

Das Helium-Atom
Das Helium-Atom besitzt zwei Protonen und zwei Neutronen im Kern. Die beiden Elektronen befinden sich in der der K-Schale. Damit ist diese Schale vollständig gefüllt.

Das Lithium-Atom
Ein Lithium-Atom besteht aus drei Protonen und vier Neutronen im Kern. Von den drei Elektronen befinden sich zwei in der K-Schale, das dritte in der L-Schale. Dieses dritte Elektron kann leichter entfernt werden als die beiden anderen Elektronen, da es weiter vom Kern entfernt ist und weniger von den Protonen im Kern angezogen wird.

> Im Schalenmodell von NIELS BOHR befinden sich die Elektronen der Elemente in kugelförmigen Schalen um den Atomkern. Es gibt die Schalen K bis Q.

Periode	Hauptgruppe							
	I	II	III	IV	V	VI	VII	VIII
K-Schale (1. Schale)	^{1}H							^{2}He
L-Schale (2. Schale)	^{3}Li	^{4}Be	^{5}B	^{6}C	^{7}N	^{8}O	^{9}F	^{10}Ne
M-Schale (3. Schale)	^{11}Na	^{12}Mg	^{13}Al	^{14}Si	^{15}P	^{16}S	^{17}Cl	^{18}Ar

2 Das PSE bis zur dritten Periode im Schalenmodell

Die Außenelektronen

Für die Chemie von besonderer Bedeutung sind die Elektronen in der äußersten Schale. Diese Elektronen werden als **Außenelektronen** bezeichnet.
Die Alkalimetalle Lithium und Natrium haben beide ähnliche Eigenschaften. Beide reagieren heftig mit Wasser. Ein Blick auf den Bau der zugehörigen Atome zeigt, dass es eine Übereinstimmung gibt: Beide Atome besitzen nur ein Außenelektron (→ Bild 2).

Die Edelgaskonfiguration

Edelgase sind besonders reaktionsträge. Das liegt daran, dass bei den Edelgasen die äußerste Schale mit acht Elektronen besetzt ist. Dieser Zustand ist besonders stabil. Er heißt **Edelgaskonfiguration**. Eine Ausnahme ist das Helium. Es hat mit zwei Elektronen die Edelgaskonfiguration.

Die Hauptgruppen und Perioden

Im Periodensystem sind die Elemente nach steigender Protonenzahl angeordnet.
Die Elemente, deren Atome gleich viele Außenelektronen besitzen, stehen in Hauptgruppen untereinander. Von links nach rechts nimmt die Zahl der Außenelektronen immer um eins zu. Bei den Edelgasen ist die äußerste Schale deshalb, außer bei Helium, immer mit acht Elektronen gefüllt.
Die Elemente, deren Atome gleich viele besetzte Schalen besitzen, stehen in einer Periode nebeneinander. Die Nummer der Periode gibt die Anzahl der Schalen an.

> Die Elektronen in der äußersten Schale werden Außenelektronen genannt. Atome, die acht Elektronen in der äußersten Schale haben, besitzen eine Edelgaskonfiguration. Die Ausnahme ist Helium mit zwei Elektronen.

1 Beschreibe das Schalenmodell des Fluor- und des Chlor-Atoms.

2 I Beschreibe Zusammenhänge, die du aus der Hauptgruppennummer und der Periode für den Atombau ableiten kannst.

Starthilfe zu 2:
Betrachte die Gemeinsamkeiten der Atome in Bild 2.

3 I a) Vergleiche das Schalenmodell von Natrium mit dem von Argon.
II b) Erläutere mit Hilfe des Schalenmodells, welches der beiden Elemente reaktionsträge und welches reaktionsfreudig ist.

4 I a) Nenne den Namen der Hauptgruppe, deren Stoffe reaktionsträge sind.
II b) Begründe, dass die Stoffe dieser Hauptgruppe reaktionsträge sind.

»

A Licht verrät den Bau der Atomhülle

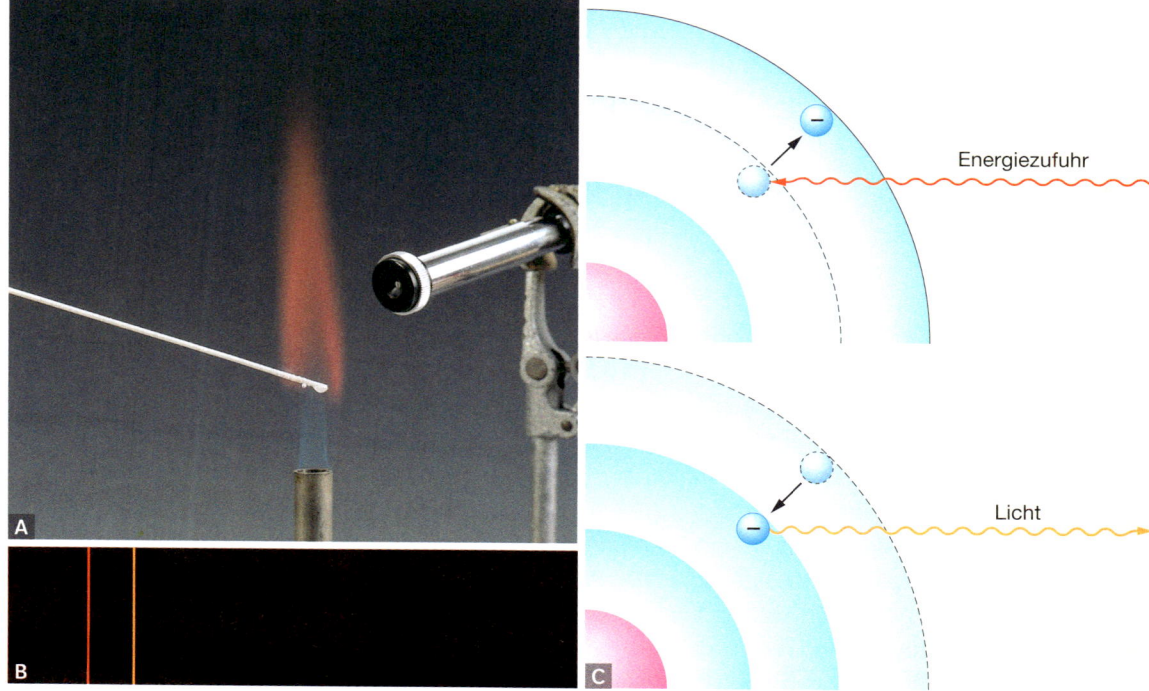

1 Flammenfärbung betrachtet: **A** mit dem Auge, **B** mit dem Spektroskop, **C** Vorgänge im Schalenmodell

Flammenfärbung

Hältst du mithilfe eines Magnesiastäbchens etwas Lithiumsalz in die Brennerflamme, färbt sich die Flamme rot (→ Bild 1A). Wiederholst du den Versuch mit anderen Alkalimetallsalzen, so siehst du andere Farben. Dabei ist das Alkalimetall entscheidend für die Färbung: Natrium färbt gelb, Kalium färbt violett und Calcium färbt orangerot.

Spektroskop

Zur genaueren Untersuchung wird die Flamme durch ein Spektroskop betrachtet. Darin fällt das Licht durch einen Spalt und wird durch ein Prisma in Einzelfarben zerlegt. Es zeigen sich farbige Linien, die Spektrallinien genannt werden (→ Bild 1B). Bei Lithium treten zwei rote Linien auf. Das rote Licht, das wir sehen, besteht also aus einer Mischung von zwei Rottönen.

Erklärung der Ergebnisse

Durch die Energie der Brennerflamme werden Elektronen von einer inneren Schale auf eine äußere gehoben (→ Bild 1C). Innerhalb einer kurzen Zeit fallen die Elektronen von dieser Schale wieder auf die alte zurück. Dabei geben sie die vorher aufgenommene Energie als Licht einer bestimmten Farbe ab. Da jedes Atom eine andere Protonenanzahl im Kern hat, ist die Energie der Schalen unterschiedlich. Damit sind die Energieunterschiede beim Zurückfallen der Elektronen für jedes Atom unterschiedlich und damit auch die Färbung der Flamme.

1 Nenne die Flammenfarben, die bei Natrium, Kalium und Calcium auftreten.

2 Beschreibe die Vorgänge, die zu der Flammenfärbung führen.

3 ‖ Begründe, dass die Flammenfärbung für jedes Metall unterschiedlich ist.

B Größenvergleich von Atomhülle und Atomkern

2 Größenvergleich Eiffelturm und Wasserstoff-Atom

Das Atom und der Eiffelturm

Ein Wasserstoff-Atom ist etwa 40 000-mal größer als sein Atomkern. Sein Atomkern besteht nur aus einem einzelnen Proton.

Dieser Unterschied ist riesengroß: Wäre das gesamte Atom so groß wie der 300 Meter hohe Eiffelturm in Paris, dann wäre der Atomkern nur noch so groß wie eine Kirsche (→ Bild 2). Bei diesen Größenverhältnissen ist es erstaunlich, dass Rutherford bei seinem Streuversuch überhaupt einmal den Atomkern getroffen hat.

> Das Wasserstoff-Atom ist etwa 40 000-mal größer als sein Atomkern.

Größen in Zahlen

Atome und ihre Bestandteile sind sehr klein. Genaue Zahlen zu Bild 2 findest du in der folgenden Tabelle:

Gegenstand	Durchmesser in m
Eiffelturm	324
Kirsche	0,008
Wasserstoff-Atom	0,00000000011 (oder $1,1 \cdot 10^{-10}$)
Atomkern (Proton)	0,0000000000000026 (oder $2,6 \cdot 10^{-15}$)

Da die vielen Nullen nur schwer zu lesen sind, wird oft die in Klammern angegebene Exponentialschreibweise benutzt.

① Veranschauliche die Größenverhältnisse zwischen einem Wasserstoff-Atom und seinem Atomkern
a) an dem oben beschriebenen Beispiel.
‖ b) an einem eigenen Beispiel.

② ‖ RUTHERFORD führte seinen Versuch mit α-Teilchen durch. Ein α-Teilchen ist etwa 5-mal so groß wie ein Proton. Begründe, dass Atomkerne bei diesem Versuch nur selten getroffen wurden.

Starthilfe zu 1b:
Zum Beispiel mit einem Fußballfeld, Tennisplatz, ...

Starthilfe zu 3:
Teile die größere Zahl durch die kleinere Zahl.

③ Berechne das Größenverhältnis zwischen
a) dem Eiffelturm und einer Kirsche.
‖ b) einem Atom und seinem Atomkern.

④ ‖‖ Berechne die Größe, die die Kirsche hat, wenn das Verhältnis zwischen Eiffelturm und Kirsche tatsächlich 40000 : 1 wäre.

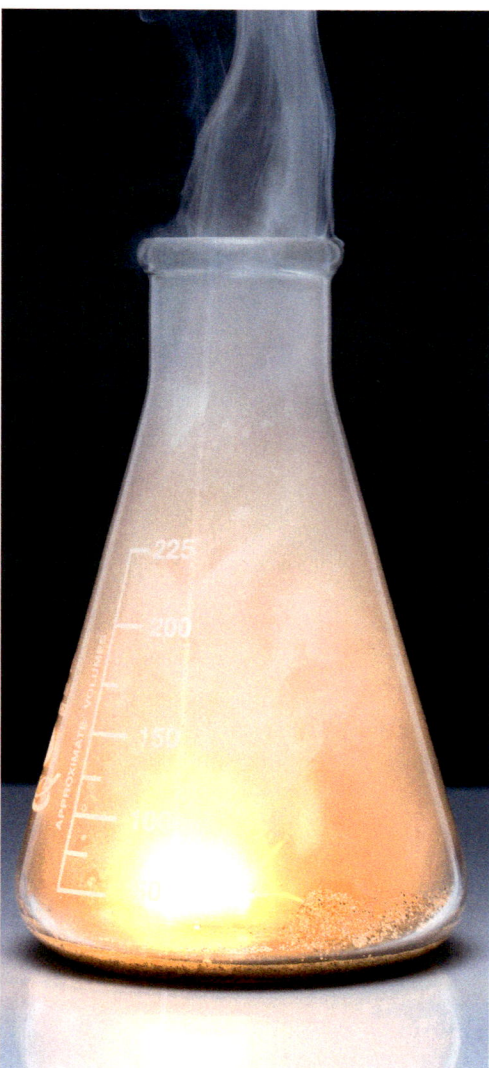

Atome bilden Ionen

Reaktion von Natrium mit Chlor

Kommt heißes Natrium mit Chlorgas in Kontakt, reagieren die beiden Stoffe heftig miteinander (→ Bild 1).
Unter grellgelbem Leuchten reagiert das Metall Natrium mit dem gelbgrünen Nichtmetall Chlor. Es entsteht ein weißer, kristalliner Feststoff. Bei dem Produkt handelt es sich dabei um das Salz Natriumchlorid.

Atome werden zu Ionen

Atome besitzen in ihrer äußersten Schale Außenelektronen. Nimmt ein Atom bei einer Reaktion weitere Elektronen auf oder gibt Elektronen ab, um eine Edelgaskonfiguration zu erhalten, entsteht ein Ion.
Ein Natrium-Atom hat ein Elektron in der äußersten Schale. Um eine Edelgaskonfiguration zu erreichen, gibt es ein Elektron ab. Ein Chlor-Atom hat sieben Außenelektronen. Zur Edelgaskonfiguration fehlt ihm ein Elektron. Bei der Reaktion von Natrium mit Chlor geht ein Elektron eines Natrium-Atoms auf ein Chlor-Atom über. Dabei entstehen zwei Ionen mit Edelgaskonfiguration: das Natrium-Ion (Na^+) und das Chlorid-Ion (Cl^-) (→ Bild 3). Es bildet sich das Salz Natriumchlorid (NaCl).

1 Das Metall Natrium und Chlorgas reagieren zu Natriumchlorid.

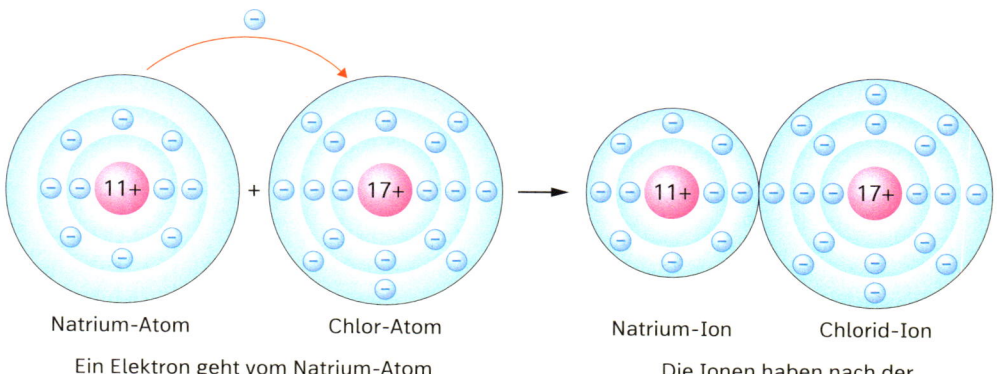

Natrium-Atom   Chlor-Atom   Natrium-Ion   Chlorid-Ion

Ein Elektron geht vom Natrium-Atom auf das Chlor-Atom über.   Die Ionen haben nach der Reaktion eine vollbesetzte Außenschale.

2 Elektronenübergang zwischen einem Natrium-Atom und einem Chlor-Atom

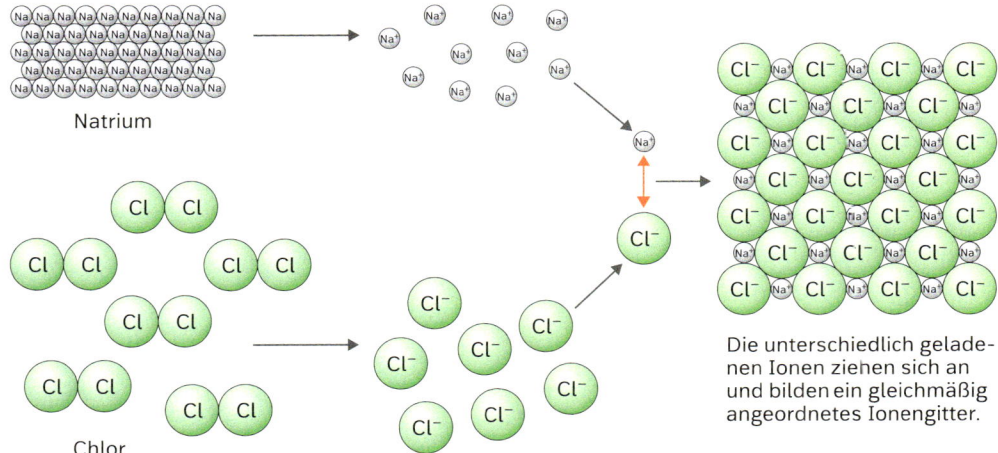

3 Die Natrium- und Chlor-Ionen bilden ein Natriumchlorid-Ionengitter.

Ionen werden zum Ionengitter

Die entstehenden Ionen sind unterschiedlich geladen. Das Natrium-Ion ist positiv, das Chlorid-Ion negativ geladen. Aufgrund der unterschiedlichen Ladungen ziehen sich die Ionen gegenseitig an. Es bildet sich ein dreidimensionales Ionengitter. In diesem sind die Ionen abwechselnd und dicht nebeneinander angeordnet (→ Bild 3).

Metall und Nichtmetall bilden ein Salz

Natrium ist ein Metall. Chlor ist ein Nichtmetall. Die Reaktion von Natrium mit Chlor lässt sich verallgemeinern. Reagiert ein Metall mit einem Nichtmetall, bildet sich ein Salz. Salze sind also Metall-Nichtmetall-Verbindungen. Bei der Reaktion gehen Elektronen vom Metall auf das Nichtmetall über.

> Bei der Reaktion eines Metalls mit einem Nichtmetall entsteht ein Salz. Dabei gehen Elektronen vom Metall auf das Nichtmetall über. Die entstehenden Ionen bilden ein Ionengitter.

1 **a)** Gib den Namen des Produkts der Reaktion von Natrium mit Chlor an.
b) Beschreibe die Elektronenübergänge bei der Reaktion von Natrium mit Chlor.
c) Begründe das Zustandekommen des Natriumchlorid-Ionengitters.

Starthilfe zu 2:
Beachte, dass Chlor als Cl_2 in der Reaktionsgleichung vorkommt.

2 **I** Stelle die Reaktionsgleichung der Reaktion von Natrium mit Chlor auf.

3 **II a)** Begründe, dass das Natrium-Atom bei der Reaktion ein Elektron abgibt und das Chlor-Atom ein Elektron aufnimmt.
II b) Begründe, dass Natrium- und Chlor-Atome im Verhältnis 1:1 reagieren.
III c) Begründe, dass die Formel von Calciumdichlorid $CaCl_2$ ist.

Starthilfe zu 3c:
Bestimme zuerst die Anzahl der Elektronen, die Calcium abgeben muss, um eine Edelgaskonfiguration zu erhalten.

»

A Elektronen machen den Unterschied

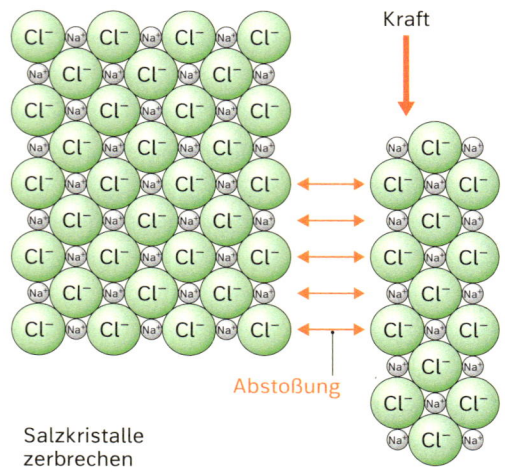

Kraft

Abstoßung

Salzkristalle
zerbrechen

1 Gleichgeladene Ionen treffen aufeinander.

2 Beim Zerspringen bilden sich glatte Bruchkanten.

Elektronen machen den Unterschied

Bei der Reaktion von Natrium mit Chlor geht ein Elektron von einem Natrium-Atom (Na) auf ein Chlor-Atom (Cl) über. Dabei entsteht ein Natrium-Ion (Na^+) und ein Chlorid-Ion (Cl^-).
Dieses eine Elektron macht einen großen Unterschied in den Eigenschaften der Ausgangsstoffe und der Endstoffe aus. Daher ist es wichtig, stets darauf zu achten, ob ein Teilchen ein Atom oder ein Ion ist.

Metalle sind duktil

Schlägst du mit einem Hammer auf ein Metallblech, so bildet sich eine Beule. Diese bleibt dauerhaft sichtbar. Das Metall ist duktil.
Grund dafür sind die Elektronen in der Außenschale, die sich frei zwischen den Atomrümpfen bewegen können und so die Krafteinwirkung ausgleichen.

Salze sind spröde

Wenn du mit einem Hammer auf einen Salzkristall schlägst, zerspringt dieser.
Die Ionen eines Salzes sind in einem Ionengitter angeordnet. Bei einer Krafteinwirkung verschieben sich die Ionen. Dann stehen sich gleichnamig geladene Ionen gegenüber. Sie stoßen sich gegenseitig ab, der Kristall bricht auseinander.
In Bild 1 stoßen sich die Chlorid-Ionen gegenseitig ab. Ebenso stoßen sich die Natrium-Ionen ab. Dies erkennst du an den roten Pfeilen.

1 Beschreibe die Wirkung einer Kraft auf
a) ein Metall.
b) ein Salz.

2 **a)** Nenne die Teilchen, aus denen ein Metall besteht.
b) Nenne die Teilchen, aus denen ein Salz besteht.
c) Beschreibe den Unterschied zwischen den Teilchen aus Aufgabe 2 a) und 2 b).

3 ‖ Beschreibe die Vorgänge, die bei der Einwirkung einer Kraft auf einen Salzkristall ablaufen.

4 ‖‖ Begründe, dass beim Zerbrechen von Salzkristallen oft glatte Flächen entstehen (→ Bild 2).

B Reaktion von Magnesium mit Sauerstoff

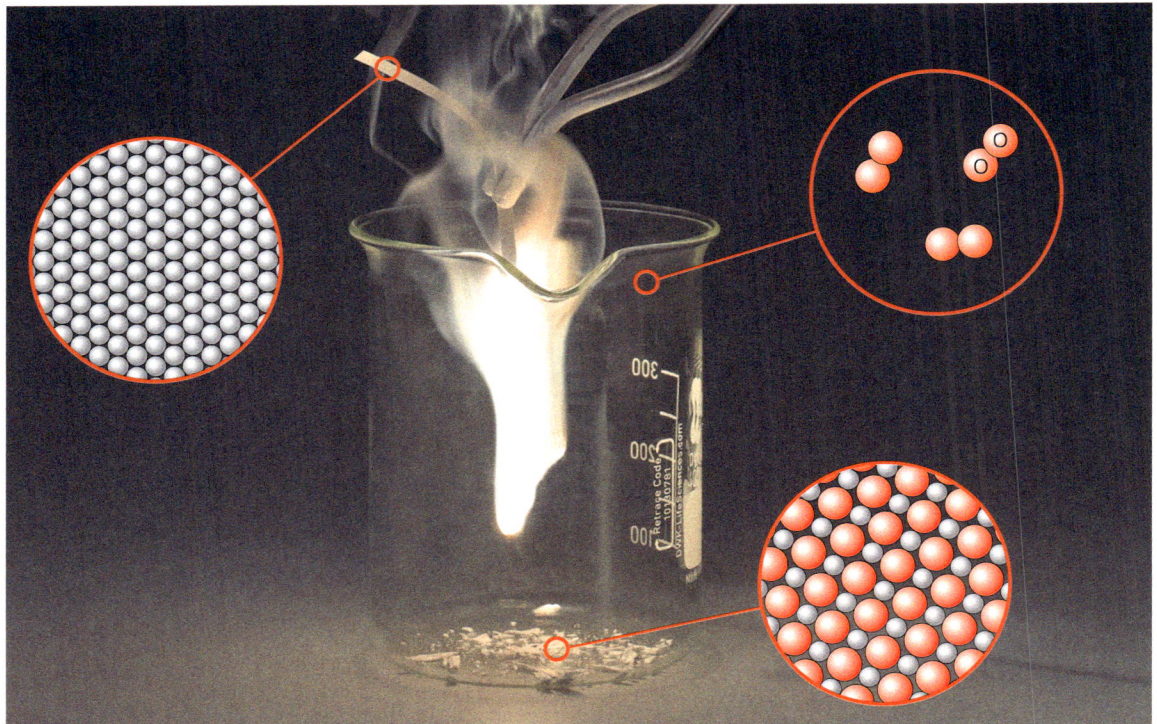

3 Gleichgeladene Ionen treffen aufeinander.

Magnesium reagiert mit Sauerstoff in einer stark exothermen Reaktion. Dabei leuchtet das Magnesium hell auf. Es entsteht ein weißer spröder Feststoff, das Salz **Magnesiumoxid (MgO)**. Die Vorgänge für diese Reaktion siehst du in Bild 4.

1 Stelle die Wortgleichung der Reaktion auf.

2 Ordne den Edukten und Produkten die Begriffe Atome, Moleküle und Ionen zu.

3 Gib die Anzahl an Elektronen an, die zwischen einem Magnesium-Atom und einem Sauerstoff-Atom übertragen werden.

4 ‖ Überprüfe, welche der beteiligten Teilchen eine Edelgaskonfiguration aufweisen.

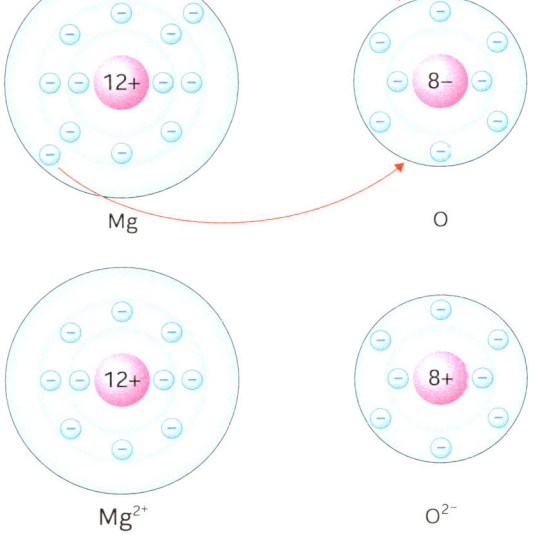

4 Die Reaktion im Schalenmodell

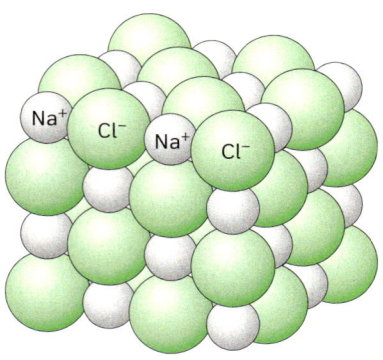

1 Kochsalz: **A** Kristall, **B** Ionengitter

Die Ionenbindung

Ionen

Salze sind Verbindungen aus den Ionen eines Metalls und eines Nichtmetalls. Die Metall-Ionen sind positiv geladen. Sie werden **Kationen** genannt. Die Nichtmetall-Ionen sind negativ geladen. Sie heißen **Anionen**.

Ionengitter und Ionenbindung

Salzkristalle sind aus Ionengittern aufgebaut (→ Bild 1). In diesen sind die Ionen dicht und regelmäßig angeordnet. Dabei wechseln sich Anionen und Kationen ab. Das geschieht, da sich unterschiedlich geladene Ionen anziehen, zum Beispiel Ca^{2+}- und Br^--Ionen. Gleich geladene Ionen, wie Ca^{2+} und Li^+, stoßen sich ab. Diese Anziehung heißt **Ionenbindung**.

Das Ionengitter beim Kochsalz

Im Ionengitter des Natriumchlorids sind abwechselnd Natrium-Kationen (Na^+) und entgegengesetzt geladene Chlorid-Anionen (Cl^-) angeordnet (→ Bild 1B). Die Natrium-Ionen und die Chlorid-Ionen ziehen sich aufgrund ihrer unterschiedlichen Ladungen gegenseitig an.

Ionengitter prägt die Eigenschaften

Die Eigenschaften der Salze lassen sich durch die Anordnung der Teilchen im Ionengitter erklären. Für der Erklärung der Eigenschaften wird das dreidimensionale Salzgitter (→ Bild 1B) vereinfachend nur zweidimensional dargestellt (→ Bild 3A).

Elektrische Leitfähigkeit

In einem Salzkristall sind die Ionen fest an ihren Plätzen im Ionengitter gebunden. Sie sind wegen der Ionenbindung nicht frei beweglich. Ein festes Salz ist deshalb nicht elektrisch leitfähig. Es ist ein Isolator. Beim Lösen von Salz in Wasser wird die Anordnung im Ionengitter aufgelöst. Es entsteht eine Salzlösung, in der sich frei bewegliche Ionen befinden (→ Bild 2).
Diese wirken als Ladungsträger und leiten den elektrischen Strom.

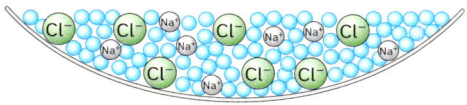

2 Ionen in einer wässrigen Kochsalz-Lösung

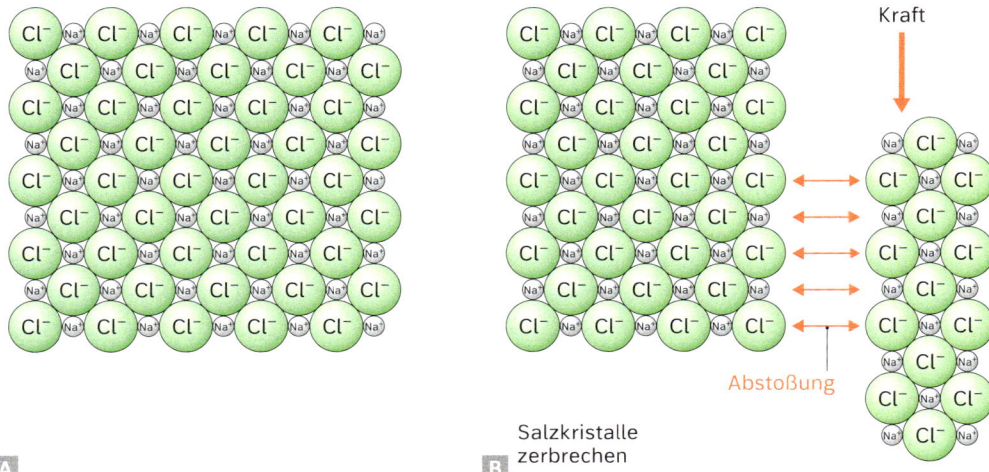

3 Das Ionengitter eines Salzkristalls: **A** vor und **B** nach Krafteinwirkung

Hohe Schmelztemperatur

Aufgrund der starken Anziehung zwischen den unterschiedlich geladenen Ionen, haben Salze hohe Schmelztemperaturen. Beim Schmelzen der festen Salze muss das Ionengitter, also die Ionenbindungen zwischen den Kationen und Anionen, erst aufgebrochen werden. Dafür wird viel Energie benötigt, die in Form von Wärme zugeführt werden muss. Kochsalz hat eine Schmelztemperatur von 801 °C.

Sprödigkeit von Salz

Zerschlägst du mit einem Hammer einen Salzkristall, so erkennst du eine glatte Bruchkante. Durch die Wucht des Schlages verschieben sich die Schichten im Ionengitter. Gleichnamig geladene Ionen treffen aufeinander und stoßen sich ab. Dadurch werden die Schichten voneinander getrennt und der Salzkristall zerspringt (→ Bild 3).

> Die Eigenschaften der Salze lassen sich mit der Ladung der Ionen erklären. Feste Salze sind aus einem Ionengitter aufgebaut.

1 a) Beschreibe die Anordnung der Ionen in einem Ionengitter.
b) Begründe die Anordnung der Ionen in einem Ionengitter.

2 **I** a) Nenne drei typische Eigenschaften der Salze.
II b) Erkläre die hohe Schmelztemperatur der Salze.
II c) Erkläre die Sprödigkeit der Salze.

3 **II** a) Begründe, dass feste Salze nicht elektrisch leitfähig sind. Nutze zur Erklärung eine Zeichnung.
II b) Begründe die gute elektrische Leitfähigkeit von gelösten Salzen.

Starthilfe zu 3a:
Nutze Bilc 3 A.

Starthilfe zu 3b:
Nutze Bild 2.

4 **III** Begründe die unterschiedliche elektrische Leitfähigkeit von Metallen und Salzen im festen Zustand. Nutze hierbei die Fachbegriffe für die unterschiedlichen Arten der Bindungen.

A Wie kannst du das Modell eines Ionengitters bauen?

Die chemische Formel für Kochsalz ist NaCl. Diese Formel drückt aus, dass Natrium-Ionen (Na^+) und Chlorid-Ionen (Cl^-) im Verhältnis von 1:1 das Natriumchlorid bilden. Die unterschiedlich geladenen Ionen ziehen sich gegenseitig stark an und bilden ein regelmäßiges, würfelförmiges Ionengitter. In diesem ist jedes Chlorid-Ion von sechs Natrium-Ionen umgeben und umgekehrt.

Material: je 32 Styroporkugeln mit Ø 2 cm und mit Ø 1 cm, 1 Päckchen Zahnstocher, Styroporkleber, Farben weiß und grün, Behälter für die beiden Farbbäder, Karton

Vorbereitung: Tauche die Styroporkugeln mithilfe der Zahnstocher in die Farbbäder. Färbe die großen Kugeln für die Chlorid-Ionen weiß und die kleinen Kugeln für die Natrium-Ionen grün. Lasse die Farbe auf den Kugeln trocknen. Dazu kannst du die Zahnstocher mit den Kugeln in den Karton stechen.

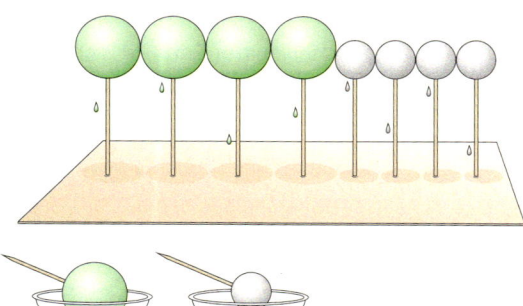

Durchführung:

Schritt 1: Verbinde zwei weiße und zwei grüne Kugeln mithilfe von Zahnstochern aneinander, sodass eine Reihe aus vier Kugeln mit abwechselnden Farben entsteht.

Schritt 2: Wiederhole Schritt 1, bis du 16 Reihen

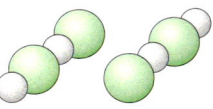

mit je vier Kugeln hast.

Schritt 3: Verbinde jeweils vier Reihen mit Zahnstochern oder Kleber zu einer Ebene aus 16 Kugeln. Drehe jede zweite Reihe, sodass immer Kugeln in wechselnder Farbe nebeneinander liegen. Fertige insgesamt vier Ebenen.

Schritt 4: Setze zwei Ebenen aufeinander.

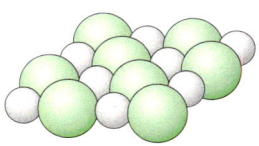

Verbinde diese mit Zahnstochern oder Kleber.

Schritt 5: Setze insgesamt 4 Ebenen aufeinander. Der entstehende Würfel ist das fertige Modell des Kochsalz-Ionengitters.

1 Beschreibe das Aussehen des Modells.

2 Nenne die Bedeutung der unterschiedlich farbigen Kugeln im Modell.

3 ‖ Gib die Anzahl an Kugeln an, die du für ein würfelförmiges Modell mit sechs Ionen pro Kante anstelle von vier benötigen würdest.

A Elektrische Leitfähigkeit im Teilchenmodell

Festes Salz

In Salzkristallen haben die positiv und negativ geladenen Ionen einen festen Platz im Ionengitter. Sie können sich nicht bewegen. Es gibt dort also keine frei beweglichen Ladungsträger. Festes Salz ist daher ein elektrischer Nichtleiter. Elektrische Nichtleiter heißen Isolatoren.

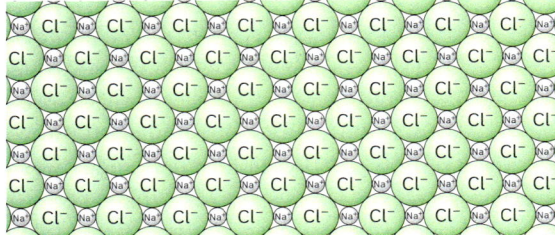

1 Ionen in einem Salzkristall

Geschmolzenes Salz

Wird Salz stark erhitzt, schmilzt es. Es entsteht eine **Salzschmelze**. Durch die Wärmezufuhr wird das Ionengitter aufgebrochen und die Ionen haben einen größeren Abstand. Sie sind frei beweglich. Dadurch können sie Ladungen weiterleiten. Sie sind elektrisch leitfähig.

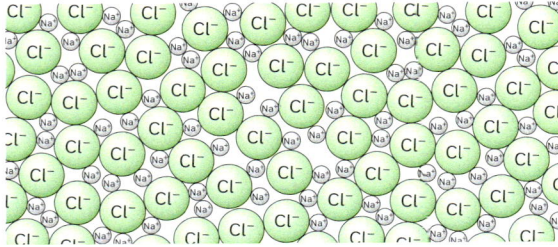

3 Ionen in einer Salzschmelze

Entmineralisiertes Wasser

Wasser besteht aus Wasser-Molekülen. Im Bild sind diese vereinfacht als Kugeln dargestellt. Die Wasser-Moleküle in flüssigem Wasser sind frei beweglich. Sie tragen keine Ladungen und können deshalb keinen elektrischen Strom weiterleiten. Reines Wasser ist also ein Isolator.

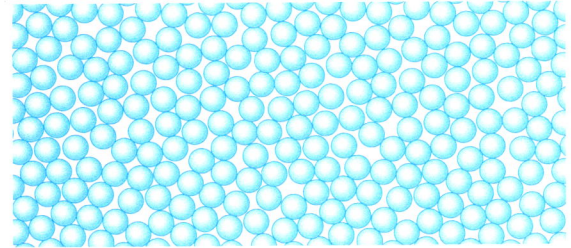

2 Freibewegliche Wasser-Teilchen

Salzlösung

In Salzlösungen sind die Anionen und Kationen des Salzes von Wasser-Molekülen umgeben. Dies führt dazu, dass sich die Ionen frei in der Lösung bewegen können. Sie sind Ladungsträger und leiten den elektrischen Strom. Salzlösungen sind daher elektrische Leiter.

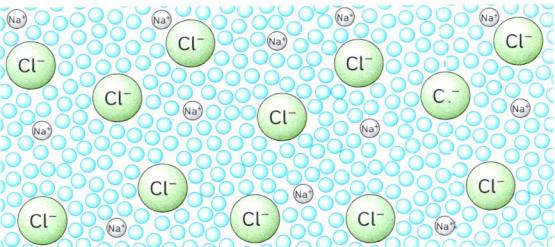

4 Freibewegliche Ionen in Wasser

1 a) Gib an, ob Salze als Feststoffe, in der Salzschmelze oder gelöst in Wasser elektrisch leitfähig sind.
b) Begründe die elektrische Leitfähigkeit von Salzschmelzen und Salzlösungen.
c) Begründe, dass feste Salze nicht elektrisch leitfähig sind.

2 Zeichne das Modell der Teilchen in einer wässrigen Kaliumiodid-Lösung.

Starthilfe zu 2:
Kaliumiodid besteht aus Kalium-Kationen (K^+) und Iodid-Anionen (I^-).

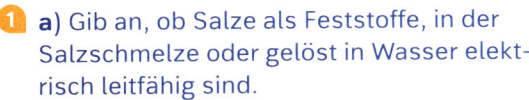

Auf einen Blick: Die chemischen Elemente der Erde

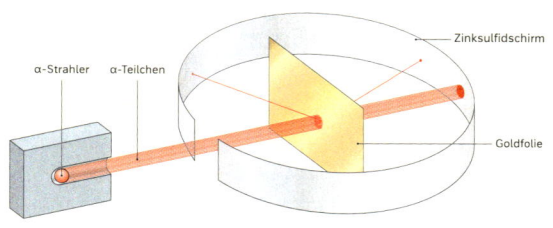

Streuversuch von Rutherford

Vor etwa 120 Jahren führte der Forscher ERNEST RUTHERFORD einen Versuch mit radioaktiven Elementen durch. Er beschoss eine dünne Goldfolie mit α-Teilchen. Dabei stellte er fest, dass die meisten Strahlen durch eine Goldfolie hindurchgingen und nur wenige abgelenkt oder reflektiert wurden.

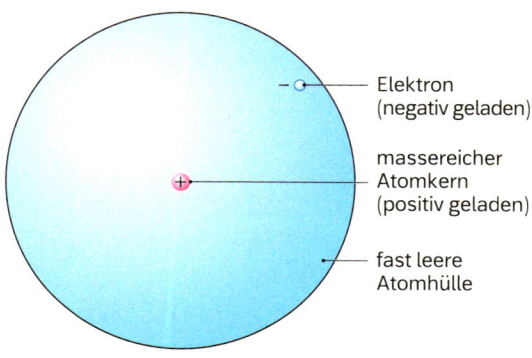

Ein neues Atommodell entsteht

Diese Ergebnisse standen im Gegensatz zu dem bis dahin bekannten Atommodell von DALTON. Nach DALTONS Atommodell bestand ein Atom aus einer harten, undurchdringlichen Kugel. Aus den Ergebnissen seines Versuchs schloss RUTHERFORD, dass Atome aus einem positiv geladenen Atomkern bestehen. Und dass der Kern fast die gesamte Masse eines Atoms enthält. Daraus folgerte RUTHERFORD, dass die umgebende Atomhülle fast leer sein muss und negative Ladungen enthalten muss.

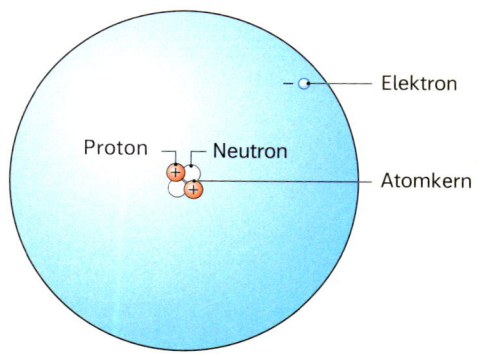

Der Aufbau eines Atoms

Der Atomkern besteht aus positiv geladenen Protonen und ungeladenen Neutronen. Sowohl Protonen als auch Neutronen haben eine Masse von 1 u. In der Atomhülle befinden sich negativ geladene Elektronen. Sie haben eine Masse von ca. $\frac{1}{2000}$ u. Zur Beschreibung eines Atoms wird dessen Massenzahl links oben vom Atomsymbol notiert. Sie ergibt sich aus der Anzahl der Protonen plus der Neutronen. Links unten steht die Ordnungszahl. Sie entspricht der Anzahl an Protonen.

WICHTIGE BEGRIFFE

- Atommodell von Dalton
- Streuversuch von Rutherford
- Atomkern
- Atomhülle

WICHTIGE BEGRIFFE

- Elektron
- Neutron
- Proton

Schalenmodell nach BOHR

Der Forscher NILS BOHR fand heraus, dass sich Elektronen unterschiedlich leicht von einem Atom entfernen lassen. Er schlug als Modell kugelförmige Schalen um den Atomkern vor. Dabei ordnete er Elektronen mit ähnlicher Energie gleichen Schalen zu. Leichter entfernbare Elektronen wurden in weiter außen liegende Schalen sortiert. Sie heißen Außenelektronen.

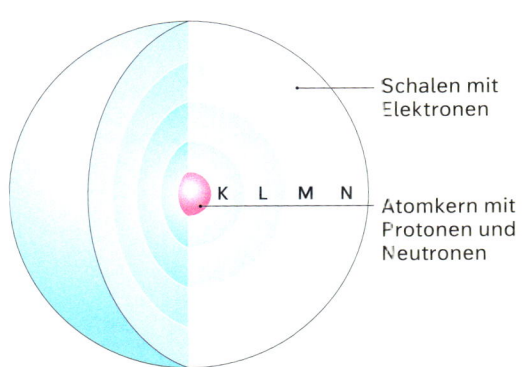

Edelgaskonfiguration

Atome mit acht Elektronen in der äußersten Schale haben eine Edelgaskonfiguration. Solche Stoffe reagieren kaum mit anderen. Atome ohne Edelgaskonfiguration reagieren so, dass sie durch Aufnahme oder Abgabe von Elektronen eine Edelgaskonfiguration erreichen. Dabei entstehen Ionen. Das Natrium-Atom hat ein Außenelektron. Da es keine Edelgaskonfiguration hat, ist es ein reaktionsfreudiger Stoff. Das Natrium-Ion (Na^+) hingegen hat eine Edelgaskonfiguration. Es reagiert kaum mit anderen Stoffen. Es ist reaktionsträge.

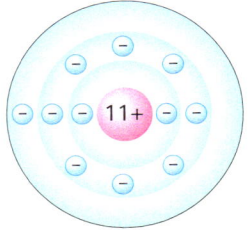

Natrium-Atom
1 Außenelektron
reaktiv

Natrium-Ion
0 Außenelektronen
reaktionsträge

Atome bilden Ionen

Salze bilden sich bei der Reaktion eines Metalls mit einem Nichtmetall. Bei der Reaktion gehen ein oder mehrere Elektronen vom Metall-Atom auf das Nichtmetall-Atom über. Es entstehen positiv geladene Metall-Ionen und negativ geladene Nichtmetall-Ionen. Salzkristalle sind aus Ionengittern aufgebaut. In diesen ziehen sich die ungleichnamig geladenen Ionen stark an, so dass Salze hohe Schmelztemperaturen haben.

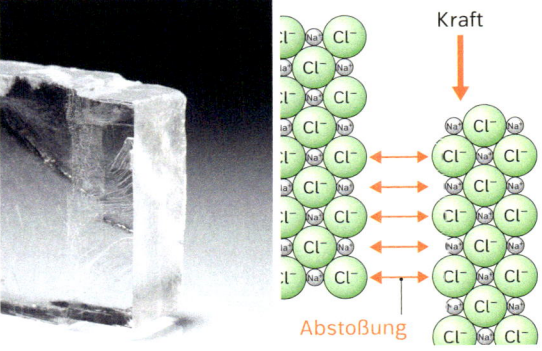

WICHTIGE BEGRIFFE

- Schalenmodell von BOHR
- Außenschale
- Außenelektron

WICHTIGE BEGRIFFE

- Edelgaskonfiguration
- Ionen
- Ionengitter

Auf einen Blick

Lerncheck: Die chemischen Elemente der Erde

Streuversuch von RUTHERFORD

1 Beschreibe den Versuchsaufbau des Streuversuchs von RUTHERFORD.

2 Beschreibe die drei Beobachtungen, die beim Auftreffen von α-Strahlen auf Atome auftreten.

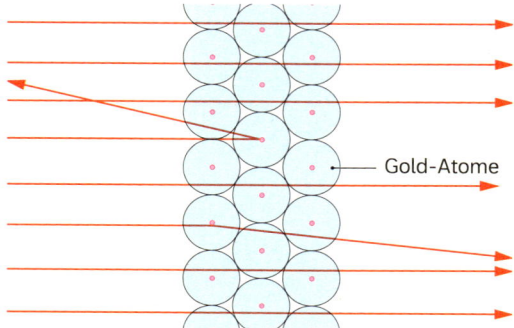

Gold-Atome

3 Gib die Schlussfolgerungen an, die aus den Beobachtungen des Streuversuchs abgeleitet werden können.

Ein neues Atommodell entsteht

4 Beschreibe den Aufbau eines Atoms nach DALTONS Atommodell.

5 Nenne die wissenschaftliche Entdeckung, die es RUTHERFORD möglich machte, das Atommodell von DALTON zu widerlegen und zu verbessern.

6 Erstelle eine Skizze des Atommodells von RUTHERFORD und beschrifte die einzelnen Teile.

Der Aufbau eines Atoms

7 Nenne die drei Bausteine eines Atoms.

8 Gib die Ladung eines Protons, eines Neutrons und eines Elektrons an.

9 Nenne die Masse eines Protons, eines Neutrons und eines Elektrons.

10 Gib die jeweilige Anzahl an Protonen, Neutronen und Elektronen an:

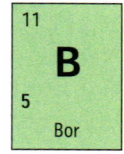  

11 **a)** Nenne das Atom, das aus sechs Neutronen und sechs Protonen aufgebaut ist.
b) Ergänze die Anzahl an Elektronen.

12 Nenne jeweils den Ort der Protonen, Neutronen und Elektronen in einem Atom.

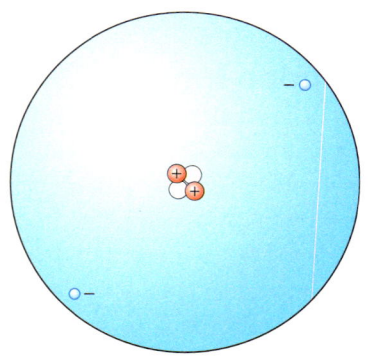

Schalenmodell von NILS BOHR

13 Benenne die Schalen im Atommodell von BOHR von innen nach außen.

14 Gib die maximale Anzahl an Elektronen
a) in der innersten Schale an.
b) in der zweitinnersten Schale an.

15 **a)** Gib die Anzahl der Elektronen im abgebildeten Atom an.
b) Benenne das Element.
c) Begründe, ob Elektronen zum Erreichen der Edelgaskonfiguration aufgenommen oder abgegeben werden müssen. Nenne deren Anzahl.

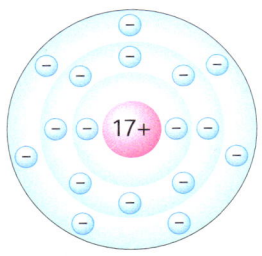

16 Zeichne die Schalenmodelle eines Lithium-Ions und eines Fluorid-Ions.

Edelgaskonfiguration

17 **a)** Beschreibe die Elektronenverteilung des Edelgases Neon.
b) Begründe, dass das Atom eine Edelgaskonfiguration hat.

18 Begründe, dass ein Magnesium-Atom sehr reaktiv ist, ein Magnesium-Ion jedoch nicht.

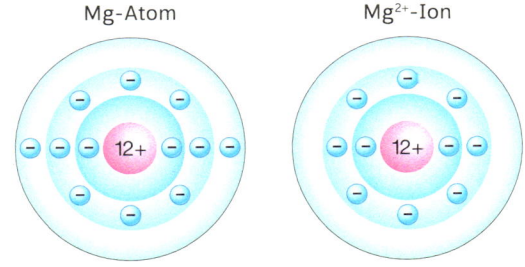

Halogene und Alkalimetalle

19 Nenne Eigenschaften der Alkalimetalle.

20 Beschreibe die unterschiedlichen Eigenschaften der Halogene.

21 Erkläre, dass die Alkalimetalle und die Halogene in der Natur nur in Verbindungen vorkommen.

DU KANNST JETZT ...

- ... das Schalenmodell von Niels Bohr beschreiben.
- ... die Edelgaskonfiguration erklären.
- ... die Schalenmodelle von einigen Elementen zeichnen.

DU KANNST JETZT ...

- ... die Elektronenverteilung in Elementen beschreiben.
- ... den Unterschied zwischen Atomen und Ionen erklären.
- ... die Eigenschaften von Alkalimetallen und Halogenen beschreiben.

Lerncheck

Die elektrische Energie

Wieso stehen dir manchmal die Haare vom Kopf ab?

Wie werden die Spannung und die Stromstärke gemessen?

Wie wird elektrische Energie abgerechnet?

1 Unterschiedliche Spannungsquellen

Elektrische Stromkreise im Alltag

Elektrische Geräte benötigen Strom

Viele Geräte wie das Smartphone, der Computer, elektrische Küchengeräte, der Fernseher oder die Audioanlage benötigen **elektrische Energie.** Diese wird von einer **Spannungsquelle,** beispielsweise von einem Akku oder aus der Steckdose des Haushaltsnetzes, auf die Geräte übertragen (→ Bild 1). Die elektrische Energie hat viele Vorteile gegenüber anderen Energieformen. Sie kann als einzige Energie in alle anderen Formen von Energie umgewandelt werden. Außerdem kann sie transportiert und gespeichert werden.

Energie wird gewandelt

Elektrische Geräte werden oft Stromverbraucher genannt. Das ist jedoch nicht richtig. Elektrische Geräte wandeln die elektrische Energie in andere Energieformen um. Ein Laptop beispielsweise wandelt elektrische Energie in Licht, Bewegungsenergie, Schall und Wärme um. Der Weg der Energie von der Spannungsquelle zum Nutzer kann in einem **Energiefluss-diagramm** dargestellt werden (→ Bild 2). Die Menge der zugeführten Energie und der nach der Umwandlung abgegebenen Energie ist gleich. Es geht keine Energie verloren und sie wird nicht verbraucht.

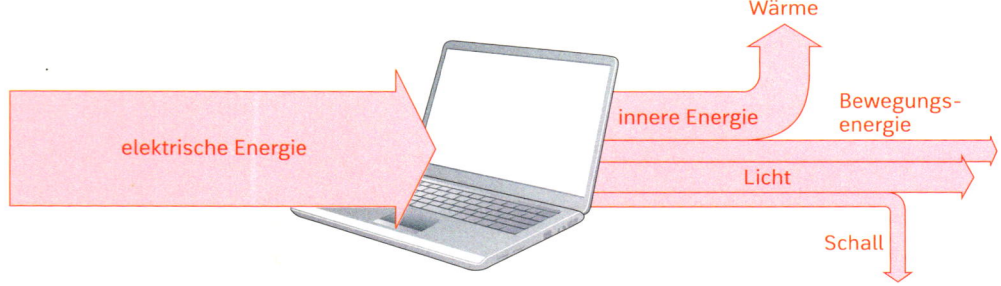

2 Energieflussdiagramm

3 In einem Wasserkraftwerk wird elektrische Energie bereitgestellt.

Energie wird genutzt

Elektrische Geräte wandeln die elektrische Energie in Energieformen um, die von uns genutzt werden. So wandelt eine Glühbirne elektrische Energie in Lichtenergie um. Das Licht nutzen wir, um nachts das Haus zu erhellen.

Bei der Energieumwandlung sind nicht immer alle Energieformen erwünscht. Alte Glühbirnen wandeln elektrische Energie auch in thermische Energie um. Sie werden warm, obwohl das nicht erwünscht ist. Neuere Leuchtmittel wie beispielsweise LEDs erzeugen nicht so viel Wärme. Hier wird möglichst viel elektrische Energie in die erwünschte Energieform Licht umgewandelt. Sie sind besonders effizient.

Woher stammt die elektrische Energie?

Für das Laden deines Smartphones nutzt du die Energie aus der Steckdose. Die elektrische Energie dafür wird in Kraftwerken bereitgestellt. Ein Kraftwerk wandelt die Energie, die in Kohle, Erdöl und in der Bewegung von Wind oder Wasser gespeichert ist, um. In einem Wasserkraftwerk wird Höhenenergie in elektrische Energie umgewandelt (→ Bild 3). Wasser fließt von einem Staudamm nach unten und treibt dabei Turbinen an. Die Höhenenergie wird in Bewegungsenergie umgewandelt. Ein Generator wandelt die Bewegungsenergie in elektrische Energie um, die in das Stromnetz gespeist wird.

---

1 Erstelle eine Tabelle mit elektrischen Geräten. Ergänze die Energieformen, in die gewandelt wird.

Starthilfe zu 1:

Gerät	Energieform
Laptop	Schall, Bewegungsenergie, ...

2 Erstelle für zwei Beispiele aus Aufgabe 1 jeweils ein Energieflussdiagramm.

3 I Erstelle für das Wasserkraftwerk ein Energieflussdiagramm.

4 II Beschreibe den Weg der Energie von dem Wasser im Stausee bis zum Bildschirm eines Laptops und nimm dabei Bezug auf das Basiskonzept Energie.

5 II Zeichne jeweils ein Energieflussdiagramm für einen Elektroroller und für einen Roller mit Verbrennungsmotor.

»

Energieumwandlungen in elektrische Energie

1 Ein Gezeitenkraftwerk

2 Ein Wellenkraftwerk

Ein Gezeitenkraftwerk

Das **Gezeitenkraftwerk** nutzt Ebbe und Flut, um Strom zu gewinnen. Je größer der Unterschied zwischen dem Niedrigwasserstand und dem Hochwasserstand ist, desto stärker ist die Strömung und desto mehr Energie kann gewonnen werden.

Ein Wellenkraftwerk

Bei einem **Wellenkraftwerk** treibt die Hin- und Herbewegung der Meereswellen einen Generator an. Der Generator gibt elektrische Energie ab. Gleichzeitig wird der Generator durch das umgebene Wasser gekühlt.

Ein Windgenerator

Windgeneratoren werden auch als Kleinanlagen gebaut. Die Rotorflügel treiben über ein gekoppeltes Getriebe direkt den Generator an. Er stellt nun elektrische Energie bereit. Ein Teil der Energie wird durch Reibungsvorgänge in innere Energie gewandelt. Diese wird in Form von Wärme an die Umgebung abgegeben.

3 Miniwindanlage

Eine Taschenlampe

Über die Kurbel wird ein kleiner Generator in der **Taschenlampe** angetrieben. Er gibt elektrische Energie ab und die LEDs leuchten. Die Lager und der Generator werden warm. Die Wärme wird an die Umgebung abgegeben. Häufig enthalten diese Lampen auch noch einen Akku. In ihm wird die elektrische Energie gespeichert. Das Gerät benötigt keine Batterien.

4 Eine Kurbellampe

❶ Zeichne ein Energieflussdiagramm für den Windgenerator. Gib dabei die zugeführte Energie, den Wandler und die abgegebenen Energien an.

Starthilfe zu 1:

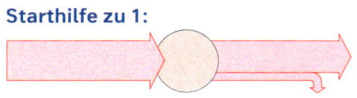

❷ a) Zeichne für die Kurbellampe das Energieflussdiagramm.
b) Zeichne für die Kurbellampe das Energieflussdiagramm, wenn die Lampe zusätzlich einen Akku enthält.

❸ III In der Dunkelheit musst du an deinem Fahrrad das Licht einschalten. Zeichne das Energieflussdiagramm, das das Licht als letzte Form der Energie hat. Beginne bei der chemischen Energie deiner Nahrungsmittel.

ÜBEN UND ANWENDEN

Ⓐ Solarladegeräte liefern Strom

Wenn du dein Smartphone umweltfreundlich aufladen möchtest oder wenn du draußen unterwegs bist, kannst du ein **Solarladegerät** verwenden. Deine Solarzellen wandeln Lichtenergie in elektrische Energie um, die zum Aufladen des Smartphones genutzt werden kann.

① a) Nenne die Vorteile eines Solarladegeräts.
   b) Nenne weitere Beispiele aus dem Haushalt, in denen Strom aus Solarzellen Anwendung finden.

② ‖ Zeichne ein Energieflussdiagramm für das Aufladen des Smartphones mit einem Solarladegerät.

5 Lichtenergie wird in elektrische Energie gewandelt.

Ⓑ Stromausfall

Stelle dir vor, du kommst abends nach Hause und in deiner Straße ist es dunkel. Du öffnest die Tür und auch in der Wohnung ist es dunkel. Du erfährst, dass es in deiner Stadt durch einen großen Schaden im Elektrizitätswerk zu einem totalen Stromausfall gekommen ist, der noch 24 Stunden lang andauert.

① Beschreibe die Auswirkungen des Stromausfalls für die Straße, in der du lebst und für das Kochen eines Abendessens. Verwende dazu Bild 6 und 7.

② a) Nenne fünf weitere Einschränkungen durch den Stromausfall, die deinen Alltag betreffen.
   b) Nenne fünf Veränderungen durch den Stromausfall, die das Leben in der Stadt betreffen.

③ Beschreibe in einer kurzen Geschichte, wie dein Tag ohne Strom aussieht.

6 Stromausfall in einer Straße

7 Kochen bei Stromausfall

1 Elektrisch aufgeladene Haare

Die elektrische Ladung

Stoffe laden sich elektrisch auf

Du streifst dir bei frisch gewaschenem Haar einen Kunststoffpulli über den Kopf. Plötzlich stehen dir wie in Bild 1 die Haare zu Berge. Die Ursache dafür ist **Elektrizität.**

Elektronen im Atommodell

Alle Stoffe bestehen aus kleinsten Teilchen, den **Atomen.** Atome sind aus einem **Atomkern** und aus **Elektronen** in der **Atomhülle** aufgebaut (→ Bild 2). Der Atomkern ist **elektrisch positiv** geladen, die Elektronen sind negativ geladen. Nur die Elektronen in der Atomhülle sind frei beweglich, der Atomkern ist nicht beweglich. Die Elektronen tragen die **elektrisch negative Ladung.**

Die Ladungstrennung

Jeder Körper enthält nach außen hin gleich viele positive und negative Ladungen. Er ist **elektrisch neutral.**
Beim Überstreifen des Pullovers reiben die Fasern des Pullovers über deine Haare. Dabei wandern Elektronen vom Pullover auf dich über. Deine Haare haben Elektronen aufgenommen. Sie haben einen **Elektronenüberschuss** und sind elektrisch negativ geladen. Von der Oberfläche des Pullovers werden elektrische Ladungen entfernt. Dadurch hat der Pullover einen **Elektronenmangel.** Er ist elektrisch positiv geladen. Der Pullover und deine Haare sind unterschiedlich elektrisch geladen (→ Bild 3). Es findet eine **Ladungstrennung** statt.

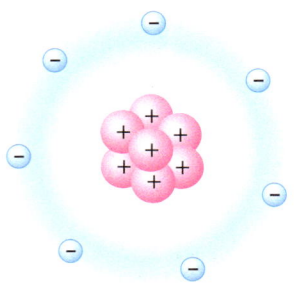

2 Ein einfaches Atommodell

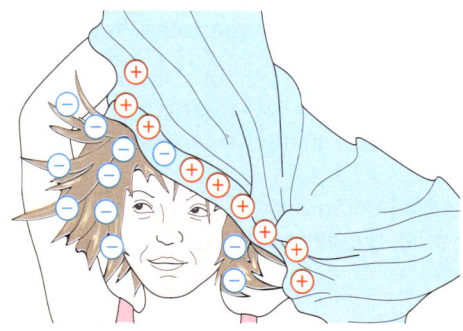

3 Ladungstrennung

Der Ladungsausgleich

Durch den direkten Kontakt zweier unterschiedlicher Stoffe wurden die Ladungen getrennt. Berührst du nun eine Türlinke aus Metall, kannst du einen **elektrischen Schlag** bekommen. Es kommt zu einem schlagartigen Ladungsausgleich. Die Elektronen fließen von dir über die Tür ab (→ Bild 4). Dabei wurde der Stromkreis geschlossen. Die Elektronen bewegen sich und transportieren die elektrische Energie.

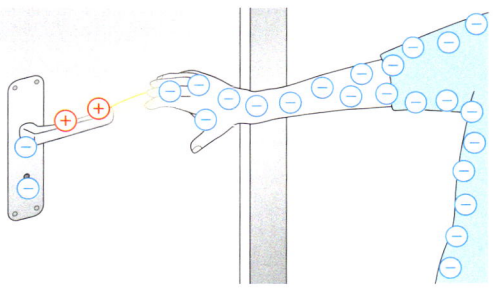

4 Der Ladungsausgleich ist spürbar.

Die Anziehung und die Abstoßung

Wie du bereits weißt, können Körper durch Reibung elektrisch positiv oder negativ geladen sein. Sind zwei Körper nahe beieinander, stoßen sie sich bei gleichartiger Ladung ab. Je stärker sie geladen sind, desto stärker stoßen sie sich ab. Sind die Körper dagegen ungleichartig geladen, ziehen sie sich an (→ Bild 5).

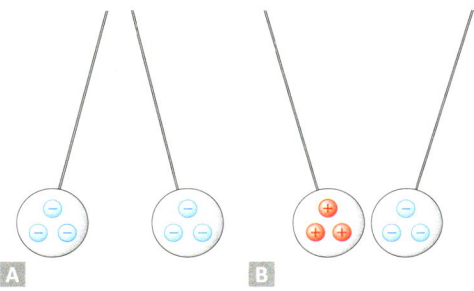

5 Elektrisch geladene Kugeln: **A** Abstoßung, **B** Anziehung

Das Nachweisgerät Glimmlampe

Elektrische Ladung kannst du nicht sehen. Mit einer **Glimmlampe** kannst du nachweisen, dass ein Gegenstand elektrisch geladen ist. Du kannst sogar die Art der Ladung bestimmen. Im Inneren der Glimmlampe befinden sich zwei voneinander getrennte Drähte und das Gas Neon (→ Bild 6A). Hältst du die Glimmlampe an einen elektrisch geladenen Gegenstand, leuchtet der Draht auf, der Elektronen abgibt. Besitzt der Gegenstand einen Elektronenüberschuss, leuchtet also der Draht am Körper auf (→ Bild 6C).

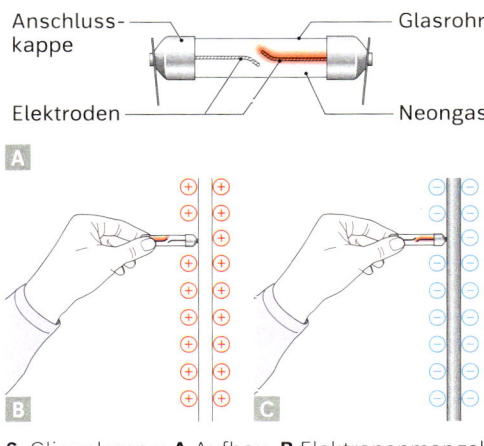

6 Glimmlampe: **A** Aufbau, **B** Elektronenmangel, **C** Elektronenüberschuss

---

1️⃣ Beschreibe Situationen, in denen du einen elektrischen Schlag bekommst.

2️⃣ Beschreibe den Aufbau des Atoms.

Starthilfe zu 2:
Nutze dazu Bild 2.

3️⃣ I Eine elektrisch geladene Kugel wird einer zweiten geladenen Kugel genähert.
  a) Die Kugeln haben gleichartige Ladungen. Beschreibe das Verhalten der Kugeln.
  b) Beschreibe das Verhalten der Kugeln, wenn die Kugeln ungleichartig geladen sind.

4️⃣ II Der Pluspol und der Minuspol einer Spannungsquelle können mit einer Glimmlampe bestimmt werden. Beschreibe dein Vorgehen.

A Warum schwebt der Ballon?

Material: sehr dünne Plastiktüte, Wolltuch, langer Luftballon (→ Bild 1)

Durchführung:

Schritt 1: Schneide von der Plastiktüte 5 cm des oberen Randes ab. Du erhältst einen geschlossenen Ring. Reibe ihn kräftig auf einer trockenen Unterlage mit einem Wolltuch.

Schritt 2: Puste den Luftballon auf und reibe ihn ebenfalls kräftig mit dem Wolltuch.

Schritt 3: Ziehe den Tütenstreifen zu einem Ring auf und lass ihn aus zwei Metern Höhe gleiten. Versuche, den Ring mit dem Luftballon in der Schwebe zu halten, ohne dass sich Ballon und Ring berühren.

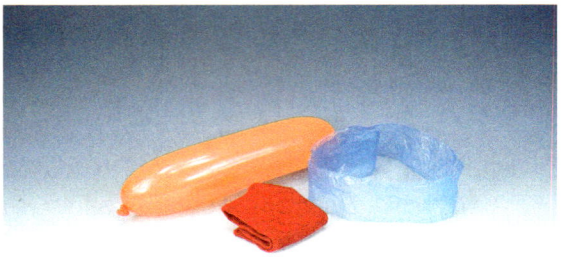

1 Das Versuchsmaterial

1 Erkläre das Beeinflussen des Plastikringes durch den Luftballon. Berücksichtige dabei ihre Ladungszustände. Beginne beim Reiben der Kunststofffolie und des Ballons.

B Warum glimmt die Lampe?

Material: Kunststofffolie, Wolltuch, Fell, Seide, Tuch aus Kunstfasern, Glimmlampe

Durchführung:

Beobachte jeweils die Glimmlampe.

Schritt 1: Lege die Kunststofffolie auf eine trockene Unterlage. Reibe sie kräftig mit dem Wolltuch (→ Bild 2A).

Schritt 2: Taste verschiedene Stellen der Folie mit der Glimmlampe ab (→ Bild 2B).

Schritt 3: Wiederhole die Schritte 1 und 2. Reibe die Folie jetzt mit dem Fell, dem Seidentuch und dem Kunstfasertuch.

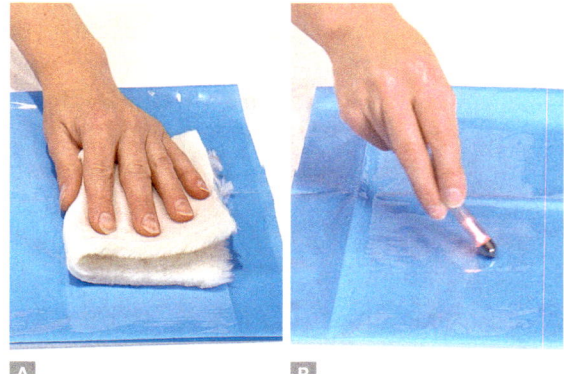

2 Eine Folie wird: **A** aufgeladen, **B** geprüft.

1 **a)** Beschreibe die Anzeige der Glimmlampe, nachdem die Folie mit dem Wolltuch gerieben wurde.
b) Beschreibe die Anzeige der Glimmlampe nach dem Reiben mit dem Fell und mit den Tüchern.

Starthilfe zu 1:
Gehe bei deiner Beschreibung auf den Draht der Glimmlampe ein, der leuchtet.

2 Erkläre die verschiedenen Anzeigen der Glimmlampe. Benutze die Begriffe: Elektronenüberschuss, elektrisch negativ geladen und Elektronenmangel, elektrisch positiv geladen.

IM ALLTAG

Elektrische Ladungen in der Natur

Eine besondere Rutschpartie

Rutschen ist für Kinder ein Vergnügen, besonders, wenn sich dabei auch noch die Frisur verändert. Beim Rutschen werden Elektronen aus der Oberfläche der Rutsche auf die Kleidung des Kindes übertragen. Sie verteilen sich über den Körper bis in die Haare. Die gleichartigen Ladungen stoßen sich ab. Dabei nehmen sie die Haare mit und lassen sie zu Berge stehen (→ Bild 3).

3 Eine Rutschpartie

Gewitter

An sonnigen Tagen erwärmt die Sonne die Erdoberfläche und die Luft darüber. Die Luft steigt auf. Enthält die Luft viel Wasserdampf, kondensiert dieser in großen Höhen zu Wasser. Es bildet sich eine Wolke, die immer höher wächst. Im Inneren der Wolke entstehen kräftige Aufwinde. Wassertropfen in der Wolke werden in große Höhen getragen, wo sie gefrieren. Beim Herunterfallen reiben sich die Eiskristalle an anderen Wasserteilchen in der Luft. Dabei werden Ladungen getrennt. Es entstehen zwischen den Wolken große Ladungsunterschiede. Der Ladungsausgleich erfolgt durch einen **Wolkenblitz.** An der Erdoberfläche sammeln sich Ladungen, die zu denen in der Wolke entgegengesetzt sind. Ein Leitblitz macht die Luft leitfähig. Ihm wachsen vom Boden Fangentladungen entgegen. Treffen sich beide, kommt es zum Ladungsausgleich durch einen **Erdblitz.**

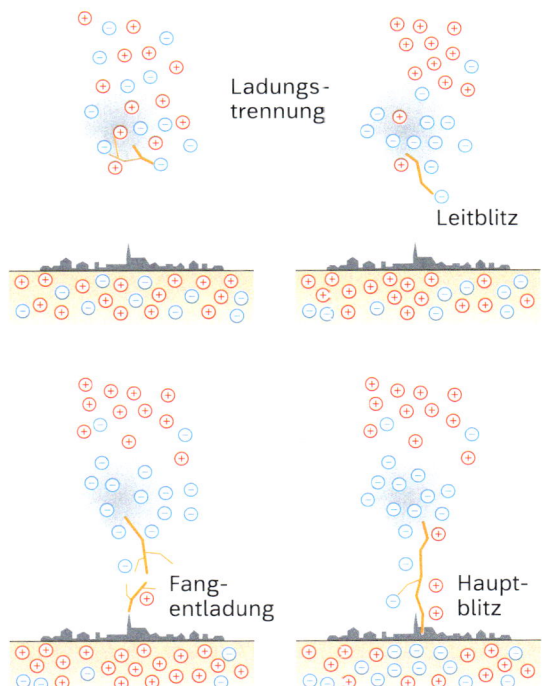

4 Entstehung eines Erdblitzes

---

1 Das Kind in Bild 3 berührt nach dem Rutschen eine Begleitperson.
   a) Beschreibe die Beobachtung.
   b) Erkläre die Beobachtung. Nenne Materialien für eine Rutsche, bei denen es kaum zu einer Ladungstrennung kommt.

Starthilfe zu 1:
Benutze die Begriffe:
• Ladungstrennung
• Ladungsausgleich
• elektrischer Schlag

2 ‖ Überlege, wo es im Alltag zu kleinen Entladungen oder Blitzen kommen kann. Beschreibe den Vorgang und erkläre ihn.

1 Elektrische Entladungen durch Blitze

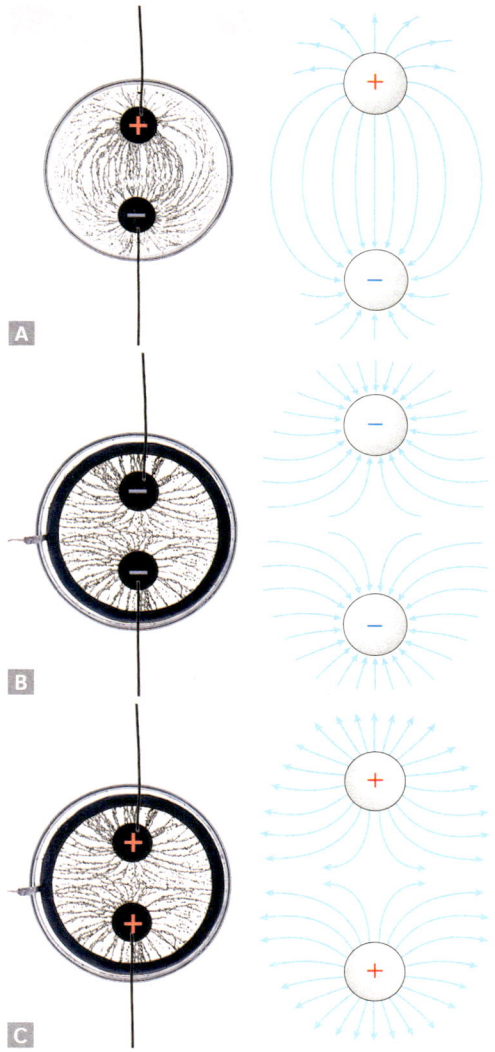

2 Elektrische Felder und ihre Darstellung

Das elektrische Feld

Verschiedene Felder

Geladene Körper üben Kräfte aufeinander aus. Gleiche Ladungen stoßen sich ab und ungleiche Ladungen ziehen sich an. Je weiter sich die geladenen Körper voneinander entfernen, desto schwächer werden die Kräfte. Diesen Wirkungsbereich bezeichnet man auch als **elektrisches Feld**.

Das elektrische Feld darf nicht mit dem magnetischen Feld verwechselt werden. Elektrische Felder werden durch elektrisch geladene Körper erzeugt und wirken daher nur auf elektrische Ladungen. Magnetfelder werden von Magneten erzeugt. Sie wirken nur auf bestimmte magnetische Stoffe. Wie Magnetfelder kann man auch das elektrische Feld sichtbar machen. Statt Eisenspähnen werden Grießkörner verwendet, die in Öl schwimmen. Wird ein elektrisches Feld angelegt, dann richten sich die Grießkörner im elektrischen Feld aus. Man kann dann die **Feldlinien** erkennen. Werden beide Körper jeweils an unterschiedlichen Polen angeschlossen, bilden sich Bahnen zwischen den Polen (→ Bild 2 A). Werden beide Körper jeweils an den gleichen Pol angeschlossen, verlaufen die Bahnen weg von den Körpern (→ Bild 2 B und C).

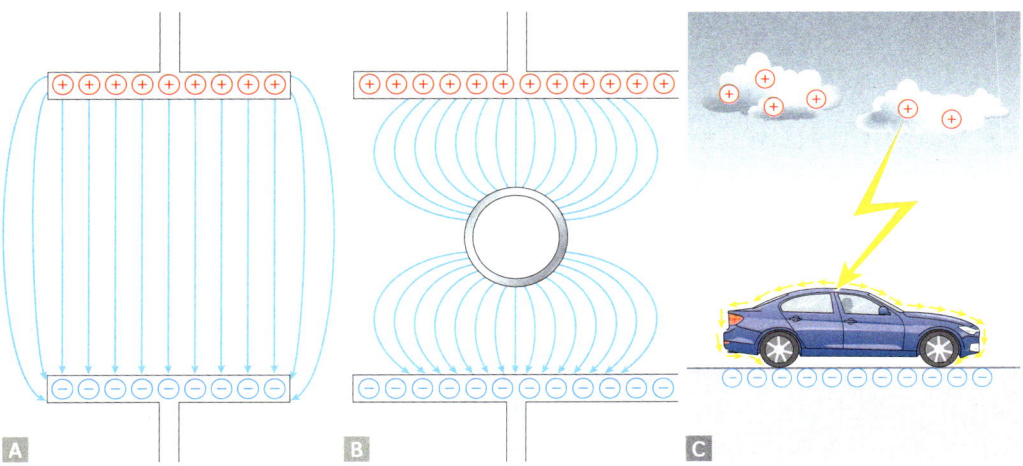

3 A Elektrisches Feld, **B** Elektrisches Feld mit Faraday'schem Käfig, **C** Auto als Faraday'scher Käfig

Parallel verlaufende Feldlinien

In Bild 3 A haben die Kupferplatten eine ebene Form. Sie sind parallel zueinander aufgestellt. Zwischen den Platten verlaufen die Linien der Grieskörnchen fast parallel. Das elektrische Feld ist sehr gleichmäßig.

Ein Metallring schirmt ab

Die Form der Feldlinien ändert sich, wenn in die Mitte zwischen den Platten ein Metallring gelegt wird (→ Bild 3 B). Die Grießkörnchen innerhalb des Ringes bleiben ungeordneter. Sie erfahren keine Kraftwirkung mehr durch des elektrische Feld. Der Metallring schirmt den Innenraum ab. Die Abschirmung eines elektrischen Feldes funktioniert auch durch einen Körper, beispielsweise einem Würfel oder einer Kugel. Der Innenraum bleibt von der Einwirkung eines elektrischen Feldes frei.

Ein Käfig schirmt ab

Diese Entdeckung gelang dem englischen Naturforscher MICHAEL FARADAY (1791 – 1867). Nach ihm wird ein metallischer Hohlkörper, der zur Abschirmung gegen elektrische Erscheinungen genutzt wird, als **Faraday'scher Käfig** bezeichnet.

Ein Auto als Faraday'scher Käfig

Bei einem Gewitter kommt es zu heftigen Ladungsbewegungen in der Atmosphäre. Die entstandenen Ladungsunterschiede werden durch Blitze ausgeglichen (→ Bild 1). Ihre Wirkungen sind für Menschen, Tiere und Gegenstände gefährlich.
Du kannst in einem Auto Schutz suchen, denn ein Auto wirkt als Faraday'scher Käfig. Seine Außenhülle aus Metall schirmt den Innenraum gegen das elektrische Feld ab. So schützt ein Auto die Menschen darin vor einem Blitzeinschlag (→ Bild 3 C).

1 **a)** Zeichne das Feldlinienbild zwischen einer Kugel mit negativer Ladung und einer Kugel mit positiver Ladung.
b) Beschreibe den Verlauf der Feldlinien.

Starthilfe zu 1:
Benutze die Stichwörter:
- Richtung des Austritts
- Richtung des Eintritts

2 ▌ Beschreibe die Merkmale elektrischer Feldlinien.

3 ▌▌ Beschreibe die Wirkung eines Metallringes im elektrischen Feld zwischen zwei Metallplatten.

4 ▌▌ Erkläre die Schutzwirkung eines Autos bei einem Gewitter.

A Magnetische und elektrische Felder im Vergleich

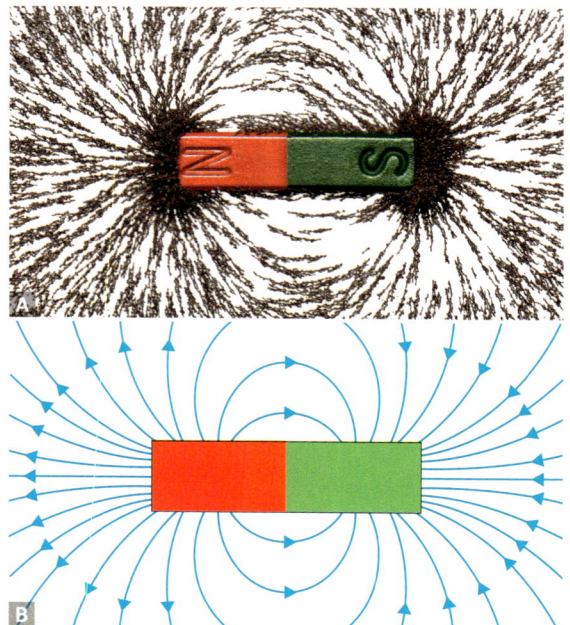

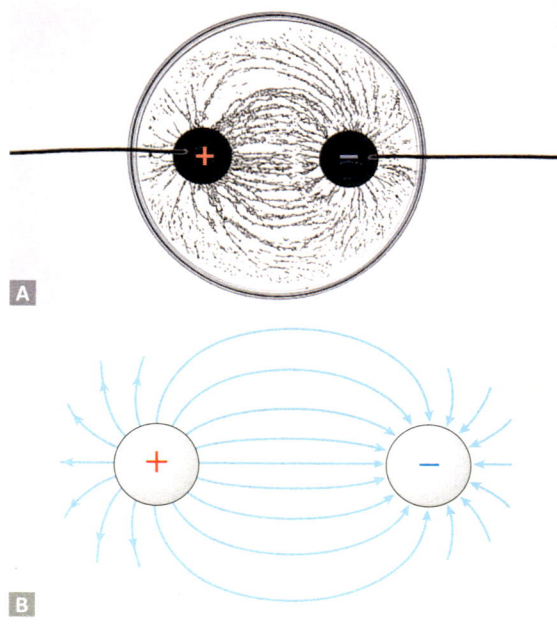

1 Das magnetische Feld eines Stabmagneten:
A Versuch mit Eisenfeilspänen, **B** Feldlinienbild

2 Das elektrische Feld zwischen zwei Elektroden:
A Versuch mit Grieskörnern, **B** Feldlinienbild

Das Modell magnetische Feldlinien

Das magnetische Feld kann mit Eisenfeilspänen sichtbar gemacht werden. Dort ordnen sich die Eisenfeilspäne auf gebogenen Linien an. Diese Linien heißen magnetische Feldlinien. Sie
- treten senkrecht aus dem Magneten aus und wieder ein.
- sind in sich geschlossene Kurven.
- verlaufen vom Nordpol zum Südpol.
- schneiden und berühren sich nicht.

Die Feldlinien stellen ein physikalisches Modell zur Veranschaulichung eines magnetischen Feldes dar. Sie existieren nicht wirklich.

Das Modell elektrische Feldlinien

Die Wechselwirkung zwischen elektrischen Ladungen kann durch elektrische Feldlinien dargestellt werden. Sie
- stehen senkrecht auf der Oberfläche metallischer Leiter.
- sind keine in sich geschlossene Kurven.
- verlaufen von der positiven Ladung zur negativen Ladung.
- schneiden und berühren sich nicht.

Die elektrischen Feldlinien stellen ein physikalisches Modell zur Darstellung des elektrischen Feldes dar.

1 Beschreibe das Feldlinienbild eines Stabmagneten in Bild 1.

2 Beschreibe das Feldlinienbild zwischen einer positiven und einer negativen Ladung zweier Elektroden.

3 Vergleiche die Modelle magnetische Feldlinien und elektrische Feldlinien. Nenne dabei Gemeinsamkeiten und Unterschiede.

4 ‖ Zeichne das Bild der magnetischen Feldlinien für einen Hufeisenmagnet.

B Der Fotokopierer

Das wichtigste Bauteil eines Fotokopierers ist die Bildtrommel aus Aluminium mit einer besonderen Beschichtung. Die Bildtrommel wird elektrisch negativ aufgeladen. Eine Textseite, die kopiert werden soll, besteht aus schwarzen Stellen, den Buchstaben, und den weißen Zwischenräumen. Bei der Belichtung werden diese Schwarz-Weiß-Unterschiede auf die Bildtrommel projiziert. An den weißen Stellen entläd sich die Trommel und wird elektrisch neutral. An den dunklen Stellen wird elektrisch positiv geladenes Tonerpulver aufgebracht. Es wird angezogen und haftet auf der Trommel. Nun wird ein negativ geladenes Blatt Papier zugeführt. Das Tonerpulver geht als Buchstabenmuster auf das Papier über. Durch eine beheizte Walze und eine Andruckwalze wird es auf das Papier dauerhaft eingebrannt. Danach verlässt die fertige Kopie die Maschine.

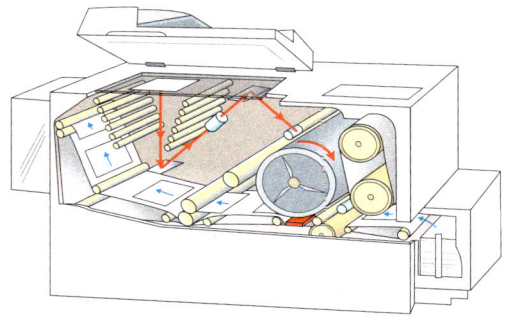

3 Das Innere eines Fotokopierers

1 Beschreibe schrittweise die Entstehung einer Fotokopie. Gehe dabei auf die positiven und negativen elektrischen Ladungszustände der beteiligten Materialien ein.

2 Recherchiere im Internet nach den Begriffen Fotokopierer und Elektrofotografie. Beschreibe den Zusammenhang.

C Das elektronische Papier

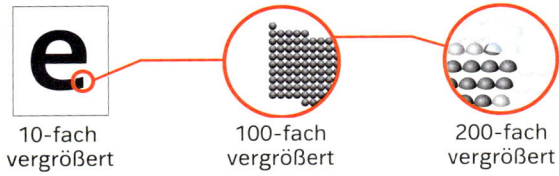

| 10-fach vergrößert | 100-fach vergrößert | 200-fach vergrößert |

4 Buchstaben vergrößert betrachtet

Auf einem E-Book-Reader werden Textseiten dargestellt. Vergrößert betrachtet, setzen sich die Buchstaben aus vielen kleinen schwarzen Kapseln zusammen (→ Bild 4). Das Display besteht aus einer durchsichtigen Platte und einer geladenen Platte. Zwischen den Platten schwimmen in einer dünnen Flüssigkeitsschicht viele tausend Farbkapseln. Die Kapseln beinhalten schwarze negativ geladene Teilchen und weiße positiv geladene Teilchen. Je nach Ladung der Platte werden die schwarzen oder weißen Teilchen angezogen und erzeugen so ein Buchstabenbild (→ Bild 5).

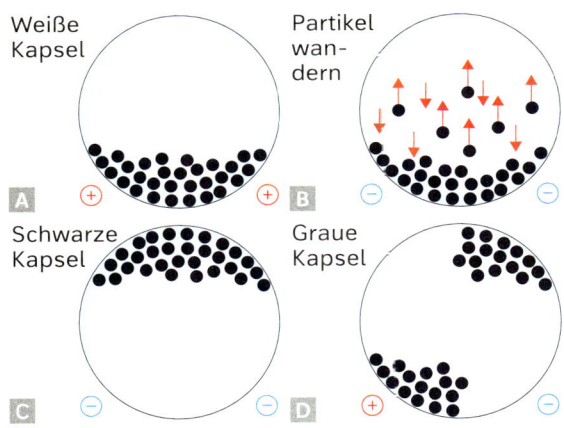

5 Farbkapseln im E-Book-Reader

1 Beschreibe mithilfe von Bild 5 die Entstehung von weißen, schwarzen und grauen Flecken auf dem E-Book-Reader.

2 Recherchiere im Internet das Entstehen von Buchstaben in einem E-Book-Reader.

1 Menschen strömen über eine Brücke

▶❙❙ F Der elektrische Stromkreis

Bewegung in eine Richtung

Im Alltag wird das Wort „Strom" in unterschiedlichen Zusammenhängen genutzt. Beim Start eines Marathonlaufes bewegen sich die Läuferinnen und Läufer gleichzeitig in eine Richtung (→ Bild 1). Man spricht von einem Menschenstrom. In einem Fluss sind es Wasserteilchen, die sich in eine Richtung bewegen. Sie bilden einen Wasserstrom. Wenn sich Menschen, Gegenstände oder Teilchen in die gleiche Richtung bewegen, sprechen wir von einem **Strom**. In einem elektrischen Stromkreis sind Elektronen die Teilchen, die sich in eine Richtung bewegen.

Der elektrische Stromkreis

Damit Elektronen in einem Stromkreis fließen können, muss dieser geschlossen sein. In einem **offenen Stromkreis** können keine Elektronen fließen. Erst wenn ein Nutzer, zum Beispiel eine Glühlampe, mit jeweils einem elektrischen Leiter an beiden Polen der Spannungsquelle angeschlossen ist und der Schalter geschlossen ist, leuchtet sie. Der Stromkreis ist **geschlossen.**

Der Elektronenstrom

Elektrische Leitungen bestehen aus Drähten aus Metall, meistens aus Kupfer. Metalle bestehen aus Atomen, die in einem Gitter angeordnet sind. Innerhalb des **Metallgitters** können sich einige Elektronen frei bewegen (→ Bild 2 A). Sie heißen **freie Elektronen.**

In einem Stromkreis wirkt eine Batterie wie eine Ladungspumpe. An ihrem Minuspol herrscht durch Ladungstrennung ein Elektronenüberschuss, am Pluspol ein Elektronenmangel. Wird ein elektrischer Leiter in einen Stromkreis mit Elektrizitätsquelle und Nutzer gebaut, entsteht ein elektrisches Feld. Die Wechselwirkung mit dem Feld treibt die freien Elektronen vom Minuspol der Spannungsquelle zum Pluspol. Sie erleben eine gerichtete Bewegung. Da der Stromkreis geschlossen ist, entsteht ein gerichteter **Elektronenstrom.**

> Die Elektronen können nur in einem geschlossenen Stromkreis fließen.

A

B

2 Modell zum Stromkreis: **A** Freie Elektronen im Metallgitter, **B** Die Batterie als Ladungspumpe ruft in einem geschlossenen Stromkreis einen gerichteten Elektronenstrom hervor.

Elektronenstrom und Energiefluss

Die Elektronen transportieren die elektrische Energie von der Spannungsquelle zum Nutzer. Nach der Energieabgabe am Nutzer fließen die Elektronen weiter zum Pluspol der Spannungsquelle. Ihre Bewegung ist gerichtet, sie bewegen sich im geschlossenen Stromkreis.

Der Elektronenstrom ist somit die Ursache des Energieflusses (→ Bild 3). Die Energie fließt von der Spannungsquelle zum Nutzer. Die elektrische Energie wird durch die Elektronen transportiert. Der **elektrische Energiefluss** ist von der Spannungsquelle zur Lampe **gerichtet.**

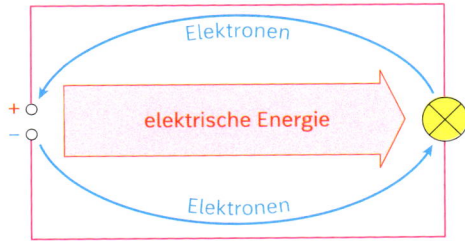

3 Elektronenstrom und Energiefluss

> In einem geschlossenen Stromkreis haben die Elektronen und die Ladungen die gleiche Bewegungsrichtung. Sie verläuft von der Spannungsquelle zur Lampe.

1 Vergleiche einen elektrischen Stromkreis mit einem Wasserstrom. Nenne Gemeinsamkeiten und Unterschiede und nimm Bezug auf das Basiskonzept System.

2 Erkläre, aus welchem Grund ein Stromkreis geschlossen sein muss.

3 **I** Beschreibe den Weg der Elektronen in elektrischem Stromkreis.

4 **II** Erkläre die Funktion einer Batterie
a) für den Stromkreis und
b) für die Elektronenbewegung innerhalb des Stromkreises.

5 **II** Erkläre den Unterschied zwischen dem Elektronenstrom und dem elektrischen Energiefluss.

Starthilfe zu 5:
Nutze dazu auch Bild 3.

 **METHODE**

Ein Lernplakat erstellen

Informationen in übersichtlicher Form

Auf einem **Lernplakat** wie in Bild 1 kannst du viele Informationen zu einem Thema übersichtlich zusammenstellen. Diese Informationen sollten eine Kombination aus Abbildungen und Texten sein. Wenn du Material zu einem Thema gesammelt hast, kannst du es auf einem Plakat zeigen. Beachte dabei Folgendes:

- Erstelle zuerst eine Skizze des Plakates. Sie soll zeigen, wie das Plakat nach der Fertigstellung aussehen könnte.
- Lege Abbildungen probeweise auf dem Plakatkarton aus.
- Lege die Plätze für die Texte fest und markiere diese. Erstelle die Texte und klebe sie auf.
- Klebe zuletzt die Abbildungen auf.

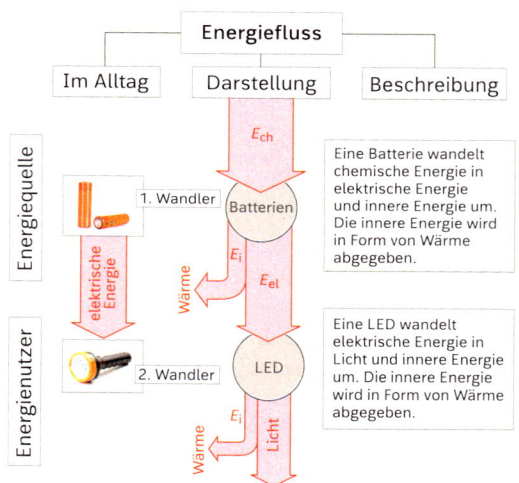

1 Plakat zum Energiefluss

Die Überschrift und Text

Die Überschrift muss das Thema angeben. Schreibe sie deutlich und groß. Sie muss aus einem Abstand von 3 m bis 4 m gut lesbar sein. Plane möglichst kurze Texte. Formuliere sie eigenständig. Schreibe den Text am Computer oder sauber mit einem breiten Stift.

Die Abbildungen

Verwende nur wenige ausgewählte Bilder und Zeichnungen. Sie sollten das Thema gut wiedergeben. Bei Bildern aus Zeitschriften oder dem Internet musst du das **Urheberrecht** beachten. Schreibe die Quelle, den Urheber und das Zugriffsdatum unter die Abbildung.

Der Hintergrund und die Farben

Der Hintergrund sollte einfarbig und nur leicht gefärbt sein. Die Schrift und die Bilder müssen sich gut von der Farbe des Hintergrundes abheben.

Digitale Plakaterstellung

Du kannst ein Plakat auch **digital** erstellen. Es gibt verschiedene kostenlose, aber auch kostenpflichtige Programme im Internet. Sie helfen dir bei der Erstellung von Plakaten am Computer. Für die Ausgestaltung gelten dabei die gleichen Regeln wie für ein von Hand gestaltetes Plakat. Für Plakate bis DIN A3-Format reicht auch ein einfaches Textverarbeitungsprogramm. Digital erstellte Plakate ab DIN A3 können im Copy-Shop ausgedruckt werden. Jedoch ist dies mit Druckkosten verbunden.

1 Erstelle ein Plakat zum Thema: Energieumwandlungen.
a) Sammle und notiere Beispiele für einfache Energieumwandlungen. Beginne mit der elektrischen Energiequelle und ordne passende Geräte zu, die die elektrische Energie nutzen.
b) Suche im Internet nach Abbildungen dieser Geräte. Notiere dir für jede Abbildung die Quelle und den Urheber.
c) Erstelle jeweils einen Text, der die Energieumwandlung des gewählten Wandlers beschreibt.

2 **a)** Informiere dich im Internet über frei verfügbare, kostenlose Programme zur Plakatgestaltung.
b) Informiere dich über die Druckkosten für das Format DIN A2 oder eine vergleichbare Größe.

Regeln zum Umgang mit elektrischen Geräten

Damit keine schweren Unfälle im Umgang mit elektrischem Strom passieren, musst du Sicherheitsregeln einhalten.

Der menschliche Körper leitet den elektrischen Strom. Bei einem Stromschlag kann große Hitze entstehen. Diese kann zu Verbrennungen führen. Außerdem können die Muskeln verkrampfen und das Herz aus dem Takt kommen. Das kann tödlich enden. Daher musst du beim Umgang mit elektrischem Strom sehr vorsichtig sein.

2 Verschiedene Alltagssituationen

Sicherheitsregeln

- Verwende keine defekten Geräte oder Geräte mit beschädigten Leitungen.
- Schalte bei Störungen sofort die elektrischen Geräte ab oder ziehe den Stecker.
- Verlege Leitungen stets so, dass die Isolierung nicht beschädigt werden kann und keine Stolperfallen entstehen.

- Führe keine Reparaturen an Geräten durch.
- Zieh Stecker niemals an der Leitung aus der Steckdose.
- Schütze elektrische Geräte vor Feuchtigkeit.

1 Beschreibe die Gefahren im Umgang mit Strom, die auf den Bildern 2 A bis E dargestellt sind.

1 Ein Verkehrsstrom

Die elektrische Stromstärke

Der Elektronenstrom

In metallischen Leitern transportieren Elektronen die negativen Ladungen. Jedes Elektron besitzt dabei genau eine negative Ladung. Wenn in der gleichen Zeit mehr Elektronen durch den elektrischen Leiter fließen, wird eine größere Ladungsmenge transportiert. Die Stärke dieses Elektronenstromes wird als **elektrische Stromstärke** bezeichnet.

Die elektrische Stromstärke

Die elektrische Stromstärke ist ein Maß für die Anzahl der Elektronen, die in einer bestimmten Zeit durch die Querschnittsfläche eines elektrischen Leiters fließen (→ Bild 2 A).
Für die Stromstärke wird das Formelzeichen I verwendet. Sie wird in der Einheit **A (Ampere)** gemessen, die auf ANDRÉ MARIE AMPÈRE (1775 – 1836) zurückgeht.

Der Verkehrsstrom als Modell

Das Messen der Stromstärke kannst du mit dem Messen des Verkehrsstroms vergleichen. Auf Autobahnen wird die Anzahl der Fahrzeuge gemessen. Es werden die Fahrzeuge gezählt, die an einer festgelegten Stelle in einer bestimmten Zeit in einer Richtung vorbeifahren. Das Ergebnis ist die Stärke des Verkehrsstromes (→ Bild 2 B). Mithilfe dieser Messungen lässt sich auf Autobahnen die Geschwindigkeit regeln. Bei zu vielen Autos wird die Geschwindigkeit verringert und die erlaubte Geschwindigkeit angezeigt.

Name: elektrische Stromstärke
Formelzeichen: I
Einheit: A (Ampere)
Weitere Einheiten:
  1 A = 1000 mA (Milliampere)
  1 mA = 0,001 A

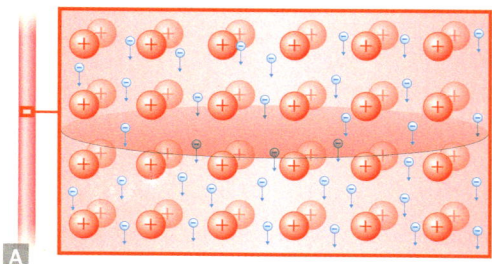

2 Ein Vergleich: **A** der Elektronenstrom, **B** der Verkehrsstrom

Die Messung der Stromstärke

Mit einem **Stromstärkemessgerät** kannst du die Stärke des Elektronenstromes in einem Stromkreis messen. Es misst die Anzahl der Ladungen. Dafür muss das Messgerät immer in Reihe in den Stromkreis eingebaut werden (→ Bild 3).
Oft werden dazu **Vielfachmessgeräte** verwendet. Diese können neben der Stromstärke noch andere elektrische Größen messen. Die Anzeige kann digital oder analog erfolgen (→ Bild 4). Der Messbereich kann eingestellt werden.

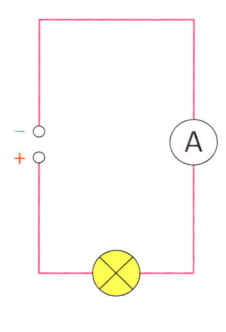

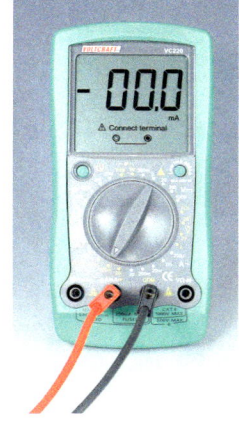

3 Messung der Stromstärke

4 Digitales Stromstärkemessgerät

Die Angabe der Stromstärke

Im Alltag ist es für den Anschluss von elektrischen Geräten wichtig, deren Stromstärke zu kennen. Auf dem **Typenschild** zum Beispiel von Netzteilen wie in Bild 5 wird die Stromstärke mit 7 A angegeben.

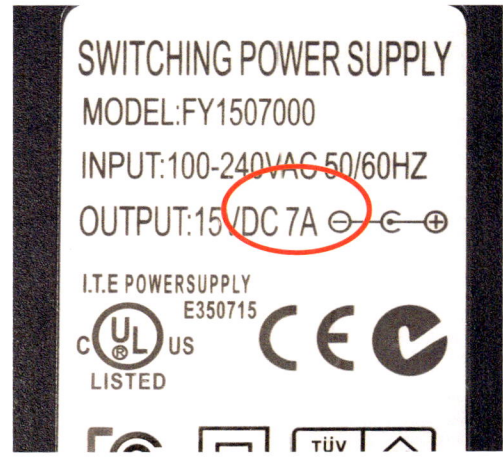

5 Typenschild eines Netzteils

Gefährliche Ströme

Beim Umgang mit elektrischem Strom kann es je nach Stromstärke zu schweren Verletzungen kommen. Stromstärken bis 0,5 mA sind nicht spürbar und haben keinerlei Schädigungen zur Folge.
Ab 10 mA kommt es zu Muskelverkrampfungen. Von 10 bis höchstens 50 mA ist mit Muskelkontraktionen und Atemschwierigkeiten zu rechnen. Von 50 bis 500 mA treten Herzstillstand, Atemstillstand und Verbrennungen auf. Stromstärken ab 50 mA können tödlich sein.

> Ein **Stromstärkemessgerät** muss **in Reihe** in den Stromkreis geschaltet werden.

1️⃣ Erkläre den Begriff Stromstärke mit eigenen Worten.

2️⃣ Vergleiche das Modell des Verkehrsstroms mit dem Modell für die Stromstärke.

3️⃣ Beschreibe die gesundheitlichen Folgen von hohen Stromstärken für den menschlichen Körper.

4️⃣ **I** Begründe, dass das Stromstärkemessgerät an jeder Stelle in den Stromkreis eingebaut werden kann.

Starthilfe zu 4:
Nutze dazu auch Bild 3.

5️⃣ **II** Begründe, wieso das Strommessgerät in Reihe in den Stromkreis eingebaut werden muss.

6️⃣ **II** Skizziere einen Elektronenstrom wie in Bild 2 A, der eine höhere Stromstärke zeigt.

Ein Vielfachmessgerät

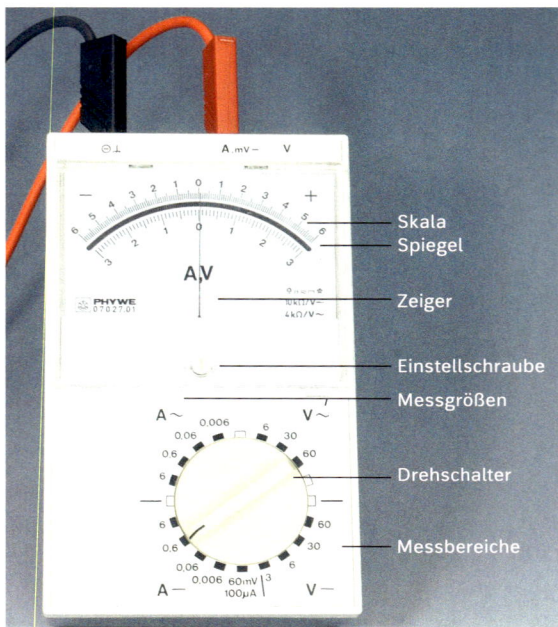

1 Analoges Vielfachmessgerät

Skala
Spiegel
Zeiger
Einstellschraube
Messgrößen
Drehschalter
Messbereiche

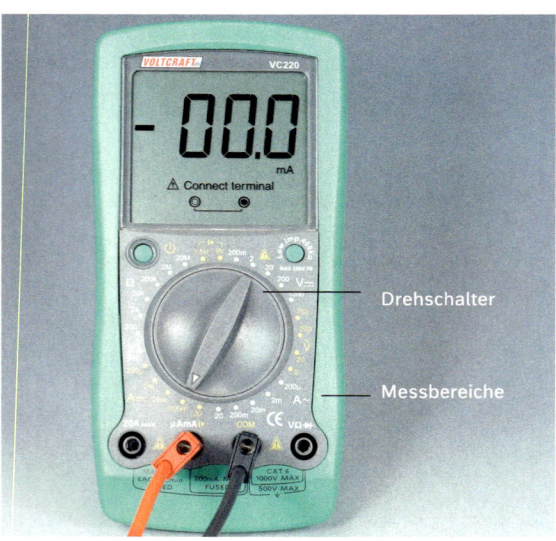

2 Digitales Vielfachmessgerät

Drehschalter
Messbereiche

Mit einem **Vielfachmessgerät** lassen sich verschiedene elektrische Größen messen. Eine elektrische Größe ist die Stromstärke. Weitere elektrische Größen sind zum Beispiel die Spannung und der Widerstand.
Die Anzeige des Messergebnisses kann digital oder analog erfolgen (→ Bild 1 und 2).

Schritt für Schritt zum Messwert

Das Vielfachmessgerät wird wie ein Elektrogerät so in den Stromkreis eingebaut, dass es vom elektrischen Strom durchflossen wird. Das Messgerät muss immer **in Reihe** in den Stromkreis eingebaut werden. Dazu wird der Stromkreis geöffnet und der Minuspol der Spannungsquelle mit dem Minuspol des Messgerätes (COM-Buchse) verbunden. Der Pluspol des Messgerätes (Buchse V) wird somit mit dem Pluspol der Spannungsquelle verbunden. Im Stromkreis muss ein Nutzer wie eine Lampe enthalten sein, sonst könnte das Messgerät zerstört werden.
Am Messgerät wird der größte geeignete Messbereich für Gleichspannung eingestellt: DCV oder V-.

Messwert ablesen

Bei einem analogen Vielfachmessgerät wird der Messwert aus Messbereich und Zeigerstellung bestimmt. Vor dem Messen muss der Zeiger mit der Stellschraube auf null eingestellt werden.
Bei einem digitalen Vielfachmessgerät können die gemessen Werte direkt auf der Ziffernanzeige abgelesen werden.

---

1 Zeichne einen Schaltplan von einer Strommessung in einer Reihenschaltung.

2 Drei analoge Messgeräte von drei Schülerinnen und Schülern zeigen gleiche Werte an. Die drei nennen aber unterschiedliche Ergebnisse. Nenne mögliche Gründe für die unterschiedlichen Antworten.

Starthilfe zu 1:
Schaltzeichen für das Stromstärkemessgerät: ─(A)─

Ⓐ Wie misst du Stromstärke mit einem Vielfachmessgerät?

Material: Vielfachmessgerät, Glühlampe mit Fassung, Netzgerät, Kabel

Durchführung:

Schritt 1: Messgerät im Stromkreis in Reihe schalten: 1. eine Leitung an Buchse A anschließen, 2. eine Leitung an Buchse COM anschließen (→ Bild 3)

Schritt 2: Messbereich für Wechselstrom wählen: ACA oder A~

Schritt 3: Drehschalter auf den höchsten Messbereich stellen

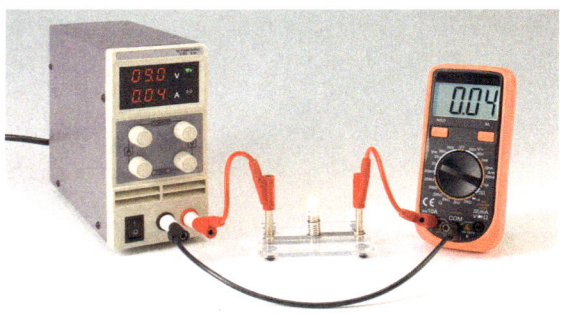

3 Messung der Stromstärke in einem Wechselstromkreis mit einem digitalen Vielfachmessgerät

❶ Lies den Messwert mit der richtigen Maßeinheit ab.

❷ Baue das Vielfachmessgerät an eine andere Stelle in den Stromkreis ein. Beachte, dass du vorher das Netzgerät ausschalten musst!

Ⓐ Kurzschluss

In elektrischen Geräten dürfen sich die Kupferdrähte in den Kaben nicht berühren, sonst entsteht ein Kurzschluss. Bei einem Kurzschluss können starke Ströme fließen, die zum Erhitzen des Kabels führen können. Geräte können so anfangen zu brennen. Um einen Kurzschluss zu vermeiden, sollten elektrische Arbeiten im Haus wenn möglich immer von einem Elektriker oder einer Elektrikerin durchgeführt werden. Sie haben das nötige Fachwissen.

❶ Beschreibe, wie es zu einem Kurzschluss kommen kann.

❷ Begründe, warum es wichtig ist, für elektrische Arbeiten im Haus eine Elektrikerin oder einen Elektriker zu rufen.

4 Bei einem Kurzschluss können Funken sprühen.

1 Elektrische Geräte benötigen Spannungsquellen.

▶❙❙ F

Die elektrische Spannung

Spannungsquelle als Antrieb

Wenn ein Elektrogerät benutzt werden soll, wird eine Spannungsquelle benötigt. Damit die Elektronen im Stromkreis und durch das Gerät fließen, muss das Gerät mit der Spannungsquelle verbunden werden. Die **elektrische Spannung** treibt den Elektronenfluss an. Je größer die Spannung ist, desto stärker ist der Elektronenstrom. Das Formelzeichen der Spannung ist U. Die Spannung wird in der Einheit **V (Volt)** gemessen.

> **Name:** elektrische Spannung
> **Formelzeichen:** U
> **Einheit:** V (Volt)

Die passende Spannung

Jedes elektrische Gerät benötigt eine bestimmte Spannung, bei der es betrieben werden sollte.
Eine kleine Taschenlampe benötigt zum Beispiel eine Spannung von 3 V (→ Bild 2). Wird die Taschenlampe mit weniger Spannung betrieben, leuchtet sie schwächer oder funktioniert gar nicht (→ Bild 3). Wird die Spannung der Spannungsquelle höher als die Spannung der Taschenlampe gewählt, wird die Glühlampe zerstört.

2 Eine Taschenlampe wird mit der passenden Spannung betrieben.

3 Eine Taschenlampe wird mit zu niedriger Spannung betrieben.

4 Akkus in einem Ladegerät

5 Unterschiedliche Akkus

Verschiedene Spannungsquellen

Im Haushalt werden unterschiedliche Spannungsquellen genutzt. Die am häufigsten genutzte Spannungsquelle ist die **Steckdose.** Die Spannung beträgt 230 V. **Batterien** werden in unterschiedlichen Größen und mit Spannungen von 1,5 V bis 9 V angeboten. Nach dem Entladen können sie nicht wieder aufgeladen werden.

Der Akku

Wie in einer Batterie ist in einem Akku chemische Energie gespeichert, die in elektrische Energie umgewandelt werden kann. In einem Akku befindet sich eine chemische Lösung in einem Becher aus Metall. Der Becher bildet gleichzeitig den **Minuspol.** In der Bechermitte steht eine Elektrode aus einem leitenden Stoff. Sie bildet den **Pluspol.** Ein Akku kann wieder geladen und entladen werden.

Der Ladevorgang

Vor der Nutzung muss der Akku aufgeladen werden. Dazu wird er an eine Spannungsquelle für Gleichspannung angeschlossen. Beim Aufladen werden Ladungen getrennt. Am Bechergehäuse entsteht ein Elektronenüberschuss und damit ein Minuspol. Die Elektrode ist positiv geladen. Zwischen dem Becher und der Elektrode besteht eine elektrische Spannung.

Die Entladung

Wird der Akku in einen Stromkreis geschaltet, entsteht ein Elektronenstrom. Darüber kann die Energie aus dem Akku genutzt werden. Dabei wird der Akku entladen. Der Elektronenstrom kommt zum Erliegen, wenn der Ladungsunterschied zwischen Pluspol und Minuspol ausgeglichen ist. Ein Akku kann bis zu 500 Mal geladen und entladen werden.

1 Nenne verschiedene Spannungsquellen und ihre Spannung.

2 Erkläre, dass auf die Spannungsangabe eines Gerätes geachtet werden muss.

3 **I** Beschreibe den Aufbau eines Akkus.

4 **II** Beschreibe den Ladevorgang in einem Akku.

5 **III a)** Beschreibe die Entstehung einer elektrischen Spannung in einem Akku.
b) Beschreibe die Wirkung der elektrischen Spannung eines Akkus, wenn er in einem Stromkreis geschaltet wird.

»

A Messung von Spannung und Stromstärke

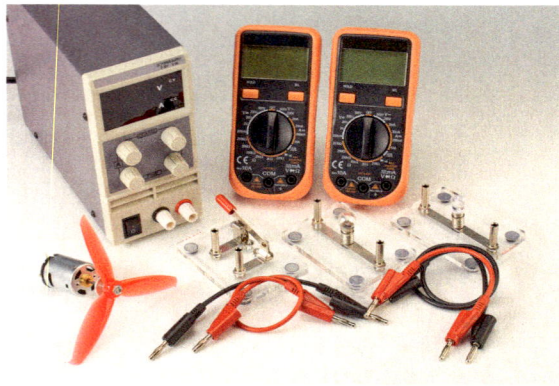

1 Bauteile für die Messung der Stromstärke und Spannung in einem Stromkreis

> **ACHTUNG:** Lass die Schaltung von deiner Lehrerin oder deinem Lehrer abnehmen, bevor du die Spannungsquelle einschaltest.

E-Quelle	U in V	1,0	2,0	3,0	4,0	5,0	6,0
Lampe 1	I in A	...	...	...	...	...	...
Lampe 2	I in A	...	...	...	...	...	...
Elektromo-tor	I in A	...	...	...	...	...	...

2 Wertetabelle für die Stromstärkemessung

Lampe 1	I in A	...	...	...	...	...	...
	U in V	...	...	...	...	...	...
Lampe 2	I in A	...	...	...	...	...	...
	U in V	...	...	...	...	...	...
Elektromo-tor	I in A	...	...	...	...	...	...
	U in V	...	...	...	...	...	...

3 Wertetabelle für die Spannungsmessung

Material: 2 Lampen mit einer Spannung von 6 V und unterschiedlicher Stromstärke, 2 Fassungen E 10, 6 V-Elektromotor mit Lüfterrad, Spannungsquelle, 1 Schalter, Experimentierkabel, 2 Vielfachmessinstrumente (→ Bild 1)

Durchführung:

Schritt 1: Zeichne den Schaltplan eines einfachen Stromkreises mit Lampe, Schalter und einem Vielfachmessinstrument zur Stromstärkenmessung sowie einem Vielfachmessinstrument zur Spannungsmessung.

Schritt 2: Baue den Stromkreis nach deinem Schaltplan mit Lampe 1 auf.

Schritt 3: Erhöhe die Spannung in 1 V-Schritten von 1 V bis 6 V. Wähle jeweils am Spannungsmessgerät den passenden Messbereich. Beginne am Stromstärkemessgerät immer mit dem größten Messbereich. Schalte auf kleinere Messbereiche um, bis der Wert für die Stromstärke gut ablesbar ist. Trage die Messwerte in Tabelle 2 ein.

Schritt 4: Entnimm die Stromstärken für die Lampe 1 aus Tabelle 2. Stelle die Spannungsquelle nacheinander auf diese Werte ein und miss die zugehörigen Spannungen an Lampe 1. Trage die Werte in die Tabelle 3 ein.

Schritt 5: Wiederhole die Schritte 3 und 4 mit der Lampe 2 und anschließend mit dem Elektromotor.

1 Beschreibe, wie sich beim Erhöhen der Spannung die Stromstärke
a) in den Lampen 1 und 2,
b) im Elektromotor ändert.

2 Beschreibe jeweils die Auswirkung der Erhöhung der Spannung.

Umgang mit Spannung und Stromstärke

Die richtige Spannung ist wichtig!

Elektrische Geräte dürfen nur an eine Spannungsquelle mit der passenden Spannung angeschlossen werden. Bei Geräten, die an das öffentliche Versorgungsnetz angeschlossen werden sollen, ist die Spannung mit 230 V auf dem Typenschild angegeben (→ Bild 4). Elektrische Kleingeräte werden mit passenden Steckernetzgeräten, Akkus oder Batterien betrieben. Ist die Spannung der Spannungsquelle zu hoch, können die Geräte zerstört werden. Ist die Spannung zu niedrig, arbeiten sie nicht richtig. Akkus dürfen nur mit den passenden Ladegeräten aufgeladen werden.
Auf den Ladegeräten findest du zwei Angaben. Der **Input-Wert** gibt die Spannung an, mit dem das Ladegerät betrieben wird, in Bild 5 mit 12 V. Der **Output-Wert** ist die Spannung, die an den Akku im Ladegerät abgegeben wird, um ihn aufzuladen, hier beispielsweise 5 V.

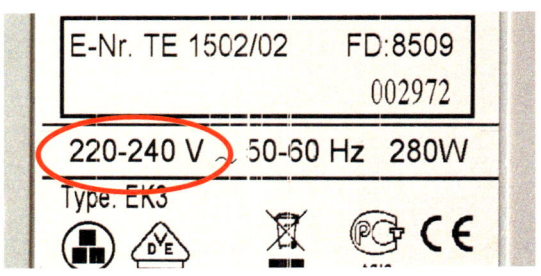

4 Typenschild eines elektrischen Gerätes

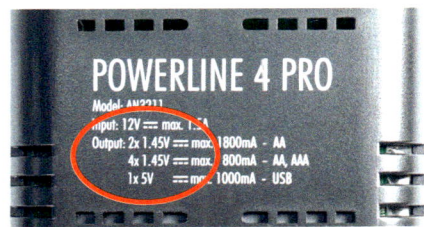

5 Input- und Output-Spannungsangaben

ACHTUNG: Werden Akkus mit zu hoher Spannung geladen, besteht Brandgefahr!

Beruf: Elektronikerin/Elektroniker

Das Berufsbild umfasst unterschiedliche Fachrichtungen mit verschiedenen Arbeitsfeldern.
- Automatisierungstechnik
- Energie- und Gebäudetechnik
- Informations- und Telekommunikationstechnik
- Maschinen- und Antriebstechnik
- Informations- und Systemtechnik
- Telekommunikationssystem-Elektronik
- Mikrotechnologie

Die Ausbildung dauert 3 bis 3 1/2 Jahre. Voraussetzung ist der Hauptschulabschluss.

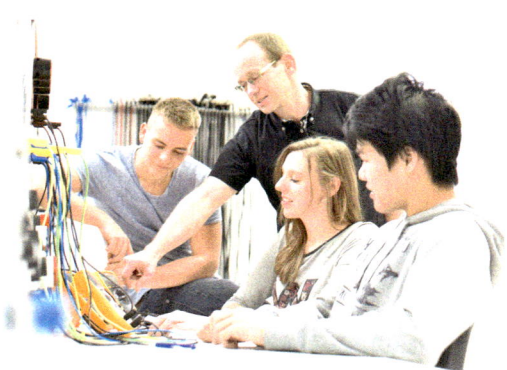

6 Elektronikerin und Elektroniker in der Ausbildung

1 **a)** Suche in den Bedienungsanleitungen von elektrischen Haushaltsgeräten die Sicherheitshinweise für den elektrischen Anschluss heraus und vergleiche sie.
b) Lies von einem Akku und dem dazugehörigen Ladegerät die Input- und Output-Angaben in Volt (V) ab und vergleiche sie.

2 Recherchiere zwei Arbeitsfelder aus dem Berufsbild Elektronikerin/Elektroniker. Stelle sie in einem Kurzvortrag deinen Mitschülerinnen und Mitschülern vor.

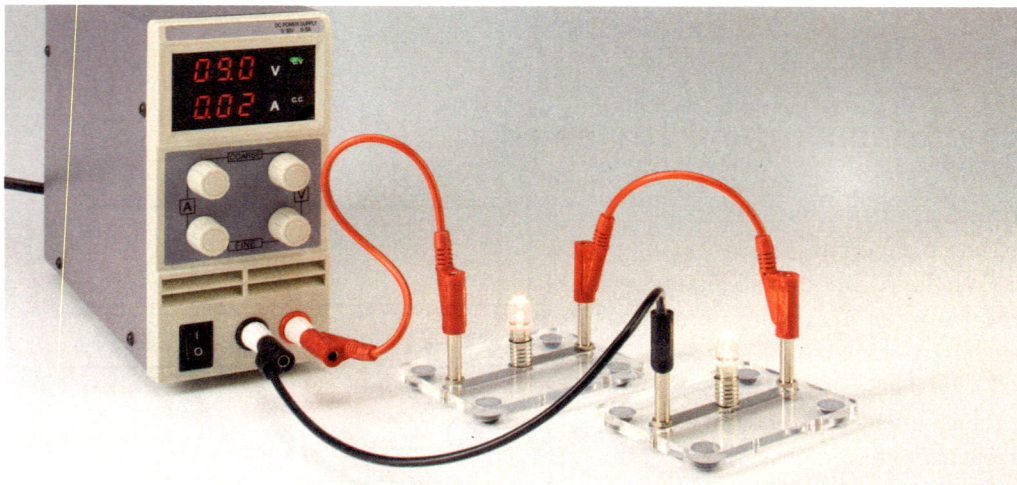

1 Zwei Lampen in Reihenschaltung

▶❙❙ F Stromstärke und Spannung messen

Spannungen in der Reihenschaltung

Liegen zwei Lampen wie in Bild 1 in Reihe in einem Stromkreis, so wird die Spannung der Spannungsquelle aufgeteilt. An jeder der beiden Lampen liegt dann eine **Teilspannung** U_1 oder U_2 an. Beide Teilspannungen addieren sich zur **Gesamtspannung** U_{ges} (→ Bild 2). Für die Spannungen in einer Reihenschaltung gilt:

$$U_{ges} = U_1 + U_2$$

Messung der Spannungen

Die Teilspannungen U_1 und U_2 an den Lampen 1 und 2 sind zusammen so groß, wie die Spannung U_{ges} an der Spannungsquelle.

Stromstärken in der Reihenschaltung

Alle Elektronen bewegen sich vom Minuspol der Spannungsquelle durch beide Lampen zum Pluspol.
Die elektrische Stromstärke I_{ges} an der Spannungsquelle und die Stromstärken I_1 und I_2 an den Lampen sind gleich (→ Bild 3). Für die Stromstärke in einer Reihenschaltung gilt:

$$I_{ges} = I_1 = I_2$$

Messung der Stromstärke

In der Reihenschaltung ist die Stromstärke überall gleich. Das Vielfachmessgerät kann deshalb an jeder Stelle in den Stromkreis eingebaut werden. Es kann an jeder Stelle derselbe Messbereich eingestellt sein.

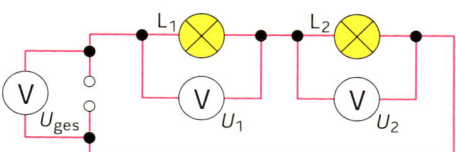

2 Spannungen messen in der Reihenschaltung

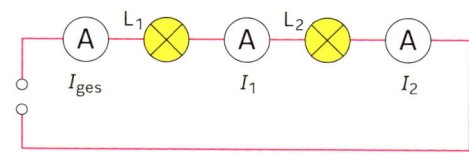

3 Stromstärken messen in der Reihenschaltung

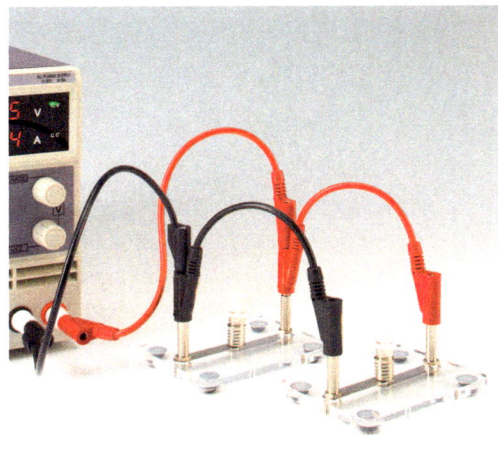

4 Zwei Lampen in Parallelschaltung

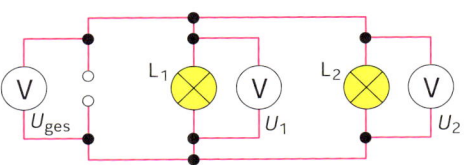

5 Spannungen messen in der Parallelschaltung

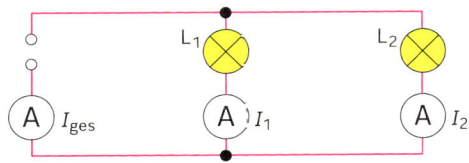

6 Stromstärken messen in der Parallelschaltung

Spannungen in der Parallelschaltung

Liegen zwei Lampen wie in Bild 4 parallel in einem Stromkreis, so liegt an jeder die gesamte Spannung der Spannungsquelle. Für die Spannung in der Parallelschaltung gilt:

$$U_{ges} = U_1 = U_2$$

Messung der Spannung

In der Parallelschaltung sind die Spannungen U_{ges}, U_1 und U_2 überall gleich. Die Vielfachmessgeräte können deshalb parallel zu jeder Lampe und zur Spannungsquelle eingebaut werden ($\rightarrow$ Bild 5). Jedes Vielfachmessgerät kann auf denselben Messbereich eingestellt sein.

Stromstärken in der Parallelschaltung

In der Parallelschaltung teilt sich der Elektronenstrom in Teilströme. Die **Teilstromstärken** I_1 und I_2 ergeben zusammen die **Gesamtstromstärke** I_{ges} in der Parallelschaltung.

$$I_{ges} = I_1 + I_2$$

Messung der Stromstärken

Die Stromstärken I_1 und I_2 an den Lampen sind zusammen so groß wie die Gesamtstromstärke I_{ges}. Die Stromstärken I_1, I_2 und I_{ges} müssen daher einzeln gemessen werden ($\rightarrow$ Bild 6). Die Vielfachmessgeräte müssen für jede Stromstärke auf den passenden Messbereich eingestellt sein.

1 **a)** Beschreibe den Unterschied zwischen der Spannung am Netzgerät und an den Lampen.
b) Erkläre, dass die Stromstärke in der Reihenschaltung überall gleich groß ist.

2 In einer Reihenschaltung mit zwei baugleichen Lampen kann an einer Lampe eine Spannung von 4 V und eine Stromstärke von 1 A gemessen werden.
a) Gib die Gesamtspannung und die Gesamtstromstärke an.
b) Gib die Spannung und die Stromstärke an der zweiten Lampe an.

3 **I** Zwei baugleiche Lampen sind parallel an eine Batterie mit U_{ges} = 6 V angeschlossen. Die Gesamtstromstärke I_{ges} beträgt 0,5 A. Gib für jede der Lampen die Spannung in V und die Stromstärke in A an.

Messgenauigkeit und Messfehler

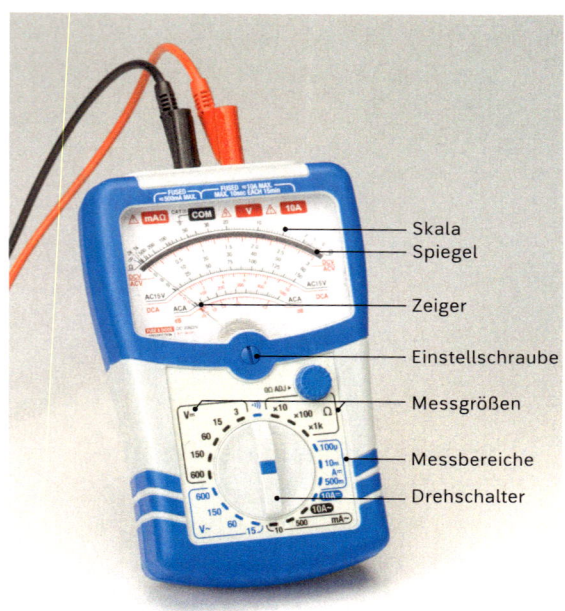

1 Analoges Vielfachmessgerät

Labels on image 1:
- Skala
- Spiegel
- Zeiger
- Einstellschraube
- Messgrößen
- Messbereiche
- Drehschalter

Messgröße und Messgenauigkeit

Für die richtige Wahl des Messinstrumentes ist es wichtig, dass du die **Messgröße** kennst. Mit Vielfachmessgeräten wie in Bild 1 sind Messungen von Gleichstrom (A−), Wechselstrom (A~), Gleichspannung (V−) oder Wechselspannung (V~) möglich. Hier muss am Gerät die richtige Messgröße eingestellt werden. Für die Messgenauigkeit ist die Einstellung des **Messbereiches** wichtig. Innerhalb eines Messbereiches sollte die größtmögliche Anzeige erreicht werden.

Zufällige Messfehler

Wenn du ein Messgerät einsetzt, musst du dich vor der Messung mit dem Gebrauch vertraut machen. So kannst du **Auslöse- und Handhabungsfehler** vermeiden. Bei analogen Messgeräten musst du beim Ablesen des Messwertes auf den richtigen Blickwinkel zur Skala achten. An der Skala befindet sich ein Spiegel. Du musst den Messwert so ablesen, dass der Zeiger und sein Spiegelbild deckungsgleich sind. Sonst kommt es zum **Ablesefehlern** (→ Bild 2).
Auch äußere Faktoren wie Temperatur oder Luftfeuchte können sich auf das Messgerät und das Messobjekt auswirken. Durch solche **zufälligen Fehler** wird das Messergebnis verfälscht.

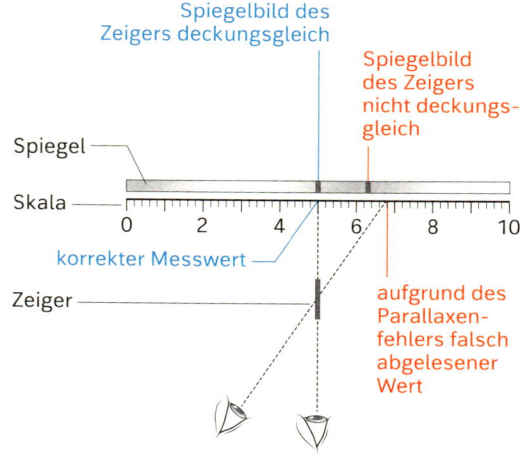

2 Richtiges Ablesen!

Labels on image 2:
- Spiegelbild des Zeigers deckungsgleich
- Spiegelbild des Zeigers nicht deckungsgleich
- Spiegel
- Skala
- korrekter Messwert
- Zeiger
- aufgrund des Parallaxenfehlers falsch abgelesener Wert

Systematische Messfehler

Zeigen verschiedene Messgeräte beim Messen desselben Objektes unterschiedliche Werte an, liegen **systematische Fehler** vor. Dies tritt beispielsweise ein, wenn in einem Gleichstromkreis immer mit der Einstellung für Wechselstrom gemessen wird. Viele Messgeräte müssen vor der Messung justiert, also auf null gestellt werden.

1 Der Zeiger zeigt auf der Skala eines analogen Stromstärkemessgerätes nur zwei Teilstriche an. Beschreibe das Vorgehen, durch das die Messgenauigkeit verbessert werden kann.

2 Bei einem analogen Messgerät zeigt der Zeiger nur einen geringfügigen Ausschlag. Nenne dafür mögliche Gründe.

Ⓐ Spannungen in der Reihenschaltung messen

Material: Spannungsquelle, 3 LED mit Fassung,
4 Vielfachmessinstrumente, Experimentierkabel

Durchführung:

Schritt 1: Zeichne den Schaltplan zu Bild 3 und
baue den Versuch auf.

Schritt 2: Stelle die Spannungsquelle auf 2,0 V
ein und erhöhe die Spannung in 0,2 V-
Schritten bis 4,0 V. Lies jeweils die
Höhe der Spannung an der Span-
nungsquelle und an den LEDs ab.
Trage die Werte in die Tabelle ein
(→ Bild 4).

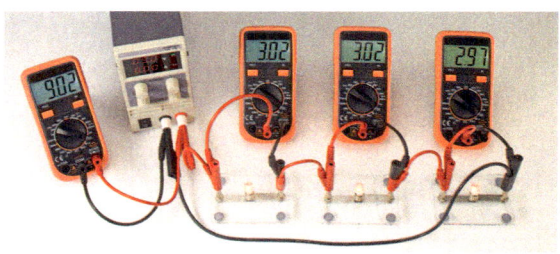

3 Spannungen messen in einer Reihenschaltung

Spannung U_{ges} an der E-Quelle	Spannung U_1 an LED 1	Spannung U_2 an LED 2
…	…	…

4 Messwerttabelle

❶ Vergleiche die möglichen Spannungen in
deiner Tabelle. Beschreibe einen Zusammenhang.

❷ ‖ Erweitere die Schaltung in Bild 3 und die
Tabelle in Bild 4 auf vier LED und wiederhole
den Versuch. Vergleiche das Ergebnis mit
dem Ergebnis aus dem Versuch mit zwei LED.

Ⓑ Stromstärken in der Reihenschaltung messen

Material: Spannungsquelle, 3 LED mit Fassung,
4 Vielfachmessinstrumente, Experimentierkabel

Durchführung:

Schritt 1: Zeichne den Schaltplan zu Bild 5 und
baue den Versuch auf.

Schritt 2: Stelle die Spannungsquelle auf 2,0 V
ein und erhöhe die Spannung in 0,2 V-
Schritten bis 4,0 V. Lies jeweils die
Höhe der Stromstärke an der Span-
nungsquelle und an den LEDs ab.
Trage die Werte in die Tabelle ein
(→ Bild 6).

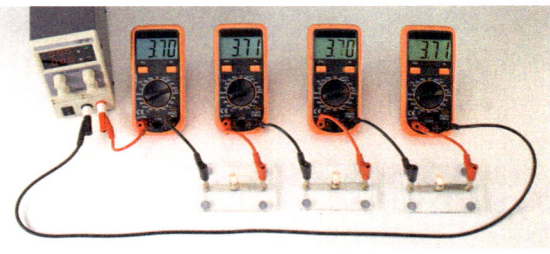

5 Stromstärken messen in einer Reihenschaltung

Stromstärke I_{ges} an der E-Quelle	Stromstärke I_1 an LED 1	Stromstärke I_2 an LED 2
…	…	…

6 Messwerttabelle

❶ Vergleiche die möglichen Stromstärken in
deiner Tabelle. Beschreibe einen Zusammenhang.

❷ ‖ Erweitere die Schaltung in Bild 5 und die
Tabelle in Bild 6 auf vier LED und wiederhole
den Versuch. Vergleiche das Ergebnis mit
dem Ergebnis aus dem Versuch mit zwei LED
und erläutere es.

1 Verlangsamter Verkehrsfluss

▶❚❚ F   Der elektrische Widerstand

Baustelle im Verkehrsstrom

Auf Autobahnen fließt der Verkehr langsamer, wenn eine Spur durch eine Baustelle blockiert ist. Die Geschwindigkeit der Autos verringert sich. In gleichen Zeitabschnitten können weniger Autos die Engstelle passieren (→ Bild 1).

Elektronen in einem Stromkreis

In einem Stromkreis sind Elektronen die Teilchen, die bewegt werden. Die Spannungsquelle ist der Antrieb für die Elektronen. In einem metallischen Leiter stoßen die Elektronen mit den Atomen des Metallgitters zusammen. Dadurch werden sie in ihrer Bewegung gebremst. Diese Eigenschaft ist der **elektrische Widerstand** R. Der elektrische Widerstand wird in Ω (Ohm) angegeben.

Spannung und Stromstärke

Wenn du in einem Stromkreis mit einer Lampe die Spannung veränderst, ändert sich auch die Stromstärke. Das erkennst du daran, dass die Lampe weniger leuchtet. An einem **Konstantandraht** im Stromkreis lässt sich der Zusammenhang zwischen der Stromstärke und der Spannung besonders gut zeigen (→ Bild 2 A).
Die Messung zeigt, dass sich bei einer Verdoppelung auch der Wert der Stromstärke verdoppelt. Bei einer Halbierung der Spannung halbiert sich auch die Stromstärke. Bei halber Spannung halbiert sich auch die Stromstärke. Bei metallischen Leitern aus Eisen, Kupfer oder Aluminium bewirkt eine Erhöhung der Spannung in gleichen Schritten eine immer geringere Zunahme der Stromstärke (→ Bild 2 B).

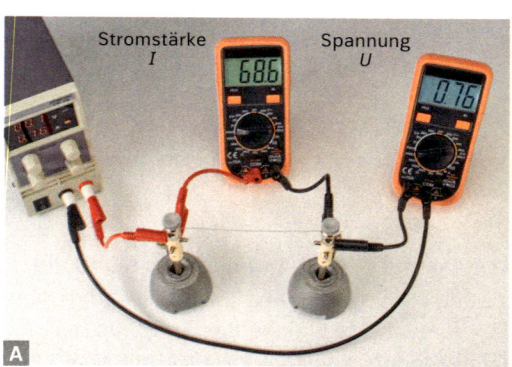

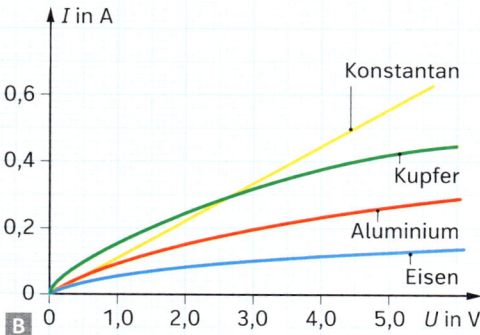

2 Spannung und Stromstärke: **A** Messung, **B** im Diagramm

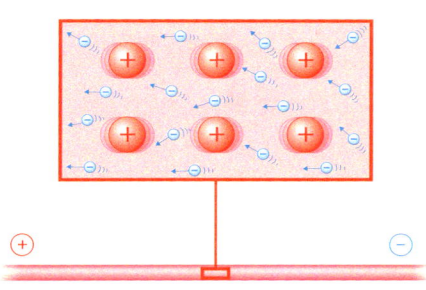

3 Metallgitter im warmen Zustand

4 Widerstand als Bauteil

Das ohmsche Gesetz

Die Werte der Quotienten aus Stromstärke und Spannung bei einem Konstantandraht haben immer den gleichen Wert. Der Quotient ist konstant. Auch bei anderen Längen oder Querschnittsflächen bleibt der Wert des Quotienten konstant. Diese Gesetzmäßigkeit zwischen Stromstärke und Spannung heißt **ohmsches Gesetz.**

Ohmsche Widerstände

Der Widerstand eines metallischen Leiters ist von mehreren Faktoren abhängig. Mit zunehmender **Leiterlänge** stoßen die Elektronen mit mehr Atomen zusammen. Dadurch steigt der Widerstand an. Mit zunehmender **Querschnittsfläche** können mehr Elektronen durch den Leiter strömen. Eine Vergrößerung der Querschnittsfläche verringert den Widerstand.

> **Name:** elektrischer Widerstand
> **Formelzeichen:** R
> **Einheit:** Ω (Ohm)
>
> **Ohmsches Gesetz:** $I \sim U$, $\frac{I}{U}$ = konstant

Widerstände und Temperatur

Bei metallischen Leitern aus Kupfer, Aluminium oder Eisen steigt die **Temperatur** an, wenn Elektronen durch den Leiter strömen. Je höher die Temperatur des Leiters ist, desto größer ist der Widerstand. Die Temperaturerhöhung wird durch eine hohe Stromstärke hervorgerufen. Bei einer höheren Stromstärke strömen mehr Elektronen durch den Leiter. Je mehr Elektronen sich bewegen, desto häufiger kommt es zu Zusammenstößen mit den Atomen. Bei jedem Zusammenstoß entsteht Wärme (→ Bild 3).

Widerstände als Bauteile

Wie du schon weißt, bezeichnet der Begriff Widerstand die Eigenschaft eines elektrischen Leiters. Es wird aber auch für die Bezeichnung von Bauteilen verwendet. Diese Bauteile heißen **Festwiderstände.** Sie sind aus unterschiedlichen Materialien hergestellt und haben feste Widerstandswerte. Die Farben der Ringe auf dem Bauteil geben die Größe des Widerstandes an (→ Bild 4).

1 Erkläre den elektrischen Widerstand mithilfe des Basiskonzeptes Wechselwirkung.

2 a) Beschreibe den Zusammenhang zwischen der Spannung und der Stromstärke an einem elektrischen Leiter.
b) Beschreibe das ohmsche Gesetz mit eigenen Worten.

3 I Beschreibe die Abhängigkeit des Widerstandes eines Leiters von der Länge in einem Je-desto-Satz.

A Gilt das ohmsche Gesetz für einen Konstantandraht?

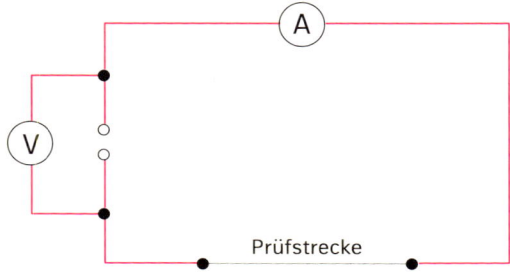

1 Spannung und Stromstärke werden gemessen.

U in V	0	0,5	1,0	1,5	2,0	2,5	3,0
I in A	0	…	…	…	…	…	…
$\frac{U}{I}$ in $\frac{V}{A}$	–	…	…	…	…	…	…

2 Messwerttabelle

Material: Spannungsquelle, 2 Vielfachmessgeräte, Stativfüße mit Isolatoren, Kabel, Konstantandraht (d = 0,2 mm, ℓ = 0,5 m)

Durchführung:

Schritt 1: Baue einen Stromkreis mit einem Konstantandraht als Leiter auf (→ Bild 1).

Schritt 2: Schalte Vielfachmessgeräte zur Messung von Spannung und Stromstärke in den Stromkreis.

Schritt 3: Erhöhe die Spannung schrittweise um 0,5 V bis 5 V. Lies die Höhe der Stromstärke ab und trage die Werte in die Tabelle ein (→ Bild 2).

❶ Berechne die Werte der Quotienten von Spannung und Stromstärke und vergleiche sie.

❷ Zeichne das U-I-Diagramm und beschreibe den Graphen.

❸ ‖ Interpretiere den Graphen und formuliere einen mathematischen Zusammenhang.

B Welchen Einfluss hat die Temperatur auf den Widerstand?

3 Ein Eisendraht wird vorsichtig erwärmt.

Material: Eisendraht (d = 0,2 mm), digitales Vielfachmessgerät, Gasbrenner, Stift

Durchführung:

Schritt 1: Wickle einen 1 m langen Eisendraht über einen Stift zu einer Wendel.

Schritt 2: Spanne die Wendel in die Prüfstrecke (→ Bild 2). Miss den Widerstand.

Schritt 3: Erwärme die Drahtwendel vorsichtig mit der Gasflamme. Beobachte dabei die Anzeige des Messgerätes.

❶ Erkläre den Einfluss der Temperatur auf den Widerstand mit dem Teilchenmodell.

❷ Überprüfe den Einfluss der Temperatur auf den Widerstand eines Leiters. Vergleiche das Ergebnis mit deiner Erklärung aus der Aufgabe 1.

ÜBEN UND ANWENDEN

A Überprüfe, ob das ohmsche Gesetz gilt!

In einem Experiment wurden die Messwerte für die Spannung und Stromstärke für verschiedene elektrische Leiter ermittelt (→ Bild 4-6).

U in V	0,00	0,64	1,66	4,23	10,80	27,65
I in A	0,00	0,25	0,64	1,64	4,20	10,75

4 Messwerttabelle für Leiter 1

1 **a)** Zeichne ein U-I-Diagramm für den Leiter in Bild 4.
b) Überprüfe durch Berechnung, ob für den Leiter in Bild 4 das ohmsche Gesetz gilt. Bilde dazu den Quotienten $\frac{U}{I}$.

U in V	0,00	0,80	1,60	2,40	3,20	4,00
I in A	0,00	0,30	0,60	0,90	1,20	1,50

5 Messwerttabelle für Leiter 2

2 **II** **a)** Trage die Messreihen aus Bild 5 und 6 in dasselbe U-I-Diagramm ein.
b) Begründe, ob für diese elektrische Leiter das ohmsche Gesetz gilt.

U in V	0,00	0,42	0,84	1,26	1,68	2,10
I in A	0,00	0,18	0,38	0,72	1,16	1,40

6 Messwerttabelle für Leiter 3

B Berechne die fehlende Größe!

Mit der Gleichung $R = \frac{U}{I}$ kannst du eine der drei Größen berechnen, wenn die beiden anderen Größen gegeben sind. Dazu musst du die Gleichung nach der gesuchten Größe umstellen:

Elektrischer Widerstand: $R = \frac{U}{I}$

Elektrische Spannung: $U = I \cdot R$

Elektrische Stromstärke: $I = \frac{U}{R}$

1 Übertrage die Tabelle in dein Heft. Berechne die fehlenden Werte und trage sie in die Tabelle ein.

Spannung U	Stromstärke I	Widerstand R
...	0,55 A	200 Ω
1 kV	...	0,1 kΩ
12 V	10 mA	...
100 V	20 A	...
20V	...	0,2 Ω
...	1,2 A	1 kΩ

Ein Bügeleisen wird im Haushaltsnetz an eine elektrische Spannung von 230 V angeschlossen. Während des Betriebs beträgt die elektrische Stromstärke 4,4 A. Die Größe des elektrischen Widerstandes R von dem Bügeleisen kannst du mit einer Rechnung bestimmer (→ Bild 7).

geg.: $U = 230$ V, $I = 4,4$ A **ges.:** R

Lösung: $R = \frac{U}{I}$

$R = \frac{230 \text{ V}}{4,4 \text{ A}}$

$R = 52,27$ Ω

Antwort: Der Widerstand des Bügeleisens beträgt 52 Ω.

7 Beispielrechnung für das Bügeleisen

2 **II** Ein Glätteisen wird an eine Spannung von 230 V angeschlossen. Es hat einen elektrischen Widerstand von 294 Ω. Berechne die Größe der Stromstärke.

1 Die Erde: **A** aus der Sicht einer Raumstation, **B** im Modell

Der elektrische Stromkreis im Modell

Modellvorstellungen helfen

Unsere Erde hat fast die Form einer Kugel. Wenn du auf der Erde stehst, kannst du das aber nicht wahrnehmen. Für ein besseres Verständnis wird ein Anschauungsmodell von der Erde gebaut. Dieses Modell heißt Globus (→ Bild 1B). Darauf sind die Land- und Wasserflächen nachgebildet. Auch für physikalische Zusammenhänge werden zum besseren Verständnis Modelle entwickelt. Der elektrische Stromkreis wird beispielsweise durch das Modell des Wasserkreislaufes veranschaulicht (→ Bild 2).

Ein Stromkreis im Modell

Das strömende Wasser im Wasserkreislauf stellt die strömenden Elektronen im elektrischen Stromkreis dar. Das Wasser fließt durch Rohre, wie die Elektronen durch die Leitungen fließen.
In dem Modell werden die elektrischen Bauteile ersetzt. So veranschaulicht eine Wasserpumpe die Spannungsquelle wie beispielsweise eine Batterie. Ein Wasserrad steht für ein elektrisches Gerät wie beispielsweise eine Lampe. Mit dem Ventil im Wasserrohr kann wie bei einem Schalter der Wasserfluss gestoppt werden.

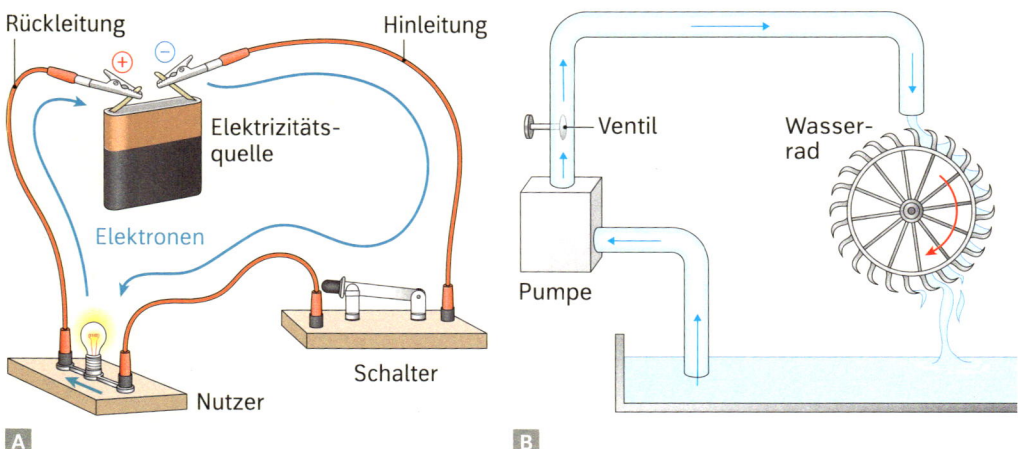

2 Die elektrische Spannung: **A** im Stromkreis, **B** im Modell

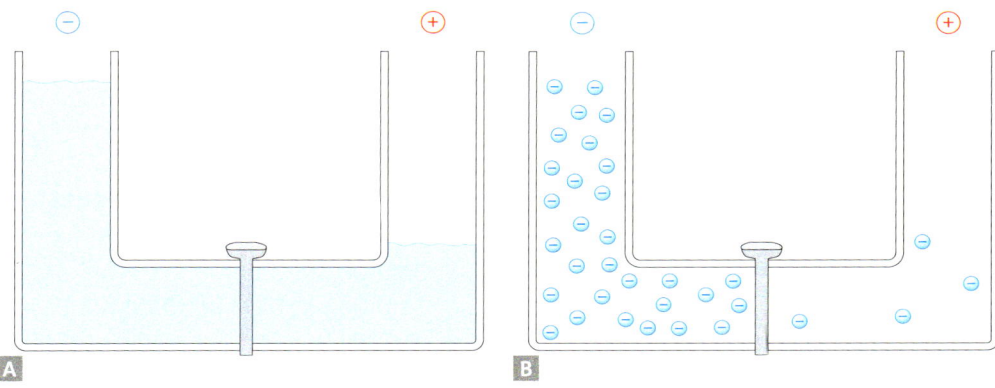

3 Die elektrische Spannung: **A** im Wassermodell. **B** im Elektronenmodell

Die Spannung im Modell

In Bild 3 A befindet sich Wasser in einem U-förmigen Rohr. Ein Ventil trennt die Hälften. Links befindet sich mehr Wasser und der Wasserstand ist höher. Dem entspricht die Verteilung der Elektronen in einer Spannungsquelle mit einem äußeren Stromkreis (→ Bild 3 B). Dem Ventil beim Wasserrohr entspricht hier ein Schalter. Die Seite mit der hohen Elektronenzahl ist der Minuspol der Spannungsquelle.

Bei einem hohen Wasserstand links fließt nach dem Öffnen des Ventils Wasser nach rechts, bis ein Ausgleich erfolgt ist. In der Spannungsquelle setzt nach dem Schließen des Schalters ein Elektronenstrom ein. Dieser ist umso höher, je größer der Vorrat an Elektronen am Minuspol ist. Die Spannung in V einer Spannungsquelle ist ein Maß für die Menge an Elektronen, die sich am Minuspol befinden. Eine hohe Anzahl an Elektronen bedeutet eine hohe Spannung.

Der Widerstand im Modell

Der elektrische Widerstand eines Leiters behindert den Elektronenstrom. Bei einem größeren Querschnitt können gleichzeitig mehr Elektronen durch den Leiter strömen. (→ Bild 3 A,B) Ein größerer Querschnitt bewirkt einen geringeren Widerstand. Der Widerstand eines Leiters ist auch von seiner Länge und seiner Temperatur abhängig.

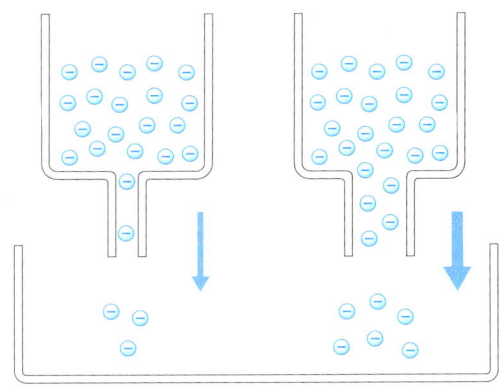

4 Der elektrische Widerstand im Modell

① Vergleiche den Stromkreis mit dem Wasserkreislauf nach Aufbau und Arbeitsweise. Erstelle eine Tabelle.

② | Nenne weitere Modelle aus deinem Alltag und erkläre, wodurch sie sich von der Wirklichkeit unterscheiden.

③ || Erkläre die Begriffe „elektrische Spannung" und „elektrischer Widerstand" mithilfe des Wassermodells.

④ ||| Erkläre den Begriff „elektrische Stromstärke" mithilfe des Wassermodells.

Starthilfe zu 2:

Wasserkreislauf	Stromkreis
Pumpe	Spannungsquelle
...	...

● ● (METHODE)

Modelle bewerten

Bauteil	Stromkreis	Wasserkreislauf
Antrieb	Spannungsquelle	Wasserpumpe
Art der Hinleitung	…	…
Art der Rückleitung	…	…
Nutzer im Kreislauf	…	…
Teile, die strömen	…	…

1 Eine Vergleichstabelle

Nutzen	Grenzen
+ leichter verständlich	– ungenau, weil…
+ …	– …
+ …	– …
+ …	– …
+ …	– …
+ …	– …

2 Eine Tabelle mit Nutzen und Grenzen

Modelle helfen beim Verstehen

Modelle helfen, die Wirklichkeit zu erklären. Sie lassen unwichtige Einzelheiten weg und richten den Blick auf das Wesentliche. Modelle aber gelten nur unter bestimmten Bedingungen. Sie geben nicht die Wirklichkeit wieder. Sie haben bestimmte Grenzen.

Ein Modell vergleichen

Eine Tabelle wie in Bild 1 ist geeignet, um einen elektrischen Stromkreis (Wirklichkeit) mit einem Wasserkreislauf (Modell) zu vergleichen.
Mögliche Fragen:
- Welche Bauteile haben gleiche oder ähnliche Aufgaben?
- Was wurde im Modell vereinfacht?
- Was wurde im Modell vergrößert?
- Was wurde im Modell verändert?
- Welche Analogie wurde verwendet?

Ein Modell bewerten

Die Darstellung eines physikalischen Sachverhaltes in einem Modell ist dann hilfreich, wenn es das Verständnis erleichtert. Es muss aber auch berücksichtigt werden, welche Vorgänge mit dem Modell nicht geklärt werden können. Für die Bewertung eines Modells sollte das Modell betrachtet werden, das der Wirklichkeit möglichst nahe kommt. Ebenso wichtig ist es, herauszustellen, welche Darstellung ein besseres Verständnis ermöglicht.

1 Vergleiche einen elektrischen Stromkreis und einen geschlossenen Wasserstromkreis. Erstelle eine Tabelle wie in Bild 1 und ergänze die Bauteile für die Kreisläufe.

2 Erstelle für einen Vergleich zwischen einem elektrischen Stromkreis und einem Wasserkreislauf eine Tabelle wie in Bild 2. Ergänze in der Tabelle Vor- und Nachteile für das Modell des Wasserkreislaufes.

3 Erstelle eine Bewertung für das Modell des Wasserkreislaufes.

A Modelle im Vergleich

Der elektrische Stromkreis und andere Kreisläufe im Vergleich:

Das Fahrradkettenmodell

Das Fahrradkettenmodell ist ein Analogiemodell zum elektrischen Stromkreis. Das bedeutet, dass es bestimmte Ähnlichkeiten zum elektrischen Stromkreis zeigt. Wenn du mit dem Rad fährst, bist du der Antrieb vergleichbar mit der Spannungsquelle in einem Stromkreis. Die Tretkurbel mit dem Kettenblatt ist die Übergabestelle auf den Kreislauf. Über die Kettenglieder, vergleichbar mit den Elektronen im Stromkreis, erfolgt die Übertragung von Energie auf das Hinterrad. Das Ritzel ist dabei eine weitere Übergabestelle. Das Hinterrad ist der Nutzer vergleichbar mit einer Lampe in einem Stromkreis.

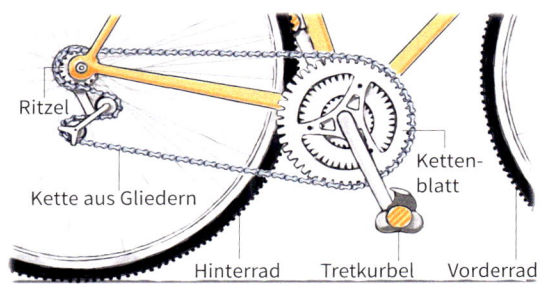

3 Das Fahrradkettenmodell

Das Rolltreppenmodell

Bei der Rolltreppe ist der Elektromotor der Antrieb. Die Stufen auf dem Treppenband stehen stellvertretend für die Elektronen im Stromkreis. Sie transportieren in diesem Modell aber keine Energie zu einem Nutzer. Der Nutzer wie in einem Stromkreis fehlt. Die Personen auf der Treppe sind mit nichts in einem Stromkreis zu vergleichen. Sie sind nur zeitweise und in unregelmäßigen Abständen Bestandteile des Systems.

4 Das Rolltreppenmodell

Das Kugelmodell

Auch im Kugelmodell fehlt ein Nutzer. Die Kugeln sind fest mit einem Förderband verbunden. Im Vergleich zu Elektronen in einem Stromkreis können sie keine eigenständige Bewegung ausführen. Für die Bewegung muss dem Band Energie zugeführt werden, nicht den Kugeln. Der elektrische Widerstand wird durch ein Drehkreuz dargestellt.

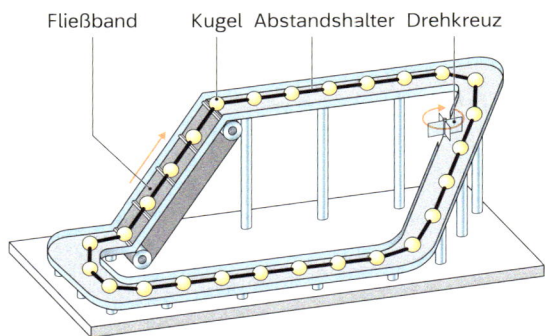

5 Das Kugelmodell

❶ Vergleiche die drei Modelle mit dem elektrischen Strom. Notiere in einer Tabelle jeweils die Bestandteile der Kreisläufe.

❷ Bewerte die verschiedenen Kreisläufe. Nenne jeweils den Nutzen und die Grenzen der Modelle.

1 Ein Glätteisen

 F

Die elektrische Leistung und Energie

Keine leichte Entscheidung!

Glätteisen gibt es in vielen verschiedenen Farben. Bei dem Kauf von einem Glätteisen kommt es jedoch nicht nur auf die Farbe oder die Marke an. Jedes Glätteisen wandelt eine bestimme Energiemenge pro Zeit um. Dies wird auf der Verpackung in der elektrischen **Leistung** P angegeben. Jedes Glätteisen hat jedoch eine maximale Leistung. Die maximale Leistung vom Glätteisen darf nicht überschritten werden, sonst besteht Gefahr.

> **Name:** elektrische Leistung
> **Formelzeichen:** P

Die elektrische Leistung

Zwei Lampen sind wie in Bild 2 A in Reihe geschaltet. Sie benötigen die doppelte Spannung, um genauso hell zu leuchten wie nur eine Lampe. Sind zwei Lampen wie in Bild 2 B parallel geschaltet, benötigen sie die doppelte Stromstärke, um genauso hell zu leuchten wie nur eine Lampe. Die elektrische Leistung der Lampe wird durch das Produkt der Spannung und der Stromstärke bestimmt. Sie wird in der Einheit **W (Watt)** angegeben.

> **Berechnung:** $P = U \cdot I$
> **Einheit:** $V \cdot A = W$ (Watt)

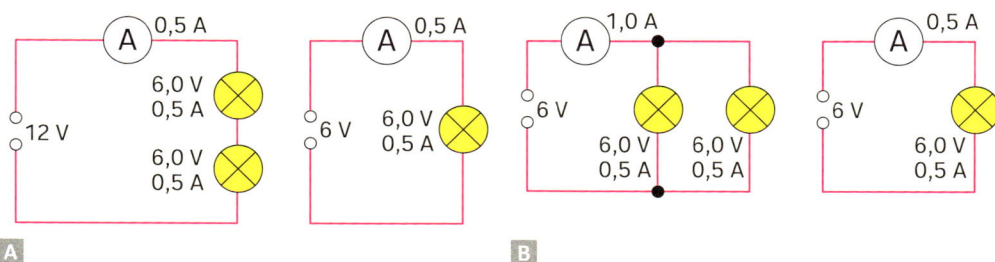

2 Die elektrische Leistung wird bestimmt durch: **A** Spannung, **B** Stromstärke.

Elektrische Leistung im Haushalt

Elektrische Geräte im Haushalt haben unterschiedliche Leistungen. Alle elektrischen Geräte besitzen ein **Typenschild.** Dort kannst du die elektrische Leistung des Gerätes in Watt (W) ablesen (→ Bild 3). Ein Fernseher hat ungefähr 80 W. Eine Mikrowelle hat bis zu 1000 W, also 1 kW. Die Leistung der Mikrowelle kann wie beim Haartrocker über Schalter eingestellt werden (→ Bild 4). Je höher die Watt-Zahl, desto höher ist die Leistung eines elektrischen Gerätes.

Elektrische Energie im Haushalt

Alle elektrischen Geräte wie der Haartrockner nehmen **elektrische Energie *E*** auf und geben Energie in anderer Form ab. Wie viel elektrische Energie aufgenommen wird, hängt von der elektrischen Leistung *P* und der Einschaltdauer *t* ab.
Die Einheit der elektrischen Energie ist **J (Joule).** Für die elektrische Energie wird häufig die Einheit **kWh (Kilowattstunden)** verwendet. Sie besteht aus der Einheit Watt für Energiestromstärke und der Zeit für die Einschaltdauer. Ein Joule entspricht genau einer Wattsekunde. Die genutzte elektrische Energie wird mit einem Elektrizitätszähler gemessen. Er zeigt die Menge der genutzten Energie in der Einheit kWh an.

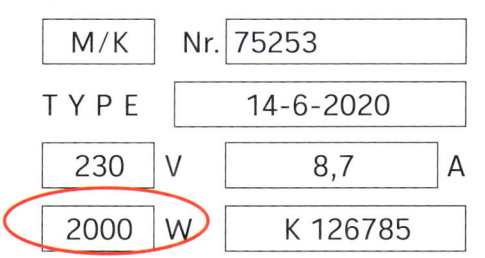

M/K	Nr.	75253
TYPE		14-6-2020
230 V	8,7	A
2000 W	K 126785	

3 Ein Typenschild mit Leistungsangabe

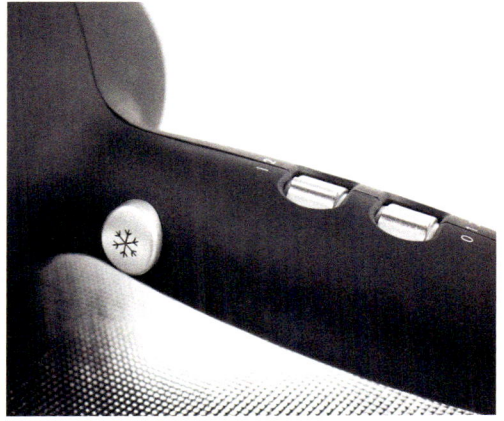

4 Schalter am Haartrockner

5 Leistung an der Mikrowelle einstellen

> **Name:** elektrische Energie
> **Formelzeichen:** *E*
> **Berechnung:**
> $E = P \cdot t$ mit $P = U \cdot I \Rightarrow E = U \cdot I \cdot t$
> **Einheit:** $V \cdot A \cdot s = Ws = J$ (Joule)

❶ Erkläre, was beim Kauf eines Glätteisens beachtet werden muss.

❷ I Ein Toaster ist an eine Spannung von 230 V angeschlossen. Die Stromstärke beträgt 5,2 A. Berechne
a) die elektrische Leistung des Gerätes,
b) die elektrische Energie, wenn der Toaster 15 min in Betrieb ist.

❸ II Berechne, ob die Angabe der Leistung auf dem Typenschild in Bild 3 korrekt ist.

❹ II Vergleiche die elektrische Energie mit verschiedenen Leistungsbegriffen aus deinem Alltag.

Ⓐ Berechnungen zur elektrischen Leistung

Ein Glätteisen wird an eine Haushaltssteckdose mit einer Spannung von 230 V angeschlossen. Die Stromstärke beträgt 240 mA. Berechne die elektrische Leistung des Glätteisens.

geg.: $U = 230$ V, $I = 240$ mA   **ges.:** P

Lösung: Umrechnung: 240 mA = 0,24 A

$P = U \cdot I$
$P = 230$ V $\cdot$ 0,24 A
$P = 55$ W

Antwort: Die elektrische Leistung des Glätteisens beträgt 55 W.

1 Berechnung der elektrischen Leistung

Ein Fahrradscheinwerfer wird mit einer Leistung von 2,4 W betrieben. Die Spannung beträgt 6 V. Berechne die Stromstärke I.

geg.: $P = 2,4$ W, $U = 6$ V   **ges.:** U

Lösung: $P = U \cdot I \Leftrightarrow I = \dfrac{P}{U}$
$I = 2,4$ W : 6 V
$I = 0,4$ A

Antwort: Die elektrische Stromstärke im Fahrradscheinwerfer beträgt 0,4 A.

2 Berechnung der Stromstärke

Eine Herdplatte wird mit einer elektrischen Leistung von 0,75 kW betrieben. Die elektrische Stromstärke beträgt 3,25 A. Berechne die Spannung U.

geg.: $P = 0,75$ kW, $I = 3,25$ A   **ges.:** U

Lösung: $P = U \cdot I \Leftrightarrow U = \dfrac{P}{I}$
$U = \dfrac{750 \text{ W}}{3,25 \text{ A}} = 230,77$ V

Antwort: Die Herdplatte wird mit einer Spannung von 230,77 V betrieben.

3 Berechnung der Spannung

❶ Berechne in der Tabelle die jeweils fehlende Größe.

Spannung U	Stromstärke I	Leistung P
4,5 V	1,33 A	
12 V		660 W
	12 A	4800 W

❷ Ein Bügeleisen wird an eine Spannung von 230 V angeschlossen. Die Stromstärke beträgt 5,22 A. Berechne die elektrische Leistung des Bügeleisens.

❸ Eine elektrische Heizung für ein Aquarium hat eine elektrische Leistung von 100 W. Sie wird an 230 V angeschlossen. Berechne die Höhe der Stromstärke. Gib die Stromstärke in A und in mA an.

❹ In der EU dürfen Staubsauger eine maximale Leistung von 900 W haben. Berechne die zugehörige Stromstärke.

❺ ‖ Sara, Lira und Anostan aus der Klasse 8a wollen auf dem Schulfest Waffeln backen. Die Waffeleisen werden an 230 V angeschlossen. Sie haben Leistungen von 850 W, 1400 W und 1200 W. Die Leitung zu den Steckdosen ist mit 16 A gesichert. Überprüfe durch Rechnung, ob die Leitung überlastet ist.

B Berechnungen zur elektrischen Energie

1 Berechne in der Tabelle die fehlenden Werte.

Elektrische Energie E	Elektrische Leistung P	Betriebs-zeit t
...	900 W	20 min
45 000 Ws	...	5 h
3,6 kWh	2000 W	...

2 Rechne in die jeweils andere Einheit um: 15000 Ws in kWh und 1,7 kWh in Ws.

3 Beim Start eines PKW ergibt sich an der 12 V-Batterie für eine Zeit von 4 s eine Stromstärke von 240 A. Berechne die entnommene Energie.

4 Eine Taschenlampe ist mit einem 3,6 V Akku ausgerüstet. Der Akku kann 4700 kJ an Energie aufnehmen. Berechne die Einschaltdauer bei einer Stromstärke von 230 mA.

5 Der Monitor eines Computers (U = 230 V) nutzt in 8 h 40 min eine Energiemenge von 1076 kJ. Berechne die elektrische Stromstärke.

6 ‖ Ein Kühlschrank hat eine elektrische Leistung von 110 W. Berechne die jährliche Energienutzung (1 a = 365 d) bei einer durchschnittlichen Einschaltdauer von 10,5 h/d.

Eine Lampe mit einer Spannung von 12 V und einer Stromstärke von 1 A wird für 100 s eingeschaltet. Berechne die Energie für diesen Zeitraum.

geg.: $U = 12$ V, $I = 1$ A, $t = 100$ s   **ges.:** E

Lösung: $E = U \cdot I \cdot t$
$E = 12$ V $\cdot 1$ A $\cdot 100$ s
$E = 1\,200$ Ws $= 1\,200$ J

Antwort: Der Energiebedarf für die Lampe beträgt 1 200 Ws

4 Berechnung der elektrischen Energie

Eine Waschmaschine hat eine Leistung von 2 100 W. Berechne die elektrische Energie für einen Waschvorgang, der 50 Minuten dauert.

geg.: $P = 2100$ W, $t = 50$ min   **ges.:** E

Lösung: $E = P \cdot t$
$E = 2100$ W $\cdot 50$ min
$E = 2100$ W $\cdot 3000$ s
$E = 6\,300\,000$ Ws $= 175$ Wh
$E = 1,75$ kWh

Antwort: Der Warschvorgang benötigt eine Energie von 1,75 kWh.

5 Leistung und Energie

Eine Lampe mit einer elektrischen Leistung von 9 W hat dem Netz 75 600 Ws entnommen. Berechne ihre Betriebszeit t.

geg.: $P = 9$ W, $E = 75\,600$ Ws   **ges.:** t

Lösung: $E = P \cdot t \Leftrightarrow t = \frac{E}{P}$

$t = \frac{75\,600 \text{ Ws}}{9 \text{ W}}$

$t = 8400$ s $= 2$ h 20 min

Antwort: Die Lampe war 2 h 20 min eingeschaltet.

6 Berechnung der Betriebszeit

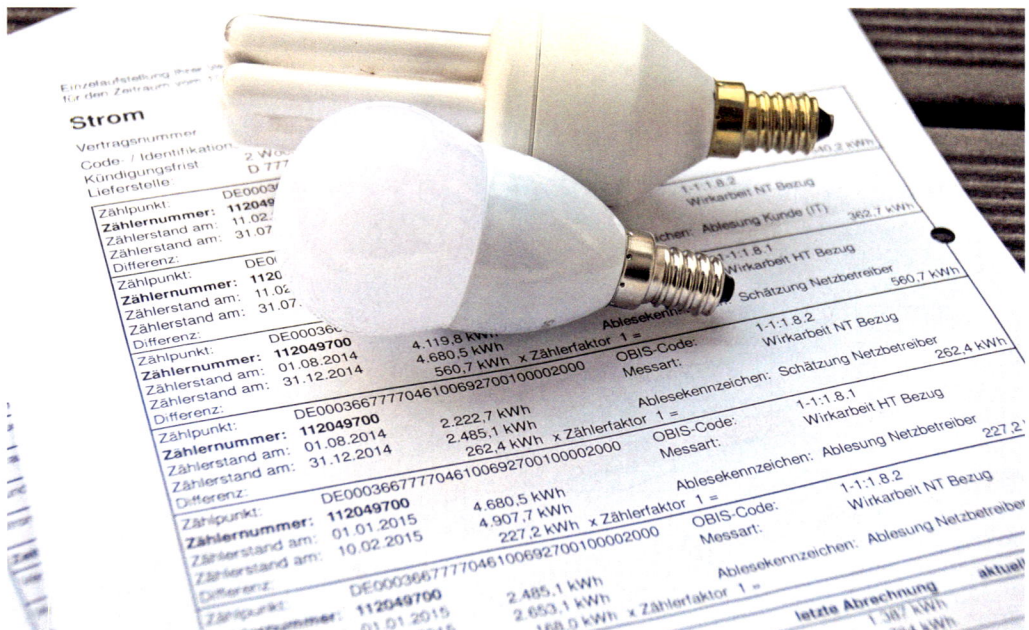

1 Energieabrechnung eines Energieversorgungsunternehmens

Energierechnung und Energiemanagement

Energie ist wertvoll

Energie wird in jedem Haus benötigt. Mit der Nutzung elektrischer Energie ist vieles einfacher. Elektrische Energie wird in Kraftwerken bereitgestellt. Zu Betrieben und Haushalten gelangt sie über ein verzweigtes Leitungsnetz. Die Kosten für den gesamten Aufwand werden in der **Energierechnung** vom Energieversorgungsunternehmen erhoben.

Der Elektrizitätszähler

Mit Elektrizitätszählern wie in Bild 2 werden die Energiestromstärke und die Nutzungsdauer gemessen. Mithilfe dieser beiden Werte wird die genutzte Menge an Energie bestimmt.

Die Zähler müssen so geschaltet sein, dass sie gleichzeitig die Spannung und die Stromstärke messen können. Aus diesen beiden Werten wird dann die Energiestromstärke bestimmt.

Die Energierechnung

Jeder Haushalt hat einen solchen Elektrizitätszähler. Der Zähler wird einmal im Jahr abgelesen. Dann wird vom Energieversorgungsunternehmen eine Rechnung geschrieben. So eine Rechnung kann aussehen wie in Bild 1. Es ist angegeben, wie viel elektrische Energie genutzt worden ist und wie viel für jede Kilowattstunde (kWh) bezahlt werden muss. Dazu kommen Festbeträge und die Umsatzsteuer.

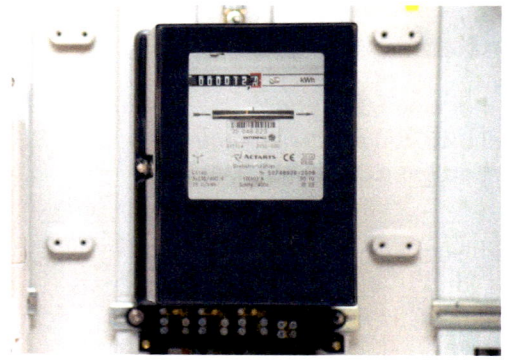

2 Ein Elektrizitätszähler

Elektrische Geräte und elektrische Energie

Auf Stromrechnungen wird die genutzte elektrische Energie in Kilowattstunden angegeben (kWh). Dies ist die elektrische Energie, die in einer bestimmten Zeit umgewandelt wurde.

Eine Kilowattstunde bedeutet, dass ein Kilowatt, also 1000 Watt, in einer Stunde umgewandelt wurden. Um eine Kilowattstunde zu erzeugen, müsste man beispielsweise neun Stunden lang Fahrrad fahren.

Eine Waschmaschine, die eine Stunde lang läuft, wandelt eine Kilowattstunde um. Wenn du fünf Stunden lang den Computer nutzt, wird ebenfalls etwa die Energiemenge von einer Kilowattstunde umgewandelt.

Energie vernünftig einsetzen

Wer vernünftig mit der elektrischen Energie umgeht, schont die Umwelt und die Ressourcen. Der Energiebedarf eines elektrischen Gerätes sollte schon beim Kauf berücksichtigt werden. Die Nutzung eines billigeren und energieintensiveren Gerätes kann im Verlauf mehrerer Jahre viel teurer werden als die Nutzung eines teuren, aber energiesparenden Gerätes. Es gibt auch gesetzliche Beschränkungen. Staubsauger mit einer Leistung von mehr als 900 W dürfen in Europa nicht mehr verkauft werden. LED haben in den letzten Jahren die Glühlampen ersetzt. LED leuchten genauso hell. Sie benötigen dafür aber weit weniger elektrische Energie.

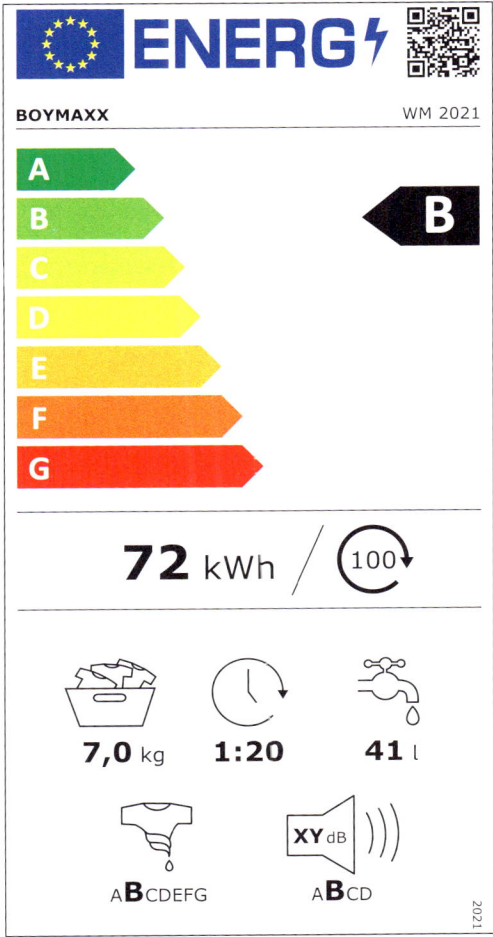

3 Das EU-Label für Waschmaschinen ab 2021

Ein Energiemanagement

Energie sollte so sparsam wie möglich verwendet werden. **Energiemanagement** bedeutet also, bewusst mit Energie umzugehen. Dabei können beim Kauf eines neuen Gerätes **Energieeffizienzlabel** der Europäischen Union (EU) auf den Geräten helfen (→ Bild 3).

1 **a)** Protokolliere für einen Tag, wofür du elektrische Energie nutzt.
b) Überlege, auf welche elektrischen Geräte du verzichten kannst oder ihre Benutzung einschränken könntest.

Starthilfe zu 1:

Energieprotokoll			
Gerät	Nutzungsdauer	Art der Nutzung	Einsparmöglichkeit

2 **l** Nenne die Angaben, die auf einem Energieeffizienzlabel verzeichnet sind.

Diagramme digital auswerten

Tag	Mo	Di	Mi	Do	Fr	Sa	So
kWh	8,5	6,8	7,9	9,1	11,0	13,5	10,8

A

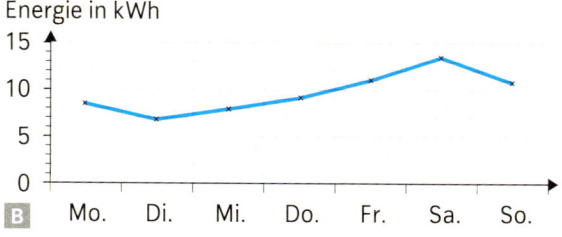

Energie in kWh

B

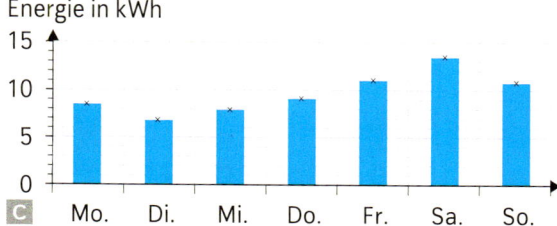

Energie in kWh

C

1 Energiebedarf: **A** Tabelle, **B** Liniendiagramm,
C Säulendiagramm

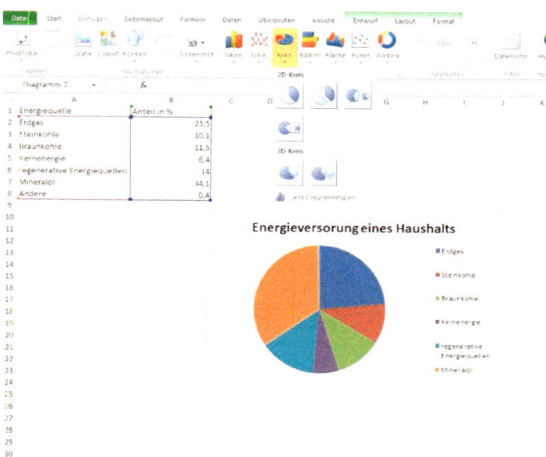

2 Ein Diagramm digital erstellen

1 Übertrage die Tabelle in Bild 1 A in ein
Tabellenkalkulationsprogramm. Erstelle
daraus ein Liniendiagramm, ein Säulendiagramm und ein Kreisdiagramm.

2 Beurteile die Diagramme hinsichtlich ihrer
Eignung für die gewünschte Übersicht.

Ein moderner Elektrizitätszähler zeigt die Menge
der genutzten elektrischen Energie täglich an.
Die gemessenen Werte kannst du in verschiedenen Formen darstellen:

Tabellen
In einer Tabelle können die Messwerte zusammengefasst werden. Dabei steht jede Spalte für
einen Wochentag. In der Zeile darunter ordnest
du die Messwerte in kWh einem Wochentag zu
(→ Bild 1 A).

Liniendiagramme
Um Messwerte übersichtlicher darzustellen,
kannst du Diagramme nutzen. Bei einem Liniendiagramm trägst du die Wertepaare als Kreuz ein.
Alle Kreuze verbindest du mit Linien (→ Bild 1 B).

Säulendiagramme
In einem Säulendiagramm trägst du die Wertepaare auch als Kreuz ein. Nur zeichnest du hier
eine Säule von der waagerechten Achse zum
Kreuz ein (→ Bild 1 C).

Tabellenkalkulationsprogramme
Bei der Erstellung von Diagrammen kann dir ein
Programm helfen. Hier sind unterschiedliche
Darstellungsformen möglich.

Schritt 1: Trage die Messwerte als Tabelle in das
Programm ein.

Schritt 2: Markiere die Tabelle.

Schritt 3: Wähle über die Einstellung **Einfügen →
Diagramme** einen Diagrammtyp aus.

Schritt 4: Passe mit den Diagrammeinstellungen
Farbe, Beschriftung und andere Optio-
nen an (→ Bild 2).

Neben dem Liniendiagramm und Säulendiagramm kannst du auch Kreisdiagramme erstellen lassen. In einem Kreisdiagramm werden die
Tagesanteile der Woche dargestellt. Dies eignet
sich eher für eine Verteilung ohne einen zeitlichen Verlauf.

Energiemanagement im Haushalt

Energie ist wertvoll

In Kraftwerken werden unterschiedliche Energien in elektrische Energie umgewandelt. Viele davon stehen nicht unbegrenzt und zu jeder Zeit zur Verfügung. Bei der Nutzung von fossilen Energieträgern wird die Umwelt durch unterschiedliche Schadstoffe belastet. Daher muss jeder mit Energie verantwortungsvoll umgehen. Ein **Energiemessgerät** kann beim sparsamen Umgang mit elektrischer Energie helfen.

3 Energiemessgerät

Energie einsparen im Haushalt

Waschmaschinen oder Geschirrspülmaschinen sind heutzutage mit **Energiesparprogrammen** ausgestattet. Diese arbeiten bei niedrigerer Temperatur. Der Wasserbedarf und die Waschmittelmenge werden über Sensoren dem Verschmutzungsgrad des Wassers angepasst. So werden Ressourcen gespart.

4 ECO-Programmwahlschalter

Leistung – gesetzlich beschränkt

Seit 2017 begrenzt eine EU-Vorschrift die Leistungsaufnahme von Staubsaugern auf 900 W.
Geräte mit höherer Aufnahme bieten keinen höheren Nutzen und dürfen daher nicht mehr verkauft werden.

5 Ein Staubsauger mit Leistungsbegrenzung

Stand-by-Modus

Viele elektronische Geräte bleiben im **Stand-by-Modus,** wenn sie nicht genutzt werden. Sie benötigen dann elektrische Energie, auch wenn sie nicht eingeschaltet sind. Diese Geräte müssen aktiv vom Netz getrennt werden.

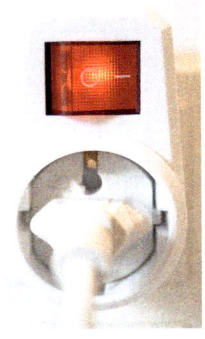

6 Stand-by-Modus aktiv ausschalten!

1 Nenne Geräte in eurem Haushalt, bei denen du durch eine schaltbare Steckdosenleiste den Stand-by-Modus vermeiden kannst.

2 Finde Beispiele für Energieverschwendung durch Unachtsamkeit.

Auf einen Blick: Die elektrische Energie

Die elektrische Ladung und elektrisches Feld

Elektrizität entsteht durch die Trennung von elektrisch positiven und negativen Ladungen. Elektronen sind die Träger der negativen Ladung. Sie sind im Leiter frei beweglich und bilden im Stromkreis einen Elektronenstrom.
Ungleichartige Ladungen ziehen sich an. Gleichartige Ladungen stoßen sich ab.
Zwischen elektrisch geladenen Körpern entsteht ein elektrisches Feld. Die Wechselwirkung zwischen den Körpern wird durch Feldlinien dargestellt. Sie sind ein physikalisches Modell.

Die elektrische Spannung

Damit die Elektronen im Stromkreis und durch dein Gerät fließen, ist eine Spannungsquelle nötig. Die elektrische Spannung treibt den Elektronenstrom an. Je größer die Spannung ist, desto größer ist die Stromstärke. Das Symbol der Spannung ist U. Ihre Einheit ist V (Volt).

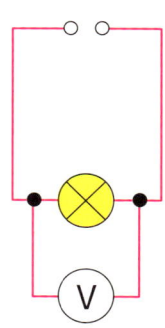

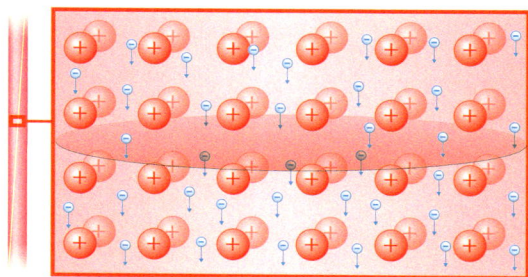

Die elektrische Stromstärke

Die elektrische Stromstärke ist ein Maß für die Anzahl der Elektronen, die in einer bestimmten Zeit durch die Querschnittsfläche eines Leiters fließen. Das Formelzeichen für die Stromstärke ist I. Ihre Einheit ist A (Ampere).

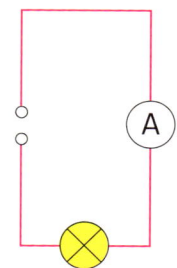

Der elektrische Widerstand

In einem Stromkreis behindert der Widerstand des Leiters den Elektronenstrom. Die Stromstärke ist damit abhängig von der Größe des Widerstandes. In einem Stromkreis ist die Stromstärke proportional zur Spannung. Dies ist das Ohmsche Gesetz. Es gilt: $\frac{I}{U}$ = konstant.
Der Widerstand ist abhängig von der Länge und dem Querschnitt eines elektrischen Leiters. Bei metallischen Leitern ist der Widerstand auch abhängig von der Temperatur des Leiters.

WICHTIGE BEGRIFFE

- positive und negative Ladungen
- Ladungstrennung, Ladungsausgleich
- Elektronen, Elektronenstrom
- Elektroskop, Glimmlampe
- elektrische Stromstärke I

WICHTIGE BEGRIFFE

- elektrische Spannung U
- Spannungsquelle
- ohmsches Gesetz
- elektrischer Widerstand R

Die elektrische Energie und die elektrische Leistung

Elektrische Geräte wandeln die elektrische Energie E in eine andere Form von Energie um. Die elektrische Energie wird in der Einheit Kilowattstunde (kWh) angegeben. Die Menge der Energie, die dabei in einer bestimmten Zeit durch ein Gerät strömt, heißt elektrische Leistung P. Je mehr Energie pro Zeit von einem Bauteil übertragen wird, desto größer ist seine elektrische Leistung. Die elektrische Leistung wird in der Einheit Watt (W) oder Kilowatt (kW) angegeben.

Energie im Haushalt

Die elektrische Energie wird von den Energieversorgungsunternehmen bereitgestellt. Die Menge der für einen Haushalt gelieferten Energie wird mit einem Elektrizitätszähler in kWh gemessen. Im Haushalt wird elektrische Energie in verschiedenen Bereichen genutzt
Elektrische Energie muss sparsam genutzt werden. Dafür sind elektrische Geräte in Energieeffizienzklassen eingeteilt. Die Effizienzklasse steht auf einem Energielabel, das auf dem Gerät angebracht wird.

Name	Größe	Einheit	Gesetz
elektrische Spannung	U	V (Volt)	in Reihe: $U_{ges} = U_1 + U_2$, parallel: $U_{ges} = U_1 = U_2$
elektrische Stromstärke	I	A (Ampere)	in Reihe: $I_{ges} = I_1 = I_2$, parallel: $I_{ges} = I_1 + I_2$
elektrische Leistung	P	W (Watt)	$P_{el} = U \cdot I$, $P_{el} = \frac{E_{el}}{t}$
elektrische Energie	E	J (Joule), Ws (Wattsekunde), kWh (Kilowattstunde)	$E_{el} = P_{el} \cdot t$, $E_{el} = U \cdot I \cdot t$
elektrischer Widerstand	R	Ω (Ohm)	$R = \frac{U}{I}$

WICHTIGE BEGRIFFE

- elektrische Energie E
- elektrische Leistung P
- Kilowattstunde

WICHTIGE BEGRIFFE

- effiziente Energienutzung
- Energieeffizienzklassen
- Energielabel
- Elektrizitätszähler

Auf einen Blick

Lerncheck: Die elektrische Energie

Elektrische Ladung – elektrisches Feld

1 **a)** Beschreibe die Veränderung in einem Körper, der elektrisch geladen wird.
b) Nenne die zwei Formen elektrischer Ladung und erkläre, worin sie sich unterscheiden.

2 **a)** Zeichne eine Skizze von zwei Kugeln mit unterschiedlichen Ladungen, die sich nicht berühren.
b) Zeichne für die Kugeln das Bild der elektrischen Feldlinien.
c) Beschreibe das Modell. Nenne dabei die charakteristischen Eigenschaften der Feldlinien.

3 Beschreibe die zwei genannten Möglichkeiten, mit denen man elektrische Ladungen nachweisen kann.

4 Erkläre die Entstehung von Blitzen.

5 **a)** Nenne die Ladungsträger in Metallen.
b) Begründe, dass Metalle sich besonders als elektrische Leiter eignen.

6 **a)** Zeichne einen elektrischen Stromkreis aus Spannungsquelle, Leitungen und Lampe.
b) Kennzeichne mit Pfeilen die Bewegungsrichtung der Ladungsträger und die Richtung des Energieflusses.

Elektrische Grundgrößen und elektrische Schaltungen

7 Nenne die physikalische Größe mit ihrer Einheit,
a) die den Antrieb der Ladungsträger im elektrischen Stromkreis beschreibt.
b) die den Ladungstransport im elektrischen Stromkreis beschreibt.

8 Zeichne einen elektrischen Stromkreis aus Spannungsquelle, Leitungen, Lampe und je ein Messgerät zum Messen der Spannung und der Stromstärke.

9 **a)** Nenne unterschiedliche Messgeräte, die sich für die Messung elektrischer Größen eignen.
b) Beschreibe Unterschiede im Aufbau und in der Handhabung der Messgeräte aus a).

10 **a)** Zeichne je einen Schaltplan für die beiden folgenden Stromkreise. Notiere jeweils darunter den Namen der Schaltung.
b) Notiere jeweils für beide Schaltungen die Formeln, die die Gesamtspannung und die Gesamtstromstärke in der Schaltung beschreiben.

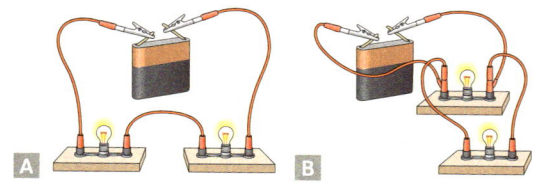

A   B

Elektrische Leistung – elektrische Energie

⑪ Die Stromstärke wurde in Abhängigkeit von der Spannung untersucht. Dabei ergaben sich folgende Messwerte:

U in V	0	1,8	3,6	5,4	7,2	9,0	10,8
I in A	0	0,31	0,55	0,74	0,84	0,93	0,96

a) Stelle die Messwerte grafisch dar.
b) Interpretiere den Verlauf der Kennlinie.
c) Gib ein mögliches Leitermaterial an.

⑫ Ein Taschenrechner hat eine 1,5 V Knopfzelle. Die Stromstärke beträgt 2 mA. Berechne die elektrische Leistung des Taschenrechners.

⑬ Ein Toaster hat eine elektrische Leistung von 575 W. Die Spannung beträgt 230 V. Berechne die elektrische Stromstärke des Toasters.

⑭ In einer Fernsehshow sind 150 Strahler mit einer Leistung von je 1 000 W für 5 h eingeschaltet.
a) Berechne den Energiebedarf
b) Berechne, wie lange diese Energiemenge für einen Haushalt mit einem Jahresbedarf von 4 500 kWh ausreichen würde.

Elektrischer Widerstand – Energieeffienzienz

⑮ Der Widerstand eines Leiters beträgt 50 Ω. Die Stromstärke im Draht wird mit 400 mA bestimmt. Berechne die anliegende Spannung.

⑯ Gib an, von welchen Größen der elektrische Widerstand eines Leiters abhängig ist.

⑰ Erläutere die verschiedenen Bedeutungen für den elektrische Widerstand.

⑱ Nenne Beispiele für unachtsame Energieverschwendung.

⑲ Nenne elektrische Geräte, auf deren Nutzung du verzichten kannst oder ihre Benutzung du einschränken könntest.

⑳ a) Begründe, dass es erforderlich ist, die Nutzung von Energie effizient zu gestalten.
b) Nenne Hilfsmittel und Verhaltensweisen, die dabei helfen.

DU KANNST JETZT ...

- ... die elektrische Leistung und den Energiebedarf eines elektrischen Gerätes berechnen.
- ... den Zusammenhang zwischen elektrischer Leistung und elektrischer Energie angeben.
- ... den Zusammenhang zwischen Spannung und Stromstärke beschreiben.

DU KANNST JETZT ...

- ... die Abhängigkeiten des elektrischen Widerstandes eines Leiters benennen.
- ... den elektrischen Widerstand berechnen.
- ... Energiesparmaßnahmen nennen und die Notwendigkeit dieser Maßnahmen begründen.

Lerncheck

Elektronen werden übertragen

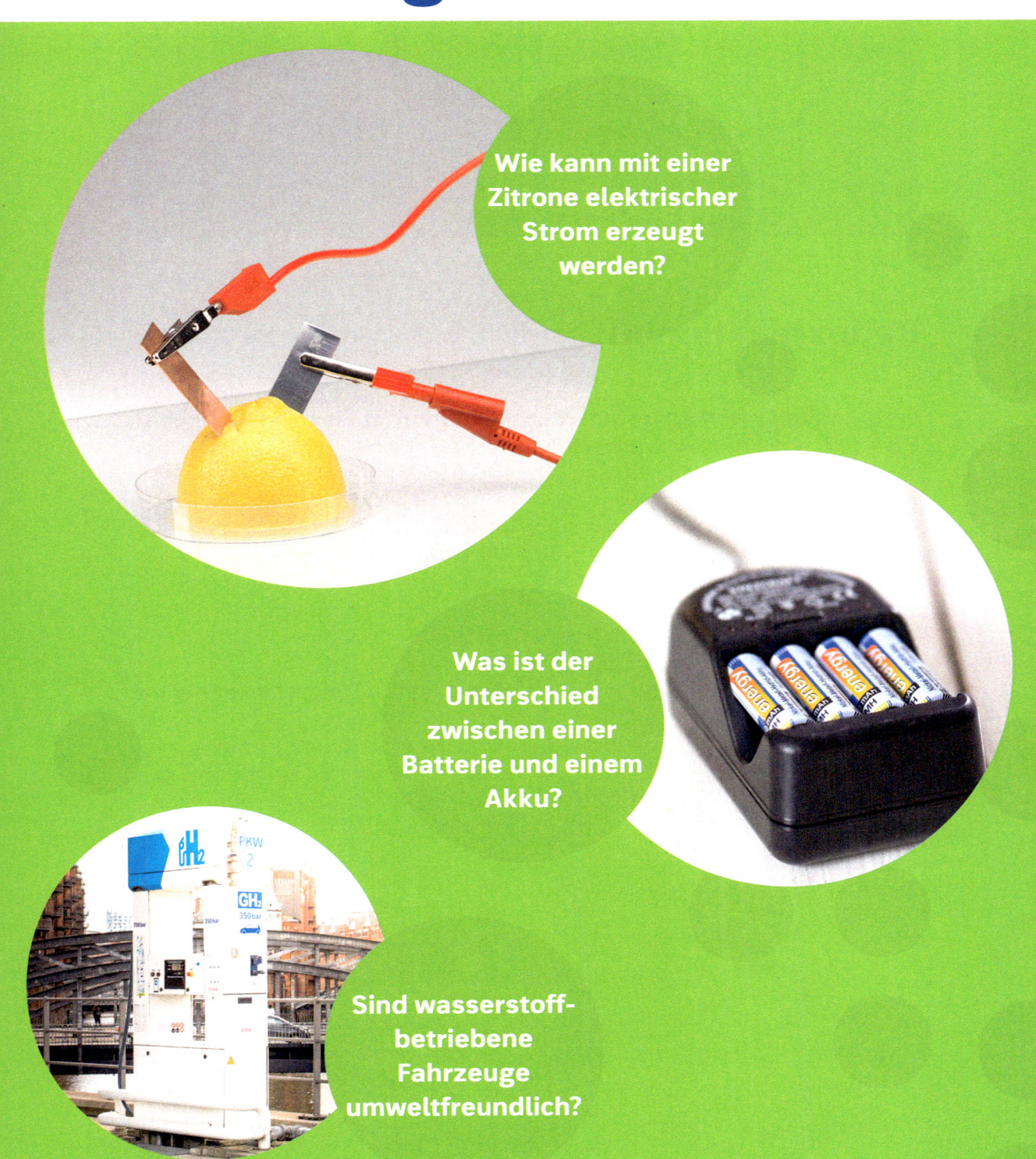

Wie kann mit einer Zitrone elektrischer Strom erzeugt werden?

Was ist der Unterschied zwischen einer Batterie und einem Akku?

Sind wasserstoff-betriebene Fahrzeuge umweltfreundlich?

1 Reaktion von Magnesium: **A** in Sauerstoff, **B** in Chlorgas

⏸ F

Redoxreaktionen

Verbrennung von Magnesium

Magnesium verbrennt in reinem Sauerstoff mit heller Flamme (→ Bild 1A). Bei der Reaktion entsteht ein weißes Pulver, das Magnesiumoxid heißt. Das Magnesium wird oxidiert.

Verbrennt man Magnesium zusammen mit Chlor, brennt das Magnesium ebenfalls mit heller Flamme (→ Bild 1B). Es entsteht ein weißer Feststoff, der Magnesiumchlorid heißt.

Auch dies ist eine Oxidation, obwohl kein Sauerstoff beteiligt ist.

Oxidation ist Elektronenabgabe

Bei den Reaktionen in Bild 1A und B geben die Magnesium-Atome ihre Außenelektronen ab. Sie erreichen damit eine Edelgaskonfiguration. Es entstehen positive Magnesium-Ionen. Auch andere Metalle geben bei der Reaktion mit Sauerstoff oder anderen Reaktionspartnern Elektronen ab. Oxidation ist die Abgabe von Elektronen.

Reduktion ist Elektronenaufnahme

Bei beiden Reaktionen in Bild 1 werden die von den Magnesium-Atomen abgegebenen Elektronen von den Sauerstoffatomen oder den Chlor-Atomen aufgenommen. Diese erreichen jeweils eine Edelgaskonfiguration. Es entstehen Sauerstoff-Ionen und Chlorid-Ionen (→ Bild 2). Die Aufnahme von Elektronen heißt Reduktion.

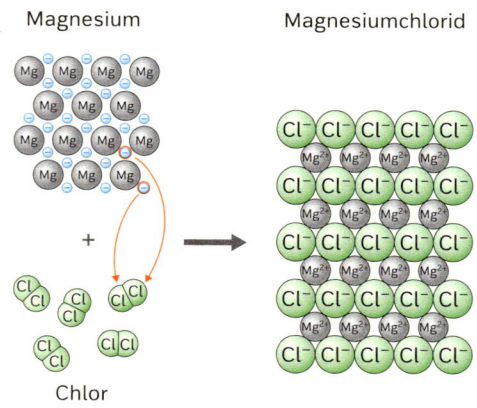

2 Reaktion von Magnesium mit Chlor (Modell)

Elektronenabgabe (Oxidation):
Bild 1A: $2Mg \rightarrow 2Mg^{2+} + 4e^-$
Bild 1B: $Mg \rightarrow Mg^{2+} + 2e^-$
Elektronenaufnahme (Reduktion):
Bild 1A: $O_2 + 4e^- \rightarrow 4O^{2-}$
Bild 1B: $Cl_2 + 2e^- \rightarrow 2Cl^-$

Redoxreaktion

Bei der Reaktion von Magnesium mit Sauerstoff oder Chlor wird ein Reaktionspartner oxidiert und der andere Reaktionspartner wird reduziert. Dabei werden Elektronen übertragen. Es findet eine Elektronenübertragungsreaktion statt. Oxidation und Reduktion laufen gleichzeitig ab. Deswegen bezeichnet man diese Reaktion als **Redoxreaktion**.

Oxidation (Elektronenabgabe)

$$2\ Mg + O_2 \rightarrow 2\ Mg^{2+} + 2\ O^{2-} \rightarrow 2\ MgO$$

Reduktion (Elektronenaufnahme)

Oxidation (Elektronenabgabe)

$$Mg + Cl_2 \rightarrow Mg^{2+} + 2\ Cl^- \rightarrow MgCl_2$$

Reduktion (Elektronenaufnahme)

3 Reaktionsgleichungen von Redoxreaktionen

Donator-Akzeptor-Prinzip

Teilchen, die Elektronen abgeben, bezeichnet man als Elektronendonator (lat. donare = geben). Nimmt ein Teilchen Elektronen auf, bezeichnet man es als Elektronenakzeptor (lat. accipere = empfangen). Bei einer Redoxreaktion werden Elektronen vom Elektronendonator auf den Elektronenakzeptor übertragen. Dabei entspricht die Anzahl der abgegebenen Elektronen immer der Zahl der aufgenommenen Elektronen. Die Elektronenübertragung zwischen den verschiedenen Teilchen verläuft nach dem **Donator-Akzeptor-Prinzip**.

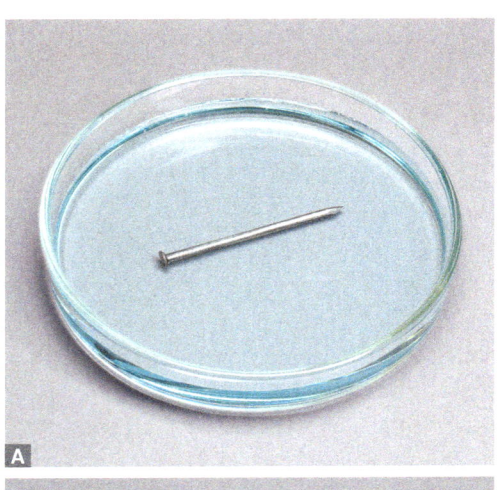

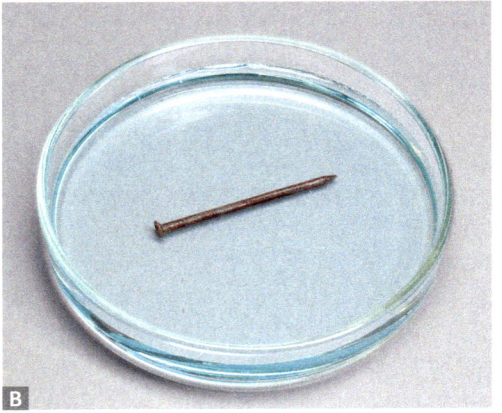

4 Eisennagel in Kupfersulfat-Lösung: **A** Beginn der Reaktion, **B** nach einiger Zeit

Redoxreaktion zwischen Metallen

Taucht ein Eisennagel in eine Kupfersulfat-Lösung, überzieht sich der Nagel langsam mit einer dünnen Kupferschicht (→ Bild 4B). Die blaue Kupfersulfat-Lösung nimmt mit der Zeit eine gelb-grüne Farbe an.
Eisen ist unedler als Kupfer und gibt daher Elektronen ab. Die Eisen-Atome werden zu Eisen-Ionen oxidiert. Kupfer ist edler als Eisen. Die Kupfer-Ionen in der Kupfersulfat-Lösung nehmen die Elektronen auf. Sie werden zu Kupfer-Atomen reduziert.

1 Beschreibe das Akzeptor-Donator-Prinzip mit eigenen Worten.

2 Nenne Elektronendonator und Elektronenakzeptor der Reaktion zwischen Magnesium und Sauerstoff in Bild 1A.

3 ❙ Nenne Elektronendonator und Elektronenakzeptor der Reaktion zwischen Eisen und Kupfersulfat-Lösung in Bild 4.

4 ❙❙ Stelle die Reaktionsgleichung für die Redoxreaktion zwischen Eisen und Kupfersulfat auf und kennzeichne die Teilreaktionen Oxidation und Reduktion.

»

A Eine Redoxreaktion im Modell

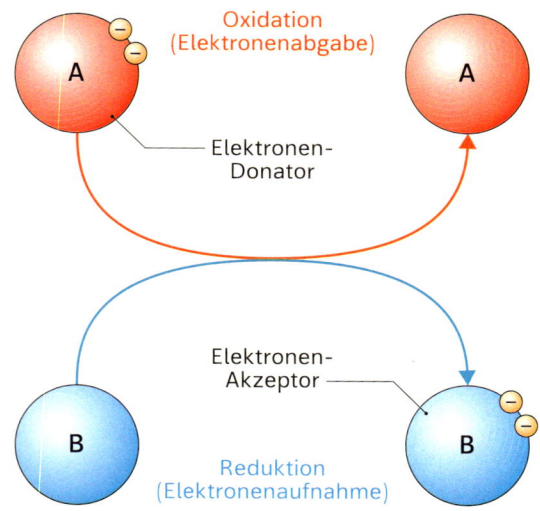

1 Redoxreaktion im Modell

Eine Redoxreaktion kann allgemein mit dem Modell aus Bild 1 beschrieben werden.

1 Erkläre mithilfe der Modellzeichnung die Begriffe Reduktion, Oxidation und Redoxreaktion.

2 Beschreibe mithilfe des Modells das Donator-Akzeptor-Prinzip.

3 Begründe, dass folgende Reaktionen Redoxreaktionen sind und formuliere die entsprechenden Teilgleichungen:
II a) Natrium reagiert mit Fluor.
$Na + F_2 \rightarrow 2\ NaF$
III b) Aluminium reagiert mit Sauerstoff zu Aluminiumoxid ($2\ Al_2O_3$).

B Redoxreaktion zwischen Metallen

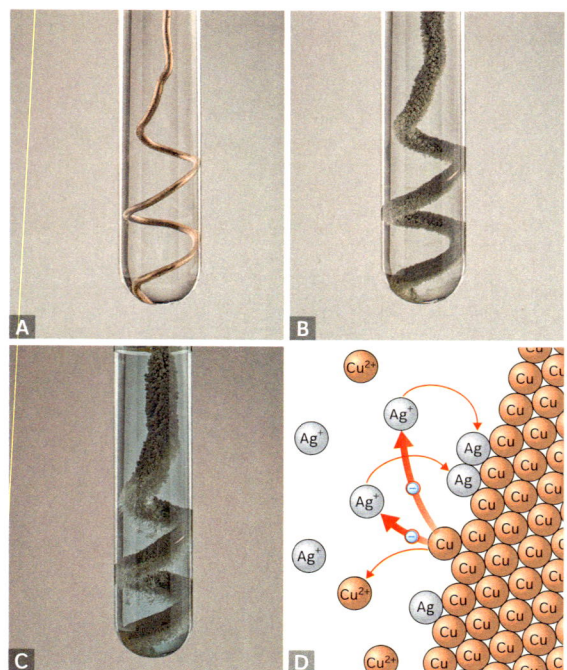

2 Kupferdraht in Silbernitrat-Lösung: **A** Beginn der Reaktion, **B-C** nach einiger Zeit, **D** im Modell

Ein Draht aus Kupfer wird in eine farblose Silbernitrat-Lösung gegeben. Nach einiger Zeit bildet sich auf dem Kupfer ein feiner, silbriger Belag. Die Lösung färbt sich mit der Zeit bläulich. Kupfer ist unedler als Silber. Die Kupferatome geben Elektronen ab und werden zu Kupfer-Ionen oxidiert. Die Silber-Ionen in der Lösung nehmen die Elektronen auf und werden zu Silber-Atomen reduziert. Es findet eine Redoxreaktion zwischen den Metallen statt.

1 Beschreibe die Bilder A–C.

2 Beschreibe mithilfe von Bild 2D die Reaktion auf Teilchenebene.

3 **II** Erkläre, dass es sich um eine Redoxreaktion handelt und gib Elektronendonator und Elektronenakzeptor an.

4 **III** Formuliere die Teilgleichungen und die Gesamtgleichung der Redoxreaktion.

ÜBEN UND ANWENDEN

C Redoxgleichungen aufstellen

1. Aufstellung der Wortgleichung

Aluminium + Schwefel → Aluminiumsulfid

„Zuerst muss die Wortgleichung der Redoxreaktion aufgestellt werden."

2. Aufstellung der Teilgleichungen

Oxidation: $Al \rightarrow Al^{3+} + 3e^-$
Reduktion: $S + 2e^- \rightarrow S^{2-}$

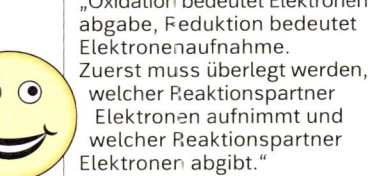

„Oxidation bedeutet Elektronenabgabe, Reduktion bedeutet Elektronenaufnahme. Zuerst muss überlegt werden, welcher Reaktionspartner Elektronen aufnimmt und welcher Reaktionspartner Elektronen abgibt."

„Es müssen immer gleich viele Elektronen aufgenommen und abgegeben werden. Damit in beiden Gleichungen die gleiche Elektronenzahl steht, muss die Oxidation mit der Elektronenzahl der Reduktion und die Reduktion mit der Elektronenzahl der Oxidation multipliziert werden.

3. Elektronenbilanz

Oxidation: $Al \rightarrow Al^{3+} + 3e^-$ $| \cdot 2$
Reduktion: $S + 2e^- \rightarrow S^{2-}$ $| \cdot 3$

Oxidation: $2Al \rightarrow 2Al^{3+} + 6e^-$
Reduktion: $3S + 6e^- \rightarrow 3S^{2-}$

„Jetzt stehen auf beiden Seiten des Reaktionspfeils 6 Elektronen.

„Die Teilgleichungen müssen jetzt zu einer Gesamtgleichung addiert werden."

4. Addition der Teilgleichungen zur Gesamtgleichung

Redox: $2Al + 3S + 6e^- \rightarrow 2Al^{3+} + 6e^- + 3S^{2-}$

5. Vereinfachung der Gesamtgleichung

Redox: $2Al + 3S + 6e^- \rightarrow 2Al^{3+} + 6e^- + 3S^{2-}$ $| - 6e^-$

„Jetzt müssen auf beiden Seiten des Reaktionspfeils die 6 Elektronen subtrahiert werden."

Perfekt

Redox: $2Al + 3S \rightarrow 2Al^{3+} + 3S^{2-}$

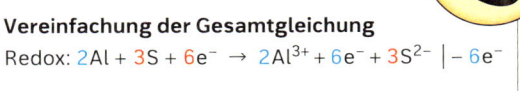

3 Aufstellen von Redoxgleichungen am Beispiel der Reaktion von Aluminium und Schwefel

1 Erstelle wie in Bild 3 die Redoxgleichungen für folgende Redoxreaktionen:
   a) Lithium reagiert mit Schwefel zu Lithiumsulfid.
   b) Magnesium reagiert mit Brom zu Magnesiumbromid.
   III c) Lithium wird verbrannt.

2 Gib für die Redoxreaktionen aus Aufgabe 1 jeweils den Elektronendonator und den Elektronenakzeptor an.

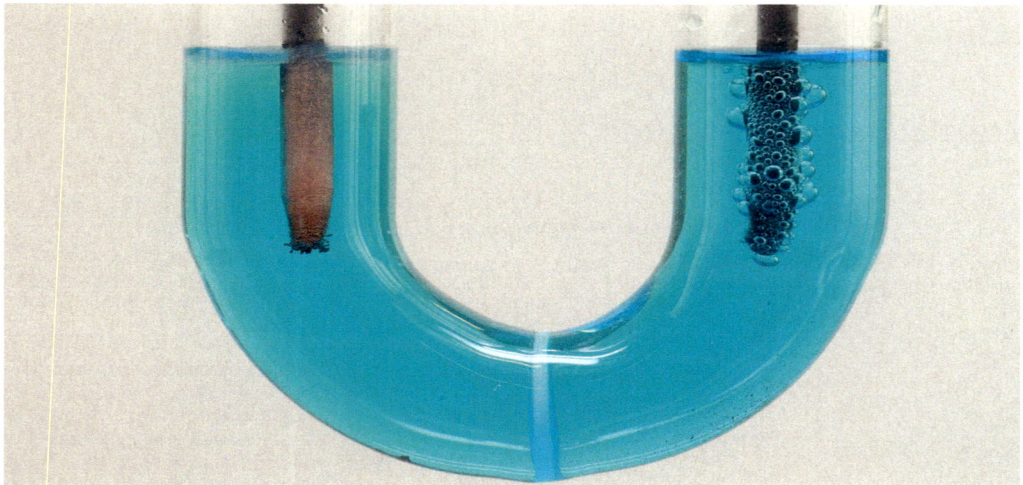

1 Elektrolyse einer Kupferchlorid-Lösung

▶❚❚ F Elektronenübertragungsreaktionen

Elektrolyse
In Salzlösungen sind die Ionen beweglich und können elektrische Ladungen transportieren. Solche leitfähigen Flüssigkeiten heißen **Elektrolyte**.
In eine Kupferchlorid-Lösung werden zwei Graphitstäbe, die **Elektroden**, getaucht. Die Graphitstäbe werden mit einer Spannungsquelle verbunden. Am Pluspol entstehen kleine Gasbläschen (→ Bild 1). Es handelt sich dabei um Chlorgas. Der Minuspol wird mit der Zeit mit Kupfer überzogen. Durch den elektrischen Strom wird das Kupferchlorid in die Elemente Chlor und Kupfer zerlegt. Da diese chemische Reaktion durch den elektrischen Strom ermöglicht wird, spricht man von **Elektrolyse**. Die Elektrolyse ist eine durch Strom **erzwungene Elektronenübertragung**.

Energieumwandlungen
Damit die Elektrolyse abläuft, muss ständig Energie zugeführt werden. Diese liefert die Spannungsquelle. Die elektrische Energie wird bei der Elektrolyse in chemische Energie umgewandelt und in den Reaktionsprodukten Kupfer und Chlor gespeichert.

Vorgänge an den Elektroden
Wird an den Elektroden Gleichspannung angelegt, ist der Pluspol positiv geladen. Dort liegt ein Mangel an Elektronen vor. Die negativ geladenen Cl^--Ionen im Elektrolyten werden vom Pluspol angezogen und geben je ein Elektron ab. Jedes Cl^--Ion wird oxidiert und wird zu einem Cl-Atom.
Am Pluspol entsteht gasförmiges Chlor (Cl_2), welches als Blasen sichtbar wird. Der Graphitstab am Minuspol hat einen Überschuss an Elektronen und ist daher negativ geladen. Die positiv geladenen Cu^{2+}-Ionen werden von ihm angezogen und nehmen je zwei Elektronen auf. Die Kupfer-Ionen werden zu Cu-Atomen reduziert. Der Graphitstab am Minuspol wird mit Kupfer (Cu) überzogen.

Vorgänge am Pluspol:
$$2Cl^- \rightarrow Cl_2 + 2e$$
Vorgänge am Minuspol:
$$Cu^{2+} + 2e^- \rightarrow Cu$$
Gesamtreaktion der Elektrolyse:
$$CuCl_2 \rightarrow Cu + Cl_2$$

2 Aufbau eines galvanischen Elements

Galvanische Elemente zur Energiegewinnung

Steckt man ein Kupferblech und ein Zink-blech in eine Zitrone, kann zwischen den beiden Metallen eine elektrische Spannung gemessen werden. Es handelt sich um ein **galvanisches Element**. Während bei einer Elektrolyse die Redoxreaktion nur durch ständige Energiezufuhr erzwungen wird, erfolgt in einem galvanischen Element das genaue Gegenteil: Chemische Energie wird in elektrische Energie umgewandelt.

Daniell-Element

Das **Daniell-Element** besteht aus einer Zink-Elektrode und einer Kupfer-Elektrode. Die Kupfer-Elektrode steckt in einer Kupfer-sulfat-Lösung, die Zink-Elektrode taucht in eine Zinksulfat-Lösung ein. Die beiden Bereiche sind von einer dünnen, löchrigen Wand voneinander getrennt, dem **Dia-phragma**. Diese Wand trennt den Aufbau in zwei Halbzellen. Werden die Elektroden mit einem elektrischen Leiter verbunden, fließt elektrischer Strom. Ein solcher Aufbau heißt auch galvanisches Element.

Vorgänge an den Elektroden

Die unedleren Zink-Atome geben leichter Elektronen ab als die edleren Kupfer-Ato-me. Die Zink-Atome werden zu Zink-Ionen oxidiert und gehen in die Lösung. Die Elektronen bleiben im Metall zurück. Die Zink-Elektrode wird zum Minuspol. Die edleren Kupfer-Ionen der Kupfersulfat-Lösung nehmen je zwei Elektronen auf. Sie werden zu Kupfer-Atomen reduziert und lagern sich an der Kupfer-Elektrode ab. Die Kupfer-Elektrode wird zum Pluspol.

Elektronenübertragung

Bei einem Daniell-Element laufen Oxidati-on und Reduktion in getrennten Halbzellen ab.

Vorgänge am Minuspol:
$$Zn \rightarrow Zn^{2+} + 2e^-$$
Vorgänge am Pluspol:
$$Cu^{2+} + 2e^- \rightarrow Cu$$
Gesamtreaktion (Redoxreaktion):
$$Zn + Cu^{2+} \rightarrow Zn^{2+} + Cu$$

1 Beschreibe die Vorgänge der Elektrolyse einer Kupferchlorid-Lösung.

2 Beschreibe den grundsätzlichen Unterschied zwischen einer Elektrolysezelle und einem galvanischen Element.

3 | Beschreibe mitihlfe von Bild 2 das Daniell-Element.

A Die Elektrolyse von Zinkiodid

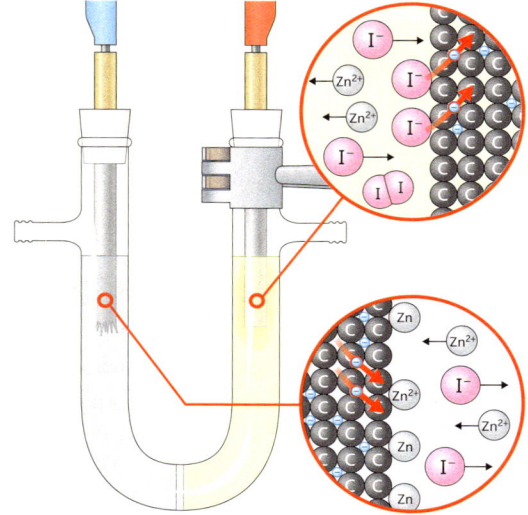

1 Versuchsaufbau der Elektrolyse von Zinkiodid

In einem Versuch wird eine Zinkiodid-Lösung elektrolysiert.

1 Beschreibe den Versuchsaufbau aus Bild 1.

2 Nenne die Ionen, die sich in der Zinkiodid-Lösung bewegen.

3 Benenne die beiden Pole im Versuchsaufbau korrekt mit Minuspol und Pluspol.

4 Ordne den Bildern in den Kreisen auf der Teilchenebene die Begriffe Oxidation und Reduktion zu.

5 ‖ Nenne die Elemente, die bei der Elektrolyse einer Zinkiodid-Lösung entstehen.

B Die Zitronenbatterie

Material: destilliertes Wasser, frische Zitrone, Zinkblech (ca. 15mm · 75 mm), Kupferblech (ca. 15mm · 75 mm), 2 Krokodilklemmen, 2 Kabel, Vielfachmessgerät

Durchführung:

Schritt 1: Schneide zwei tiefe Schlitze in die Zitrone, etwa zwei Zentimeter voneinander entfernt.

Schritt 2: Spüle das Zinkblech und das Kupferblech gründlich mit destilliertem Wasser ab.

Schritt 3: Stecke in einen Schlitz das Zinkblech und in den anderen Schlitz das Kupferblech, ohne dass sich beide berühren.

Schritt 4: Schließe mithilfe der Krokodilklemmen und der Kabel das Vielfachmessgerät an (→ Bild 2).

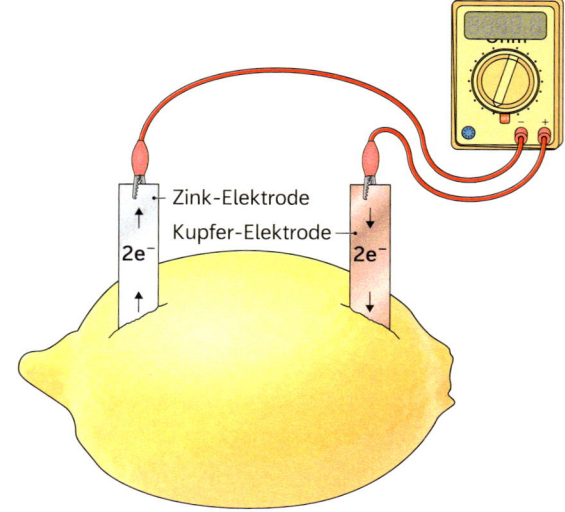

2 Eine Zitronenbatterie

1 Beschreibe deine Beobachtungen.

2 Erkläre, welche Elektrode den Pluspol und welche Elektrode den Minuspol bildet.

Ⓐ Galvanisieren

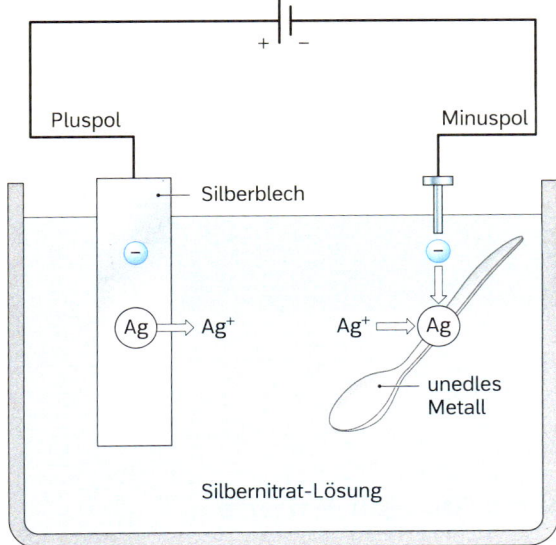

3 Vorgänge beim Galvanisieren

Zur Verschönerung sind viele Gegenstände mit einer dünnen Metallschicht überzogen. So wird zum Beispiel Modeschmuck versilbert. Armaturen in Bad und Küche glänzen nur deshalb, weil sie mit einer dünnen Schicht des Metalls Chrom überzogen sind.

Das Verfahren, Gegenstände zum Schutz oder zur Verschönerung mit einer metallischen Schicht zu überziehen, nennt man **Galvanisieren**. Es ist eine technische Anwendung der Elektrolyse.

❶ Beschreibe mithilfe von Bild 3 den Vorgang des galvanischen Versilberns.

❷ Bestimme die beiden Pole und ordne den beiden Polen die Oxidation und die Reduktion zu.

Ⓑ Das Daniell-Element auf Teilchenebene

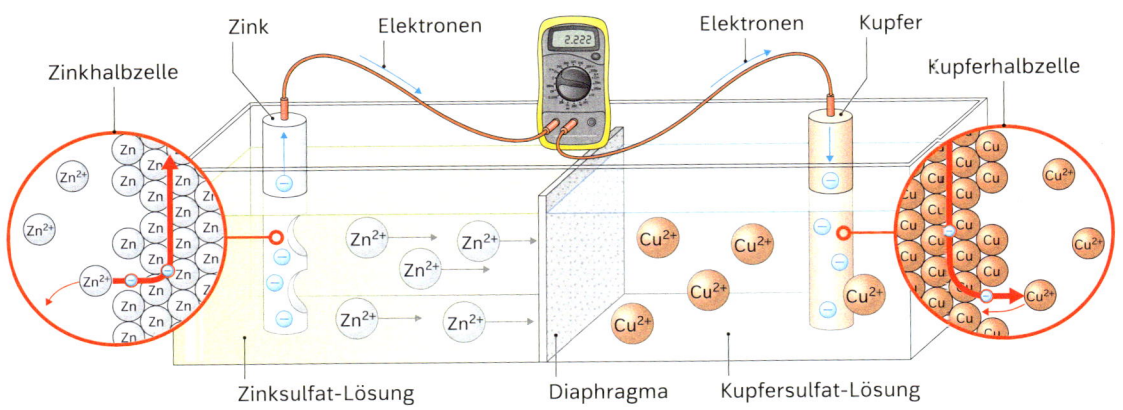

4 Daniell-Element auf Teilchenebene

❶ Beschreibe die Vorgänge an den Polen im Daniell-Element.

❷ Erkläre die Aufgabe des Diaphragmas.

❸ ‖ Begründe die folgende Aussage: „In einem galvanischen Element läuft die Redoxreaktion in getrennten Räumen ab."

1 Handelsübliche Batterien

▶❚❚ F # Batterie und Akkumulator

Einsatz von Batterien

Batterien gibt es in unterschiedlichen Größen und mit verschiedenen Spannungen. Sie werden in elektrische Geräte eingelegt und stellen diesen elektrische Energie bereit.

Funktionsweise von Batterien

Die verschiedenen Batterietypen ähneln einem galvanischen Element. Sie unterscheiden sich in den Stoffen, die als Pluspol, Minuspol und Elektrolyt verwendet werden. In einer Batterie sind zwei Halbzellen voneinander getrennt. Die chemische Energie der Stoffe wird in elektrische Energie umgewandelt.

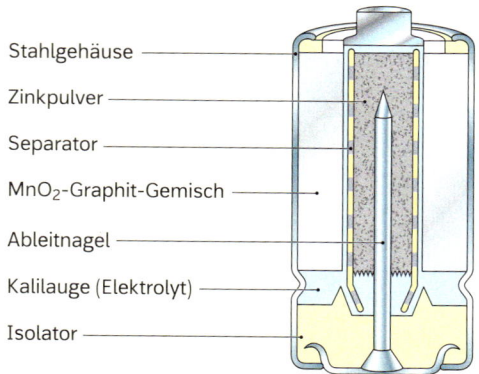

Stahlgehäuse

Zinkpulver

Separator

MnO_2-Graphit-Gemisch

Ableitnagel

Kalilauge (Elektrolyt)

Isolator

2 Alkali-Mangan-Batterie

Die Alkali-Mangan-Batterie

Geräte wie Taschenlampen werden häufig mit AA-Batterien betrieben. Das AA kennzeichnet die Größe und Form der Batterie. Kleinere Batterien haben die Bezeichnung AAA.

Zu den meistverkauften Batterien zählt die **Alkali-Mangan-Batterie**. Auch die AA-Batterie zählt zu diesem Batterietyp. Redoxreaktionen im Inneren der Batterie sorgen für eine Spannung von 1,5 V. In einem Stahlgehäuse bildet ein Gemisch aus Manganoxid und Graphit den Pluspol. Zinkpulver bildet den Minuspol. Um beide Pole befindet sich Kalilauge als Elektrolyt. Die beiden Pole sind durch einen **Separator** voneinander getrennt (→ Bild 2). Wird eine Batterie an ein elektrisches Gerät angeschlossen, geben die Zn-Atome Elektronen ab. Sie werden oxidiert und gelangen als Zn^{2+}-Ionen in den Elektrolyten. Die freiwerdenden Elektronen fließen über den **Ableitnagel** zum Minuspol. Die Elektronen fließen durch das angeschlossene Gerät und treiben dieses an. Sie gelangen so zum Pluspol. Die Elektronen werden vom Manganoxid aufgenommen, das dann zu Manganoxidhydroxid reduziert wird.

Einsatz von Akkus

Batterien haben den Nachteil, dass sie nicht wieder aufladbar sind. In **Akkumulatoren** oder kurz Akkus, können die Reaktionen, die zur Erzeugung von elektrischer Energie ablaufen, wieder umgekehrt werden. Akkus können wieder aufgeladen werden.

Der Blei-Akkumulator

Der Blei-Akkumulator ist in Fahrzeugen mit einem Verbrennungsmotor zu finden. Er wird auch Autobatterie genannt. Der Blei-Akku besteht aus einem Kunststoffbehälter, der mehrere Kammern enthält. Jede dieser Kammern ist eine galvanische Zelle. Die Elektroden eines Blei-Akkus bestehen aus mehreren Platten, die abwechselnd aus Blei und Bleioxid bestehen.
Bei der Entladung wird elektrische Energie zum Starten des Motors und zum Betreiben der Bordelektronik erzeugt. Beim Laufen des Motors wird die Autobatterie durch die Lichtmaschine wieder aufgeladen.

Der Lithium-Ionen-Akku

In vielen Elektrogeräten oder Elektrofahrzeugen sind ein oder mehrere Lithium-Ionen-Akkus eingebaut. Auch in vielen E-Scooter werden die leistungsstarken Lithium-Ionen-Akkus genutzt.
Ein Lithium-Ionen-Akku ist ein wiederaufladbares galvanisches Element. Der Minuspol wird von Graphit gebildet, den Pluspol bildet ein Metalloxid wie Cobaltoxid.

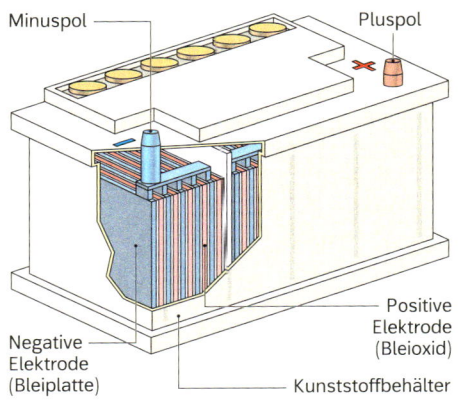

3 Aufbau eines Blei-Akkumulators

4 Eine Autobatterie

5 Lithium-Ionen-Akku in einem Smartphone

❶ Beschreibe mithilfe von Bild 2 den Aufbau einer Alkali-Mangan-Batterie.

❷ Nenne die Reaktionspartner in einer Alkali-Mangan-Batterie und gib Elektronendonator und Elektronenakzeptor an.

❸ ❘ Recherchiere weitere Batterien und Akkumulatoren und gib begründet deren Einsatzgebiete an.

❹ ❘❘ Nenne Gründe, warum E-Scooter mit Akkus statt Batterien und Wanduhren mit Batterien statt Akkus betrieben werden. Erstelle eine Tabelle.

Starthilfe zu 4:
Erstelle eine Tabelle:

E-Scooter	Wanduhr
- benötigt viel Energie	- benötigt wenig Energie
- …	- …

Verschiedene Batterien

Zink-Luft-Batterie
Spannung: 1,5 V
Minuspol: Zink
Pluspol: Sauerstoff
Eigenschaften: Spannung bleibt lange gleich, sehr langlebig
Verwendung: Hörgeräte

Zink-Kohle-Batterie
Spannung: 1,5 - 9 V
Minuspol: Zink
Pluspol: Manganoxid
Eigenschaften: Spannung sinkt beim Entladen schnell, günstig, wenig auslaufsicher
Verwendung: Taschenlampen

Zink-Silberoxid-Batterie
Spannung: 1,5 V
Minuspol: Zink
Pluspol: Silberoxid
Eigenschaften: Spannung bleibt lange gleich, langlebig, teuer
Verwendung: Armbanduhren

Alkali-Mangan-Batterie
Spannung: 1,5 V
Minuspol: Zink
Pluspol: Manganoxid und Graphit
Eigenschaften: gute Belastbarkeit, auslaufsicher, daher lange lagerfähig
Verwendung: Wanduhren, Fernbedienungen

1 Beschreibe an zwei Besipielen die unterschiedlichen Einsatzmöglichkeiten der vorgestellten Batterien.

2 ‖ Begründe, dass Alkali-Mangan-Batterien immer häufiger anstelle von Zink-Kohle-Batterien verwendet werden.

A Die Zink-Silberoxid-Batterie

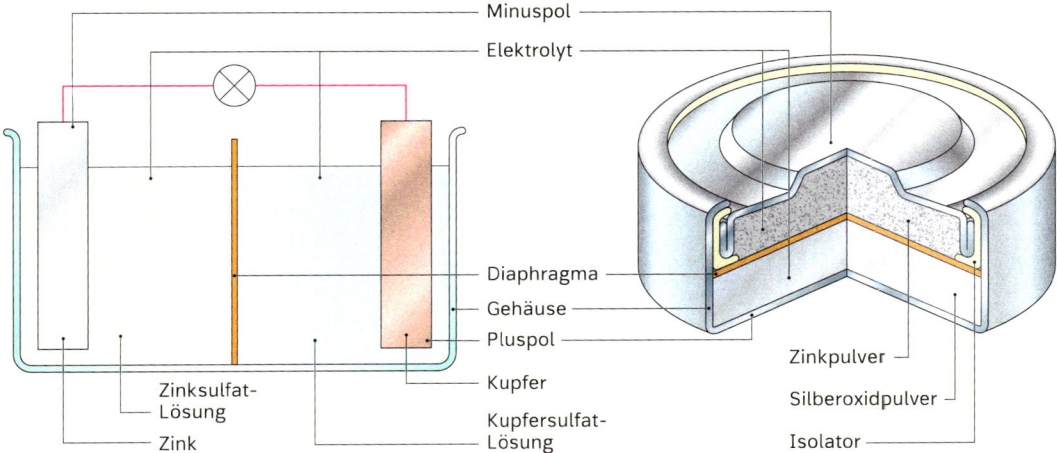

1 Der Aufbau einer Zink-Silberoxid-Batterie

1 Beschreibe den Aufbau der Zink-Silberoxid-Batterie mithilfe von Bild 1.

2 Erkläre, dass die Zink-Silberoxid-Batterie ein galvanisches Element ist.

3 ❚❚ Vergeiche das Daniell-Element mit der Zink-Silberoxid-Batterie.

4 ❚❚ Erkläre, an welcher Stelle in der Batterie die Oxidation und die Reduktion stattfindet.

B Der Lithium-Ionen-Akku

Lithium-Ionen-Akku

Minuspol: Lithium-Graphit $\rightleftarrows$ Graphit + Li^+ + e^-

Pluspol: Metalloxid + Li^+ + e^- $\rightleftarrows$ Lithium-Metalloxid

2 Der Aufbau eines Lithium-Ionen-Akkus

Wie der Name sagt, enthält der Lithium-Ionen-Akku kein Lithium, sondern Lithium-Ionen. Die Lithium-Ionen nehmen nicht an den in der Zelle ablaufenden Redoxreaktionen teil, sondern pendeln nur zwischen den Elektroden hin und her.

1 Beschreibe die Vorgänge beim Entladen und Laden des Lithium-Ionen-Akkus.

2 Erkläre, dass ein Lithium-Ionen-Akku ein galvanisches Element ist.

3 Erkläre, dass der Lithium-Ionen-Akku wiederaufladbar ist.

1 Ein mit Wasserstoff betriebenes Polizeiauto

Die Brennstoffzelle

Wasserstoff als Energiespeicher

Mit der Elektrolyse lässt sich Wasser in die Elemente Wasserstoff und Sauerstoff zerlegen. Dafür muss elektrische Energie zugeführt werden. Die eingesetzte elektrische Energie wird dabei in chemische Energie gewandelt und im Wasserstoff gespeichert. Wasserstoff gilt als Energieträger der Zukunft, da er mit Solar- oder Windkraft umweltfreundlich gewonnen werden kann. Heutzutage wird der Wasserstoff jedoch noch hauptsächlich aus Erdgas hergestellt, einem fossilen Energieträger. Dabei entsteht viel schädliches Kohlenstoffdioxid.

2 Eine Brennstoffzelle als Versuchsmodell

Die Brennstoffzelle

Um Elektromotoren zu betreiben, benötigt man elektrischen Strom. Läuft die exotherme Reaktion von Wasserstoff mit Sauerstoff in zwei getrennten Halbzellen ab, erhält man ein galvanisches Element, das elektrische Energie liefert. Ein solches galvanisches Element wird **Brennstoffzelle** genannt. Neben Batterien und Akkus bildet die Brennstoffzelle die dritte Kategorie von galvanischen Zellen. In ihr wird Wasserstoff oxidiert. Bei der Oxidation wird die in Wasserstoff gespeicherte chemische Energie wieder in elektrische Energie umgewandelt. Als Reaktionsprodukt entsteht Wasser.

Einsatz der Brennstoffzelle

Heute werden Brennstoffzellen in verschiedenen Fahrzeugen wie Autos, Bussen und U-Booten eingesetzt. Auch die Raketen des Apollo-Programms, mit denen erstmals Menschen zum Mond flogen, waren mit Brennstoffzellen ausgerüstet. Die Brennstoffzelle wurde bereits vor über 150 Jahren entwickelt.

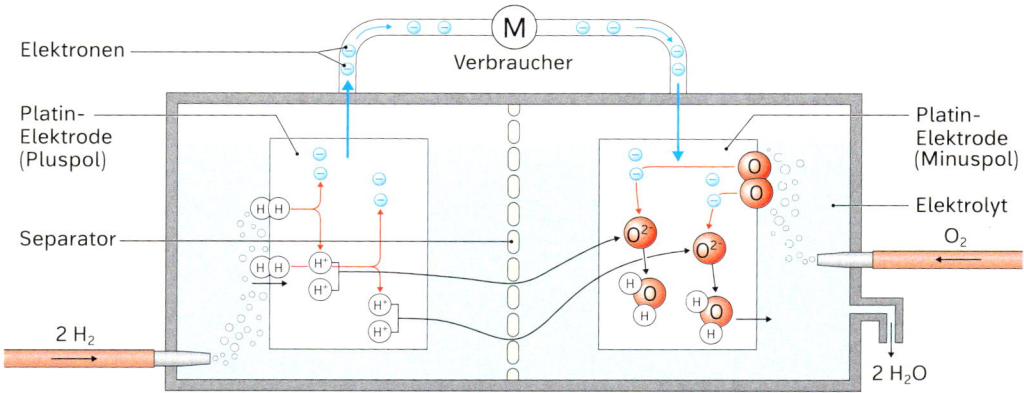

3 Funktionsweise der Brennstoffzelle

Aufbau einer Brennstoffzelle

Eine Brennstoffzelle besteht aus zwei Elektroden, die mit dem Katalysator Platin überzogen sind (→ Bild 3). Sie tauchen in einen Elektrolyten. Die Elektroden sind durch einen Separator voneinander getrennt. Dieser Separator ist so fein, dass nur Wasserstoff-Ionen hindurch gelangen.

Abläufe am Pluspol

Die Elektrode am Pluspol wird mit Wasserstoff umspült. Dabei gibt jedes H_2-Molekül bei Kontakt mit dem Platin je zwei Elektronen ab. Es entstehen H^+-Ionen. Die abgegebenen Elektronen gelangen durch den Leiter zum Verbraucher, beispielsweise einen Elektromotor, und treiben diesen an.

Reaktion am Pluspol:
$$2\ H_2 \rightarrow 4\ H^+ + 4\ e^-$$

Abläufe am Minuspol

Am Minuspol laufen zwei Teilschritte ab. Im ersten Teilschritt wird die Elektrode am Pluspol von Sauerstoff umspült. Die O_2-Moleküle spalten sich beim Kontakt mit dem Platin auf. Die Elektronen gelangen vom Verbraucher über den Leiter zum Pluspol und jedes O-Atom nimmt zwei Elektronen auf. Es entstehen O^{2-}-Ionen.

1. Teilschritt am Minuspol:
$$O_2 + 4\ e^- \rightarrow 2\ O^{2-}$$

Im zweiten Teilschritt gelangen die H^+-Ionen vom Pluspol durch den Separator zum Minuspol und reagieren mit den O^{2-}-Ionen zu H_2O-Molekülen.

2. Teilschritt am Minuspol:
$$4\ H^+ + 2\ O^{2-} \rightarrow 2\ H_2O$$

① Beschreibe mithilfe von Bild 3 den Aufbau einer Brennstoffzelle.

② Ordne zu, an welchem Pol eine Oxidation und an welchem Pol eine Reduktion stattfindet.

③ ❙ Erläutere, dass die Brennstoffzelle eine umweltfreundliche Energiequelle sein kann und nenne Bedingungen dafür.

Starthilfe zu 3:
Es gibt verschiedene Möglichkeiten Wasserstoff zu gewinnen.

④ ❙❙ Formuliere die Gesamtgleichung der Reaktion in einer Brennstoffzelle.

Ⓐ Wasserstoff gewinnen

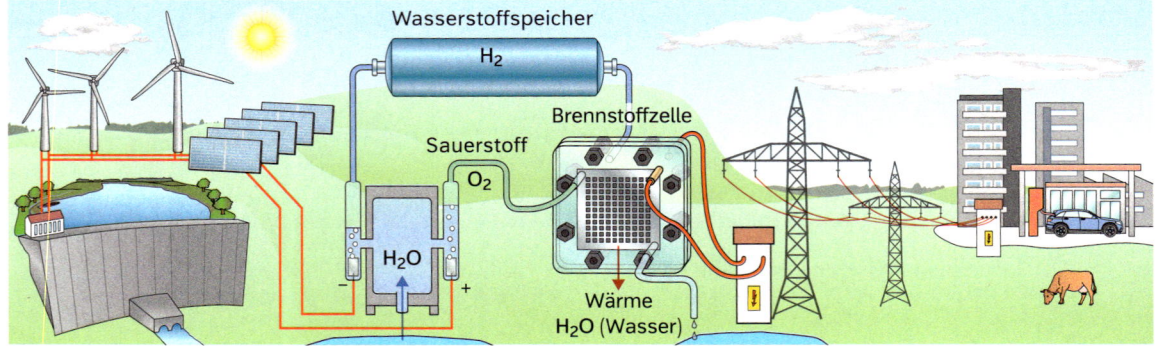

1 Die Gewinnung von Wasserstoff

Wasserstoff kann mithilfe der Elektrolyse gewonnen werden. Dabei wird Wasser in die Bestandteile Wasserstoff und Sauerstoff getrennt.
Die Elektrolyse kann jedoch nur ablaufen, wenn Energie von außen hinzugefügt wird. Daher ist die Elektrolyse energieaufwändig.

❶ Beschreibe die Gewinnung von Wasserstoff.

❷ ‖ Beschreibe den Zusammenhang zwischen der Gewinnung und der Nutzung von Wasserstoff.

❸ ‖ Erkläre, dass eine Brennstoffzelle umweltfreundlich ist.

Ⓑ Flugzeug der Zukunft

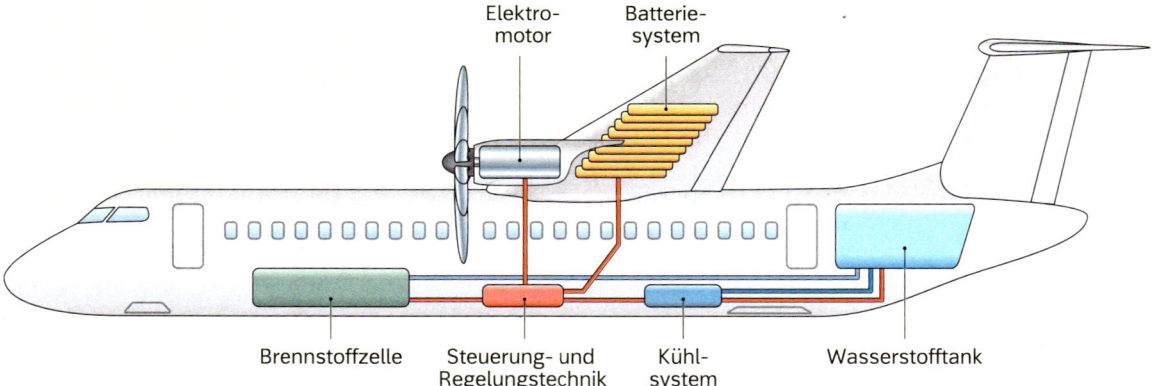

2 Ein Flugzeug betrieben mit einer Brennstoffzelle

❶ Beschreibe den Aufbau des Brennstoffzellen-Flugzeugs und beschreibe, warum es als Flugzeug der Zukunft bezeichnet wird.

❷ ‖ Recherchiere den Antrieb eines gewöhnlichen Passagierflugzeugs und vergleiche diesen mit dem Flugzeug aus Bild 2.

ÜBEN UND ANWENDEN

C Wie viel Energie kann genutzt werden?

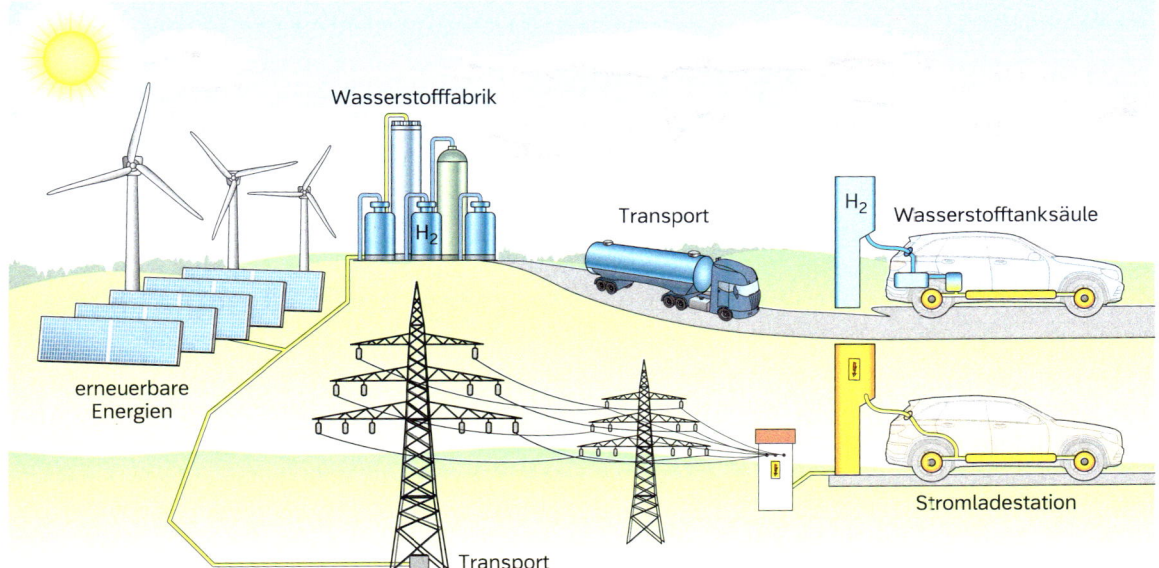

3 Energieumwandlungen bei verschiedenen Elektroautos

Bis ein Elektromotor ein Fahrzeug antreiben kann, sind mehrere Energieumwandlungsschritte notwendig. Dabei treten Verluste an nutzbarer Energie auf. Die Technologie der Brennstoffzelle und die des Akkus unterscheiden sich in diesen Energieumwandlungsschritten voneinander.

Akkus
Für ein akkubetriebenes Fahrzeug wird elektrische Energie in chemische Energie umgewandelt. Im Fahrzeug wird die chemische Energie aus den Akkus in elektrische Energie gewandelt und der Elektromotor betrieben.

Brennstoffzelle
Bei der Technologie der Brennstoffzelle dient die elektrische Energie zunächst zur Herstellung von Wasserstoff. Dieser muss von der Wasserstofffabrik zur Tankstelle transportiert und gelagert werden. Im Fahrzeug wandelt die Brennstoffzelle die chemische Energie des Wasserstoffes zurück in elektrische Energie und betreibt damit den Elektromotor.

1 Nenne die Schritte von der Stromerzeugung bis zum Betanken beziehungsweise Laden
a) eines Brennstoffzellenfahrzeugs.
b) eines akkubetriebenen Fahrzeugs.

2 Vergleiche die „Betankung" eines Brennstoffzellenfahrzeugs mit der eines akkubetriebenen Fahrzeugs.

3 II Begründe mithilfe von Bild 3 und Bild 4, dass das akkubetriebene Fahrzeug effizienter ist als das Brennstoffzellenfahrzeug.

4 III Bei der Herstellung von Wasserstoff für Fahrzeuge mit Brennstoffzelle wird viel Energie benötigt. Beurteile die Folgen für die Umwelt.

Technologie	Energieumwandlungsverluste gesamt	Strombedarf pro 100 km
Akkufahrzeug	circa 30 %	15 kWh
Brennstoffzellenfahrzeug	circa 75 %	42 kWh

4 Umwandlungsverluste bei Akku und Brennstoffzelle

Auf einen Blick: Elektronen werden übertragen

Redoxreaktionen

Geben Atome eines Stoffs Elektronen ab, spricht man von Oxidation. Die Atome sind dann Elektronendonatoren.

Nimmt ein Atom eines Stoffs Elektronen auf, spricht man von Reduktion. Diese Atome nennt man Elektronenakzeptoren.

Redoxreaktionen sind Elektronenübertragungsreaktionen. Bei Redoxgleichungen werden zunächst die Teilgleichungen für die Oxidation und die Reduktion angegeben und anschließend zu einer Gesamtgleichung addiert. Die Anzahl der abgegebenen Elektronen ist immer gleich der Anzahl aufgenommener Elektronen.

Die Elektrolyse

Bei der Elektrolyse wird durch elektrischen Strom eine Elektronenübertragung erzwungen. Zwei Elektroden tauchen in einen Elektrolyten. Es wird elektrische Spannung angelegt. Am Pluspol geben Ionen Elektronen ab, am Minuspol nehmen Ionen Elektronen auf. Elektrische Energie wird in chemische Energie umgewandelt.

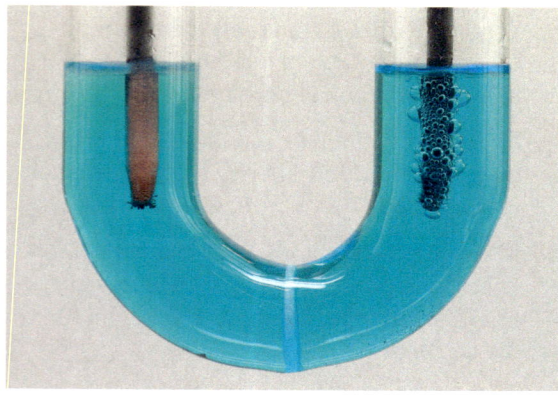

Galvanisches Element

Das Daniell-Element besteht aus einer Zink-Elektrode und einer Kupfer-Elektrode. Zwischen ihnen liegt ein Diaphragma. In beiden Halbzellen läuft räumlich getrennt eine Redoxreaktion ab. Die Elektronen gehen vom Minuspol zum Pluspol. Das Daniell-Element ist ein galvanisches Element.

Batterien und Akkumulatoren

Batterien sind galvanische Zellen, die oft aus einem Metall, einem Metalloxid und einem Elektrolyten bestehen. Durch Redoxreaktionen zwischen den Polen entsteht eine Spannung. Akkus sind wiederaufladbare Batterien. Beim Laden werden die Vorgänge, die beim Entladen ablaufen, durch Zufuhr von Energie wieder umgekehrt.

Die Brennstoffzelle

Brennstoffzellen nutzen die Reaktion zwischen Wasserstoff und Sauerstoff. Chemische Energie wird in elektrische Energie umgewandelt. Unter den richtigen Voraussetzungen stellt die Brennstoffzelle eine umweltfreundliche Energiequelle dar.

Auf einen Blick

WICHTIGE BEGRIFFE

- Elektronendonator, Elektronenakzeptor
- Redoxreaktion
- Elektrolyse
- chemische und elektrische Energie

WICHTIGE BEGRIFFE

- Daniell-Element, galvanisches Element
- Batterie
- Akkumulator
- Brennstoffzelle

Lerncheck: Elektronen werden übertragen

Redoxreaktionen

1 Beschreibe die Oxidation und die Reduktion bei der Reaktion von Magnesium und Chlorgas.

2 Erkläre den Begriff Redoxreaktion.

3 Nenne Elektronendonator und Elektronenakzeptor bei der Reaktion von Eisen und Kupfersulfat-Lösung.

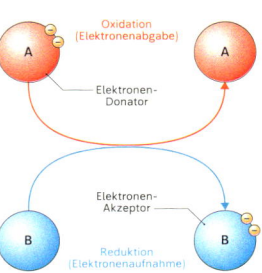

Die Elektrolyse und das galvanische Element

4 Beschreibe die Vorgänge der Elektrolyse einer Kupferchlorid-Lösung.

5 Beschreibe die Energieumwandlung während der Elektrolyse.

6 Beschreibe den Aufbau eines galvanischen Elements.

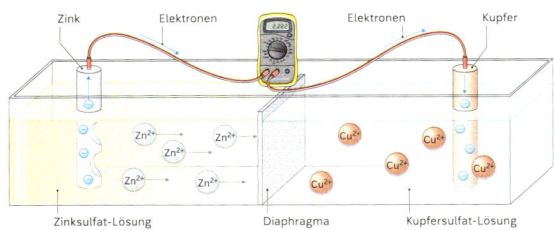

7 Erkläre die Entstehung von Spannung in einem galvanischen Element.

Batterien und Akkumulatoren

8 Beschreibe die Vorgänge in einer Alkali-Mangan-Batterie.

9 Begründe, dass es sich bei einer Batterie um ein galvanisches Element handelt.

10 Nenne verschiedene Batterien und gib deren Einsatzmöglichke ten an.

11 Nenne den Unterschied zwischen einer Batterie und einem Akkumulator.

Brennstoffzelle

12 Nenne den Brennstoff, mit dem die Brennstoffzelle angetrieben werden kann.

13 Beschreibe Aufbau und Funktion der Brennstoffzelle.

14 Beschreibe die Bedingungen, die erfüllt werden müssen, damit die Brennstoffzelle als eine umweltfreundliche Energiequelle bezeichnet werden kann.

DU KANNST JETZT ...

- ... Reaktionsgleichungen von Redoxgleichungen aufstellen.
- ... Elektronendonatoren und Elektronenakzeptoren unterscheiden und bestimmen.
- ... die Vorgänge bei der Elektrolyse beschreiben.
- ... den Aufbau eines galvanischen Elements beschreiben

DU KANNST JETZT ...

- ... die Vorgänge in einer Alkali-Mangan-Batterie beschreiben.
- ... verschiedene Batterien und deren Einsatzmöglichkeiten benennen.
- ... zwischen Batterien und Akkumulatoren unterscheiden.
- ... Aufbau und Funktionsweise der Brennstoffzelle beschreiben.

Lerncheck

Kräfte in Natur und Technik

Welche Kräfte wirken bei einem Unfall?

Wann sind wir da? Und wenn wir schneller fahren?

Wieso kann ein Schiff schwimmen?

1 Fahrradfahren: **A** gemütlich, **B** sportlich

Die Geschwindigkeit

Langsam oder schnell

In Bild 1A siehst du eine Familie bei einer gemütlichen Radtour. In einer Minute legen sie 100 m zurück. Sie fahren langsam. Die Rennfahrer in Bild 1B fahren schneller und schaffen in einer Minute 300 m. Die Familie und die Rennfahrer fahren mit unterschiedlichen **Geschwindigkeiten.**

Die gleichförmige Bewegung

Die Familie in Bild 1A legt in jeder weiteren Minute jeweils 100 m zurück. In 10 min schaffen sie also 1000 m. Ihre Geschwindigkeit bleibt dabei immer gleich groß. Sie ist **konstant.** Diese Art der Bewegung heißt **gleichförmige Bewegung.**

Die Zeit und den Weg messen

Auf einem geradlinigen Weg werden eine Startlinie festgelegt und ein Maßband ausgelegt (→Bild 2). Du fährst mit dem Fahrrad etwas vor der Startlinie los. Dieser Start heißt **„fliegender Start".**
Rollt das Vorderrad deines Fahrrades über die Startlinie, wird eine Stoppuhr gestartet. Du fährst gleichförmig weiter. Am Maßband wird nach jeweils 5 s die Stelle markiert, die das Vorderrad überrollt. Die Werte für die benötigte **Zeit t** und den dabei zurückgelegten **Weg s** sind in Bild 2 in einer **Wertetabelle** dargestellt.

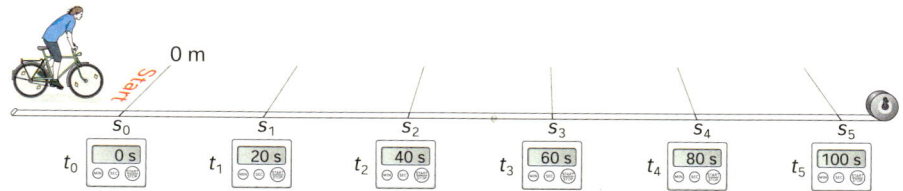

t in s	0	5	10	15	20	25
s in m	0	20	40	60	80	100
$\frac{s}{t}$ in $\frac{m}{s}$	–	4	4	4	4	4

2 Eine gleichförmige Bewegung untersuchen

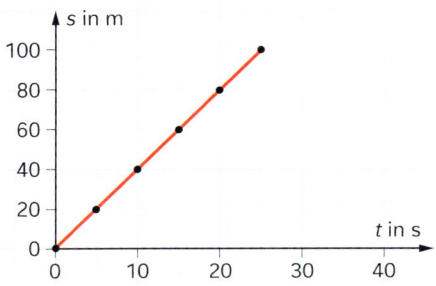

3 Das Zeit-Weg-Diagramm

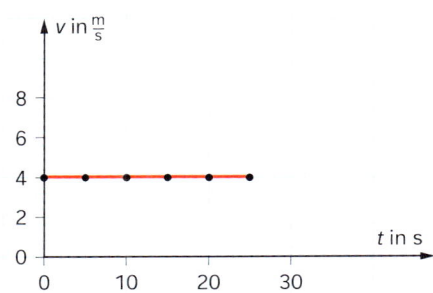

4 Das Zeit-Geschwindigkeits-Diagramm

Die Geschwindigkeit berechnen

Berechnest du die Werte der Quotienten aus dem zurückgelegten Weg und der dazu benötigten Zeit, sind sie immer gleich groß (→ Bild 2). Sie geben deine **Geschwindigkeit v** (lat.: velocitas) an.

Ein anderes Kind fährt schneller als du. Es legt mit dem Fahrrad in gleichen Zeiten jeweils längere Wege zurück. Die Werte der Quotienten $\frac{s}{t}$ sind größer. Die Geschwindigkeit des anderen Kindes ist größer.

Das Zeit-Weg-Diagramm

Überträgst du die Zeit-Weg-Wertepaare aus der Wertetabelle in ein t-s-Diagramm, entsteht ein **linearer Graph** (→ Bild 3). Er beginnt im Ursprung des Diagramms. Der Verlauf des Graphen zeigt, dass der zurückgelegte Weg und die benötigte Zeit **proportional zueinander** sind.

Einheiten der Geschwindigkeit

Ein Läufer legt die Strecke von 100 m in wenigen Sekunden zurück. Seine Geschwindigkeit wird in $\frac{m}{s}$ angegeben (gesprochen: Meter pro Sekunde). Ein ICE legt viele Kilometer in einer Stunde zurück. Seine Geschwindigkeit wird in $\frac{km}{h}$ angegeben (gesprochen: Kilometer pro Stunde).

> **Name:** Geschwindigkeit
> **Formelzeichen:** v
> **Berechnung:** $v = \frac{s}{t}$
> **Einheit:** $\frac{m}{s}$
> **Weitere Einheiten:** $1\,\frac{m}{s} = 3{,}6\,\frac{km}{h}$

Das Zeit-Geschwindigkeits-Diagramm

Bei einer gleichförmigen Bewegung ändert sich die Geschwindigkeit nicht, deshalb verläuft der lineare Graph in einem t-v-Diagramm **parallel** zur Zeitachse (→ Bild 4).

---

① Ein Läufer legt die Strecke von 3000 m gleichförmig in einer Zeit von 10 min zurück.
a) Berechne seine Geschwindigkeit in $\frac{m}{s}$.
b) Gib seine Geschwindigkeit in $\frac{km}{h}$ an.
c) Lege für den gleichförmigen Lauf eine Wertetabelle mit 5 Wertepaaren an.
d) Zeichne für die Bewegung ein t-s-Diagramm und ein t-v-Diagramm.

Starthilfe zu 1a):
Rechne zunächst die Minuten (min) in Sekunden (s) um: 1 min = 60 s.

Starthilfe zu 1b):

t in s	0			600
s in m	0			3000

② Ein ICE fährt gleichförmig mit einer Geschwindigkeit von 144 $\frac{km}{h}$.
I a) Gib seine Geschwindigkeit in $\frac{m}{s}$ an.
II b) Berechne die Strecke, die er in 40 min zurücklegt.
II c) Berechne die Zeit, die er für eine Strecke von 50 km benötigt.

③ III Begründe den Umrechnungsfaktor von $\frac{m}{s}$ in $\frac{km}{h}$.

A Wie groß ist die Geschwindigkeit des Spielzeugautos?

1 Die Geschwindigkeit ermitteln

Material: ferngesteuertes Spielzeugauto, 50-Meter-Maßband, Stoppuhr, Kreide

Zeit t in s	0	2	...	...	...
Weg s in m	0	...	...	...	...
$\frac{s}{t}$ in $\frac{m}{s}$	–	...	...	...	...

2 Die Messwerttabelle zum Spielzeugauto

Durchführung:

Schritt 1: Rollt ein 50 m langes Maßband aus und kennzeichnet mit Kreide bei 0 m die Startlinie.

Schritt 2: Stellt euch jeweils alle 5 m entlang des Maßbandes mit einem Stück Kreide auf. (→ Bild 1).

Schritt 3: Du steuerst das Spielzeugauto. Starte das Spielzeugauto 1 m vor der Startlinie. Achte auf eine konstante Geschwindigkeit des Spielzeugautos.

Schritt 4: Startet die Stoppuhr, wenn das Spielzeugauto über die Startlinie fährt.

Schritt 5: Die Zeitnehmerin oder der Zeitnehmer ruft alle 2 Sekunden: „Jetzt".

Schritt 6: Kennzeichnet mit Kreide am Maßband bei „Jetzt" die Stelle, an der das Spielzeugauto gerade vorbeifährt.

Schritt 7: Lest die zurückgelegten Strecken des Spielzeugautos ab.

Zusatz: Wiederholt den Versuch mit anderen Fahrzeugen. Die Fahrzeuge sollen sich gleichförmig, also mit konstanter Geschwindigkeit bewegen.

1 Trage die zurückgelegten Wege des Spielzeugautos in eine Tabelle ein (→ Bild 2).

2 Berechne die Werte der Quotienten aus dem zurückgelegten Weg und der dazu benötigten Zeit für das Spielzeugauto.

3 a) Vergleiche die berechneten Werte der Quotienten aus Aufgabe 2 miteinander.
b) Erläutere die Bedeutung der berechneten Werte der Quotienten aus Aufgabe 2.

4 Zeichne für die Bewegung des Spielzeugautos ein t-s-Diagramm und ein t-v-Diagramm.

5 ‖ a) Beschreibe den Verlauf der Graphen in den Diagrammen aus Aufgabe 4.
b) Interpretiere den Verlauf der Graphen in den Diagrammen aus Aufgabe 4.

6 ‖‖ Begründe die Abweichungen der Werte der Quotienten und der Lage der Punkte in den Diagrammen.

Mit Diagrammen arbeiten

Die Messwerte im Diagramm darstellen

Während eines Versuches ermittelst du Messwerte. Du überträgst sie in eine **Messwerttabelle**. In der ersten Zeile der Messwerttabelle steht immer die vorgegebene Größe, hier die Zeit t in s. Die gemessene Größe steht in der zweiten Zeile, hier der Weg s in Metern (→ Bild 3). In einem **Diagramm** stellst du auf der Rechtsachse die vorgegebene Größe und auf der Hochachse die gemessene Größe dar. Nun kannst du alle Wertepaare in das Diagramm einzeichnen. Es entstehen Punkte (→ Bild 4).

t in s	0	1,0	2,0	3,0	4,0	5,0	6,0
s in m	0	0,9	1,4	2,9	3,1	3,9	4,7

3 Die Messwerttabelle

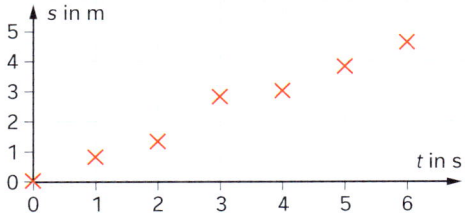

4 Die Wertepaare bilden Punkte im Diagramm.

Die Punkte miteinander verbinden

Verbindest du die Punkte wie in Bild 5 miteinander, entsteht ein **Graph**. Er zeigt sehr anschaulich, dass während der Messung Ungenauigkeiten aufgetreten sind. Liest du in dieser Darstellung Wertepaare zwischen den Messwerten ab, sind diese häufig nicht korrekt. Du darfst sie nicht in deine Versuchsauswertung einbeziehen.

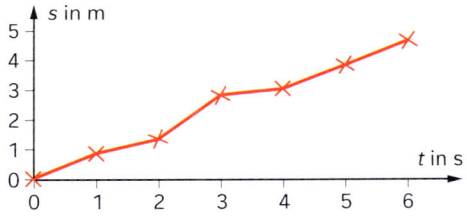

5 Die Punkte werden verbunden.

Eine Ausgleichsgerade zeichnen

In Bild 6 ist eine **Ausgleichsgerade** zwischen den Punkten dargestellt. Sie beginnt im Ursprung des Diagramms und verläuft mittig zwischen den Punkten. Die Summen aller Abstände der oberhalb liegenden Punkte ist dabei genauso groß wie die Summe aller Abstände der unterhalb liegenden Punkte. Alle Punkte auf der Ausgleichsgeraden stellen ideale Messwerte dar. Diese kannst du ablesen, in eine Wertetabelle wie in Bild 7 eintragen und mit deinen realen Messwerten in Bild 3 vergleichen.

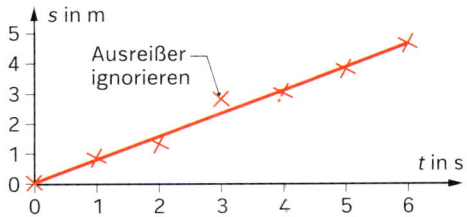

6 Die Punkte werden sinnvoll verbunden.

t in s	0	1,0	2,0	3,0	4,0	5,0	6,0
s in m	0	0,8	1,6	2,4	3,2	4,0	4,8

7 Ideale Messwerte in einer Messwerttabelle

1 Übertrage die Messwerte aus Bild 3 in zwei t-s-Diagramme.
   a) Verbinde im ersten Diagramm die Punkte. Beschreibe den Graphen.
   b) Zeichne in das zweite Diagramm eine Ausgleichsgerade zwischen den Messpunkten. Beschreibe dein Vorgehen.
   c) Vergleiche die Diagramme aus a) und b) miteinander und formuliere eine Schlussfolgerung.
   d) Lies auf der Ausgleichsgeraden aus b) fünf Wertepaare ab. Übertrage sie in eine Wertetabelle und vergleiche sie mit den Messwerten aus Bild 3.

Starthilfe zu 1:
Benutze als Maßstab für deine t-s-Diagramme:
t-Achse: 1 cm $\triangleq$ 1 s
s-Achse: 1 cm $\triangleq$ 1 m

1 Im Freizeitpark

Die beschleunigte Bewegung

Die Schiffschaukel

An ihrem höchsten Punkt bewegt sich eine Schiffschaukel für einen Moment gar nicht (→ Bild 1). Auf dem Weg nach unten wird die Schiffsschaukel schneller. Bewegt sie sich wieder nach oben, wird sie langsamer. Sie ändert ständig ihre Richtung und ihre Geschwindigkeit. Die Schiffschaukel bewegt sich **ungleichförmig** und **schwingt** hin und her.

Bewegungen im Kreis

Die Gondel eines Riesenrades bewegt sich auf einer **kreisförmigen** Bahn. Da die Gondel dabei ständig ihre Richtung ändert, ist ihre Bewegung **ungleichförmig.**

Eine abwechslungsreiche Achterbahnfahrt

Der Wagen einer Achterbahn wird mit konstanter Geschwindigkeit auf den höchsten Punkt der Bahn gezogen (→ Bild 2). Bis dort bewegt er sich **geradlinig** und **gleichförmig.** Im nächsten Moment bewegt sich der Wagen abwärts und wird dabei immer schneller. Er bewegt sich **geradlinig** und **gleichmäßig beschleunigt.** Auf dem Weg nach oben wird der Wagen wieder langsamer. Er bewegt sich **geradlinig** und **gleichmäßig verzögert.**

Auf der gesamten Fahrt ändert der Wagen ständig seine Richtung und seine Geschwindigkeit. Der Wagen bewegt sich **ungleichförmig** auf einer **nicht geradlinigen** Bahn.

Verschiedene Geschwindigkeiten

Bei ungleichförmigen Bewegungen ändert sich die Geschwindigkeit ständig. Die Messung der Geschwindigkeit in einem bestimmten Moment, an einer bestimmten Stelle gibt die **Momentangeschwindigkeit** an.

Die **Durchschnittsgeschwindigkeit** gibt die konstante Geschwindigkeit an, die du bei einer gleichförmigen Bewegung über den gesamten Weg hättest.

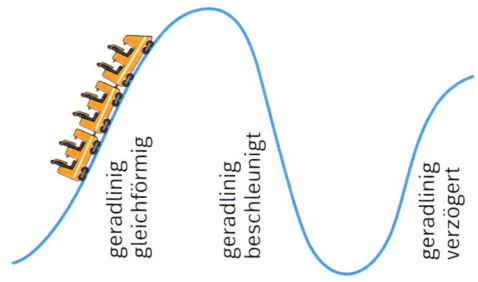

geradlinig gleichförmig   geradlinig beschleunigt   geradlinig verzögert

2 Die Fahrt einer Achterbahn beschreiben

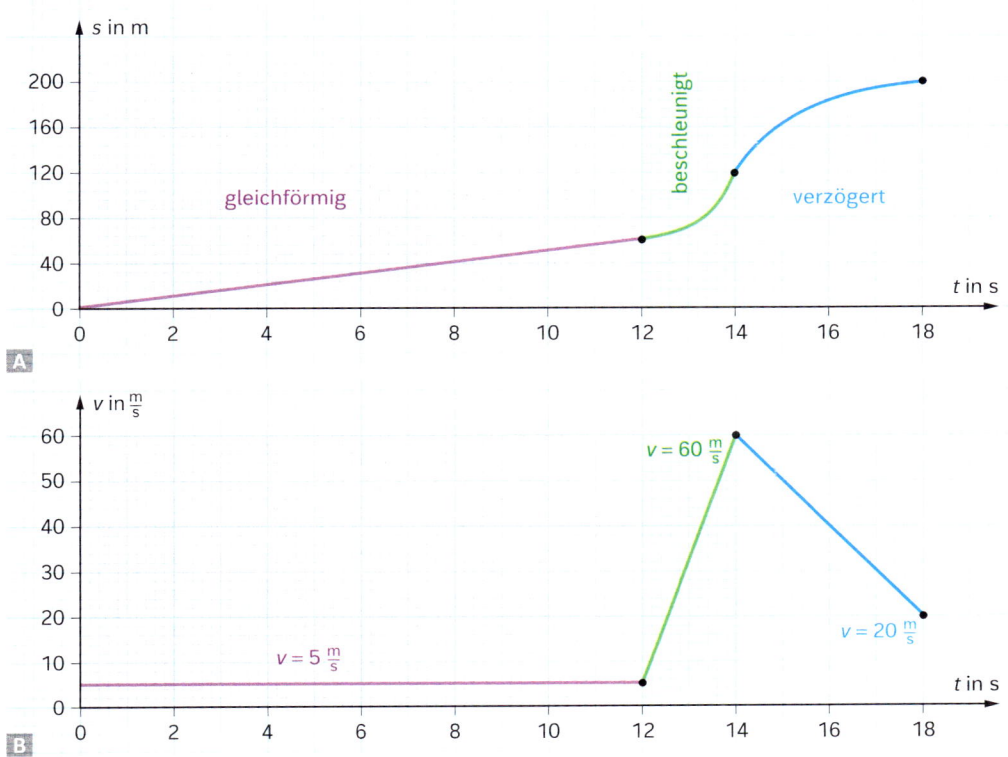

3 Die Fahrt einer Achterbahn: **A** im *t-s*-Diagramm, **B** im *t-v*-Diagramm

Das Zeit-Weg-Diagramm

Im violetten Abschnitt in Bild 3 A beginnt der Graph im Ursprung und verläuft linear. Der Wagen der Achterbahn wird gleichförmig in 12 s auf einer 60 m langen Bahn hochge-zogen.

Im grünen Abschnitt verläuft der Graph nicht linear und wird dabei steiler. Der Wagen beschleunigt. Er legt in gleichen Zeiten immer längere Wege zurück.

Im blauen Abschnitt verläuft der Graph nicht linear und wird immer flacher. Der Wagen verzögert. In der jeweils gleichen Zeit legt er immer kürzere Wege zurück.

Das Zeit-Geschwindigkeits-Diagramm

In Bild 3 B verläuft der violette Abschnitt des Graphen linear und parallel zur Zeitachse. Die Geschwindigkeit des Wagens beträgt 5 $\frac{m}{s}$ und bleibt 12 s konstant.

Der grüne Abschnitt verläuft linear und steigend. Die Geschwindigkeit wird von 5 $\frac{m}{s}$ auf 60 $\frac{m}{s}$ gleichmäßig größer. Der Wagen beschleunigt.

Der blaue Abschnitt verläuft linear und fallend. Die Geschwindigkeit nimmt von 60 $\frac{m}{s}$ auf 20 $\frac{m}{s}$ gleichmäßig ab. Der Wagen verzögert.

1 Du bist in einem Freizeitpark mit vielen Fahrgeschäften.
a) Nenne 2 Beispiele und beschreibe die Bewegungen, mit denen du dich in diesen Fahrgeschäften bewegst.
b) Skizziere die Graphen für eine Bewegung aus a) in ein *t-s*-Diagramm und in ein *t-v*-Diagramm.

Starthilfe zu 1a):
Beschreibe die Form der Bahn und die Änderung der Geschwindigkeit.

2 ‖ Skizziere das *t-v*-Diagramm für deinen Schulweg.

A Die Geschwindigkeit berechnen

1 a) Schreibe die Formel zur Berechnung der Geschwindigkeit auf.
b) Stelle die Formel zur Berechnung der Geschwindigkeit nach dem Weg *s* um.
c) Stelle die Formel zur Berechnung der Geschwindigkeit nach der Zeit *t* um.

2 ▌ Der Weltrekordsprinter Usain Bolt lief die Strecke von 100 m in 9,58 s (→ Bild 1).
a) Berechne seine Geschwindigkeit.
b) Recherchiere die Geschwindigkeitsweltrekorde für 5 weitere Sportarten und vergleiche sie miteinander.

3 Ein Gepard erreicht eine Geschwindigkeit von 120 $\frac{km}{h}$ (→ Bild 2).
▌ a) Gib die Geschwindigkeit des Gepards in $\frac{m}{s}$ an.
▌ b) Recherchiere die Geschwindigkeit für 5 weitere Raubtiere.
▌▌ c) Ein Gepard legt 50 m mit der Geschwindigkeit 120 $\frac{km}{h}$ zurück. Berechne die benötigte Zeit.

4 Eine Weinbergschnecke (→ Bild 3) legt 7 m in einer Stunde zurück.
▌ a) Berechne die Geschwindigkeit der Weinbergschnecke.
▌ b) Recherchiere die Geschwindigkeit für 5 andere langsame Landtiere.
▌▌ c) Berechne die Zeit, die eine Weinbergschnecke benötigt, um 1 km zurückzulegen.

5 ▌▌▌ Das Licht hat im luftleeren Raum eine Geschwindigkeit von 299 792 458 $\frac{m}{s}$.
a) Gib die Geschwindigkeit des Lichtes in $\frac{km}{h}$ an.
b) Das Licht des Stern Alpha Centauri A benötigt etwa 8765,3 h bis zur Erde. Berechne die Entfernung des Sterns zur Erde.
c) Die Sonne ist 149 600 000 km von der Erde entfernt. Berechne die Zeit, die das Licht für diese Strecke benötigt.

1 Usain Bolt – Höchstleistungen beim 100 m Lauf

2 Der Gepard – ein schneller Jäger

3 Die Weinbergschnecke – langsam und gemütlich

4 Sterne senden Licht aus.

ÜBEN UND ANWENDEN

B Mit dem Zug nach Hause fahren

1 Zeichne das t-s-Diagramm aus Bild 5 ab. Ordne jedem Abschnitt im Diagramm die richtige Aussage zu.
① Kira wartet auf den Zug.
② Kira geht nach Hause.
③ Kira läuft zum Bahnhof.
④ Der Zug fährt bis zum nächsten Bahnhof.

2 Bestimme für jeden Abschnitt die benötigte Zeit und den zurückgelegten Weg. Berechne aus den Werten die durchschnittliche Geschwindigkeit in $\frac{km}{h}$.

3 ▌▌ Zeichne ein t-s-Diagramm und ein t-v-Diagramm für eine Fahrt mit dem Auto.
① Maria ist 6 min mit einer Geschwindigkeit von 80 $\frac{km}{h}$ unterwegs.
② Maria fährt mit der Geschwindigkeit von 50 $\frac{km}{h}$ durch ein 2 km langes Dorf.
③ Maria wartet 3 min an einer Ampel.
④ Maria fährt nun durch ein kurvenreiches Waldstück. Sie benötigt für 5 km 7,5 min.

4 ▌▌▌ Maria sagt: „Die Graphen in den Diagrammen stellen nicht den reellen Ablauf der Bewegung dar." Begründe diese Aussage.

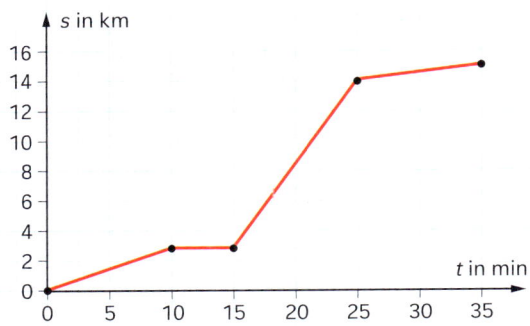

5 Das t-s-Diagramm von Kira

Starthilfe zu 2:
Wandle die in Minuten (min) gegebenen Zeiten in Stunden (h) um: 60 min = 1 h.

Starthilfe zu 3:

Abschnitt	①	②	③	④
Zeit t in min	6			
Zeit t in h				
Weg s in km				
$\frac{s}{t}$ in $\frac{km}{h}$	80			

C Die Geschwindigkeiten mit einem Tachometer messen

1 Recherchiere die Geschichte der Entwicklung von Tachometern zur Messung von Geschwindigkeiten.

2 Bild 6 zeigt einen elektronischen Fahrradcomputer. Recherchiere alle Größen, die eine moderner Fahrradcomputer messen und anzeigen kann.

3 Ordne den angezeigten Werten in Bild 6 die Art der Geschwindigkeit zu.

4 ▌▌▌ „Wird die Reifengröße eines Fahrzeuges geändert, muss der Tachometer neu eingestellt werden." Begründe diese Aussage.

6 Die Messung der Geschwindigkeit eines Fahrrades

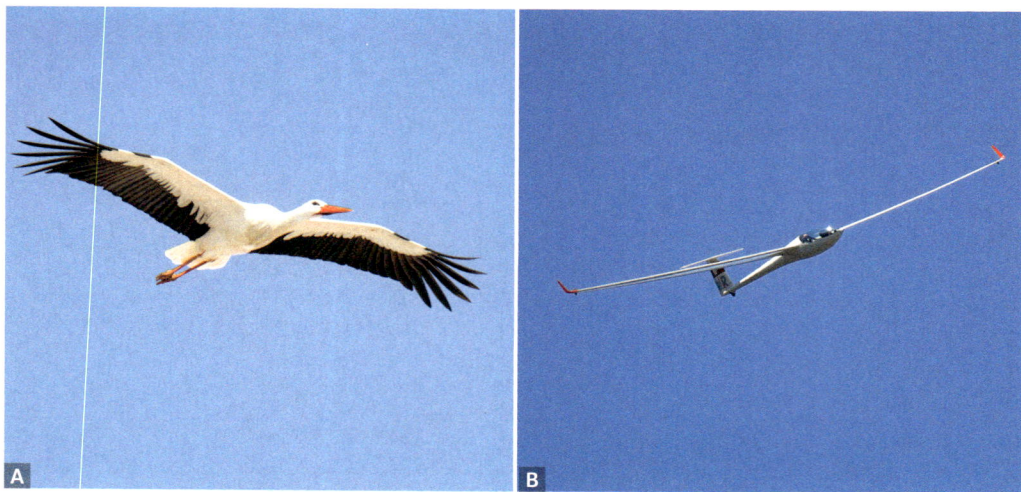

1 Im Gleitflug: **A** Storch, **B** Segelflugzeug

Bionik

Die Natur als Vorbild

Kaya hat den ganzen Tag am Sportflughafen die Flieger und sogar Fallschirmspringer beobachtet. Aber jetzt wird es dunkel, er muss nach Hause. Er schließt die Klettverschlüsse an seiner Jacke, steigt aufs Rad und fährt in der Dämmerung nach Hause. Auf dem Weg überholen ihn Autos, die aufgrund seiner Reflektoren am Rad und Jacke früh erkennen, dass er vor ihnen fährt. Was haben Flugzeuge, Fallschirme, Klettverschlüsse und Reflektoren gemeinsam? Ihre besonderen Eigenschaften hat der Mensch sich von der Natur abgeschaut.

Was bedeutet Bionik?

Phänomene aus der Natur wie zum Beispiel der Vogelflug werden von Wissenschaftlerinnen und Wissenschaftlern untersucht. Sie versuchen, die Eigenschaften auf technische Geräte, Gegenstände oder Bauwerke zu übertragen. Dies nennt man **Bionik**.
Der Begriff Bionik setzt sich aus den Wörtern Biologie und Technik zusammen.

> **Bionik** ist die Wissenschaft von der technischen Umsetzung biologischer Eigenschaften.

2 Licht wird reflektiert: **A** von Speichenreflektoren, **B** von den Augen einer Katze

Lebensformen sind an ihre Umgebung angepasst

In Abhängigkeit von ihrem Lebensraum sind Pflanzen und Tiere an die Umgebung angepasst.

Beispiele aus dem Tierreich

Eine Ente hat zwischen den breit auseinander stehenden Zehen Schwimmhäute. Damit kommt sie im Wasser besonders schnell voran. Schwimmflossen ahmen diesen Effekt nach.
Ein Oktopus im Ozean muss selbst starken Strömungen trotzen und seine Beute festhalten können. Dies erreicht er mit starken Saugnäpfen an seinen Tentakeln.
Spinnennetze sind engmaschig und sehr fest. Sie halten Insekten, die sich in ihnen verfangen, sicher fest, ohne zu zerreißen. Sie sind Vorbild, um reißfeste Seile zu entwickeln.

Beispiele aus dem Pflanzenreich

Um von tropischen Regenfällen nicht beschädigt zu werden, hat die Lotusblume eine Oberfläche, von der Wassertropfen abperlen. Das Blatt wird sehr schnell trocken, egal wie stark es regnet. Dieser Effekt wird **Lotuseffekt** genannt. Er wird zum Beispiel bei Wandfarben genutzt.
Die Blätter der Fächerpalme sind so gewachsen, dass sie selbst große Lasten tragen können, ohne Schaden zu nehmen.

3 An die Umwelt angepasst: **A** Oktopus, **B** Lotusblüten mit Blättern, **C** Fächerpalme

① Erläutere den Begriff Bionik.

② Erstelle eine Tabelle und notiere zu vier der genannten Beispielen, welche Eigenschaften die Menschen sich abgeschaut haben.

③ Zähle Gegenstände auf, bei denen Klettverschlüsse und Reflektoren verwendet werden.

④ **I** Ordne die folgenden Dinge den oben beschriebenen Eigenschaften der Tiere und Pflanzen zu: Wellpappe, Fischernetz, abwaschbare Farbe, Taucherflossen, Pümpel.

Starthilfe zu 4:
Foto eines
Pümpels:

⑤ **III** Moderne Gebäude werden oft in „Skelettbauweise"gebaut. Stelle Vermutungen an, woher dieser Name kommt und was ihn mit dem Skelett von Säugetieren verbindet.

Ⓐ Papier trägt mehr als erwartet

Blätter sind normalerweise weich und nachgiebig. Aber auch hier hat die Natur Lösungen gefunden, die das gleiche Material sehr hart und stabil werden lassen. So sind die Blätter der Fächerpalme durch ihre enge Faltung sehr stabil. Der Bambus gehört zu den Gräsern. Seine hohlen Stangen sind begehrtes Baumaterial.

Material: drei Blatt DIN-A-4 –Papier, evtl. Klebeband

Durchführung:

Schritt 1: Lege drei Blätter, ohne sie zu verändern, als Brücke zwischen zwei auseinandergerückten Tischen. Lege auf die Brücke verschiedene Dinge (Anspitzer, Stifte, evtl. ein Buch ...) und notiere dir, was die Brücke tragen kann.

Schritt 2: Nimm dir neue Blätter. Falte sie zusammen wie ein Blatt der Fächerpalme. Anschließend wiederhole den Versuch aus Schritt 1. Notiere, wie tragfähig diese Brücke ist.

Schritt 3: Nun rolle drei neue Blätter Papier einzeln so eng zusammen wie möglich und klebe sie anschließend mit Klebeband zusammen. Wiederhole den Versuch aus Schritt 1.

1 Vorbild Natur: **A** Fächerpalme, **B** Bambusbrücke

1 Beschreibe, wie tragfähig die drei Varianten Papier sind.

2 Vergleiche die Belastbarkeit der drei Varianten. Zähle Vor- und Nachteile der Varianten auf.

3 Stelle Vermutungen an, warum gefaltetes oder gerolltes Papier genutzt wird.

2 Wellpappe

B Der Lotuseffekt

Material: ein grünes Blatt einer Tulpe, etwas Kreidestaub, eine Pipette, etwas Wasser

Durchführung:
Schritt 1: Krümel Kreidestaub auf das Blatt.
Schritt 2: Tropfe mit der Pipette Wasser auf den Kreidestaub.
Schritt 3: Reibe mit dem Daumen auf einer Stelle des Blattes, bis diese blank aussieht. Wiederhole Schritt 1 und 2.

1 Beschreibe deine Beobachtungen.

3 Versuchsmaterial

C Haltbarkeit des Klettverschlusses

Material: Klettverschlüsse, Schnur, ein kleiner Beutel, Gewichtsstücke

Durchführung:
Schritt 1: Klemme die Schnur zwischen den beiden Seiten des Klettverschlusses ein.
Schritt 2: Binde den Beutel an der Schnur fest.
Schritt 3: Lege Gewichte in den Beutel und hebe den Klettverschluss an einer Seite an.
Schritt 4: Wiederhole Schritt 3 mit immer mehr Gewichten, bis die nicht festgehaltene Seite des Klettverschlusses nachgibt und die Schnur herausrutscht.

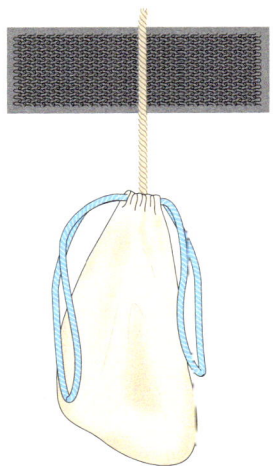

4 Versuchsmaterial

1 Notiere die Tragkraft des Verschlusses.

2 Vermute, für welche alltäglichen Werkzeuge oder Maschinen diese Vorbilder aus der Natur die Grundlage sind
  • Schnabel eines Storches
  • Vorderpfoten des Maulwurfs
  • Schwanzflosse des Delfins
  • Hörner der Antilope

Starthilfe zu 2:
Der Schnabel eines Storches ist lang und spitz, er kann gut kleine Dinge anheben...
Die Pfoten des Maulwurfs sind für das Graben in der Erde optimiert...

A

Kräfte bewirken Veränderungen

Die Änderung der Bewegung

Fährst du Fahrrad wie in Bild 1 A, musst du eine Kraft aufbringen. Soll deine Geschwindigkeit konstant sein, muss diese wirkende Kraft immer gleich groß sein. Deine Bewegung ist gleichförmig.
Möchtest du wie in Bild 1 B schneller fahren, musst du zusätzlich Kraft aufbringen. Deine Geschwindigkeit wird größer, du beschleunigst.

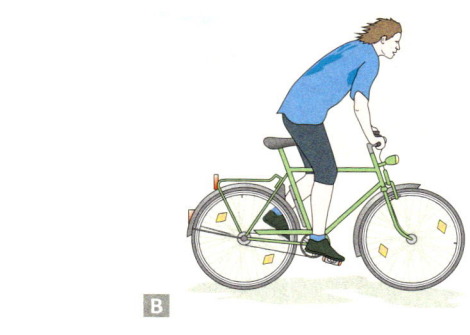

B

Die Änderung der Richtung

Möchtest du mit dem Fahrrad abbiegen, musst du ebenfalls eine Kraft aufbringen. Beim Fußballspielen änderst du nur durch das Aufbringen einer Kraft die Richtung des Balles.

Die plastische Änderung der Form

Das Biegen eines Drahtes wie in Bild 1 C oder das Kneten eines Teiges ist nur möglich, wenn eine Kraft wirkt. Der Draht und der Teig behalten nach der Wirkung der Kraft die neue Form. Sie werden **plastisch** verformt.

Die elastische Änderung der Form

Beim Zusammendrücken einer Spiralfeder wie in Bild 1 D oder beim Dehnen eines Gummibandes müssen ebenfalls Kräfte wirken. Die Feder und das Gummiband gehen nach der Wirkung der Kraft wieder in ihre ursprüngliche Form zurück. Sie werden **elastisch** verformt.

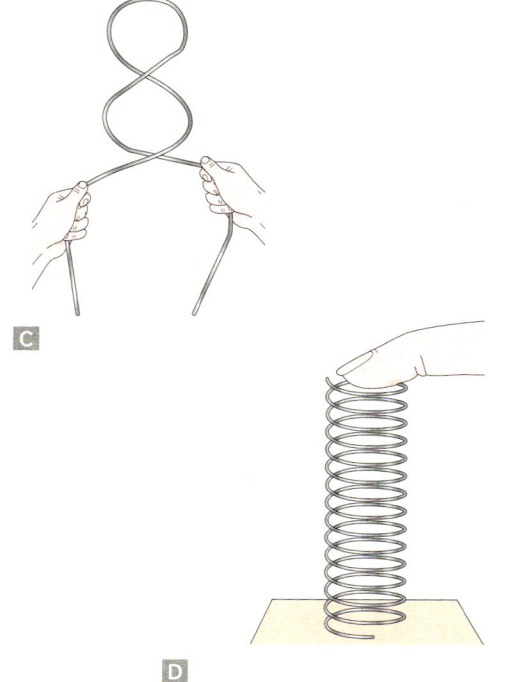

C

D

1 Wirkungen: **A** gleichförmige Bewegung, **B** beschleunigte Bewegung, **C** plastische Verformung, **D** elastische Verformung

> Bewegungsänderungen, Richtungsänderungen und Verformungen werden durch das Wirken von Kräften verursacht.

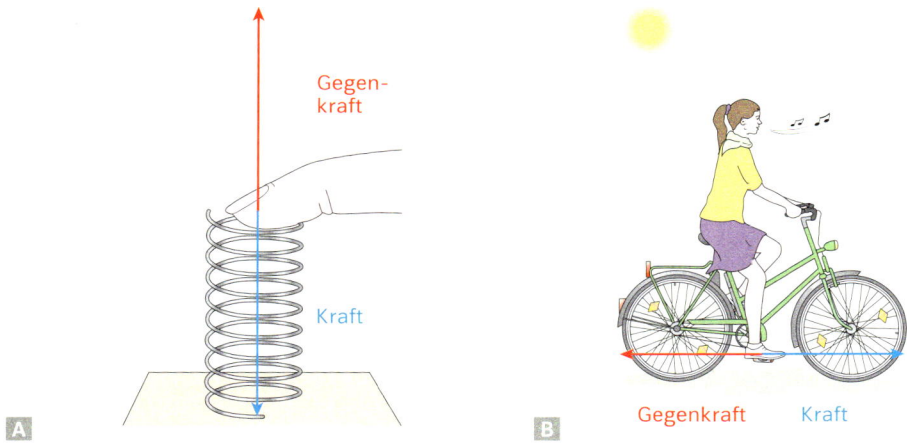

2 Kräftegleichgewicht bei: **A** Verformungen, **B** Bewegungen

Kraft und Gegenkraft

Drückst du eine Spiralfeder zusammen, spürst du eine Kraft, die deiner Kraft entgegenwirkt. Sie heißt **Gegenkraft.**
Bei einer Fahrt mit dem Fahrrad über einen Sandweg spürst du ebenfalls eine Kraft, die deiner entgegenwirkt. Diese Gegenkraft heißt **Reibungskraft.** Versuchst du mit deinem Fahrrad auf einer vereisten Fahrbahn anzufahren, drehen die Reifen durch. Der Bewegungszustand deiner Beine ändert sich. Sie werden beschleunigt. Der Bewegungszustand des Fahrrades ändert sich nicht, weil die Reibungskraft zu gering ist. Sie reicht als Gegenkraft nicht aus.

> Überall wo eine Kraft wirkt, ist eine Gegenkraft vorhanden.

Kräfte im Gleichgewicht

Wenn du eine Spiralfeder langsam zusammendrückst, werden der Betrag der eingesetzten Kraft und der Betrag der Gegenkraft größer. Beide Kräfte sind immer gleich groß. Sie befinden sich im **Kräftegleichgewicht** (→ Bild 2 A).
Wenn du mit konstanter Geschwindigkeit Fahrrad fährst, ist der Betrag der eingesetzten Kraft genau so groß wie der Betrag der Reibungskraft. Es herrscht Kräftegleichgewicht wie in Bild 2 B.
Wenn du beschleunigst, muss der Betrag der eingesetzten Kraft größer als der Betrag der Reibungskraft sein. Die eingesetzte Kraft und ihre Gegenkraft befinden sich nicht im Gleichgewicht.

1 Kräfte bewirken Veränderungen.
  a) Nenne alle möglichen Veränderungen.
  b) Nenne zu jeder Veränderung ein Beispiel aus dem Alltag.
  c) Nenne für jedes Beispiel aus b) die wirkende Kraft und ihre Gegenkraft.

Starthilfe zu 1:
Lege eine Tabelle an.

Veränderung	Beispiel	Kraft	Gegenkraft
…	…	…	…

2 I   Eine wirkende Kraft und ihre Gegenkraft können sich im Gleichgewicht befinden. Beschreibe für folgende Beispiele die wirkende Kraft und ihre Gegenkraft.
- Ein Gummi ist gespannt.
- Ein Apfel hängt am Baum.
- Ein Apfel fällt vom Baum.
- Ein Heißluftballon schwebt in der Luft.

2 II   Nenne verschiedene Kraftbegriffe wie Waschkraft aus deinem Alltag. Erkläre, wieso diese Begriffe aus der Sicht der Physik richtig oder falsch sind.

Reibungskräfte im Straßenverkehr

1 Reifen auf glatter Fahrbahn

2 Geringer Luftwiderstand ist wichtig.

Reibungskräfte sind erwünscht

Bei einem Fahrzeug wird die Antriebskraft des Motors über die Räder auf die Straße übertragen. Zwischen der Fahrbahn und den Reifen wirken **Reibungskräfte.** Nasse, vereiste oder ölverschmutzte Straßen verringern diese Reibungskräfte (→ Bild 1). Erwünschte Bewegungsänderungen wie Beschleunigen, Bremsen oder Lenken erfolgen unvollständig. Die notwendigen Gegenkräfte sind zu gering.

Reibungskräfte sind unerwünscht

In Bild 2 ist ein Auto in einem Strömungskanal abgebildet. Hier werden die Reibungskräfte zwischen dem Auto und der Luftströmung gemessen. Je geringer diese Reibungskräfte sind, desto geringer muss die Antriebskraft des Autos sein.
Dem Motor muss weniger chemische Energie oder elektrische Energie zugeführt werden, die er in Bewegungsenergie umwandelt.

---

1 An einem Auto wirken in verschiedenen Bauteilen Reibungskräfte.

a) Recherchiere mindestens sechs Bauteile.

b) Entscheide, ob die Reibungskräfte in den Bauteilen aus a) erwünscht oder unerwünscht sind.

c) Begründe deine Entscheidung aus b).

Starthilfe zu 1:
Lege eine Tabelle an.

Bauteil	Reibungskraft	erwünscht	unerwünscht	Begründung
...	...	...	...	...

2 ‖ Die auf der Erde vorhandene Menge der fossilen Energieträger verringert sich. Begründe die folgenden Energiespartipps beim Autofahren physikalisch mithilfe von Je-desto-Sätzen.
- Den Reifendruck regelmäßig prüfen und anpassen.
- Hohe Geschwindigkeiten vermeiden.
- Das Autodach nicht für den Transport nutzen.
- Regelmäßige Ölwechsel durchführen lassen und Leichtlaufmotorenöle benutzen.
- Den Kofferraum entrümpeln.

3 ‖‖ Recherchiere und beschreibe die Unterschiede zwischen Sommer- und Winterreifen. Begründe, dass die Winterreifenpflicht in der Straßenverkehrsordnung vorgeschrieben ist.

Ⓐ Kräfte beim Raketenstart

Über die Pumpe und das Ventil wird ein Brenn-stoff-Sauerstoff-Gemisch in die Brennkammer geleitet. Dieses wird gezündet. Beim Verbrennen dehnt sich das Gemisch aus und entweicht mit hoher Kraft F_{Gas} aus der Düse. Das Gemisch drückt sich von der Rakete weg und die Rakete erfährt einen Rückstoß. Dieser Rückstoß ist die Kraft$_{Rakete}$, die genau entgegengesetzt zur Kraft F_{Gas} gerichtet ist. Da die Spitze der Rakete von der Erde weg zeigt, beschleunigt der Rückstoß nach oben. Jeder Körper hat auf der Erde eine Ge-wichtskraft F_G, die zur Erdoberfläche gerichtet ist. Damit die Rakete abhebt, muss F_{Gas} größer als F_G sein.

1 Beschreibe die wirkenden Kräfte und Gegenkräfte beim Start der Rakete.

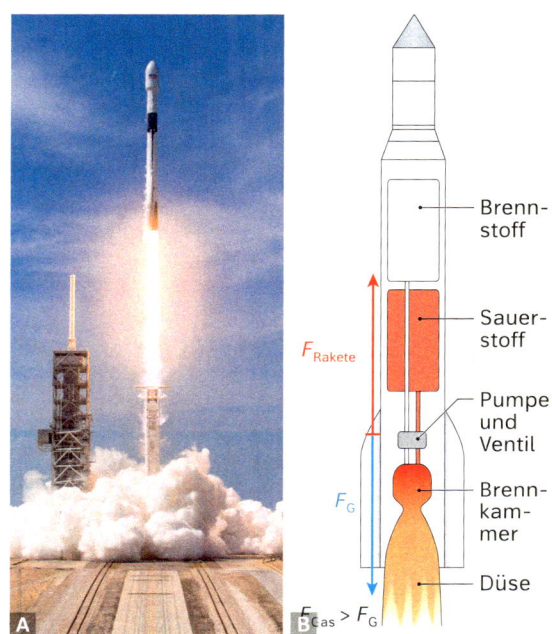

3 Raketenstart: **A** Falcon 9-Rakete , **B** Kräfte

Ⓐ Der Bau einer Rakete

Material: Luftballon, Strohhalm, Wäscheleine, Wäscheklammer, Klebeband

Durchführung:
Schritt 1: Fädel eine Wäscheleine durch den Strohhalm.
Schritt 2: Spanne die Wäscheleine im Klassen-raum zwischen zwei Wänden ein.
Schritt 3: Blase einen Luftballon auf.
Schritt 4 : Klemme die Öffnung des Luftballons mit einer Wäscheklammer zu.
Schritt 5: Klebe den Luftballon an den Strohhalm fest.
Schritt 6: Entferne die Wäscheklammer.

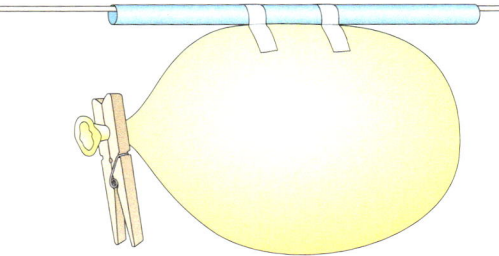

4 Versuchsaufbau

1 Beschreibe deine Beobachtung.

2 Zeichne eine Skizze vom Versuch wie in Bild 4 und zeichne die wirkenden Kräfte ein.

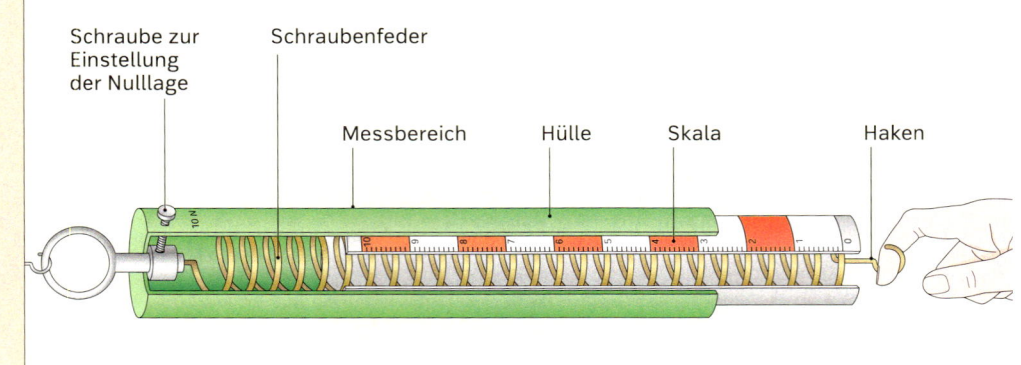

1 Ein Federkraftmesser

Kräfte darstellen

Ein Kraftmesser misst Kräfte

Wie stark ist eine Kraft? Um sie zu messen, gibt es Kraftmesser. Sie nutzen eine Wirkung der Kraft, nämlich die elastische Verformung einer Stahlfeder.
In der Hülle eines **Federkraftmessers** wie in Bild 1 befindet sich eine Schraubenfeder. Sie ist von einer Skala umgeben. Ziehst du mit einer Kraft an dem Haken am Ende der Feder, so verlängert sich die Feder. Sie schaut dann mit der Skala aus der Hülle heraus.
Den Betrag der **Kraft F** (von englisch force) kannst du dann ablesen. Sie wird in **Newton (N)** angegeben. Die Einheit wurde zu Ehren des englischen Physikers Sir Isaac Newton gewählt.

Kraftpfeile zeigen den Betrag und die Richtung

Die Stärke der Kraft wird als **Betrag** bezeichnet. Bei Kräften kommt es aber auch auf die **Richtung** an, in die eine Kraft von einem **Angriffspunkt** aus wirkt.
Dies lässt sich sehr anschaulich durch **Kraftpfeile** darstellen. Die Länge des Pfeils steht für den Betrag der Kraft. Dafür wird jeweils ein passender Maßstab gewählt. Der Pfeil beginnt am Angriffspunkt der Kraft und die Pfeilrichtung zeigt die Kraftrichtung.

Name: Kraft
Formelzeichen: F
Einheit: Newton, abgekürzt N
Weitere Einheiten: 1 kN = 1000 N

2 Zwei Schlitten werden gezogen.

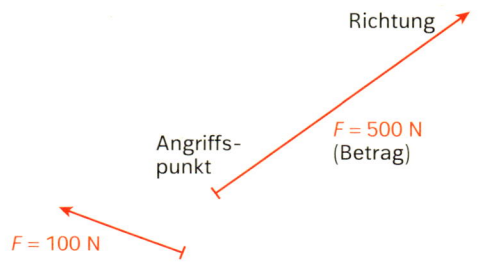

3 Kraftpfeile

Kräfte wirken zusammen

Zwei Schlittenhunde ziehen in dieselbe Richtung. Ihre Kräfte addieren sich zur Gesamtkraft, die den Schlitten zieht. Wirken Kräfte in dieselbe Richtung, addieren sich ihre Beträge zum Betrag der Gesamtkraft.

Kräfte wirken gegeneinander

Durch die Muskelkraft der Hunde beschleunigt der Schlitten. Danach fährt der Schlitten mit konstanter Geschwindigkeit. Die Reibungskraft wirkt der Zugkraft der Hunde entgegen. Im Kräftegleichgewicht hat die beschleunigende Kraft denselben Betrag wie die bremsende Reibungskraft. Die Wirkung der entgegengesetzt gerichteten Kräfte hebt sich auf.

Kräfte zeichnerisch addieren

Zeichnerisch lassen sich Kräfte addieren, indem der Angriffspunkt der zweiten Kraft F_2 an der Pfeilspitze der ersten Kraft F_1 ansetzt. So ergibt sich die resultierende Gesamtkraft F_R (→ Bild 5). Diese Addition durch Aneinanderhängen der Kraftpfeile funktioniert bei Kräften in dieselbe Richtung genauso wie bei Kräften in entgegengesetzte Richtungen.
Auch wenn die Kräfte in verschiedene Richtungen wirken, lassen sie sich so addieren. Dann ergibt sich die resultierende Gesamtkraft F_R als Diagonale in einem Kräfteparallelogramm.

4 Zwei Hunde ziehen in dieselbe Richtung.

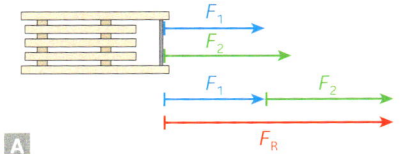

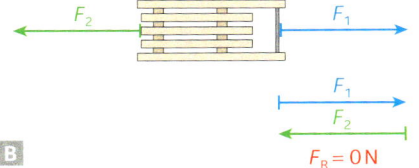

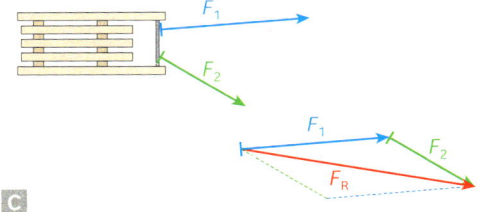

5 Kräfteaddition: **A** Kräfte in gleicher Richtung, **B** Kräfte in entgegengesetzte Richtungen, **C** Kräfte in verschiedene Richtungen

1 Beschreibe, wie ein Federkraftmesser funktioniert.

Starthilfe zu 1:
Benutze die Fachbegriffe für die Bauteile des Kraftmessers aus Bild 1.

2 **a)** Eine Schülerin zieht mit 250 N an einem Tisch nac links. Zeichne den Tisch als Rechteck und die Kraft als Kraftpfeil. Verwende 1 cm für 100 N als Maßstab.
b) Ein anderer Schüler zieht mit 100 N am selben Tisch nach rechts. Ergänze deine Zeichnung um diese Kraft.
c) Wie groß ist die resultierende Gesamtkraft und welche Richtung hat sie. Begründe.

3 ❘ Erkläre, warum bei der Addition von zwei gleich großen Kräften ganz unterschiedliche Ergebnisse als Gesamtkraft herauskommen können.

4 ❘❘ Manchmal werden vier Schlittenhunde an längeren, schräg verlaufenden Leinen vor einen Hundeschlitten gespannt. Erläutere Vor- und Nachteile dieses Gespanns.

A Kraftmesser auswählen und richtig ablesen

1 Kraftmesser mit verschiedenen Messbereichen

Auf jedem Kraftmesser steht ein Messbereich. Er gibt die größte messbare Kraft an. Sie ist ablesbar, wenn die Feder mit der Skala ganz ausgezogen wird. Belastest du einen Federkraftmesser stärker, wird die Schraubenfeder überdehnt. Sie verformt sich plastisch. Nach der Belastung zieht sie sich nicht mehr in ihre ursprüngliche Länge zurück. Der Federkraftmesser ist anschließend unbrauchbar.

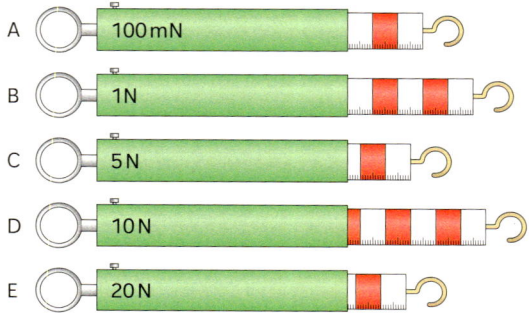

2 Kraftmesser ablesen

1 Wähle aus den Bildern 1 und 2 jeweils alle die Kraftmesser aus, mit denen du
a) 0,7 N,   **b)** 7 N und   **c)** 70 N
messen kannst.

2 Gib die Beträge der Kräfte an, die von den Kraftmessern in Bild 2 angezeigt werden.

3 Bild 2 zeigt beim 5-N-Kraftmesser eine bestimmte Kraft an. Zeichne einen 10-N-Kraftmesser, der die gleiche Kraft anzeigt.

A Welche Kraft hat ein Magnet?

Material: verschiedene Kraftmesser, großer Eisennagel, Faden, mehrere Magneten

3 Magnetkraft messen

1 Sortiere die geprüften Magneten nach der Stärke der Magnetkraft auf den Nagel.

Durchführung:

Schritt 1: Löse die Schraube am oberen Ende des Kraftmessers. Bewege die Hülle nun hoch oder runter, bis der Beginn der Skala (0 N) genau mit dem Rand der Hülle übereinstimmt.

Schritt 2: Befestige den Nagel am Haken eines Kraftmessers. Probiere vorsichtig aus, welcher Kraftmesser zur Messung den passenden Messbereich hat.

Schritt 3: Ziehe mit dem Magneten an dem Nagel, bis er sich löst. Notiere die größte Kraft.

B Wie wirken Kräfte zusammen?

In diesen Versuchen messt ihr, wie mehrere Kräfte zusammenwirken und wie dies mit ihren Beträgen und Kraftrichtungen zusammenhängt. Arbeitet dazu möglichst in Dreiergruppen.

Material: je Gruppe drei gleiche Federkraftmesser, kleiner Ring (zum Beipiel Schlüsselring)

Durchführung:

Schritt 1: Ordnet euren Namen Kraftnummern zu, zum Beispiel Jona ist F_1.

Schritt 2: Jeder nimmt einen der drei Kraftmesser und hängt ihn mit dem Haken in den Ring als gemeinsamen Angriffspunkt. Der Ring und alle Kraftmesser liegen auf dem Tisch.

Schritt 3: Der Ring soll ab jetzt an derselben Stelle liegenbleiben. Dafür müsst ihr gut zusammenarbeiten.

Schritt 4: Zuerst sollen nur zwei Kräfte wirken. Richtet die Kraftmesser so aus, dass der Ring an derselben Stelle bleibt. Verändert die Beträge der Kräfte, ohne dass sich der Ring bewegt.

Schritt 5: Zwei Kräfte sollen jetzt dicht nebeneinander in die gleiche Richtung ziehen. Probiert aus, in welche Richtung die dritte Kraft ziehen muss, damit der Ring liegen bleibt.

Schritt 6: Versucht, die Beträge der Kräfte wieder zu verändern, ohne dass sich der Ring bewegt.

Schritt 7: Kraft 1 und Kraft 2 sollen jetzt schräg auseinander ziehen (→ Bild 4). Stellt fest, in welche Richtung und mit welchem Betrag Kraft 3 jetzt gegenhalten muss.

Schritt 8: Vergrößert den Winkel zwischen Kraft 1 und Kraft 2 immer weiter. Nutzt auch den vollen Messbereich der Kraftmesser. Findet „Je…, desto…"-Ergebnisse.

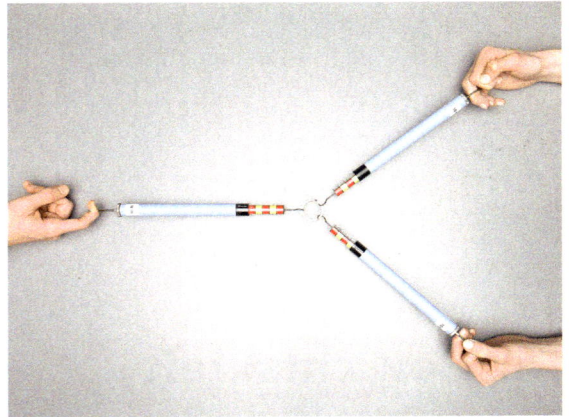

4 Experimente mit Kräften in verschiedene Richtungen

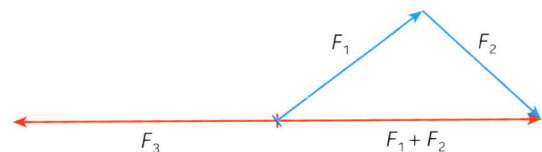

5 Kräfteaddition mit Kraftpfeilen zum Experiment in Bild 4

① Begründe, warum in allen Versuchen der Ring möglichst unbewegt auf dem Tisch liegen soll. Formuliere eine Aussage über die Summe aller Kräfte, die auf den Ring wirken.

② **a)** Notiere für die Situationen in den Schritten 4 bis 8 jeweils die Richtungen und die Beträge der Kräfte.
b) Begründe jeweils über die Kräfteaddition, dass sich der Ring nicht bewegt.
c) Zeichne zu jeder Situation die Kräfteaddition in der Pfeildarstellung ähnlich wie in Bild 5. Addiere jeweils die Kräfte F_1 und F_2 und zeichne die gleich große Gegenkraft F_3. Verwende für die Zeichnungen immer den gleichen passenden Maßstab, zum Beispiel 1 N entspricht 1 cm.

1 Ein Apfelbaum im Frühling und im Herbst

Die Gewichtskraft

Die Gewichtskraft und ihre Richtung

Im Herbst biegen sich Äste mit Äpfeln viel stärker zur Erde hin als dieselben Äste im Frühling mit Blüten (→ Bild 1). Die Verformung der Äste wird durch die Erdanziehungskraft hervorgerufen.

Jeder Körper auf der Erde hat eine Masse. Auf diese Masse wirkt durch die Erdanziehungskraft eine Kraft in Richtung Erdmittelpunkt. Das ist die Gewichtskraft F_G. Eine größere Masse verursacht eine größere Gewichtskraft. Dieser Kraft muss der Ast mit einer Gegenkraft entgegenwirken. Dabei ist es egal, wo du dich auf der Erde befindest. Die Gewichtskraft wirkt immer in Richtung Erdmittelpunkt. Deshalb fällt der Apfel auch an jeder Stelle der Erde auf den Erdboden (→ Bild 2).

Von der Masse zur Gewichtskraft

Die Masse eines Körpers, die eine Gewichtskraft bewirkt, ist die **schwere Masse m** des Körpers.

Auf der Erde wirkt auf eine Masse von 1 kg eine Gewichtskraft von 9,81 N ≈ 10 N. Du kannst also auf der Erde mit guter Näherung die Gewichtskraft abschätzen, indem du die Masse in kg angibst und mit dem Faktor 10 multiplizierst. (→ Bild 3)

> **Name:** schwere Masse
> **Formelzeichen:** m
> **Einheit:** kg
> **Weitere Einheiten:** 1 kg = 1000 g
> **Kennzeichen:** Auf der Erde bewirkt eine Masse von 1 kg eine Gewichtskraft von rund 10 N. Die Gewichtskraft wirkt dabei immer zum Erdmittelpunkt.

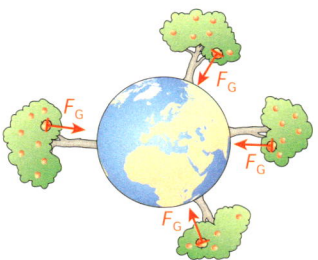

2 Die Gewichtskraft wirkt zum Erdmittelpunkt.

3 Die Masse verursacht die Gewichtskraft.

Massenvergleich mit der Balkenwaage

Die Masse eines Körpers kann mit einer **Balkenwaage** bestimmt werden. Mit bekannten Massestücken auf der einen Waagschale kannst du ermitteln, wie groß die Masse eines Körpers auf der anderen Waagschale ist. Ist die Waage im Gleichgewicht, ist die Summe der Werte der Massestücke die Masse des Körpers. Mit einer Balkenwaage führst du einen **Massenvergleich** durch. Dabei ist es egal, wo du die Messung durchführst, ob auf der Erde oder auf dem Mond. Die Masse eines Körpers ist **ortsunabhängig** (→ Bild 4).

Der Ortsfaktor

Wenn du auf der Erde einen Gegenstand mit einer Masse von 100 g an einen Federkraftmesser hängst, zeigt er eine Gewichtskraft von 1 N an (→ Bild 4 A).
Auf dem Mond zeigt der Kraftmesser bei der Masse von 100 g eine Gewichtskraft von nur 0,16 N an (→ Bild 4 B). Das liegt an einem anderen **Ortsfaktor g.** Der Ortsfaktor auf dem Mond ist kleiner als der Ortsfaktor auf der Erde. Er beträgt $g_{Mond} = 1,62 \frac{N}{kg}$.
Die Gewichtskraft ist also **ortsabhängig.**

Mit dem Ortsfaktor g lässt sich die Gewichtskraft F_G ermitteln, die an einem bestimmten Ort auf einen Körper mit einer Masse m wirkt.

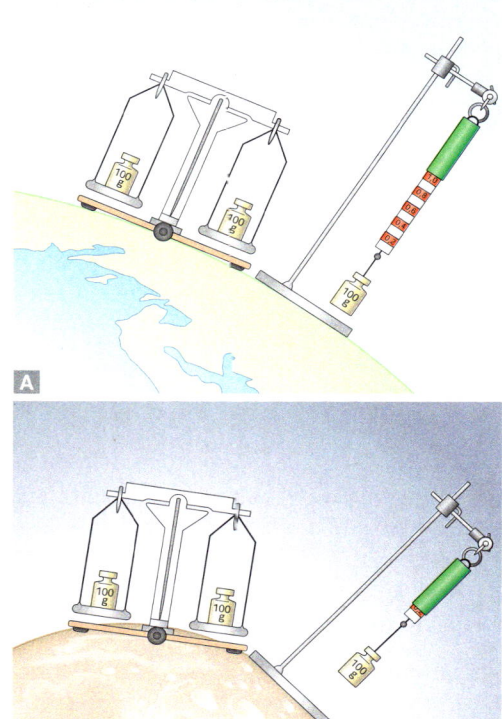

A

B

4 Gleiche Massen – unterschiedliche Gewichtskräfte: **A** auf der Erde, **B** auf dem Mond

> **Name:** Ortsfaktor
> **Formelzeichen:** g
> **Einheit:** $\frac{N}{kg}$
> **Konstanten:** Erde: $g_{Erde} = 9,81 \frac{N}{kg}$
> Mond: $g_{Mond} = 1,62 \frac{N}{kg}$

1 **a)** Beschreibe, in welche Richtung Gegenstände am Nordpol, am Südpol, in Europa und auf anderen Kontinenten fallen.
b) Gib die Ursache für die Richtung der Fallbewegung der Gegenstände in a) an.

2 **Ⅰ** **a)** Gib jeweils die Gewichtskraft an, die auf der Erde auf eine Masse von 200 g, 500 g, 750 g, 2 kg, 3,5 kg wirkt.
Ⅱ **b)** Gib jeweils die Masse an, die auf der Erde eine Gewichtskraft von 4 N, 55 N, 105 N, 10 kN bewirkt.

Starthilfe zu 2:
F_G (in N) ≈ 10 · m (in kg)
Umrechnung: 1000 g = 1 kg

3 **Ⅰ** **a)** Gib die physikalischen Größen an, die mit den Messgeräten in Bild 4 gemessen werden. Vergleiche die Messgeräte und ziehe zwei Schlussfolgerungen.
Ⅱ **b)** Begründe das Verhalten der Messgeräte in Bild 4.

4 **Ⅱ** Gib die Gewichtskraft an, die auf der Erde und auf dem Mond auf eine Masse von 1,52 kg wirkt.

»

Ⓐ Wie bestimmst du den Ortsfaktor?

Material: kleine Gegenstände mit Schlaufe aus dünnem Garn, Balkenwaage mit Wägesatz, Federkraftmesser

1	2	3	4
F_G in N	m in g	m in kg	$\frac{F_G}{m}$ in $\frac{N}{kg}$
...	...	...	...

1 Messwerttabelle

❶ **a)** Rechne die Masse in kg um und trage den Wert in die 3. Spalte ein.
b) Bestimme in der 4. Spalte den Wert des Quotienten aus F_G und m. Vergleiche die Werte und formuliere ein Ergebnis.

❷ Berechnet den Mittelwert aller in der Klasse berechneten Werte. Vergleicht den Wert mit dem Ortsfaktor für Mitteleuropa.

Durchführung:

Schritt 1: Miss mit einem Federkraftmesser die Gewichtskraft F_G eines Gegenstandes. Trage den Messwert in die Spalte 1 einer Tabelle wie in Bild 1 ein.

Schritt 2: Bestimme mit der Balkenwaage durch Massenvergleich die Masse des Gegenstandes. Trage den Messwert in die Spalte 2 der Tabelle ein.

Schritt 3: Wiederhole die Schritte 1 bis 2 für weitere kleinere Gegenstände.

❸ **II** Begründe mögliche Abweichungen eures Mittelwertes vom theoretischen Wert.

❹ **III** Begründe den Einsatz einer Balkenwaage zur Bestimmung der Masse.

Ⓐ Der Ortsfaktor der Planeten unseres Planetensystems

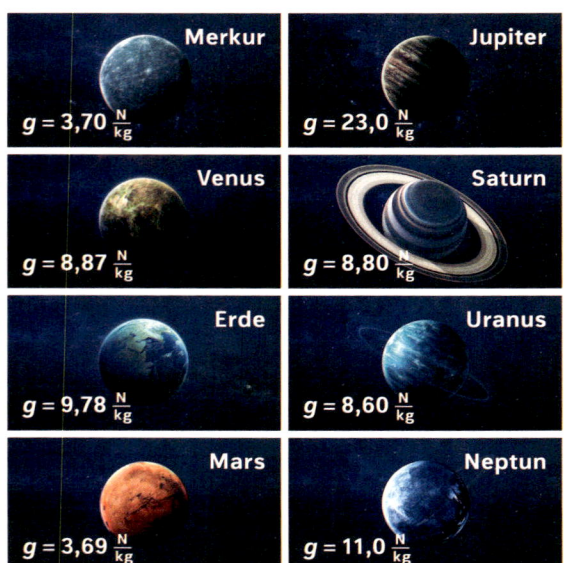

2 Die Ortsfaktoren am Äquator der Planeten

Der Ortsfaktor g ist eine ortsabhängige Konstante. Sie ergibt sich als Quotient aus der Gewichtskraft und der Masse des Körpers. Die Masse ist dabei ortsunabhängig. Eine bestimmte Masse bewirkt auf jedem Planeten also eine andere Gewichtskraft.

❶ Auf dem Mars wird für eine Masse von 0,5 kg eine Gewichtskraft von 1,85 N gemessen. Berechne den Ortsfaktor für den Mars.

❷ **I** Berechne die Gewichtskraft, die auf den verschiedenen Planeten auf eine Masse von 500 g wirkt.

❸ **II** Begründe, dass am Äquator der Erde der Ortsfaktor kleiner ist als an ihren Polen.

Die Waage ist ein Kraftmesser

3 Eine Küchenwaage

Die Federwaage

Im Inneren einer **Küchenwaage** befindet sich eine Feder. Sie ist mit dem Teller und dem Zeiger verbunden. Wenn du Nudeln in die Schale füllst, wirkt die Gewichtskraft der Nudeln auf die Feder. Der Zeiger reagiert und zeigt auf der Skala die Masse in kg an. Der Ortsfaktor von 9,81 $\frac{N}{kg}$ wird dabei in der Skala zur Anzeige der Masse berücksichtigt.

5 Eine Personenwaage

Die elektronische Waage

Elektronische **Personenwaagen** haben einen Wägesensor, mit dem sie die Kraft messen. Wenn du dich auf die Waage stellst, verformt sich der Sensor. Aus der Verformung berechnet eine Elektronik mit dem Ortsfaktor 9,81 $\frac{N}{kg}$ die Masse. Die Masse wird auf dem Display digital angezeigt. Elektronische Waagen benötigen daher eine Batterie.

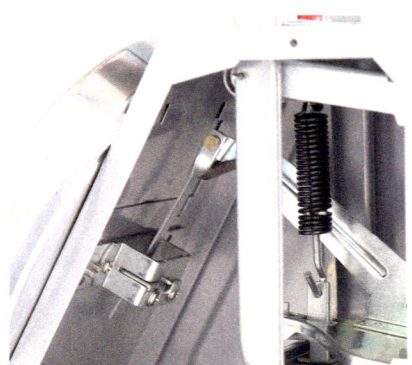

4 Das Innere einer Federwaage

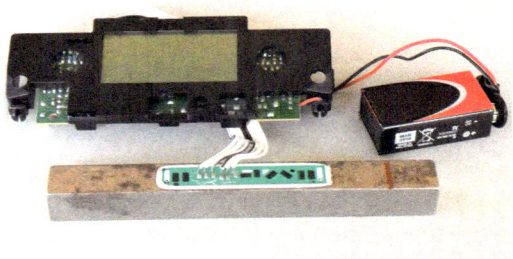

6 Das Innere einer elektronischen Waage

1 **a)** Beschreibe den Aufbau einer Federwaage.
b) Erkläre die Wirkungsweise einer Federwaage.

2 **a)** Nenne die Bestandteile einer elektronischen Waage.
b) Erläutere den jeweiligen Zweck der Hauptbestandteile einer elektronischen Waage.

3 **‖** Erkläre mit eigenen Worten die Überschrift dieser Seite.

1 Vollbremsung

Die Trägheitskraft

Noch einmal gut gegangen!

Der Schulbus ist voll besetzt. Plötzlich rollt ein Ball vor dem Bus auf die Straße. Die fahrerin oder der Fahrer macht eine Vollbremsung. Alle Passagiere werden nach vorne gerissen. Einige Gepäckstücke fliegen durch den Bus nach vorne (→ Bild 1).

Die Trägheit von Körpern

Jeder Körper möchte in seinem Bewegungszustand bleiben. Beim Losfahren des Busses wirst du in den Sitz gepresst (→ Bild 2 A). Wenn der Bus plötzlich stark bremst, bewegen sich alle nicht befestigten Gegenstände und Passagiere nach vorne. Sie möchten ihre Bewegung beibehalten (→ Bild 2 B). Diese Eigenschaft einer Masse, sich einer plötzlichen Bewegungsänderung zu widersetzen, heißt **Trägheit.**

Die Trägheit ist eine Kraft

Für das Widersetzen ist eine Kraft notwendig. Diese Kraft muss umso größer sein, je größer die Masse des Körpers ist.

Das Bremsen des Busses ist eine Bewegungsänderung vom Zustand Fahren in den Zustand Stehen. Diese Bewegungsänderung wird durch die Bremsen des Busses ausgelöst. Sie üben eine Kraft aus.

Wenn du in dem Bus sitzt, möchtest du aber weiterhin nach vorne transportiert werden. Du musst aber nun mit dem Bus deine Geschwindigkeit reduzieren. Da das aber nicht sofort möglich ist, fällst du nach vorne. Es wirkt die **Trägheitskraft** deines Körpers. Sie ist der Richtung der Bewegungsänderung stets entgegengesetzt.

2 Die Trägheitskraft wirkt der Bewegungsänderung entgegen: **A** beim Losfahren, **B** beim Bremsen.

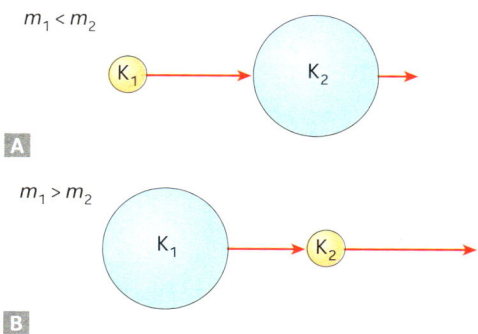

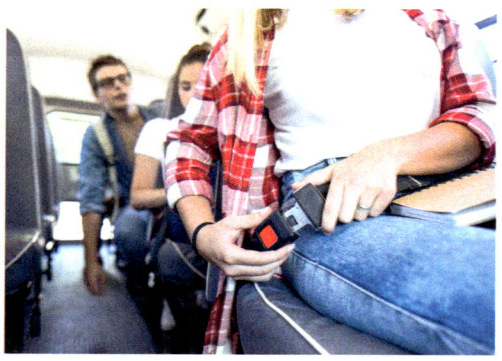

3 Masse und Trägheit

4 Passagiere und Gepäckstücke sichern!

Trägheit, Kraft und Masse

Wenn du eine kleine Kugel mit geringer Masse anstößt und gegen eine Kugel mit großer Masse prallen lässt, wird sich die Kugel mit der großen Masse nicht oder nur wenig bewegen. Die kleine Kraft der kleinen Kugel kann die Trägheitskraft der Kugel mit der großen Masse kaum überwinden (→ Bild 3 A). Stößt aber eine Kugel mit großer Masse gegen eine Kugel mit kleiner Masse, so rollt die leichtere Kugel los und wird schneller (→ Bild 3 B).
Je größer die Masse eines Körpers ist, desto größer ist auch seine Trägheit.

Trägheit ist ortsunabhängig

Die Trägheitskraft eines Körpers hängt nur von seiner Masse ab. Die Erdanziehungskraft und der Ortsfaktor haben keinen Einfluss auf die Trägheitskraft. Sie ist **unabhängig von dem Ort,** an dem sich der Körper befindet.

Der Schulbus auf dem Mond

Stell dir vor, der Bus würde auf dem Mond fahren und dort kräftig bremsen. Auch dort würdest du dich dieser Bewegungsänderung widersetzen. Du würdest dich weiter in dieselbe Richtung bewegen. Auch hier würdest du dir eine Beule holen, wenn du dir dabei den Kopf stoßen würdest.

Sicherheit im Bus

Was für Menschen gilt, gilt auch für Gepäckstücke. Auch Gepäckstücke fliegen beim plötzlichen Bremsen des Busses durch die Gegend. Wenn ein schwerer Rucksack beim Bremsen durch den Bus fliegt, kann das zu Verletzungen führen. Deshalb müssen Gepäckstücke immer gesichert werden. Das gilt besonders auch für die Passagiere. Durch **Sicherheitsgurte** im Bus und im Auto wird verhindert, dass die Trägheitskraft deinen Körper nach vorne bewegt (→ Bild 4).

1 Erkläre an einem Beispiel die Trägheit eines Körpers.

2 Begründe, dass ein Medizinball mit derselben Geschwindigkeit wie ein Fußball einen größeren Schaden anrichten könnte.

3 Wenn ein Auto abgeschleppt wird, darf die Fahrerin oder der Fahrer im vorderen Auto nur sehr langsam anfahren. Gib den Grund für diese Vorsichtsmaßnahme an.

4 Beim Fußballspielen fliegt dir der Ball gegen den Kopf und du bekommst eine Beule.
 I a) Erkläre diesen Vorfall physikalisch.
 II b) Erkläre diesen Vorfall physikalisch, wenn das Fußballspiel auf dem Mond stattfinden würde. Arbeite dabei die Unterschiede zum Fußballspielen auf der Erde heraus.

A Der Zusammenhang zwischen Masse und Trägheit

1 Die Kugeln werden mit dem Finger geschnipst.

Material: ein Tischtennisball und eine etwa gleich große Holzkugel, eine größere Styroporkugel, Waage

Durchführung:

Schritt 1: Bestimme die Massen der drei Kugeln.

Schritt 2: Schnipse den Tischtennisball mit dem Finger an (→ Bild 1).

Schritt 3: Schnipse die Holzkugel mit dem Finger an.

Schritt 4: Schnipse die Styroporkugel mit dem Finger an.

❶ Beschreibe jeweils deine Empfindung beim Schnipsen der drei Kugeln.

❷ Beschreibe den Zusammenhang zwischen der Masse der Kugeln und der Kraft, die du auf die Kugeln ausüben musst.

B Der Zusammenhang zwischen Kraft und Trägheit

2 Die Brücke ist in Gefahr!

Material: 3 leere Streichholzschachteln, ein Tischtennisball und eine etwa gleich große Holzkugel, eine größere Styroporkugel, Waage

Durchführung:

Schritt 1: Bestimme die Massen der drei Kugeln.

Schritt 2: Baue wie in Bild 2 eine Brücke aus drei Streichholzschachteln auf.

Schritt 3: Lass den Tischtennisball gegen die Brücke rollen.

Schritt 4: Lass die Holzkugel mit gleicher Geschwindigkeit wie beim Tischtennisball gegen die Brücke rollen.

Schritt 5: Lass die Styroporkugel mit gleicher Geschwindigkeit wie beim Tischtennisball gegen die Brücke rollen.

❶ Beschreibe deine Beobachtungen bei dem Tischtennisball, der Holzkugel und der Styroporkugel in Bezug auf die Standfestigkeit der Brücke.

❷ Beschreibe mit den Beobachtungen aus den Versuchen den Zusammenhang zwischen der Masse der Kugeln und der Kraft, die die Kugeln ausüben.

❸ ‖ Beschreibe zwei Möglichkeiten, bei einem Paar gleich aussehender Kugeln eine Holzkugel von einer Bleikugel zu unterscheiden.

 IM ALLTAG

Die Rückhaltesysteme und der Crash-Test

Der Sicherheitsgurt

Bei einem plötzlichen Aufprall werden die Insassen nach vorne geschleudert. Das liegt an der Trägheit. Ein **Sicherheitsgurt** hält die Insassen in ihren Sitzen zurück. Die Insassen prallen nicht gegen das Lenkrad oder das Armaturenbrett. Der Gurt fängt die auftretenden Kräfte auf. Sind die Sicherheitsgurte durch einen Aufprall einmal gedehnt worden, müssen sie ausgetauscht werden.

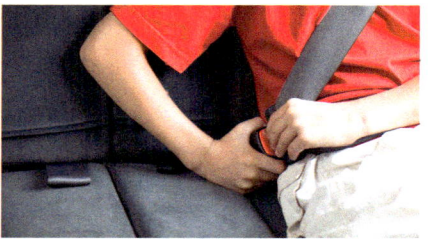

3 Den Sicherheitsgurt angelegen.

Der Airbag

In einem Kraftfahrzeug gibt es Beschleunigungssensoren. Sie messen, wie schnell das Fahrzeug abgebremst wird. Bei einem Aufprall stoppt das Fahrzeug schneller, als es mit einer Vollbremsung möglich wäre. Dann löst der **Airbag** aus.

Der Airbag ist ein Luftkissen. Es fängt die Kräfte des Insassen auf. So stößt der Kopf nicht auf das Lenkrad. Der Airbag bläht sich sehr schnell auf und fällt augenblicklich wieder in sich zusammen. So werden Verletzungen durch einen straff gespannten Airbag vermieden.

4 Der Airbag nimmt Aufprallkräfte auf.

Der Crash-Test

In **Crash-Tests** wird vorsätzlich ein Aufprall herbeigeführt. Die Auswirkungen werden mithilfe vieler Kameras aufgenommen. So können die Folgen später ausgewertet werden.

In Crash-Tests werden **Dummys** eingesetzt. Damit lässt sich die Wirksamkeit von Sicherheitsgurten oder dem Airbag untersuchen. **Knautschzonen** im Auto nehmen einen großen Teil der Energie des Aufpralls auf.

5 Crash-Tests erhöhen die Sicherheit.

1 Fasse die Vorrichtungen zusammen, die die Insassen vor einem Unfall schützen.

2 Begründe, dass Sicherheitsgurte nach einer starken Dehnung ausgetauscht werden müssen.

3 Recherchiere den Begriff „Knautschzone". Gehe dabei auch auf die Konstruktion der ersten Autos ein und analysiere die Sicherheit für die Menschen bei einem Unfall.

4 ‖ Recherchiere weitere Sicherheitsmaßnahmen, die
 a) die Insassen von Autos schützen sollen.
 b) die Fahrerin oder den Fahrer von Motorrädern schützen sollen.

1 Schneeschuhe im Tiefschnee

Der Druck

Schneewandern

Bei einer Schneewanderung versinkst du
tief im Schnee. Die Gewichtskraft, die
aufgrund der Masse wirkt, presst den
lockeren Schnee unter deinen Füßen
zusammen. Der Schnee enthält Luft. Diese
Luft wird durch die wirkende Kraft herausgepresst.
Mit Schiern oder Schneeschuhen sinkst du
weniger im Schnee ein als mit normalen
Schuhen. Die Auflagefläche auf den
Schnee ist bei Schneeschuhen viel größer.
Deine senkrecht zur Erdoberfläche wirkende Gewichtskraft ist gleich. Bei Schneeschuhen wirkt sie aber verteilt auf einer
größeren Fläche.

Fläche und Gewichtskraft

Wandern Personen unterschiedlicher Masse,
aber mit gleichen Schuhen durch den
Schnee, sinken sie unterschiedlich stark ein.
Die Person mit der größeren Gewichtskraft
sinkt stärker in den Schnee ein als eine
Person mit einer geringeren Masse. Sowohl
über die Fläche als auch über die Gewichts-
kraft lässt sich beeinflussen, wie tief ein
Körper in den Schnee einsinkt. Je größer die
Gewichtskraft ist, desto größer ist auch die
Wirkung auf die gleiche Fläche. Je kleiner die
Fläche ist, desto größer ist die Wirkung bei
gleicher Gewichtskraft. Die Gewichtskraft
wirkt stets senkrecht auf die Fläche. Diese
Wirkung heißt **Druck.**

2 Schuhe mit Absätzen

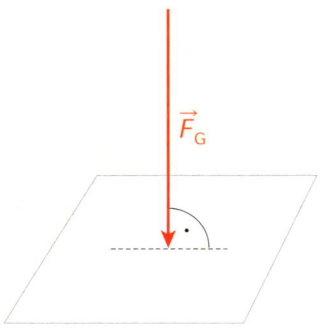

$\vec{F}_G$

3 Gewichtskraft wirkt senkrecht auf die Fläche.

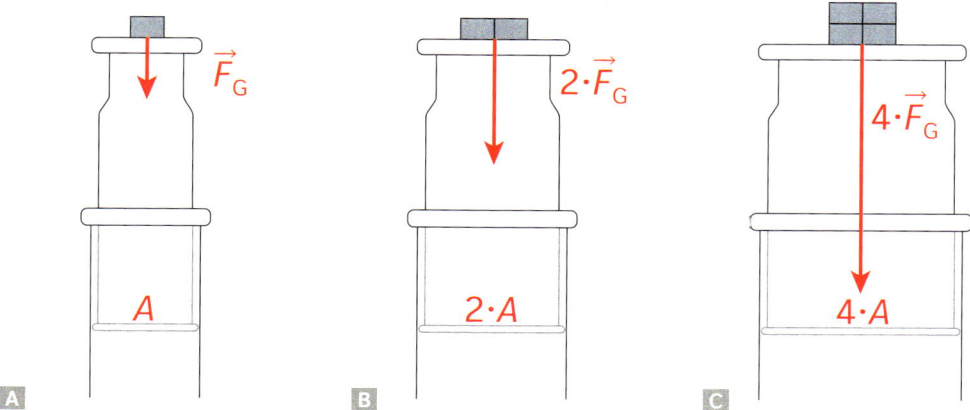

4 Zylinder mit **A** einfacher, **B** doppelter, **C** vierfacher Fläche

Der Zusammenhang zwischen Kraft und Fläche

Beim Zylinder in Bild 4 A wirkt eine Gewichtskraft auf den Stempel und erzeugt einen Druck im Zylinder. Ein Zylinder mit derselben Einschubtiefe und der doppelten Fläche besitzt ein doppeltes Volumen (→ Bild 4 B). Du benötigst eine doppelt so große Gewichtskraft, die auf den Stempel wirkt. Verdoppelst du die Zylinderfläche nochmals, benötigst du wiederum die doppelte Gewichtskraft, um den Stempel auf die gleiche Einschubtiefe zu bringen. Die Gewichtskraft muss nun viermal so groß sein wie bei Zylinder A (→ Bild 4 C). Eine n-fache Fläche fordert eine n-fache Gewichtskraft.

Der Druck als physikalische Größe

Es gilt der Zusammenhang **F ~ A** und damit $\frac{F}{A}$ = kontsant.
Der Wert des Quotienten auf Kraft und Flächeninhalt entspricht dem **Druck p** (engl. pressure). Die Maßeinheit des Drucks ist **Pa (Pascal).** Sie ist nach dem französischen Physiker Blaise Pascal (1623-1662) benannt. 1 Pa ist der Druck, den eine Kraft von 1 N auf eine Fläche von 1 m² ausübt.

> **Name:** Druck
> **Formelzeichen:** p
> **Berechnung:** $p = \frac{F}{A}$
> **Einheit:** $\frac{N}{m^2}$ = Pa (Pascal)

❶ Erkläre den Zusammenhang zwischen der Größe der Gewichtskraft, die auf eine Fläche wirkt und die Größe der Fläche.

Starthilfe zu 1:
Nimm Bild 3 zur Hilfe.

❷ Erläutere mit eigenen Worten die Einheit Pa.

❸ I **a)** Julia und ihre Freundin Anna machen eine Schneewanderung. Beide haben die gleiche Masse und üben somit dieselbe Gewichtskraft auf den Schnee aus. Julia trägt Schneeschuhe, Anna Wanderschuhe. Beschreibe die jeweiligen Auswirkungen auf die Schneeoberfläche
b) Sie treffen Markus. Er trägt ebenfalls Schneeschuhe. Die drei versinken unterschiedlich stark im Schnee. Diskutiere alle Möglichkeiten. Variiere dabei Gewichtskraft und Größe der Schneeschuhe von Markus.

❹ III **a)** Stelle ein Verbindung zwischen der Kraft und der Fläche in Bild 4 her.
b) Zeichne ein *A-F*-Diagramm aus den Angaben in Bild 4.
c) Diskutiere den Verlauf des Graphen und ziehe Schlussfolgerungen.

A Berechnungen zum Druck

Berechnen des Druckes

Auf eine Fläche von 300 cm² wird eine Kraft von 90 N ausgeübt. Berechne den Druck, der auf dieser Fläche herrscht.

geg.: $A = 300\ cm^2$, $F = 90\ N$ **ges.:** p

Lösung: $p = F/A$
$p = 90\ N : 300\ cm^2 = 0,3\ \frac{N}{cm^2}$
$p = 0,3\ N : 0,0001\ m^2 = 3000\ \frac{N}{cm^2} = 3000\ Pa.$

Antwort: Es herrscht ein Druck von 3000 Pa.

Berechnen der Fläche

Ein Kraft von 60 N erzeugt einen Druck von $2000\ \frac{N}{m^2}$. Berechne die Fläche, auf die der Druck wirkt.

geg.: $F = 60\ N$, $p = 2000\ \frac{N}{m^2}$, **ges.:** A

Lösung: $p = F : A \iff A = F : p$
$A = 60\ N : 2000\ \frac{N}{m^2}$
$A = 0,03\ m^2 = 300\ cm^2$

Antwort: Die Fläche hat eine Größe von $0,03\ m^2 = 300\ cm^2$.

Berechnen der Kraft

Auf einer Fläche von 80 cm² herrscht ein Druck von $40\ \frac{N}{cm^2}$. Berechne die Kraft, die auf die Fläche wirkt.

geg.: $A = 80\ cm^2$, $p = 40\ \frac{N}{cm^2}$ **ges.:** F

Lösung: $p = F : A \iff F = p \cdot A$
$F = 40\ N : m^2 \cdot 80\ cm^2$
$F = 3200\ N$

Antwort: Es wirkt eine Kraft von 3200 N auf die Fläche.

1 a) Ein afrikanischer Elefant wiegt durchschnittlich 5000 kg. Jede seiner Fußsohlen hat eine Querschnittsfläche von etwa 1500 cm². Berechne den Druck, den der Elefant mit seinen 4 Füßen auf den Boden ausübt.
b) Berechne die Änderung des Druckes, wenn der Elefant ein Fuß anhebt.

Starthilfe zu 1 und 2: Auf der Erde bewirkt eine Masse von 1 kg eine Gewichtskraft von 10 N.

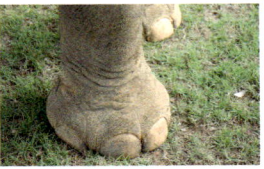 

2 a) Eine Mann wiegt 70 kg. Er geht mit Stiefeln über die Straße. Jeder Absatz hat eine Fläche von 7 cm², die Sohle hat eine Fläche von 35 cm². Berechne den Druck, den die Schuhe auf den Untergrund ausüben.
b) Vergleiche den Druck, den die Elefantenfüße und die Füße des Mannes auf den Untergrund ausüben.

3 a) In einer Spritze wird auf den Kolben eine Kraft von 6 N ausgeübt. Es entsteht ein Druck von 18000 Pa. Berechne die Fläche der Spritze.
b) Die Spritze ist mit einer weiteren Spritze verbunden. Die Kolbenfläche dieser anderen Spritze ist doppelt so groß wie die Fläche der Spritze aus a). Berechne die Kraft, die auf den Kolben dieser Spritze wirkt.
c) Begründe die Konstanz des Druckes bei Aufgabe a) und b)

$A_2 = 2 \cdot A_1$ A_1

4 Der Blutdruck eines Menschen beträgt 16000 Pa. Ein Blutdruckmessgerät hat eine Messfläche von 8 cm². Berechne die Kraft auf den Messsensor.

Hydraulik im Beruf

Die Hebebühne in der Werkstatt

Ein Auto kommt in der Autowerkstatt auf eine Hebebühne. Die Hebebühne hebt das Auto an. Eine Hebebühne ist ein **geschlossenes hydraulisches System,** das mit speziellem Hydrauliköl gefüllt ist. Es besteht aus einem Pumpkolben mit einer kleinen Fläche und einem Arbeitskolben mit einer großen Fläche. Der Arbeitskolben hebt das Auto an. Der Druck innerhalb des Systems ist p = konstant. So kann mit einer geringen Kraft auf die kleine Fläche des Pumpkolbens eine große Kraft auf den Arbeitskolben ausgeübt werden.

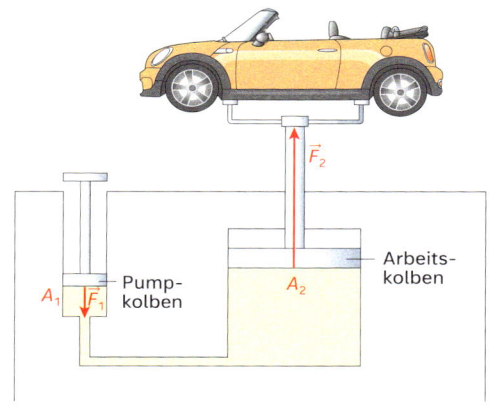

1 Hebebühne mit Pumpkolben und Arbeitskolben

Der Kipplaster auf der Baustelle

Wenn Lkw Schüttgüter abladen, kippen sie normalerweise die Ladefläche nach oben. Dann fällt die Ladung automatisch herunter. Die Ladefläche wird mithilfe von **Hydraulikzylindern** angehoben. Die Hydraulikzylinder fahren auseinander und heben dabei die Ladefläche an.
Obwohl die Hydraulikzylinder nur kleine Kräfte aufnehmen, können sie auch Ladeflächen anheben, die große Lasten tragen.

2 Kipplaster

❶ Beschreibe die Funktionsweise einer Hebebühne.

❷ Kleine Anhänger haben oft nur einen einzigen Hydraulikzylinder. Stelle Überlegungen über die Position dieses einen Hydraulikzylinders an und begründe sie.

❸ **a)** Der Pumpkolben einer Hebebühne hat eine Fläche von 10 cm². Auf diese Fläche wirkt eine Kraft von 7,4 N. Berechne den Druck in dem System.
b) Innerhalb eines geschlossenen Systems herrscht überall der gleiche Druck. Erkläre diese Aussage und ziehe Schlussfolgerungen für die beiden Kolben.
‖ c) Die Fläche des Arbeitskolbens beträgt 1 m². Bestimme die Gewichtskraft eines Autos, das mit diesem Arbeitskolben angehoben werden kann.

❹ **‖** Eine Hebebühne wird auch Kraftwandler genannt. Begründe diese Bezeichnung.

1 Eine Digitalwaage und Würfel aus verschiedenen Materialien

▶❚❚ F # Volumen, Masse und Dichte

Gleiches Volumen

Die Würfel in Bild 1 sind alle gleich groß. Sie haben das gleiche **Volumen V.** Das Volumen ist der Raum, den ein Körper beansprucht. Die Würfel haben eine Kantenlänge von jeweils 1 cm. Das Volumen berechnet sich aus **Länge l · Breite b · Höhe h.** Bei einem Würfel ist das Volumen

$V = l \cdot b \cdot h = 1\,cm \cdot 1\,cm \cdot 1\,cm = 1\,cm^3$.

So ein Würfel ist ein **Einheitswürfel.**

Unterschiedliche Masse

Mithilfe einer Waage kannst du die **Masse m** der Einheitswürfel bestimmen. Die Massen der verschiedenen Würfel sind unterschiedlich. Ein Würfel mit einer größeren Masse ist schwerer als ein Würfel mit einer kleinen Masse. Die Masse wird in **g (Gramm)** oder **kg (Kilogramm)** angegeben.

Masse und Volumen eines Stoffes

Masse und Volumen eines Stoffes hängen zusammen. Ein doppelt so großer Körper besitzt ein doppelt so großes Volumen und ist auch doppelt so schwer. Masse und Volumen sind **proportional.**

Die Dichte eines Körpers

Das Verhältnis aus Masse und Volumen ist für jeden Stoff ein fester Wert. Diese Stoffeigenschaft ist die Dichte. Sie gibt die Masse an, die ein bestimmtes Volumen dieses Stoffes hat.

Diese Stoffeigenschaft ist die Dichte ρ (griechischer Buchstabe, gesprochen Rho):

$\rho = \frac{m}{V}$.

Die zugehörige Einheit ist $\rho = \frac{1\,g}{1\,cm^3} = 1\,\frac{g}{cm^3}$

Beispiel:

Ein Eisenwürfel hat die Dichte $7{,}8\,\frac{g}{cm^3}$. Der Einheitswürfel von Eisen hat also eine Masse von 7,8 g.

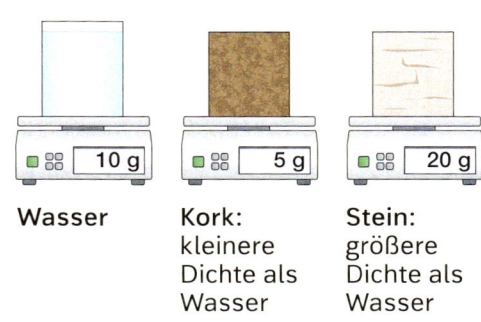

Wasser   Kork: kleinere Dichte als Wasser   Stein: größere Dichte als Wasser

2 Gleiches Volumen, aber verschiedene Massen

Die Dichte von Wasser

Wasser hat die Dichte $1 \frac{g}{cm^3}$. 1 Liter Wasser wiegt 1 kg. Alle reinen Stoffe haben entweder eine größere oder eine kleinere Dichte als Wasser.

Schwimmen oder sinken

Wenn du einen Korken in einen Behälter mit Wasser gibst, schwimmt er an der Oberfläche. Legst du einen Stein auf die Wasseroberfläche, sinkt er zu Boden (→ Bild 3).
Kork hat eine Dichte von $0,2 \frac{g}{cm^3}$. Das ist viel weniger als die Dichte von Wasser mit $1 \frac{g}{cm^3}$. Deshalb **schwimmt** der Korken auf dem Wasser. Selbst wenn du den Korken unter Wasser drückst, wird er nach dem Loslassen **aufsteigen**.
Die Dichte von Stein beträgt $2,6 \frac{g}{cm^3}$. Sie ist also viel größer als die Dichte von Wasser. Deshalb **sinkt** der Stein zu Boden.

Schweben

Wenn du einen Stein mit einem Korken verbindest, kannst du für diese Verbindung eine Dichte von $1 \frac{g}{cm^3}$ erreichen. Diese Verbindung hat dann dieselbe Dichte wie Wasser. Wenn du diesen Körper in Wasser gibst, wird er nicht schwimmen, weil er zu schwer ist. Er wird aber auch nicht zu Boden sinken, weil er dafür zu leicht ist. Dieser Körper **schwebt** im Wasser.

3 Schwimmen, schweben und sinken

1 Nenne die Voraussetzungen dafür, dass ein Körper in Wasser schwimmt, schwebt oder sinkt.

Starthilfe zu 1:
Ein beliebiger Körper schwimmt in Wasser, wenn ...

2 Erläutere den Begriff Dichte eines Körpers.

Starthilfe zu 2:
Die Dichte ist das Verhältnis von _____ zu _____ eines Körpers. Sie berechnet sich ...

3 a) Begründe den Begriff Einheitswürfel.
  ❙ b) Stelle Vermutungen über die gewählte Form der Einheitswürfel an.

4 ❙ Bild 2 zeigt Würfel mit gleichem Volumen in verschiedenen Materialien. Entscheide begründet, welcher in Wasser (Dichte $1 \frac{g}{cm^3}$) schwimmt, schwebt oder sinkt.

5 ❙❙ Recherchiere das Material Bimsstein und stelle Vermutungen zu seinen Schwimmeigenschaften an.

6 ❙❙❙ Stelle Vermutungen zu dem Verhältnis von Kork und Stein an, damit eine Verbindung der beiden Stoffe im Wasser schwebt. Begründe deine Überlegung.

A Schwimmer oder Nichtschwimmer?

Welche dieser Gegenstände schwimmen, welche sinken im Wasser?

1 Schwimmer oder Nichtschwimmer?

1 Lege eine Tabelle an und notiere deine Vermutungen:

Schwimmer	Nichtschwimmer
...	...
...	...

2 Überprüfe deine Vermutung:

Material: Schale, Wasser, verschiedene Gegenstände, wie zum Beispiel Korken, Zitrone, Büroklammer, Radiergummi, Walnuss, Ei, Orange, Holzstück

Durchführung:

Schritt 1: Fülle die Schale mit Wasser.

Schritt 2: Lege einen Gegenstand nach dem anderen auf das Wasser.

3 Kontrolliere deine Tabelle und korrigiere.

4 Finde weitere Gegenstände, die du testen kannst. Trage sie in die Tabelle ein und überprüfe sie.

B Kann ein Ei schwimmen?

Material: zwei rohe Eier, Wasser, zwei schlanke Gläser

2 Ein Ei zum Schwimmen bringen

Durchführung:

Schritt 1: Befülle ein Glas halbvoll mit Wasser und lege vorsichtig ein Ei hinein.

Schritt 2: Befülle das andere Glas ebenfalls halbvoll mit Wasser und verrühre vier Teelöffel Salz darin. Lege das zweite Ei in das Salzwasser.

1 a) Beschreibe deine Beobachtung.
b) Erkläre die Beobachtung.

2 Erkläre, dass manche Gegenstände schwimmen und manche sinken.

C Wie wird die Dichte bestimmt?

Material: Waage, Lineal oder Maßband, verschiedene quaderförmige Gegenstände wie in Bild 3.

Durchführung:

Schritt 1: Lege eine Tabelle an.

Schritt 2: Wiege die verschiedenen Gegenstände und trage die Werte in die Tabelle ein.

Schritt 1: Miss die Kantenlängen der Gegenstände und trage die Werte in die Tabelle ein.

❶ Berechne aus den Kantenlängen das Volumen des Körpers.

❷ Berechne die Dichte der Materialien.

❸ Lies aus der Dichtetabelle im Anhang des Buches ab, um welches Material es sich handeln kann.

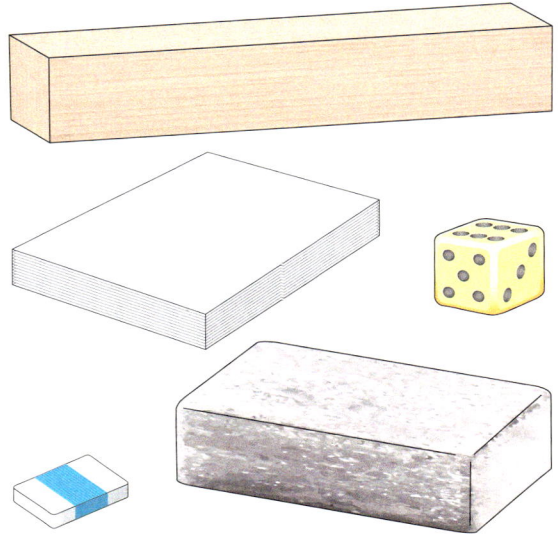

3 Quaderförmige Gegenstände

D Können Flüssigkeiten schwimmen?

Material: Messzylinder, 3 Bechergläser, Spiritus, Speiseöl, Wasser, Lebensmittelfarbe

Durchführung:

Schritt 1: Fülle je 50 ml der Flüssigkeiten jeweils in ein Becherglas.

Schritt 1: Färbe die drei Flüssigkeiten mit der Lebensmittelfarbe unterschiedlich ein.

Schritt 2: Fülle zuerst das Wasser in den Standzylinder, dann vorsichtig das Öl und anschließend den Spiritus.

❶ Notiere und erkläre deine Beobachtung.

❷ Verwende Reagenzgläser und experimentiere: Welche Flüssigkeit schwimmt auf welcher, welche Flüssigkeiten vermischen sich?

❸ Stelle eine Reihenfolge der Dichte der Stoffe auf und begründe sie.

4 Material für den Versuch

1 Die Badewanne läuft über.

▶❚❚ F

Der Auftrieb

In der Badewanne

Wenn die Badewanne fast voll mit Wasser ist und du setzt dich hinein, dann läuft die Badewanne über (→ Bild 1). Du verdrängst mit deinem Körper das Wasser aus der Badewanne. Jeder Körper verdrängt so viel Wasser, wie es seinem Volumen entspricht. Der Wasserspiegel steigt an, sobald ein Gegenstand ins Wasser gelangt.

Das verdrängte Wasser - ein Maß für das Volumen

Wenn ein Gegenstand in Wasser eintaucht, verdrängt dieser Gegenstand das Wasser. Wasser besitzt eine Dichte von $1\frac{g}{cm^3}$. 1 Liter (l) Wasser wiegt also ein Kilogramm (kg). Mithilfe von Wasser kannst du das Volumen eines Körpers bestimmen. Wenn du einen Gegenstand in ein volles Gefäß eintauchst und das überlaufende Wasser auffängst, erhältst du das Volumen des Gegenstandes. Wenn du 30 ml auffängst, hat der Gegenstand ein Volumen von 30 ml. Diesen Zusammenhang zwischen dem verdrängten Wasser und dem Volumen eines Körpers hat ARCHIMEDES (285 v. Chr. - 212 v. Chr.) herausgefunden.

Im Schwimmbad

Im Schwimmbecken kannst du einen Freund ganz leicht hochheben. Auf der Wiese gelingt dir das nicht so einfach. Im Wasser scheint dein Freund also viel leichter zu sein als an Land (→ Bild 2).

Das Wasser trägt

Dein Freund hat aber sowohl an Land als auch im Wasser die gleiche Masse und das gleiche Volumen.
Es muss also am Wasser liegen, dass sich dein Freund viel leichter anfühlt. Das Wasser verursacht eine **Auftriebskraft.** Sie ist der Gewichtskraft entgegengerichtet.

2 Im Schwimmbad

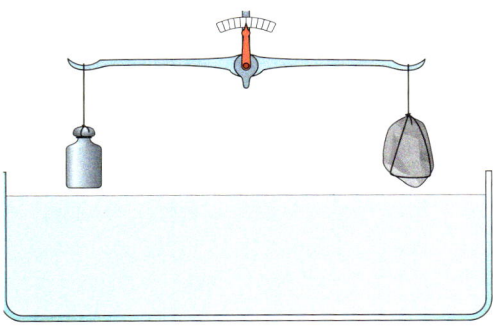
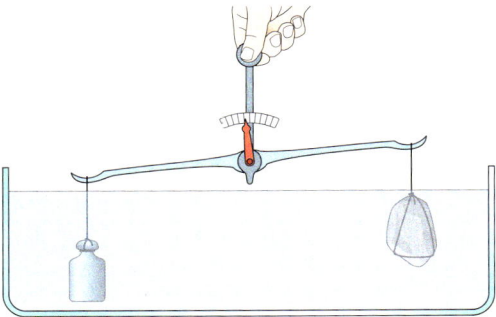

3 Die Auftriebskraft hängt vom Volumen ab.

Die Auftriebskraft hängt vom Volumen ab

Wenn du zwei Gegenstände mit der gleichen Masse aber unterschiedlichem Volumen ins Wasser gibst, erzeugt der Körper mit dem größeren Volumen einen größeren Auftrieb (→ Bild 3).
Die Auftriebskraft hängt nur vom Volumen und nicht von der Masse ab. Zwei Körper mit dem gleichen Volumen und unterschiedlicher Masse führen im Wasser zur gleichen Auftriebskraft.

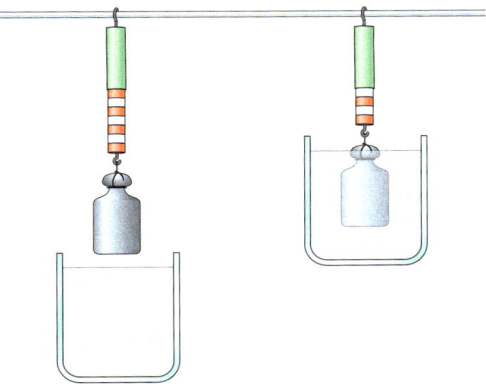

4 Gewichtskraft eines Körpers: **A** in Luft, **B** im Wasser

Die Gewichtskraft eines Körpers im Wasser

Die Gewichtskraft eines Körpers nimmt im Wasser deutlich ab (→ Bild 4). Je größer das Volumen eines Körpers ist, desto leichter ist ein Körper im Wasser.
Aus diesem Grund können Schiffe auch schwimmen, obwohl sie aus Stahl sind. Durch die Form des Schiffes erhält der Schiffsrumpf ein sehr großes Volumen. So verdrängt das Schiff viel mehr Wasser, als es seiner Masse entspricht. Die Auftriebskraft ist größer als die Gewichtskraft. Das Schiff schwimmt.

5 Ein Schiffsrumpf

1 Erkläre den Zusammenhang zwischen dem verdrängten Wasser und dem Volumen eines Körpers.

Starthilfe zu 2:
Verwende dazu Bild 4.

2 Erläutere den Zusammenhang zwischen der Auftriebskraft, der Masse und dem Volumen eines Körpers.

3 Stahl hat eine viel größere Dichte als Wasser. Begründe, dass Stahlschiffe dennoch schwimmen können.

»

Ⓐ Überlaufmethode

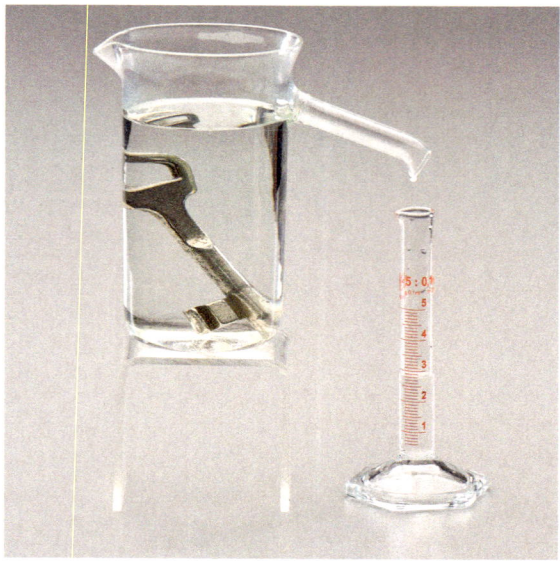

1 Versuchsaufbau zur Überlaufmethode

Material: 1 Überlaufgefäß, Wasser, 1 Abstand-würfel, 1 Messzylinder, verschiedene Gegen-stände

Durchführung:

Schritt 1: Fülle das Überlaufgefäß voll Wasser und stelle es auf den Abstandswürfel.

Schritt 2: Stelle den Messzylinder unter den Ablauf des Überlaufgefäßes.

Schritt 3: Gib verschiedene Gegenstände in das Überlaufgefäß.

❶ Lies den Wasserstand am Messzylinder ab.

❷ Gib das Volumen des Gegenstandes an.

❸ Wiederhole den Versuch mit weiteren Gegenständen.

Ⓑ Differenzmethode

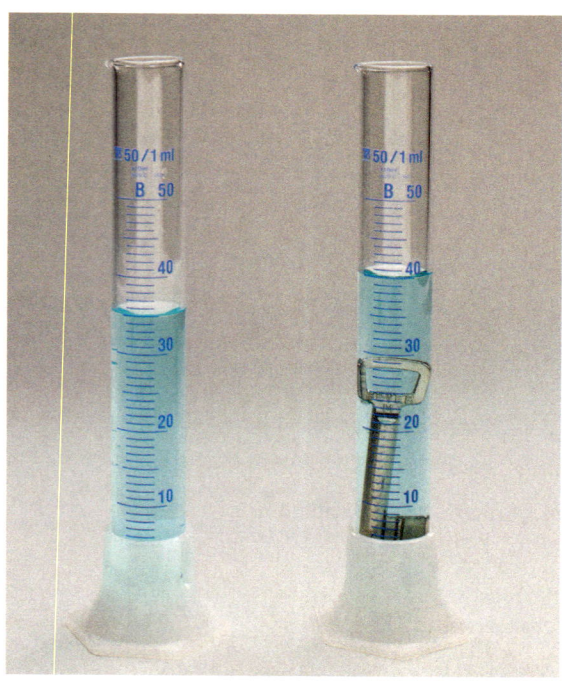

2 Versuchsaufbau zur Differenzmethode

Material: 1 Messzylinder mit Wasser, verschie-dene Gegenstände

Durchführung:

Schritt 1: Fülle den Messzylinder so weit mit Wasser, dass der Gegenstand vollstän-dig bedeckt wäre.

Schritt 2: Lies den Wasserstand am Messzylin-der ab.

Schritt 3: Tauche den Gegenstand ins Wasser.

❶ Lies erneut den Wasserstand am Messzy-linder ab.

❷ Berechne das Volumen des Gegenstandes, indem du die Differenz der beiden Werte bildest.

❸ Wiederhole den Versuch mit weiteren Gegenständen.

C Volumen richtig bestimmen

Material: verschiedene Messzylinder, Wasser

Durchführung:

Schritt 1: Gib Wasser in die verschiedenen Messzylinder.

Schritt 2: Achte beim Ablesen darauf, den
Messwert an der tiefsten Stelle der
Flüssigkeitsoberfläche abzulesen.

1 Gib den jeweiligen Messwert an.

2 Vergleiche die Genauigkeit der Messwerte.

3 Beschreibe das richtige Ablesen an einem
Messzylinder.

4 ‖ Stelle eine Verbindung zwischen der
Genauigkeit der Messwerte und der Abmes-
sungen der Zylinder her.

5 ‖ Beschreibe dein Vorgehen, eine große
Menge Wasser möglichst genau mithilfe
von verschiedenen Messzylindern zu
bestimmen.

3 Verschiedene Messzylinder

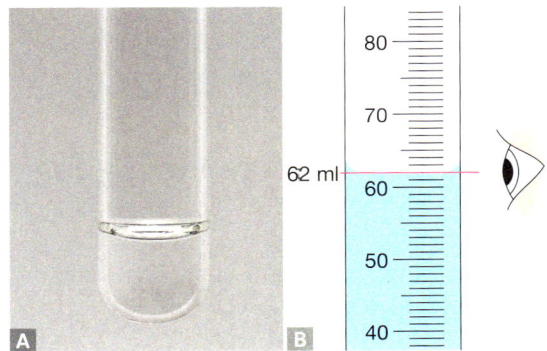

4 Wasserstand: **A** im Reagenzglas, **B** im Messzylinder

D Kann Knete schwimmen?

Material: eine Stange Schulknete, Becher mit
Wasser

Durchführung:

Schritt 1: Knete nacheinander die in Bild 5
abgebildeten Formen.

Schritt 2: Lege sie vorsichtig auf das Wasser.

1 Notiere deine Beobachtung.

> **Starthilfe zu 1:**
> Schreibe so: rund/massiv: Die Knete…

2 Vergleiche deine Beobachtungen.

3 Erkläre die verschiedenen Beobachtungen

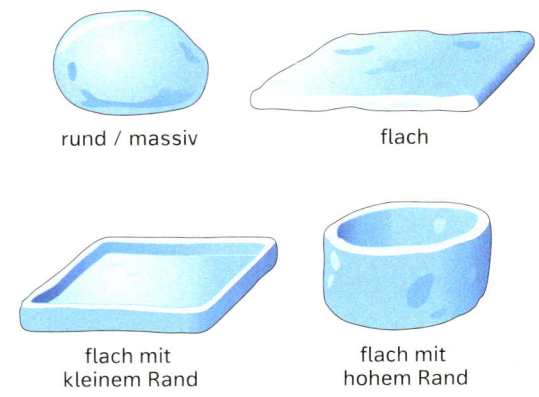

rund / massiv

flach

flach mit
kleinem Rand

flach mit
hohem Rand

5 Knete in verschiedenen Formen

Auf einen Blick: Kräfte in Natur und Technik

Die gleichförmige Bewegung

Bei einer gleichförmigen Bewegung legst du in einer bestimmten Zeit immer die gleichen Wege zurück. Der Weg s und die Zeit t sind proportional zueinander. Der Quotient $\frac{s}{t}$ beschreibt die Geschwindigkeit v. Sie ist konstant.
Es gilt der Zusammenhang

$$v = \frac{s}{t} \qquad s = v \cdot t \qquad t = \frac{s}{v}$$

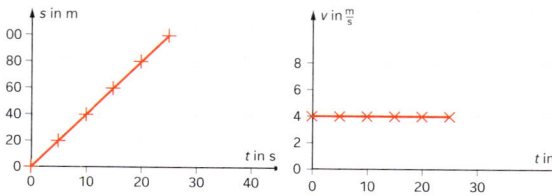

Die ungleichförmige Bewegung

Bei ungleichförmigen Bewegungen ändert sich die Geschwindigkeit. Geschwindigkeitsänderungen sind Beschleunigungen. Die Geschwindigkeit wird größer oder kleiner.

Kräfte und ihre Darstellungen

Kräfte bewirken Bewegungs- und Richtungsänderungen und können elastisch und plastisch verformen. Die Kraft ist eine vektorielle Größe. Ihre Variable ist meist F und ihre Einheit ist Newton (N). Sie hat einen Angriffspunkt, einen Betrag und eine Richtung und kann mit einem Federkraftmesser gemessen werden.
Die Gewichtskraft F_G wirkt auf jede Masse m und ist abhängig vom Ort und von der Masse selbst. Will man eine Masse beschleunigen, ist eine ortsunabhängige Kraft nötig. Diese Eigenschaft der Masse ist die Trägheit.

Druck

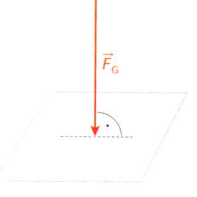

Wirkt eine Kraft F senkrecht auf eine Fläche A, so ensteht ein Druck p.
Kraft und Fläche sind proportional zueinander. Es gilt $F \sim A$.
Die Einheit des Druckes ist $p = \frac{F}{A} = 1\ \frac{N}{m^2} = 1\ Pa$

Volumen, Masse und Dichte

Jeder Körper besitzt ein bestimmtes Volumen V und eine bestimmte Masse m. Für einen bestimmten Stoff gilt stets $m \sim V$.
Dieser Zusammenhang zwischen der Masse und dem Volumen ist spezifisch und heißt Dichte ρ eines Stoffes. Es gilt $\rho = \frac{m}{V}$.
Die Dichte von Wasser beträgt $1\ \frac{g}{cm^3}$.
Stoffe mit einer geringeren Dichte schwimmen im Wasser. Stoffe mit einer höheren Dichte sinken im Wasser.

Auftrieb

Jeder Körper in Wasser erzeugt eine Auftriebskraft. Ist die Auftriebskraft des Körpers größer als seine Gewichtskraft, schwimmt der Körper auf dem Wasser. Ist die Auftriebskraft kleiner, sinkt der Körper. Die Auftriebskraft hängt nur vom Volumen und nicht von der Masse ab.

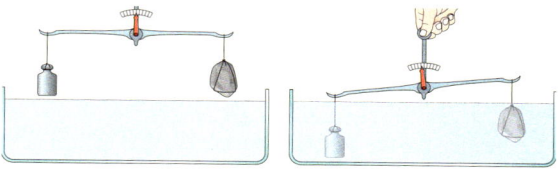

WICHTIGE BEGRIFFE

- Weg s, Zeit t, Geschwindigkeit v
- geradlinig gleichförmige Bewegung
- beschleunigte Bewegung
- elastische und plastische Verformung
- Kraft, Trägheit

WICHTIGE BEGRIFFE

- Druck p
- Masse m, Volumen V, Dichte ρ
- Auftrieb
- Schwimmen, schweben und sinken

Lerncheck: Kräfte in Natur und Technik

Bewegungen

1 Benenne die Bewegungsform, die auf den Bildern zu sehen sind.

2 Nenne für die folgenden Bewegungsarten je ein Beispiel:
- geradlinig gleichförmig,
- geradlinig gleichmäßig beschleunigt,
- ungleichförmig.

3 Die folgende Abbildung zeigt die Bewegung eines Autos für eine Zeit von 10 s.
a) Beschreibe die Bewegung des Autos.
b) Gib die Höchstgeschwindigkeit des Autos in $\frac{m}{s}$ und $\frac{km}{h}$ an.

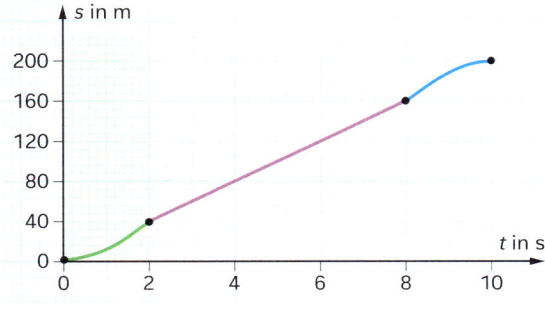

Kräfte und Masse

4 Nenne die möglichen Wirkungen von Kräften und gib jeweils ein Beispiel an.

5 Nenne drei verschiedene Arten von Kräften.

6 Zeichne einen Kraftpfeil und gib die drei Bestimmungsstücke einer Kraft an.

7 Beschreibe den Zusammenhang zwischen der Gewichtskraft, der schweren Masse und dem Ortsfaktor anhand eines Beispiels.

Druck und Dichte

8 Erkläre den Zusammenhang zwischen der Größe der Gewichtskraft, die auf eine Fläche wirkt und die Größe der Fläche.

9 Auf eine Fläche von 0,8 m² wird eine Kraft von 120 N ausgeübt.
a) Berechne den Druck.
b) Berechne die Fläche, um den Druck aus a) zu verdoppeln.

10 Stahl sinkt im Wasser. Dennoch können Stahlschiffe auf dem Wasser schwimmen. Erkläre dieses Phänomen.

DU KANNST JETZT …
- … verschiedene Bewegungsformen unterscheiden.
- … verschiedene Bewegungsarten unterscheiden und Beispiele benennen.
- … Zeit-Weg-Diagramme und Zeit-Geschwindigkeits-Diagramme lesen, erklären und zeichnen.

DU KANNST JETZT …
- … die Wirkungen von Kräften beschreiben.
- … Kräfte durch Vektoren darstellen.
- … den Begriff Druck erklären.
- … anhand der Dichte eines Stoffes begründet entscheiden, ob er in Wasser schwimmt, schwebt oder sinkt.

Lerncheck

Sexualität und Partnerschaft

Worauf kommt es mir in einer Beziehung an?

Was geschieht während einer Schwangerschaft?

Womit können wir uns schützen?

1 Zärtlichkeit und Vertrauen

In Partnerschaften Verantwortung übernehmen

Formen von Partnerschaften

In der eigenen Familie oder der Familie von Freunden, aber auch im Fernsehen und im Internet erleben wir verschiedene Formen von Partnerschaften. Früher gab es fast ausschließlich Partnerschaften zwischen Mann und Frau, die aus derselben Gegend stammten. Je nach Alter folgten dann häufig Heirat und Kinder. Diese klassische Beziehung gibt es auch heute noch. Es gibt jedoch immer häufiger auch andere Formen von Partnerschaften.

In **Fernbeziehungen** leben die Partner viele Kilometer getrennt und sehen sich nicht täglich. Vertrauen und Intimität sind aber nach wie vor wichtige Grundlagen für gelingende Partnerschaften. Gehen diese Grundlagen verloren, kann eine Ehe auch geschieden werden. In **Patchworkfamilien** bilden Eltern und Kinder aus vorangegangen Beziehungen eine neue Familie.

Sexuelle Orientierungen

In den meisten Paarbeziehungen leben Menschen zusammen, die einen Partner des anderen Geschlechts bevorzugen. Diese Form der Sexualität wird **heterosexuell** genannt. Jedoch lieben manche Menschen auch Partner desselben Geschlechts. Diese Menschen sind **homosexuell.** Menschen, die sich zu beiden Geschlechtern hingezogen fühlen, werden als **bisexuell** bezeichnet.

In Deutschland müssen Menschen unabhängig von ihrem Geschlecht und ihrer sexuellen Orientierung gleich behandelt werden. Die Gleichberechtigung und Gleichwertigkeit aller Menschen ist oberster Grundsatz. Ehen von gleichgeschlechtlichen Paaren sind den klassischen Hetero-Ehen daher rechtlich inzwischen gleichgestellt.

2 Menschen sind so unterschiedlich wie ihre Beziehungen untereinander.

Sich orientieren

In der Pubertät spielt die Auseinandersetzung mit Sexualität und Beziehungen eine immer größere Rolle. Zu wem fühle ich mich hingezogen? Mit wem geht es mir gut? Wie empfinde ich meine Sexualität? Will ich schon eine Beziehung? Solche und ähnliche Fragen können dir in jeder Lebensphase durch den Kopf gehen. Beziehungen und Sexualität entwickeln und verändern sich im Laufe des Lebens. Sie werden auch von der Kultur beeinflusst, in der wir aufwachsen. Daher ist es wichtig, vor allem in sich selbst hineinzuhören und sich in Sachen Sexualität nicht nur nach anderen zu richten. Nur so kannst du deinen eigenen Weg finden und dich mit deiner Sexualität dauerhaft wohl fühlen.

Verantwortung übernehmen

Einen Menschen anzusprechen, in den man sich verliebt hat, erfordert Mut. Schwierig ist es auch, anderen zu erzählen, dass man schwul oder lesbisch ist. Dies wird **Coming-out** genannt. Doch nur so ist es möglich, die eigene Vorstellung von Sexualität und Partnerschaft zu leben. Dazu gehört auch, für den Partner oder die Partnerin Verantwortung zu übernehmen. Bekommt oder adoptiert ein Paar Kinder, müssen die Partner auch für diese die Verantwortung tragen.

> Die eigene Sexualität zu leben, findet dort eine Grenze, wo sie anderen Menschen Schaden zufügt. Zwang und Gewalt gehören nicht in eine Partnerschaft.

1. a) Nenne unterschiedliche Formen von Partnerschaften.
   b) Nenne verschiedene sexuelle Orientierungen.
2. Erkläre, was für dich „Verantwortung in einer Beziehung übernehmen" bedeutet.
3. Beschreibe Beispiele, in denen sexuelle Themen kulturell beeinflusst werden.
4. I Beschreibe eine Partnerschaftsform genauer.
5. II Erläutere die Grenzen von Toleranz in Bezug auf Sexualität.

Starthilfe zu 5:
Nutze folgende Begriffe
Schaden, Gewalt, Zwang

A Das Coming-out

1 Nina

Nina hat etwas Zeit gebraucht, bis sie sich sicher war, aber inzwischen ist für sie klar: Ich liebe Mädchen. Dann wollte sie zunächst nicht, dass andere das merken. Doch nun hat sie Britta kennengelernt. Sie möchte Britta und auch ihren Freunden und ihrer Familie von ihrer Homosexualität erzählen.

1 Nenne Gefühle, Sorgen und Befürchtungen, die Nina haben könnte.

2 Beschreibe Vorurteile, mit denen Nina nach ihrem Coming-out zu kämpfen haben könnte.

3 Beschreibe, wie du als Freund oder Freundin Nina bei ihrem Coming-out unterstützen könntest.

B Die Intergeschlechtlichkeit

2 Symbol für Intergeschlechtlichkeit

Die Frage nach dem Geschlecht ist nicht für jeden Menschen eindeutig zu beantworten. Bei einem Kind können manchmal sowohl Hoden als auch Vagina angelegt sein. Dabei wird von **Intergeschlechtlichkeit** gesprochen.
Für diese Menschen kann die Bezeichnung Intergeschlechtlichkeit eine Belastung darstellen. Ebenso kommt es vor, dass Menschen sich keinem Geschlecht zuordnen lassen wollen. Daher gibt es mittlerweile die Möglichkeit, sich keinen Eintrag zum Geschlecht oder **divers** (d) in den Pass eintragen zu lassen.

1 Beschreibe das Symbol in Bild 2. Kennst du weitere Symbole für Geschlechtlichkeit?

2 Diskutiert folgende Frage: Sollten Eltern entscheiden dürfen, dass bei einem intergeschlechtlichen Kind ein geschlechtsangleichender Eingriff vorgenommen werden soll?

Über Werte diskutieren

Entscheidungen treffen

Bei vielen Entscheidungen ist es einfach, richtig und falsch zu unterscheiden. Manchmal gibt es aber zwei Möglichkeiten, für die jeweils gute Gründe sprechen. Eine solche Situation wird **Dilemma** genannt. Bei der Entscheidung helfen uns Werte, die wir uns im Laufe unseres Lebens angeeignet haben. Treue, Zuverlässigkeit und Respekt können solche Werte sein. Sie helfen uns, in einer Dilemmasituation eine begründete Entscheidung zu treffen.

Von einem Dilemma hören

1. Die Dilemmasituation wird vorgestellt.
2. Gemeinsam wird zunächst die Fragestellung des Dilemmas herausgearbeitet.
3. Danach werden die beiden möglichen Handlungsmöglichkeiten benannt.
4. Jeder positioniert sich ohne weitere Diskussion auf einer Seite.

Meine Position begründen

5. Schülerinnen und Schüler, die die gleiche Position vertreten, treffen sich in einer Gruppe.
6. Es werden Gründe gesammelt, die diese Position untermauern.
7. Jede Gruppe bereitet sich darauf vor, ihre Argumente der Klasse vorzustellen. Dazu werden die Argumente so sortiert, dass das bedeutendste Argument am Ende steht.

Im Plenum die Argumente beider Positionen diskutieren

8. Beide Gruppen stellen ihre Argumente vor. Fragen können gestellt werden.
9. Am Ende bewertet jeder das Gehörte und entscheidet, ob er seine Position beibehalten oder wechseln möchte.

3 Anna und Jan

Anna ist sauer auf ihren Freund Jan. Jan hat kaum Zeit für sie, da er mit Lina für einen Musikauftritt üben muss.
Anna sieht die beiden im Café sitzen. Später stellt sie Jan zur Rede: „Das sah aber gar nicht mehr nach Probe aus. Bist du lieber mit ihr zusammen als mit mir?"
Jan entgegnet ihr: „Wir sind einfach früher fertig geworden und haben noch ein Eis gegessen. Das ist doch nicht schlimm."
Dabei verschweigt Jan, dass er und Lina sich bei den Proben einmal nähergekommen sind. Für beide war sofort klar, dass es sich nicht wiederholen würde, denn sie sind glücklich in ihren Beziehungen.
Daraufhin fragt Anna: „Kannst du mir versichern, dass mit Lina nichts gelaufen ist?" Jan zögert. Er sitzt in der Zwickmühle. Einerseits will er Anna immer die Wahrheit sagen, andererseits will er ihr nicht wehtun und die Beziehung gefährden.

Er antwortet ...

1 Diskutiert das Dilemma von Jan nach den auf dieser Seite beschriebenen Regeln.

2 Erstellt ein Lernplakat zum Ablauf einer Dilemmadiskussion und hängt es in der Klasse auf.

1 Ein neues Körpergefühl

Geschlechtsorgane bei Mann und Frau

Entwicklung in der Pubertät

Mit der **Pubertät** beginnen für Jugendliche große Veränderungen. Ihr Körper entwickelt sich in dieser Zeit sehr schnell. Gleichzeitig verändern sich auch das Verhalten und das Auftreten der Jugendlichen. Bei den Mädchen fangen diese Veränderungen meist etwas früher an als bei den Jungen.

Die Geschlechtsreife

Ab einem gewissen Zeitpunkt sind Männer und Frauen in der Lage, Kinder zu zeugen. Sie sind dann geschlechtsreif. Die Veränderungen und die Entwicklungen in der Pubertät bereiten den Körper auf die Geschlechtsreife vor. Alle diese Entwicklungen werden durch **Geschlechtshormone** ausgelöst.

Die Geschlechtsorgane

Die Geschlechtsorgane dienen zur Fortpflanzung. In der Pubertät beginnen die Geschlechtsorgane zu wachsen und sich zu entwickeln. Beim Mann wachsen **Penis** und **Hoden** in der Pubertät zu ihrer vollen Größe heran und sind funktionsfähig. Der Penis und der Hodensack sind von außen gut zu erkennen. Die weiteren Geschlechtsorgane liegen im Körperinneren.

Die meisten Geschlechtsorgane der Frau liegen innen im Körper. Nur der Bereich der **Vulvalippen** mit dem **Kitzler** sind äußerlich gut erkennbar. Der Bereich der Geschlechtsorgane ist bei Mann und Frau gut durchblutet und sehr empfindlich. Berührungen beim Geschlechtsverkehr können schöne Gefühle auslösen.

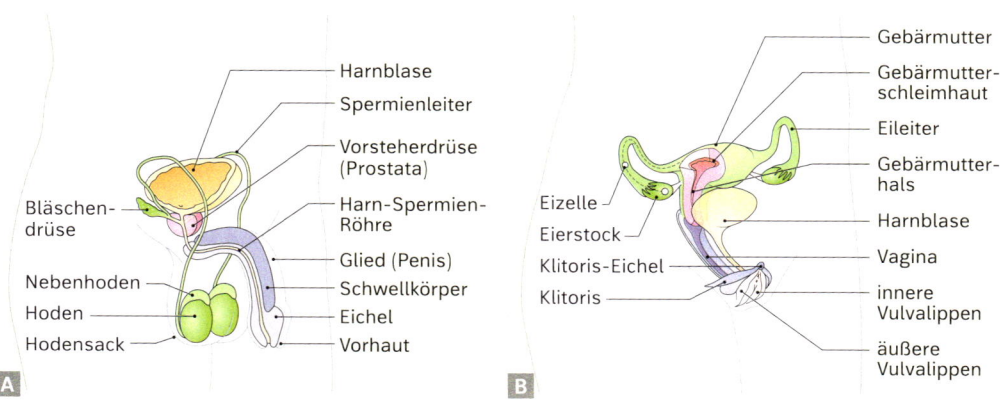

2 Die Lage der Geschlechtsorgane und der Harnblase: **A** Mann, **B** Frau

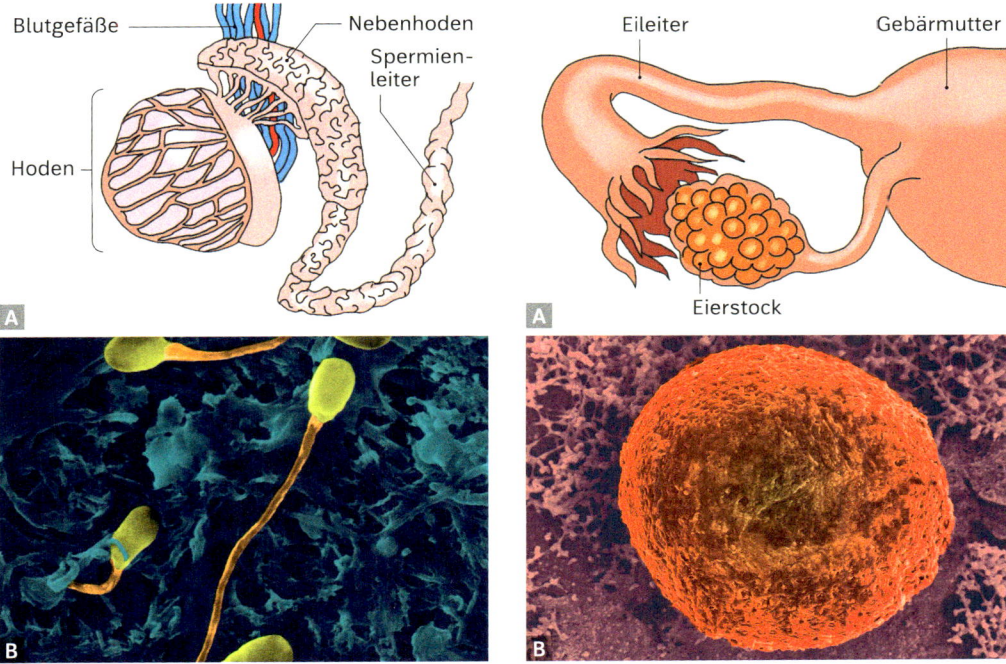

3 Hoden und Spermienzelle im Detail

4 Eierstock und Eizelle im Detail

Hoden und Spermienzelle

Mit der Pubertät setzt die Produktion der **Spermienzellen** ein. Die Hoden produzieren täglich 300 bis 500 Millionen Spermienzellen. Aus den **Hoden** gelangen die Spermienzellen in die **Nebenhoden**, wo sie reifen und gelagert werden. Hoden und Nebenhoden liegen außerhalb der Bauchhöhle im Hodensack. Dort ist die Körpertemperatur etwas niedriger. Die niedrige Temperatur ist gut für die Spermienzellen. Über den Spermienleiter und die **Harn-Spermienröhre** werden Spermienzellen durch den Penis transportiert. Bei einem Spermienerguss werden Spermienzellen aus dem Penis herausgeschleudert. Damit verbunden ist eine starke Erregung.

Eierstöcke und Eizellen

In den weiblichen **Eierstöcken** sind von Geburt an etwa 400.000 unreife Eizellen angelegt, deren Anzahl durch Absterben jedoch abnimmt. Mit Beginn der Pubertät reift alle vier Wochen eine unreife Eizelle zur **Eizelle** heran. Nach dem Eisprung gelangt die Eizelle in den Eileiter. Dort kann sie beim Geschlechtsverkehr befruchtet werden. All diese Prozesse werden durch Geschlechtshormone gesteuert. Bei Frauen wird die Monatsblutung etwa ab dem 50. Lebensjahr immer seltener und bleibt schließlich ganz aus. Eine Schwangerschaft wird danach unwahrscheinlich, da der weibliche Körper dann in der Regel keine reifen Eizellen mehr bildet.

1 Nenne die äußerlich sichtbaren Geschlechtsorgane von Mann und Frau.

2 Nenne einen Unterschied zwischen Spermienzellen und Eizellen.

3 | Begründe, warum sich die Hoden außerhalb der Bauchhöhle befinden.

4 ‖ Erläutere den Zusammenhang zwischen dem Alter einer Frau und der Wahrscheinlichkeit, dass sie schwanger wird.

A Sexualhormone steuern die körperliche Entwicklung

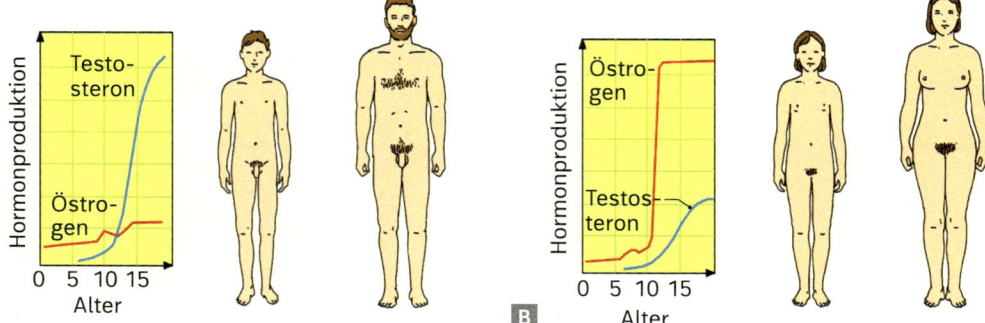

1 Sexualhormone: **A** bei Männern, **B** bei Frauen

Die Entwicklung in der Pubertät wird durch Botenstoffe, die sogenannten Hormone, gesteuert. Testosteron und Östrogen sind die für die Entwicklung in der Pubertät wichtigsten Geschlechtshormone.
Frauen und Männer haben beide Hormone, jedoch in unterschiedlicher Menge.

1 Beschreibe, wie sich die Personen auf den Bildern körperlich verändern.

2 **a)** Beschreibe die dargestellten Diagramme.

Starthilfe zu 2a:
Auf der senkrechten Achse sieht man...
Auf der waagerechten Achse sieht man...

b) Vergleiche, wie sich die Produktion von Testosteron und Östrogen bei Männern und Frauen im dargestellten Zeitraum verändert.

B Die Reifung der Spermienzellen

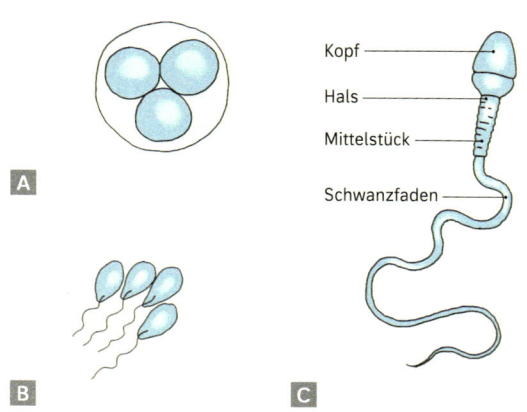

Kopf
Hals
Mittelstück
Schwanzfaden

2 Spermienzellen: **A** Spermienmutterzellen, **B** junge Spermienzelle, **C** reife Spermienzelle

Spezielle Hormone regen die Reifung der Spermienzellen in den Hoden an. Sie entstehen aus den Spermienmutterzellen (→ Bild 2 A). Mit der Zeit entwickelt sich an den Spermienzellen ein langer Schwanzfaden (→ Bild 2 B). Er hilft bei der Fortbewegung in flüssiger Umgebung. Außerdem entwickelt sich ein Kopf mit einem Hals (→ Bild 2 C). Im Kopf befinden sich die Erbinformationen.

1 Zeichne und beschrifte eine reife Spermienzelle.

2 Beschreibe die Entwicklung einer reifen Spermienzelle.

Sexuelle Reize

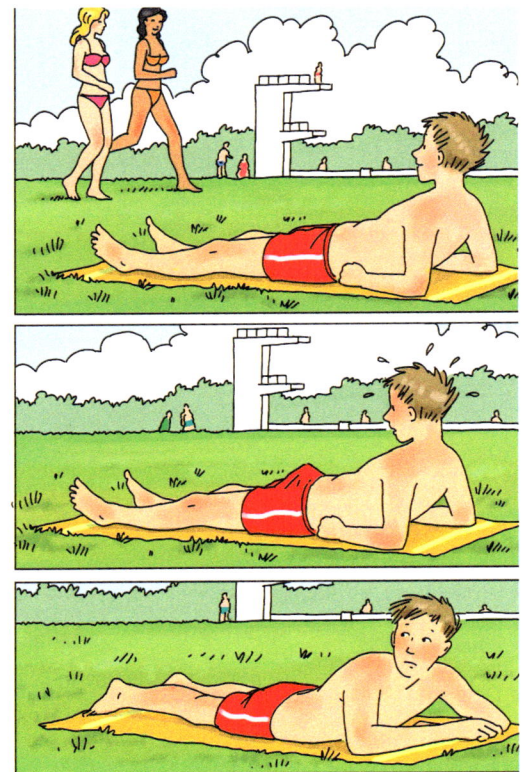

3 Im Schwimmbad

4 Sexualisierte Darstellung

Die Schwimmbad-Situation

In der Pubertät spielt der Körper manchmal verrückt. Da kann es ungewollt passieren, dass eine Situation entsteht, wie auf den drei Bildausschnitten von einem Schwimmbad dargestellt ist.

Digitale Sexualisierung

In vielen Computerspielen und Animes sind die Körper von Frauen, aber auch von Männern stark sexualisiert dargestellt. Sexualisiert bedeutet, dass die Geschlechtsmerkmale übertrieben groß und sehr deutlich dargestellt sind. Oft sind die entsprechenden Avatare dann auch nur knapp bekleidet. Mit der Realität haben die Darstellungen allerdings wenig zu tun.

1 **a)** Beschreibe, was auf den Bildern zu der „Schwimmbad-Situation" dargestellt ist.
b) Nenne Gefühle, die der Junge in dieser Situation haben könnte.
c) Nenne Gefühle, die die Mädchen haben könnten, falls sie auf die Erektion des Jungen aufmerksam werden.
d) Erkläre, mit welchen möglichen Problemen sich der Junge und die Mädchen auseinandersetzen müssen.

2 Nenne Körpermerkmale, die auf Bild 4 übertrieben dargestellt sind.

3 ‖ Erläutere, welche negativen Folgen sexualisierte Darstellungen für Jugendliche in der Pubertät haben können.

1 Mädchen tauschen Erfahrungen aus.

Der Menstruationszyklus

Die Monatsblutung

In der Pubertät bekommen Mädchen ihre **Monatsblutung.** Die Monatsblutung wird auch Periode oder **Menstruation** genannt. Der **Menstruationszyklus** beschreibt die Vorgänge vor und während der Monatsblutung. Innerhalb des Zyklus bereitet sich der weibliche Körper auf eine mögliche Schwangerschaft vor.

Diese Vorgänge wiederholen sich etwa alle 28 Tage. Die Dauer eines Zyklus wird vom ersten Tag einer Monatsblutung bis zum Beginn der nächsten Monatsblutung gezählt. Die tatsächliche Zykluslänge kann jedoch von Frau zu Frau sehr verschieden sein (→ Bild 2).

2 Unterschiedliche Zykluslängen

Hormone steuern alle Vorgänge

Der Menstruationszyklus wird durch Hormone gesteuert. Hormone sind Botenstoffe, die nach dem Schlüssel-Schloss-Prinzip auf bestimmte Zellen des Körpers passen. Nur dort können sie dann eine bestimmte Reaktion auslösen.

Die Art und die Zusammensetzung der Hormone schwankt in einem Monatszyklus. Deshalb sind auch die Reaktionen des Körpers in Verlauf des Zyklus unterschiedlich.

Die Eireifung

Mithilfe der Hormone wird eine unreife Eizelle in einem der beiden **Eierstöcke** aktiviert. Die **Eizelle** beginnt daraufhin zu reifen und zu wachsen.

Dabei bilden sich um die Eizelle herum weitere Zellen. So entsteht ein Bläschen. Es ist mit Flüssigkeit gefüllt und schützt die Eizelle. Das Bläschen wird **Follikel** genannt. Der Follikel wächst und wandert in den nächsten 10 bis 14 Tagen zum Rand des Eierstocks. Gleichzeitig wird die Gebärmutterschleimhaut dicker.

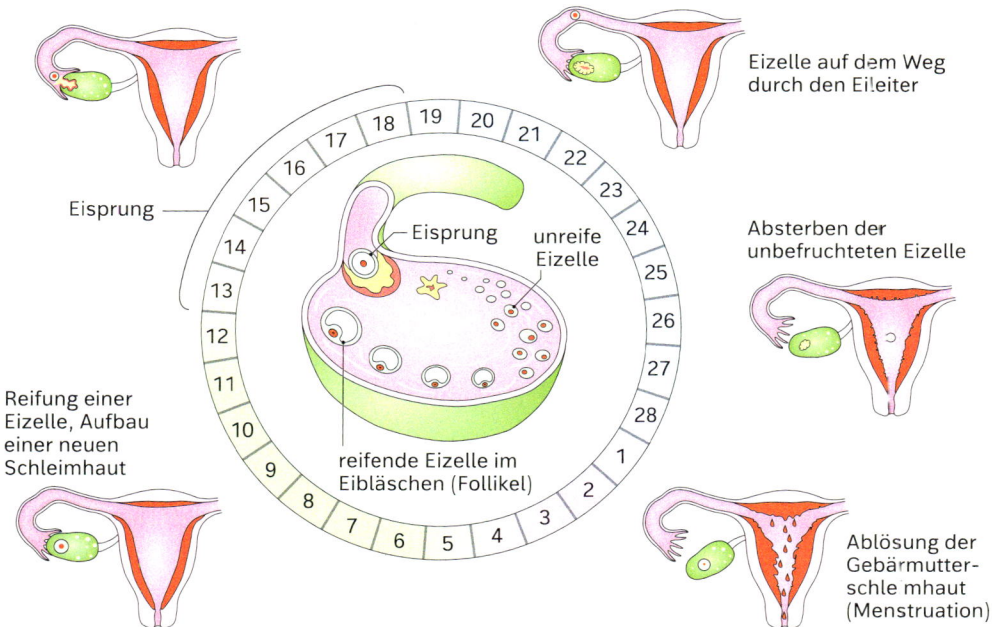

Eizelle auf dem Weg durch den Eileiter

Eisprung

Absterben der unbefruchteten Eizelle

Eisprung

unreife Eizelle

Reifung einer Eizelle, Aufbau einer neuen Schleimhaut

reifende Eizelle im Eibläschen (Follikel)

Ablösung der Gebärmutterschleimhaut (Menstruation)

3 Vorgänge während des Menstruationszyklus (Tag 1 bis Tag 28)

Der Eisprung

Der Follikel ist nach ungefähr 13-18 Tagen reif und platzt auf. Die Eizelle wird dabei mit etwas Flüssigkeit in den Eileiter gespült. Dieser Vorgang wird **Eisprung** genannt. Nur etwa 12 bis 24 Stunden nach dem Eisprung ist eine Eizelle befruchtungsfähig.
Über den Eileiter gelangt die Eizelle dann in die **Gebärmutter.** Die Gebärmutter ist gut auf die Eizelle vorbereitet. Ihre Schleimhaut ist gewachsen und gut durchblutet. So ist die Eizelle bei einer möglichen Schwangerschaft geschützt und mit Sauerstoff und Nährstoffen versorgt.

Menstruation oder Schwangerschaft

Wenn die Eizelle nicht befruchtet wird, stirbt sie ab. Dann löst sich die Gebärmutterschleimhaut ab. Sie wird mit etwas Blut und der unbefruchteten Eizelle über die Vagina nach außen abgegeben. Die Monatsblutung setzt ein. Gleichzeitig reift im Eierstock eine neue Eizelle heran. Der Prozess beginnt von Neuem.
Eine befruchtete Eizelle kann sich hingegen in der Gebärmutterschleimhaut einnisten. Hormone signalisieren dem Körper dann, dass eine **Schwangerschaft** begonnen hat. Der Zyklus wird unterbrochen und die befruchtete Eizelle kann sich entwickeln.

1 a) Erkläre, warum man bei der Menstruation von einem Zyklus spricht.
b) Beschreibe, wie die Tage des Zyklus gezählt werden.

2 Beschreibe die Vorgänge im Eierstock, die in der Mitte von Bild 3 zu sehen sind.

3 Erkläre, worüber sich die Mädchen im Comic (→ Bild 2) unterhalten.

4 ❙ Beschreibe, in welcher Phase des Menstruationszyklus die Befruchtung der Eizelle am wahrscheinlichsten ist.

Starthilfe zu 4:
Beginne so: Nach ungefähr 13 bis 18 Tagen...

A Die Dauer des weiblichen Zyklus

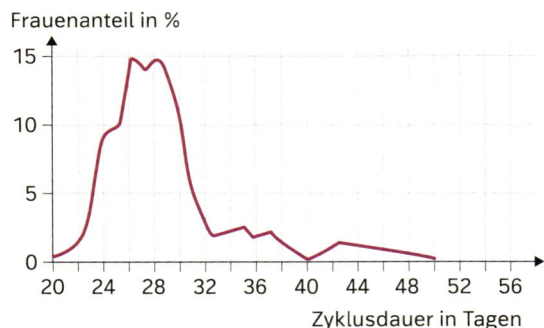

1 Zyklusdauer

Die Zyklusdauer unterscheidet sich von Frau zu Frau. Oft schwankt die Zyklusdauer am Anfang auch von Zyklus zu Zyklus.

1 **a)** Beschreibe, was die Grafik in Bild 1 zeigt.
b) Werte die Grafik aus. Nutze dazu die Methodenseite zu den Diagrammen.

Starthilfe zu 1a:
Die kürzeste Zyklusdauer ist...
Die längste Zyklusdauer ist...
Besonders häufig dauert der Zyklus ... Tage.

B Fragen zur Menstruation

> *Stimmt es, dass Mädchen schwanger werden können, bevor die erste Menstruation eingesetzt hat?*

> *Kann eine Frau während der Menstruation schwimmen gehen?*

> *Kann eine Frau während der Periode am Sport- unterricht teilnehmen?*

> *Was kann eine Frau tun, wenn sie während der Menstruation Schmerzen hat?*

> *Haben die Männer auch sowas wie einen Zyklus?*

> *Hier ist Platz für deine Fragen ...*

2 Fragen zum Thema Menstruation

Auf den Kärtchen sind einige Fragen rund um das Thema Menstruation notiert.

1 Sammelt auf Kärtchen weitere Fragen zur Menstruation.

2 Recherchiert die Antworten zu den Fragen und beantwortet sie euch gegenseitig.

Vorsorge rund um den Zyklus

3 In der Sprechstunde

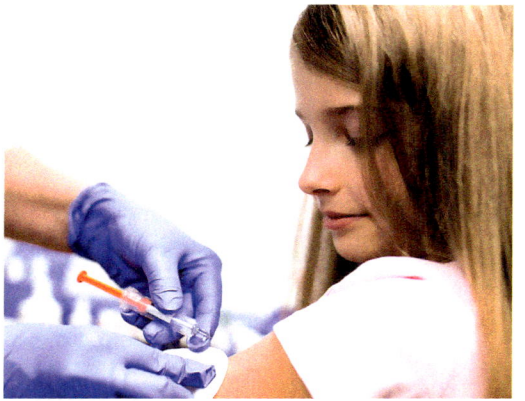

4 Bei der Impfung

Zum ersten Mal bei der Frauenärztin

Frauenärztinnen und Frauenärzte können wichtige Ansprechpartner für Mädchen und Frauen sein. Wenn du Fragen zu deinem Körper oder dem Geschlechtsverkehr hast, kannst du dich einfach beraten lassen und ein Gespräch führen. Gründe für den Besuch bei der Frauenärztin oder dem Frauenarzt können auch Schmerzen bei der Periode, Schwankungen im Verlauf der Periode oder eine ausbleibende Periode sein. Ein Menstruationskalender ist ein gutes Hilfsmittel für das Gespräch mit der Ärztin oder dem Arzt. Manchmal ist danach auch eine Untersuchung nötig. Wichtig ist es, Vertrauen aufzubauen, da man der Ärztin oder dem Arzt häufig Intimes und Privates mitteilt. Fühlt man sich bei einer Ärztin nicht wohl, kann die Ärztin jederzeit auch gewechselt werden.

Schutz vor HP-Viren

Viele Menschen haben HP-Viren im Körper. Die HP-Viren werden durch ungeschützten Geschlechtsverkehr übertragen. Meist sind sie ungefährlich und der Körper kann sich gut gegen die Viren schützen. Manchmal ist die Abwehr des Körpers jedoch nicht stark genug. Dann kann das Virus gefährliche Auswirkungen haben: Bei Frauen kann er Gebärmutterhalskrebs und beim Mann Peniskrebs auslösen. Die Verwendung von Kondomen bietet einen zuverlässigen Schutz vor einer Infektion mit HP-Viren. Noch sicherer ist eine Impfung durch eine Ärztin oder einen Arzt. Die Impfung sollte vor dem ersten Geschlechtsverkehr erfolgen. Noch besser ist die Impfung vor Beginn der Pubertät. Dies gilt sowohl für Jungen als auch für Mädchen.

---

1 Nenne Gründe für den ersten Besuch bei einer Frauenärztin oder einem Frauenarzt.

2 Recherchiere, worum es sich bei einem Mestruationskalender handelt und warum er ein gutes Hilfsmittel für den ersten Frauenarztbesuch ist.

3 Nenne mögliche Folgen einer Infektion mit HP-Viren.

4 ‖ Begründe, warum eine Impfung gegen HP-Viren für Mädchen und Jungen sinnvoll ist.

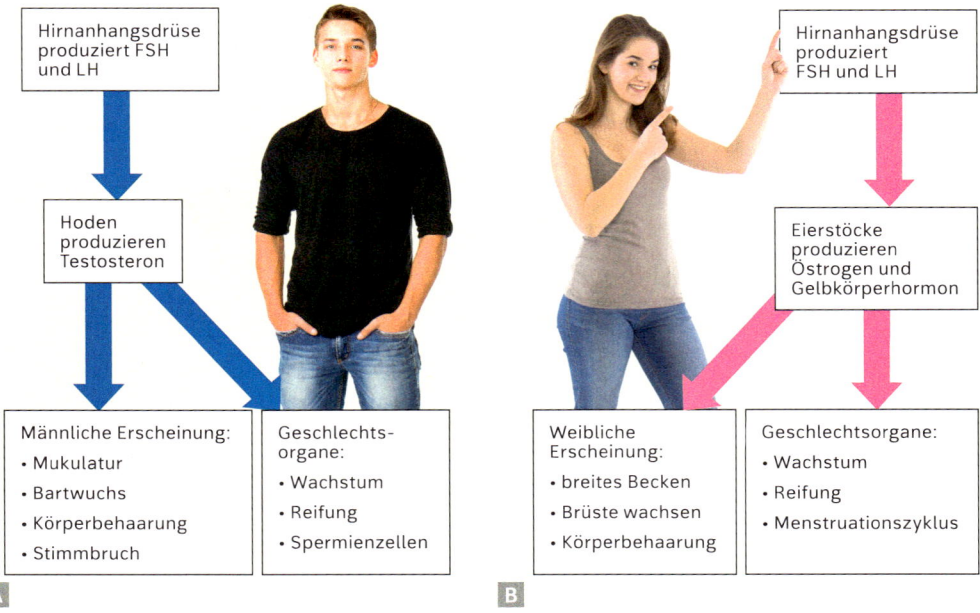

1 Wirkung der Geschlechtshormone in der Pubertät: **A** bei Jungen/Männern, **B** bei Mädchen/Frauen

Die Geschlechtshormone

Die Hormone in der männlichen Pubertät

In der Pubertät entwickelt sich der Körper eines Kindes zu dem eines Erwachsenen. Dafür sind viele Entwicklungsschritte nötig. Ausgelöst werden die Veränderungen durch die **Hirnanhangsdrüse**. Sie schüttet Hormone aus, die bei Männern Vorgänge in den Hoden auslösen.

Eines dieser Hormone ist das **luteinisierende Hormon (LH)**. Durch die Wirkung des LHs produzieren die Hoden der Männer eigene Hormone. Das für die Entwicklung zum Mann wichtigste Geschlechtshormon ist das **Testosteron.** Durch Testosteron bekommt der Körper eine männliche Erscheinung. Die Muskelmasse nimmt zu. Außerdem wachsen Bart und Körperbehaarung.

Das **follikelstimulierende Hormon (FSH)** aus der Hirnanhangsdrüse wirkt bei Männern auf die Bildung der Spermienzellen.

Die Hormone in der weiblichen Pubertät

Auch für Mädchen sind die Hormone LH und FSH der Hirnanhangsdrüse entscheidend. Werden sie ausschüttet, beginnt die Entwicklung vom Mädchen zur Frau. Unter der Wirkung von LH und FSH beginnen die Eierstöcke, eigene Hormone herzustellen. Das bekannteste Geschlechtshormon der Frau ist das **Östrogen.** Das Östrogen lässt die weiblichen Geschlechtsorgane ausreifen. Es sorgt auch für die typisch weibliche Erscheinung. Das Becken wird breiter und die Brüste wachsen.

FSH und LH spielen auch nach der Pubertät eine große Rolle, denn sie steuern den weiblichen Menstruationszyklus.

> Die Pubertät wird bei beiden Geschlechtern von denselben Hormonen gesteuert, allerdings sind die Mengen der Hormone jeweils sehr unterschiedlich.

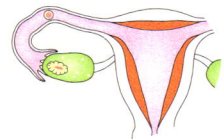

Findet keine Befruchtung statt, stirbt die Eizelle ab. Der Gelbkörper bildet sich zurück.
↘ Gelbkörperhormon
↘ Östrogen
↓ FSH ↓ LH

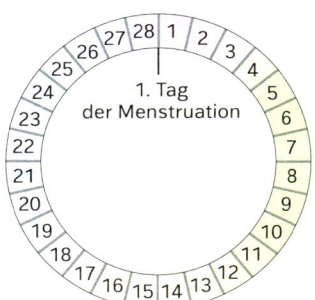

28 1
27 2
26 3
25 4
24 5
23 6
22 7
21 8
20 9
19 10
18 11
17 12
16 15 14 13

1. Tag der Menstruation

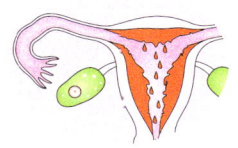

Die Gebärmutterschleimhaut löst sich auf und wird ausgeschieden.
↓ Gelbkörperhormon
↓ Östrogen
↗ FSH ↓ LH

Die Gebärmutterschleimhaut ist gut durchblutet und dick.
↑ Gelbkörperhormon
↘ Östrogen
↘ FSH ↘ LH

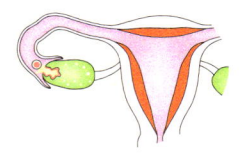

Der Eisprung findet statt.
↓ Gelbkörperhormon ↑ Östrogen
↑ FSH ↑ LH

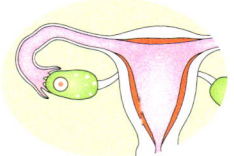

Die Eizelle reift heran. Die Gebärmutterschleimhaut wird aufgebaut.
↓ Gelbkörperhormon
↗ Östrogen
↗ FSH ↗ LH

2 Hormone im Menstruationszyklus

Zeichenerklärung: Die Konzentration des Hormons...
↑ ist hoch. ↓ ist niedrig. ↗ steigt an. ↘ sinkt ab.

Der Menstruationszyklus

Das Zusammenspiel der Geschlechtshormone bewirkt, dass jeden Monat abwechselnd in einem der Eierstöcke eine Eizelle heranreift. Dabei muss zu jedem Zeitpunkt während des Zyklus jeweils die richtige Menge der einzelnen Hormone im Blut vorhanden sein (→ Bild 2).

Die erste Zyklushälfte

Das Hormon FSH lässt in einem der beiden Eierstöcke eine Eizelle in einem Eibläschen heranreifen. Das Eibläschen bildet dann Östrogen. Dadurch wird die Gebärmutterschleimhaut dicker. Ist viel Östrogen im Blut, schüttet der Körper LH aus. Wenn viel LH und Östrogen vorhanden sind, kommt es zum Eisprung.

Die zweite Zyklushälfte

Nach dem Eisprung verkümmert das leere Eibläschen im Eierstock zum **Gelbkörper** und stellt das Gelbkörperhormon her. Dieses signalisiert, dass der Eisprung erfolgt ist.
Gemeinsam mit dem Östrogen bewirkt das Gelbkörperhormon, dass sich die Gebärmutterschleimhaut auf eine Schwangerschaft vorbereitet. Gleichzeitig bremst es die weitere Bildung von LH und FSH. Dadurch kann vorerst keine neue Eizelle heranreifen.
Bleibt die Eizelle unbefruchtet, bildet sich der Gelbkörper zurück. Wenn Östrogen und Gelbkörperhormon auf dem niedrigsten Stand sind, kommt es zur Menstruationsblutung. Dann beginnt der Zyklus erneut.

1 Nenne die beiden Hormone, mit denen die Hirnanhangsdrüse die Pubertät auslöst.

2 **a)** Beschreibe die Wirkung von Testosteron in der männlichen Pubertät.
b) Beschreibe die Wirkung von Östrogen in der weiblichen Pubertät.

3 Beschreibe und erkläre die Vorgänge während des Menstruationszyklus.

4 | Beschreibe, was geschieht, wenn die reife Eizelle unbefruchtet bleibt.

A Hormone steuern den Menstruationszyklus

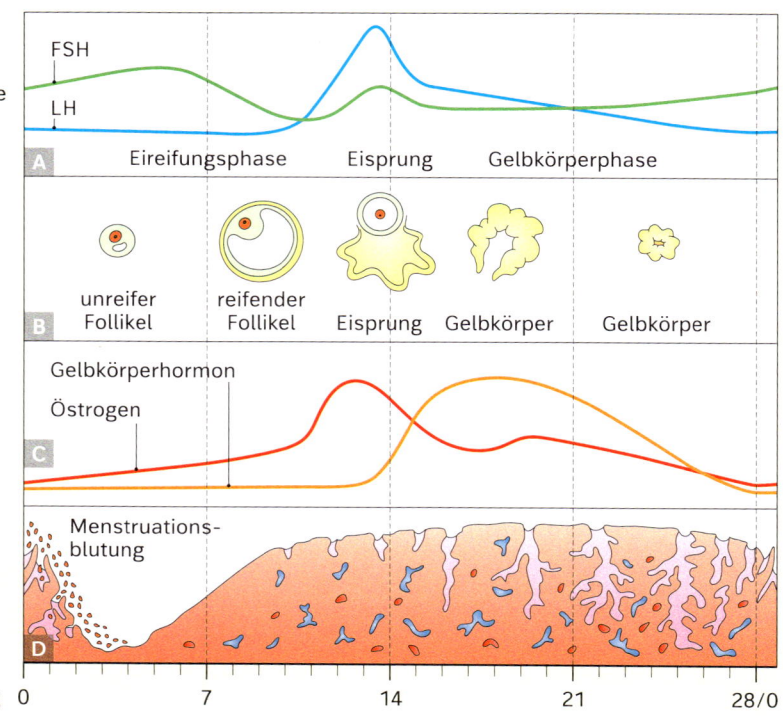

A Menge der Hormone im Blut (werden von der Hirnanhangsdrüse gebildet)

FSH
LH

A | Eireifungsphase | Eisprung | Gelbkörperphase

B Vorgänge im Eierstock

B | unreifer Follikel | reifender Follikel | Eisprung | Gelbkörper | Gelbkörper

C Menge der Hormone im Blut (werden von den Eierstöcken gebildet)

Gelbkörperhormon
Östrogen

D Aussehen der Gebärmutterschleimhaut (schematisch)

Menstruationsblutung

Tag 0 7 14 21 28/0

1 Unterschiedliche Hormone steuern den Menstruationszyklus.

1 a) Beschreibe die Vorgänge in der Gebärmutter zwischen Tag 0 und Tag 6.
b) Beschreibe, was im Eierstock an Tag 14 passiert.

2 ‖ Beschreibe, was durch die große Menge an FSH zwischen Tag 0 und Tag 6 im Eierstock passiert.

Starthilfe zu 2:
Nutze die grüne Kurve in Bild 1A und die ersten beiden Abbildungen in Bild 1B.

3 ‖ a) Beschreibe, wann große Mengen LH und Östrogen im Blut sind.
‖ b) Beschreibe, was zu diesem Zeitpunkt im Eierstock passiert.
‖ c) Beschreibe die Wirkung des Östrogens auf die Gebärmutterschleimhaut.

Starthilfe zu 3 c):
Betrachte dazu Bild 1D.

4 ‖ a) Beschreibe den Verlauf der Kurve des Gelbkörperhormons.
‖ b) Erkläre, warum ab Tag 17 viel Gelbkörperhormon im Körper vorhanden ist.

Starthilfe zu 4 b):
Betrachte dazu Bild 1B.

5 ‖ a) Beschreibe, zu welchem Zeitpunkt geringe Mengen LH, Östrogen und Gelbkörperhormon im Blut vorhanden sind.
‖ b) Beschreibe, welche Auswirkungen dies auf die Gebärmutterschleimhaut hat.

Starthilfe zu 5 b):
Betrachte dazu Bild 1D.

6 ‖‖ Jedes der aufgeführten Geschlechtshormone ist für den Menstruationszyklus wichtig. Nenne mindestens eine Aufgabe von jedem Geschlechtshormon.

B Wirkung der Anti-Baby-Pille

Die Anti-Baby-Pille ist ein häufig eingesetztes Verhütungsmittel für die Frau. Sie wirkt über künstlich hergestellte Hormone auf den Menstruationszyklus.

Es gibt verschiedene Anti-Baby-Pillen. Manche verhindern den Eisprung, andere die Einnistung einer Eizelle in die Gebärmutterschleimhaut. Dazu enthalten sie je nach Art nur ein oder auch mehrere Hormone.

Die Hormone in der Anti-Baby-Pille sind sehr niedrig dosiert. Aus diesem Grund ist es wichtig, sie regelmäßig jeden Tag zu einer festen Uhrzeit einzunehmen. Nur so wirkt sie sicher.

1 Beschreibe die Wirkung der Hormone einer Anti-Baby-Pille.

2 ▮▮ Recherchiere, wie der Körper reagiert, wenn die Einnahme der Anti-Baby-Pille vergessen wird.

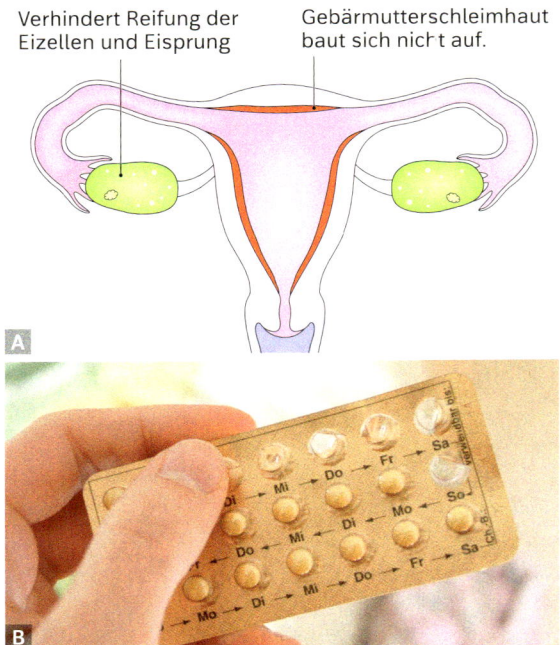

Verhindert Reifung der Eizellen und Eisprung

Gebärmutterschleimhaut baut sich nicht auf.

A

B

2 Anti-Baby-Pille: **A** Wirkung der Hormone, **B** Pillen nach Wochentagen sortiert

C Ursachen für Akne

Akne ist eine Hauterkrankung, die viele Jugendliche haben. Hauptursache dafür ist das Hormon Testosteron. Es kommt im männlichen Körper und in geringen Mengen auch im weiblichen Körper vor. Das Testosteron regt die Talgdrüsen der Haut an, mehr fettigen Talg zu produzieren. Der Weg nach draußen ist aber versperrt. Zellen, die den Gang nach draußen auskleiden, stellen zu viel Hornmaterial her. Dieses Hornmaterial verschließt die Poren. Der Talg staut sich dann unter der Hautoberfläche. Wenn sich dort Bakterien stark vermehren, entsteht eine Entzündung. Die Haut verfärbt sich rot. Oftmals sind solche Entzündungen schmerzhaft.

1 Nenne die Wirkung von Testosteron auf die Haut.

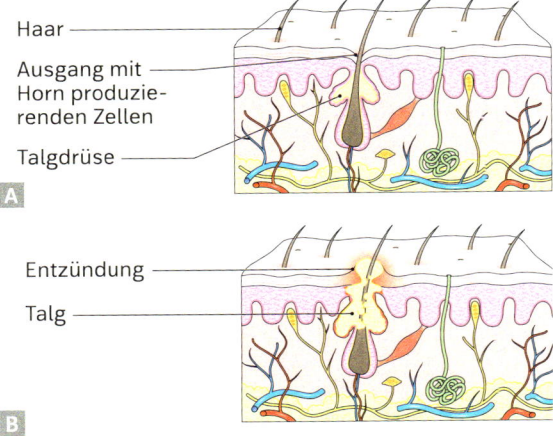

Haar

Ausgang mit Horn produzierenden Zellen

Talgdrüse

A

Entzündung

Talg

B

3 Haut: **A** gesund, **B** entzündet

2 Beschreibe die Vorgänge in der Haut bei der Entstehung von Akne.

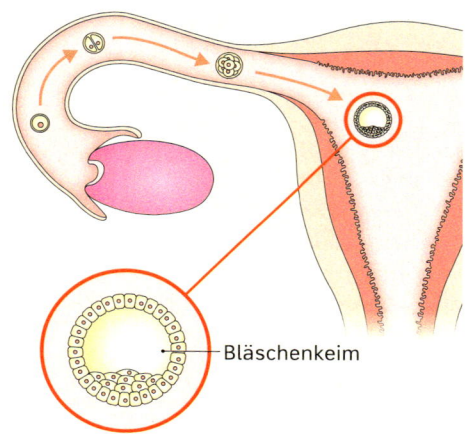

1 Die Verschmelzung

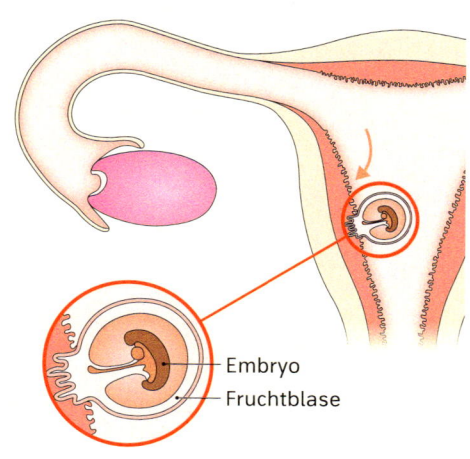

2 Bläschenkeim

3 Embryo nach 7 Wochen

Schwangerschaft und Geburt

Zur richtigen Zeit am richtigen Ort

Nach dem Eisprung wird die Eizelle in Richtung Gebärmutter transportiert. Die Eizelle bildet so genannte Lockstoffe. Gelangen Spermienzellen in die Scheide, werden sie von diesen Stoffen angelockt. Sie schwimmen gezielt durch die Gebärmutter und in den Eileiter. Nur eine von 150 Millionen Spermienzellen kann in die Eizelle eindringen. Die Zellkerne verschmelzen dann miteinander.

Durch diese Verschmelzung erhält das Kind Merkmale von dem Vater und der Mutter. Dieser Vorgang wird **Befruchtung** genannt.

Zellen teilen sich

Eine befruchtete Eizelle wird **Zygote** genannt. Die Zygote teilt sich auf ihrem Weg durch den Eileiter immer wieder. Innerhalb einer Woche entsteht so ein **Bläschenkeim.** Dieser besteht schon aus vielen Zellen. Der Bläschenkeim nistet sich in der Gebärmutterschleimhaut ein und verwächst mit dieser. Ab diesem Zeitpunkt wird von einer **Schwangerschaft** gesprochen. Aus dem Bläschenkeim entwickeln sich der **Embryo** und die mit Flüssigkeit gefüllte **Fruchtblase**.

Organe entwickeln sich

Bereits nach drei Wochen ist der Kopf des Embryos zu erkennen. Als erstes Organ entwickelt sich das Herz. Es ist wichtig für die Versorgung des Kindes mit Blut. Danach beginnt sich das Gehirn zu entwickeln. Auch die Knochen und Muskeln bilden sich langsam aus. In der 8. Woche hat der Embryo etwa die Größe einer Weintraube. Alle Organe sind bereits angelegt, aber noch nicht alle sind funktionsfähig. Die Organe entwickeln sich und wachsen unterschiedlich schnell.

Wachstum

Ab der zwölften Woche nach der Einnistung wird der Embryo **Fötus** genannt. In den nächsten Wochen wächst das ungeborene Kind im Schutz der Fruchtblase.

Versorgung

Durch die Nabelschnur erhält der Fötus Sauerstoff und Nährstoffe über die **Plazenta**. Gleichzeitig gibt der Fötus über die Nabelschnur Kohlenstoffdioxid und Stoffwechselreste ab. Eine Besonderheit der Plazenta sind ihre dünnen Wände. Sie verhindern eine Vermischung des Blutes von Mutter und Kind. Über die Plazenta können dennoch giftige Stoffe wie Alkohol, Nikotin, Medikamente und Drogen das Kind erreichen und es schädigen.

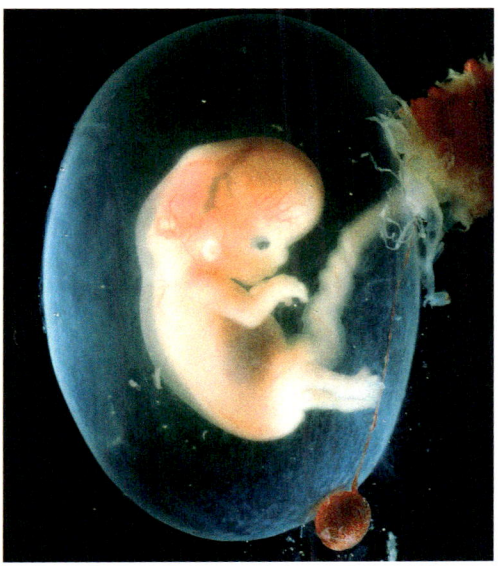

4 Fötus mit Fruchtblase

Die Geburt

In der 34. Schwangerschaftswoche dreht sich der Fötus meist mit dem Kopf zum Gebärmutterausgang. Diese Lage erleichtert die Geburt. Kurz vor der Geburt zieht sich die Gebärmuttermuskulatur zusammen. Jedes Zusammenziehen wird als **Wehe** bezeichnet.

Sind die Wehen stark genug, platzt die Fruchtblase. Das Kind wird durch die Scheide herausgepresst. Es kann sofort nach der Geburt selbstständig atmen. Daher wird die Nabelschnur kurz nach der Geburt abgetrennt. Wenig später werden die Plazenta und die leere Fruchtblase als **Nachgeburt** ausgestoßen.

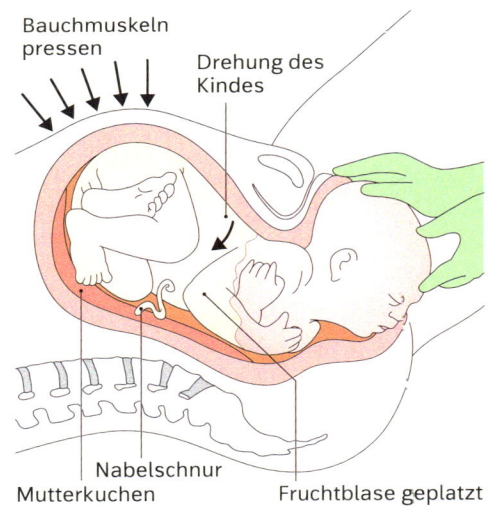

5 Der Geburtsvorgang

1. Erstelle ein Flussdiagramm zur Schwangerschaft.

2. Beschreibe mithilfe des Basiskonzeptes „Entwicklung", wie ein Kind entsteht.

3. Begründe, warum sich das Herz sehr früh entwickelt.

4. Erkläre die Aufgabe der Plazenta.

5. Beschreibe die Vorgänge bei einer Geburt.

6. | Erkläre, ab wann von einem Fötus gesprochen wird.

7. || Begründe, warum es auch dem ungeborenen Kind schaden kann, wenn die Mutter in der Schwangerschaft raucht oder auch nur passiv raucht.

Starthilfe zu 1:

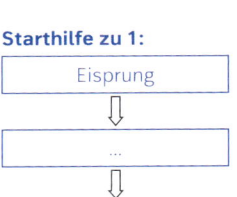

A Organentwicklung in der Schwangerschaft

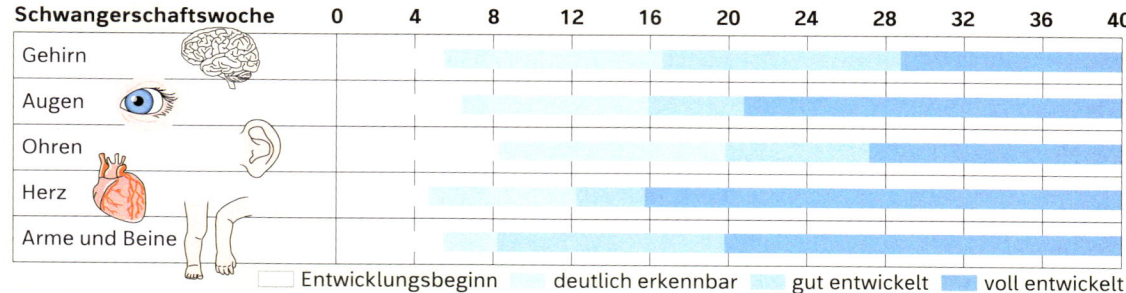

Schwangerschaftswoche	0	4	8	12	16	20	24	28	32	36	40
Gehirn											
Augen											
Ohren											
Herz											
Arme und Beine											

Entwicklungsbeginn   deutlich erkennbar   gut entwickelt   voll entwickelt

1 Entwicklung verschiedener Organe des Kindes

Die Organe übernehmen im menschlichen Körper wichtige Funktionen. Im Verlauf der Schwangerschaft entwickeln sie sich in unterschiedlichen Zeiträumen.

1 Manchmal wird ein Kind zu früh geboren.
a) Beurteile mithilfe von Bild 1, ab wann das Frühgeborene gute Überlebenschancen hat.
b) Recherchiere dazu und vergleiche die Angaben und Ergebnisse.

2 ‖ „Schon während der Schwangerschaft nimmt das Kind Geräusche wahr." Begründe, ob diese Aussage zutreffend ist.

B Risiken vermeiden

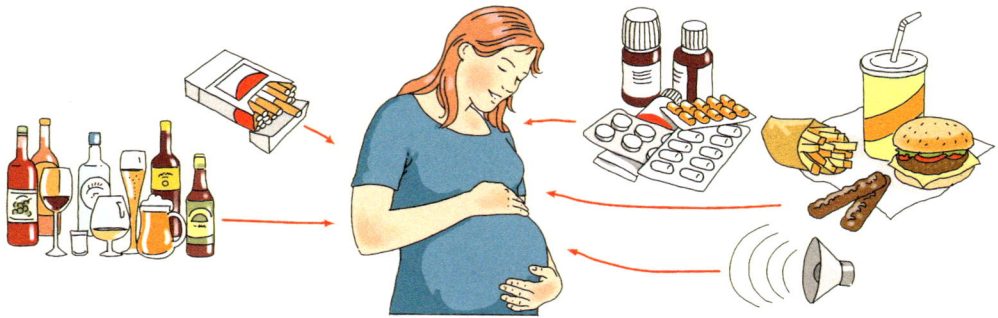

2 Risikofaktoren in der Schwangerschaft

Über die Plazenta ist das Kind während der Schwangerschaft mit seiner Mutter verbunden. Es erhält Nährstoffe und Sauerstoff aus ihrem Blut. Daher muss eine Schwangere zum Schutz des Kindes an viele Dinge denken. Auch andere äußere Reize beeinflussen die Entwicklung des Kindes.

1 Formuliere zu jedem der im Bild 2 dargestellten Risikofaktoren eine Verhaltensregel für Schwangere.

2 Recherchiere im Internet, welche Folgen die Risikofaktoren für das Kind haben können.

Vorsorgeuntersuchungen für Mutter und Kind

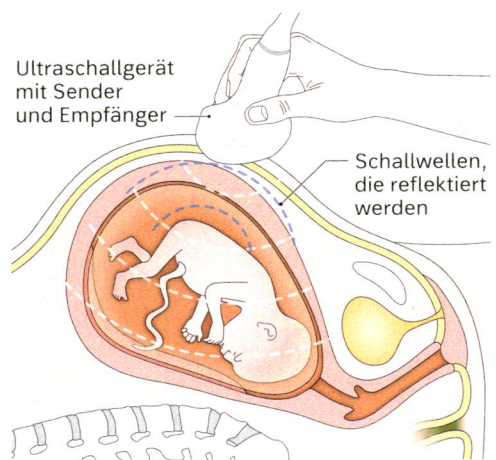

3 Schema einer Ultraschalluntersuchung

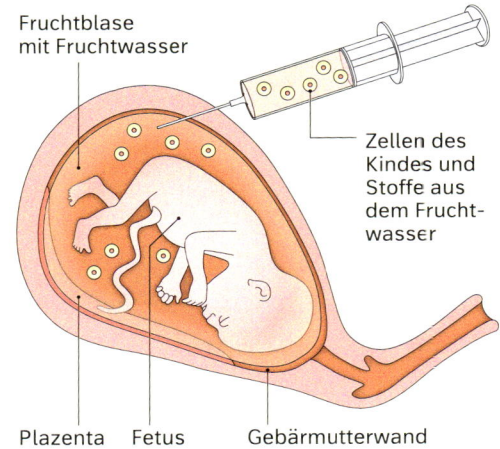

4 Schema einer Fruchtwasseruntersuchung

Untersuchung mit Ultraschall

Die Untersuchung mit Ultraschall wird während der Schwangerschaft mehrfach durchgeführt. Sie dient zur Untersuchung des ungeborenen Kindes.

Bei der Ultraschalluntersuchung werden Schallwellen in den Körper der Mutter geleitet. Der Körper des Kindes wirft diese Schallwellen zurück. So entsteht ein Bild des Kindes. Dadurch können äußere Verletzungen oder Missbildungen des Kindes frühzeitig erkannt werden. Manchmal werden sogar Herzfehler erkannt und noch vor der Geburt behandelt. Die Untersuchung ist ungefährlich.

Untersuchung des Fruchtwassers

Die Fruchtwasseruntersuchung ist eine weitere Vorsorgeuntersuchung. Das Fruchtwasser enthält Zellen des Kindes, sowie die Stoffe, die es über den Urin abgegeben hat. Zur Untersuchung wird das Fruchtwasser mit einer langen Nadel entnommen. Hierbei besteht das Risiko, dass das ungeborene Kind verletzt wird.

Nach der Entnahme werden die Zellen und der Urin des Kindes auf Anzeichen für Krankheiten untersucht. Mit dieser Methode können auch viele Krankheiten früh erkannt werden. Manchmal können sie noch vor der Geburt behandelt werden.

1 Stelle Ultraschalluntersuchung und Fruchtwasseruntersuchung in einer Tabelle gegenüber.

2 ‖ Bewerte das Risiko der beiden Untersuchungsmethoden für das Kind.

Starthilfe zu 1:

Vergleich	Ultraschall	Fruchtwasser
Methode	Schallwellen	...
Risiko	...	...
...	...	...

1 Diskussion über die richtige Verhütung

Empfängnisverhütung

Gemeinsam richtig entscheiden

Nicht immer ist der Geschlechtsverkehr mit dem Wunsch nach einer Schwangerschaft und einem Kind verbunden. Das kann verschiedene Gründe haben. Ein Paar möchte noch kein Kind oder kein weiteres Kind mehr. Dann sollten die Partner gemeinsam entscheiden, wie verhütet wird. Es gibt viele verschiedene Möglichkeiten zur **Verhütung**. Die Verhütungsmethoden unterscheiden sich in der Art der Anwendung und in der Sicherheit.

Für die Wahl der richtigen Methode spielt, neben möglichen gesundheitlichen Folgen, auch das Vertrauen zwischen den Partnern eine wichtige Rolle.

Das Kondom

Das **Kondom** ist eines der am häufigsten benutzten Verhütungsmittel. Es kann spontan benutzt werden und ist bei richtiger Anwendung sehr sicher. Es besteht aus einer gummiartigen Substanz und wird kurz vor dem Geschlechtsverkehr über den steifen Penis gezogen. Das Kondom verhindert, dass die Spermienzellen bei der Ejakulation in die Scheide der Frau gelangen. So wird eine Schwangerschaft vermieden. Das Kondom hält dabei nicht nur die Spermienzellen zurück, sondern ist auch eine Barriere für Erreger, die sexuell übertragbare Krankheiten auslösen.

2 Kondom zur Hand

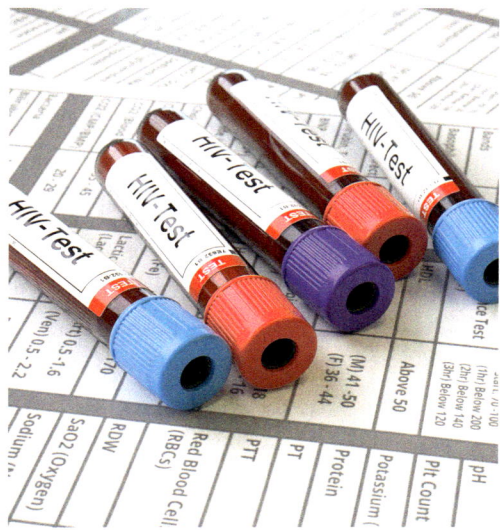

3 AIDS ist eine sexuell übertragbare Krankheit.

4 Verschiedene Verhütungsmittel

Sexuell übertragbare Krankheiten

Wird nicht mit einem Kondom verhütet, steigt das Risiko, sich mit einer sexuell übertragbaren Krankheit anzustecken. Eine der bekanntesten sexuell übertragbaren Krankheiten ist **AIDS**. AIDS wird durch eine Übertragung des **HI-Virus** ausgelöst. Oft bricht die Krankheit erst nach Jahren aus. Sie kann tödlich sein. Bis zum Ausbruch der Krankheit können Infizierte unbewusst noch viele weitere Menschen anstecken. Weitere häufig auftretende sexuell übertragbare Krankheiten sind Tripper-Infektionen und Syphilis-Infektionen. Beide Krankheiten werden durch Bakterien verursacht. Sie müssen mit Antibiotika behandelt werden. Kondome verringern auch hier das Übertragungsrisiko erheblich.

Hormonelle Verhütungsmittel

Die **Anti-Baby-Pille** ist ein häufig eingesetztes hormonelles Verhütungsmittel. Bei richtiger Anwendung ist sie sehr sicher. Diese Art der Verhütung muss langfristig geplant werden. Vorab muss die Frau von einer Ärztin oder einem Arzt untersucht und beraten werden. Bei Mädchen zwischen 14 Jahren und 16 Jahren kann die Ärztin oder der Arzt entscheiden, ob zusätzlich zum Gespräch eine Einwilligung der Eltern nötig ist. Alle hormonellen Verhütungsmittel haben Auswirkungen auf den weiblichen Körper. Durch die Hormone wird der Monatszyklus der Frau so verändert, dass es nicht mehr zur Befruchtung der Eizelle kommt. Daher sind regelmäßige Kontrollen beim Frauenarzt notwendig.

1 Begründe, warum die Wahl des richtigen Verhütungsmittels eine gemeinsame Entscheidung von Mann und Frau ist.

2 Nenne verschiedene sexuell übertragbare Krankheiten.

3 Nenne Vorteile des Kondoms.

4 I Formuliere passende Aussagen für die beiden Personen in Bild 1.

5 II Vergleiche Kondom und Anti-Baby-Pille in einer Tabelle miteinander.

Starthilfe zu 5:

Vergleich	Kondom	Anti-Baby-Pille
Schutz vor sexuell übertragbaren Krankheiten	ja	nein
...	...	...

»

A Mit Testkondomen üben

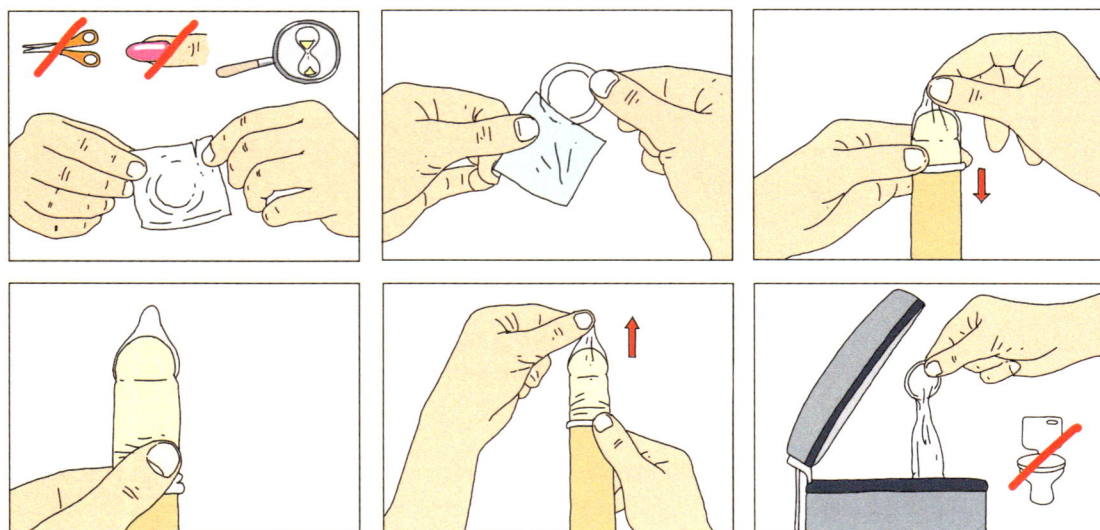

1 Umgang mit dem Kondom

Damit ein Kondom richtig schützt, müssen beim Überziehen und Abstreifen des Kondoms einige Schritte beachtet werden.

1 Entwickle mithilfe der Bilder Regeln für die richtige Anwendung von Kondomen.

2 Ihr könnt die richtige Handhabung mit den Testkondomen am Penismodell üben.

B Das richtige Verhütungsmittel wählen

2 Ein Paar diskutiert.

Klara und Tim sind seit längerer Zeit ein Paar. Beide möchten miteinander schlafen, aber keinesfalls schon Eltern werden. Über die Wahl des passenden Verhütungsmittels ist eine Diskussion entstanden. Tim möchte, dass Klara die Pille nimmt. Er hält dies für die sicherste Verhütung. Klara ist nicht sicher, ob sie die Pille nehmen möchte. Sie schlägt vor, mit Kondomen zu verhüten …

1 Nenne Pro- und Contra-Argumente für die Diskussion.

2 Diskutiert in der Klasse, welchen Rat ihr Klara und Tim geben würdet.

Mit schwierigen Situationen umgehen

3 Mit AIDS leben

4 Hilfsangebote nutzen

AIDS – Ein Betroffener berichtet

„Hallo, mein Name ist Frank. Ich bin 21 Jahre alt und habe letztes Jahr erfahren, dass ich mit HIV infiziert bin und AIDS habe. Die Diagnose hat mich im ersten Moment schockiert. Auf der Heimfahrt nach dem Arztbesuch hatte ich das Gefühl, dass mich alle anstarren. Das war natürlich nur Einbildung. In den folgenden Monaten fiel es mir auch weiterhin schwer, Kontakt mit Menschen aufzunehmen oder auch nur an eine neue Beziehung zu denken. Ich fühlte mich ekelhaft und konnte die Krankheit nicht akzeptieren. Ich hatte Angst vor der Reaktion meiner Mitmenschen. Mittlerweile kann ich über meine Erkrankung sprechen."

Schwangerschafts-Konfliktberatung

Ungewollt schwanger zu werden, löst viele Gefühle aus. Erste Ansprechpartner in solchen Fällen sind der Partner, die eigene Familie und enge Freunde.

Darüber hinaus gibt es auch Beratungsstellen, an die sich schwangere Frauen und ihre Partner wenden können. Ziel dieser **Schwangerschaftskonfliktberatung** ist es, den werdenden Eltern zu helfen. Dabei findet die Beratung immer kostenlos und auf Wunsch anonym statt.

1. Nenne Ängste und Gefühle, die Frank nach seiner Diagnose hat.
2. Nenne mögliche Reaktionen von Menschen, denen Frank von seiner Diagnose berichtet.
3. Formuliere Fragen, die sich eine Frau stellen könnte, die ungewollt schwanger geworden ist.
4. Begründe, warum die Schwangerschaftskonfliktberatung gerade bei einer ungeplanten Schwangerschaft ein wichtiges Hilfsangebot ist.
5. Recherchiere, welche Einrichtungen es für die Schwangerschafts-Konfliktberatung in deiner Nähe gibt.
6. Recherchiere, welche Hilfen die Beratungsstellen anbieten.

Auf einen Blick: Sexualität und Partnerschaft

Partnerschaft

In der Pubertät sind viele Jugendliche zum ersten Mal verliebt. Unter den Jungen oder Mädchen im direkten Umfeld entdecken viele ihre erste Partnerin oder ihren ersten Partner. Ob es sich dabei um eine homosexuelle oder eine heterosexuelle Partnerschaft handelt, ist unbedeutend. Es kann viel Kraft kosten, aber auch sehr erfüllend sein, die eigene sexuelle Orientierung zu entdecken, einzuordnen und vielleicht gemeinsam mit einem Partner oder einer Partnerin auszuleben. Partnerschaften leben stets vom gegenseitigen Respekt füreinander.

Sexualität

In der Pubertät entwickelt sich der Körper so, dass Jungen und Mädchen geschlechtsreif werden. Die meisten Jugendlichen machen in der Pubertät ihre ersten sexuellen Erfahrungen. Dabei ist es wichtig, gemeinsam Verantwortung zu übernehmen. Kondome sind richtig angewendet ein sehr sicherer Schutz vor ungewollten Schwangerschaften und sexuell übertragbaren Krankheiten. Die Pille ist ein sehr sicheres hormonelles Verhütungsmittel.

Sollten sich junge Erwachsene entscheiden, Kinder zu bekommen, steht ihnen eine spannende Zeit bevor. Ungefähr 40 Wochen dauert die Entwicklung, bei der aus einer Spermienzelle und einer Eizelle ein neugeborenes Kind wird.

Auf einen Blick

WICHTIGE BEGRIFFE

- Pubertät
- sexuelle Orientierung
- Verantwortung
- heterosexuell, homosexuell, bisexuell

WICHTIGE BEGRIFFE

- Spermienzelle, Eizelle
- Kondom, Antibabypille
- sexuell übertragbare Krankheiten
- Schwangerschaft

Lerncheck: Sexualität und Partnerschaft

Partnerschaft

1 Beschreibe und deute das obige Bild.

2 Nenne verschiedene sexuelle Orientierungen.

3 „Partnerschaften können sehr unterschiedlich aussehen."
Erkläre die Aussage und nenne Beispiele.

4 Begründe, warum Vertrauen und Verantwortungsbereitschaft wichtig für das Gelingen einer Partnerschaft sind.

Verhütung

6 a) Nenne die dargestellten Verhütungsmittel und erkläre ihre Anwendung.
b) Nenne zwei weitere Verhütungsmittel.
c) Ordne den dargestellten Verhütungsmitteln die folgenden Aussagen zu:
- Bei richtiger Anwendung sehr sicher.
- Wirkt hormonell im Körper.
- Lässt keine Körperflüssigkeiten passieren.
- Schützt gut vor sexuell übertragbaren Krankheiten.

Menstruation

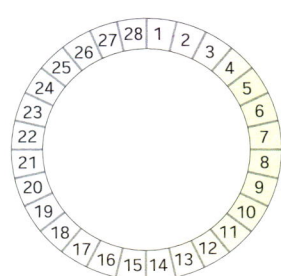

5 Zeichne das Kreisschema des Menstruationszyklus ab und beschrifte die folgenden Phasen: Tage der Menstruation, Phase des Eisprungs, fruchtbare Phase, Phase der Eireifung

Schwangerschaft und Geburt

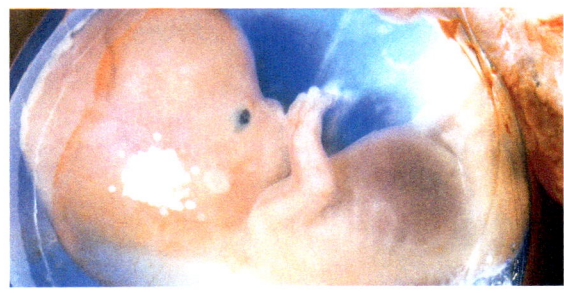

7 Beschreibe das dargestellte Bild mit passenden Fachwörtern.

8 Nenne wichtige Entwicklungsschritte des ungeborenen Kindes im Mutterleib.

DU KANNST JETZT ...

- ... angemessen über sexuelle Orientierungen und Partnerschaftsformen sprechen.
- ... den Menstruationszyklus mit Fachwörtern beschreiben.

DU KANNST JETZT ...

- ... verschiedene Verhütungsmittel im Hinblick auf ihre Sicherheit bewerten.
- ... den Ablauf einer Schwangerschaft mit Fachwörtern beschreiben.

Lerncheck

Stichwortverzeichnis

Namensverzeichnis

Gefahrenhinweise (H-Sätze)

Physikalische Gefahren

H220 Extrem entzündbares Gas.

H225 Flüssigkeit und Dampf leicht entzündbar.

H228 Entzündbarer Feststoff.

H250 Entzündet sich in Berührung mit Luft von selbst.

H260 In Berührung mit Wasser entstehen entzündbare Gase, die sich spontan entzünden können.

H261 In Berührung mit Wasser entstehen entzündbare Gase.

H270 Kann Brand verursachen oder verstärken; Oxidationsmittel.

H272 Kann Brand verstärken; Oxidationsmittel

H280 Enthält Gas unter Druck; kann bei Erwärmung explodieren.

H290 Kann gegenüber Metallen korrosiv sein.

Gesundheitsgefahren

H302 Gesundheitsschädlich bei Verschlucken.

H304 Kann bei Verschlucken und Eindringen in die Atemwege tödlich sein.

H314 Verursacht schwere Verätzungen der Haut und schwere Augenschäden

H315 Verursacht Hautreizungen.

H318 Verursacht schwere Augenschäden.

H319 Verursacht schwere Augenreizungen.

H330 Lebensgefahr beim Einatmen.

H331 Giftig beim Einatmen.

H335 Kann die Atemwege reizen.

H336 Kann Schläfrigkeit und Benommenheit verursachen.

H373 Kann die Organe schädigen bei längerer oder wiederholter Exposition.

Umweltgefahren

H400 Sehr giftig für Wasserorganismen.

H410 Sehr giftig für Wasserorganismen mit langfristiger Wirkung.

H411 Giftig für Wasserorganismen, mit langfristiger Wirkung.

Piktogramm	Beschreibung	Signalwort	Gefahrenklasse
	Explodierende Bombe	Gefahr	Instabile explosive Stoffe, Gemische und Erzeugnisse mit Explosivstoff(en), selbstzersetzliche Stoffe und Gemische, Organische Peroxide
	Flamme	Gefahr/Achtung	Entzündbar, selbsterhitzungsfähig, selbstzersetzlich, pyrophor, wasserreaktiv, Organische Peroxide
	Flamme über einem Kreis	Gefahr	Entzündend (oxidierend) wirkend
	Gasflasche	Achtung	Gase unter Druck, verdichtete, verflüssigte, tiefgekühlt verfl., gelöste Gase
	Ätzwirkung	Gefahr/Achtung	Auf Metalle korrosiv wirkend, hautätzend, schwere Augenschädigung
	Totenkopf mit gekreuztem Knochen	Gefahr	Akute Toxizität
	dickes Ausrufezeichensymbol		
	Gesundheitsgefahr	Gefahr/Achtung	diverse Gesundheitsgefahren
	Umwelt	Gefahr/Achtung	Gewässergefährdend

Sicherheitshinweise (P-Sätze)

Prävention

P201 Vor Gebrauch besondere Anweisungen einholen.

P210 Von Hitze / Funken / offener Flamme / heißen Oberflächen fernhalten. Nicht rauchen.

P222 Kontakt mit Luft nicht zulassen.

P223 Kontakt mit Wasser wegen heftiger Reaktion und möglichem Aufflammen unbedingt verhindern.

P232 Vor Feuchtigkeit schützen.

P240 Behälter und zu befüllende Anlage erden.

P241 Explosionsgeschützte elektrische Betriebsmittel/ Lüftungsanlagen/Beleuchtung/... verwenden.

P260 Staub / Rauch / Gas / Nebel / Dampf / Aerosol nicht einatmen.

P261 Einatmen von Staub / Rauch / Gas / Nebel / Dampf / Aerosol vermeiden.

P273 Freisetzung in die Umwelt vermeiden.

P280 Schutzhandschuhe / Schutzkleidung / Augen- schutz / Gesichtsschutz tragen.

P281 Vorgeschriebene persönliche Schutzausrüstung verwenden.

P231 + P232 Unter inertem Gas handhaben. Vor Feuchtigkeit schützen.

Reaktion

P310 Sofort Giftinformationszentrum oder Arzt anrufen.

P312 Bei Unwohlsein Giftinformationszentrum oder Arzt anrufen.

P313 Ärztlichen Rat einholen/ärztliche Hilfe hinzuzie- hen.

P314 Bei Unwohlsein ärztlichen Rat einholen/ärztliche Hilfe hinzuziehen.

P331 Kein Erbrechen herbeiführen.

P377 Brand von ausströmendem Gas: Nicht löschen, bis Undichtigkeit gefahrlos beseitigt werden kann.

P381 Alle Zündquellen entfernen, wenn gefahrlos möglich.

P390 Verschüttete Mengen aufnehmen, um Material- schäden zu vermeiden.

P391 Verschüttete Mengen aufnehmen.

P301 + P310 Bei Verschlucken: Sofort Giftinforma- tionszentrum oder Arzt anrufen.

P301 + P330 + P331 Bei Verschlucken: Mund aus- spülen. Kein Erbrechen herbeiführen.

P302 + P352 Bei Kontakt mit der Haut: Mit viel Wasser und Seife waschen.

P303 + P361 + P353 Bei Kontakt mit der Haut (oder dem Haar): Alle beschmutzten, getränkten Kleidungsstücke sofort ausziehen. Haut mit Wasser abwaschen/duschen

P304 + P340 Bei Einatmen: An die frische Luft bringen und in einer Position ruhigstellen, die das Atmen erleichtert.

P305 + P351 + P338 Bei Kontakt mit den Augen: Einige Minuten lang behutsam mit Wasser spülen. Vorhandene Kontaktlinsen nach Möglichkeit entfernen. Weiter spülen.

P308 + P313 Bei Exposition oder falls betroffen: Ärztlichen Rat einholen/ärztliche Hilfe hinzuziehen.

P309 + P311 Bei Exposition oder Unwohlsein: Giftinformationszentrum oder Arzt anrufen.

P370 + P378 Bei Brand: ... zum Löschen verwenden.

Aufbewahrung

P406 In korrosionsbeständigem/... Behälter mit kor- rosionsbeständiger Auskleidung aufbewahren.

P422 Inhalt in/unter ... aufbewahren

P402 + P404 In einem geschlossenen Behälter an einem trockenen Ort aufbewahren.

P403 + P233 Behälter dicht verschlossen an einem gut belüfteten Ort aufbewahren.

P410 + P403 Vor Sonnenbestrahlung geschützt an einem gut belüfteten Ort aufbewahren.

Entsorgung

P501 Inhalt/Behälter ... zuführen.

Gefahrstoffe

Gefahrstoffe sind Stoffe, die zu physikalischen Gefahren, Gesundheitsgefahren oder Umweltgefahren führen können. Einfache Piktogramme geben Hinweise auf Gefahren, die von Gefahrstoffen und dem Umgang mit ihnen ausgehen. Die Kennzeichnung erfolgt weltweit einheitlich nach GHS (Globally Harmonised System). Je nach **Gefahrenpotenzial** müssen Gefahrstoffe mit den entsprechenden GHS-Piktogrammen gekennzeichnet werden.

Zusätzlich gibt es Signalwörter, die den Grad der Gefährdung anzeigen:
- **Gefahr** für schwerwiegende Gefahrenkategorien
- **Achtung** für weniger schwerwiegende Gefahrenkategorien

In der unten stehenden Tabelle werden die im vorliegenden Buch genutzten Gefahrstoffe aufgelistet und durch Hinweise zum Umgang mit ihnen ergänzt.

Stoff	GHS-Piktogramm, Signalwort	Gefahrenhinweise	Hinweise zur Entsorgung
Aluminiumpulver	Achtung	H228, H261	In Sammelbehälter für regenerierbare Metallsalz-Rückstände geben.
Ammoniaklösung (w ≥ 5%, wässrige Lösung)	Gefahr	H314, H335, H400	Neutralisieren und in Sammelbehälter für Säuren und Laugen geben.
Benzin (Waschbenzin, Leichtbenzin)	Gefahr	H225, H304, H315, H336, H411	In Sammelbehälter für halogenfreie organische Stoffe geben.
Brennspiritus (Ethanol, vergällt)	Gefahr	H225, H319	In den Sammelbehälter für halogenfreie, organische Stoffe geben.
Eisenpulver, Eisenwolle	Achtung	H228	Kann abgekühlt in den Hausmüll gegeben werden.
Iod-Kaliumiodid-Lösung	Achtung	H373	In stark verdünnter Form in den Ausguss geben.
Kaliumchlorid			Kann über den Ausguss entsorgt werden.
Kalkwasser (Calciumhydroxidlösung)	Gefahr	H315, H318, H335	Kann über den Ausguss entsorgt werden.
Kalkwasser (Calciumhydroxidlösung) (w=10%)	Gefahr	H 314	Kann über den Ausguss entsorgt werden.
Kupferiodid	Achtung	H302, H315, H319, H335, H410	In Sammelbehälter für giftige anorganische Rückstände geben.
Kupferoxid		H302, H400, H410	In Sammelbehälter für regenerierbare Metallsalz-Rückstände geben.
Kupferpulver	Gefahr	H228, H410	In Sammelbehälter für regenerierbare Metallsalz-Rückstände geben.

Stoff	GHS-Piktogramm, Signalwort	Gefahrenhinweise	Hinweise zur Entsorgung
Kupfersulfat, Kupfersulfat-Hydrat	Gefahr	H302, H315, H319, H410	In Sammelbehälter für giftige anorganische Rückstände geben.
Kupfersulfid			Kann in den Hausmüll gegeben werden.
Lithium	Gefahr	H260, H314, EUH014	
Lithiumchlorid	Achtung	H302, H319, H315	In Sammelbehälter für anorganische Stoffe geben.
Magnesiumband	Achtung	H228	Nicht verbrannte Magnesiumband-Reste mit der Tiegelzange über der Brennerflamme verbrennen.
Natriumchlorid			Kann über den Ausguss entsorgt werden.
Natronlauge (verd.)	Gefahr	H290, H314	Verdünnen mit Wasser und mit Salzsäure neutralisieren. Danach in den Ausguss geben.
Salzsäure (w=10%)	Achtung	H290, H315, H319, H335	Verdünnen mit Wasser und mit Natronlauge neutralisieren. Danach in den Ausguss geben.
Sauerstoff	Gefahr	H270, H280	
Schwefel	Achtung	H315	In Sammelbehälter für anorganische Stoffe geben.
Universalindikatorlösung	Gefahr	H225	In stark verdünnter Form in den Ausguss geben.
Seifenlösung (Waschpulver Herstellerangaben beachten)	Achtung		Kann über den Ausguss entsorgt werden.
Wasserstoff	Gefahr	H220, (H280)	
Zinkiodid	Achtung	H315, H319, H410	
Zinkpulver	Achtung	H410	In Sammelbehälter für regenerierbare Metallsalz-Rückstände geben.

Tabellen zur Physik

Physikalische Größen, Einheiten und Gesetze

Name	Größe	Name der Einheit	Einheit	Gesetz	Umrechnungen
Länge Weg, Strecke	ℓ s	Meter	m		1 km = 1 000 m; 1 m = 100 cm; 1 cm = 10 mm;
Zeit	t	Sekunde	s		1 h = 60 min = 3600 s; 1 min = 60 s
Geschwindigkeit	v	Meter pro Sekunde Kilometer pro Stunde	$\frac{m}{s}$ $\frac{km}{h}$	$v = \frac{s}{t}$	$1 \frac{m}{s} = 3,6 \frac{km}{h}$
Masse	m	Kilogramm	kg		1 kg = 1 000 g; 1 g = 1 000 mg
Druck	p	Pascal	$\frac{N}{m^3}$	$p = \frac{F}{A}$	1 kPa = 1000 Pa; 1 Pa = 1000 mPa
Volumen	V	Kubikmeter; Liter	m^3 l	$V = \ell \cdot b \cdot h$	$1 \, m^3 = 1\,000 \, dm^3$; $1 \, dm^3 = 1 \, l$; 1 l = 1 000 ml; 1 ml = 1 cm³
Dichte	ϱ	Kilogramm pro Kubik- meter; Gramm pro Kubikzentimeter; Gramm pro Liter	$\frac{kg}{m^3}$ $\frac{g}{cm^3}$ $\frac{g}{\ell}$	$\varrho = \frac{m}{V}$	$1 \frac{g}{cm^3} = 1 \frac{kg}{dm^3} = 1000 \frac{kg}{m^3}$; $1 \frac{kg}{m^3} = 0,001 \frac{g}{cm^3} = 0,001 \frac{kg}{l}$
Kraft	F	Newton	N	Flaschenzug: $F_a = \frac{1}{n} \cdot F_G$	1 kN = 1000 N
Ortsfaktor	g	Newton pro Kilogramm	$\frac{N}{kg}$	$g_{Erde} = 9,81 \frac{N}{kg}$ $g_{Mond} = 1,62 \frac{N}{kg}$	
Arbeit, mechanische Hubarbeit	W W_{hub}	Newtonmeter Joule	Nm J	$W = W \cdot s \, (F \| s)$ $W_{hub} = F_G \cdot h \, (F_G \| h)$	1 Nm = 1 J 1 000 J = 1 kJ
Energie, mechanische Höhenenergie	E $E_{Höhe}$	Newtonmeter Joule	Nm J	$E = F \cdot s \, (F \| s)$ $E = F_G \cdot h \, (F_G \| h)$ Energieerhaltung: $E_{ges} = E_1 + E_2 + ... + E_i$	1 Nm = 1 J 1 000 J = 1 kJ
Energie, innere	E_i	Newtonmeter Joule	Nm J		1 Nm = 1 J
Leistung, mechanische	P	Watt	W	$P = \frac{E}{t} = \frac{F \cdot s}{t}$	$1 \frac{Nm}{s} = 1 \, W$ 1 000 W = 1 kW; 1 000 kW = 1 MW 1 000 MW = 1 GW
Spannung, elektrische	U	Volt	V	in Reihe: $U_{ges} = U_1 + U_2$ parallel: $U_{ges} = U_1 = U_2$	1 V = 1000 mV 1kV = 1000 V
Stromstärke, elektrische	I	Ampere	A	in Reihe: $I_{ges} = I_1 = I_2$ parallel: $I_{ges} = I_1 + I_2$	$1 \, A = \frac{6,241 \cdot 10^{18} \text{ Elektronen}}{1 \, s}$ 1 A = 1000 mA; 1 mA = 0,001 A
Leistung, elektrische	P	Watt	W	$P_{el} = U \cdot I = \frac{E_{el}}{t}$	1 V · 1 A = 1 W; 1000 W = 1 kW; 1 000 000 W = 1000 kW = 1 MW
Energie, elektrische	E	Joule Wattsekunde Kilowattstunde	J Ws kWh	$E_{el} = P_{el} \cdot t$ $E_{el} = U \cdot I \cdot t$	1 Ws = 1 J; 1000 Ws = 1 kWs; $1 \, kWh = 3,6 \cdot 10^6 \, Ws = 3,6 \, MJ$
Widerstand, elektrischer	R	Ohm	Ω	ohmsches Gesetz: $I \sim U$; $\frac{I}{U} = $ konst. $R = \frac{U}{I}$ in Reihe: $R_{ges} = R_1 + R_2$ parallel: $\frac{1}{R_{ges}} = \frac{1}{R_1} + \frac{1}{R_2}$	$1 \, \Omega = 1 \frac{V}{A}$ 1000 Ω = 1 kΩ 1000 kΩ = 1 MΩ
Widerstand, spezifischer	ϱ	Ohm mal Quadrat- millimeter pro Meter	$\Omega \cdot \frac{mm^2}{m}$	Widerstandsgesetz: $R = \varrho \cdot \frac{\ell}{A}$	
Temperatur	ϑ T	Grad Celsius Kelvin	°C K		−273,15 °C = 0 K 0 °C = 273,15 K

Energieeinheiten

	J = Nm	kWh	cal*
1 J = 1 Nm	1	$2{,}7777 \cdot 10^{-7}$	0,2388
1 kWh	$3{,}6 \cdot 10^6$	1	$0{,}8598 \cdot 10^6$
1 cal*	4,1868	$1{,}163 \cdot 10^{-6}$	1

* veraltete, nicht mehr zugelassene Einheit

Spezifischer Widerstand bei 18 °C

Stoff	ϱ in $\Omega \cdot \frac{mm^2}{m}$	Stoff	ϱ in $\Omega \cdot \frac{mm^2}{m}$
Silber	0,016	Germanium	900
Kupfer	0,017	Silicium	1 200
Gold	0,023	Meerwasser	200 000
Aluminium	0,028	dest. Wasser	10^{10}
Wolfram	0,049	Polystyrol	$5 \cdot 10^{18}$
Nickel	0,07	Glas	$10^{16} \dots 10^{19}$
Eisen	$0{,}1 \dots 0{,}5$	Porzellan	$10^{19} \dots 10^{20}$
Konstantan	0,5	Hartgummi	$10^{19} \dots 10^{21}$
Kohle	$50 \dots 100$	Bernstein	$> 10^{22}$

Farbcode bei Festwiderständen

Farbe	1. Ring	2. Ring	3. Ring	4. Ring
schwarz	0	0		
braun	1	1	0	±1 %
rot	2	2	00	±2 %
orange	3	3	000	
gelb	4	4	0000	
grün	5	5	00000	
blau	6	6	000000	
violett	7	7	0000000	
grau	8	8	00000000	
weiß	9	9	000000000	
gold			: 10	±5 %
silber			: 100	±10 %

Vorsätze bei den Einheiten

Vorsatz	Vorsatz-zeichen	Zehnerpotenz	Zahlwort
Tera	T	10^{12}	Billion
Giga	G	10^9	Milliarde
Mega	M	10^6	Million
Kilo	k	10^3	Tausend
Hekto	h	10^2	Hundert
Dezi	d	10^{-1}	Zehntel
Zenti	c	10^{-2}	Hundertstel
Milli	m	10^{-3}	Tausendstel
Mikro	μ	10^{-5}	Millionstel
Nano	n	10^{-9}	Milliardstel
Pico	p	10^{-12}	Billionstel

Eigenschaften von festen Körpern

Festkörper	Dichte in $\frac{g}{cm^3}$	Schmelz-temperatur in °C	Siede-temperatur in °C
Aluminium	2,70	660	2 450
Blei	11,40	327	1 750
Diamant	3,51	3 540	$\approx 4\,000$
Eisen	7,86	1 537	2 730
Grafit	2,25	3 800	4 347
Gummi	0,92	–	–
Gold	19,30	1 063	2 700
Holz (Eiche)	0,80	–	–
Kupfer	8,93	1 083	2 350
Magnesium	1,74	650	1 105
Platin	21,45	1 770	3 300
Plutonium	19,7	640	3 200
Silber	10,51	960	2 150
Uran	19,1	1 133	$\approx 3\,600$
Wolfram	19,30	3 380	5 900
Zink	7,14	419	907

Eigenschaften von flüssigen Körpern

Flüssigkeiten	Dichte in $\frac{g}{cm^3}$ bei 20 °C, 1013 hPa	Schmelz-temperatur in °C bei 1013 hPa	Siede-temperatur in °C bei 1013 hPa
Benzol	0,879	5,5	80,1
Ethanol	0,791	– 114	78,3
Glycerin	1,260	18	290,5
Petroleum	0,85	–	–
Quecksilber	13,55	– 39	357
Wasser	0,998	0	100

Eigenschaften von gasförmigen Körpern

Gase	Dichte in $\frac{g}{l}$ bei 0 °C, 1013 hPa	Schmelz-temperatur in °C bei 1013 hPa	Siede-temperatur in °C bei 1013 hPa
Ammoniak	0,771	– 77,7	– 33,4
Argon	1,784	– 189	– 186
Chlor	3,214	– 102	– 34
Helium	0,17	– 272	– 269
Kohlenstoffdioxid	1,98	– 78 (sublimiert)	
Krypton	3,708	– 157	– 153
Neon	0,90	– 249	– 246
Sauerstoff	1,429	– 219	– 183
Stickstoff	1,251	– 210	– 196
Wasserstoff	0,0899	– 259	– 253
Wasserdampf 100 °C	0,6	–	–
Xenon	5,89	– 112	– 108

Das Periodensystem der Elemente

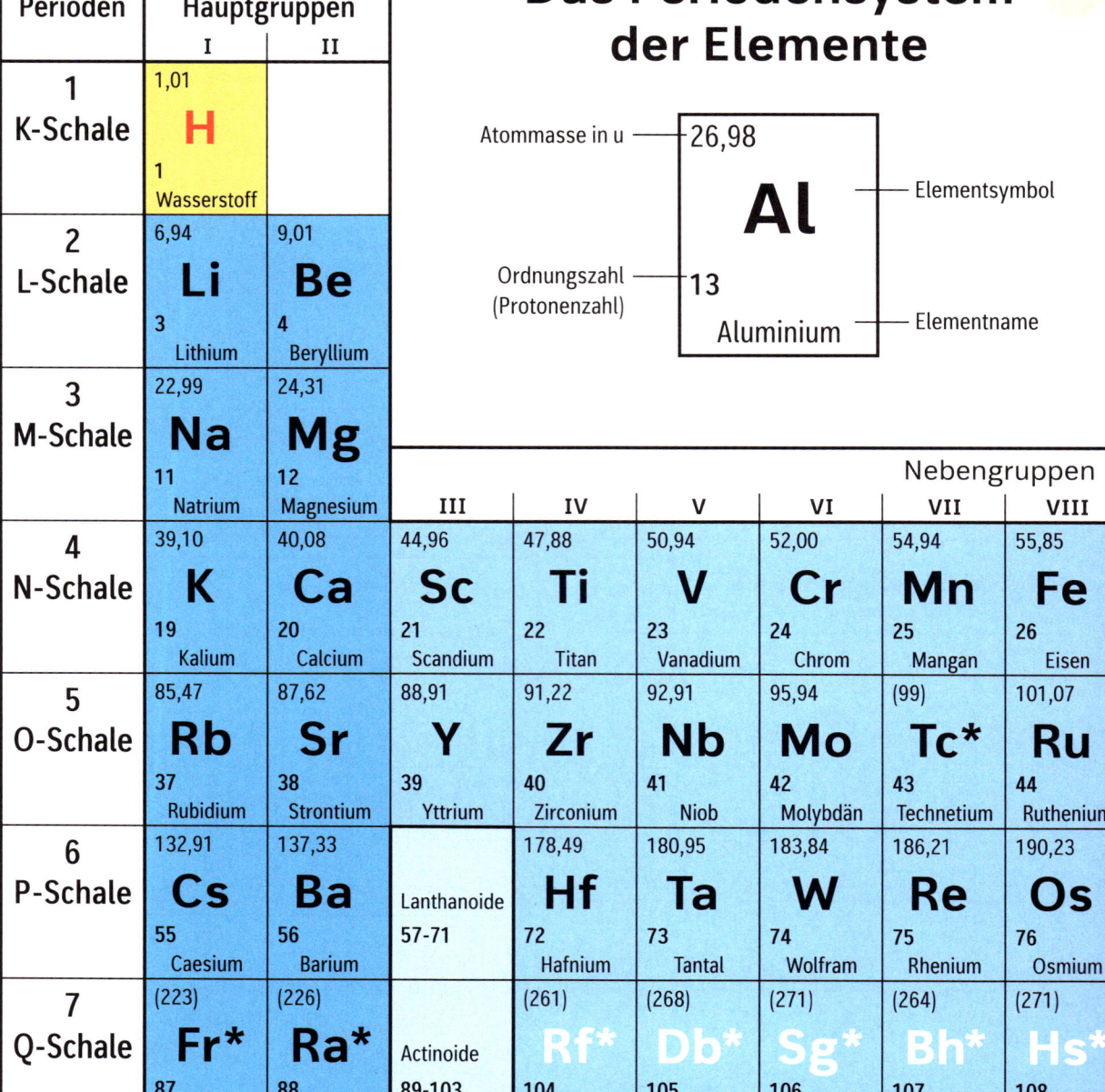

Perioden	Hauptgruppen							
	I	II						
1 K-Schale	1,01 **H** 1 Wasserstoff							
2 L-Schale	6,94 **Li** 3 Lithium	9,01 **Be** 4 Beryllium						

Atommasse in u → 26,98 — Elementsymbol **Al**
Ordnungszahl (Protonenzahl) → 13
Aluminium — Elementname

				Nebengruppen				
3 M-Schale	22,99 **Na** 11 Natrium	24,31 **Mg** 12 Magnesium	III	IV	V	VI	VII	VIII
4 N-Schale	39,10 **K** 19 Kalium	40,08 **Ca** 20 Calcium	44,96 **Sc** 21 Scandium	47,88 **Ti** 22 Titan	50,94 **V** 23 Vanadium	52,00 **Cr** 24 Chrom	54,94 **Mn** 25 Mangan	55,85 **Fe** 26 Eisen
5 O-Schale	85,47 **Rb** 37 Rubidium	87,62 **Sr** 38 Strontium	88,91 **Y** 39 Yttrium	91,22 **Zr** 40 Zirconium	92,91 **Nb** 41 Niob	95,94 **Mo** 42 Molybdän	(99) **Tc*** 43 Technetium	101,07 **Ru** 44 Ruthenium
6 P-Schale	132,91 **Cs** 55 Caesium	137,33 **Ba** 56 Barium	Lanthanoide 57-71	178,49 **Hf** 72 Hafnium	180,95 **Ta** 73 Tantal	183,84 **W** 74 Wolfram	186,21 **Re** 75 Rhenium	190,23 **Os** 76 Osmium
7 Q-Schale	(223) **Fr*** 87 Francium	(226) **Ra*** 88 Radium	Actinoide 89-103	(261) **Rf*** 104 Rutherfordium	(268) **Db*** 105 Dubnium	(271) **Sg*** 106 Seaborgium	(264) **Bh*** 107 Bohrium	(271) **Hs*** 108 Hassium

Lanthanoide	138,91 **La** 57 Lanthan	140,12 **Ce** 58 Cer	140,91 **Pr** 59 Praseodym	144,24 **Nd** 60 Neodym	(147) **Pm** 61 Promethium
Actinoide	(227) **Ac*** 89 Actinium	(232) **Th*** 90 Thorium	(231) **Pa*** 91 Protactinium	(238) **U*** 92 Uran	(237) **Np*** 93 Neptunium

		Hauptgruppen			
III	IV	V	VI	VII	VIII

Legende (links):

= feste Elemente
förmige Elemente
üssige Elemente
ünstliche Elemente
aktive Elemente

Metalle
Nebengruppen-Metalle

ometalle Nichtmetalle

III	IV	V	VI	VII	VIII
					4,00 **He** 2 Helium
10,81 **B** 5 Bor	12,01 **C** 6 Kohlenstoff	14,01 **N** 7 Stickstoff	16,00 **O** 8 Sauerstoff	19,00 **F** 9 Fluor	20,18 **Ne** 10 Neon
26,98 **Al** 13 Aluminium	28,09 **Si** 14 Silicium	30,97 **P** 15 Phosphor	32,06 **S** 16 Schwefel	35,45 **Cl** 17 Chlor	39,95 **Ar** 18 Argon

VIII	I	II	III	IV	V	VI	VII	VIII
58,69 **Ni** 28 Nickel	63,55 **Cu** 29 Kupfer	65,38 **Zn** 30 Zink	69,72 **Ga** 31 Gallium	72,63 **Ge** 32 Germanium	74,92 **As** 33 Arsen	78,97 **Se** 34 Selen	79,90 **Br** 35 Brom	83,80 **Kr** 36 Krypton
106,42 **Pd** 46 Palladium	107,87 **Ag** 47 Silber	112,41 **Cd** 48 Cadmium	114,82 **In** 49 Indium	118,71 **Sn** 50 Zinn	121,75 **Sb** 51 Antimon	127,60 **Te** 52 Tellur	126,90 **I** 53 Iod	131,29 **Xe** 54 Xenon
195,08 **Pt** 78 Platin	196,97 **Au** 79 Gold	200,59 **Hg** 80 Quecksilber	204,38 **Tl** 81 Thallium	207,20 **Pb** 82 Blei	208,98 **Bi** 83 Bismut	(209) **Po*** 84 Polonium	(210) **At*** 85 Astat	(222) **Rn*** 86 Radon
(282) **Ds*** 110 Darmstadtium	(282) **Rg*** 111 Roentgenium	(285) **Cn*** 112 Copernicium	(287) **Nh*** 113 Nihonium	(285) **Fl*** 114 Flerovium	(289) **Mc*** 115 Moscovium	(293) **Lv*** 116 Livermorium	(294) **Ts*** 117 Tennessin	(294) **Og*** 118 Oganesson

151,96 **Eu** 63 Europium	157,25 **Gd** 64 Gadolinium	158,93 **Tb** 65 Terbium	162,50 **Dy** 66 Dysprosium	164,93 **Ho** 67 Holmium	167,26 **Er** 68 Erbium	168,93 **Tm** 69 Thulium	173,04 **Yb** 70 Ytterbium	174.97 **Lu** 71 Lutetium
(243) 95 Americium	(247) 96 Curium	(247) 97 Berkelium	(251) 98 Californium	(252) 99 Einsteinium	(257) 100 Fermium	(258) 101 Mendelevium	(259) 102 Nobelium	(266) 103 Lawrencium

Bildquellenverzeichnis

|123RF.com, Hong Kong: marcouliana 163.3. |2 & 3d design Renate Diener, Wolfgang Gluszak, Düsseldorf: 277.3, 277.4, 289.8, 289.9. |7reasons Medien GmbH, Absdorf: 253.1. |action press - die bildstelle, Hamburg: die bildstelle/REX FEATURES LTD. 288.2. |akg-images GmbH, Berlin: Hessisches Landesmuseum 283.1, 289.2; INTERFOTO/HERMANN HISTORICA GmbH 77.6; Science Photo Library 282.1, 289.1. |Alamy Stock Photo (RMB), Abingdon/Oxfordshire: Adrian.Today 367.2; All Canada Photos 273.2; Alpha Stock 302.4; Arterra Picture Library 89.2; Avalon/Photoshot License 156.2; Azenha, Sergio 332.4; Blackbird, Sabena Jane 285.2; brimo 408.3; brooks, jean 124.6; Buettner, Rick 152.2; Burmeister, Holger 173.3; Cavan Images 337.1; Chapman, David 108.4; Classen, Bernhard 370.2; Clayton, Robert 154.5; Cornel Constantin, Razvan 207.2, 207.3; Cultura Creative RF/Callista Images 237.1; Daly, Jeff J. 219.2; DGP_Scotland 120.4; Dirscherl, Reinhard 129.3; Doherty, Claire 333.2; EThamPhoto 212.1, 222.2; EyeEm 409.2; Fearn, Paul 266.2; FineArt 222.1; Folio Images 116.5; fStop Images GmbH 427.3; fStop Images GmbH/Benson, Caspar 399.1; Gainey, Tim 156.1; GL Archive 291.5; Hecker, Frank 137.2; Holmes, John 271.2; Houghton, Doug 278.1; Huettenhoelscher, Joerg 154.3; IanDagnall Computing 269.1; imageBROKER 40.1, 128.1, 129.2, 269.2, 333.3; imageBROKER/Niehoff, Ulrich 137.1; imageBROKER/Robbin, Thomas 152.1; imageBROKER/Wagenhäuser, Klaus 351.1, 397.2; imageBROKER/Walch, Michaela 158.1; industryview 353.3; Johansson, Lars 124.4; Koserowsky, Carola 165.2; Kuttig - People 165.3; lane, mike 129.1; Marissen, Wilfred 270.2; McKay, Duncan 275.3; NASA Image Collection 243.2, 243.3, 243.4; NASA Photo 243.1, 244.2; Nature Photographers Ltd 109.3; Nature Picture Library 270.3; Niebrugge Images 108.3; Palamarchuk, Sergiy 329.1; Panoramic Images 81.1; Panther Media GmbH 84.2, 94.3, 275.1; Parker, Susan & Allan 158.3; PCN Photography/PCN Black 406.1; Phanduang, Tevarak 359.2, 374.3; PhotoAlto/Ventura, Ale 427.1; PhotoStock-Israel 156.3; PJF Military Collection 33.3; PjrStudio 77.7; public domain sourced / access rights from NASA Image Collection 241.3; Rolf_52 136.1; Ruckszio, Manfred 94.2, 158.2; Scenics & Science 132.2; Schulte, Antje 109.2; Science History Images 257.2; Science Photo Library 247.1; Simeoni, Nicola 238.1; Sirlin, John 221.2; Sollfors, Stefan 105.2; Tack, Jochen 301.2; Tham, Erik 213.1; The Granger Collection 34.1; The Natural History Museum 207.4; The Science Picture Company 282.2; thielmann, g. 162.2; Tweedie, Penny 274.1; Varlakov, Alex 114.3; Waldman, Simon 332.2; Watts, Dave 138.2; Westend61 GmbH 270.1; WILDLIFE GmbH 120.3; Willett, A. T. 30.2; World History Archive 280.5; yarvin13 90.2; Zechner, Philipp 82.2; Zoonar GmbH/Hofer, Alfred 420.1, 420.2; ZUMA Press, Inc. 203.3; ZUMAPRESS.com/Koichi Kamoshida/Jana Press/ZUMAPRESS.com 253.3. |APA-PictureDesk GmbH, Wien: MPFT/Eyedea 278.3. |Astrofoto, Sörth: NASA 241.4, 242.2; NASA/WMAP Science Team 227.2. |Atelier tigercolor Tom Menzel, Klingberg: 439.3. |BC GmbH Verlags- und Medien-, Forschungs- und Beratungsgesellschaft, Ingelheim: 24.1, 25.1, 25.4, 25.8, 28.1, 28.4, 29.1, 32.1, 32.4, 41.1, 44.1, 44.4, 48.1, 53.1, 64.1, 64.6, 146.1, 146.4, 150.1, 215.2, 252.2, 298.1, 298.7. |Bienemann, Lisa, Braunschweig: 390.1, 390.2, 390.3, 390.4. |Bridgeman Images, Berlin: Marie Curie 307.1. |fotolia.com, New York: anankkml 430.1; donyanedomam 272.2; Gorilla 455.2; Lomsky, Karlos 104.3; Michel, T. 31.2, 31.3, 31.4, 31.5, 31.6, 113.1; Pawinski, Piotr 77.8; Pixelot 200.2; pockygallery11 77.10; Schmidt, F. 441.4; soniccc 338.1; StudioLaMagica 78.1; Vadimsadovski 422.1, 422.2, 422.3, 422.4, 422.6, 422.7, 422.8; vektorisiert 29.2, 29.4; wladi 32.5. |Gall, Eike, Enkirch: 225.1, 225.2, 225.3. |Gerecke, Stephanie, Seesen: 423.4. |Getty Images, München: Hulton Archive 307.2. |Getty Images (RF), München: Boisvieux, Christophe 280.1; Stocktrek Images 362.1. |Glammeier, Ulrich, Hannover: 96.2. |Herzig, Wolfgang, Essen: 10.3, 10.5, 91.1, 92.2, 93.1, 94.1, 97.1, 98.1, 98.2, 99.1, 103.1, 103.2, 104.5, 106.1, 106.2, 107.1, 108.5, 109.1, 110.1, 112.2, 117.2, 122.1, 123.1, 124.5, 125.2, 125.3, 125.4, 131.1, 131.2, 133.1, 134.1, 134.2, 135.1, 138.1, 138.3, 142.1, 156.4, 157.1, 158.5, 160.1, 164.1, 166.1, 166.2, 177.1, 210.1, 233.1, 233.2, 251.1, 254.1, 255.1, 256.2, 257.3, 258.1, 259.1, 267.1, 268.1, 281.1, 281.2, 286.1, 287.1, 288.1, 411.1, 411.2, 439.4, 460.1, 460.2, 460.3, 461.2, 462.1, 463.1, 463.2. |Imago, Berlin: Bluegreen Pictures 288.5; bodenseebilder.de 4.2, 126.1; imagebroker 224.2; Leemage 238.2. |Interfoto, München: Natural History Museum/Evans, Mary 278.2. |iStockphoto.com, Calgary: abadonian 114.2; agustavop 116.7; Aj_OP 137.3; alex-mit 239.3; Alvarez, John Richard 77.2; Andy 465.1; ansonmiao 237.2; Antema 167.1; avdeeva, anna Titel; Azureus70 116.8; Baumgart, Anselm 114.1; betty1704 272.3; Bialasiewicz, Katarzyna 443.3; Bruyeu, Ryhor 119.1; Carnemolla, John 167.2; CoreyFord 262.2; da-kuk 232.1; Dasz 69.3; Deagreez 124.2; demarco-media 377.1; DragonFly 38.1; egal 232.2; Eisenlohr 175.1; Fenne 116.2; FG Trade 213.3; Freder 409.1; Freder, Dirk 441.3; FroggyFrogg 74.1; Gajdosikova, Lucia 82.1; gbh007 124.1; gorodenkoff 369.1; Grafner 116.1; grafvision 56.2; Hale, Courtney 201.2; Halfpoint 116.4; Homiel 245.4; Hunter, Brendan 451.2, 451.3; Ian_Sherriffs 124.3; igreen_images 158.4; Jacobson, Jodi 143.3; JanMiko 130.2; kama71 116.6; kamisoka 446.1; Korpsrisawat, Nut 199.1; Kuzdak, Damian 104.4; Kwangmoozaa 410.3; LightFieldStudios 425.2; llucky78 143.2; lucentius 432.2; LuisPortugal 65.2; m-gucci 179.3; machdas 245.1; MachineHeadz 447.1; MarioGuti 84.1; mauribo 104.2; Maxiphoto 195.1; McFarland, Karen 61.3; MiguelMalo 76.3; Mixmike 9.1, 442.1; mkitina4 245.3; Motortion 203.1; ndejan 245.2; nicky39 136.3; nrqemi 173.2; ollo 80.1; Oskanov 163.1; Panama7 136.2; pedrojperez 436.1; PeopleImages 89.3, 443.2; PhonlamaiPhoto 427.2; Photodisc 130.1; photoguns 469.1; polarica 204.2, 217.3; Prill, Achim 277.2; rclassen-layouts 489.2; Renphoto 196.1; Rivero, Juan Ramón Ramos 431.2; Saturated 428.1; Schnaider, Tarcisio 68.2; Sen, William 410.2; SerrNovik 26.1; shtoormann 33.1; simon91germany 163.2; SlobodanMiljevic 79.1; Spoerlein, Thorsten 102.3; Still, Shelly 205.2; stockstudioX 117.1; Tango, Ray 444.1; Tassii 452.1; thumb 102.4; tiero 213.2; Todorean, Gabriel 408.4; Toltek 490.2; TomekD76 320.1; TPopova 428.2; v_apl 263.1; vinicef 40.2; Vladimir_Timofeev 62.4; VMJones 288.3; Vogel, Thomas 94.4; volodymyr, shcherbak 39.2; wakila 373.1, 375.2; Wavebreakmedia 362.2, 467.1; Zeremski, Zoran 8.1, 378.1; zlikovec 203.2. |juniors@wildlife Bildagentur GmbH, Hamburg: Harms, D. 132.5. |Karnath, Brigitte, Wiesbaden: 252.3, 289.3, 289.4, 289.5, 289.6. |Keis, Heike, Rödental: 270.4, 365.1, 365.2. |Kranenberg, Hendrik, Drolshagen: 12.1, 14.1, 14.2, 14.3, 345.1, 345.2, 345.3, 345.4, 345.5, 449.1, 449.2, 450.1, 450.2, 450.3,

450.4, 451.1, 452.2, 454.1, 462.2, 466.1. |Landesamt für Denkmalpflege und Archäologie Sachsen-Anhalt, Halle (Saale): Juraj Lipták 228.1. |Langner & Partner Werbeagentur GmbH, Hemmingen: 348.3. |Lüddecke, Liselotte, Hannover: 279.2, 288.4. Marahrens, Olav, Hamburg: 402.1, 424.1, 424.2, 424.3, 426.1, 426.2, 436.2. |mauritius images GmbH, Mittenwald: Alamy/Alvey & Towers Picture L 76.2; Alamy/blickwinkel/von Dueren, A. 273.3; Alamy/Gilbert, Jeff 76.1; Frei, Herbert 65.3; STOCK4B 379.2; Waldkirch, Rainer 154.1. |Max-Planck-Gesellschaft zur Förderung der Wissenschaften e.V., München: Frank Vinken 285.1. |Mettin, Markus, Offenbach: 142.2, 188.2, 189.1. |Microsoft Deutschland GmbH, München: 372.3. |Minkus Images Fotodesignagentur, Isernhagen: 16.1, 17.1, 17.2, 17.3, 21.3, 22.1, 22.2, 22.3, 22.4, 22.5, 24.3, 25.3, 28.3, 40.5, 40.6, 41.2, 41.3, 41.4, 42.1, 42.2, 42.3, 42.4, 43.1, 43.3, 43.5, 45.2, 50.1, 50.2, 50.3, 51.1, 52.1, 52.2, 53.2, 53.3, 62.1, 62.3, 64.4, 64.5, 64.10, 65.1, 68.1, 70.2, 70.3, 73.1, 92.1, 101.4, 144.1, 146.3, 146 6, 148.1, 148.2, 148.3, 151.3, 151.4, 171.1, 181.1, 184.2, 186.1, 187.2, 191.1, 192.1, 198.3, 198.4, 202.1, 206.1, 210.2, 210.3, 218.1, 218.2, 319.1, 334.1, 347.3, 349.1, 352.1, 354.1, 355.1, 356.1, 357.1, 357.2, 358.2, 360.2, 379.1, 380.1, 380.2, 381.2, 381.3, 384.1, 396.1, 418.1, 419.1, 434.1, 434.2, 435.2, 438.1, 438.2, 439.1, 439.2. |OKAPIA KG - Michael Grzimek & Co., Frankfurt/M.: Bramaz. H.R. 469.4; de Oliveira, Paulo 263.2; Hartl, Andreas 132.4; imageBROKER/Adam, Friedhelm 104.1; imageBROKER/Thomas Hinsche 127.1; Kerstitch 252.1; Varin, Michel 132.3. |PantherMedia GmbH (panthermedia.net), München: HighwayStarz 373.2; Hopf23 118.2; Mair, Carmen 127.3; Missal, E. + P. 224.1; psamtik 4.1, 88.1; svetas 108.2. |Picture-Alliance GmbH, Frankfurt a.M.: akg-images 19.3, 19.4; dieKLEI-NERT.de/Privitzer, Wolfgang 284.2, 289.11; dpa 332.1; dpa Themendienst/Warnecke, Andrea 373.3; dpa/Bahn AG 441.1; dpa/Balk, Matthias 346.3; dpa/ESA/ATG medialab 241.2; dpa/Lenz, Katja 282.3; dpa/Schuldt, Sina 346.1; dpa/Settnik, Bernd 33.4; dpa/Wissenschaftliche Rekonstruktionen: W.Schnaubelt/N.Kieser (Wildlife Art) für Hessisches Landesmuseum Darmstadt) 283.2; ESA/dpa 244.3; Minden Pictures/Arndt, Ingo 262.1; Okapia 271.3; Scholz, Markus 392.1; Wildlife/Oxford, P. 272.1; ZUMAPRESS.com 229.1; ZUMAPRESS.com/Spacex 5.2, 220.1, 415.1. |Pustlaukdesign GmbH - Thilo Pustlauk, Tuttlingen-Möhringen: 141.1. |Ratermann, Martin, Vechta: 382.2, 382.3, 382.4. |Römer, Michael, Berlin: 222.3, 222.4, 223.1, 223.2, 223.3, 224.3, 224.4, 227.1, 228.2, 228.3, 230.1, 230.2, 231.1, 234.2, 234.3, 235.1, 235.2, 236.1, 236.2, 237.3, 240.1, 247.3. |Sauriermuseum Frick, Frick, Schweiz: 253.2. |Scheungrab, Andreas, Vilshofen: 423.1, 423.3. |Schlierf, Birgit und Olaf, Lachendorf: 13.1, 13.2, 13.3, 13.4, 13.6, 13.7, 13.8, 13.9, 13.10, 15.2, 15.3, 15.4, 15.5, 15.6, 15.7, 15 8, 15.9, 15.10, 24.2, 25.2, 25.5, 25.6, 25.10, 25.11, 25.12, 28.2, 32.2, 44.2, 44.5, 44.6, 48.2, 48.3, 64.2, 64.3, 64.7, 64.8, 64.9, 146.2, 146.5, 150.2, 150.3, 150.4, 298.2, 298.3, 298.8, 298.9, 302.2, 302.3, 478.1, 478.2, 478.3, 478.4, 478.5, 478.6, 478.7, 478.8, 478.9, 480.1, 480.2, 480.3, 480.4, 480.5, 480.6, 480.7, 480.8, 480.9, 480.10, 480.11, 480.12, 480.13, 480.14, 480.15, 480.16, 480.17, 480.18, 480.19, 480.20, 480.21, 481.1, 481.2, 481.3, 481.4, 481.5, 481.6, 481.7, 481.8, 481.9, 481.10, 481.11, 481.12, 481.13, 481.14, 481.15, 481.16, 481.17, 481.18, 481.19, 481.20. |Schobel, Ingrid, Hannover: 10.1, 10.2, 10.4 10.6, 13.5, 15.12, 16.2, 18.1, 18.2, 19.1, 19.2, 22.6, 23.1, 26.2, 28.5, 29.6, 31.8, 32.3, 32.6, 33.7, 34.2, 35.1, 35.3, 37.2, 44.3, 58.1, 59.1, 75.1, 83.1, 84.4, 85.1, 85.2, 100.1, 113.2, 115.1, 115.2, 134.3, 139.1, 139.2, 153.1, 155.1, 162.3, 172.1, 174.1, 182.1, 183.1, 188.3, 139.2, 191.2, 195.2, 196.2, 196.3, 197.1, 197.2, 198.1, 198.2, 200.3, 201.1, 202.2, 205.1, 208.2, 208.3, 209.1, 209.2, 216.4, 216.5, 2˙7.2, 219.1, 260.1, 261.1, 264.1, 275.2 276.1, 276.2, 280.4, 282.4, 284.1, 285.4, 289.7, 289.10, 316.2, 317.1, 318.1, 319.2, 319.3, 319.4, 319.5, 320.2, 320.3, 321.1, 322.1 322.2, 322.3, 322.4, 323.1, 323.2, 323.3, 323.4, 325.5, 330.2, 332.5, 334.2, 334.3, 335.1, 335.2, 335.3, 335.4, 335.5, 335.6, 337.2, 338.3, 338.5, 338.7, 339.1, 339.2, 339.3, 340.3, 340.4, 341.1, 341.2, 341.3, 341.4, 341.5, 341.6, 341.7, 343.1, 343.2, 344.1, 346.2, 347.1, 354.2, 354.3, 355.1, 355.3, 356.2, 358.3, 359.1, 360.1, 362.3, 362.4, 363.1, 363.2, 363.3, 366.2, 366.3, 367.1, 371.1, 374.1, 374.2, 374.4, 376.1, 376.2, 380.3, 382.5, 385.1, 386.1, 387.2, 393.1, 397.3, 400.3, 401.1, 401.2, 403.1, 403.2, 403.3, 404.2, 405.1, 405.2, 407.1, 412.1, 413.1, 415.3, 416.1, 416.2, 416.3, 417.2, 418.2, 418.3, 419.2, 420.3, 420.4, 421.1, 421.2, 425.1, 425.3, 428.3, 429.1, 429.2, 429.3, 431.1, 432.3, 440.1, 440.2, 440.3, 441.5, 448.2, 448.3, 453.1, 457.1, 457.2, 458.1, 459.1, 459.3, 459.4, 469.3. |Schuchardt, Wolf, Göttingen: 96.1. |Science Photo Library, München: 298.4, 298.5, 298 6; Boeing 283.3; Chemical Heritage Foundation/Tobias, Gregory 37.1; Chillmaid, Martyn F. 25.7; CHRISTIAN JEGOU PUBLIPHOTO DIFFUSION 249.1; DAYNES, E./PLAILLY, P. 280.2; DENNIS KUNKEL MICROSCOPY 449.3, 449.4; Entressangle, S./Daynes, E. 280.3; EYE OF SCIENCE 95.1; Giphotostock 21.2, 25.13, 36.1, 44.7, 87.3; HERITAGE IMAGES 69.1; MIGUEL CLARO 226.1; MINT IMAGES/LANTING, FRANS 271.1; Molloy, Cordelia 340.1; Moscoso, Dr. G. 461.1; Reader, John 279.1; Science Source 186.2; Science Source/Turtle Rock Scientific 316.1; Science Vu/Visuals Unlimited 132.1; Turtle Rock Scientific 46.2, 295.1, 296.1, 296.2, 296.3, 296.4, 298.10, 318.2, 325.4; Winters, Charles D. 295.2. |Science Photo Library (RF), München: 465.2; CAIA IMAGE/CAIA IMAGE/Martin Barraud 3.1, 20.1; PLAWGO, ARTUR 6.2, 290.1. |Shutterstock.com, New York: 360b 165.1; Bona, Paolo 57.1; Engineer studio 250.1; faboi 247.2; FamVeld 441.2; Gaschwald 66.2; Gladkov, Viktor 456.1; Gvozdikov, Anton 154.4; Hhelene 139.3, 139.4; IrinaK 221.3; Kallman, Tory 260.2; keldridge 118.1; maradon 333 61.1, 70.1; Masarik 6.1, 248.1; Maschek, Victor 295.3; mitifoto 332.3; Nattakorn_Maneerat 33.5; Neto, Carlos 30.1, 33.2; New Africa 388.1; NorGal 389.2; oneinchpunch 443.1; Philip Lange 89.1; ppart 77.9; Siriphiroon, Poravute 389.3; Stemmers, Alex 139.5; Vinne 249.3; Wey, Peter 128.2; Winter, Maren 31.1; Wong Hock weng 105.3; Zhdanova, Natascha 56.3; zlikovec 120.1. |Simper, Manfred, Wennigsen: 140.1, 140.2, 140.3, 140.4, 140.5. |SNSB – Staatliche Naturwissenschaftliche Sammlungen Bayerns, München: mit freundlicher Genehmigung der SNSB 250.2. |Steinkamp, Albert, Reken: 336.1, 347.2, 348.1, 348.2, 353.2. |stock.adobe.com, Dublin: 230849747 120.2; 3dsculptor 242.1; A_Bruno 215.1; adrian_ilie825 373.4; Agata 154.2; Aleksei 147.4; An-T 432.1; Animaflora PicsStock 153.2; AnnaReinert 162.1; Armyagov, Andrey 241.1, 244.1; Arochau 400.1; AVTG 489.1; Becke, Jan Christopher 315.2; beckmarkwith 406.2; Beerhalter, Petra 329.3, 370.1; benjaminnolte 329.2; Bentin, Angelika 61.2, 437.3, 441.6; Bertello, Luigi 392.2, 396.2, Best, Riko 173.1; bilanol 414.1; Bildergarage 430.2; bnenin 455.1; Bonn, Andre 368.1; Carola G. 277.1; Catmando 253.4; ChiccoDodiFC 30.4, 33.5; CMP 299.2; crazypixels20 456.2; denklim 300.1; dima_pics 27.2, 27.3; DisobeyArt 445.1; diy13 333.1; djlfotografie 199.2, 199.3, 199.4; Dmitriy 3.2, 60.1; duncanandison 400.2; eightstock 35.2, 39.1; Engdao 469.2; Erick 29.3, 29.5; euthymia 409.4; exclusive-design 57.2, 58.3; eyetronic 159.1; Fischer, Juergen E. 83.2; Fokussiert 379.3; fotofabrika 86.2; fotohansel 25.9; Freedomz 112.1; Georgiev, Deyan 66.1; Givaga 27.1, 27.4; goldi59 119.2; gordzam 105.1; Gosch, Ralf 175.4; Häßler, K.-U. 40.3; Honcharuk, Valerii 127.2; ilyarexi 147.3; ImagesMy 147.2; jamsedel 327.1; jardul 194.2; Jonas 21.1; Jurapix 273.1; Kamzoom 399.2; kichigin19 170.2; kimtaro2008 67.1; Klein, R.-Andreas 358.1; Konjew, Timur 86.4; ktsdesign 414.2; KukiLadrondeGuevara 185.1; Large, Amanda/Stocksy 180.1; lassedesignen 257.1; LianeM 58.2; lidomo 409.3; LIGHTFIELD STUDIOS 464.2; Lohrbach, Marina 175.3; Lypynskyy, Svyatoslav 466.2; mahey 67.2; manfredxy 408.1; Markus 410.1; Melica 108.1; microprisma 423.2; Mikulski, Stanislaw 217.4; Milan Noga reco 417.1; Morphart 180.2; motorradcbr 215.3; motortion 448.1; nateejindakum 297.1; New Africa 201.3, 330.1; Njekrasowa, Atal'ja 86.3; nokturnal 8.2, 398.1; noon@photo 207.1; o_a 446.2; okskukuruza 171.2; OMG Snap 188.1; online-pixel.com 200.1; Patrick 69.2; Paulista 239.1; pe-foto 299.4; Pereslavtseva, Ekaterina 101.1; Photo Gallery 399.3; Photographee.eu 467.2; photopixel 179.2; PhotoSG 366.1; pioneer111 77.4; Pixelwolf2 303.1; PiyawatNandeenoparit 143.1; playstuff 77.5; Pliacushok, J. 147.1; Pormezz 302.1; PORNCHAI SODA 350.1; puchan 408.2; puhimec 77.1; rammi76 176.2; Rapt.Tv 168.1; rcfotostock 105.4; Rido 301.1; Rohde, Gabriele 102.1; Ruckszio 90.1; Schmidt, Sabine 102.2; sebastianosecondi 208.1; Sedlacek, Rostislav 367.3, 375.1; serhio777 211.1; shchezh 31.7; ShDrohnenFly 175.2; SHOTPRIME STUDIO 464.1; siebenla 407.2; SimpLine 404.1; skif55 349.2; slaw1949 249.2; solipa 299.1; stnazkul 7.1, 328.1; Stock, Paul 331.1; StockPhotoPro 5.1, 178.1; stockpics 121.1; StockRocket 204.1; StudioLaMagica 75.2; Superingo 81.2; Swt, U. 303.2; TALON, Romain 116.3; tameek 350.3; tarei 266.1; Taro 184.1; thingamajiggs 459.2; tmass 246.1; Tokarski, Stanislaw 342.1; Tristan 406.3; ulianna19970 179.1; V.anatolich 30.3; Vadimsadovski 239.2, 422.5; Vasiliy 46.1; Vasyl 468.2; Vital 299.3; volmajer, janez 234.1; vulcanus 490.1; Wakko 350.2; Wall, Swetlana 406.4; whitepointer 306.1; WoGi 40.4; www.freund-foto.de 214.2; wxs2102 221.1; Wylezich, Bjoern 77.3; yanlev 468.1; z1b 176.1; Zadvornov 36.2; Zank, Leo 84.3; Zapylaie, Konstiantyn 56.1. |Südwestrundfunk (SWR), Stuttgart: © SWR/www.planet-schule.de 285.3. |Tegen, Hans, Hambühren: 46.3, 48.4, 62.2, 71.1, 71.2, 71.3, 101.3, 101.3, 113.3, 185.3, 194.1, 217.1, 314.1, 314.3, 336.2, 336.3, 338.2, 338.4, 338.6, 340.2, 351.2, 353.1. |Visum Foto GmbH, München: Heimbach, Markus 155.2. |von Goessel, Hannes, Erding: 73.2, 185.2. |Wildermuth, Werner, Würzburg: 11.1, 11.2, 11.3, 15.1, 15.11, 17.4, 39.3, 39.4, 43.2, 43.4, 43.6, 45.1, 46.4, 47.1, 47.2, 51.2, 54.1, 54.2, 54.3, 54.4, 55.1, 55.2, 55.3, 55.4, 59.2, 63.1, 63.2, 63.3, 72.1, 78.2, 80.2, 86.1, 87.1, 87.2, 95.2, 97.2, 97.3, 97.4, 97.5, 125.1, 145.1, 145.2, 149.1, 149.2, 150.5, 150.6, 151.1, 151.2, 168.2, 169.1, 170.1, 181.2, 183.2, 184.3, 187.1, 187.3, 192.2, 193.1, 199.5, 204.3, 206.2, 211.2, 211.3, 212.2, 214.1, 216.1, 216.2, 216.3, 224.5, 226.2, 256.1, 265.1, 268.2, 274.2, 291.1, 291.2, 291.3, 291.4, 292.1, 293.1, 294.1, 294.2, 294.3, 294.4, 294.5, 294.6, 294.7, 295.4, 295.5, 295.6, 304.1, 304.2, 305.1, 305.2, 305.3, 306.2, 306.3, 308.1, 309.1, 309.2, 309.3, 310.1, 311.1, 312.1, 313.1, 314.2, 315.1, 324.1, 324.2, 324.3, 325.1, 325.2, 325.3, 326.1, 326.2, 326.3, 326.4, 326.5, 327.2, 327.3, 327.4, 327.5, 327.6, 365.3, 372.1, 372.2, 381.1, 382.1, 383.1, 386.2, 387.1, 388.2, 389.1, 391.1, 391.2, 394.1, 394.2, 395.1, 397.1, 430.3, 433.1, 435.1, 437.1, 437.2, 440.4.

Aufgaben verstehen und richtig bearbeiten

Dieses Buch enthält Bilder, Texte und Aufgaben. Mithilfe der Aufgaben kannst du zeigen, was du gelernt hast. Dazu musst du verstehen, was die Verben in den Aufgaben bedeuten.

Nennen bedeutet, dass du Namen, Daten oder Gegebenheiten ohne weitere Erklärungen aufzählst. Oft reicht eine Stichwortliste aus.

1 Nenne die drei Tiere der Kronenschicht.

1. Tiere der Kronenschicht
Drei Tiere der Kronenschicht sind Eichhörnchen, Baummarder und Specht.

Beschreiben bedeutet, dass du etwas in ganzen Sätzen mit eigenen Worten wiedergibst. Der Sachverhalt wird aber nicht erklärt oder bewertet.

2 Beschreibe die Funktion der Destruenten im Wald.

2. Destruenten
Destruenten bauen tote Tiere und Pflanzen sowie Kot zu Mineralstoffen ab.

Beim **Vergleichen** nennst du Gemeinsamkeiten, Ähnlichkeiten und Unterschiede. Was genau du vergleichen sollst, ist oft vorgegeben. Manchmal musst du aber auch selbst sinnvolle Vergleichspunkte finden.

3 Vergleiche die Strauchschicht des Nadelwaldes und des Laubwaldes in Bild 1.

3. Vergleich zweier Wälder
Im Nadelwald gibt es meistens keine Strauchschicht. Im Laubwald ist eine Strauchschicht zu erkennen, die aus unterschiedlichen Straucharten besteht.

1 Zwei Wälder: **A** Nadelwald, **B** Laubwald